※河南省高等学校人文社会科学重点研究基地"平顶山学院
伏牛山文化圈研究中心"学术成果
※平顶山学院河南省重点学科"广播电视艺术学"学术成果

墨学概论

陈建裕 主编

中国社会科学出版社

图书在版编目（CIP）数据

墨学概论／陈建裕主编. —北京：中国社会科学出版社，2021.6
ISBN 978 - 7 - 5203 - 7776 - 8

Ⅰ. ①墨… Ⅱ. ①陈… Ⅲ. ①墨家—研究 Ⅳ. ①B224.5

中国版本图书馆 CIP 数据核字（2021）第 018322 号

出 版 人	赵剑英
责任编辑	安　芳
责任校对	张爱华
责任印制	李寡寡

出　　版	中国社会科学出版社
社　　址	北京鼓楼西大街甲 158 号
邮　　编	100720
网　　址	http://www.csspw.cn
发 行 部	010 - 84083685
门 市 部	010 - 84029450
经　　销	新华书店及其他书店

印　　刷	北京明恒达印务有限公司
装　　订	廊坊市广阳区广增装订厂
版　　次	2021 年 6 月第 1 版
印　　次	2021 年 6 月第 1 次印刷

开　　本	710 × 1000　1/16
印　　张	36.75
字　　数	603 千字
定　　价	198.00 元

《墨学概论》编委会

目　　录

下编 《墨子》选读

上编

墨子 墨家 墨学

第一章　墨子与《墨子》

　　墨子，名翟，春秋末期战国初期人，墨家学派创始人，他是一位平民出身的思想家、教育家、科学家、哲学家和军事家。墨家学派在先秦时期影响很大，与儒家并称"显学"。墨子提出了"兼爱""非攻""尚贤""尚同""天志""明鬼""非命""非乐""节葬""节用"等一系列在当前看来仍非常具有积极意义的观点。他提倡以兼爱为核心，以节用、尚贤为支点，试图建立"有力者疾以助人，有财者勉以分人，有道者劝以教人。若此则饥者得食，寒者得衣，乱者得治"（《尚贤下》，以下引《墨子》只注篇名）的理想社会。墨子除了在政治、经济、思想方面为后人留下了丰厚的财富之外，他还在几何学、物理学、光学、军事学等方面取得了突出的成就，以至梁启超在《墨经校释·自序》中说："在吾国古籍中，欲求与今世所谓科学精神相悬契者，《墨经》而已矣。"

　　然而，就是这样的一位千古伟人，我们除了在史籍中偶尔可以看到有关他的少量记载之外，竟无从得知他准确的生卒年月、家乡里籍、生平事迹，甚至连他的姓名也存有疑问。所幸，近年来随着学术界对墨子研究的日益深入，一大批与之相关的成果逐渐为我们解开了这些谜团。

第一节　墨子其人

　　墨子虽然创立了能够与儒家思想分庭抗礼的墨家学说，但其思想中有太多代表平民利益的成分，而这与统治阶层稳定统治的需要相去甚远。因此，墨子死后，墨家学派逐渐衰落。随着儒家思想的最终胜出，汉武帝采用了董仲舒"罢黜百家，独尊儒术"的建议，墨家思想也渐渐湮没于历史长河之中。时光飞逝，转眼间两千多年过去了。当今人怀着敬仰的心情再去膜拜这位"平民圣人"的时候，却发现他的思想光芒竟然丝毫不能掩盖他身世的神秘。越是如此，人们便越想揭开他神秘的面纱。近年来，围绕着墨子的姓氏、里籍和生平事迹，越来越多的学者从不同视角进行了多方位的解读，取得了丰硕成果。

一　墨子的姓氏

在诸子百家中，墨家是与儒家并驾齐驱的名家大派。然而与儒家创始人孔子不同，墨子不但没有明晰的家族世系，甚至连姓名都成了疑问，这在先秦诸子中是绝无仅有的。实际上，在宋代以前，墨子的姓氏并没有人提出过疑问，各种史籍中有关墨子的记载都称其为"墨翟"，即姓墨名翟。如孟子说："圣王不作，诸侯放恣，处士横议，杨朱墨翟之言盈天下，天下之言不归杨则归墨。杨氏为我，是无君也；墨氏兼爱，是无父也。"（《孟子·滕文公下》）墨子卒于公元前390年左右，孟子出生于公元前372年左右，二人虽无缘谋面，但生活年代只相差几十年。当时，儒家与墨家的竞争十分激烈，孟子作为儒家的领军人物，出于竞争需要，对墨子本人和他的理论自然会有深入研究，不可能不知道他的真实姓氏。所以，他称墨翟为"墨氏"、杨朱为"杨氏"应是以他们的姓氏来称呼二人。也就是说，墨翟以"墨"为姓氏没有什么疑问。除此之外，司马迁在《史记·孟子荀卿列传》中对墨子的记载是："盖墨翟，宋之大夫，善守御，为节用。或曰并孔子时，或曰在其后"，同样称墨子为墨翟。宋代郑樵在其《通志·氏族略》中引用《元和姓纂》说墨子："墨氏，孤竹君之后，本墨台氏，后改为墨氏。"郑樵对墨子姓墨以及其姓氏源流作了进一步说明，对后世研究墨子家世有非常重要的参考价值。

对墨子姓氏提出疑问是从元代伊世珍开始的，在他所著《琅嬛记》一书中引用了《贾子·说林》中有关墨子的内容："墨子姓翟名乌，其母梦日中赤乌飞入室中，光辉照耀，目不能正，惊觉生乌，遂名之。"但《贾子》一书并不存在，它是伊世珍凭空臆造出来的，所以这种对墨子姓名的记载并不为人所重视。然而，清代周亮工却信以为真，并在其《书影》一书中说："墨子'以墨为道，今以姓为名，以墨为姓。'"而清末的江琼则更进一步,在其所著《读子卮言》一书中,专门有一篇《墨子非姓墨》的文章,文中列出八种理由,来论证墨子并非姓墨。[①] 对于这八条有关墨子姓氏的论述,很多学者都认为没有足够的说服力。其中,冯成荣先生在《墨子行教事迹考》中对以上说法逐条进行了驳斥,[②] 这里不再赘述。总体看来,墨子姓墨名翟是自古以来得到公认的一种说法,也得到了绝大多数研究者的认可。

二 墨子的生卒年代

墨子生卒年代于史无载,司马迁《史记》模糊地说:"或曰并孔子时,或曰在其后。"班固《汉书》认为是"在孔子后"。但二人均未做详细考述,因此,后人只能根据《墨子》等书的相关事件与所涉及的人物进行推算。

关于墨子的生年,孙诒让在《墨子间诂》中将其定为公元前468年;方授楚在《墨学源流》中定为公元前490年;刘汝霖在《周秦诸子考》中定为公元前478年;吴毓江在《墨子校注》中定为公元前488—前478年;钱穆在《墨子事迹年表》中定为公元前479—前467年;胡适在《中国哲学史大纲》中定为公元前500—前490年;任继愈在《墨子生卒年简考》中定为公元前480年;李树桐在《墨子生卒年代考》中定为公元前496—前492年;张岱年在《中国哲学大纲》中定为公元前480年。由于上述研究者在确定年代时所使用的依据不尽相同,考证方法也有差异,因此才导致出现了比较大的差距。20世纪90年代末,墨学研究专家徐希燕在对上述研究成果进行考证的基础上,综合各种与墨子生年相关的资料,推算出墨子的生年应该为公元前480年,前后误差不超过3年。[③]

关于墨子的卒年,也是众说纷纭。孙诒让在《墨子间诂》中将其定为公元前376年;方授楚在《墨学源流》中定为公元前403年;刘汝霖在《周秦诸子考》中定为公元前397年;吴毓江在《墨子校注》中定为公元

---

① (清)江瑔著,张京华点校:《读子卮言》,华东师范大学出版社2011年版,第103-107页。

② 冯成荣:《墨子行教事迹考》,《墨子大全》第54册,北京图书馆出版社2002年版,第430-436页。

③ 徐希燕:《墨子姓名里籍年代考》,《复旦学报》(社会科学版)1999年第1期。

前 402 年；钱穆在《墨子事迹年表》中定为公元前 394—前 384 年；胡适在《中国哲学史大纲》中定为公元前 380 年；任继愈在《墨子生卒年简考》中定为公元前 420 年；李树桐在《墨子生卒年代考》中定为公元前 407—前 403 年；张岱年在《中国哲学大纲》中定为公元前 397 年。据徐希燕推算，墨子大约卒于公元前 389 年，其误差不超过 5 年，也就是说，墨子卒时约为 90 岁。

徐希燕先生关于墨子生卒年的推算集合了此前研究者所采用的各种依据，并提出了自己的一些看法和主张，其结果已被学术界所接受，成为目前有关墨子生卒年最具影响的推算结果，即墨子生于公元前 480 年（前后误差不超过 3 年），卒于公元前 389 年（前后误差不超过 5 年）。

三 墨子的出身

有关墨子的家世出身，史书同样鲜有涉及。只有南宋郑樵《通志·氏族略》中引《元和姓纂》说墨子："孤竹君之后，本墨台氏，后改为墨氏，战国时宋人。墨翟著书号《墨子》。"但仅凭这寥寥数语，我们只能推断墨子可能是孤竹君后裔，已无法反映其家庭出身。因此，与姓名和生卒年一样，墨子的出身也充满了疑问。自清末开始，不断有学者对墨子出身进行深入考证。梁启超针对《史记》中"盖墨翟宋之大夫"一句进行分析说："墨子为宋大夫之说，除《史记·孟子荀卿列传》外，还见于班固《汉书·艺文志》，但我也不敢深信，查本书中，绝无曾经仕宋的痕迹，太史公或因墨子曾救宋难，所以说他仕宋，其实墨子救宋，专为实行他的兼爱主义，哪里论做官不做官呢？《贵义》篇曾说，道不行不受其赏，义不听不处其朝，当时的宋国，就会行其道听其义吗？墨子是言行一致的人，如何肯立宋之朝，所以我想，墨子始终是一个平民，没有做过官的。"[①] 梁启超的看法得到了众多研究者认同，台湾学者冯成荣进一步分析道："墨子前往楚国止楚攻宋以前，是未曾做过官的。因为墨子在楚惠王面前自称贱人，贱人就是普通平民，也可能是农人、工人、匠人等下层社会一类的人物。墨子说服楚惠王停止攻宋后，返回鲁国途中经过宋国时，天正下着大雨，宋国守城门的人，不准墨子进城避雨，可见墨子与宋国人并没有太多

---

① 梁启超：《墨子学案》，商务印书馆 1923 年版，第 2-3 页。

的关系，也就是没有做过宋大夫，否则怎能不让他进城避雨呢？再者就是墨子南游于楚，献书楚惠王时，穆贺也曾说，毋乃曰'贱人之所为而不用乎？'足证这时候的墨子，仍然是平民贱人身份，没有做官。再其次就是墨子南游卫国时，车厢中载书甚多，这时候墨子仍没有出仕，由墨子自己所说：'翟上无君王之事，下无耕农之难。'可以证明仍没有做官。再以后就是墨子游公尚过去见越王，越王听了公尚过的详细报告，认为墨子的政治理想很高明，就遣公尚过以束车五十乘，以迎子墨子于鲁，墨子就询问公尚过，越王是否有诚意施行他的政治计划，要公尚过回答。墨子还说，如越王确有纳贤之真心诚意，他就接受越王之邀约，否则就不前往越国，因为越王并无诚意纳贤，墨子宁可放弃高薪官职，绝不为利禄而动心或稍许改变其刚健不苟之精神，由此推断墨子未去越国接受故吴地方五百里之封。这可证明墨子仍未做过官，但太史公及班固都说墨子做过宋大夫，是根据什么理由，则不得而知了。"① 冯先生分析十分透彻，从中可以看出墨子在绝大多数时间内是没有做官的。尽管他很有可能曾经短期为官，但即使这样也不可能改变其平民身份。

然而，上述讨论只能说明墨子成年以后的仕途遭遇，并不能证明其出身特别是青少年时期的身份。要想弄清楚这些问题，还要联系他自身的一些特点来分析。首先，墨子是一位技艺超群的能工巧匠，这很可能跟他早年的生活经历有关。对此，周长耀先生分析道："他的出身，并不是一个贵族，而是一个缺少恒产的人，可能是工艺一流的人物。因为他懂得工匠的绳墨，而且制造过许多巧利的器具，他的技术，据说还超过工匠的祖师公输班！有一次，公输子花了三年功夫，制造了一只木鸢，能在天空中飞行，真是妙夺天工，可是墨子却以为这功夫不如他制造的木车，只用几块木头，花了一天的功夫便可载重五十石重的货物，非但耐用，而且可跑得很快很远，可是木鸢所花的时间久，却无功用，只是供赏玩罢了。由这一故事中，可以看出墨子的身世，他不仅懂得绳墨，而且能制造载物用的木车，这不是工匠一流的人物吗？"②

① 冯成荣：《墨子行教事迹考》，《墨子大全》第 54 册，北京图书馆出版社 2002 年版，第 441—442 页。

② 周长耀：《孔墨思想之比较》，世纪书局 1981 年版，第 70 页。

对于墨子的出身，冯成荣先生总结道："由以上种种迹象看来，墨子确实是具有平民贱人一类的刻苦精神，工匠一类的手艺技巧，处士一类的道德修养，贤人一类诲人不倦的精神，有爱国的情操，有革命的智慧，有独到的眼光，有做事的魄力，有政治的头脑，有刻苦的能力，所以我们推断，墨子确实学过礼，学过音乐，学过工艺，是一位平民出身的教育家，社会问题的改革家，倡导非攻的军事家，不怕辛劳能说会道的外交家，墨子既是平民出身，确要立志革命，热心救世救人，奔走于鲁、宋、齐、郑、楚、越、卫等各国之间，努力倡导天下和平，并提倡节约、节葬、非乐等治世原则，反对奢侈浪费，主张人才出头，排斥帝王贵族以及军阀官僚，可能与出身有着很大的关系。"① 总的来看，冯先生的这种观点基本上代表了大多数研究者的看法。也就是说，墨子应该是出身于平民家庭，其青年时代曾经学习、从事过一些在当时被认为比较低贱的工作，这对其平民思想的形成有着重要的影响与推动。

除上述观点外，也有部分学者对墨子出身提出了一些较为独特的看法，如钱穆先生认为："今按江氏疑墨为道术之称，其论极是。至说墨字之义，则尚有未尽。余考墨乃古代刑名之一。白虎通五刑：'墨者，墨其额也。'尚书、周礼、汉书、孝经诸注疏，均以墨为黥刑。郑云：'墨，黥也，先刻其面，以墨窒之。'墨罪是五刑中最轻的，古人犯轻罪，往往罚作奴隶苦工。郑司农说：'今之为奴婢，古之罪人也。'……故知墨为刑徒，转辞言之，便为奴役。墨家生活菲薄，其道以自苦为极，故遂被称为墨子。"② 钱先生还对此列出了六条理由，极力论证他的看法。但因过于牵强，一直没有得到学界广泛认可。

四 墨子的主要事迹

墨子生活的时代，周王室衰微，大的诸侯国如齐、楚、秦、赵、魏、韩、燕等互争雄长，彼此间战争不断，天下大乱，生灵涂炭，百姓生活苦

---

① 冯成荣：《墨子行教事迹考》，《墨子大全》第54册，北京图书馆出版社2002年版，第446页。

② 钱穆：《墨子》，《墨子大全》第47册，北京图书馆出版社2003年版，第184-185页。

不堪言。墨子针对当时的社会问题提出了兼爱、非攻、尚贤、尚同、节用、节葬、非乐等主张，并且为了实现这些主张而奔走于诸侯之间，试图通过游说诸侯国君而实现自己的理想。从《墨子》一书和其他史籍中，可以看出墨子当年曾经到过宋、楚、卫、鲁等国，并留下了一些能够反映其政治抱负的事迹。

（一）墨子与楚国

墨子虽然到过许多诸侯国，但楚国始终是其活动中心。因此，墨子在这里留下了大量的活动记录，诸如止楚攻宋，献书楚王、游说穆贺，与公输盘论钩拒、辩巧拙，劝说鲁阳文君停止攻郑等。

1. 止楚攻宋

墨子在楚国留下的事迹很多，但最有名的莫过于止楚攻宋，这也是《墨子》一书中记载最为详尽的事件之一。《公输》中载：

> 公输盘为楚造云梯之械，成，将以攻宋。子墨子闻之，起于齐，行十日十夜而至于郢，见公输盘。……子墨子解带为城，以牒为械，公输盘九设攻城之机变，子墨子九距之。公输盘之攻械尽，子墨子之守圉有余，公输盘屈，而曰："吾知所以距子矣，吾不言。"子墨子亦曰："吾知子之所以距我，吾不言。"楚王问其故，子墨子曰："公输子之意，不过欲杀臣，杀臣，宋莫能守，可攻也。然臣之弟子禽滑厘等三百人，已持臣守圉之器，在宋城上而待楚寇矣。虽杀臣，不能绝也。"楚王曰："善哉！吾请无攻宋矣。"

在这个事件中，墨子不顾个人安危，只身赴险，在朝堂之上严词驳斥贪得无厌的楚王，早已将生死置之度外，充分体现了墨家舍生取义的侠义精神。最终，凭借出色的辩术和卓越的军事才能，说服楚王和公输盘放弃了战争，不仅自身化险为夷，同时挽救了楚、宋两国士卒和百姓，使他们免于遭受战火之灾。墨子止楚攻宋，因其浓重的传奇色彩，一直在中国历史上闪耀着夺目的光辉，为世人所传颂。

2. 献书楚王、游说穆贺

与当时其他著名学派一样，墨家也试图通过游说诸侯国君来推行自己的政治主张。在这方面，墨子最典型的活动当属献书楚惠王以及游说穆贺了。这在《渚宫旧事》中有生动的记载：

> 墨子至郢，献书惠王。王受而读之曰："良书也。是寡人虽不得天下，而乐养贤人，请过。"进曰："百种以待官，舍人不足，须天下之贤君。"墨辞曰："翟闻贤人，进道不行不受其赏，义不听不处其朝。今书未用，请遂行矣。"将辞王而归，王使穆贺以老辞。鲁阳文君言于王曰："墨子，北方贤圣人，君王不见，又不为礼，毋乃失士。"乃使文君追墨子，以书社五里封之，不受而去。①

在《贵义》中，则记载了当时墨子游说穆贺的一段话，可以视为墨子献书惠王的补充：

> 子墨子南游于楚，见楚献惠王，献惠王以老辞，使穆贺见子墨子。子墨子说穆贺，穆贺大说，谓子墨子曰："子之言，则成善矣！而君王，天下之大王也，毋乃曰'贱人之所为'而不用乎？"子墨子曰："唯其可行。譬若药然，草之本，天子食之，以顺其疾，岂曰'一草之本'而不食哉？今农夫入其税于大人，大人为酒醴粢盛，以祭上帝鬼神，岂曰'贱人之所为'而不享哉？故虽贱人也，上比之农，下比之药，曾不若一草之本乎？且主君亦尝闻汤之说乎？昔者汤将往见伊尹，令彭氏之子御，彭氏之子半道而问曰：'君将何之？'汤曰：'将往见伊尹。'彭氏之子曰：'伊尹，天下之贱人也。若君欲见之，亦令召问焉，彼受赐矣。'汤曰：'非女所知也。今有药此，食之则耳加聪，目加明，则吾必说而强食之。今夫伊尹之于我国也，譬之良医善药也。而子不欲我见伊尹，是子不欲吾善也。'因下彭氏之子，不使御。彼苟然，然后可也。"

墨子献书楚惠王，开始显然没有得到楚王应有的礼遇，而当楚惠王听从了鲁阳文君的劝告要封赏墨子的时候，墨子却认为"道不行不受其赏，义不听不处其朝"，没有接受楚王的赏赐，表现出了崇高的气节。

3. 与公输盘论钩拒、辩巧拙

除了上文提到的止楚攻宋之外，墨子与公输盘在楚国还有另外一些事迹被记录在《墨子》一书中，首先是《鲁问》篇中两个人的钩拒之论。

---

① （唐）余知古：《渚宫旧事附补遗》，王云五主编：《丛书集成初编》，商务印书馆1936年版，第24页。

　　昔者楚人与越人舟战于江，楚人顺流而进，迎流而退，见利而进，见不利则其退难。越人迎流而进，顺流而退，见利而进，见不利则其退速。越人因此若势，亟败楚人。公输子自鲁南游楚，焉始为舟战之器，作为钩强之备，退者钩之，进者强之，量其钩强之长，而制为之兵。楚之兵节，越之兵不节，楚人因此若势，亟败越人。公输子善其巧，以语子墨子曰："我舟战钩强，不知子之义亦有钩强乎？"子墨子曰："我义之钩强，贤于子舟战之钩强。我钩强我，钩之以爱，揣之以恭。弗钩以爱则不亲，弗揣以恭则速狎，狎而不亲则速离。故交相爱，交相恭，犹若相利也。今子钩而止人，人亦钩而止子，子强而距人，人亦强而距子，交相钩，交相强，犹若相害也。故我义之钩强，贤子舟战之钩强。"

除了钩拒之辩，墨子和公输盘之间还有一次巧拙之辩，《鲁问》篇载：

　　公输子削竹木以为鹊，成而飞之，三日不下。公输子自以为至巧。子墨子谓公输子曰："子之为鹊也，不如匠之为车辖。须臾刘三寸之木，而任五十石之重。故所为功，利于人谓之巧，不利于人，谓之拙。"

公输盘作为工匠始祖，其技艺之高超自不必言。然而，墨子对此不以为然，他认为真正的巧应该是实用的、能为人们生活带来便利的技艺。那些只注重外表、华而不实的技艺不能为人们带来便利，不应该被称为"巧"，而应被视为"拙"。

　　4. 劝说鲁阳文君停止攻郑

　　提到止楚攻宋，大家都知道这是墨子"非攻"的典型事例，然而，墨子提倡非攻的事迹并不止于此，《鲁问》篇中还记载了墨子劝说鲁阳文君停止攻郑的事迹。

　　鲁阳文君将攻郑，子墨子闻而止之，谓阳文君曰："今使鲁四境之内，大都攻其小都，大家伐其小家，杀其人民，取其牛、马、狗豕、布帛、米粟、货财，则何若？"鲁阳文君曰："鲁四境之内，皆寡人之臣也。今大都攻其小都，大家伐其小家，夺之货财，则寡人必将厚罚之。"子墨子曰："夫天之兼有天下也，亦犹君之有四境之内也。

今举兵将以攻郑，天诛其不至乎？"鲁阳文君曰："先生何止我攻邻也？我攻郑，顺于天之志。郑人三世杀其父，天加诛焉，使三年不全，我将助天诛也。"子墨子曰："郑人三世杀其父，而天加诛焉，使三年不全，天诛足矣。今又举兵，将以攻郑，曰吾攻郑也，顺于天之志。譬有人于此，其子强梁不材，故其父笞之，其邻家之父，举木而击之，曰吾击之也，顺于其父之志。则岂不悖哉！"

子墨子谓鲁阳文君曰："攻其邻国，杀其民人，取其牛马、粟米、货财，则书之于竹帛，镂之于金石，以为铭于钟鼎，传遗后世子孙曰：'莫若我多！'今贱人也，亦攻其邻家，杀其人民，取其狗豕、食粮、衣裘，亦书之竹帛，以为铭于席豆，以遗后世子孙，曰：'莫若我多！'其可乎？"鲁阳文君曰："然吾以子之言观之，则天下之所谓可者，未必然也。"

子墨子谓鲁阳文君曰："世俗之君子，皆知小物，而不知大物。今有人于此，窃一犬一彘，则谓之不仁，窃一国一都，则以为义。譬犹小视白谓之白，大视白则谓之黑。是故世俗之君子，知小物而不知大物者，此若言之谓也。"

墨子劝说鲁阳文君停止攻郑虽然没有"止楚攻宋"那么引人注目，但墨子的这番言论，却明确地表达了墨子的非攻、兼爱、天志等思想，是其将政治主张应用于实践的典型范例。

（二）墨子与鲁国

墨子时代，鲁国是当时著名学派——儒家学派的大本营，而墨子所创立的墨家学派在政治、经济等方面的主张与儒家可谓针锋相对。因此，墨子在鲁国并不受欢迎，他在鲁国所留下的一些故事也多与儒墨两派之间的辩论有关，这在《墨子》一书的《公孟》《耕柱》《鲁问》等篇中有生动描绘。

1. 墨子与公孟子辩论

公孟子就是公明子仪，曾子的弟子，当时的儒学大师之一。他和墨子之间曾经有过一些激烈、精彩的辩论。

公孟子谓子墨子曰："实为善，人孰不知？譬若良玉，处而不出有余糈。譬若美女，处而不出，人争求之，行而自炫，人莫之取也。

今子遍从人而说之，何其劳也！"子墨子曰："今夫世乱，求美女者众，美女虽不出，人多求之；今求善者寡，不强说人，人莫之知也。且有二生于此，善筮，一行为人筮者，一处而不出者，行为人筮者，与处而不出者，其糈孰多？"公孟子曰："行为人筮者，其糈多。"子墨子曰："仁义钧。行说人者，其功善亦多，何故不行说人也！"

公孟子戴章甫，搢忽，儒服，而以见子墨子，曰："君子服然后行乎？其行然后服乎？"子墨子曰："行不在服。"公孟子曰："何以知其然也？"子墨子曰："昔者齐桓公高冠博带，金剑木盾，以治其国，其国治。昔者晋文公大布之衣，牂羊之裘，韦以带剑，以治其国，其国国治。昔者楚庄王鲜冠组缨，绛衣博袍，以治其国，其国治。昔者越王勾践剪发文身，以治其国，其国治。此四君者其服不同，其行犹一也。翟以是知行之不在服也。"公孟子曰："善！吾闻之曰：宿善者不祥。请舍忽、易章甫，复见夫子，可乎？"子墨子曰："请因以相见也。若必将舍忽、易章甫而后相见，然则行果在服也。"

公孟子曰："君子必古言服，然后仁。"子墨子曰："昔者商王纣，卿士费仲，为天下之暴人；箕子、微子，为天下之圣人。此同言，而或仁不仁也。周公旦为天下之圣人，关叔为天下之暴人，此同服，或仁或不仁。然则不在古服与古言矣。且子法周而未法夏也，子之古，非古也。"

在这场辩论中，公孟子只会用类比方法，言辞说服力不足。而墨子主张知识分子积极入世、干预社会，不仅立场好，而且论辩中采用多种方法，巧妙驳倒了对方，展现了高超的辩论技巧。

2. 墨子与巫马子辩论

在《耕柱》篇中墨子与儒者巫马子也有一场精彩辩论：

巫马子谓子墨子曰："子兼爱天下，未云利也；我不爱天下，未云贼也。功皆未至，子何独自是而非我哉？"子墨子曰："今有燎者于此，一人奉水将灌之，一人掺火将益之，功皆未至，子何贵于二人？"巫马子曰："我是彼奉水者之意，而非夫掺火者之意。"子墨子曰："吾亦是吾意，而非子之意也。"

巫马子谓子墨子曰："子之为义也，人不见而助，鬼不见而富，而子为之，有狂疾。"子墨子曰："今使子有二臣于此，其一人者见子从事，不见子则不从事；其一人者见子亦从事，不见子亦从事，子谁贵于此二人？"巫马子曰："我贵其见我亦从事，不见我亦从事者。"子墨子曰："然则是子亦贵有狂疾也。"

在与巫马子的辩论中，墨子充分显示了自己的机智与善辩，同时也阐释了自己的一些政治主张。

3. 墨子与吴虑论义

> 鲁之南鄙人有吴虑者，冬陶夏耕，自比于舜。子墨子闻而见之。吴虑谓子墨子："义耳义耳，焉用言之哉？"……子墨子曰："籍设而天下不知耕，教人耕，与不教人耕而独耕者，其功孰多？"吴虑曰："教人耕者，其功多。"子墨子曰："籍设而攻不义之国，鼓而使众进战，与不鼓而使众进战而独进战者，其功孰多？"吴虑曰："鼓而进者，其功多。"子墨子曰："天下匹夫徒步之士少知义，而教天下以义者，功亦多，何故弗言也？若得鼓而进于义，则吾义岂不益进哉！"

在这次辩论中，墨子不仅再次展现了其高超的辩论技巧，而且对推行"义"的必要性作了简要的阐释，令自比于舜的吴虑相形见绌。

（三）墨子与齐国

墨子在齐国的事迹主要记载在《贵义》和《鲁问》篇中。

1. 墨子与故友论行义

> 子墨子自鲁即齐，过故人，谓子墨子曰："今天下莫为义，子独自苦而为义，子不若已。"子墨子曰："今有人于此，有子十人，一人耕而九人处，则耕者不可以不益急矣。何故？则食者众而耕者寡也。今天下莫为义，则子如劝我者也，何故止我？"

墨子与故友的对话虽然不长，但其对道理的阐释却清晰明了，非常具有说服力。

2. 墨子止齐伐鲁

> 齐将伐鲁，子墨子谓项子牛曰："伐鲁，齐之大过也。昔者，吴王东伐越，栖诸会稽；西伐楚，葆昭王于随；北伐齐，取国子以归于

吴。诸侯报其雠,百姓苦其劳,而弗为用。是以国为虚戾,身为刑戮也。昔者智伯伐范氏与中行氏,兼三晋之地。诸侯报其雠,百姓苦其劳,而弗为用。是以国为虚戾,身为刑戮,用是也。故大国之攻小国也,是交相贼也,过必反于国。"

子墨子见齐大王曰:"今有刀于此,试之人头,猝然断之,可谓利乎?"大王曰:"利。"子墨子曰:"多试之人头,猝然断之,可谓利乎?"大王曰:"利。"子墨子曰:"刀则利矣,孰将受其不祥?"大王曰:"刀受其利,试者受其不祥。"子墨子曰:"并国覆军,贼杀百姓,孰将受其不祥?"大王俯仰而思之曰:"我受其不祥。"

凭借机智的辩才,墨子最终说服了齐太公,放弃了攻打鲁国的计划。

(四)墨子与卫国

墨子在卫国的事迹主要记载在《贵义》篇中。

1. 墨子与弦唐子论读书

子墨子南游使卫,关中载书甚多,弦唐子见而怪之,曰:"吾夫子教公尚过曰:'揣曲直而已。'今夫子载书甚多,何有也?"子墨子曰:"昔者周公旦朝读书百篇,夕见漆十士。故周公旦佐相天子,其修至于今。翟上无君上之事,下无耕农之难,吾安敢废此?翟闻之:'同归之物,信有误者。'然而民听不钧,是以书多也。今若过之心者,数逆于精微,同归之物,既已知其要矣,是以不教以书也。而子何怪焉?"

墨子这段关于读书的言论,深得其中精要,体现了其因人施教的教育理念。

2. 墨子与公良桓子论治国之道

子墨子谓公良桓子曰:"卫,小国也,处于齐、晋之间,犹贫家之处于富家之间也。贫家而学富家之衣食多用,则速亡必矣。今简子之家,饰车数百乘,马食菽粟者数百匹,妇人衣文绣者数百人,吾取饰车食马之费,与锈衣之财,以畜士,必千人有余。若有患难,则使百人处于前,数百于后,与妇人数百人处前后,孰安?吾以为不若畜士之安也。"

墨子将国与家相比，生动地指出了奢靡之风的危害，同时也阐述了自己的治国之道。

3. 派弟子仕卫

墨子与卫国关系比较密切，曾先后两次派弟子到卫国做官。《贵义》篇载：

> 子墨子仕人于卫，所仕者至而反。子墨子曰："何故反？"对曰："与我言而不当。曰：'待女以千盆。'授我五百盆，故去之也。"子墨子曰："授子过千盆，则子去之乎？"对曰："不去。"子墨子曰："然则非为其不审也，为其寡也。"

在《耕柱》篇中则记载了墨子另一名弟子高石子与墨子的一段对话：

> 子墨子使管黔游高石子于卫，卫君致禄甚厚，设之于卿。高石子三朝必尽言，而言无行者。去而之齐，见子墨子曰："卫君以夫子之故，致禄甚厚，设我于卿，石三朝必尽言，而言无行，是以去之也。卫君无乃以石为狂乎？"子墨子曰："去之苟道，受狂何伤！古者周公旦非关叔，辞三公，东处于商盖，人皆谓之狂，后世称其德，扬其名，至今不息。且翟闻之：'为义非避毁就誉。'去之苟道，受狂何伤！"高石子曰："石去之，焉敢不道也！昔者夫子有言曰：'天下无道，仁士不处厚焉。'今卫君无道，而贪其禄爵，则是我为苟陷人长也。"子墨子说，而召子禽子曰："姑听此乎！夫倍义而乡禄者，我常闻之矣；倍禄而乡义者，于高石子焉见之也。"

墨子的两个弟子都在卫国做官，一个因为嫌俸禄少而离开，另一个因为自己所追求的道义得不到认同和实行而离开。从墨子对待两个弟子完全不同的态度来看，墨子深明大义，并对其弟子产生了深刻的影响。

（五）墨子与越国

> 子墨子游公尚过于越。公尚过说越王，越王大说，谓公尚过曰："先生苟能使子墨子于越而教寡人，请裂故吴之地，方五百里，以封子墨子。"公尚过许诺，遂为公尚过束车五十乘，以迎子墨子于鲁，曰："吾以夫子之道说越王，越王大说，谓过曰：'苟能使子墨子至于

越，而教寡人，请裂故吴之地，方五百里，以封子。'"子墨子谓公尚
过曰："子观越王之志何若？意越王将听吾言，用吾道，则翟将往，
量腹而食，度身而衣，自比于群臣，奚能以封为哉！抑越不听吾言，
不用吾道，而吾往焉，则是我以义粜也。钧之粜，亦于中国耳，何必
于越哉！"

面对五百里封地的赏赐，墨子不为所动，坚持自己心中的道义，可见
墨子人格之高尚。

第二节　墨子里籍

墨子里籍问题，从清代开始不断有学者对此展开考证和讨论。概括起
来，主要有以下几种说法：一是宋国说；二是鲁阳说；三是鲁国说；四是
滕州说。此外还有齐国说、印度说等。

一　宋国说

宋国说的主要依据之一是古代各种史籍的相关记载。如《史记·孟子
荀卿列传》云："盖墨翟，宋之大夫，善守御，为节用，或曰并孔子时，
或曰在其后。"司马迁与墨子相距 300 年左右，其对墨子的记载只有这寥
寥数语，且其前用"盖"字，可见当时对墨子身世已经难得其详了。但他
的"宋之大夫"四字使很多人将墨子视为宋国人。此后，《汉书·艺文志》
《隋书·经籍志》《宋史·艺文志》《通志·艺文略》等承其说，皆曰墨子
为宋大夫。而东晋葛洪《神仙传》、南梁萧统《昭明文选·长笛赋》更是
说墨子为宋人。孙诒让《墨子间诂》也说："墨子十五卷，旧本题宋墨翟
撰。考汉书艺文志'墨子七十一篇'，注曰：'名翟，宋大夫。'隋书经籍
志亦曰：'宋大夫墨翟撰。'"[1] 但细究起来，不论是司马迁还是班固，他
们所说的均是墨翟为宋大夫，而没有说墨翟为宋人。墨子生活时代，饱学
之士远离故土到其他国家入仕做官非常普遍。况且，有很多学者通过对墨
子生平事迹的考证，认为他很可能一生都没有做过官，像梁启超、方授

---

[1]　（清）孙诒让撰，孙启治点校：《墨子间诂》，中华书局 2001 年版，第 651 页。

楚、孙广德、周长耀、冯成荣等都持这种观点。因此，不能简单地将墨翟做过宋国大夫就将其里籍定为宋国。

除了各种史籍中记载之外，还有部分学者将"止楚攻宋"视为墨子为宋国人的证据，认为墨子如果不是宋国人，为什么会冒着生命危险长途跋涉到楚国游说楚王？实际上，这是墨子推行自己"非攻"思想的一个典型表现，与他是不是宋国人无关。因为墨子凭借自己的辩才让统治者放弃战争并非只有这一次，还有劝说鲁阳文君放弃攻打郑国、劝说齐太公停止攻打鲁国等。由此可见，"止楚攻宋"只不过是墨子推行兼爱、非攻主张的一个事件而已，不能以此来说明他是宋国人。

不仅如此，《墨子》书中诸多记载也明确证明了墨子不可能是宋国人。《公输》篇载："公输盘为楚造云梯之械，成，将以攻宋。子墨子闻之，起于鲁，行十日十夜而至于郢，见公输盘。"当宋国将要遭到楚国攻打时，墨子并不在宋国，而是在鲁，昼夜兼程走了十日十夜到了楚国，说服楚王和公输盘放弃了攻打宋国的战争。如果墨子是宋国人，应该是从宋国出发，而不是鲁。另外，在成功游说楚王放弃战争后，墨子在返回的途中经过宋国，"子墨子归，过宋。天雨，庇其闾中，守闾者不内也"。从这条记载来看，墨子是"过"宋而不是"归"宋，并且守城的人还不让他入城，足见墨子并非宋国人。此外，《鲁问》篇载："子墨子仕曹公子于宋，三年而返，睹子墨子。"这条内容同样证明墨子不在宋国，而是派他的学生前去做官。由此看来，墨子既不可能是宋国人，也不太可能步他学生后尘到宋国去做大夫。

二　鲁阳说

鲁阳，即今河南省鲁山县，古称鲁、鲁县、鲁阳。据郭成智先生考证："尧之裔孙刘累迁鲁县后，就把原鲁山故城邱公城（现鲁山县城西三十里之邱公城遗址）改称鲁阳。经周初、春秋、战国至秦一直称鲁阳，汉以后称鲁阳县。"[①]《汉书·郡国志·南阳郡》载："鲁阳有鲁山，古鲁县，御龙氏所迁。"关于"鲁"，还有"东鲁"与"西鲁"之别，据刘蔚华先生考证："周武王克商后，曾进行了一次规模不大的分封，伯禽代周公首

---

① 郭成智：《墨子鲁阳人考论》，黄山书社1999年版，第6页。

先就封于鲁山地区，称鲁侯；武王死后，武庚勾结管叔、蔡叔发动叛乱，徐戎淮夷也起而暴乱，经过周公东征、成王践奄，才平定了叛乱。'昔武王克商，成王定之，选建明德，以藩屏周'，'固商奄之民，命以伯禽，而封于少皞之墟。'这时称为鲁公。"① 也就是说，河南鲁山是鲁国最初的封地，也就是西鲁。此外，台湾学者柏杨在《中国帝王皇后亲王公主世系录》中说："鲁国，共三十七任君，三十七侯，立国八百六十四年。建都：山东曲阜。亡于楚。（在第一任鲁公姬伯禽的备注一栏中有'原都鲁山后迁曲阜'的说明）"② 可见鲁山的确曾经做过鲁国的都城，再加上这里称鲁的时间要远早于鲁国的出现。所以，《墨子》一书中的"自鲁即齐""起于鲁"等所涉及的"鲁"，可以是鲁国，也可以是鲁阳。

最早提出墨子是鲁山人的是清代考据大家毕沅，他在《墨子注》中说："有司马迁、班固以为翟，宋大夫。葛洪以为宋人者，以公输篇有为宋守之事。高诱注吕氏春秋，以为鲁人则是楚鲁阳，汉南阳县，在鲁山之阳。本书多有鲁阳文君问答，又亟称楚四竟，非鲁卫之鲁，不可不察也。"③ 此后，清代学者武亿在所编纂的嘉庆《鲁山县志》中云："鲁即鲁阳，春秋时属楚，古人于地名两字，或单举一字，是其例也。"《路史·国名记》："鲁，汝之鲁山县，非充（奄）地。"当然，这些都是从地名方面来考证，一直以来存在着诸多争议。不过，从《墨子》一书中的相关记载来看，墨子为鲁阳人也存在诸多有力的证据。

1. 墨子止楚攻宋时"起于鲁，行十日十夜而至于郢"

《公输》篇载："公输盘为楚造云梯之械，成，将以攻宋。子墨子闻之，起于鲁，行十日十夜而至于郢，见公输盘。"相同的记载还见于《淮南子·修务训》："昔者楚欲攻宋，墨子闻而悼之。自鲁趋，而十日十夜，足重茧而不休息，裂衣裳裹足，至于郢。见荆王。"④《吕氏春秋·爱类》中也有："公输般为高云梯，欲以攻宋。墨子闻之，自鲁往，裂裳裹足，

① 刘蔚华：《墨子是河南鲁山人——兼论东鲁与西鲁的关系》，《中州学刊》1982 年第 4 期。

② 柏杨：《中国帝王皇后亲王公主世系录》，山西人民出版社 2008 年版，第 167 页。

③ （清）毕沅注，戴望校并跋，谭仪校：《墨子注》，《墨子大全》第 11 册，北京图书馆出版社 2002 年版，第 5 页。

④ 何宁：《淮南子集释》，中华书局 1998 年版，第 1324 页。

日夜不休,十日十夜而至于郢。"① 三处记载都说从"鲁"出发,十日十夜到达郢都。从距离上来看,鲁国距离郢都有两千多里之遥,步行十天根本不可能到达。而从鲁阳出发,出鲁阳关,经方城到南阳再到郢都,距离不到一千里,壮年时期的墨子步行十天完全有可能到达。从这个角度来看,文中的"鲁"当是鲁阳。

2. "臣北方之鄙人也"与"北方贤圣人"

《吕氏春秋·爱类》中有墨子到楚郢都之后与楚王的对话,第一句是"臣北方之鄙人也,闻大王将攻宋,信有之乎?"其中的鄙人,高诱注曰:"鄙,小也。"杨树达则认为"鄙当训野。高说非"。陈奇猷认为:"古者有官爵者为大人,一般人民为小人。鄙野之人当然是小人,则高注不误。"② 不难看出,此处的"鄙人"应当指的是边鄙之人,也就是说墨子自称北方边鄙之人,这与《鲁问》篇中"鲁之南鄙人,有吴虑者"的"南鄙人"一样,不能简单视为自我的谦称。实际上,这句话可以与前文"自鲁往,裂裳裹足,日夜不休,十日十夜而至于郢"合在一起进行分析。墨子从鲁阳出发,十天十夜到达郢都,其出发地如果在鲁阳,一是时间和空间上合理;二是鲁阳为楚国北部边境之地,也正符合"北方之鄙人"这一说法。除此之外,《渚宫旧事》中在鲁阳文君劝说楚惠王时称墨子为"北方贤圣人",其中的北方当指楚国的北方,而不是楚国之外的整个北方,郭成智先生对此有讨论,③ 兹不赘述。综合这两条,可以判定墨子为鲁阳人。

3. 关于"南游使卫"

大多数认为墨子不是鲁阳人的学者都会提到《贵义》篇中的"子墨子南游使卫,关中载书甚多"④。诚然,这条内容对研究墨子的行迹至关重要。但是,就其含义,我们认为前人的研究存在值得商榷的地方。

① 陈奇猷:《吕氏春秋新校释》,上海古籍出版社 2002 年版,第 1473 页。

② 陈奇猷:《吕氏春秋新校释》,上海古籍出版社 2002 年版,第 1476 页。

③ 郭成智:《墨子鲁阳人考论》,黄山书社 1999 年版,第 8—9 页。

④ 关于以"南游使卫"作为论证墨子里籍依据的论著可以参考方授楚《墨学源流》,《墨子大全》第 43 册,北京图书馆出版社 2003 年版;张知寒《再谈墨子里籍应在今山东滕州》,《文史哲》1991 年第 2 期;张振衡(张知寒)、徐治邦《墨子怎么又成了鲁阳人呢》,《墨子研究论丛》,山东大学出版社 1991 年版。

就此前的研究来看，大多数研究者将"南游使卫"视为同一件事，即墨子向南出使到卫国。如李渔叔的《墨子今译今注》将其译作"墨子南游出使卫国"①；方授楚在《墨学源流》中对其解释道："'墨子南游使卫'，若自鲁阳往卫，当云北游"②；钱穆在论证墨子为鲁人时说"贵义篇有墨子'北之齐''南游使于卫'诸语，同样是极好的证据"③。徐希燕在《墨子姓名里籍年代考》一文中说"又如《墨子·贵义》篇曰：'墨子南游使卫，'若自鲁阳往，当曰北游。以上各点完全否定了墨子出生鲁阳这一说法"④ 等。前人的这种解释乍一看来并无不妥，但细加分析就会发现其中有明显违背常理之处。

首先，"南游使卫"存在方位上的疑问。就学术界目前的研究成果来看，墨子主要活动区域在鲁阳、宋国、鲁国等地，其中鲁国的位置最靠北。然而，即使我们假定墨子长期生活在鲁国，将"南游使卫"解释为"墨子南游到卫国去"也同样于理不通。因为在墨子生活的年代，⑤ 卫国与鲁国的位置关系是卫位于鲁的西部略偏北方向。⑥ 这一时期卫国的都城在帝丘（今濮阳），⑦ 鲁国的都城在曲阜，它们的位置关系同样是前者在后者的西偏北方向。⑧ 如果墨子是从鲁国出使卫国，应该说"西游使卫"，而不是"南游使卫"。清代学者孙诒让在所著《墨子传略》中就说："（墨子）盖生于鲁而仕宋，其生平足迹所及，则尝北之齐，西使卫，又屡游楚。"⑨可见他已经认识到了"南游使卫"在方位上所存在的问题。如果墨子是从

① 李渔叔：《墨子今译今注》，台湾商务印书馆1974年版，第347页。

② 方授楚：《墨学源流》，《墨子大全》第43册，北京图书馆出版社2003年版，第79页。

③ 钱穆：《钱宾四先生全集》第六册，台北：联经出版事业公司1998年版，第8页。

④ 徐希燕：《墨子姓名里籍年代考》，《复旦学报》（社会科学版）1999年第1期。

⑤ 墨子生卒年代，本文采用徐希燕推算的公元前480-前389年，具体参《墨子姓名里籍年代考》。

⑥ 顾颉刚、章巽：《中国历史地图集》（古代史部分），地图出版社1955年版，第4页。

⑦ 《十三经注疏》整理委员会整理：《春秋左传正义》，北京大学出版社1999年版，第467页。

⑧ 谭其骧：《中国历史地图集》第一册，中国地图出版社1982年版，第24-25页。

⑨ （清）孙诒让撰，孙启治点校：《墨子间诂》，中华书局2001年版，第680页。

鲁阳或宋国出发，则应该是"北游"。因此，无论墨子从鲁国还是鲁阳、宋国出发，"南游使卫"均存在方位上的错误。

其次，"南游使卫"还存在语义上的冲突。因为"游"的意思是"游学""游历"等，属于私人活动，在春秋战国时期比较常见，很多当时的文化名人如孔子等都曾周游列国，目的是向诸侯国君推行自己的政治主张。而"使"的意思是"出使"，是接受派遣的官方活动，通常是代表某个诸侯出使。如果把"南游"和"使卫"视为同一件事，就会在语义上产生冲突，无法分辨这件事到底是私人活动还是官方派遣。

对于"南游使卫"中所存在的方位问题，此前已经有学者进行过推理。如孙以楷先生在《墨子生平考述》中推定墨子的主要活动区域在离泰山很近的齐鲁交界地区，并以此认为墨子从该处"南游使卫"成立。① 但他所依据的三条内容都不具有足够的说服力，因此无法令人信服。此外，张永义先生认为"卫在鲁之西南"，并以此认为"南游使卫"的说法符合当时的实际。② 遗憾的是，张先生在文中并未提供任何明确的解释，令人无从得知他的依据。从鲁、卫两国的实际位置来看，认为"卫在鲁之西南"明显与事实不符。

不管此前的学者如何寻找证据进行尽可能合理的解释，"南游使卫"始终存在方位和语义这两个无法回避的问题。实际上，前人早就已经注意到"南游使卫"中所存在的问题。

对于"南游使卫"，清代以来不断有学者进行质疑和解释。如毕沅在所注《墨子》中解释道："北堂书钞作'使于卫'"③；孙诒让《墨子间诂》注说："毕云：北堂书钞作'使于卫'。"④ 王焕镳《墨子集诂》注曰"焕镳案：墨子自谓'上无君上之事，下无耕农之难'，似无奉命出使之事，'使'字当从《北堂书钞》作'于'"⑤；他在《墨子校释》进一步解

---

① 孙以楷：《墨子生平考述》，《唐都学刊》2001 年第 4 期。

② 张永义：《墨——苦行与救世》，广东人民出版社 1996 年版，第 10 页。

③ （清）毕沅注，戴望校并跋，谭仪校：《墨子注》，《墨子大全》第 11 册，北京图书馆出版社 2002 年版，第 317 页。

④ （清）孙诒让撰，孙启治点校：《墨子间诂》，中华书局 2001 年版，第 445 页。

⑤ 王焕镳：《墨子集诂》，上海古籍出版社 2005 年版，第 1058 页。

释说："'使'当为'于'字之误"①；张纯一在《墨子集解》中说："毕(沅)云：北堂书钞作'使于卫'。杨校、孔本书钞一百一引无使字。纯一案无使字是。此文疑本作子墨子南游于卫"②等。从前人的这些解释不难看出，他们都对"南游使卫"这一说法存在疑问。

笔者认为，"南游使卫"这句话本身没有问题，是后人理解错误而导致句读出现了问题。该句正确的句读应该是："子墨子南游，使卫，关中载书甚多。"如果按照这种断句方法，方位和语义都不存在任何争议。这种句读并非笔者一人之见，如程千帆先生就认为"南游"和"使卫"不是同一件事。③

我们首先来分析"南游"，就《墨子》一书的记载来看，墨子南游主要有两次，第一次是《公输》中所载的"止楚攻宋"；第二次是《贵义》中所载的"南游于楚"。其中，墨子第一次游楚是步行前往，没有乘车，而且时间紧急，不可能随身携带大量书籍。墨子第二次"南游于楚"的情况就大为不同了。此时的墨子"弟子弥丰"，已经是当时重要学派的代表人物了，所以他能够"献书惠王"。对于这件事，《渚宫旧事》载："墨子至郢，献书于惠王。王受而读之，曰：'良书也。寡人虽不得天下，而乐养贤人，请过。'进曰：'百种以待官，舍人不足，须天下之贤君。'墨辞曰：'翟闻贤人进，道不行不受其赏，义不听不处其朝。今书未用，请遂行矣。'将辞王而归。王使穆贺以老辞。"④从这些记载中可以看出，墨子这次南游，是随身带了书籍前往，而且此时墨子已经拥有了一定的经济实力，所以乘车游楚也符合他的身份。由此，笔者认为这次楚国之行应该就是"南游，使卫"中的这次南行。不过，此时的墨子虽然已经有了一定的社会地位，但他仍是一介平民。这从《贵义》中"子墨子说穆贺，穆贺大说，谓子墨子曰：'子之言则成善矣，而君王，天下之大王也，毋乃曰'贱人之所为'而不用乎？"一句就可以看出。因此，此时墨子所进行的还是私人性质的游学，没有代表国君出使的意思。

---

① 王焕镳：《墨子校释》，浙江古籍出版社1987年版，第354页。
② 张纯一：《墨子集解》，成都古籍书店1988年版，第430页。
③ 程千帆、徐有富：《程千帆先生全集》（第四卷），河北教育出版社2000年版，第66页。
④ 袁华忠译注：《渚宫旧事》，湖北人民出版社1999年版，第100页。

相对于南游来说，"使卫"已经带有明显的官方性质。在《贵义》中有一段墨子与卫大夫公良桓子的谈话，可以视为这次出使的证据之一。就目前已知的记载来看，《史记·孟子荀卿列传》中有："盖墨翟，宋之大夫，善守御"①；《汉书·艺文志》中有"《墨子》七十一篇。"班固注曰："名翟，为宋大夫"②，二者俱载墨子曾仕宋为大夫。孙诒让据此在所著《墨子传略》中对"南游使于卫"一事进行了简单解释："此不详何年，据云'使于卫'，或仕宋时奉宋君之命而使卫也。"③ 郑杰文在所著《墨子游鲁齐越宋卫楚考》中说"齐、越、宋之外，墨子曾'南游使卫'。《贵义》：'子墨子南游使卫，关中载书甚多。'既言'使卫'，当受派遣，此或在仕宋之时?"④ 从上述记载和论述来看，墨子可能在宋国做过大夫，并在此期间代表宋国出使过卫国，与卫国大夫公良桓子进行过会晤。

另外，出土文书中的有关记载也可以为"南游"和"使卫"不是同一件事提供有力的证据。在敦煌莫高窟藏经洞出土的写本文书 P. 2607 号《勤读书钞示颣等》载："墨子使卫载书多，唐子怪而问之曰：'今子使卫载书多，何也?'答曰：'昔周公旦日读书百篇，夕见七十士，以相天下而犹若此，况吾无事，何敢废耶!'"⑤ 这条记载与《贵义》中的内容基本一致，其最主要的区别就是没有提到"南游"而只是将"使卫"单独列出，足见作者未将二者理解为同一件事。

最后，"南游"和"使卫"的时间顺序也完全符合当时的实际情况。"南游"时，墨子的身份还是"贱人"，尚未做官，他只是想向楚惠王推销自己的政治主张。而墨子仕宋当在此之后，"使卫"因此要晚于"南游"。

综上所述，不能将"南游"和"使卫"视为同一件事，更不能将其作为判断墨子里籍和主要活动区域的依据。

4.《墨子》一书中的方言问题

《墨子》一书中具有鲜明地方特色的方言词也可以作为墨子里籍考证

---

① （汉）司马迁：《史记·孟子荀卿列传》，中华书局 1959 年版，第 2350 页。

② （汉）班固：《汉书·艺文志》，中华书局 1962 年版，第 1738 页。

③ （清）孙诒让撰，孙启治点校：《墨子间诂》，中华书局 2001 年版，第 689 页。

④ 郑杰文：《墨子游鲁齐越宋卫楚考》，《管子学刊》2006 年第 4 期。

⑤ 上海古籍出版社、法国国家图书馆：《法藏敦煌西域文献 16》，上海古籍出版社 2001 年版，第 217-218 页。

的重要依据。虽然墨子生活的年代已经相当久远，但其中的一部分方言词直到今天仍在河南鲁山一带使用。

（1）隆火 《非攻下》："予既受命于天，天命融隆火于夏之城间西北之隅。"毕沅《墨子注》对"隆"字的解释是"疑作降""言命祝融降火"。① 王焕镳《墨子校释》解释道："融：即'祝融'，古代神话中的火神。隆：即'丰隆'。火：焚，作动词用。"② 不难看出，此前学者在对"隆火"一词的解释有分歧。造成分歧的主要原因是不知"隆火"为方言词。在河南鲁山一带，人们将"生火""点火"称为"隆火"，是生活中的常用词。理解了"隆火"一词的真正含义，这句话也就变得很容易理解了。

（2）荡口 《贵义》："子墨子曰：'不足以迁行而常之，是荡口也。'"《耕柱》篇中，墨子在同鲁阳文君对话时说："言以复行者常之，不足以举行者勿常，不足以举行者而常之，是荡口也。"在本篇中与巫马子对话又说："子之言恶利也？若无所利而言，是荡口也。"对"荡口"一词的解释，此前的学者不尽相同。孙诒让《墨子间诂》释为"盖谓不可行而空言，是徒敝其口也"③。王焕镳《墨子校释》释为"空言妄语"④。李渔叔《墨子今注今译》释为"徒费口舌"⑤。虽然从上下文的联系来看，上面几种解释都可以成立，但都不够准确。实际上，在河南鲁山，至今仍有"荡子嘴"或"汤子嘴"的说法，既有白费口舌之意，也指夸夸其谈之人。很明显，以这种解释去理解文中的"荡口"更为准确与恰当。

（3）安生生 《尚贤下》："若饥则得食，寒则得衣，乱则得治，此安生生。"对"安生生"一词的解释，各家也有分歧。孙诒让引王引之的解释说："安犹乃也。言如此乃得生生也。"⑥ 张纯一《墨子集解》承袭了这种解释。而王焕镳则将其解释为："安：怎样。生生：先秦常语，有自强

---

① （清）毕沅注，戴望校并跋，谭仪校：《墨子注》，《墨子大全》第11册，第137页。

② 王焕镳：《墨子校释》，浙江古籍出版社1987年版，第159页。

③ （清）孙诒让撰，孙启治点校：《墨子间诂》，中华书局2001年版，第432页。

④ 王焕镳：《墨子校释》，浙江古籍出版社1987年版，第337页。

⑤ 李渔叔：《墨子今译今注》，台湾商务印书馆1974年版，第332页。

⑥ （清）孙诒让撰，孙启治点校：《墨子间诂》，中华书局2001年版，第71页。

不息以得生存的意思。"① 此外，还有部分学者认为"安生生"应该是"安生"一词，后面的"生"字属于传抄过程中的衍误。鲁山方言中，"安生生"一词有两层含义：一是生活安稳、安宁；二是安静的意思。如果以鲁山方言的含义去解释，则与该句中的语意完全相符。

（4）强梁 《鲁问》："譬有人于此，其子强梁不材，故其父笞之。"其中的"强梁"一词，孙诒让注为："《庄子·山木》释文云：'强梁，多力也。'《诗·大雅·荡》毛传云：'强梁，御善也。'孔疏云：'强梁，任威使气之貌。'"② 王焕镳释为"凶暴，强横"。③ 在鲁山方言中，"强梁"一词意为做事或性格强横、霸道，和孙、王的解释相近，但更为准确。

（5）将养 《尚贤中》："内有以食饥息劳，将养其万民，外有以怀天下之贤人。"《非命上》："外无以应持诸侯之宾客，内无以食饥衣寒，将养老弱。"孙诒让的解释是："俞云：'将'当作'持'。持养乃古人恒言，详见七患篇。此作'将养'形似而误。天志中篇正作'内有以食饥息劳，持养其万民'，可据以订正。非命上篇'将养老弱'，亦持养之误。"④ 张纯一《墨子集解》解释说："王树枏云：将亦养也。诗四牡不遑将父传、桑柔天不我将笺，皆云将养也。天志篇持养，亦当作将养。吴执甫曰：'陶诗将养不得节，与此将养正同。'纯一案：将养、持养皆古义。不必破此从彼，或破彼从此。"⑤ 王焕镳《墨子校释》释为："持养、保养。"⑥ 鲁山方言中，"将养"一词有调养、赡养和抚养等含义，通常用于对病人、老弱之人的调养休息，《墨子》中的将养正是此意。因此，《天志中》篇"持养其万民"，应该是"将养其万民"。

（6）请、情 在《墨子》一书中"请"和"情"两个词释义一直有争议。《墨子》中"请""情"除了常用词义之外，尚有16处存在一定的争议或者误解。例如：

---

① 王焕镳：《墨子校释》，浙江古籍出版社1987年版，第71页。

② （清）孙诒让撰，孙启治点校：《墨子间诂》，中华书局2001年版，第469页。

③ 王焕镳：《墨子校释》，浙江古籍出版社1987年版，第384页。

④ （清）孙诒让撰，孙启治点校：《墨子间诂》，中华书局2001年版，第50页。

⑤ 张纯一：《墨子集解》，成都古籍书店1988年版，第52页。

⑥ 王焕镳：《墨子校释》，浙江古籍出版社1987年版，第50页。

①故古者圣王唯而审以尚同，以为正长，是故上下情请为通。（《尚同中》）

②今天下之王公大人士君子，请将欲富其国家，众其人民，治其刑政，定其社稷。（《尚同中》）

③今洁为酒醴粢盛，以敬慎祭祀，若使鬼神请有，是得其父母姒兄而饮食之也，岂非厚利哉！若使鬼神请亡，是乃费其所为酒醴粢盛之财耳。（《明鬼下》）

例①"是故上下情请为通"，孙诒让释为："王云：此本作'是故上下请通'，'请'即'情'字也。墨子书多以'请'为'情'，今作'情请为通'者，后人旁记'情'字，而写者遂误入正文，又涉上文'以为正长'而衍'为'字耳。"① 张纯一看法与孙诒让同。② 王焕镳释为："请：通'情'。上下情通：即下文所说的下为上兴利，上为下消怨除害。"③ 不难看出，大家都以"请"通"情"来解释。萧鲁阳在《墨子元典校理与方言研究》一书中，对"请"和"情"字有过精深的研究。在鲁山方言中，有一个使用比较广泛的副词"清"，其含义有真的、真正、实在、就是、专门、特意、完全、本来、尽是等，在多数语境中，"清"字重读，有加强语气的作用。例①"请"萧鲁阳释为"请，鲁山方言，读若清。意为上下情清是通"④。

例②"请"，孙诒让云："王云：'请即诚字。'案：说详节葬下篇。俞云：'请'上夺'中'字。墨子书多以'请'为'情'，中请即中情也。下篇曰'今天下王公大人士君子，中情将欲为仁义'，是其证也。后人不知请之当读为情，故误删'中'字耳。尚贤篇曰'且今天下之王公大人士君子，中实将欲为仁义'，中实亦即中情也。"⑤ 张纯一看法与孙诒让同。⑥

① （清）孙诒让撰，孙启治点校：《墨子间诂》，中华书局2001年版，第87页。

② 张纯一：《墨子集解》，成都古籍书店1988年版，第83页。

③ 王焕镳：《墨子校释》，浙江古籍出版社1987年版，第91页。

④ 萧鲁阳：《墨子元典校理与方言研究》，西安地图出版社2003年版，第84页。

⑤ （清）孙诒让撰，孙启治点校：《墨子间诂》，中华书局2001年版，第89页。

⑥ 张纯一：《墨子集解》，成都古籍书店1988年版，第85页。

王焕镳云:"即'诚'字。"① 各家基本上都接受了王念孙的看法,即"请即诚字"。萧鲁阳解释:"此请读如清,乃鲁山方言。王念孙以诚训请,不确。俞氏谓夺'中'字,亦不确。鲁山方言中的清字,有完全、尽、净、真等意思。"②

例③两处"请"字,孙诒让对第一个"请"字的注释为:"请,毕本改'诚',云:旧作'请',一本如此,下依改。案:道藏本、吴钞本并作'请',此篇多以'请'为'诚',详前。"对第二个"请"字的解释为:"请,毕本作'诚',道藏本、吴钞本作'请',今据改。"③ 萧鲁阳认为这两处的"请"与前面相比略有不同,他又做了较为详细的补充:"鲁阳曰:请读如清。鲁山方言,真的意思。鲁山话今仍有:'请是有','请是没有'的说法。'请是有',意为真是有。'请是没有',意为原本就没有。'请是捣哩',意为全是假招呼。'某某请是诳人哩',意为存心骗人。故这个'请'字是鲁山方言,有真的意思,完全的意思,专门的意思。下文的'鬼神请亡',就是'鬼神清是没有'。'鬼神者固请无有',即鲁山话的'鬼神本来请是没有'的书面写法。墨子把鲁山方言写入书中时,稍改为文言,但变化并不太大,读者可以明鉴。本文第二段的'请惑闻之见之'的请,也同此用法。孙诒让和王念孙虽都意识到墨子书中多以情、请为诚,但不知道鲁山方言中此种用法。"④ 他认为文中"请有""请亡"应该就是鲁山方言中常用的"清是有"和"清是没有"。

综前所述,墨子一书中多处出现的"请"和"情"字,不管是在词义还是用法方面都与今天鲁山一带方言中的"清"字相同。因此,可以肯定这两个字实际上就是今天鲁山一带仍然广为沿用的"清"字,是当地方言中一个重要的带有强烈感情色彩的常用字。值得注意的是,这些"情"或"请"字所出现的语句几乎都是"子墨子曰",也就是说这些都是墨子当时所说的话。而形成鲜明对比的是,书中大量的叙述性内容中几乎没有出现这两个字。因此,我们可以断定,墨子当时所使用的语言应该就是鲁山一

---

① 王焕镳:《墨子校释》,浙江古籍出版社1987年版,第93页。

② 萧鲁阳:《墨子元典校理与方言研究》,西安地图出版社2003年版,第85页。

③ (清)孙诒让撰,孙启治点校:《墨子间诂》,中华书局2001年版,第249页。

④ 萧鲁阳:《墨子元典校理与方言研究》,西安地图出版社2003年版,第213-214页。

带的方言。而能够熟练掌握、运用一种方言，即使不能说明墨子确定是出生于鲁山，也至少能够证明他曾长期生活在鲁山一带。

5. 有关墨子的历史遗存

今天，在鲁山及其附近地区仍存在着大量与墨子有关的历史遗存，其中包括与墨子有关的遗址、遗迹以及以墨子为主要信仰对象的地方民间信仰。

（1）墨子故里碑。在鲁山县尧山镇二郎庙村原有一块"墨子故里"石碑，据曾经见过这块石碑的张官文老人（1919 年 8 月生）口述：

> 我所见过的"墨子故里碑"，距原山陕庙门前大约 4 尺多远。庙前与碑之间，隔有一条宽约 2 尺的小水沟（路边沟），碑立路边。当时，山陕庙前共有三通石碑，东边为"墨子故里"碑，中间为山陕庙碑，西边大约为记录捐资修庙碑，中、西二石碑均为小字，碑文已记不清。三通碑，中间山陕庙碑，比东、西两碑稍高，均有碑楼。墨子故里碑，全高约 6 尺，宽 2 尺有余，此碑为灰黑色石碑，上面顶部为圆头。石碑上，仅中间刻有"墨子故里"四个大字，为欧体，每字大约 14 厘米×14 厘米，"里"字离碑座上平面约 25 厘米……

此碑，大约在民国二十四年（1935）秋季，二郎庙街第一次扩路（由嵩县车村乡一宋姓小军阀出资修二郎庙街至车村的小公路，后因资金问题中途夭折）时，由当时山陕庙主事人窦同襄乡绅领人拆掉，并运到他家保管，后不知去向。①

《墨子鲁阳人考论》一书中记载：

> 现年 78 岁的代洪喜老人说："墨子故里碑是民国二十四年（1935）秋，二郎庙村第一次扩街修路时拆掉的，东街绅士窦同襄把拆掉的碑运他家去了。"据位于二郎庙村东 15 公里的赵村街 81 岁的李万善老人回忆说："1942 年汤恩伯部姚伟团驻赵村、上汤一带。……姚伟把东起下汤、西至嵩县车村，沿大路两旁的石碑全部运往上汤，铺地基用了。'墨子故里'石碑也给运去，那天我去上汤洗澡，见到

---

① 中国人民政治协商会议鲁山县委员会文史资料研究委员会编印：《鲁山文史资料》第 17 辑，2000 年 12 月，第 68-69 页。

'墨子故里'碑和其他很多碑摞在那里。从那以后，不知墨子石碑搁哪儿了。"①

（2）与墨子活动有关的遗址、遗迹。由于墨子长期在鲁山生活，留下了大量与其相关的遗址、遗迹。例如：

①位于尧山镇的竹园村墨子故居

②位于赵村乡的墨子晒布崖、墨莲池

③位于库区乡的救鲁阳文君放火台处

④位于熊背乡的墨子隐居处——土掉沟、黑隐寺、墨子洞

⑤位于瀼河乡的墨子聚徒学艺处——茅山道院遗址

⑥位于辛集乡的墨子打出并使用的墨子井

⑦位于库区乡的墨子为鲁阳文君解围"日返三舍"处——娘娘山、抱子坡

⑧位于尧山镇的墨子弟子相里氏后裔聚居处——相家沟村

（3）与墨子信仰有关的纪念遗存。千百年来，鲁山人民一直尊奉墨子为圣人，直到今天，墨子依然为当地百姓所热爱与敬仰，鲁山县及其周边地区还保存有数量可观的用来祭祀圣贤墨子的墨子庙、墨子祠等：

①坐落于赵村乡三岔口的墨王庙，房子三间，神像是墨子

②坐落在昭平台库区乡北边程庄一带的金山寺中有墨子像

③坐落于大石垛山上的墨子祠中有墨子像和壁画（熊背乡）

④坐落于辛集乡徐营村的穷爷庙，供奉穷人的代表——穷爷墨子

⑤坐落于下汤镇朝阳观"会仙堂"的诸鲁山籍的"仙神"以墨子为主位

⑥坐落于四棵树乡与团城乡交界处白云山上的墨爷庙

⑦坐落在辛集乡龙鼻村四峰山上的墨爷庙

⑧坐落于辛集乡西阳石村润国寺中的尚义殿，为一配殿，供奉有墨子

⑨坐落于赵村乡中汤村灵凤山上的墨子祠

⑩坐落于中汤村大街墨莲池旁的坑染祖师庙，供奉墨子（赵村乡）

⑪坐落于尧山镇西竹园村的墨爷庙，供奉墨子

---

① 郭成智：《墨子鲁阳人考论》，黄山书社1999年版，第69-70页。

⑫坐落于尧山镇墨子出生地墨庙村的墨爷庙，供奉墨子

⑬坐落于尧山上的尧祠下边有墨奉殿及著经阁等

在上述信仰中，历史悠久的"穷爷"信仰是当地最具特色一个地方信仰。相传，当地一个穷老汉常年到各种庙内烧香，祈求发家致富，但始终不能如愿。他认为他先前所拜的神灵都是保佑富人的，像他这种穷人没有丰厚的供品，神灵是不会保佑他的，所以他就想到要找一位能够保佑穷人的神灵来祭拜。他认为墨子最爱穷人，就用三块砖头搭成小庙，里面供奉墨子牌位，并取名穷爷庙。财主们感到"穷爷"晦气，就一脚踢了他的"穷爷庙"。后来，找来一个破了缺口的大石臼，倒扣起来做穷爷庙，这才保存下来。如今，位于辛集乡徐营村的穷爷庙有庙堂三间，香火一直很旺，当地百姓说"穷爷"很灵，专门保佑穷苦百姓，烧香许愿的人络绎不绝。

总的看来，无论是《墨子》等古籍中的记载，还是目前鲁山地区的方言、遗迹、遗址和信仰都说明墨子至少是长期生活在鲁山，所使用的也是鲁山方言，说墨子是鲁山人是符合情理的。

三　鲁国说

主张墨子为鲁国人的学者主要有孙诒让、梁启超、胡适之、方授楚、蒋伯潜、严灵峰、李绍昆、冯成荣等人。冯成荣先生将前人研究的一些证据进行了总结，概括来说主要有以下几条：

一、墨子出生在鲁国：（一）吕氏春秋当染篇说："鲁惠公使宰让请郊庙之礼于天子，桓王使史角往，惠公止之，其后在于鲁，墨子学焉。"案惠公与桓公不相值，二者必有一误。但自惠公至衰公，十三君十世；桓王至敬王十二君十一世。由史角到墨子之时，当逾十世矣。然则史角之后人，明非史官而以私人讲学也。墨子必定不是学于史角，而系学于史角之后人，其后即史角之后人也。墨子在鲁亲师求学读书，当时之年龄仅有六岁，据陈顾远墨子政治哲学说："这就是表明墨子所亲之师，而又明言在鲁。那么，博习亲师，都是庠里的事情，庠里的学生，是由塾里升上来的；入塾的年龄为六岁，是墨子六岁时就在鲁国念书，可见他一定是鲁国人了。"（二）陈顾远又根据淮

南子记载说:"墨子学儒者之业,受孔子之术,这话虽不尽可靠,但是墨子受儒家影响是很大的。当孔子死的时候,墨子年龄,据我考定,当为十四五岁,已到视博习亲师的期限,学问的方针,早已定了;攻击儒家的意思,也露出端倪了。这个时候以前,孔门弟子未散,儒家只以鲁国为限,还没有分布各地;他既然受儒家的影响,必在鲁国无疑。"陈氏的考证,虽未必十分确定,然墨子当时年龄很轻则无疑问。如此弱冠之年龄,再加上古代交通不便,文化语言不通,不可能旅居印度及阿拉伯,既在鲁国学于史角之后人,鲁国为墨子的出生地则毫无疑问矣。

二、墨子久居在鲁国:根据墨书之记载,墨子确实久居在鲁国。(一)贵义篇说:"子墨子自鲁即齐,过故人。"(二)鲁问篇又说:"越往为公尚过束车五十乘。以迎子墨子于鲁。"(三)吕氏春秋爱类篇也说:"公输般为云梯,欲以攻宋,墨子闻之,自鲁往见荆王曰,臣北方之鄙人也。"(四)淮南子修务篇也说:"自鲁趋而往,十日十夜至于郢。"(五)孙诒让墨子传略也说:"案此,盖因墨子为大夫,遂以为宋人,以本书考之,似当以鲁人为是。"由以上的五证就可以证明墨子出生在鲁国,久居在鲁国,再由越王为公尚过备车五十乘,前往鲁国迎接墨子,墨子前往他国,也都是从鲁国出发的,凡此种种的活动记载,都可以证明墨子久居在鲁国,以鲁国为其根据地。

三、鲁国为墨子的活动中心:(一)贵义篇说:"子墨子北之齐,遇日者,日者曰,帝以今日杀黑龙于北方,而先生之色黑,不可以北。"按当时的齐国首都在山东临淄,正是在鲁国的东北方,自鲁国前往,所以才说北之齐。假定墨子为齐国人,就不必北之齐了。(二)公输篇说:"公输般为楚造云梯之械成,将以攻宋,子墨子闻之,起于鲁……行十日十夜而至于郢。"证明墨子为鲁国人,如果墨子为楚国人,不可能有起于鲁之事了。(三)公输篇又说:"吾从北方闻子为梯,将以攻宋。宋何罪之有?"正因为楚国在南方,鲁国在北方,所以才有我从北方闻子为梯的说法,假定墨子为楚人、印度人或阿拉伯人,应该说我从南方或西方闻子为梯才对。(四)公输篇又说:"子墨子归,过宋,天雨,庇其闾中,守闾者不纳也。"墨子自楚归鲁,当经过宋国,假定墨子为宋人或楚人,怎能有子墨子归,过宋之事。足证墨子是鲁国人。（五）贵义篇说："子墨子南游于卫，关中载书甚多。"因为卫国在鲁西南，故曰南游。（六）贵义篇又说："子墨子南游于楚，见楚惠王。"楚国在鲁之南方，故曰南游。（七）非攻中篇有："南则荆吴之王，北则齐晋之君……东方有莒之国者……虽南者陈蔡。"诸语，因为墨子是以鲁国为中心，来看四方的荆吴是鲁之南方，故说南。齐晋在鲁之北，但晋国确在鲁之西，但古人避讳说西，又惯于两字连缀使用，故说北则齐晋之君，莒在鲁之东，即今日之莒县，在青岛附近，故说东，陈蔡两国均在鲁国南方，即今日之河南省豫南上蔡、陈州等地，故曰虽南者陈蔡。可证墨子是以鲁国为中心。

　　由以上考证，墨子确实是生长在鲁国，长居在鲁国，又以鲁国为活动的中心，证明为鲁国人，真是铁证如山了。[①]

下面我们对这些证据逐条进行讨论。

首先，认为墨子出生在鲁国所依据的有陈顾远先生所提出的两条证据，即"鲁惠公使宰让请郊庙之礼于天子，桓王使史角往，惠公止之，其后在于鲁，墨子学焉"（《吕氏春秋·当染》）和"墨子学儒者之业，受孔子之术"（《淮南子·要略》）。这两条证据均不能证明墨子出生在鲁国和从小就生活在鲁国，因为这两条证据可能说的是同一件事，即青年时期的墨子到鲁国去跟着史角的后人学儒。另外，陈先生考订孔子去世时，墨子已经十四五岁，众所周知，孔子去世的时间是公元前479年，而墨子出生的时间前文已经探讨过，即公元前480年（前后误差不超过3年），所以，说"这个时候以前，孔门弟子未散，儒家只以鲁国为限，还没有分布各地；他既然受儒家的影响，必在鲁国无疑"是毫无根据的。

其次，冯先生认为墨子久居鲁国，但其所依据的"子墨子自鲁即齐""以迎子墨子于鲁""自鲁往见荆王曰""自鲁趋而往"等条内容中的"鲁"前面已经有专门论述，不能确定就是"鲁国"。像"公输盘为云梯，欲以攻宋，墨子闻之，自鲁往见荆王曰，臣北方之鄙人也"和"自鲁趋而往，十日十夜至于郢"前文已论证确定是从"鲁阳"出发。因此，仅以这些证据来证明墨子久居鲁国是站不住脚的。

---

　　① 冯成荣：《墨子行教事迹考》，《墨子大全》第54册，北京图书馆出版社2002年版，第491–494页。

最后，此前学者认为鲁国是墨子的活动中心，其第一条说"子墨子北之齐"能够证明墨子是从鲁国出发去的齐国，因为齐都临淄在鲁都曲阜的东北方，这种解释过于牵强，因为齐国也在鲁阳和宋国的北方。因此，以这种证据来论证鲁国是墨子的活动中心是缺乏说服力的。第二条、第三条论据前面已经做过讨论，不再赘述。第四条的"子墨子归，过宋，天雨，庇其闾中，守闾者不纳也"。这也是此前学者认为墨子不是宋人或楚人的重要证据，实际上，这一条只能算是墨子不是宋人的有力证据，但不能据此认为墨子不是鲁阳人。综合墨子止楚攻宋的全部内容来看，在说服楚王的时候，墨子已经对楚王说过他派弟子禽滑厘等在宋国守城。当成功说服楚王和公输盘放弃进攻宋国后，墨子无论是为了给宋国报告这个好消息，还是带领弟子跟随自己返回鲁阳，其绕道宋国的可能性都非常大。所以，这并不能说墨子就是要返回鲁国。第五条、第六条两条论据，前面也已进行过专门的讨论。第七条所罗列的《非攻中》篇有："南则荆吴之王，北则齐晋之君……东方有莒之国者……虽南者陈蔡"等内容，被冯先生解读为墨子是以鲁国为中心来划分方位。实际上，冯先生自己也意识到这样说存在一个问题，那就是晋国在鲁国之西，而不是北方，冯先生将其解释为"古人避讳说西，又惯于两字连缀使用，故说北则齐晋之君"。但是，如果我们以鲁阳为墨子的活动中心，则这个问题就不复存在，晋国正好就是在鲁阳的北方。因此，冯先生的这种"鲁国"是墨子活动中心的说法也是缺乏足够说服力的。

总的来说，孙诒让、梁启超、胡适之、方授楚、蒋伯潜、严灵峰、李绍昆、冯成荣等先生认为墨子是鲁国人的说法都缺乏有力的证据。我们认为墨子肯定去过或者在鲁国生活过，但是否长期生活在鲁国值得商榷。

四 滕州说

相比较宋国说、鲁阳说、鲁国说，滕州说出现最晚。力主滕州说的是张知寒先生，在其《再谈墨子里籍应在今之滕州》一文中①，他罗列了五条证据：

第一，墨子是目夷子的后裔，而"目夷子的后人，均生息发展于'目

---

① 张知寒：《再谈墨子里籍应在今之滕州》，《文史哲》1991 年第 2 期。

夷',而'墨子实为目夷子的后裔',可知墨子也生长于'目夷'",他甚至认为墨子"可能就是出生于小邾国的末代目夷子"。

第二,从墨子思想学术的渊源上看,张先生认为:"墨子的学说只能是'邾娄文化'区的产物。因为这个地区物产丰富,水陆交通都很方便,手工业、商业特别发达,而且文化也较其他地区先进,具备培育杰出人才的各种客观条件。"张先生还认为:"如果他们(孔墨)不成长在重仁义、讲伦理的'邹鲁文化'地区,就很难培养出讲'仁爱'或'兼爱'为主旨,以利他为特色的孔墨思想,因为当时的其他文化区,尚不具备培养高水平人才的社会条件。就拿当时比较好的'荆楚文化区'的情况来说,也很难办到。因为'荆楚文化'是富有浓郁的浪漫主义色彩的艺术型文化。……再说'燕晋文化'区,也同样办不到。……西方的'戎秦文化'更不可能。……综观当时各地的情况,我认为:只有邾娄或邹鲁文化区里,才能培养出讲道德、说仁义、重伦理关系的孔、墨一类的思想家。这是历史已证明了的事实。"

第三,从科技发展的渊源上来看,如墨子不生长在三邾地区,也不可能取得那么高的科学成就。

第四,张先生指出《庄子·天下篇》说:"墨者,以跂蹻为服。"他认为:"跂蹻原为屦,亦从夷(尸)而来,可知它为邾娄族所制。"墨子生长于邾娄,服其乡人所服,以证从夷之谊。三邾地区,自古就有爱鸟、敬鸟的习俗。这里的居民,把"玄鸟"视如祖先。墨子之所以以"翟"为名,就是因为"翟"(亦名天翟)乃凤凰的别名,而凤凰又为"玄鸟"衍化而来。墨子用"翟"为名,以示不忘所出,也可证明他乃小邾国的遗民。

第五,在今之滕州境内,尚有不少与墨子有关的遗址、遗迹。如目夷子墓、墨子曾在那里"叹染丝"的"染山""目台山""目夷亭",以及"沂河"等。

张先生的主要论据是墨子为目夷的后代,而邾娄地区有大量与目夷相关的遗址、遗迹,并且这里的文化底蕴深厚,只有这里才能孕育出孔墨这些大思想家。然而,墨子为目夷的后代只是顾颉刚、童书业两位先生在论著中偶尔提及的一种推测,并无严谨的论证,也没有得到学术界的公认。而墨子为孤竹君之后,乃于史有载,也是墨学研究者的共识。张先生以这种本身就存在问题的说法作为论证的依据,无法得出令人信服的结论。另外，张先生所说的只有邾娄地区才能培养出孔墨这样的思想家，并列举了燕晋文化区、荆楚文化区、戎秦文化区等不可能产生这样伟大的思想家，他很巧妙地回避了中原文化区，使邾娄地区俨然成为当时中国的文化中心。由于潘民中、郭成智、杨晓宇、萧鲁阳等先生已经就上述问题进行过详尽而精深的讨论，本书不再赘述。总的来说，滕州说缺乏有说服力的证据，有待将来进一步澄清。

除了上述几种说法外，还有墨子为印度人、阿拉伯人等说法，均无有力证据，这里不再讨论。

第三节　墨子其书

《墨子》一书是战国时期墨家学派有关墨学著作的合集，是由墨子、墨子弟子或墨家后学在不同时期编纂而成，集中反映了墨学思想。

一　《墨子》简介

在先秦诸子百家中，儒、墨两家的影响最大，《韩非子·显学》："世之显学，儒墨也；儒之所至，孔丘也；墨之所至，墨翟也。"[1]《吕氏春秋·尊师》："孔、墨徒属弥众，弟子弥丰，充满天下。"可见当时墨子的声望与孔子不相上下。但二人的政治主张却相差甚远，甚至是截然相反。与走上层路线的孔子不同，墨子倡导兼爱、非攻、节用、节葬、非乐等主张，反映了广大劳动阶层的政治意愿。因此，墨子被认为是劳动人民的代表人物，而《墨子》一书就是记载墨子言论和墨家学派思想的总集。当然，《墨子》一书还有大量科学、军事、教育等方面的内容，是一部春秋战国之际政治、经济、文化、科学、军事等方面思想集大成之作。

关于《墨子》的篇目，《汉书·艺文志》载"《墨子》七十一篇"，现在通行本《墨子》只有53篇，9万余字，佚失了18篇，其中《节用下》《节葬上》《节葬中》《明鬼上》《明鬼中》《非乐中》《非乐下》《非儒上》8篇只有篇目而无原文，另有10篇篇名与原文皆不存。

关于《墨子》的作者问题，一直众说纷纭。《汉书·艺文志》著录

---

① （清）王先慎撰，钟哲点校：《韩非子集解》，中华书局1998年版，第456页。

"《墨子》七十一篇",班固注曰墨子:"名翟,为宋大夫,在孔子后。"此后《隋书·经籍志》《旧唐书·经籍志》《新唐书·艺文志》《宋史·艺文志》等都因袭《汉书》所载,称"《墨子》十五卷,墨翟撰"。

到清代《四库全书总目》始提出"其书中多称'子墨子',则门人之言,非所自著"。当前学术界的共识是该书有墨子自己所著部分,但主要是其弟子或墨家后人所著。当然,无论是墨子本人所著,还是其弟子、后学所记载的墨子言论、思想,《墨子》这本书基本上都是墨家思想的体现,而这些思想都是墨家祖师墨子所创立。

二　《墨子》各篇的分类

由于《墨子》的作者并非只有墨子本人,所以部分学者依据各篇内容所反映的情况将书中各篇进行了分类。总体来看,对《墨子》各篇的分类大概有两种方法。

第一种将《墨子》全书分为《墨经》《墨论》《杂篇》三类。首先,《墨经》类包括《亲士》《修身》《非儒》《经上》《经下》《经说上》《经说下》《大取》《小取》9篇,其理由是这些篇中没有出现"子墨子曰"等明显为后人所著的字样,因此被认为是由墨子本人所著。《墨论》类从《所染》到《非命》共28篇,这些篇目被认为是墨家弟子所作。《杂篇》类从《耕柱》到《杂守》共16篇,主要记载的是墨子的言行,与前两类体例明显不同,被认为是后期墨家学派的著述。这种分类方法虽然有一定的道理,但有过于笼统之嫌。

第二种分类方法是将《墨子》分为五组。

第一组是《亲士》《修身》《所染》《法仪》《七患》《辞过》《三辩》共7篇。

这7篇在内容上互不联系,体例上也不相一致。前3篇是书面语言,后4篇比较口语化。有学者认为前3篇是伪作,后4篇则为墨家记述的墨学概要。有学者则认为前3篇具有明显的儒家色彩,"从墨子出于儒而反儒的思想发展过程来看,这几篇正是墨子受儒家思想影响的早期著作"①。就其内容来看,《亲士》论述的是君王要亲近和任用贤能之士,因为这直

---

① 邢兆良:《墨子评传》,南京大学出版社1993年版,第68页。

接关系到国家的兴衰存亡。《修身》论述的是君子必须努力提高自身品行修养，认为这是治国之本。《所染》开头是记述墨子观看染丝所触发的联想"染于苍则苍，染于黄则黄。所入者变，其色亦变"。墨子告诫人们，对于"染"即人与人之间的相互影响一定要十分谨慎。并广泛引述古代帝王与国君的事例，说明他们的成败，取决于给予他影响的人（染）的好坏。不难看出，这3篇在内容上的确与儒家思想十分接近，应该是墨子受儒家思想影响而产生的一些感悟。其文字或许不是墨子自著，但思想当属墨子无疑。后4篇中的《法仪》在内容上与《天志》相似；《七患》论述的是造成国家危害的7种隐患；《辞过》在内容上与"节用"雷同；《三辩》与"非乐"相关。这4篇中都有"子墨子曰"出现，应是墨子弟子所著，内容应该是墨家弟子所记述的墨学概要。

第二组是墨子的十大主张：《尚贤》《尚同》《兼爱》《非攻》《节用》《节葬》《天志》《明鬼》《非乐》《非命》等，共23篇再加上《非儒下》篇共24篇。

墨子的十大主张即十论原来应该是30篇，因为后来佚失了《节用下》《节葬上》《节葬中》《明鬼上》《明鬼中》《非乐中》《非乐下》7篇，尚存23篇。这十大主张体现了墨子学术思想的核心内容，构成了完整的理论体系。至于为什么墨子的这些主张会分为上、中、下三篇，学者们的解释不尽相同。俞樾在《墨子间诂》序言中说："今观尚贤、尚同、兼爱、非攻、节用、节葬、天志、明鬼、非乐、非命，皆分上、中、下三篇，字句小异，而大旨无殊。意者此乃相里、相夫、邓陵三家相传之本不同，后人合以成书，故一篇而有三乎？"① 俞樾的这种推理并未得到广泛的认同，因为相里、相夫、邓陵三家之所以分开正是因为他们对墨子思想的理解相差太远，而并不是"字句小异，而大旨无殊"。因此，陈柱在《墨学十论》中说："此其说实可谓似是而非，何也？墨子此等虽有三篇，然不过文字之大同小异而已，其旨固无大殊异者也。韩非所谓'儒分为八，墨离为三。'其异同之故，今虽不可得知，然今诗有四家，春秋有三传，其歧异当不至如儒之八，如墨之三也。然四家之诗，与三家之春秋，尚有绝殊相反之处。而今之墨子凡有三篇者，乃独无绝殊相反之语。何耶？则所谓墨

---

① （清）孙诒让撰，孙启治点校：《墨子间诂》，中华书局2001年版，"序言"第1页。

离为三，与墨子书之上、中、下三篇绝无关系，可断言也。余意墨子随地演说，弟子各有记录，言有时而详略，记有时而繁简，是以各有三篇。当时演说，或不止三次，所记亦不止三篇。然古人以三为数，论语'其心三月不违仁'、说文'手之列多不过三'是也，故编辑墨子书者，仅存三编，以备参考，其或以此乎。"① 但是，陈先生的这种说法也存在明显的问题，因为十论中无论哪一论都有大量明显不是墨子演说内容的理论阐发部分。水渭松先生则认为："从横向上看，还有这样一种情况应该注意，就是各论的上篇，大多行文简短，不引经据典而以说理见长；而中、下篇则大多篇幅冗长而大量引述典籍，如此划一，这又是什么原因呢？我考虑这可能与墨家集团成员的分工有关，即上篇是'谈辩'的人所使用的底本，他们以辨明事理为专长；而中、下篇则是'说书'的人所使用的两种底本，他们以熟悉和善于发挥'先王之道''圣人之言'为特长。姑且存此一说，以备参考。"②

水渭松先生的看法很有见地，但仍不足以解释每论均分为上、中、下三篇的这种现象。我们认为，墨家后学之所以要将其分为三部分，与墨子所提倡的"三表"法有直接联系。《非命上》："故言必有三表。何谓三表？子墨子言曰：有本之者，有原之者，有用之者。于何本之？上本之于古者圣王之事；于何原之？下原察百姓耳目之实；于何用之？废以为刑政，观其中国家百姓人民之利，此所谓言有三表也。""本之"是间接经验，是从古代圣王治理国家的方式方法中所获得一些有指导意义的经验教训。"原之"是直接经验，是考察国家、君王特别是百姓能够感觉认知的日常事实。"用之"是将言论应用于实际政治，看其是否符合国家百姓人民的利益，来判断真假和决定取舍。笔者认为，这十论的上篇是每论的"本之"所在，中篇为"原之"所在，下篇为"用之"所在。不难看出，墨子十论的上篇都有一个共同的特点，那就是内容较短，且多为墨子个人就每论主旨所进行的阐释。由于这十论是墨子后学所著，在他们心目中，墨子的言论即被视同古代圣王的经验，特别是墨子所提出的许多主张属于

---

① 陈柱：《墨学十论》，《墨子大全》第 37 册，北京图书馆出版社 2002 年版，第 24 页。

② 水渭松：《墨子导读》，巴蜀书社 1991 年版，第 36 页。

独创的理论，在古代圣王的事迹中很难觅得踪迹。因此，他们便将墨子的理论作为"本"列于上篇，为了增强说服力，其中还列举了一些古代圣王的事例，即所谓"本之于古者圣王之事"。墨子十论的中篇也有一个共同特点，那就是多围绕一些百姓所知道或能感受得到的事例进行论证，是以描述"当今"的社会实际情况为主，即"下原察百姓耳目之实"。墨子十论的下篇则多以论证如何将其理论应用于实践，以期通过实践来造福于国家和人民，即所谓"废以为刑政，观其中国家百姓人民之利"。在三篇当中，有许多地方出现了重复，即上篇的一些话在中篇和下篇中反复出现，有学者认为这是墨家三派对墨子十论所作出的各自不同的解释，所以会出现重复。实际上，这正是"本之""原之""用之"三表法的真实体现，具有理论指导意义的"本"出现在"原"和"用"中是十分自然的事情。

第二组所包含的墨子的十大主张，是《墨子》这本书的精华所在，它们的侧重点各不相同。墨子在《鲁问》篇中就说："凡入国，必择务而从事焉。国家昏乱，则语之尚贤、尚同；国家贫，则语之节用、节葬；国家喜音湛湎，则语之非乐、非命；国家淫辟无礼，则语之尊天、事鬼；国家务夺侵凌，则语之兼爱、非攻，故曰择务而从事焉。"以今人眼光视之，这十大主张包含了墨子的伦理思想、政治思想、经济思想和宗教思想，是墨子治理国家的纲领。

集中反映墨子伦理思想的是《兼爱》篇，兼爱是墨子学说的理论基础，墨子认为，当时整个社会之所以有这么多问题，如人与人之间的相互残害、家与家之间的相互劫掠、国与国之间的相互攻伐，以及君臣之间的不忠诚、父子之间的不慈孝、兄弟之间的不和睦，等等。其最核心的原因就在于人与人之间没有一种无差等的爱，如果人们都能够做到兼爱，那么就会像墨子所言："强不执弱，众不劫寡，富不辱贫，贵不敖贱，诈不欺愚，凡天下祸篡怨恨，可使毋起。"从而达到天下的大治。

能够反映墨子政治思想的是《尚贤》《尚同》《非攻》。墨子所认定的"为政之本"就是尚贤。墨子主张任人唯贤的用人原则，反对任人唯亲。他说，做官的不能永远都是高贵，老百姓也不能永远都是下贱的。它主张从天子到下面的各级官吏，都要选择天下的贤人来充当。墨子的尚贤极为彻底，打破了封建社会的等级观念，唯贤是举。从这个层面来讲，墨子思想已经在很大程度上超越了同时代的思想家。他甚至在《尚贤》和《尚同》两篇中还隐约表达了帝王也应当由此途径产生的意思。当然,也正是他的远见卓识超越了时代,无法得到统治阶层的认可,从而受到排挤甚至压制,以至墨家思想在两千多年的封建社会里默默无闻。尚同即下级对上级的服从。墨子认为一里之人要统一于里长,一乡之人要统一于乡长,一国之人要统一于国君,而天下之人要统一于天子。在墨子的理想中,是要把全天下组织成一个纲举目张、有条不紊的系统。只要能够达到以上级的是非为是非,就会统一而不产生混乱。这一主张也反映出墨家理想化而又简单化的大同愿望。非攻是墨子从兼爱观念出发,在政治思想上极力主张停止一切非正义的战争。墨子反对统治者发动的侵略战争,声援被侵略的国家,并为此而奔走呼号,勇敢地主持正义。墨子不仅从他的理论基石也就是兼爱出发,也从当时的社会现实出发,充满愤怒地论述了相互攻伐的不义,并一层层深入地比喻来论证"窃钩者诛,窃国者侯"的荒谬。当然,我们也应该看到,墨子并非迂腐的说教者,他对春秋战国时期的现实极为清醒,所以,与他非攻相辅相成的还有他卓越的军事思想。

墨子的经济思想集中体现了他对劳动人民的关爱。在《节用》《节葬》《非乐》三篇中,墨子深刻揭露了统治阶层的奢靡生活给劳动人民带来的沉重苦难,并提出了各种限制统治阶层、保护劳动人民利益的措施和方法。《节用》一篇就指出人们所有的消费,都应该以满足最为基本的自然需求为限。他本人率先垂范,非常简朴。在春秋战国之际,劳动生产力比较低下,人们所能生产出来的生活资料非常少,提倡节约在某种程度上就相当于在创造价值。墨子的节用思想在当时很有现实意义,因而得到了上自国君下到平民的广泛响应。节葬本来是节用的一个分支,不过,由于儒家厚葬久丧之礼过于不切实际,所以墨子将此单独提出详加讨论。墨子针锋相对地提出节葬主张,对于保存当时社会的生产力,增进社会财富而言,是极有意义的。对于儒家的厚葬主张,墨子所说的"衣食者,人之生利也,然且犹尚有节,葬埋者,人之死利也,夫何独无节于此乎",真可谓切中要害。非乐其实是节用的外化。当然,从其行文中可以看出,墨子并非不能欣赏音乐的美,他的这一主张其实有很深远的考虑,那就是在当时的社会生产力条件下,王公贵族对于声乐之美的追求,只会造成"亏夺民衣食之财"的后果,这不但是当时社会物质生产极端匮乏下的一种无奈之举,也是墨子对于当时社会两极分化的一种批判。因为统治者在衣食无忧情况下沉湎声色，只能是以民众的牺牲为代价。总的来说，在经济思想方面，墨子主张节俭，反对铺张浪费，注重保护下层人民利益，这些客观上反映了广大劳动人民的愿望和要求。

墨子的宗教思想主要体现在《天志》《明鬼》《非命》三篇中。如果说"兼爱"是墨子从人世间筛选出来的理论基石和核心的话，那么天志观则是墨子思想的原动力，是整个思想体系的逻辑起点。他认为，上天是有意志的，而其意志主要表现为"天欲义而恶不义"和"天之爱天下之百姓"，其《尚同》《兼爱》《非攻》等篇的推理无不以此为起点，而《尚贤》《节用》《节葬》也都通过圣王而间接源于此。《明鬼》的论点也体现出墨子以唯心主义的外壳来装饰其改造社会的良苦用心，他不过想借此来整顿社会秩序。他天真地设想，如果所有的人都能相信鬼神可以施福降灾、赏善罚恶，从而为全社会产生一种共同的约束力，就能达到天下大治。与《天志》和《明鬼》不同，《非命》的观点是在与儒家的争辩及社会生活的实践中提出的，儒家所提出的"生死有命，富贵在天"的观点对于广大的民众而言是一针麻醉剂。同时，在社会生活中也体现出其消极的一面。而墨子在社会生活中是一个态度积极的人，他认为人的命运并非上天注定的，所有的事情，只要努力去做，都可以做得很好。只有每个人都努力从事自己的分内之事，社会就一定会快速发展。

在十大主张之外，这一组中还有《非儒下》篇。本篇是对儒家的主张和他们的为人处世态度进行批评指责，篇名已经表达了所要论述的内容。前半部分是对于儒家关于婚丧礼仪、有命、处世态度等方面的主张进行批判；后半部分则是根据有关孔子的一些传闻，集中对孔子进行讽刺抨击。《非儒下》篇中，不但未见"子墨子曰"，而且也未见"是故子墨子曰"，这说明这篇内容与墨子没有什么直接关系，不是为了论证墨子的什么观点。因此，该篇中所表达的思想与墨子的思想还是有明显差距的。

第三组包括《经上》《经下》《经说上》《经说下》《大取》《小取》共6篇。

这部分又称《墨经》或《墨辩》，有的认为是墨子所作，多数学者认为是后期墨家的作品。其中，《经上》《经下》两篇所包含的内容非常广泛，涉及逻辑学、政治学、经济学、哲学、伦理学、数学、力学、光学等学科。墨家对这些学科领域的研究，不仅具有开创意义，而且取得了令人惊讶的成果。《经说上》《经说下》是解释《经》的释文。同《经》文一样，这两篇文字也十分精练，有不少《经》文只有依靠这两篇的解释才能够明白其中的含义。这两篇的写作时间应该晚于《经》文，是对《经》文非常必要的补充。《大取》《小取》两篇在篇名上似乎有很大的关联，但实际内容并无明显联系。《大取》是众多条文的罗列，条理性不强，内容多辨析反映墨家思想的爱、恶、义、利等。《小取》则是一篇结构完整、层次分明的逻辑学论作。主要论述了辩论的作用，即辩论是要分析是非的区别，审查治乱的规律，弄清同异的所在，考察名实的道理，判别利害，解决疑似。当中还阐述了辩论的几种方式，对推理的研究也甚为精细。总体来看，《墨经》中反映最多的是墨家学派的逻辑思想，主要体现为后期墨家所提出的"辩""类""故"等一套完备的逻辑概念。这表明后期墨学已经建立了相当严谨完整的逻辑理论，在中国逻辑思想发展史上起了开创作用，具有较高的学术地位。直到今天，它仍是人们学习中国逻辑思想史的重要材料，给人以智慧的启迪。

第四组包括《耕柱》《贵义》《公孟》《鲁问》《公输》共5篇。

这部分是墨子弟子所记，成书年代较早，主要记载了墨子的言行，是研究墨子事迹的可靠资料。其中，前4篇主要记述墨子与弟子以及公孟子、巫马子、鲁阳文君等人的一些对话，从一个侧面反映了墨子的活动轨迹和主要事迹。另外，从《耕柱》篇中称呼禽滑厘为"子禽子"来看，这4篇的作者应该是墨子的再传弟子，很可能是禽滑厘的弟子。《公输》与前4篇不同，该篇完整地记载了墨子止楚攻宋这个故事。文中的墨子用自己的智慧说服楚国大夫公输盘和楚国国王放弃意欲侵略宋国的企图，其语言水平和用心精巧为世人所共慕，可以视为其"非攻"思想的一个生动事例。该篇语言颇有文采，情节曲折生动，应该是墨学后人根据墨子的事迹精心撰写而成。

第五组包括《备城门》《备高临》《备梯》《备水》《备突》《备穴》《备蛾傅》《迎敌祠》《旗帜》《号令》《杂守》共11篇。

这11篇每篇的篇名都与内容直接相关，多为防守策略，明显带有兵书性质。从这11篇的内容来看，前7篇和后4篇可以分为两组。前7篇自成体系，所体现的是墨子卓越的防守思想。墨子生活在战国初年，正是各国互相攻伐，战火连绵，生灵涂炭的时代。无辜百姓被裹挟其中，过着朝不保夕的生活。墨子深深地意识到,要想制止战争,实现"兼爱""非攻"的理想,必须运用军事手段,增强弱小国家的防御能力,最终达到不战而屈人之兵。因此,墨子及其后学不断研究防守战术,在不断奔走于各诸侯国呼吁放弃战争的同时,去帮助被侵略的国家,做好军事准备,即使遭到了进攻,也能实现自保。他们从各个细节入手,详细制定了周密的防守策略。在这 7 篇中,墨子首先论述了城门的防守之术。文章开篇以禽滑厘请教"甲兵方起于天下,大攻小,强执弱,吾欲守小国,为之奈何"为背景,引出了墨子的防守措施,其后 6 篇体例与之类似。至于这 7 篇的作者,孙中原先生认为:"《墨子》城守各篇,是后期墨家记述其师墨子、禽滑厘军事思想的著作,其中有可能融入后期墨家的思想,而对师说有所发挥,但其为先秦墨家的著作则是可以肯定的。"① 杨宽②、徐希燕③、水渭松④等亦同此说。另外 4 篇则各自独立,其中,《迎敌祠》主要论述遇到敌人进犯时如何祭祀神灵的方法;《旗帜》篇主要讲利用旗帜作为通信工具的方法,应该是后世所用的旗语;《号令》篇记载的是击鼓传令与各种禁令的下达、执行、奖惩等方法;《杂守》记载了各种守御方法,与前 7 篇相似。

总的来说,由于墨家学派主张"兼爱""非攻",反对侵略战争,所以它的军事理论主要是积极的防御战术,这虽然不及兵家的军事思想全面深刻,但它却反映了广大劳动人民厌恶战争、渴望和平的心理愿望。而这 11 篇论述就充分反映了小国小城人民渴望和平、积极防御的愿望与方法。这些方法通过守城战斗的军队编制、武器装备、工程构筑和战斗过程等,详细阐述了积极防御的战略战术。而这正是《墨子》一书在中国军事学史上的特殊价值所在。从这个意义上说,这 11 篇是中国古代难得的讨论积极防御的经典。

《墨子》一书所蕴含的思想极其丰富,在中国思想发展史上具有重要的学术地位。《墨子》思想代表了广大劳动人民的利益和要求,是劳动人

---

① 孙中原:《墨学通论》,辽宁教育出版社 1995 年版,第 254 页。
② 杨宽:《战国史》,上海人民出版社 1980 年版,第 9 页。
③ 徐希燕:《墨学研究:墨子学说的现代诠释》,商务印书馆 2001 年版,第 26 页。
④ 水渭松:《墨子导读》,巴蜀书社 1991 年版,第 41 页。

民智慧的结晶。正因如此，它不被统治阶级所赏识和利用。到秦汉时期，墨学已开始逐渐隐没，墨子的事迹已不被人们所熟知，就连以严谨著称的史学家司马迁在为墨子作传时，也只有寥寥数语。今天，我们用发现和学习的眼光来分析研究《墨子》，进一步发掘其思想学说的蕴含，批判地汲取其精华，剔除其糟粕，对继承中华传统优秀文化，具有十分深远的意义。

第二章　墨家与墨学

在先秦诸子百家中，墨家是其中影响较大的学术团体之一。墨家学派所创立的墨学，在战国时期与儒学并称"显学"。

第一节　墨家

在春秋战国时代，整个社会处于大变革时期，诸侯纷争，社会动荡。各诸侯国为了在争斗中取得霸主地位，竞相招贤纳士，运用不同思想学说以使自己国家富足强大起来，这便给百家争鸣创造了一个宽松的学术氛围。许多有识之士，从不同社会集团的利益出发，纷纷著书立说，议论时事，阐述哲理，各成一家之言，墨家便是其中非常重要的一员，其影响力与儒家学派并驾齐驱。《韩非子·显学》曰："世之显学，儒墨也。"司马谈在《论六家要旨》中讨论先秦学术的六大派别时，墨家便是其中之一。班固《汉书·艺文志》在讨论先秦诸子九流十家时，也把墨家列为其中之一。清代汪中《述学·墨子序》云："在九流之中，惟儒足与之（墨家）相抗，其余诸子，皆非其比。"由此可见，在战国时期墨家学派是当时社会上具有巨大影响力的学术团体。

一　墨家的兴起

在春秋末期和战国初期，随着社会经济的发展与周王权的衰落，出现了文化下移、民间知识阶层兴起的新现象，百家争鸣初现端倪。因此，代表不同阶级立场的思想家和各种政治思想层出不穷，他们面对现实社会问题、人生问题等，提出了解决办法和思想，并形成了不同派别。其中影响较大的是生活于春秋末期的孔子所创立的儒家学派，继而是墨子创立的墨家学派。儒墨两家都广收门徒，《吕氏春秋·有度》曰："孔墨之弟子徒属，充满天下。"然而，墨家比儒家更有集团意识，师徒之间的联系更加紧密，墨子和他的徒属后学组成了一个有严密组织、共同执行一定政治任务的社团，而不仅仅是单纯的、普通的学派或学术团体。

墨家的兴起是战国初期社会政治、经济、思想等条件综合作用所决定的。在这一时期，无论政治、经济、思想、文化等各方面都发生了翻天覆地的变化。

首先，墨家组织的出现是当时社会现实的需要。战国初期，各诸侯国之间相互攻伐，战火连绵不绝，七国争雄的局面逐渐拉开序幕，战争规模不断扩大，由此造成的人员和财产损失不计其数，而这些损失的主要承担者却是下层劳动人民。正如墨子所说："今大国之攻小国也，守者农夫不得耕，妇人不得织，以守为事。攻人者亦农夫不得耕，妇人不得织，以攻为事。故大国之攻小国也，譬犹童子之为马也。"（《耕柱》）在战争中，百姓要么上战场，要么运送军粮等物资，不是殒身战场，就是命丧险途。即便能够侥幸保住性命，也无法安居乐业，就像《非攻下》所说："今不尝观其说好攻伐之国，若使中兴师，君子，庶人也，必且数千，徒倍十万，然后足以师而动矣。久者数岁，速者数月。是上不暇听治，士不暇治其官府，农夫不暇稼穑，妇人不暇纺绩织纴，则是国家失卒，而百姓易务也。"另外，这一时期的战争往往是强国为了掠夺而发动对弱国的侵略战争，毫无正义可言，只不过是为了争夺土地、人口和财富而已，往往会给被侵略的国家带来巨大的破坏。"将必皆差论其爪牙之士，皆列其舟车之卒伍，于此为坚甲利兵，以往攻伐无罪之国。入其国家边境，芟刈其禾稼，斩其树木，堕其城郭，以湮其沟池，攘杀其牲口，燔溃其祖庙，劲杀其万民，覆其老弱，迁其重器，卒进而柱乎斗，曰：'死命为上，多杀次之，身伤为下；又况失列北桡乎哉？罪死无赦！'以惮其众。"（《非攻下》）

总的来说，这一时期连绵不绝的战争给各国人民都带来无尽的苦难，因此，人们渴望和平，希望结束这些不义的战争，过上幸福的生活。而统观这一时期的其他学派，虽然也都认识到了战争给国家、社会和人民所带来的灾难和痛苦，甚至在自己的学说中也指出了一些解决的办法，但相对于墨家这种彻底反对不义战争的态度，都显得力有不逮。墨子从人民立场出发，抨击了战争危害："今师徒唯毋兴起，冬行恐寒，夏行恐暑，此不可以冬夏为者也。春则废民耕稼树艺，秋则废民获敛。今唯毋废一时，则百姓饥寒冻馁而死者，不可胜数……与其牛马，肥而往，瘠而反，往死亡而不反者，不可胜数。与其涂道之修远，粮食辍绝而不继，百姓死者，不可胜数也。与其居处之不安，食饭之不时，饥饱之不节，百姓之道疾病而死者，不可胜数。"（《非攻中》）墨子的话道出了人们的心声，得到了普遍的响应，而更重要的是墨子指出了消除战争的方法，那就是"兼爱"和"非攻"。为了停止战争，墨子置自身安危于不顾，奔走呼号于诸侯之间。正是他这种舍生取义的态度和坚定不移的性格，深得饱受战争残害的人们的支持与拥护，许多人被他的精神所感动，义无反顾地追随在他的身边。墨子也意识到单靠理论去说服各国诸侯并非易事，因此他还创立了精深的军事理论，并传之于弟子，建立了半军事化的团体，这便是富有传奇色彩的墨家组织。

其次，在诸子百家中，绝大多数学说都是为上层社会服务，企图通过自己的政治、经济等主张来取悦、说服诸侯国君，从而谋得政治或经济上的利益。墨家当然也有这种想法，墨子本人经常到各国游历，并向楚、齐、越、鲁等国国君推行过自己的理论，如《贵义》篇中载有墨子献书楚惠王之事，《鲁问》篇中又有墨子与鲁君、齐王、鲁阳文君等人的事迹，他还派弟子公尚过去游说越王，得到了越王的封赏和邀请，虽然墨子最终并未接受，但足见他也希望通过走上层路线来尽快推行自己的政治主张。然而，墨家与其他诸家所不同的是，不管是不是走上层路线，他的政治、经济主张是以平民利益为出发点的，这是毋庸置疑的。在《兼爱》《非攻》《节用》《节葬》《非乐》等最能反映墨家思想的篇章中，处处显示着对劳苦大众的同情与关爱，与之形成鲜明对比的是对统治阶层的种种谴责与抨击。如他在《非乐上》说："民有三患，饥者不得食，寒者不得衣，劳者不得息。三者，民之巨患也。"指出了劳动人民所遭受的痛苦。他又在《节用上》说："今天下为政者，其所以寡人之道多。其使民劳，其籍敛厚，民财不足，冻饿死者，不可胜数也。且大人惟毋兴师以攻伐邻国，久者终年，速者数月，男女久不相见，此所以寡人之道也。与居处不安，饮食不时，作疾病死者，有与侵就援橐，攻城野战死者，不可胜数。"在这里他指出了给劳动人民带来巨大痛苦的是王公大人这些"为政者"，他们为了自己的贪欲而残酷地奴役普通百姓，置人们生死于不顾。

对于"为政者"应该如何治理国家，保证人民生活，墨子在《节用中》："古者明王圣人所以王天下、正诸侯者，彼其爱民谨忠，利民谨厚，忠信相连，又示之以利，是以终身不餍，殁世而不卷。古者明王圣人其所以王天下、正诸侯者，此也。"不仅如此，墨子还将"为政者"与百姓的关系比喻为亲子关系，他在《节葬下》说："子墨子言曰：'仁者之为天下度也，辟之无以异乎孝子之为亲度也。'今孝子之为亲度也，将奈何哉？曰：亲贫则从事乎富之；人民寡，则从事乎众之；众乱，则从事乎治之。当其于此也，亦有力不足，财不赡，智不智，然后已矣。无敢舍余力，隐谋遗利，而不为亲为之者矣。若三务者，孝子之为亲度也，既若此矣。虽仁者之为天下度，亦犹此也。曰：天下贫，则从事乎富之；人民寡，则从事乎众之；众而乱，则从事乎治之。当其于此，亦有力不足，财不赡，智不智，然后已矣。无敢舍余力，隐谋遗利，而不为天下为之者矣。若三务者，此仁者之为天下度也，既若此矣。"墨子这种比喻，将百姓心中原本高高在上的"为政者"变成了人民的"孝子"，将原本地位低贱的劳动人民变成了"为政者"的双亲，这完全颠覆了当时社会上的尊卑观念和主仆地位。在当时条件下，墨子这种比喻虽然不可能实现，但它在心理上给了广大劳动人民以安慰和希望，必然会激起人们思想上的共鸣。

墨子出身平民，他十分了解劳动人民的生活需要和精神追求，即使他建立了庞大的学派组织，有了众多的弟子和稳定的经济来源，但他依然从事体力劳动，并且要求弟子们也以艰苦朴素为生活准则，"以裘褐为衣，以跂蹻为服，日夜不休，以自苦为极"（《庄子·天下》）。正因如此，墨家始终没有脱离基层人民，与劳苦大众保持着天然的亲近感。墨家所提出的政治、经济主张也以平民阶层为出发点，符合他们的需要，因而被视为平民阶层的代言人。这为其吸引了大量的信徒和支持者，墨家因此能够在很短时间内崛起，并在当时的社会政治、经济生活中产生巨大的影响。

最后，墨家组织的兴起还得益于当时相对宽松的政治环境。周平王东迁以后，周王朝的统治地位不断削弱，逐步丧失了对全国的统治权。不仅如此，周王朝还要依赖于强大的诸侯，并屈从于他们的霸权，春秋五霸便是很好的例证。中央王权的衰落，导致原来用以巩固周王朝统治的各种礼制与观念已日渐失去了它们的制约作用，出现了"礼崩乐坏"的局面。随着权威礼制与观念的崩溃，意识领域的禁锢被打破，随之而来的必然是思想的活跃和自我意识的觉醒，其突出表现便是"百家争鸣"局面的形成。所谓"百家"主要指儒、道、墨、法、名、阴阳、纵横、杂、农九家，其中儒、墨、道、法影响最大。他们从各自所代表的阶级或阶层的利益出发，努力推行自己的政治、经济主张。而各诸侯国的国君为了在争斗中取得霸主地位，竞相招贤纳士，运用不同思想学说以使自己的国家富足强大起来。这些贤士相对于政治权势是独立的，他们虽从不同的社会集团的利益出发，著书立说，议论时事，阐述哲理，各成一家之言，但是他们并非政治附庸，依附于某个政治权势集团，而是用我则留，不用我则去。总的来说，在墨子生活时代，由于政治上和思想上的相对自由，给各种学说的产生创造了一个宽松的学术氛围，正因为得益于此，代表平民基层利益的墨家才能够应运而生并迅速壮大。

二 墨家组织的特点

在战国初期各种思想激烈竞争的环境中，一种思想和学说要想脱颖而出，为当时的诸侯国君和普通百姓所接受，除了要具备合理、可行的政治、经济等主张外，还必须拥有一定数量的门徒和信众。综合当时的情况来看，在墨家学说兴起之前，孔子所创立的儒家思想已经在社会上产生了巨大的影响。"孔子以诗书礼乐教，弟子盖三千焉，身通六艺者七十有二人。"① 就连与儒家针锋相对的墨子也曾经学习过儒家思想，可见当时儒家的势力是相当大的。在这种情况下，要想著书立说、设学立教，在统治阶层和普通民众中谋得一席之地绝非易事。这要求新的学说除了要有吸引民众的思想和主张，还要有严密的组织和严明的纪律。否则，不仅是在与像儒家这种拥有庞大群众基础的主流学派的竞争中难得胜算，就连自身的生存也成问题。墨子出身低微，既没有显赫的家世提高身价，也没有充足的财富提供支持，但他在短短几十年间便建立了一个与儒家分庭抗礼的学派，《韩非子·显学》称："世之显学，儒墨也。"《吕氏春秋·当染》则

---

① （汉）司马迁：《史记》，中华书局 1969 年版，第 1938 页。

说孔、墨："徒属弥众，弟子弥丰，充满天下。"能够取得这样的成就，除了墨子个人的伟大人格和经得起实践检验的思想主张之外，带有几分神秘色彩的墨家组织也功不可没。

由于墨子的政治、经济等主张深得人心，加之个人品行高尚，他的周围很快就聚集了一批有才华的弟子。这些弟子虽然不能考证出自哪些国家，但人数相当可观。如墨子在止楚攻宋时说："臣之弟子禽滑厘等三百人，已持臣守圉之器，在宋城上而待楚寇矣。"《淮南子·泰族训》中也说："墨子服役者百八十人，皆可使赴火蹈刃，死不旋踵。"① 当然，这并不是墨家全部的弟子，因为到孟子的时候，竟然出现了"天下之言不归杨即归墨"的局面。《吕氏春秋·当染》篇说："孔墨之后学显荣于天下者众矣，不可胜数。"由此可见，当时墨家弟子的数量远非几百人。

上文已经提到，墨家师徒之间的关系要比儒家等学派紧密得多，带有明显的依附性质。墨子不仅负责教授弟子，还有义务推荐他们到各国出仕做官，而他的弟子即使远离老师在外做官，却还要听从墨子的教诲和训诫，甚至被召回墨子身边。如《贵义》篇载："子墨子仕人于卫，所仕者至而反。子墨子曰：'何故反？'对曰：'与我言而不当。曰：'待女以千盆。'授我五百盆，故去之也。'子墨子曰：'授子过千盆，则子去之乎？'对曰：'不去。'子墨子曰：'然则非为其不审也，为其寡也。'"《鲁问》篇又载："子墨子出曹公子而于宋。三年而反，睹子墨子曰：'始吾游于子之门，短褐之衣，藜藿之羹，朝得之，则夕弗得祭祀鬼神。今而以夫子之教，家厚于始也。有家厚，谨祭祀鬼神。然而人徒多死，六畜不蕃，身湛于病，吾未知夫子之道之可用也。'子墨子曰：'不然。夫鬼神之所欲于人者多：欲人之处高爵禄，则以让贤也；多财则以分贫也。夫鬼神，岂唯攫季钳肺之为欲哉？今子处高爵禄而不以让贤，一不祥也；多财而不以分贫，二不祥也。今子事鬼神，唯祭而已矣，而曰：'病何自至哉'，是犹百门而闭一门焉，曰：'盗何从入'。若是而求福于有怪之鬼，岂可哉？'"从这两则故事来看，墨家弟子到卫、宋两国出仕为官皆是受墨子委派，他们由于种种原因离开所效力的国家后，都又回到了墨子的身边，而墨子依然会对他们继续进行教诲。不仅如此，墨子还对派往诸侯国做官的弟子加以

---

① 何宁：《淮南子集释》，中华书局 1998 年版，第 1406 页。

约束，如《鲁问》篇中载："子墨子使胜绰事项子牛。项子牛三侵鲁地，而胜绰三从。子墨子闻之，使高孙子请而退之，曰：'我使绰也，将以济骄而正嬖也。今绰也禄厚而谲夫子，夫子三侵鲁而绰三从，是鼓鞭于马靳也。翟闻之，言义而弗行，是犯明也。绰非弗之知也，禄胜义也。'"在这件事中，墨家弟子胜绰由于没有按照墨子的教诲阻止项子牛攻打鲁国，而是贪于厚禄而忘记了道义。所以，墨子就派弟子高孙子前去让项子牛辞退胜绰。由此可见，墨子与弟子的关系并非普通的师生关系，而是带有某种民间结社的性质。

那么，墨子等墨家领袖与弟子之间的紧密关系是如何保持的？他们是如何维系这么一个庞大的团体组织的？这一切都与墨家严密的组织和严明的纪律分不开。

第一，墨家组织的内部，有至高无上的领袖——钜子，全体墨子子弟都必须绝对服从钜子。《庄子·天下》曰："以钜子为圣人，皆愿为之尸，冀得为其后世。"① 关于"钜子"制度出现的时间，学术界一直没有统一的看法。孙诒让认为："吴起之死在周安王二十一年，时墨子当尚在，则孟胜、田襄子或亲受业于墨子亦未可知。其为钜子岂即墨子所命，为南方墨者之大师者邪？"② 孙诒让的这种钜子为墨子所任命的看法得到了相当一部分学者的认可。但梁启超先生认为墨家钜子产生的时间应该是在墨子死后一、二年，③ 钱穆先生也持同样看法。无论钜子出现的时间如何，墨子本人好像并不是钜子，文献中也未见称呼墨子为钜子的记载。但钜子与墨子一样，对墨家弟子拥有至高无上的权利，弟子必须绝对服从钜子。从现有资料来看，"钜子"并非选举产生，而是由上任指定，并移交权力。这在《吕氏春秋·上德》记载中有所体现。

> 墨子钜子孟胜，善荆之阳城君，阳城君令守于国，毁璜以为符，约曰："符合听之。"荆王薨，群臣攻吴起，兵于丧所，阳城君与焉，荆罪之。阳城君走，荆收其国。孟胜曰："受人之国，与之有符。今

---

① （清）郭庆藩撰，王孝鱼点校：《庄子集释》，中华书局2012年版，第1073－1074页。

② （清）孙诒让撰，孙启治点校：《墨子间诂》，中华书局2001年版，第720页。

③ 梁启超：《墨子学案》，商务印书馆1923年版，第173页。

不见符，而力不能禁，不能死，不可。"其弟子徐弱谏孟胜曰："死而
有益阳城君，死之可矣。无益也，而绝墨者于世，不可。"孟胜曰：
"不然。吾于阳城君也，非师则友也，非友则臣也。不死，自今以来，
求严师必不于墨者矣，求贤友必不于墨者矣，求良臣必不于墨者矣。
死之所以行墨者之义而继其业者也。我将属钜子于宋之田襄子。田襄
子贤者也，何患墨者之绝世也。"①

从上文描述来看，墨子的亲传弟子孟胜是当时的"钜子"，他在选择
舍生取义之时，指定由宋国的墨家弟子田襄子担任新的"钜子"。可见在
墨子死后不久，墨家的这种"钜子"制度就已经形成并开始按一定的制度
执行。墨家的这种钜子制度可以增强整个团体的凝聚力，从而维系其生存
和发展。

第二，墨家组织内部也有明确的分工，可以保证墨家组织有序运转。
在战国初期，诸侯国之间征战连绵，国与国之间关系亲疏有别，这使得像
墨家这种弟子散布于各国的学派很难对人、财、物等进行统一有效的管
理。因此，当时的墨家组织在一些诸侯国内设有分支机构。像前面引文中
提到的"钜子"孟胜当时在楚国，而他指定的继承人田襄子则在宋国，应
当是当地墨家组织的分支首领。从孟胜对田襄子的了解程度来看，他们之
间应该有着密切的交往，也就是说，墨家组织各分支之间的交往应该很密
切，这不仅有利于它们相互协调采取统一的行动，也有利于各地分支在门
徒与信众的教育等方面相互交流。

除了在一些诸侯国设有分支之外，墨家组织内部也有分工，这从墨子
的言谈中可见端倪。

> 治徒娱、县子硕问于子墨子曰："为义孰为大务？"子墨子曰：
> "譬若筑墙然，能筑者筑，能实壤者实壤，能欣者欣，然后墙成也。
> 为义犹是也，能谈辩者谈辩，能说书者说书，能从事者从事，然后义
> 事成也。（《耕柱》）

由此可见，墨子用人的观点是量才而用，依据个人的才能和特长分配

---

① 陈奇猷校释：《吕氏春秋新校释》，上海古籍出版社 2002 年版，第 1266 页。

不同的工作。在这种思想指导下，墨家组织内部进行不同的分工势在必行。而这种分工是极有必要的，它能充分发挥组织成员互不相同的能力，做到人尽其才，物尽其用。

第三，墨家组织拥有一些能够吸引信徒的相对独特的功能。墨家组织在几十年间能够发展成"徒属弥众，弟子弥丰，充满天下"的名门大派，其组织功能之强大是不言而喻的。归结起来，这些功能主要包括宣传组织功能、军事功能和互助功能。

一是墨家组织有强大的宣传组织功能。在民众中进行宣传并吸纳信众是一般政治、宗教甚至学术团体的基本功能之一，墨子能在短时间内建立起与已经有数十年发展历史的儒家相抗衡的学派组织，其宣传工作自然做得比较到位。墨子本人就以辩才著称，"止楚攻宋"就是非常生动的例子。在墨家组织中，也有人专门从事宣传工作。前文所引墨子所说的"能谈辩者谈辩，能说书者说书"中的"谈辩"就是指与人辩论，通过辩论来向世人证明墨家学说的正确性。而其中的"说书"则是通过解说有关典籍来阐明墨家学说。这两者都是当时墨家组织发动群众、吸引信徒的宣传方法，并且在墨家组织的发展壮大过程中发挥了重要作用。

二是墨家组织具有强大的军事功能。兼爱和非攻是墨家理论的基石，在那个战乱频仍的年代，这两项主张深得人们的青睐，因此成为墨家最为吸引人的政治标签。其中的非攻，更是得到身处水深火热之中的普通百姓的坚决拥护。而为了在现实中做到这一点，墨家逐渐发展为半军事化的组织，并以实际行动来反对不义战争，其中最为典型的事例就是"止楚攻宋"。墨子经过激烈的辩论和推演击败了公输盘，公输盘以为杀掉墨子就可以解决问题，而墨子则说："公输子之意，不过欲杀臣，杀臣，宋莫能守，可攻也。然臣之弟子禽滑厘等三百人，已持臣守圉之器，在宋城上而待楚寇矣。虽杀臣，不能绝也。"以此打消了楚王攻打宋国的念头。不难看出，当时的墨家组织仅在宋国就有精通防御作战的弟子三百余人，他们在平时应该经常进行攻守训练，具有很高的军事素养。此外，墨子本人就是一个军事家，其军事思想特别是防御技术与策略在当时是非常先进的，这在《墨子》一书中的《备城门》《备梯》《旗帜》《号令》等篇章就可以看到，而这种军事防御技术如果没有长时间的演练和研究是不可能凭空产生的，这也从一个侧面证明了墨家组织不仅是一个带有学术性的团体，同时也是带有军事性的组织。

三是墨家组织有极富吸引力的互助功能。墨家组织能够吸引人的地方除了其切中要害的政治主张之外，还有一点值得关注，那就是墨家的平等互助思想，这是墨子兼爱主张的一种具体表现。墨子主张："有力者疾以助人，有财者勉以分人，有道者劝以教人。若此，则饥者得食，寒者得衣，乱者得治。若饥则得食，寒则得衣，乱则得治，此安生生。"① 这是墨子所追求的理想境界，所以在墨家组织中，成员之间会在各个方面进行互助。如果做不到这一点，就会受到批评。如《鲁问》篇中所载曹公子受墨子所派到宋国为官，三年而返，向墨子请教为什么自己当官致富之后反倒"人徒多死，六畜不蕃，身湛于病"。墨子批评他说："夫鬼神之所欲于人者多：欲人之处高爵禄，则以让贤也；多财，则以分贫也。夫鬼神，岂唯擢季挈肺之为欲哉？今子处高爵禄而不以让贤，一不祥也；多财而不以分贫，二不祥也。今子事鬼神，唯祭而已矣，而曰'病何自至哉'。"② 在这里，墨子就对曹公子的"多财而不以分贫"进行了批评，并指出这是他灾祸连连的根源之一。由此可见，在当时的墨家组织中，经济上的互助已经被视为必然。为了能够更多地去帮助别人，墨子及其信徒都过着非常节俭的生活。《庄子·天下》记载墨者的生活是"多以裘褐为衣，以跂跻为服，日夜不休，以自苦为极"。在生产力水平低下的战国时期，这种节俭是非常有必要的，而节省出来的衣食则会用来接济生活困难的人，这也是墨家能够吸引大量信徒的一个重要手段。

四是墨家组织有着严明的组织纪律。一个规模庞大、人员众多且散布各地的团体，如果没有严明的纪律是很难长期维持的。而墨家在这个方面也做得十分出色。

首先，墨家组织内有一套连巨子也必须遵守的法令。《吕氏春秋·去私》载："墨者有钜子腹䵍居秦，其子杀人。秦惠王曰：'先生之年长矣，非有他子也，寡人已令吏弗诛矣。先生之以此听寡人也。'腹䵍对曰：'墨者之法曰：'杀人者死，伤人者刑。'此所以禁杀伤人也。夫禁杀伤人者，天下之大义也。王虽为之赐，而令吏弗诛，腹䵍不可不行墨者之法。'不

---

① （清）孙诒让撰，孙启治点校：《墨子间诂》，中华书局2001年版，第70页。

② （清）孙诒让撰，孙启治点校：《墨子间诂》，中华书局2001年版，第476–477页。

许惠王,而遂杀之。"腹䵍所言"墨者之法"就是墨家组织内部的法令。腹䵍身为墨家钜子,又有秦王求情,但依然不敢饶恕自己的独子,可见墨家法令的约束力是非常强大的,是全体成员都必须无条件遵守的。

其次,墨家纪律严明还体现在对领袖的绝对服从以及勇于舍生取义等方面。在墨家组织中,领袖拥有绝对的权威,墨者对其命令必须无条件执行。《淮南子·泰族训》载:"墨子服役者百八十人,皆可使赴火蹈刃,死不还踵,化之所至也。"这些人对墨子的绝对服从,除了有墨子人格的感化之外,还有严明纪律的约束。前面引文所提到的墨家钜子孟胜指定田襄子为继承人,派人去传递命令,"二人以致令于田襄子,欲反死孟胜于荆,田襄子止之曰:'孟子已传钜子于我矣,当听。'遂反死之。墨者以为不听钜子不察。"① 这两人虽然舍生取义,慷慨赴死,但依然受到墨者的批评,认为他们不听从钜子田襄子的命令就是不明墨家之义,是不值得表扬和效仿的。由此可知,墨家领袖的命令是墨者必须无条件执行的,不得以任何理由加以反对,这也是这个组织纪律严明的一个重要表现。

总的来说,史书中所载的墨家组织是一个组织严密、纪律严明并且有系统政治主张和理论学说的政治团体,他们坚持正义、大公无私、平等互助,深得下层百姓和部分统治阶层的拥护,是当时社会上一支重要的政治力量,并对后世产生了深远的影响。

三 墨家的分裂

尽管有着严密的组织机构和严明的纪律,墨家组织的辉煌也未能维持太长的时间。在墨子去世以后,墨家数任钜子的个人影响力始终无法与其相提并论。权威影响力的丧失,导致墨家内部出现了不同政治主张,他们对墨子思想的理解也出现了严重的分歧,并最终走向了分裂。

有关墨家组织的分裂,史籍中并不多见,但仅有的两段记载可以清晰地反映这个事实。《庄子·天下》篇云:"相里勤之弟子,五侯之徒,南方之墨者苦获、已齿、邓陵子之属,俱诵《墨经》而倍谲不同,相谓'别墨',以坚白同异之辩相訾,以觭偶不仵之辞相应。以巨子为圣人,皆愿为之尸,冀得为其后世,至今不决。"《韩非子·显学》篇则云:"世之显

---

① 陈奇猷校释:《吕氏春秋新校释》,上海古籍出版社 2002 年版,第 1266 页。

学，儒墨也。儒之所至，孔丘也。墨之所至，墨翟也。自孔子之死也，有子张之儒，有子思之儒，有颜氏之儒，有孟氏之儒，有漆雕氏之儒，有仲良氏之儒，有孙氏之儒，有乐正氏之儒。自墨子之死也，有相里氏之墨，有相夫氏之墨，有邓陵氏之墨。故孔、墨之后，儒分为八，墨离为三；取舍相反不同，而皆自谓真孔墨。"①

《庄子·天下》篇中说当时的墨家共有五派，即北方的"相里勤之弟子，五侯之徒"这两派，和南方之墨者苦获、已齿、邓陵子之属这三派。这些派别的产生主要是因为对《墨经》的理解产生严重的分歧。他们各自以本派的观点为是，称呼别的派别为"别墨"。这种分歧可以从《韩非子·显学》篇中得到印证，《显学》中说"墨离为三"，并且"取舍相反不同，而皆自谓真孔墨"，可见墨家的分裂主要是因为在某些政治主张或对《墨子》一书的解释出现了分歧，各自称自己是"真墨"，那么别的派别自然就是所谓的"假墨"了，也就是《天下》篇中的"别墨"。

关于"别墨"，学界一直没有统一的看法。部分学者认为"相谓别墨"与"墨离为三"是一回事，即"相谓别墨"指的是三派学墨之人相互称呼对方为"别墨"。

另一部分学者则认为二者不是一回事。他们认为"墨离为三"指的是墨学的分科，而不是学墨者之派别，即《尚贤》《尚同》等十大主张为说书之科，《经》《经说》《大取》《小取》为谈辩之科，《备城门》等篇为从事之科。而"别墨"则是墨家的一个流派，《墨子》一书中的《经上》《经下》《经说上》《经说下》《大取》《小取》六篇为别墨所作，其中以胡适的说法最具代表性。

　　　细看这几句话，可见今本《墨子》里的《经》上下、《经说》上下、《大取》《小取》六篇是这些"别墨"作的。有人说这六篇即是《天下》篇所说的《墨经》，别墨既俱诵《墨经》，可见《墨经》作于别墨之前，大概是墨子自著的了。我以为这一段文字不当如此解说。《墨经》不是上文所举的六篇，乃是墨教的经典如兼爱非攻之类。后来有些虽都诵《墨经》，虽都奉墨教，却大有"倍谲不同"之处。这

---

① （清）王先慎撰，钟哲点校：《韩非子集解》，中华书局 2003 年版，第 457 页。

些"倍谲不同"之处，都由于墨家的后人"宗教的墨学"之外，另分出一派"科学的墨学"。这一派科学的墨家所研究讨论的，有"坚白同异""觭偶不仵"等问题。这一派的墨学与宗教的墨学自然"倍谲不同"了。于是他们自己相称为"别墨"。"别墨"即是指那一派科学的墨学。[①]

胡适认为《经上》《经下》《经说上》《经说下》《大取》《小取》六篇不是墨子所作这一点并无问题，但其将"别墨"认定为"科学的墨学"却值得商榷。首先，他将墨家后人分为宗教的墨学和科学的墨学本身就有问题。尽管墨家后人在理解墨子思想方面不尽相同，甚至发生了严重的分歧，但他们可能只是在某些具体理论或实践上有不同的理解，而在精神实质上并无根本不同，也就是说，他们对墨家核心理论的继承上还基本一致。"宗教的墨学"并不排斥"科学"，"科学的墨学"也根本离不开"宗教"。他们之间所存在的差异不能简单地用"宗教"与"科学"来相区分。其次，"别墨"一词并不是自称，而是对持反对意见的墨者的称呼。最后，从《庄子·天下》篇中的"俱诵《墨经》而倍谲不同"来看，"倍谲不同"的不是"宗教的墨学"或是"科学的墨学"，而是"科学的墨学"内部的不同派别。

总的来说，胡适先生的这种观点并不能令人信服。因此，此后不断有学者对此展开讨论。综合各家观点来看，"别墨"和"墨离为三"是墨家内部发生分裂的明显证据。

四　墨家的衰落

墨家分裂以后，影响力开始下降，声势不如从前。西汉中期，墨学迅速衰微，消失在历史舞台中。对于墨家衰落的原因，不断有学者展开研究，其中不乏鲁迅、郭沫若、梁启超这样的大学者、大思想家。概括来看，前人的研究均认为其衰落是内部原因和外部原因共同作用的结果。

（一）内部原因

除了分裂造成影响力下降之外，墨家的指导思想和组织特征也决定其

---

① 胡适：《中国哲学史大纲》，商务印书馆 1919 年版，第 185 页。

必然走上衰落的道路。墨子所大力宣扬的非攻、节用等主张既是使其能够在众多学派中脱颖而出的关键因素，同时也是导致其后衰落的重要诱因。墨子所处的时代正是诸侯混战、互争雄长的乱世，无休止的战争给下层人民带来了深重的苦难。他们不仅要面对残酷的杀戮，还要忍受经济上的极端贫困。因此，生活在水深火热之中的人们无不渴望消弭战乱，过上平等、和平、富足的生活。墨子正是聆听了民众的这种呼声，顺应时代的需要而提出了兼爱、非攻、节用等思想。事实证明，他的这些思想得到了人民的积极响应，墨家借此发展壮大，成为能够与儒家等分庭抗礼的名家大派。为了增加在民众的影响力，墨子不仅制定了严格的纪律并身体力行，"摩顶放踵利天下"。墨家弟子也纷纷效仿，成为"以裘褐为衣，以跂蹻为服，日夜不休，以自苦为极"的忠实信徒。然而，这种极端清苦的生活也让很多人望而却步，并在很大程度上限制了统治阶层的加入。不仅如此，墨家弟子对领袖的绝对服从以及对"赴火蹈刃，死不还踵"的舍生取义精神的推崇，还造成了包括领袖人物在内的重大人员损失。像上文提到的墨子亲传弟子"钜子"孟胜为阳城君守城时，为守信义，他与墨家弟子一百八十余人自杀殉城。从墨子"止楚攻宋"开始一直到秦统一六国，墨家弟子一直为制止战争而四处奔走，其人员消耗也就无法避免，而这部分弟子正是墨家的核心力量。这种持续不断的损失不仅直接造成墨家力量的削弱，还会对后来者的加入造成负面影响，不利于信徒队伍的壮大。

（二）外部原因

墨家的指导思想与组织特征固然存在不利于其发展的一面，但这并不是造成墨家衰落的主要原因。客观上来看，墨家的衰落主要是由于其指导思想逐渐背离了社会历史发展的轨道，在信徒群体日益萎缩的同时也无法得到统治阶层的青睐，只能不可避免地走向衰落。

首先，墨家思想是战国时期特殊社会历史条件的产物，当社会条件发生重大变化，其未能顺应时代适时做出调整，因而对下层人民的吸引力日益下降，最终导致信徒数量不断减少。在诸侯混战的战国时期，下层民众渴望和平安定的生活，而墨家的非攻思想顺应了这一时代需要，因而得到广泛的支持。但生产力的进步、历史的发展要求社会从分裂割据的局面走向大一统。只有结束分裂割据的局面，才能够从根本上减少战争，而建立统一帝国的目标则使兼并战争不可避免。就这个角度来看，墨家的非攻思想已经背离了社会历史发展的需求，注定得不到统治阶层的支持。不仅如此，墨家所建立的半军事化的组织对于统治阶层来说还是一个潜在的威胁，必然会受到他们的排挤和打压。而当秦统一六国之后，长期的诸侯混战随之结束，非攻这一墨家理论的重要基石也彻底失去了用武之地，其对下层民众的吸引力也随之丧失。因此，我们说墨子的非攻思想与战国后期以至秦汉迫切需要国家统一的历史趋势不相符合，这是墨家衰落的重要原因之一。

其次，墨家思想中的"兼爱""尚贤""尚同"等政治主张与统治阶层的利益存在严重冲突。墨家所推崇的"兼相爱，交相利"，是墨子针对当时界限分明的等级制度而提出的政治主张。他认为只有实行"爱无差等"，才不会有仇恨与纷争、歧视与迫害。墨子反对按照家庭出身、身份地位、财产多寡等把人们分为不同的等级，给予不同的利益、权利、关爱。墨子主张给予每个人同等的爱，或者说要求人们"兼相爱"。墨子的这一思想，反映了广大小生产者和下层群众的利益和要求，但它必然会对统治阶层的利益造成严重影响，因而得不到他们的支持，"兼爱"最终也只能沦为空想。墨家的"尚贤""尚同"等主张则是其在政治地位方面的诉求，直接对特权阶层的统治地位发起了挑战。墨子认为，贤才是为政之本，决定着一个国家的兴衰存亡。因此，一个国家的当务之急就是选拔使用大批贤能人才。他建议用各种方法"选贤""使能"，并认为只有用贤才经邦治国，救世济民，国家才能兴旺。他在《尚贤上》篇中大胆地提出："故官无常贵，而民无终贱。有能则举之，无能则下之。"在《尚同上》篇中又说："天下之所以乱者，生于无政长，是故选天下之贤可者，立以为天子。天子立，以其力为未足，又选择天下之贤可者，置立之以为三公。"从这些话中可以看出，墨子认为天下之所以大乱，是因为没有一个好的君主统治它，主张选出天下贤能之人作为天子来统治天下，再选出能够辅助天子执行清明政治的辅臣来辅佐天子，使百姓免受战乱之苦。这种类似于当代选举制的选拔贤才，反映的是平民要求提高社会政治地位与平民参政的主观愿望，但这种朴素的民主平等思想在当时的中国明显缺乏社会基础，当时中国正处于奴隶社会向封建社会转型的历史时期，封建集权思想才是新兴地主阶级所需要的。墨家要求"尚贤""尚同"，对新兴的地主阶级而言无疑是与虎谋皮，这在当时社会状况下不但不可能实现，而且必然遭到统治者的冷落与抵制。

总的来看，从战国后期到秦汉，随着社会历史条件的变化，固守成规的墨家逐渐背离了历史发展的方向，学派分裂、内外交困，最终走向了衰落。反观很多思想主张与墨家相对立的儒家，由于能够很好地为封建统治者服务，因而得到了大力扶持，最终成为统治中国两千多年的主流思想。

五　墨家的主要弟子

《吕氏春秋·当染》篇云："孔墨之后学，显荣于天下者众矣，不可胜数。"可见在战国时期，墨家的影响力遍及天下，各诸侯国都留下了墨家弟子的足迹。但是到了秦汉之后，墨家却迅速衰亡。各种典籍中对墨家的记载微乎其微，其后学的事迹难觅其踪。我们对墨子亲传弟子、再传弟子、三传及其以后的弟子进行简单的叙述，以使读者对此有大概的了解。

（一）墨子亲传弟子

1. 禽滑厘

《史记·儒林列传》云："自孔子卒后，七十子之徒散游诸侯，大者为师傅卿相，小者友教士大夫，或隐而不见。故子路居卫，子张居陈，澹台子羽居楚，子夏居西河，子贡终于齐。如田子方、段干木、吴起、禽滑厘之属，皆受业于子夏之伦，为王者师。"① 从文中记载可见，禽滑厘最初并不是墨家弟子，而是师从于孔子的弟子子夏。后来，禽滑厘可能也像墨子那样对儒家的一些思想产生了怀疑而转投墨子门下，并且得到了墨子的赏识，在墨家弟子中脱颖而出，成为地位及影响仅次于墨子的墨者。《墨子》一书中有关禽滑厘事迹记叙仅次于墨子本人，便是一个很好的例证。

（1）禽滑厘求学　《备梯》记载：

禽滑厘侍奉墨子三年，手脚都磨起了老茧，脸也晒得黑黑的，每天干仆役的活，听墨子使唤，却不敢问自己想要问的事。墨子先生对此感到十分怜悯，于是备了酒和干肉，来到大山之上，垫些茅草坐在上面，用酒菜酬劳禽滑厘。也许正是禽滑厘的这种诚意打动了墨子，

---

① （汉）司马迁：《史记》，中华书局 1969 年版，第 3116 页。

他才会倾囊相授。

(2) 禽滑厘问道　在《备城门》《备高临》《备梯》《备穴》等篇中，禽滑厘详细地向墨子求教各种防守的策略。例如《备穴》中记载：

禽滑厘行了两次再拜礼之后说："请问古代有善于攻城的人，挖地下隧道到城墙下，绕隧道里的支柱放火，隧道塌顶，以这种方法塌毁城墙，城墙毁坏，城中人该如何对付呢？"

墨子回答说："你问的是对付用打隧道来攻城的防守方法吗？对付打隧道的攻城方法是在城内修建高楼，用来密切观察敌情。敌方有变，修筑掩体墙而积聚土石就不同于一般情形，如果四周有平常不同的浑浊泥水，这便是敌人在挖隧道。应赶快在城内对着敌人隧道方向挖沟和隧道以防范它。假若还不能准确判断敌人挖隧道的方位，就在城内挖井，每隔五步挖一井，要靠近城墙墙基。地势高的地方掘深五尺，地势低的地方打到出水，有三尺深就够了。命令陶匠烧制肚大口小的坛子，大小能容纳四十斗以上，用薄皮革蒙紧坛口放入井内，派听觉灵敏的人伏在坛口上静听传自地下的声音，确切地弄清楚敌方隧道的方位，然后挖隧道与之相抗。"

(3) 禽滑厘守宋城《公输》篇记载：

公输盘攻战用的器械用尽了，墨子的守御战术还有余。公输盘受挫了，却说："我知道用什么办法对付你了，但我不说。"楚王问原因。

墨子回答说："公输盘的意思，不过是杀了我。杀了我，宋国没有人能防守了，就可以进攻。但是，我的弟子禽滑厘等三百人，已经手持我守御用的器械，在宋国的都城上等待楚国侵略军呢。即使杀了我，守御的人却是杀不尽的。"

楚王说："好啊！我不攻打宋国了。"

除《墨子》一书外，《列子》《东周列国志》《说苑》《太平御览》等书中也有许多与禽滑厘有关的事迹，兹不赘述。

2. 耕柱子

《耕柱》篇记载：

墨子对耕柱子发怒。耕柱子说："我不是胜过别人吗?"

墨子问道："我将要上太行山去,可以用骏马驾车,可以用牛驾车,你将驱策哪一种呢?"耕柱子说："我将驱策骏马。"

墨子又问："为什么驱策骏马呢?"耕柱子回答道:"骏马足以担当重任。"

墨子说："我也以为你能担当重任。"墨子推荐耕柱子到楚国做官,有几个弟子去探访他,耕柱子请他们吃饭,每餐仅供食三升,招待他们不优厚。这几个人回来告诉墨子说:"耕柱子在楚国没有什么收益!我们几个去探访他,每餐只供给我们三升米,招待我们不优厚。"墨子答道:"这还未可知。"

没有多久,耕柱子送给墨子十镒黄金,说:"弟子不敢贪图财利违章犯法以送死,这十镒黄金,请老师使用。"墨子说:"果然是未可知啊!"

3. 高石子、管黔

《耕柱》篇记载:

墨子让管黔到卫国称扬高石子,使高石子在卫国做官。卫国国君给他的俸禄很优厚,安排他在卿的爵位上。高石子三次朝见卫君,都竭尽其言,卫君却毫不采纳实行。于是高石子离开卫国到了齐国,见了墨子说:"卫国国君因为老师的缘故,给我的俸禄很优厚,安排我在卿的爵位上,我三次入朝见卫君,必定把意见说完,但卫君却毫不采纳实行,因此离开了卫国。卫君恐怕会以为我发疯了吧?"

墨子说:"离开卫国,假如符合道的原则,承受发疯的指责有什么不好!古时候周公旦驳斥关叔,辞去三公的职位,到东方的商奄生活,人都说他发狂;但是后世的人却称誉他的德行,颂扬他的美名,到今天还不停止。况且我听说过:'行义不能回避诋毁而追求称誉。'离开卫国,假如符合道的原则,承受发疯的指责有什么不好!"

高石子说:"我离开卫国,何敢不遵循道的原则!以前老师说过:'天下无道,仁义之士不应该处在厚禄的位置上。'现在卫君无道,而贪图他的俸禄和爵位,那么,就是我只图吃人家的米粮了。"

墨子听了很高兴,就把禽滑厘召来,说:"姑且听听高石子的这话吧!违背义而向往俸禄,我常常听到;拒绝俸禄而向往义,从高石子这里我见到了。"

4. 魏越

《鲁问》篇记载：

> 墨子出外游历，魏越问他："如果能见各地的诸侯，您将说什么呢？"
>
> 墨子说："到了一个国家，选择最重要的事情进行劝导：假如一个国家昏乱，就告诉他们尚贤尚同的道理；假如一个国家贫穷，就告诉他们节用节葬；假如一个国家喜好声乐、沉迷于酒，就告诉他们非乐非命的好处；假如一个国家荒淫、怪僻、不讲究礼节，就告诉他们尊天事鬼；假如一个国家以欺侮、掠夺、侵略、凌辱别国为事，就告诉他们兼爱非攻的益处。所以说'选择最重要的事情进行劝导。'"

《墨子》中记载的墨子亲传弟子还有：曹公子、公尚过、弦唐子、胜绰、高孙子、治徒娱、县子硕、跌鼻、彭轻生子、孟山、随巢子、胡非子等。

（二）墨子再传弟子

墨子再传弟子见于各种史籍的人数比较少，主要为以下三人。

1. 屈将子

《太平览御》① 和《意林》② 中都有与屈将子有关的记载，其大意为：

> 胡非子研习墨家学说，设课收徒，批评无原则地打斗。楚国的屈将子，好勇，听说这事，就带剑把他劫持了，说："听说你非斗，而我则好勇。你给我说说，说得有理，我就放了你，说得不好，你就得死。"
>
> 胡非子就跟他说："勇有五个等级。带着长剑到山林中去和虎豹熊黑搏斗，这是猎人之勇；带着长剑到深水之中，斩蛟龙，搏鼋鼍，这是渔人之勇；登高临险，面不改色，这是工匠之勇；看到抢劫的强盗就杀死他，这是五刑之勇。从前，齐国想吞并鲁国，把它作为齐国

---

① （宋）李昉等撰：《太平御览》，中华书局 1960 年版，第 2270 页。
② 王天海：《意林校注》，贵州教育出版社 1998 年版，第 69 页。

的南部地区。鲁庄公急得三天吃不下饭，有个叫曹沫的人，却想办法在军中把齐桓公劫持了，说：'请您退师，不然的话，就请您允许我切断您的脖子放血。'齐桓公吓得不知所措，只好答应了。曹沫不是什么大人物，可他不怒则已，一怒，就勇退'万乘之师'，救了'千乘之国'，这样的勇，才是君子的大智大勇，才是最高贵的勇。你好的是这种勇吗？"屈将子听后，大受震动，解下佩剑，脱下高帽，请求胡非子收他为徒。

2. 索卢参

《吕氏春秋·尊师》中记载：

> 索卢参，东方之钜狡也，学于禽滑厘。

3. 许犯

《吕氏春秋·当染》篇记载：

> 禽滑厘学于墨子，许犯学于禽滑厘。

（三）其他墨家弟子

除去墨子亲传弟子和再传弟子之外，见于史籍的墨家后学人数相当可观。

1. 田俅子（田鸠子）

《韩非子·外储说左上》记载：

> 楚王对田俅子说："墨子是个声名显赫的学者。他亲自实践起来还是不错的，他讲的话很多，但不动听，为什么？"
>
> 田俅子说："过去秦国君主把女儿嫁给晋国公子，叫晋国为他女儿准备好装饰，衣着华丽的陪嫁女子有七十人。到了晋国，晋国人喜欢陪嫁媵妾，却看不起秦君的女儿。这可以叫作善于嫁妾，不能说是善于嫁女。楚国有个在郑国出卖宝珠的人，他用木兰做了一个匣子，匣子用香料熏过，用珠玉作缀，用玫瑰装饰，用翡翠连结。郑国人买了他的匣子，却把珠子还给了他。这可以叫作善于卖匣子，不能说是善于卖宝珠。现在社会上的言论，都是一些漂亮动听的话，君主只看文采而不管它是否有用。墨子的学说，传扬先王道术，阐明圣人言论，希望广泛地告知人们。如果修饰文辞的话，他就担心人们会留意

于文采而忘了它的内在价值，从而造成因为文辞而损害实用的恶果。这和楚人卖宝珠、秦君嫁女儿是同一类型的事，所以墨子的话很多，但不动听。"

《韩非子·问田》中记载：

徐渠问田俅子说："我听说智士不用历任低级职务就能被君主赏识，圣人不用显示出成绩就能被君主接纳。现在的阳城义渠是个英明的将领，可他曾被安排做个小官；公孙亶回是个杰出的相国，也安排做过地方官，为什么呢？"

田俅子说："这没有别的原因，就因为君主掌握了法和术。况且，难道您没听说楚国用宋舰为将而败坏了政事，魏国用冯离为相而断送了国家？两国的君主为花言巧语所驱使，被诡辩利说所迷惑，没通过低级职务的考验，不具备基层工作的经历，结果有败坏政事和断送国家的祸患。由此看来，那种不经低级职务和基层工作考验的办法，哪里该是明君采取的措施啊！"

《吕氏春秋·首时》中记载：

墨家有个叫田鸠的，想见秦惠王，在秦国待了三年但不能见到。有个客人把这情况告诉了楚王，田鸠就去见楚王。楚王很喜欢他，给了他将军的符节让他到秦国去。他到了秦国，才见到了惠王。他告诉别人说："到秦国来见惠王的途径，竟然是要先到楚国去啊！"

2. 孟胜、田襄子、徐弱

《吕氏春秋·上德》中记载：

墨家学派的钜子孟胜，与楚国的阳城君友好。阳城君让他守卫自己的食邑，剖分开璜玉作为符信，与他约定说："合符以后才能听从命令。"

楚王死了，大臣们攻打吴起，在停丧的地方动起了兵器，阳城君参与了这件事。楚国治罪这些大臣，阳城君逃走了。楚国要收回他的食邑。孟胜说："我接受了人家的食邑，与人家有符信为凭证。现在没有见到符信，而自己的力量又不能禁止楚国收回食邑，不能为此而死，是不行的。"

他的学生徐弱劝阻他说："死了如果对阳城君有好处，那么为此而死是可以的，如果对阳城君没有好处，却使墨家在社会上断绝了，这不可以。"

孟胜说："不对。我对于阳城君来说，不是老师就是朋友，不是朋友就是臣子。如果不为此而死，从今以后，寻求严师一定不会从墨家中寻求了，寻求贤友一定不会从墨家中寻求了，寻求良臣一定不会从墨家中寻求了。为此而死，正是为了实行墨家的道义从而使墨家的事业得以继续啊！我将把钜子的职务托付给宋国的田襄子。田襄子是贤德的人，哪里用得着担心墨家在社会上断绝呢？"

徐弱说："像先生您说的这样，那我请求先死以便扫清道路。"转过身去在孟胜之前刎颈而死。

孟胜于是就派两个人把钜子的职务传给田襄子。孟胜死了，学生们为他殉死的有一百八十人。那两个人把孟胜的命令传达给田襄子，想返回去在楚国为孟胜殉死，田襄子制止他们说："孟子已把钜子的职务传给我了，你们应当听我的。"两个人终于返回去为孟胜殉死。

3. 腹䵍

《吕氏春秋·去私》中记载：

墨家有个钜子腹䵍住在秦国，他的儿子杀了人。秦惠王对腹䵍说："先生您的年纪已经很大了，又没有别的儿子，我已经下令给司法官不杀他了。希望先生您在这件事上听从我的话吧。"

腹䵍回答说："墨家的法律规定，'杀人者处死，伤人者受刑'。这样做为的是严禁杀人、伤人。严禁杀人、伤人，这是天下的大理。大王您虽然赐给我恩惠，命令司法官不杀我的儿子，但是我腹䵍却不可不执行墨家的法律。"

腹䵍没有应允惠王，最终杀了自己的儿子。儿子是人们所偏爱的，墨家钜子腹䵍忍心杀掉自己心爱的儿子去遵行天下大理，可算得上公正无私了。

古代典籍记载的其他墨家弟子还有："缠子"（《论衡·福虚》），"夷之"（《孟子·滕文公上》），谢子、唐姑果（《吕氏春秋·去宥》），苦获（《庄子·列御寇》），田系（《吕氏春秋·当染》），相夫氏、相里氏、邓陵氏（《韩非子·显学》），五侯、苦获、己齿（《庄子·天下》），等等。

六 近代鲁山及其周边地区墨家组织

秦汉以后，墨家的影响开始衰落，到汉武帝接受董仲舒建议"罢黜百家，独尊儒术"之后，墨家思想便湮没于历史长河之中，各类史籍中也罕觅其踪。然而，墨家的传人并未完全消失，在墨子的故乡，也是古代墨家组织活动的中心——河南省鲁山县，有关墨子的信仰一直在民间流传，直到 20 世纪中期。但是，这些信仰墨子的团体主要活动于民间且活动较为分散和隐蔽，往往出于自保或者其他原因而形成相对秘密的组织，故不为组织外的人所熟知，更无法见于各类史志。所幸自 20 世纪 90 年代以来，鲁山县开始重视对此类组织相关资料进行采集、整理和保护，使我们可以较为清晰地看到近代鲁山地区墨子信仰及墨家组织的概况。

就目前所掌握的资料来看，在 20 世纪上半期，鲁山及其周边地区存在着以下几种以墨子为信仰对象的团体：一是成义堂；二是堂匠班；三是白衣堂。除此之外，在鲁山民间还有大量供奉墨子的庙、祠等，拥有大批组织相对松散的信众。由于篇幅所限，本书主要讨论成义堂和堂匠班等组织较为紧密且影响较大的团体。

（一）成义堂

成义堂，也叫诚义堂、劝善居、劝善台，是宣传墨家思想的一种民间组织。据鲁山县文化馆郑建丕先生调查：瀼河乡瀼东村村民刘丙臣（口述时 83 岁）原来是"成义堂"成员，他回忆说：

> 成义堂的人，都称讲学劝善的人为先生，外边老百姓都称这些先生为善人。他们有庙会、逢集时就不错过机会，在会上、集上设台念《墨经》，平时不赶庙会时，他们让我推着独轮车，带着布蓬及赶会宣传的用具去各村宣传。在不外出讲学时，每天都有许多人来到"成义堂"，听先生们诵经说书。①

---

① 郭成智：《墨子鲁阳人考论》，黄山书社 1999 年版，第 231、234 页。

鲁山的"劝善"组织在中华人民共和国成立以前是有活动的。他们的诵经用语基本在《墨子》原著中都能找到，老百姓对这些组织的称呼也能在《墨子》原著中找到原话、原意。如称"成义堂""劝善居"等组织的教学活动为"劝善"，称讲道人是"善人"，称听道是"闻善"，说经典的内容是"善言"，说人们做好事是"善行"等。

瀼河乡赊沟村李小旦在世时是"成义堂"成员，人称"李善人"。他不光在讲经劝善时诵说《墨经》，在平时也与人为善，扶贫解困。据当事人郑光荣、杜建荣、苏庆伦等人的回忆说：

> 每年春荒之季，李善人都拿出自家部分口粮来接济穷人，特别是民国三十年（1941）荒灾，他自己十多亩红薯只刨了十多担，够自家吃后，其余的让给居近的人们了。

郭成智先生《墨子鲁阳人考论》记载：

> "成义堂"群众又称"善书堂"，也有人说是"念善书"的。这部分人，非僧非道，既不敬神，也不立庙，只尊墨祖（墨子）。他们既无专门集会场所，也不讲修仙成道，只劝善禁恶，济世救众。每逢哪里有古会，他们就搭起篷来，让人们听他们诵读经书。"成义堂"内部，对主持人称"善钜"，对外称先生，群众则称他们为善人。1949 年前，他们还遍布全县，以致于鲁山县相邻的一些县，也有成义堂的活动。①

从上面的调查材料可以看出，在鲁山县及其周边地区，成义堂是一个有着相当社会影响的团体，他们以宣传墨子思想为主要职责，可以视为墨子思想的重要传人。

（二）堂匠班

关于堂匠班，郑建丕先生也做过调查。② 他在 20 世纪 90 年代初采访瀼河乡黑石头村的杨清海老人时，杨清海老人回忆说：

> 在旧社会，我经常担柴卖草，有时在山里常和"堂匠班"的人打

---

① 郭成智：《墨子鲁阳人考论》，黄山书社 1999 年版，第 61 页。

② 陈金展：《墨子在鲁山的史料及传说》，中州古籍出版社 1993 年版，第 33-34 页。

交道,他们经常是互帮互助,相互接济,同敬墨祖。时间长了,我听着人家讲的也有道理,说的尽是让人行善做好事,并能得到帮助和接济。我那时也年轻,想着也怪实际。一来二去,和他们熟了,也就加入了"堂匠班"。

熊背乡横梁河村的李凌奇,在接受访问时说:

> 我今年68岁了,祖籍原来是本县董周乡人,13岁那年,随父亲讨荒到岭西(石人山一带),在那里由于生活所迫,我讨了两年半饭后,就也随人家大人们干活,开始不知道为啥每天中午吃饭时,送饭的把饭送到山上,干活的人都集合齐了,也不让吃饭,得先有领头的讲一节经,先是读给大家听,再领着读几遍,才让开始吃饭。讲的都是颂扬墨子的故事和让人行善事能有好报应的小故事。在这个组织里人人平等,没人偷懒,领头的带头干活,像我这样的小孩处处受到优待。在山上搭起的工棚里,有用松木刻的墨祖像,晚上每人都有一次朝拜,平时纪律很严,谁在这个组织,必须在自己的内室设一个墨祖牌位。

根据郑建丕先生调查,像杨清海这样参加过"堂匠班"墨家组织的人,在鲁山一带,约有上千人。因此,可以认定"堂匠班"是墨家组织的一种延续。

另外,据曾经亲自参加过"堂匠班"的栗凌岐老人回忆,墨子所在地的"堂匠班",仅在他的家乡鲁山西部山区活动。但由于它具有干活效率高、互相交流技术和增强抗拒自然灾害等优点,所以很快流传开来。别的山区也模仿组织起很多班子干活,也起名叫"堂匠班"。解放前,在伏牛山区存在成百上千个"堂匠班",小的有十几人,大的有二十几人,和现在的居民组差不多,更类似建筑队……他记得在开班典礼上,领班的召开全班人员会议,敬设墨子牌位,众人跪在牌位前面,领工的先上三炷香,并祷告说:"求墨爷保佑风调雨顺,全班平安。"众人也跟着学一遍。然后众人坐下,领工人讲墨学大义……在讲完上述内容后,接着宣布几项纪律,要大家共同遵守:

> 一、遵照墨子遗训,团结互助,勤俭办事,为办好堂匠班的事情共同奋斗;

二、按时上（工），按时下工，不迟到（不）早退，有事要请假；

三、互学技术，提高效律，保证产量；

四、同工同酬，换工干活，做工少，用工多的要付合理（适当）报酬；

五、意外收入，如刨到药材等，收入归班集体所有，按劳分配。[1]

与成义堂不同，堂匠班是信仰墨子的人为了推行"兼爱"而成立的一种互助组织，实际上是个"农家施工队"，专门帮助穷人修房盖屋、挖渠垒堰，由信奉墨家的各种工匠组成，规模多在20—30人之间。

（三）其他墨家传人

郑建丕先生在《关于"墨教传人在鲁山"的调查资料》中列举了墨子在鲁山传人的一些情况：

> 在调查过程中发现了瀼河乡黑石头村有一位年仅39岁的墨教传人。他叫尹辰太，是个农民，因母亲常年有病，多于庙上求神，在意外中，发现了墨子的传人姜套。
>
> ……
>
> 尹辰太问，这里就敬啥神，姜套说："这里敬神可多了，但我主要是信奉墨祖，我师父陈善人把这摊子交给我了。让我续传墨祖道义，使人们从墨祖的道义中受到启发，扬善除恶、抗暴济贫，有道相教，有难相帮，渡众人出烦恼，救世济贫，孝敬父母。"
>
> 有了调查线索就顺藤摸瓜，于1992年7月12日到9月26日，分别在二郎庙、上汤、中汤、程庄、瀼河、熊背、宝山、江河等地召开寻找墨子传人座谈会，发现了清末至今未间断的传人八个。他们分别是：王实先生（现年117岁）。王四宾先生（现年94岁）。李旦，住鲁山县瀼河乡赊沟村，现年107岁。赵喜，现年96岁。辛加功，住赵村乡十亩地湾村，现年78岁。姚玉仙，女，住鲁山县瀼河乡稻谷田村，现年62岁。李江，住鲁山县辛集乡尚王村，现年56岁。尹辰太，住鲁山县瀼河乡黑石头村，现年39岁。[2]

---

[1]　萧鲁阳：《墨子元典校理与方言研究》，西安地图出版社2003年版，第467-468页。

[2]　陈金展：《墨子在鲁山的史料及传说》，中州古籍出版社1993年版，第36-37页。

（四）成义堂、堂匠班与先秦墨家组织的异同

从上述资料记载情况来看，20世纪上半叶，鲁山县及其周边地区信仰墨子的民间组织主要有以宣传墨子思想为主的成义堂和以推行墨子平等互助精神为主的堂匠班。从名称上看，二者之间有着较为明显的联系，但遗憾的是此前的调查没有就这个问题进行深入采访。除此之外，在鲁山县城还有一座专门出租孝服的白衣堂，也是奉行墨子"节葬"思想的一种互助组织。

成义堂和堂匠班在组织和功能等方面与战国时期墨家组织异同比较：

第一，在组织结构方面，成义堂的主持人被称为"善钜"，其中的"钜"字与墨家"钜子"的"钜"完全相同，因此可以说"善钜"是"钜子"的一种演变，只不过"善钜"只是墨家组织成义堂各区域分支的领导人，其影响力和权威性根本无法与"钜子"相提并论。堂匠班中的领班与成义堂中的"善钜"类似，也是众多同类组织中的一个负责人，他们除了领导全班工作之外，也有宣扬墨子思想的职责。总体来看，近代的墨家组织似乎没有了先秦时期墨家组织的"钜子"这种统领全局的领导人，或许正因如此，近代墨家组织的结构比较松散，活动区域和影响力也大受影响。

第二，在组织功能方面，近代墨家组织保存了先秦时期墨家组织的主要功能。成义堂成员经常赶会、赶集，宣传墨子的精神，劝人向善，言善语、行善道、做善事，可见是以宣扬墨子思想为主的团体，起到了宣传组织的功能。而堂匠班则是"互帮互助，相互接济，同敬墨祖"，在这个组织里人人平等，没人偷懒，领头的带头干活，小孩处处受到优待，体现了平等互助功能。但是，不管是成义堂还是堂匠班，都已没有了军事色彩，这是与先秦墨家组织功能的一个显著区别。

第三，近代墨家组织延续了先秦墨家严明的纪律，这集中体现在堂匠班的劳动纪律方面。在山上搭起的工棚里，有用松木刻的墨祖像，晚上每人都有一次朝拜，平时纪律很严，谁在这个组织，必须在自己的内室设一个墨祖牌位。并且在每次的开班典礼上，领班都要宣读几条必须遵守的纪律，像按时上下工、同工同酬和意外收入交公之类的，这些都是有别于普通民间施工队的。

总体看来，近代信仰墨子的团体虽然已经没有了先秦时期名家大派的

辉煌与气派，但其对墨家思想尤其是"兼爱""节用""节葬"等精神的继承与发扬却并未受到影响，他们在组织结构、功能和纪律等方面与先秦墨家也是一脉相承。由此可见，近代鲁山县信仰墨子的组织是先秦墨家的一种延续，只不过墨家传人为了适应不同社会环境对其组织形式和功能进行了适当的调整。

第二节　墨学思想渊源

墨家学说，虽然是当时社会条件下的产物，但其思想渊源并不局限于墨家所勃兴的时代。通过对《墨子》一书的研读，不难发现其中思想主要是墨子所独创的理论，但也有大量明显受到儒家、道家等思想影响的痕迹。关于墨学的思想渊源，历来说法很多。

一　墨学思想源于尧舜禹说

唐尧、虞舜和夏禹是中国古代天子的楷模，后来帝王学习的榜样。尧舜禹大公无私，主张"禅让"，即把天下让给德才兼备的贤士治理，反对世袭的政治制度，这与墨子主张的尚贤思想颇为类似。另外，尧舜禹也主张刻苦耐劳，厉行节约，努力生产，这与墨子经济思想中的节用相符合，所以自古有人认为墨子的这些思想来自尧舜禹。

《韩非子·显学》篇云："孔子、墨子俱道尧、舜，而取舍不同，皆自谓真尧、舜，尧、舜不复生，将谁使定儒、墨之诚乎？"[1]

《史记》自序云："墨者亦尚尧舜道。"[2]

《庄子·天下》篇云："后世之墨者，多以裘褐为衣，以屐蹻为服，日夜不休，以自苦为极，曰：'不能如此，非禹之道也，不足谓墨。'"[3]

《淮南子·要略》篇云："墨子学儒者之业，受孔子之术。"[4]

---

[1] （清）王先慎撰，钟哲点校：《韩非子集解》，中华书局2003年版，第457页。

[2] （汉）司马迁撰：《史记》，中华书局1959年版，第3290-3291页。

[3] （清）郭庆藩撰，王孝鱼点校：《庄子集释》，中华书局2012年版，第1071页。

[4] 何宁：《淮南子集释》，中华书局1998年版，第1459页。

唐代韩愈说："儒墨同是尧舜，同非桀纣，同修身正心，以治天下国家。"①

韩非子、司马谈、庄子和韩愈都认为墨子的思想源于尧舜禹，其说法不无道理，不过在《墨子》一书中并无明确来自尧舜禹的记载，只有大量的"古者圣王之事"。而这些"古者圣王之事"是墨家政治、经济主张的代名词，墨家常用之表达自己的观点，增强理论的说服力。《贵义》篇云："子墨子曰：'凡言凡动，利于天、鬼、百姓者为之；凡言凡动，害于天、鬼、百姓者舍之。凡言凡动，合于三代圣王尧、舜、禹、汤、文、武者为之；凡言凡动，合于三代暴王桀、纣、幽、厉者舍之。'"结合《墨子》文中内容不难看出，几乎所有墨家主张都以"古代圣王之事"为准绳，而"古代圣王"自然指的是尧、舜、禹、汤、文、武，墨子借助他们的事迹来婉转地表达自己的政治理想，并为墨家思想的创立赋予了来自传统的权威。② 下面就墨家主要思想主张与尧、舜、禹相吻合者做简单的讨论。

1. 兼爱

兼爱为墨家学说理论的基石之一，一直受到特别的关注，墨子对其也格外重视。《兼爱下》云："子墨子曰：'夫挈泰山以超江河，自古之及今，生民而来，未尝有也。今若夫兼相爱、交相利，此自先圣六王者亲行之。'何知先圣六王之亲行之也？子墨子曰：'吾非与之并世同时，亲闻其声，见其色也；以其所书于竹帛、镂于金石、琢于盘盂，传遗后世子孙者知之。'《泰誓》曰：'文王若日若月乍照，光于四方，于西土。'即此言文王之兼爱天下之博大也；譬之日月，兼照天下之无有私也。即此文王兼也；虽子墨子之所谓兼者，于文王取法焉！且不唯《泰誓》为然，虽《禹誓》即亦犹是也……即此禹兼也；虽子墨子之所谓兼者，于禹求焉。"

在《兼爱下》墨子总结道："故兼者，圣王之道也，王公大人之所以安也，万民衣食之所以足也，故君子莫若审兼而务行之。为人君必惠，为人臣必忠；为人父必慈，为人子必孝，为人兄必友，为人弟必悌。故君子莫若欲为惠君、忠臣、慈父、孝子、友兄、悌弟，当若兼之，不可不行

---

① （唐）韩愈撰，马其昶校注，马茂元整理：《韩昌黎文集校注》，上海古籍出版社1986年版，第40页。

② 薛柏成：《墨家思想新探》，黑龙江人民出版社2006年版，第56页。

也，此圣王之道，而万民之大利也。"

不难看出，墨子将推行兼爱的依据与"先圣六王"紧密联系起来，并举了大量的事例来进行论证，最终得出了推行兼爱是"圣王之道"，且符合"万民之大利"。

2. 尚贤

墨子所提倡的尚贤在本质上与尧、舜、禹时代所实行的"禅让"制度类似，他自己也明确说出了这一点。《尚贤上》篇云："得意贤士不可不举，不得意贤士不可不举，上欲祖述尧舜禹汤之道，将不可以不尚贤。"

《尚贤下》篇云："今惟毋以尚贤为政其国家百姓，使国为善者劝，为暴者沮，大以为政于天下，使天下之为善者劝，为暴者沮。然昔吾所以贵尧舜禹汤文武之道者，何故以哉？以其唯毋临众发政而治民，使天下之为善者可而劝也，为暴者可而沮也。然则此尚贤者也，与尧舜禹汤文武之道同矣。"

3. 尚同

尚同即上同，也即人们的意见应当统一于上级，并最终统一于天。这是墨子针对当时国家混乱而提出的政治纲领。墨子认为，天下混乱是由于没有符合天意的好首领，因此主张选择"仁人""贤者"担任各级领导。这种思想与尚贤说在本质上基本一致，都是对当时贵族统治的批判。与尚贤相似，墨子也将尚同与古代圣王联系在一起以增加说服力。

《尚同上》篇云："古者圣王为五刑，请以治其民。譬若丝缕之有纪，罔罟之有纲，所连收天下之百姓不尚同其上者也。"

《尚同中》篇云："故古者圣王唯而审以尚同，以为正长，是故上下情请为通。上有隐事遗利，下得而利之；下有蓄怨积害，上得而除之。是以数千万里之外有为善者，其室人未遍知，乡里未遍闻，天子得而赏之；数千万里之外有为不善者，其室人未遍知，乡里未遍闻，天子得而罚之。是以举天下之人，皆恐惧振动惕栗，不敢为淫暴，曰：'天子之视听也神！'先王之言曰：'非神也。夫唯能使人之耳目助己视听，使人之吻助己言谈，使人之心助己思虑，使人之股肱助己动作。'助之视听者众，则其所闻见者远矣；助之言谈者众，则其德音之所抚循者博矣；助之思虑者众，则其谈谋度速得矣；助之动作者众，即其举事速成矣。故古者圣人之所以济事成功，垂名于后世者，无他故异物焉，曰：唯能以尚同为政者也。"

75

《尚同下》篇云："圣王皆以尚同为政，故天下治。"

4. 节用

节用是墨家学说的一个重要支柱。墨子认为，古代圣人治理国家，宫室、衣服、饮食、舟车只要适用就够了。而当时的统治者却在这些方面穷奢极欲，大量耗费百姓的民力财力，使人民生活陷于困境。因此，他主张凡不利于实用，不能给百姓带来利益的，应一概取消。他在《节用中》篇说："是故古者圣王制为节用之法，曰：'凡天下群百工、轮车鞼匏、陶冶梓匠，使各从事其所能。'曰：'凡足以奉给民用，则止。'诸加费不加于民利者，圣王弗为。"

对于饮食，墨子崇尚尧的做法，他向人们发出号召："古者圣王制为饮食之法，曰：'足以充虚继气，强股肱，耳目聪明，则止。不极五味之调、芬香之和，不致远国珍怪异物。'何以知其然？古者尧治天下，南抚交趾，北降幽都，东、西至日所出、入，莫不宾服。逮至其厚爱，黍稷不二，羹胾不重，饭于土塯，啜于土形，斗以酌，俯仰周旋，威仪之礼，圣王弗为。"

对于服饰，墨子也坚持简单实用的原则："古者圣王制为衣服之法，曰：'冬服绀緅之衣，轻且暖；夏服絺绤之衣，轻且清，则止。'诸加费不加于民利者，圣王弗为。"

5. 节葬

节葬是墨子节用思想的一个延伸，是墨子针对当时儒家所提倡的厚葬久丧而提出来的一种丧葬方式，就当时的社会生产力发展水平来看，这种节葬思想确有它的生存土壤和实行的必要。与前面的兼爱、尚贤、尚同一样，墨子将节葬与尧、舜、禹等古代圣王紧密联系起来。《节葬下》篇云："是古圣王制为葬埋之法，曰：'棺三寸，足以朽体，衣衾三领，足以覆恶。以及其葬也，下毋及泉，上毋通臭，垄若参耕之亩，则止矣。'死者既以葬矣，生者必无久哭，而疾而从事，人为其所能，以交相利也。此圣王之法也。"他还列举了尧、舜、禹的节葬措施，"昔者尧北教乎八狄，道死，葬蛩山之阴，衣衾三领，谷木之棺，葛以缄之，既犯而后哭，满坎无封。已葬，而牛马乘之。舜西教乎七戎，道死，葬南己之市，衣衾三领，谷木之棺，葛以缄之。已葬，而市人乘之。禹东教乎九夷，道死，葬会稽之山，衣衾三领，桐棺三寸，葛以缄之，绞之不合，通之不坎，土地之深，下毋及泉，上毋通臭。既葬，收余壤其上，垄若参耕之亩，则止矣。若以此若三圣王者观之，则厚葬久丧，果非圣王之道。故三王者，皆贵为天子，富有天下，岂忧财用之不足哉？以为如此葬埋之法。"

6. 天志

天志即上天的意志。墨子认为天是有意志的。天喜欢义，憎恶不义；希望人们相互帮助、相互教导，反对人们相互攻击、相互敌视。所谓天志实际是墨子用以和当时统治者进行斗争的一种武器，为了增强其攻击力，墨子自然会将其与古代圣王联系起来。《天志上》篇云："顺天意者，兼相爱、交相利，必得赏；反天意者，别相恶，交相贼，必得罚。然则是谁顺天意而得赏者？谁反天意而得罚者？子墨子言曰：'昔三代圣王禹、汤、文、武，此顺天意而得赏也。昔三代之暴王，桀、纣、幽、厉，此反天意而得罚者也。'然则禹、汤、文、武，其得赏者何以也？子墨子言曰：'其事上尊天，中事鬼神，下爱人，故天意曰：此之我所爱，兼而爱之；我所利，兼而利之。爱人者此为博焉，利人者此为厚焉。故使贵为天子，富有天下，业万世子孙，传称其善，方施天下，至今称之，谓之圣王。'然则桀、纣、幽、厉，得其罚何以也？子墨子言曰：'其事上诟天，中诟鬼，下贼人，故天意曰：此之我所爱，别而恶之；我所利，交而贼之。恶人者，此为之博也；贱人者，此为之厚也。故使不得终其寿，不殁其世，至今毁之，谓之暴王。'"

7. 明鬼

明鬼是墨子的一个重要理论，他认为鬼神不仅存在，而且能对人间的善恶予以赏罚。在《明鬼下》篇中，他列举古代的传闻、古代圣王对祭祀的重视以及古籍的有关记述，以证明鬼神的存在和灵验。从今天来看，这种宣扬迷信的做法显然是落后而不足取的。但我们也应当看到，墨子明鬼的目的，主要是想借助超人间的权威以限制当时统治集团的残暴统治。

在上述古代圣王中，墨子最推崇的当属夏禹，因而有学者认为，墨子的简朴生活作风来自夏禹。薛柏成先生指出，《墨子》书中所提夏禹者最多，达56次。而且墨家弟子无论从衣着形象，还是从行为特征的"自苦为极""损己救世""节用节葬"均与夏禹一致。[1]

---

[1] 薛柏成：《墨家思想新探》，黑龙江人民出版社2006年版，第58页。

二 墨学思想源于儒家说

墨子在创立墨家学派之前，曾经学习过儒家思想。《淮南子·要略》篇云："墨子学儒者之业，受孔子之术。"《淮南子·主术训》也说："孔墨皆修先圣之术，通六艺之论。"正是对儒家思想有了深入的了解，墨子在反对儒家的各种主张时才能有的放矢。

《公孟》篇云："子墨子谓程子曰：'儒之道足以丧天下者四政焉。儒以天为不明，以鬼为不神，天、鬼不说，此足以丧天下。又厚葬久丧，重为棺椁，多为衣衾，送死若徙，三年哭泣，扶后起，杖后行，耳无闻，目无见，此足以丧天下。又弦歌鼓舞，习为声乐，此足以丧天下。又以命为有，贫富寿夭，治乱安危有极矣，不可损益也。为上者行之，必不听治矣；为下者行之，必不从事矣。此足以丧天下。'"这段话反映出墨子对儒家思想有着深刻的认识和理解，否则他不可能如此切中要害。

《非儒下》篇说："孔某穷于蔡、陈之间，藜羹不糁。十日，子路为享豚，孔某不问肉之所由来而食；号人衣以酤酒，孔某不问酒之所由来而饮。哀公迎孔子，席不端弗坐，割不正弗食。子路进请曰：'何其与陈、蔡反也？'孔某曰：'来，吾语女：曩与女为苟生，今与女为苟义。'夫饥约，则不辞妄取以活身；赢鲍，则伪行以自饰。污邪诈伪，孰大于此？"由这段话可见，墨子不仅对儒家学说的弱点十分了解，对孔子本人的为人处世之道也深有体会。墨子对儒家思想和孔子本人的了解越深刻，受其影响的程度也就会越深刻。尽管后来墨子极力反对儒家的繁文缛礼，提出了非乐、非命、非儒等诸多主张，但他的思想中并没有完全排斥儒家的所有观点，甚至还对某些方面进行了吸收和继承，只不过这种吸收和继承并不是原封不动的，而是经过精心的改造，这在墨子思想中是可以找到一些线索的。

墨子对儒家思想的吸收和利用最主要的表现是他的尚贤思想。墨子与孔子都重视人才，但选用人才的方法却并不相同。对于贤才的选拔与任用方面，孔子的主张是"举贤才"。一般的观点认为孔子"举贤才"是有等级限制的，即在统治阶层内部选拔任用"贤才"。如《论语·子路》云："仲弓为季氏宰，问政，子曰：'先有司，赦小过，举贤才。'曰：'焉知贤才而举之？'曰：'举尔所知。尔所不知，人其舍诸？'"其中的贤才明显是从"有司"中选拔出来的，只不过是要求对被选拔者进行适当的考察而已。不过，孔子并不反对在统治阶层之外选拔和任用贤能之士。《论语·先进》云："子曰：'先进于礼乐，野人也；后进于礼乐，君子也。如用之，则吾从先进。'"从这句话可见，孔子认为如果要选用人才，应该选用先学习礼乐而后再做官的平民。孔子的这种主张在当时世卿世禄的制度下也算是一种比较进步的措施了。但是，我们还应该看到，孔子的举贤才并没有摆脱"亲亲"原则的束缚。他对晋国执政者魏献子的用人之道表示称赞："近不失亲，远不失举，可谓义也。"（《左传·昭公二十八年》）既不失亲，又要举贤才，这表明孔子是想用"举贤才"的方法来弥补"亲亲"所导致的人才不足。从这个角度来说，孔子的"举贤才"是有前提的，并不是彻底"唯才是举"。

　　墨子"尚贤"是在孔子"举贤才"思想的基础上发展而来，其表现形式均为以治理国家、发展社会为目标而选用贤能之士，二者之间存在着明显的联系。但墨子"尚贤"是以"兼爱"为基础的，他不分贵贱、亲疏，一视同仁，比较彻底地抛弃了儒家的"亲亲"原则，是对孔子"举贤才"思想的修正。墨子"尚贤"更重视人才的德行，而不以出身来衡量，"列德而尚贤，虽在农与工肆之人，有能则举之""举义不辟贫贱"（《尚贤上》）。更可贵的是，墨子的这种"尚贤"思想不仅仅只是给平民一条上升的途径，而且要打破贵族们"世卿世禄"的特权地位，"故官无常贵而民无终贱，有能则举之，无能则下之"（《尚贤上》）。这是对当时贵族专政的一种彻底否定，也是墨子思想中超越时代的精华所在。总的来说，孔子的"举贤才"未能彻底放弃"亲亲"原则，所选拔的"贤才"主要是在统治阶层内部，他并不是从实现全社会利益的目的出发而真正的开发人才，而是以巩固君主专制统治为最终目的。他的"为贤之道"是学习和掌握维护奴隶主贵族统治的周礼，遵照周礼完善个人修养。而墨子的"尚贤"是将选拔人才作为"为政之本"，关乎国家前途命运，更是实现他心中理想社会的根本方法。《尚贤下》篇云："今也天下之士君子，皆欲富贵而恶贫贱。曰：然女何为而得富贵而辟贫贱？莫若为贤，为贤之道将奈何？曰：有力者疾以助人，有财者勉以分人，有道者劝以教人。若此，则饥者得食，寒者得衣，乱者得治。若饥则得食，寒则得衣，乱则得治，此安生生。"

除了尚贤思想外，墨子的节用思想对孔子思想中"俭"的主张有所借鉴；其"兼爱"思想对孔子思想中的"泛爱众"和"孝道"主张有所借鉴；其"贵义"思想对孔子的"义""利"主张有所借鉴。① 当然，这些借鉴并没有明确地提到孔子与儒家思想，不过，通过对二者的分析、对比，这些相似点还是很容易找得到的。

三　墨学思想自创说

除了上述看法之外，还有不少学者认为，墨子思想是一个严密的体系，其中的某些主张或许是受到某种已经存在的思想或事迹的影响，但其主要内容则是由墨子根据当时社会现实和自身的生产实践所独创的。也就是说，尧、舜、禹等古代圣王和儒家思想只不过是对墨子思想的形成产生了一定的影响，其最主要的因素是墨子身处的战乱纷仍的时代。他本着救人救世的热诚，根据时代的需要，因时、因事、因地而制宜，自成一家之言。正如《鲁问》篇中所说："凡入国，必择务而从事焉。国家昏乱，则语之尚贤、尚同；国家贫，则语之节用、节葬，国家喜音湛湎，则语之非乐、非命；国家淫辟无礼，则语之尊天事鬼；国家务夺侵凌，则语之兼爱、非攻，故曰择务而从事焉。"

关于这种看法，梁启超曾经做过较为详细的论述：

> 要之墨子时代，稍后于孔子，而稍先于孟、荀，兹为可信。吾将观其时代以考其所以产出此学说之原因焉。
>
> （一）墨子之时当周末文胜之极敝。三代以前，中国社会，犹未脱初民之程度；及至成周，上监夏殷，郁郁其文，孔子称之。然交通既繁，诈械日出，奢靡相尚，故倡学救世者，咸怀复古思想。如孔子之言尧舜文王，老子之言黄帝，许行之言神农，墨子之言大禹，凡以救此敝也。而墨子尤持极端之非文主义者也，此节用、节葬、非乐诸义所由立也。
>
> （二）墨子之时社会不统一。周末者，中国社会将由不统一以趋于统一之过渡时代也。凡天下事理，惟过渡时代最能感其缺乏。如中

---

① 薛柏成：《墨家思想新探》，黑龙江人民出版社2006年版，第47-54页。

国人之不自由，不自今日始也；乃四五千年莫或感之，而今乃感之，则以今日为专制与自由之过渡时代也。中国之不统一，亦自黄帝以来而已然；乃二千年莫或感之，惟与墨子并世诸贤乃感之，其理一也。故孔子倡大一统，孟子言定于一；而墨子之政治思想，尤以此为独一无二之的焉，此尚同、尚贤诸义所由立也。

（三）墨子之时内竞激烈。社会无时不竞也，而其交通不频繁，接构不切密，则其相竞之范围不广，而相竞之影响不剧。黄帝子孙之分布弥满于中国，自春秋战国以后也，故战争盛行，奸利叠起；而人道或几乎息，是当世睿哲之所最忧而汲汲欲救之者也，故墨子兼爱、非攻诸义，由兹出焉。

（四）墨子之时宗教与哲学冲突。凡一社会之发达，其始莫不赖宗教迷信之力，中国亦何独不然？中国初民时代迷信之状态，虽不可考，然散见于六经、六纬及百家言者，尚多不可悉数。及孔老倡学，全趋于哲学及社会之实际，举国学者，靡然从风。其宗派虽殊，然其为迷信之敌则一也。墨子者乃逆抗于此风潮，而欲据宗教之基础以立一哲学者也，于是有天志、明鬼、非命诸义。

（五）墨子于九流之中较为晚出。其时儒道法三家，既已有中分天下之势，而百家言纷起并出者，亦皆成一壁垒。据一方面，而墨子以后进崛起其间，非有坚固之理论，博捷之辩才，不足以排他说而申己义。故论理学格致之应用最要焉，此《经上》《经下》《经说》《大取》《小取》诸篇所由立也。①

梁启超不同意墨子思想源于尧舜禹、儒家学说，他认为是墨子本人鉴于时代的需要，自己独创的一种学派。汪中、方授楚等也持此说。

除了上述几种说法之外，还有墨子思想源自史佚史角说、源自老子思想说等。综合来看，墨子的思想虽然吸收和借鉴了古代圣王和儒道等学说的一些内容，但其大部分主张是墨子根据当时社会的需要所独创的，墨子是墨家学派当之无愧的开山祖师。

---

① 张品兴主编：《梁启超全集》，北京出版社1999年版，第3158-3159页。

第三节　古今墨评

墨子及其创立的墨家学派和墨家学说，因其影响巨大，历代学者在研究墨家墨学的同时，对墨子、墨家、墨学给予了中肯的评价，其中也不乏尖锐的批评。

一　古代墨评

古代对墨子、墨家、墨学给予评价的名家很多，今选战国至清代数家之评，以窥其大略。

（一）孟子评价

孟子是战国时期儒家的代表人物，从维护儒家学派的角度出发，孟子对墨子及墨学的排斥显得尤为突出。《孟子·尽心上》篇中说："墨子兼爱，摩顶放踵利天下，为之。"① 虽然后世将其视为对墨子的肯定，但实质上这是孟子对墨子的一种嘲讽。他又在《孟子·滕文公下》篇中说：

> 圣王不作，诸侯放恣，处士横议，杨朱墨翟之言盈天下，天下之言，不归杨则归墨。杨氏为我，是无君也；墨氏兼爱，是无父也。无父无君，是禽兽也。公明仪曰："庖有肥肉，厩有肥马，民有饥色，野有饿莩，此率兽而食人也。"杨墨之道不息，孔子之道不著，是邪说诬民，充塞仁义也。仁义充塞，则率兽食人，人将相食。吾为此惧。闲先圣之道，距杨墨，放淫辞，邪说者，不得作，作于其心，害于其事，作于其事，害于其政，圣人复起，不易吾言矣。②

在这段话中，孟子一改文质彬彬的风格，以近乎谩骂的语言来攻击墨子，将其视为阻碍儒家仁义之说发扬光大的绊脚石，这充分暴露了学派之间相互竞争和攻击的残酷性。总的来看，孟子出于竞争的需要，对墨子及墨家进行了带有明显偏见的评论，极大地影响了后世对墨子及墨学的看法。

---

① （清）焦循撰，沈文倬点校：《孟子正义》，中华书局 1987 年版，第 916 页。
② （清）焦循撰，沈文倬点校：《孟子正义》，中华书局 1987 年版，第 456-457 页。

（二）庄子评价

庄子作为战国时期道家的代表人物，在哲学思想和政治主张方面必然与墨子有明显的区别，但庄子与孟子不同，他并没有展开凌厉的攻势，而是相对客观地对墨子进行了评价。《庄子·天下》云：

> 不侈于后世，不靡于万物，不晖于数度，以绳墨自矫，而备世之急。古之道术有在于是者，墨翟、禽滑厘闻其风而说之。为之大过，已之大顺。作为《非乐》，命之曰《节用》。生不歌，死无服。墨子泛爱兼利而非斗，其道不怒。又好学而博，不异，不与先王同，毁古之礼乐。……古之丧礼，贵贱有仪，上下有等。天子棺椁七重，诸侯五重，大夫三重，士再重。今墨子独生不歌，死不服，桐棺三寸而无椁，以为法式。以此教人，恐不爱人；以此自行，固不爱己。未败墨子之道。虽然，歌而非歌，哭而非哭，乐而非乐，是果类乎？其生也勤，其死也薄，其道大觳。使人忧，使人悲，其行难为也。恐其不可以为圣人之道，反天下之心。天下不堪。墨子虽独能任，奈天下何！离于天下，其去王也远矣！……使后世之墨者，多以裘褐为衣，以跂蹻为服，日夜不休，以自苦为极，曰："不能如此，非禹之道也，不足谓墨。"①

庄子对墨子的这段评价，虽然带有一定的批评之意，但其中不乏钦佩之情，就像他在这段评价的最后所说："墨子真天下之好也，将求之不得也，虽枯槁不舍也，才士也夫！"

（三）荀子评价

荀子同孟子一样，也是儒家学派的主要代表人物。同样是出于维护本学派的需要，他给予墨子的批评也很多。首先，荀子认为墨子过于重视功利，而不知道有礼仪，只会导致"政令不施"而无法治理国家。《荀子·天论》云："墨子有见于齐，无见于畸……有齐而无畸，则政令不施。"②

---

① （清）郭庆藩撰，王孝鱼点校：《庄子集释》，中华书局2012年版，第1067-1071页。

② （清）王先谦撰，沈啸寰、王星贤点校：《荀子集解》，中华书局1988年版，第377-378页。

《荀子·解蔽》又云："墨子蔽于用而不知文……故由用谓之道，尽利矣。"①

其次，荀子认为墨子所提倡的"节用""非乐"以及以身作则、亲力亲为等观点也不符合社会发展规律，不利于统治者对国家的治理，是造成天下混乱、贫穷的根源。《荀子·王霸》云："以是悬天下，一四海，何故必自为之？为之者，役夫之道也，墨子之说也。"②《荀子·富国》篇更是用较长的篇幅来论述他的这种看法：

> 墨子之言，昭昭然为天下忧不足。夫不足，非天下之公患也，特墨子之私忧过计也。……夫有余不足，非天下之公患也，特墨子之私忧过计也。
>
> 天下之公患，乱伤之也。胡不尝试相与求乱之者谁也？我以墨子之"非乐"也，则使天下乱；墨子之"节用"也，则使天下贫，非将堕之也，说不免焉。墨子大有天下，小有一国，将蹙然衣粗食恶，忧戚而非乐。若是则瘠，瘠则不足欲；不足欲则赏不行。墨子大有天下，小有一国，将少人徒，省官职，上功劳苦，与百姓均事业，齐功劳。若是则不威；不威则罚不行。赏不行，则贤者不可得而进也；罚不行，则不肖者不可得而退也。贤者不可得而进也，不肖者不可得而退也，则能不能不可得而官也。若是，则万物失宜，事变失应，上失天时，下失地利，中失人和，天下敖然，若烧若焦，墨子虽为之衣褐带索，嚽菽饮水，恶能足之乎？既以伐其本，竭其原，而焦天下矣。③

墨子"非乐"，将矛头指向了劳民伤财的礼乐制度，其出发点是想通过限制统治阶层过度的礼乐享受，从而避免不必要的开支以减轻劳动人民的负担。但礼乐制度是儒家的核心思想之一，因此必然会引起儒家的反击。荀子就是从这种立场出发，对墨子的"非乐"进行了全面而深入地批

① （清）王先谦撰，沈啸寰、王星贤点校：《荀子集解》，中华书局1988年版，第463-464页。

② （清）王先谦撰，沈啸寰、王星贤点校：《荀子集解》，中华书局1988年版，第252-253页。

③ （清）王先谦撰，沈啸寰、王星贤点校：《荀子集解》，中华书局1988年版，第218-220页。

判，他在《乐论》篇中说：

> 夫乐者，乐也，人情之所必不免也。故人不能无乐，乐则必发于声音，形于动静；而人之道，声音动静，性术之变尽是矣。故人不能不乐，乐则不能无形，形而不为道，则不能无乱。先王恶其乱也，故制雅、颂之声以道之，使其声足以乐而不流，使其文足以辨而不諰，使其曲直、繁省、廉肉、节奏，足以感动人之善心，使夫邪污之气无由得接焉。……先王之道，礼乐正其盛者也。而墨子非之。故曰：墨子之于道也，犹瞽之于白黑也，犹聋之于清浊也，犹欲之楚而北求之也。①

从中不难看出，荀子通过夸大"乐"的作用来抨击墨子的"非乐"，他巧妙地回避了制造乐器、表演乐舞给劳动人民所带来的额外负担以及统治阶层沉湎乐舞、荒于政务所带来的危害。在他的这种观点影响下，世人多以为墨子盲目排斥音乐，不重视人们的精神生活，这对墨学的发展是较为不利的。

（四）司马谈评价

司马谈在他的《论六家之要旨》中概括出阴阳、儒、墨、名、法、道六家，并加以论述。其中，对墨家的表述为：

> 墨者俭而难遵，是以其事不可遍循；然其彊本节用，不可废也。……墨者亦尚尧舜道，言其德行曰："堂高三尺，土阶三等，茅茨不翦，采椽不刮。食土簋，啜土刑，粝粱之食，藜藿之羹。夏日葛衣，冬日鹿裘。"其送死，桐棺三寸，举音不尽其哀。教丧礼，必以此为万民之率。使天下法若此，则尊卑无别也。夫世异时移，事业不必同，故曰"俭而难遵"。要曰彊本节用，则人给家足之道也。此墨子之所长，虽百长弗能废也。②

由于没有任何政治和思想的冲突，司马谈的这段评价就显得非常中

---

① （清）王先谦撰，沈啸寰、王星贤点校：《荀子集解》，中华书局1988年版，第448-450页。

② （汉）司马迁：《史记》，中华书局1982年版，第3289-3291页。

肯，他既指出了墨家思想的不足之处，即"俭而难遵"，同时也认为"强本节用"是"墨子之所长，虽百长弗能废也"。

（五）班固评价

班固在作《汉书·艺文志》时，对汉代以前的各种著作及学术流派进行了归纳和总结。其中，对墨家的表述为：

> 墨家者流，盖出于清庙之守。茅屋采椽，是以贵俭；养三老五更，是以兼爱；选士大射，是以上贤；宗祀严父，是以右鬼；顺四时而行，是以非命；以孝视天下，是以上同；此其所长也。及蔽者为之，见俭之利，因以非礼，推兼爱之意，而不知别亲疏。①

班固的评价较为全面，基本上肯定了墨子贵俭、兼爱、尚贤、尚同、明鬼、非命等主张，但也对墨家的功利主义以及不别亲疏进行了批评。

（六）韩愈评价

汉代以后，墨学几乎不为世人所知，但唐宋八大家之首韩愈却慧眼独具，他不仅对墨学有较为深入的研究，也有不同于其他儒者的理性评价：

> 儒讥墨以上同、兼爱、上贤、明鬼，而孔子畏大人、居是邦不非其大夫，《春秋》讥专臣，不"上同"哉？孔子泛爱亲仁，以博施济众为圣，不"兼爱"哉？孔子贤贤，以四科进褒弟子，疾殁世而名不称，不"上贤"哉？孔子祭如在，讥祭如不祭者，曰我祭则受福，不"明鬼"哉？儒墨同是尧舜，同非桀纣，同修身正心以治天下国家，奚不相悦如是哉？余以为辩生于末学，各务售其师之说，非二师之道本然也。孔子必用墨子，墨子必用孔子；不相用，不足为孔墨。②

韩愈是在真正理解了墨学理论的基础上做出了上述评价，他深刻认识到墨学思想的重要性，对补正儒学思想不足之处具有重要的价值，所以，他才会提出"孔子必用墨子，墨子必用孔子；不相用，不足为孔墨"。

（七）毕沅评价

毕沅对《墨子》的研究非常深入，对其治国理政之法也颇为了解，所

---

① （汉）班固：《汉书》，中华书局1962年版，第1738页。
② （唐）韩愈撰，马其昶校注，马茂元整理：《韩昌黎文集校注》，上海古籍出版社1986年版，第40页。

以他对墨子本人的评价就显得比较客观公道。他在《墨子注》序言中说:

> 世之讥墨子,以其节葬非儒,说墨者既以节葬为夏法,特非周制,儒者弗用之,非儒则由墨氏弟子尊其师之过,其称孔子讳及诸毁词,是非翟之言也,案他篇亦称孔子,亦称仲尼,又以为孔子言亦当而不可易,是翟未尝非孔,孔子之言,多见论语家语,及他纬书传注,亦无斥墨词。至孟子始云能言距杨墨者,圣人之徒也,又云,杨墨之道不息,孔子之道不著,盖必当时为墨学流,为横议或类"非墨篇"所说,孟子始嫉之,故韩非子显学篇云,墨离为三,取舍相反不同,而皆自谓真孔墨。韩愈云,辩生于宋学,各务售其师之说,非二师之道本然,其知此也。今惟亲士修身及经上经下疑翟自著,余篇称子墨子,耕柱篇并称子禽子,则是门人小子记录所闻,以是古书不可忽也。且其鲁问篇曰凡入国必择务而从事焉,国家昏乱则语之尚贤、尚同,国家贫则语之节用、节葬,国家喜音湛湎则语之非乐、非命,国家淫僻无礼则语之尊天事鬼,国家务夺侵凌则语之兼爱。是亦通达经权不可訾议。又其备城门诸篇皆古兵家言,有寔用焉。①

(八) 俞樾评价

俞樾在深入研读《墨子》的基础上给出了客观公正的一个评价,他在《墨子间诂》序中说:

> 孟子以杨墨并言,辟而辟之,然杨非墨匹也,杨子之书不传,略见于列子之书,自适其适而已,墨子则达于天人之理,熟于事物之情,又深察春秋战国百余年间时势之变,欲补弊扶偏,以复之于古,郑重其意,反复其言,以冀世主之一听,虽若有稍诡于正者,而实千古之有心人也。尸佼谓孔子贵公,墨子贵俭,其实则一。韩非以儒墨并为世之显学,至汉世犹以孔墨并称。尼山而外,其莫尚于此老乎……窃尝推而论之,墨子惟兼爱,是以尚同,惟尚同是以非攻,惟非攻是以讲求备御之法。近世西学中光学、重学,或言皆出于墨子,然则其备梯、备突、备穴诸法,或即泰西机器之权与乎?嗟乎,今天

---

① (清) 毕沅撰,戴望校并跋,谭仪校:《墨子注》,任继愈主编:《墨子大全》第 11 册,北京图书馆出版社 2002 年版,第 2-3 页。

下一大战国也，以孟子反本一言为主，而以墨子之书辅之，倘足以安内而攘外乎!①

（九）孙诒让评价

清代研究墨学成就最突出的学者当属孙诒让，他对墨子及墨学的评价也最为中肯，他在《墨学通论》中说：

> 今观墨之非儒，固多诬妄，其于孔子，亦何伤于日月？而墨氏兼爱，固谆谆以孝慈为本，其书具在，可以勘验。而孟子斥之，至同之无父之科，则亦少过矣。自汉以后，治教嫥一，学者咸宗孔孟，而墨氏大绌。然讲学家剿窃孟荀之论，以自矜饰标识，缀文之士，习闻儒言，而莫之究察。其于墨也，多望而非之，以迄于今，习斥杨墨为异端，而未有读其书，深究其本者，是暖姝之说也，安足以论道术之流别哉!②

二 民国时期墨评

鸦片战争打开了中国闭关锁国的大门，割地、赔款等屈辱接踵而至。各阶层知识分子纷纷探索救亡图存的思想和道路，儒学一家独尊的地位开始动摇，墨学重新受到学术界的重视。如果说清朝中后期出现了第一次研究墨学的热潮，那么，民国时期，研究墨子的学者越来越多，第二次研究墨学的热潮汹涌而来。这一时期的学者不但对墨子的思想及著作进行了深入的研究与探讨，还对墨子的人格和伦理道德等给予了客观公正的评价。

（一）梁启超评价

梁启超对墨子思想及人格颇为敬佩，他在《墨子学案》第二自序中说：

> 本书既概述墨学之全体大用，而结论则太息于秦汉以后墨学之中绝。及细思之，而有以知其未尽然也。凡一切众生所造之共业不共业，其种子必持续于后而永不灭。虽极微细之事相且有然，况墨学者，战国二百余年间，其言盈天下；而谓易代之后，遂如饕风卷叶，

---

① （清）孙诒让撰，孙启治点校：《墨子间诂》，中华书局2001年版，俞序，第1-2页。

② （清）孙诒让撰，孙启治点校：《墨子间诂》，中华书局2001年版，俞序，第733-734页。

一扫无迹；天下宁有是理？吾当谛观思惟：则墨学精神，深入人心，至今不坠，因以形成吾民族特性之一者，盖有之矣。墨教之根本义，在肯牺牲自己。墨经曰："任：士损己而益所为（为读去声）也。"经说释之曰："任：为身之所恶以成人之所急。"墨子之以言教以身教者，皆是道也。是道也，秦汉以后士大夫信奉者盖鲜，而其统乃存于匹夫匹妇。今试行穷乡下邑，辄见有弱嫠褓负呱呱之子褴褛而行乞者。吾人习见，莫之或奇，莫之或敬也。而不知此种行为之动机，乃纯出于"损己而益所为"，纯是"为身之所恶以成其子之所急"。其在文化与我殊系之民族，则妇女为葆其肤颜之美姣而弃子弗字者，比比然矣。又恒见有壮夫侍其老羸废疾之父母昆弟，因以废其固有之职业，虽有百艰而不肯舍去。亦有齿落发白垂尽之年，不肯稍自暇逸，汲汲为其子孙谋者。若此之类，就一方面论，或可谓为妨害个性之发展。就他方面论，则互助精神，圆满适用，而社会之所由密集而永续也。夫所谓"摩顶至踵利天下"者，质言之，则损己以利他而已。利亿万人因利他，利一二人亦利他也。泛爱无择固利他，专注于其所亲亦利他也。己与他之利不可得兼时，当置他于第一位而置己于第二位，是之谓"损己而益所为"，是之谓墨道。今之匹夫匹妇，曷当诵墨子书？曷当知有墨子其人者？然不知不识之中，其精神乃与墨子深相愚契。其在他国，岂曰无之？然在彼则为畸行，在我则为庸德。呜呼！我国民其念之：此庸德者非他，乃墨翟、禽滑厘、孟胜、田襄子诸圣哲，溅百余年之心力以莳其种于我先民之心识中，积久而成为国民性之一要素焉。我族能继继绳绳与天地长久，未始不赖是也。复次：我国人二千年来言军旅之事，其对于开边黩武，皆轻贱而厌恶之；对于守土捍难，则最所尊崇。若关羽、张巡、岳飞之流，千百年后妇人孺子犹仰之如天神者，皆损躯于所职以卫国土御外难者也。此种观念，皆出于墨子之非攻而尊守。故吾国之豪杰童话，与他国多异其撰。故吾国史迹中，对外虽无雄略，且往往受他族蹂躏；然始终能全其祖宗疆守勿失坠，虽百经挫挠而必光复旧物者，则亦墨子之怯于攻而勇于守，其教入人深也。而斯义者，则正今后全世界国际关系改造之枢机，而我族所当发挥其特性以易天下者也。吾覆校所讲，竟得此二义，辄写以为第二序。既以见学术之影响于国民性者至钜，且以见治古学者之当周于世用也。至墨子之经济理想，与今世最新之主义多吻合；我国民畴昔疑其不可行者，今他人行之而底厥绩焉；则吾书中既详哉言之矣。①

梁启超将墨家思想视为"则正今后全世界国际关系改造之枢机，而我族所当发挥其特性以易天下者也"，足见其对墨学的推崇。正是在他的影响下，诸多学者展开了对墨学的研究，并取得了令人瞩目的成就。

（二）张纯一评价

张纯一对墨学的研究非常深入，他充分认识到墨学对于当时中国社会的重要性，他在《墨子集解》自序中说：

> 墨学集成于墨子，与道儒鼎峙。立说多与孔老符，而又独鸣其异。如尚劳贱，务平等，宛尔农家，学兼名家兵技巧家。有今远西所谓形学、光学、重学等不胜书。……嗟嗟墨子，祖夏禹之俭勤，恢张显学。本史佚之捷给，精创语经。为人重而自为轻，亟称晏子知道。于神厚而于体薄，无殊老氏存身。谊恉至深远也。是书据前贤诸说，择善从长，拾遗义，振玄纲，冀转世闲有漏之道学，为世出世闲无漏之至仁。庶冥符墨圣贵兼之真，先民而后身。凡有血气者，知天地与我并生，万物与我为一，而交相尊亲矣。副墨止此，吾思渺矣，吾才竭矣。窃叹墨道之大，一兼无外，泯楚越之畛域，尽心力以利爱。钧天地之有，夷生人之等。诚神州文化之秘藏，世界大同之启镳也。愿读是书者，张皇幽眇，明贞日月，无欲恶而备世之急。则墨家心传，终古不绝矣。②

（三）唐敬杲评价

唐敬杲对墨学的研究也相当深入，其评价也比较客观公正，他在《墨子选注》中评价道：

> 墨子之学，在我国古代学术中，实最多科学实验之精神者，其经上下诸篇，既为名学之先导与欧洲之逻辑，印度之因明，相为辉映，

---

① 梁启超：《墨子学案》，商务印书馆1923年版，第1-4页。
② 张纯一：《墨子集解》，成都古籍书店1988年版，第1-2页。

故其学说之立论，无不取首尾一贯之论理形式……墨子全书之论证，殆无不出于此方式，墨子斥空想，崇实行，其所以重视论理之应用者，盖非偶然也……墨子之根本主义，厥惟兼爱。彼此为天下之祸乱，皆起于不相爱，不相爱，则思亏人以自利，人各思亏人以自利，则攻杀篡夺，社会不可以一日安矣。墨子非攻之说，即自此兼爱主义直接衍出，而上同、天志、明鬼等说，则为所以遂行此兼爱主义之必要方法。实利主义亦为墨子根本观念之一。彼以为人类不能不有利欲之冲动，必示之以利，方能使行之终身不厌，殁世而不倦，故其所提出之教义，无不以有利与否为标准。墨子之所谓利，乃利于最大多数人之利，而非少数人之私利。墨子所谓利即犹西洋乐利派之所为最大多数的最大幸福也。墨子又主张极端之勤劳主义，日夜不休，以自苦为极。①

（四）方授楚评价

方授楚在他的《墨学源流》一书中说：

夫自乾嘉以迄今日，关于墨学之著作，多矣。吾今别为一目录，以附于左。然则此即墨学之复活耶？曰否，否此抱残守缺之功夫，非墨家所重也。若墨子复生于今日，见此在蟫编蠹简中讨生活之情形，其必嗤之以鼻，而谓吾辈不可教矣。但非墨学有复活之机，何为墨子之书，又独显于此时耶？故此可谓墨学之声影而非所谓墨学之精神也。惟自清季以来，至于今日，彼抱一信仰，努力实行，"将求之不得也，虽枯槁不舍也""赴汤蹈火，死不旋踵"此有名无名为革命而牺牲之志士，期真墨子之精神复活哉！②

（五）叶玉麟评价

叶玉麟在他的《白话译解墨子》一书序言中说：

夫墨子洵古怪特之魁也哉！甚为书博辩周浃，务为恢诡奇谲，以餍人心，兼爱故尚同，尚同故非攻，非攻必求备御。兼士别士之说，

---

① 唐敬杲：《墨子选注》，《墨子大全》第 35 册，北京图书馆出版社 2002 年版，第 291–295 页。

② 方授楚：《墨学源流》，《墨子大全》第 43 册，北京图书馆出版社 2002 年版，第 295 页。

兼君别君之目，皆与杨子相攻击。既本其偏执之性，穷究事物之情，深鞫夫是非利害，日夜相磨，机阱变骘，相代而横溢，于是就求其兼爱齐一之方，以为是可以熄天下之争夺，平物类之搏噬也，用心亦良苦矣哉![1]

（六）胡适评价

胡适作为新文化运动的主要领袖人物，对中国古代哲学的研究功力深厚，在墨子学术思想研究方面颇有心得，他在《中国哲学史大纲》中说：

> 墨子在哲学史上的重要，只在于他的应用主义，他处处把人生行为的应用，作为一切是非善恶的标准。兼爱、非攻、节用、非乐、节葬、非命，都不过是几种特别的应用，他又知道天下能真知道最大多数的最大幸福的，不过是少数人，其余的人，都只顾眼前的小利，都只明小物而不明大物，所以他主张一种贤人政治，更使人上同而不下比，他又恐怕这还不够，他又是一个很有宗教根性的人，所以他主张把天的意志，作为天下之明法，要使天下的人都上同于天。因此哲学家的墨子，便变成了墨教的教主了。[2]

三　当代墨评

在民国时期研究的基础上，随着研究条件的改善和学术思想的发展，当代墨学研究又上了一个新高度，出现了百花齐放、百家争鸣的局面，所研究的领域也越来越广泛，一大批学术成果相继问世，对墨学思想有不少知名学者都有自己独到的心得体会，并给予了高度评价。例如：

（一）钱穆评价

钱穆在《中国思想史》中说：

> 近代有人说，墨学很像耶稣教，但墨子从未想像过人生世界以外的另一个人生，他从未提供过死后天堂与乐园来作现实人生的补偿，他刻苦了人生，没有鼓舞着人死。在这上，墨子依然在东方思想里，

---

① 叶玉麟：《白话译解墨子》，《墨子大全》第 41 册，北京图书馆出版社 2002 年版，第 197 页。

② 胡适：《中国哲学史大纲》卷上，东方出版社 1996 年版，第 153-154 页。

他只能做东方一圣人，不配做西方一教主。①

（二）李渔叔评价

李渔叔在他的《墨子今注今译》中评价说：

> 最近几十年来，学人多喜研究墨子，原因是墨子中除兼爱非攻等主要学说外，比较重要的还有两部分：第一是墨经，包含着许多关于科学上的问题，如数学、光学、力学、天文学等。最先还很少人注意，等到清末海禁大开，外来的科学，多与墨经相合，于是引起不少前辈学者的注意，著书发其旨趣，以后即循此途径，加深研讨，而治墨学者亦愈多。其次是墨家的论理学，即从前所称的"墨辩"，它是印度因明三段论的先驱，西方穆勒名学的前奏，二十世纪逻辑的滥觞，它在那一个时代，就懂得如何立辞，如何归类，如何推理，这些艰深奥博的理论，亦甚能吸引许多学人，发生兴趣，相继钻研。以上应该即是多年来，群起治墨的缘故……因此，我们今日整理墨学，一方面应该接受前辈学人许多精密的治学方法与创见，及其收获，加以发扬光大；一方面也应该把那些诐辞谬说，从慎思明辨上，予以廓清。使真正的墨家思想体系，及墨子本人孤怀宏识，得以重新显示于今日，这一点，应当是当今治墨的学人们所应当加倍努力的。②

（三）严灵峰评价

严灵峰在他的《墨子简编》中自序说：

> 晋人鲁胜虽注《辩经》，惟其书失传，难以稽考。迄于中唐，昌黎文起百代之衰，力辟佛、老，以道统自承，其于墨子却独具只眼，曰："孔子必用墨子，墨子必用孔子，不相用不足为孔墨。"韩氏之用心良苦，无如曲高和寡，历两百载，墨学竟无传人，亦可悲也已！③

---

① 钱穆：《中国思想史》，台湾学生书局1988年版，第25页。
② 李渔叔：《墨子今注今译》，台湾商务印书馆1979年版，第1–2页。
③ 严灵峰：《墨子简编》，《墨子大全》第53册，北京图书馆出版社2002年版，第1页。

（四）孙广德评价

孙广德在他的《墨子政治思想之研究》中说：

> 至明末，西学东渐，思想界渐起变化。逮乎有清乾、嘉、道光之间，墨学渐次复兴，嗣经鸦片战争，历天平天国，以至于民国二十余年，中国发生前所未有之巨变，墨学亦较往昔任何时期为发达。考其原因，当是墨子富救世精神，其实利主义，非命之说，以及逻辑、科学等，合于图强之要求，又足与西学相较之故也。吾人立于当今之世，以观墨子之政治思想，以为平等、尚贤诸义，与民主精神一致，实利、非命之说，与科学精神相符，均宜提倡。而其中最宜倡导鼓吹者，则是兼爱、非攻主义，盖当今列国纷争，几与战国无异，复加种族之歧视、仇恨，其情形较诸战国尤为恶劣，且今日核子武器发达，战争之毁灭性较诸昔日远为严重，欲避免人类同趋灭亡，能不倡导兼爱鼓吹非攻也哉？[①]

（五）高亨评价

高亨在他的《墨经校诠·自序》中说：

> 墨经约计一百八十余条，五千七百余字。它的内容：大部分是晚周时代墨家的名学，就是墨家的逻辑学，还有少许墨家的政治观点和论理观点，如论功、罪、赏、罚、仁、义、忠、孝等是；还有少许自然科学，如几何学、力学、光学；还有两条经济理论。总之，它的内容是相当丰富的，反映出我们祖先当晚周时代，在几个方面的光辉创造。这是祖国文化遗产中很珍贵的一种史料。研究祖国的思想史、逻辑学史及自然科学史等，都必须细读墨经；就是一般人士愿意知道我们祖先在晚周时代的学术成就，也不能不略看一看墨经。……总之，在墨经里时时看到墨家反驳当时各家的说法，其中论点，大部分是"有的放矢"，但是因为晚周古书多所残亡，诸子遗说有些湮没，墨家反驳的对象，有的可以明确指出，有的不能明确指出了。无论如何，我们细读墨经，便可以认识到墨经是墨家与其他家辩论的根据，是墨

---

① 孙广德：《墨子政治思想之研究》，《墨子大全》第 51 册，北京图书馆出版社 2002 年版，第 232 页。

家在学术上与其他各家斗争的武器，其中有些理论是比较单纯，有些理论是深刻而细致，足以启发我们的智慧的。①

（六）冯成荣评价

冯成荣在他的《墨子思想体系研究》自序中说：

> 今天正是复兴中华文化高唱入云之时，除孔孟学说之外，墨子学说很少过问，实为憾事。吾国文化历史悠久，经五千年先圣先贤的创见，始汇为巨流，不论就其学术思想史、逻辑学史、自然科学史而言，墨子都应该得到崇高之学术地位。再如墨子智德并修，兼爱救世的思想；创造发明，逻辑论辩的倡导；知行并用，利人牺牲的见解；克难实践，自苦为极的主张；尚同尚贤，民主政治的作风；生产节约。消费分配的理论；防御非攻，抵抗侵略的战术；周行天下，上说下教，诲人不倦的精神；都是极高明而切实际，实值吾人予以尊崇与敬仰。同时我们要想医治媚外西化病，墨书中的经上下及经说上下就可以对症下药。要想洗刷外国人给我们"中国人是一盘散沙"的耻辱，就要发挥墨子的团结号召。要想得到个人成功立业的基础，墨子就是我们做人的好榜样。②

（七）任继愈评价

任继愈在他的《墨子与墨家》中说：

> 墨子是公元前5世纪末中国具有独创精神的伟大思想家。他对劳动者有着深切的关怀，对那些不顾人民死活、穷奢极欲的王公大人的腐朽享乐生活提出了严正地抗议。他对于破坏生产、残杀百姓、掠夺民财的兼并战争深恶痛绝，并提出了兼爱、非攻的主张。他一生为改善小生产者和劳动者的物质生活，提高他们的社会政治地位而斗争。他提出极有价值的认识论和思想方法。他还创立了艰苦力行、求真理、爱和平、有组织、有纪律的学派。在墨子的影响下，形成了后期

---

① 高亨：《墨经校诠》，科学出版社1958年版，第1-5页。
② 冯成荣：《墨子思想体系研究》，《墨子大全》第54册，北京图书馆出版社2002年版，第1-2页。

墨家。后期墨家进一步发展了墨子哲学的精粹，完善了中国古代的逻辑科学，并且在自然科学领域取得了一些突出成果，代表了那个时代最高的科学认识水平，成为鼎盛于战国中后期影响最大的学派之一。特别是有关科学技术方面的成果闪耀着其他学派难以企及的光彩。①

（八）杨向奎评价

杨向奎在他的《墨经数理研究》中说：

一部《墨经》无论在自然科学哪一方面，都超过整个希腊，至少等于整个希腊。……墨子是中国古代的大哲学家，更是伟大的科学家，他的光学成就已经有人注意到并加以论述、阐释，其实他在数学和力学上的贡献尤其突出，这牵涉时间和空间问题，他也许是世界上最早对此加以科学解释的人。……我们以有墨家而自豪，西方人艳称古希腊，以为后来西方文明的正统，我们亦艳称先秦时代之百家争鸣，这种争鸣推动了中国自然科学的发展，我们的四大发明，我们的张衡、祖冲之及僧一行不是没有光辉背景的，墨家是这光辉背景中最光辉的一组，他们是伟大的科学家，他们知己知彼，他们并不骄傲，但有自豪感，他们曾经说："天下无人，子墨子之言也犹在！"的确一直到现在，子墨子之言的"墨经"仍然闪烁着灿烂的光辉。②

（九）孙中原评价

孙中原在他的《墨学通论》中说：

墨子及其后学所创立和发展的墨学，是包含多学科的综合性学术思想体系，如对经济、政治、伦理、教育、哲学、逻辑、自然科学技术、军事等，都有精深独到的创见，在中国文化史和世界文化史上占有极重要的地位。……墨学研究是跟中国学术文化的现代化同步进行的。随着研究的深入，就愈能发现墨学的重要历史价值和巨大的现代

---

① 任继愈：《墨子与墨家》，《墨子大全》第 85 册，北京图书馆出版社 2002 年版，第 124 页。

② 杨向奎：《墨经数理研究》，《墨子大全》第 73 册，北京图书馆出版社 2002 年版，第 31、45、141 页。

意义。如墨家崇尚自然科学技术和逻辑的精神，墨子后学感性和理性并重的认识论等，都是值得我们继承和发扬的。墨家阐发积极防御军事思想的著作，与《孙子兵法》相配，恰似中国古代军事经典宝库中的双璧，在以和平为主题的现时代，越发显示出其重要价值和意义。①

---

① 孙中原：《墨学通论》，《墨子大全》第 75 册，北京图书馆出版社 2002 年版，第 13 页。

中编

墨子思想

第三章　墨子的政治思想

墨子虽出身于平民，但参与政治的积极性却很高，他一生虽不断奔走于列国之间，也曾与一些统治者频繁交往，但他始终具有平民情怀，在政治思想方面，墨子从平民视角出发，希望打破传统贵族政治的樊篱，建立一个既有统一意志，又不拘一格，唯才是举的政治体制。

第一节　墨子政治思想的主要特征

墨子的政治思想源于他坚信"天志"所蕴含的正义性，因此他也将是否符合"天志"视为判断政治行为正义与否的最高标准，不过墨子并没有忽视从历史和社会角度去衡量政治活动，他将古代圣贤和当代百姓口碑也作为量度政治合理性的重要尺度，与此同时，墨子坚守民本和举贤原则，加之其谙熟儒家学说，从而形成了特征鲜明的政治思想。

一　来源于"天志"的政治正义论

政治正义是政治行为所遵循的基本理念，虽然不同人们对正义内涵的理解会存在立场差异，但无可否认的是，任何政治行为在设计过程中都会遵循某种正义理念，同时也会以此作为政治制度及其合法性的依据。

在墨子学说中，"天"是万物之主，是世间的绝对主宰，具有至高无上的地位。"天"也能够洞察秋毫，明辨是非，具备至善的德性。因此也就不难理解，在墨子看来，"天"是世间正义的来源与效法对象，而作为正义理念的一个重要范畴，政治正义也就顺理成章地源自"天志"的滋养和规范。

在这方面，墨子提出，确立合理的政治法律制度，基本依据应来源"天"的意志。墨子说："然则奚以为治法而可？故曰莫若法天。天之行广而无私，其施厚而不德，其明久而不衰，故圣王法之。既以天为法，动作有为必度于天。"①

在这里，墨子具体阐释了"天"的正义表现，即"行广而无私"的至公性，"施厚而不德"的广泛性，"明久而不衰"的持久性。墨子认为正是这些原则支撑起来"天"的正义性，也为政治活动指明了方向，在政治活动中，"圣王法之"，后人也应遵循之。因此，确立合理政治秩序，就应做到"莫若法天"，也唯此才能保证政治行为的正义性。

因此墨子也就确认，为保证政治的正义性，"顺天之意"，通晓天意是必不可少的。如墨子云："故古者圣王明知天鬼之所福，而辟天鬼之所憎，以求兴天下之利，而除天下之害。"② 墨子又言："今天下之王公大人士君子，中实将欲求兴天下之利，除天下之害，当若鬼神之有也，将不可不尊明也，圣王之道也。"③

墨子在这里已经明确指出，世人欲"除天下之害"，免于"祸祟"的惩罚，尊崇神明是必不可少的，而敬事"天鬼"的最重要途径就是通晓天鬼的"福""憎"，并在此基础上顺天之意，兴利除弊，如此才能达到"除天下之害"的目的。

二 主张效法前代圣贤

如果说墨子认为"天"确立了政治正义的基本原则，那也应注意的是，由于墨子的"非命"观念根深蒂固。因此即便是他认为"天"是政治正义来源，但并不能依靠单纯虔诚的敬天来"顺天之意"，而真正落实还在于人事的努力，显然，墨子源于"天志"的政治正义论思想，尽管披上了神秘主义外衣，但实质上其落脚点还是在其"非命"学说之上，这也体现了墨子学说的一贯特色。

---

① （清）孙诒让撰，孙启治点校：《墨子间诂》，中华书局 2001 年版，第 22 页。

② （清）孙诒让撰，孙启治点校：《墨子间诂》，中华书局 2001 年版，第 199 页。

③ （清）孙诒让撰，孙启治点校：《墨子间诂》，中华书局 2001 年版，第 249 页。

在具体政治实践中，墨子尤为强调效法尧舜文武等前代圣贤，将古代圣王之道作为自己政治思想体系的一面旗帜和行为依归，这是墨子政治思想的一个显著特色，关于这一点，司马迁称"墨者亦尚尧舜道"。显然，从此处也可以看出墨子的"非命"思想。墨子常以古代君主的是非功败警示时人，指出以善政治国则国泰民安，滥用刑罚者则国家扰乱。至于统治者本身，墨子认为其也遵循道义为基础的成规，墨子从古代圣王的经验中，归纳出一种作为"自然法则"的"天志"，作为树立于君主之上的一种至高无上的权威来约束统治者，他强调天要比天子尊贵明睿。天希望"义"而厌恶"不义"，顺从"天志"者，就能够得到天之赏；反之，必将得天之罚。天之罚是无法逃避的，因此，"天子"务必谨慎警戒，按"天志"行事。①

如墨子说："凡言凡动，合于三代圣王尧舜禹汤文武者为之；凡言凡动，合于三代暴王桀纣幽厉者舍之。"②

墨子又说："然昔吾所以贵尧舜禹汤文武之道者，何故以哉？以其唯毋临众发政而治民，使天下之为善者可而劝也，为暴者可而沮也。然则此尚贤者也，与尧舜禹汤文武之道同矣。"③

不仅如此，从前代圣贤中，墨子还总结出后人应该取法的内容。如在墨子十分推崇的"兼爱"方面，墨子说：

> 夫爱人利人，顺天之意，得天之赏者，谁也？曰：若昔三代圣王，尧舜禹汤文武者是也。尧舜禹汤文武焉所从事？曰：从事兼，不从事别。兼者，处大国不攻小国，处大家不乱小家，强不劫弱，众不暴寡，诈不谋愚，贵不傲贱。观其事，上利乎天，中利乎鬼，下利乎人，三利无所不利，是谓天德。④

在这里，墨子指出古代圣王之所以能够做出丰功伟业，达到"上利乎天，中利乎鬼，下利乎人"的目的，就是因为在具体的政治行为中顺从

---

① 钟文先、陈虎：《试论墨子政治思想的渊源与特征》，《山东教育学院学报》2000年第4期。

② （清）孙诒让撰，孙启治点校：《墨子间诂》，中华书局2001年版，第442页。

③ （清）孙诒让撰，孙启治点校：《墨子间诂》，中华书局2001年版，第66页。

④ （清）孙诒让撰，孙启治点校：《墨子间诂》，中华书局2001年版，第204-205页。

"天之意"，做到"从事兼，不从事别"。因此，在政治实践中，就应效仿古代圣王的"兼"，做到大国不攻小国，大家不乱小家，强不劫弱，众不暴寡，诈不谋愚，贵不傲贱，从而既能"得天之赏"，也能下利国家百姓。

再如在选任官员方面，墨子说"故古者圣王之为政，列德而尚贤，虽在农与工肆之人，有能则举之，高予之爵，重予之禄，任之以事，断予之令"①。就是说在选任官员方面，必须要效法"古之圣王"，只要可用之才，即使出身微贱，只要德能兼具，就应大胆任用。在用人方面，要"法其言，用其谋，行其道"，也就是说对于所用之人要予以全面施展才能的空间，并且要做到用人不疑，"高予之爵，重予之禄，任之以事，断予之令"。主张打破旧的世卿世禄的等级制和贵族特权，建立新的上下尊卑等级。②

三 基于"三表"法的政治评价标准

在墨子政治思想中，不仅包括政治活动所应遵循的原则，也涉及如何衡量政治活动这一问题。在墨子看来，既然政治正义源自"天"，那从根本上讲，对于人们政治行为的评价也应由"天"来作出，并以祥瑞灾异等形式表现出来，这一点其实与儒家等学说的看法如出一辙。

不过墨子认为，"天"虽然至高无上，但其发挥作用主要还是依赖于人为因素。因此墨子在肯定"天"奖惩的同时，又从"非命"角度出发，否定了有预见的"命"，将"人"作为评价政治优劣的衡量尺度，这突出表现在墨子提出的"三表"法中。

所谓"三表"法，内容是"上本之于古者圣王之事""下原察百姓耳目之实"，还要"观其中国家百姓人民之利"。③ 这就是说，评价事物的标准有三：一要依据古史传说中古代圣王成功的经验；二要根据广大人民的亲身体验，即百姓对政治的评价；三要看它是否符合国家和百姓的利益。

这三个标准相辅相成，缺一不可，尤可注意的是，"三表"法特别注

---

① （清）孙诒让撰，孙启治点校：《墨子间诂》，中华书局 2001 年版，第 46 页。

② 钟文先、陈虎：《试论墨子政治思想的渊源与特征》，《山东教育学院学报》2000 年第 4 期。

③ （清）孙诒让撰，孙启治点校：《墨子间诂》，中华书局 2001 年版，第 265 页。

重从古代政治中借鉴经验，将古代帝王的治理国政的成功经验作为衡量政治优劣的最重要尺度之一。事实上，墨子提出的"尚贤""尚同""非命""节用"等一系列政治主张，都从古代政治经验中汲取养分，加以推陈出新，因此从这个意义上说，"三表"法既是墨子的政治评价标准，也可以被称为墨子政治思想的方法论和价值源泉。

四 民本主义政治目的论

作为下层百姓的代表，墨子深刻了解民情、世情，因此墨子对政治的理解也带有强烈的民本主义色彩。墨子曾指出："贫且乱政之本。"① 在这里，墨子将治理贫和乱视为国家政治根本要务。他认为，要杜绝乱政，就必须防止"贫""乱"的发生，将治理国家和老百姓的贫穷当作治国的首要之举，针对"贫""乱"的病因辩证下药。

墨子来自社会下层，深知百姓的"贫""乱"究竟是何物，他说："民有三患：饥者不得食，寒者不得衣，劳者不得息。三者民之巨患也。"② 墨子所云的民之巨患就是"饥""寒""疲"这三者，百姓辛苦终日，饭不得饱，衣不得暖，累不得息，百姓安能不"贫""乱"，国家又何能太平？

所以也就不难理解，墨子认为政治的最终目的，不是政治参与者"重富贵、干福禄、乐耳目"，而是以求"兴天下之利，除天下之害"为出发点，在政治活动中"爱民谨忠、利民谨厚""诸费必加于民利"，使得"饥者得食，寒者得衣，劳者得息，乱者得治，定社稷之危"。从而使百姓富裕、国家治平、人丁兴旺，最终达到"上可而利天，中可而利鬼，下可而利人"的目标。

墨子认为为达到实行善政的目的，必须要洞晓为政的难点所在。墨子曾说"然而不得富而得贫，不得众而得寡，不得治而得乱，则是本失其所欲，得其所恶。是其故何也？……是在王公大人为政于国家者，不能以尚贤使能为政也。是故国家有贤良之士众，则国家之治厚；贤良之士寡，则

---

① （清）孙诒让撰，孙启治点校：《墨子间诂》，中华书局 2001 年版，第 291 页。

② （清）孙诒让撰，孙启治点校：《墨子间诂》，中华书局 2001 年版，第 253 页。

国家之治薄。故大人之务，将在于众贤而已"①。

就是说古代不少"王公大人"为政治国，他们也都想将国家治理好，但结果却往往上下失序，国政混乱。究其原因，墨子认为主要是因为这些王公大人，其所用之人没有搞清楚为政治国的根本目的，所以才会出现"然而不得富而得贫，不得众而得寡，不得治而得乱，则是本失其所欲，得其所恶"这样本末倒置、政治紊乱的局面。因此，墨子主张用懂得政治之道的贤良之士治理国家，他说"贤良之士众，则国家之治厚；贤良之士寡，则国家之治薄"。可见，墨子认为"夫尚贤者，政之本也"②。显然，墨子希望推崇贤者，能够选贤任能，来解决国家面临的政治问题，实现国家的富强。③

五　以"尚贤""尚同"为核心的政治措施

墨子不仅提出了顺天、法古、非命等政治活动的路径，也提出了一系列具体政治举措。在这方面，墨子提出具体对策可以归纳为"十论"，即"尚贤""尚同""兼爱""非攻""节用""节葬""天志""明鬼""非乐""非命"。"十论"其实就是墨子的政治思想方法论。墨子曾结合不同环境，具体解释了"十论"的具体运用。如墨子说："凡入国，必择务而从事焉。国家昏乱，则语之尚贤、尚同；国家贫，则语之节用、节葬；国家喜音湛湎，则语之非乐非命；国家淫僻无礼，则语之尊天、事鬼；国家务夺侵凌，则语之兼爱、非攻。"④可见，这十论并非泛泛而谈，而是墨子针对不同政治问题给出的不同解决方案。⑤

为更加详细阐述自己的政治措施，墨子还用古史传说的材料，针对当时的社会政治生活中的一系列弊端，以古喻今，进行了颇为详细的论述。

如在选人方面，墨子从古史传说中尧举舜、汤举伊尹的史例中得到启发，认为当政者在任职之前要经过一番仔细考察，"听其言、迹其形、察其所能"，在此基础上"慎与之官"。也就是说，墨子主张对当政者在任前

① （清）孙诒让撰，孙启治点校：《墨子间诂》，中华书局 2001 年版，第 43-44 页。
② （清）孙诒让撰，孙启治点校：《墨子间诂》，中华书局 2001 年版，第 49 页。
③ 魏义霞：《论墨子"以尚贤使能为政"的政治哲学》，《齐鲁学刊》2010 年第 1 期。
④ （清）孙诒让撰，孙启治点校：《墨子间诂》，中华书局 2001 年版，第 475-476 页。
⑤ 胡子宗、李权兴等：《墨子思想研究》，人民出版社 2007 年版，第 269 页。

要经过一段考察、试用的时间，合格后再任命其为官长。① 再如墨子主张统治者要允许老百姓和各级官长监督自己②，"闻善与不善，皆以告其上""上有过则规谏之，有善则傍荐之"。自己要做到"兼爱天下""移百姓之意"，这样天才能够"以为从其所爱而爱之，从其所利而利之，于是加其赏焉"。③

应当说，相当数量的政治举措的存在，为墨子政治理想的实践提供了路径，使墨子政治思想显得更加具体化，也利于其实践。

六　儒墨结合的政治伦理和政治道德

墨子早年学儒，深谙儒学思想，而作为小生产者的代表，墨子对春秋战国之际社会政治状况又有深刻认识和强烈的改变渴望。因此这也造就了墨学既继承儒学等前代文化遗产，同时又反映社会中下层劳动者利益，多有创新的思想格局。墨子政治伦理和政治道德借鉴了儒家忠惠慈孝的政治伦理，同时，提出"节用""非乐"等政治道德主张，体现的正是墨学承传性与革新性的结合。对此，下面将有专门介绍。

第二节　国家的起源与基本功能

就其实质而言，政治其实是关于国家权力如何分配、运用的学问，因此研究墨子政治思想，离不开对墨子国家学说的探析。在"兼爱""尚同""尚贤""七患"等篇中，墨子对国家的起源、功能、兴衰等方面都有论述，较完整地反映了墨子国家学说的概貌。

一　国家起源说

墨子认为，国家并非与生俱来。在远古期曾有过既没有国家机器，也没有君主官吏的时期。那么国家又是如何产生的呢？为解释这个问题，墨子首先分析了国家产生的背景：

---

① 徐希燕：《墨学研究　墨子学说的现代诠释》，商务印书馆2001年版，第125页。
② 胡子宗、李权兴等：《墨子思想研究》，人民出版社2007年版，第276页。
③ （清）孙诒让撰，孙启治点校：《墨子间诂》，中华书局2001年版，第212页。

古者民始生未有刑政之时，盖其语"人异义"。是以一人则一义，二人则二义，十人则十义，其人兹众，其所谓义者亦兹众。是以人是其义，以非人之义，故交相非也。是以内者父子兄弟作怨恶，离散不能相和合。天下之百姓皆以水火毒药相亏害，至有余力不能以相劳，腐朽余财不以相分，隐匿良道不以相教，天下之乱，若禽兽然。①

墨子指出，在上古时期人类初现，尚没有国家，人与人之间也都是平等的，每人都有权表达自己的所思所想，即所谓的"义"。然而，由于每个人的"义"各不相同，随着人口增加，相互之间就会产生纷争。即所谓"逮至人之众，不可胜计也，则其所谓义者，亦不可胜计"。以至在一家之中，父子兄弟相互怨恨、离散，以至不能和睦相处；天下百姓也都以放水、纵火、下毒相互残害。对有余力的人而言，也无法帮助他人；家中有剩余的财富即使烂掉，也不会用来分给他人；自己有好的道义学识也不教给别人，天下混乱不堪简直形同飞禽走兽世界一般。

因为没有国家机器，导致出现"天下之乱，若禽兽然"的恶劣局面，于是国家机器和官吏便有了出现的必要，也随之应运而生了。墨子接下来揭示了国家产生的具体过程：

夫明乎天下之所以乱者，生于无政长。是故选天下之贤可者，立以为天子。天子立，以其力为未足，又选择天下之贤可者，置立之以为三公。天子三公既以立，以天下为博大，远国异土之民、是非利害之辩，不可一二而明知，故画分万国，立诸侯国君，诸侯国君既已立，以其力为未足，又选择其国之贤可者，置立之以为正长。②

为改变天下混乱的局面，产生了管理百姓的统治者，墨子称为"政长"。最高的"政长"是天子，墨子认为此时"天子"是通过"选天下之贤可者"的方式来推举的，体现了选贤与能的原则，天子之下是"三公"等各级官员，墨子认为这些官员同样是通过推举贤能的方式来任用的。而对于诸侯，则是由天子通过分邦建国的方式建立起来。由此，国家也就建立起来了。

---

① （清）孙诒让撰，孙启治点校：《墨子间诂》，中华书局2001年版，第74-75页。
② （清）孙诒让撰，孙启治点校：《墨子间诂》，中华书局2001年版，第75页。

有学者指出，墨子已经意识到人与人之间，利益相互交织，既有一致之处，也有相背离的地方，人与人的关系也是错综复杂，既有合作也有竞争。当社会利益关系受到冲击而发生改变时，人们会因为既有秩序的解体或无所适从，或因为社会约束的不复存在而无所顾忌，从而导致社会失范，社会秩序崩溃。为解决这一乱局，"必须在形成新的利益关系结构的基础上重建社会秩序，即在人们重新认识相互之间的利益共同性和差别性的基础上重建互助合作关系。这种共同利益与不同利益的结合，利益的一致性与利益的对立性的结合，就形成了人们之间的利益关系结构，国家也正因此产生"①。显然，墨子对于国家产生的看法虽然有一定的历史局限性，但认为国家源于人们为免于恐惧而做出的权力让渡，否认了君权神授的认识樊篱，显然是有其历史进步性。

不可忽视的是，在墨子的国家学说中，墨子的人性论观点，即墨子所持的性恶论是其重要思想基础，这一点应予充分重视。

所谓性恶论，是人性论的一种重要观点，它认为人类生来就具有自私、追求欲望、好逸恶劳的天性，著名思想家荀子即主张性恶论，法家人物如商鞅、韩非子等也都力主性恶论。主张性恶的思想家不信任人们内在的道德良知，他们认为既然人性本恶，那么要想约束人们的私欲和贪婪，人们内心道德是靠不住的，唯有依靠外在的显性规则才对人们产生约束。

墨子之于人性论，既不是极端的性善论，也不是极端的性恶论，事实上墨子的人性论可以称为"有限性恶论"。在国家诞生说中，墨子指出国家产生的根源在于人们皆有私欲，互不妥协相让，利益不可协调，导致社会动荡，为破解这一难题，才会创造国家，在这里，即明确展现出墨子的性恶论的一面。

事实上，在近代欧洲启蒙运动中，一些启蒙思想家在论述国家起源时，很多观点也都与墨子近似。如法国思想家孟德斯鸠《社会契约论》，就认为国家建立，来源于个人的权利让渡。英国思想家霍布斯提出"自然状态"和国家起源说，指出国家是人们为了遵守"自然法"而订立契约所形成的。而在自然状态后，就隐藏了一个深刻的人性论假设：人在本质上是自私自利的，为了保存自己有时不免伤害他人。可见，孟德斯鸠、霍布

---

① 窦炎国：《墨子政治伦理思想评析》，《道德与文明》2009 年第 3 期。

斯等西方启蒙思想家与墨子国家起源说之间虽产生于不同的历史阶段，目的、内容、影响不尽相同，但都不约而同地认为人性是国家产生的重要基础，从中也显示出了中西文化在人性论问题上的相通之处。①

二 国家的功能

关于国家的功能，在《墨子》一书中有多处记载，不过在《尚贤上》中，墨子通过分析贤者治国，较为系统地阐述了他对国家功能的看法。

> 贤者之治国也，蚤朝晏退，听狱治政，是以国家治而刑法正。贤者之长官也，夜寝夙兴，收敛关市、山林、泽梁之利，以实官府，是以官府实而财不散。贤者之治邑也，蚤出莫入，耕稼树艺，聚菽粟，是以菽粟多而民足乎食。故国家治则刑法正，官府实则万民富。上有以絜为酒醴粢盛，以祭祀天鬼；外有以为皮币，与四邻诸侯交接；内有以食饥息劳，将养其万民，外有以怀天下之贤人。是故上者天鬼富之，外者诸侯与之，内者万民亲之，贤人归之，以此谋事则得，举事则成，入守则固，出诛则彊。故唯昔三代圣王尧舜禹汤文武之所以王天下、正诸侯者，此亦其法已。②

这是说，贤人治理国家，清晨上朝直到晚上才退朝，审理案件，治理国政，因此国家治理有序，法制严明；贤人做长官，很晚才休息，一大早就起床，征缴关口、市场、山林、川泽的利税，用来充实国家的仓库，因而国库丰盈，财物不散；贤人治理城邑，早出晚归，耕作土地，种植庄稼，广收豆子小米等粮食，所以粮食充足，百姓足用，因此国家治理有序，法制严明，国家仓库丰盈，百姓富庶。对上可以清洁酒米，用来祭祀上天鬼神，对外能够多做货币钱财，与四方的诸侯交往，对内能够让饥饿的人得到食物，劳作的人得到休息，对外面还吸引天下的贤良之士。如此上天会使之富裕，外面的诸侯会争相与其交往，国内的百姓会亲附与他，外面的贤人也会前来投奔。这样谋事必有所得，做事必能有成，守城必能

---

① 徐希燕：《墨学研究　墨子学说的现代诠释》，商务印书馆 2001 年版，第 111-112 页。

② （清）孙诒让撰，孙启治点校：《墨子间诂》，中华书局 2001 年版，第 50 页。

坚固，出征必军力强大。因而以前三代圣王尧、舜、禹、汤、文、武用来统一天下，控制诸侯的方法，即在于此处。

从中可见，墨子谈到的国家功能包括："祭祀天鬼""听狱治政""收敛关市、山林、泽梁之利，以实官府""耕稼、树艺、聚菽粟""四邻诸侯交接""万民亲之，贤人归之""入守则固，出诛则疆"，涵盖祭祀、政治、经济、军事、外交、人才等方面功能，是对古代国家职能比较全面的总结。

三 国家兴衰的原因

墨子认为，政治的最终目的在于"兴天下之利，除天下之害"，国家的功能也在于政治、经济、军事、外交、人才的综合发展，使饥者得食，寒者得衣，劳者得息，乱者得治，定社稷之危。因此，国家就要做到"爱民谨忠、利民谨厚""诸费必加于民利""上可而利天，中可而利鬼，下可而利人"。

由此，墨子认为国家衰落就是由于统治者背离了政治根本目的和国家的正常功能，具体而言就是：七患居国，必无社稷。

墨子认为，对于一个国家的治乱来说，不仅有社会层面的原因，而且有统治层面的原因。他列举了七种为政之误，并认定是致乱之患。他说：

> 国有七患。七患者何？城廓沟池不可守，而治宫室，一患也；边国至境，四邻莫救，二患也；先尽民力无用之功，赏赐无能之人，民力尽于无用，财宝虚于待客，三患也；仕者持禄，游者爱佼，君修法讨臣，臣慑而不敢拂，四患也；君自以为圣智而不问事，自以为安疆而无守备，四邻谋之不知戒，五患也；所信者不忠，所忠者不信，六患也；畜种菽粟，不足以食之，大臣不足以事之，赏赐不能喜，诛罚不能威，七患也。以七患居国，必无社稷。①

可以看到，统治者在很大程度上决定了国家的治乱兴衰。无论是政治、经济、军事、人才、法制等任何一个方面。统治者在角色方面或行政方面出现问题，必然会给国家带来严重的负面影响，甚至是灾难性的结

---

① （清）孙诒让撰，孙启治点校：《墨子间诂》，中华书局 2001 年版，第 23—25 页。

果。墨子曾谴责"城廓沟池不可守，而治宫室"现象，将其列为七患之首，其实就是对统治者一味贪图享受不顾国家百姓安危行为的批判，并以此警示其他统治者，告诫他们为政治国必须尽心尽力，认真履职，断不可玩忽职守、忘乎所以。①

第三节　尚贤说

在墨子提出的重要治国主张中，尚贤主张反映了墨子治国论的特色，可以说是墨子治国思想中的首要论题，也是贯穿墨子政治思想始终的重要线索。

一　尚贤之义与贤人标准

尚贤是墨子治国思想的重要基础和核心理念，所谓尚贤指的是在政治生活中要推崇尊重贤者，即所谓贤良之士或贤能之士，且朝堂之上的官员队伍应当是由贤能之士组成。墨子生活时期，正是世卿世禄制度崩溃的春秋战国时期，墨子曾说"非人者，必有以易之"②，应当说墨子尚贤思想反映的也正是这一历史趋势。

在春秋战国时期，尚贤思想并不鲜见，只不过各家对于贤者的标准，看法多有不同。何谓贤良之士，墨子认为他们应该是"厚乎德行，辩乎言谈，博乎道术"③ 的人。这就是说贤良之士，必须具备正直深厚的道德品行，善于言谈、长于辩论的语言能力，并且同时具备较强的专门才干、技能，唯有这三项同时具备，墨子认为一个人才能达到贤良之士的标准。

墨子所确定的贤良之士的标准，首先具有客观性，墨子以德行、言谈、才干作为贤良之士所应具备的素养，内涵清晰明确，易于判断，故此较为客观；墨子提出贤良之士的标准，也具有现实性，即这个标准也是在社会上人们能够广泛认可，并且通过自身努力，有望达到的条件。

----

① 窦炎国：《墨子政治伦理思想评析》，《道德与文明》2009 年第 3 期。
② （清）孙诒让撰，孙启治点校：《墨子间诂》，中华书局 2001 年版，第 114 页。
③ （清）孙诒让撰，孙启治点校：《墨子间诂》，中华书局 2001 年版，第 44 页。

二　尚贤对于国家的重要性

在墨子学说中，强调尚贤对于国家的极端重要性是一个突出特点。墨子明确指出，尚贤对于国家存在与发展具有不可替代的重要价值，他曾说"入国而不存其士，则亡国矣。见贤而不急，则缓其君矣，非贤无急，非士无与虑国，缓贤忘士，而能以其国存者，未曾有也"①。可见墨子认为管理国家，治理朝政，统治者若不能做到爱惜贤良之士，则国家必然面临危亡的风险。而对于贤良之士，若只是发现却不能合理使用，不能充分发挥他们的作用，那么贤良之士就离君主越来越远，事实上，墨子也的确认为，解除国家所面临的危急局面，非贤良之士不可。因此不能发现贤良之士，不能合理使用贤良之士，而国家能做到长治久安的，实属亘古未有之事。

不唯如此，墨子还提到大臣与君主之间互相影响问题，墨子云："子墨子言见染丝者而叹，曰：染于苍则苍，染于黄则黄。……非独染丝然也，国亦有染。舜染于许由、伯阳，禹染于皋陶、伯益，汤染于伊尹、仲虺，武王染于太公、周公。此四王者所染当，故王天下，立为天子，功名蔽天地。"② 这意味着，贤人治国不仅会影响其主管的领域，同时也会对君主本人产生影响，因此在朝堂之上，贤良之士对国家政治的影响是全面而深刻的。墨子云："故染不可不慎也。"③ 实际上也是对贤人政治的另外一种肯定。

因此，墨子指出，"此固国家之珍，而社稷之佐也。亦必且富之贵之，敬之誉之，然后国之良士亦将可得而众也"④。"是故国有贤良之士众，则国家之治厚，贤良之士寡，则国家之治薄。"⑤ 可见从价值上讲，墨子将贤良之士视为国家之瑰宝，是国家得以良好治理的必不可少的股肱之力；从数量上讲，墨子认为贤良之士必须在士人群体当中占有较大的份额，他认为贤良之士在国家当中数量的多少直接决定了国家的治乱兴衰。因此，贤

---

① （清）孙诒让撰，孙启治点校：《墨子间诂》，中华书局2001年版，第1页。

② （清）孙诒让撰，孙启治点校：《墨子间诂》，中华书局2001年版，第11—12页。

③ （清）孙诒让撰，孙启治点校：《墨子间诂》，中华书局2001年版，第12页。

④ （清）孙诒让撰，孙启治点校：《墨子间诂》，中华书局2001年版，第44页。

⑤ （清）孙诒让撰，孙启治点校：《墨子间诂》，中华书局2001年版，第44页。

良之士对于国家命运的影响，无论如何估价也是不为过的。

三 对"任人唯亲"的批判与对"任人唯贤"的推崇

春秋战国时期，虽然传统的世卿世禄制度已经走向崩溃，但新的官员选任制度并没有很完善地建立起来。在旧体制走向终结，新体制还没有完全建构起来的背景之下，墨子生活的年代，其官员选任随意性和人治特征更加明显，不光是任人唯亲大行其道，贪赃枉法的不肖之徒往往也会受到包庇而逍遥法外。缺乏体制约束，官员选任不仅更加随意，官员队伍的素质也得不到保障，墨子对此进行了严厉批驳，墨子说道：

> 今王公大人有一牛羊之财不能杀，必索良宰；有一衣裳之财不能制，必索良工。当王公大人之于此也，虽有骨肉之亲、无故富贵、面目美好者，实知其不能也，不使之也。是何故？恐其败财也。当王公大人之于此也，则不失尚贤而使能。王公大人有一罢马不能治，必索良医；有一危弓不能张，必索良工。当王公大人之于此也，虽有骨肉之亲、无故富贵、面目美好者，实知其不能也，必不使。是何故？恐其败财也。当王公大人之于此也，则不失尚贤而使能。逮至其国家则不然，王公大人骨肉之亲、无故富贵、面目美好者，则举之。则王公大人之亲其国家也，不若亲其一危弓、罢马、衣裳、牛羊之财与！我以此知天下之士君子皆明于小而不明于大也。①

墨子通过类比的方法，指出了任人唯亲的根源在于王公大人仍然恪守宗法制度以血缘亲疏为基础的官员选任传统，而不肯在已经变化的形势之下，选贤与能，任用贤能之士。墨子认为这种观念和做法，既陈腐不堪又隐患无穷，他说："夫无故富贵、面目佼好则使之，岂必智且有慧哉？若使之治国家，则此使不智慧者治国家也，国家之乱既可得而知已。"② 墨子充分揭露了当时官员选任制度的弊端，指出对其加以改变的必要性，从而

---

① （清）孙诒让撰，孙启治点校：《墨子间诂》，中华书局2001年版，第66—67页。

② （清）孙诒让撰，孙启治点校：《墨子间诂》，中华书局2001年版，第55页。

也从侧面论证了其尚贤主张的合理性。①

四　尚贤的合理性证明

墨子在论证尚贤的合理性时云："何以知尚贤之为政之本也？曰：自贵且智者为政乎愚且贱者则治，自愚贱者为政乎贵且智者则乱。是以知尚贤之为政之本也。"②　在这里，墨子将尚贤视为治理国政的根本，为了证明这一点，墨子分析道：贤良之士尊贵而且睿智，用他们去管理那些愚昧而又微贱的人，则必然会取得良好的治理结果；反之，用愚昧而又微贱的人去治理那些尊贵而又睿智的人，国家统治必然会处于混乱之中。因此墨子坚信，为国理政必须交予贤良之士，唯有这个群体才能够保证国家政权的稳定发展。通过层层论述，墨子详尽阐明了尚贤在国家政治体系当中的根本性作用和价值，强调了没有贤良之士，就不会有国家良政的道理，从而肯定了尚贤的合理性和必要性。

在分析了尚贤在国家政治体系的重要作用之后，墨子接下来阐述了尚贤与官员选任之间的关系，显然，既然墨子认为贤良之士是国家统治的根本，那么对官员的选任而言，也必须选择那些贤能之士。

墨子主张对"不肖者抑而废之，贫而贱之，以为徒役"③。这就是说，官员队伍必须由贤能之士组成，对于那些品行恶劣、能力低下的不肖之徒，必须予以惩处，由此来看，墨子所主张对官员队伍当中害群之马的惩罚力度相当严厉，既包括经济上的剥夺，也包括社会地位乃至于人身自由的剥夺。

张岱年先生说："尚同实以尚贤为根本。"④　这意味着墨子虽然主张尚同，即在政治上下属对上级要绝对服从，在政治上保持一致性。但尚同的前提条件却是官僚队伍的构成必须以贤能之士为基础，故就实质而言，尚贤不仅是墨子政治思想的核心，同时也是其官员选任思想的重要基础。

可以看到，墨子所主张的尚贤思想，其贤能之士认定的范围已经突破

---

① 徐希燕：《墨学研究　墨子学说的现代诠释》，商务印书馆 2001 年版，第 121－122 页。

② （清）孙诒让撰，孙启治点校：《墨子间诂》，中华书局 2001 年版，第 49 页。

③ （清）孙诒让撰、孙启治点校：《墨子间诂》，中华书局 2001 年版，第 49 页。

④ 张岱年：《中国哲学史大纲》，中国社会科学出版社 1982 年版，第 594 页。

血缘限制，具有明显的开放性，不仅体现了墨子任人唯贤的思想，也反映出对贤能之士应该一视同仁，以贤能之士区处判断为依归。因此，墨子的尚贤思想既体现出政治合理性和正义性，占据政治伦理高度；也具备政治上的可操作性，体现了政治理想和政治现实的有机融合。

五 任用贤人之策

在官员选任方面，墨子指出要做到"不党父兄，不偏贵富，不嬖颜色"。墨子云：

> 故古者圣王之为政，列德而尚贤，虽在农与工肆之人，有能则举之，高予之爵，重予之禄，任之以事，断予之令，曰：爵位不高则民弗敬；蓄禄不厚则民不信，政令不断则民不畏。举三者授之贤者，非为贤赐也，欲其事之成。[①]

这就是说假如并非贵族出身，而仅仅是出身农夫、匠人、商人这样原来地位比较低下的平民阶层，只要具有墨子所云的德行才干，就可以授予他们较高的爵位、丰厚的俸禄，放开手脚，让他们施展才干，管理政务；让他们拥有充分的决断权，以能够决断事务。如果贤良之士虽做官，但爵位不高，俸禄也不够优厚，那么百姓对他们就不会充分信任。贤能之士虽然做官，但是没有充分的决断权，则百姓也不会敬畏他们。因此，只有将爵位、俸禄、权力都充分授予贤能之士，而不仅仅是出于赏赐的目的，贤良之士才能充分发挥才干，成就一番大事业。

实际上，墨子认为贤人应被赋予爵位、俸禄、权力，是在阐释任用贤能之士的具体方法，墨子将其称为"三本"，即三个基本的方法，对此，墨子具体解释道：

> 何谓三本？曰：爵位不高则民不敬也，蓄禄不厚则民不信也，政令不断则民不畏也。故古圣王高予之爵，重予之禄，任之以事，断予之令，夫岂为其臣赐哉，欲其事之成也。[②]

---

① （清）孙诒让撰，孙启治点校：《墨子间诂》，中华书局2001年版，第46页。
② （清）孙诒让撰，孙启治点校：《墨子间诂》，中华书局2001年版，第51页。

墨子所说的"三本"究其实质,可归纳为下列三点:第一,为士打通进入政界之路,提高士的经济地位与社会地位;第二,造就一个新的官僚集团,实行官僚政治;第三,这也是一种高级文化政策。① 如果说德行、言谈、道术是墨子为贤能之士设定的三个标准的话,那么爵位、俸禄、权力,则是墨子为合理任用贤人给统治者所提出的三个条件,墨子认为只有统治者做到这三者,贤良之士才能充分施展,发挥能力,统治者也才能算是真正尊崇贤人。因此是否达到这三个条件,也是衡量统治者是否真正做到任用贤明之士的基本标准。可见墨子对尚贤有着完整的认识,尚贤不仅是一种观念,也是一种实践;不仅是对贤良之士个人品行能力的衡量,也是君主如何任用贤人的具体标杆。因此,这三个条件也就与墨子为贤能之士设定的三个标准一样,成为墨子尚贤思想的重要组成部分。

六 考核、监督机制

墨子对贤人治国抱有极高的期待,不过墨子也认为,对于贤人也不能一概论之,他认为为了保证贤人能够真正发挥效用,在任用之前,首先必须对闲人进行考核,充分了解他们的品行才能,分别授予官职,墨子说:

> 故古者圣王甚尊尚贤而任使能,不党父兄,不偏贵富,不嬖颜色,贤者举而上之,富而贵之,以为官长;不肖者抑而废之,贫而贱之,以为徒役。是以民皆劝其赏,畏其罚,相率而为贤。是以贤者众而不肖者寡,此谓进贤。然后圣人听其言,迹其行,察其所能,而慎予官,此谓事能。故可使治国者,使治国;可使长官者,使长官;可使治邑者,使治邑。凡所使治国家,官府,邑里,此皆国之贤者也。②

墨子认为,即使同为贤明之人,但其才能秉性也有所差异,因此,在任用贤人为官之前,必须对他们有透彻的了解,通过"听其言,迹其行,察其所能",然后再根据贤人的特点,"而慎予官",即谨慎授予官职。可见,墨子的这种主张实际上就是对官员任命前的考察制度。

---

① 刘泽华主编:《中国政治思想史》(先秦卷),浙江人民出版社1996年版,第453页。
② (清)孙诒让撰,孙启治点校:《墨子间诂》,中华书局2001年版,第50页。

墨子对贤人被任命后，提出了具体要求，他说：

> 贤者之治国也，蚤朝晏退，听狱治政，是以国家治而刑法正。贤者之长官也，夜寝夙兴，收敛关市、山林、泽梁之利，以实官府，是以官府实而财不散。贤者之治邑也，蚤出莫入，耕稼树艺，聚菽粟，是以菽粟多而民足乎食。故国家治则刑法正，官府实则万民富。①

不仅如此，在政治上，墨子虽然主张尚同，强调上下一致，下级对上级的忠诚，但在君臣关系上墨子并不主张下级对上级的盲从。恰恰相反，墨子主张，大臣对君主要不避风险，敢于劝谏，墨子说：

> 君必有弗弗之臣，上必有诤诤之下。②
> 闻善而不善，皆以告其上。上之所是，必皆是之，所非必皆非之，上有过则规谏之，下有善则傍荐之。上同而不下比者，此上之所赏，而下之所誉也。意若闻善而不善，不以告其上，上之所是，弗能是，上之所非，弗能非，上有过弗规谏，下有善弗傍荐，下比不能上同者，此上之所罚，而百姓所毁也。③

墨子在这里清楚地表明，官员对于上级的善恶表现都可以如实地向上面汇报；而对于上级的过失，下级也可以进行规谏。

不仅如此，墨子认为对于官员的俸禄奖赏，也不应一概而论，而是要根据官员们的施政成效来加以确定，他说：

> 故当是时，以德就列，以官服事，以劳殿赏，量功而分禄。故官无常贵，而民无终贱，有能则举之，无能则下之。④

可见墨子认为在官员的施政过程中，不仅要对他们提出具体的施政要求和准则，而且要根据他们的施政结果来确定其俸禄和奖赏的等级，这已经类似以一种体制化的方式，来确保贤人作为官员之后不负众人期望，能

---

① （清）孙诒让撰，孙启治点校：《墨子间诂》，中华书局2001年版，第50页。
② （清）孙诒让撰，孙启治点校：《墨子间诂》，中华书局2001年版，第3页。
③ （清）孙诒让撰，孙启治点校：《墨子间诂》，中华书局2001年版，第75页。
④ （清）孙诒让撰，孙启治点校：《墨子间诂》，中华书局2001年版，第46页。

够严谨有效地运用手中的权力。

战国初期，在宗法制度尚未完全破除的情况之下，墨子所倡导的尚贤思想，是在社会剧烈变迁的背景下对宗法政治的有效替代方案，墨子尚贤思想的提出也对当时贵族世袭政治产生了巨大的冲击，它符合人民的要求与社会历史进步的趋势，具有显著的历史进步性。①

第四节　尚同论②

在政治活动中，墨子推崇下级对上级的服从，这即是其"尚同"说，不过墨子所言"尚同"并非下级对上级的简单顺从，而是力图构建一个下情能够有效上达，实施举措严密顺畅的上下级关系，以保证"尚同"的合理性和可执行性。

一　尚同的含义

在墨子政治思想中，尚同是一个很重要的观念。墨子所说的尚同，简而言之就是下级要与上级保持一致，大臣要与君主保持一致。但需要注意的是，墨子的尚同思想并不局限于此，事实上，墨子所说的尚同是一个内容丰富的思想体系，决不能简单地从字面意义上去理解。对于何谓尚同，墨子说道：

> 夫明乎天下之所以乱者，生于无政长。是故选天下之贤可者，立以为天子。天子立，以其力为未足，又选择天下之贤可者，置立之以为三公。天子三公既以立，以天下为博大，远国异土之民、是非利害之辩，不可一二而明知，故画分万国，立诸侯国君。诸侯国君既已立，以其力为未足，又选择其国之贤可者，置立之以为正长。正长既已具，天子发政于天下之百姓，言曰："闻善而不善，皆以告其上。上之所是必皆是之，所非必皆非之。上有过则规谏之，下有善则傍荐

---

① 徐希燕：《墨学研究　墨子学说的现代诠释》，商务印书馆 2001 年版，第 126－127 页。

② 本节参考徐希燕《墨学研究　墨子学说的现代诠释》第一章第四节"君主集权制"撰写，商务印书馆 2001 年版，第 127－132 页。

之。上同而不下比者，此上之所赏而下之所誉也。意若闻善而不善，不以告其上。上之所是弗能是，上之所非弗能非。上有过弗规谏，下有善弗傍荐。下比不能上同者，此上之所罚而百姓所毁也。"上以此为赏罚，甚明察以审信。是故里长者，里之仁人也。里长发政里之百姓，言曰："闻善而不善，必以告其乡长。乡长之所是必皆是之，乡长之所非必皆非之。去若不善言，学乡长之善言；去若不善行，学乡长之善行。"则乡何说以乱哉？察乡之所治者，何也？乡长唯能一同乡之义，是以乡治也。乡长者，乡之仁人也。乡长发政乡之百姓，言曰："闻善而不善者，必以告国君。国君之所是必皆是之，国君之所非必皆非之。去若不善言，学国君之善言；去若不善行，学国君之善行。"则国何说以乱哉？察国之所以治者，何也？国君唯能一同国之义，是以国治也。国君者，国之仁人也。国君发政国之百姓，言曰："闻善而不善，必以告天子。天子之所是皆是之，天子之之所非皆非之。去若不善言，学天子之善言；去若不善行，学天子之善行。"则天下何说以乱哉？察天下之所以治者何也？天子唯能一同天下之义，是以天下治也。①

由此可见，墨子之所以提出尚同思想，是因为他认为其时上下失序，君臣百姓各行其道，缺乏统一的"义"，因此才出现天下纷乱的局面。为消弭当时社会乱局，墨子提出尚同思想，主张上下一致，下从于上。

不过墨子所说的尚同显然并非无条件的，而是有一定的前提条件，墨子为尚同所设定的前提条件就是尚同必须统一于"义"的基础之上。对于"义"的具体内涵，墨子也进行了论述。从总的原则上来看，墨子将"义"界定为"兴天下之利，除天下之害"②。这也是墨子政治思想的基本出发点，而具体到政治层面，墨子认为"义"就是良好的政治。墨子说："义者，善政也。"③ 表达的就是此义，即国家之君，要为仁君；治国之臣，必须为贤臣。同时在施政过程中，君主有错误，臣下可以劝谏；上级有错，下属也可以进行纠正。墨子认为只有遵循这样的前提，才可以称其为"善

---

① （清）孙诒让撰，孙启治点校：《墨子间诂》，中华书局 2001 年版，第 75-76 页。
② （清）孙诒让撰，孙启治点校：《墨子间诂》，中华书局 2001 年版，第 157 页。
③ （清）孙诒让撰，孙启治点校：《墨子间诂》，中华书局 2001 年版，第 197 页。

政"，尚同才能够实施。显然，墨子所说的所谓"善政"就是打破旧有的宗法政治秩序，建立仁君贤臣主政的政治格局。①

二　尚同的实施

在确定了"义"即善政作为尚同的实施前提之后，墨子进而谈到如何在遵循"义"的基础上实施尚同，墨子云：

> 是故里长顺天子政，而一同其里之义。里长既同其里之义，率其里之万民以尚同乎乡长，曰："凡里之万民，皆尚同乎乡长，而不敢下比。乡长之所是必亦是之，乡长之所非必亦非之。去而不善言，学乡长之善言；去而不善行，学乡长之善行。"乡长固乡之贤者也，举乡人以法乡长，夫乡何说而不治哉？察乡长之所以治乡者，何故之以也？曰：唯以其能一同其乡之义，是以乡治。②

墨子接着又云：

> 乡长治其乡，而乡既已治矣，有率其乡万民，以尚同乎国君，曰："凡乡之万民，皆上同乎国君，而不敢下比。国君之所是必亦是之，国君之所非必亦非之。去而不善言，学国君之善言；去而不善行，学国君之善行。国君固国之贤者也，举国人以法国君，夫国何说而不治哉？"察国君之所以治国而国治者，何故之以也？曰：唯以其能一同其国之义，是以国治。国君治其国，而国既已治矣。有率其国之万民，以尚同乎天子，曰："凡国之万民，上同乎天子，而不敢下比。天子之所是必亦是之，天子之所非必亦非之。去而不善言，学天子之善言；去而不善行，学天子之善行。"天子者，固天下之仁人也，举天下之万民以法天子，夫天下何说而不治哉？察天子之所以治天下者，何故之以也？曰：唯以其能一同天下之义，是以天下治。③

---

① 刘泽华：《中国政治思想史》（先秦卷），浙江人民出版社 1996 年版，第 447-448 页。

② （清）孙诒让撰，孙启治点校：《墨子间诂》，中华书局 2001 年版，第 81 页。

③ （清）孙诒让撰，孙启治点校：《墨子间诂》，中华书局 2001 年版，第 81-82 页。

可以看到，墨子所谈到尚同的实施，需要从最基层的乡里开始做起，"里长既同其里之义，率其里之万民以尚同乎乡长""乡长治其乡，而乡既已治矣，有率其乡万民，以尚同乎国君"。这就是说里长首先要统一一里内部的思想，使之与乡长相一致；而乡长治理一乡，也需要统一一乡之地的思想，使之与上级乃至于与国君相一致。

可见尚同的实施包括两个基本步骤，其一，一地的政长要统一其辖区之内民众的思想言行；其二，一地政长要保证其辖地百姓的思想言行与上级乃至于国君的思想相一致。所以尚同之义，就是下级与上级思想相一致，而不能向同级或下级看齐，如此一来全国上下就形成了一个思想言行高度一致的统一体，极大提高了行政效能。这是墨子给当时的乱世所开出的一剂药方，显然这也契合了当时中央集权统治逐渐强化的历史趋势，为战国时期中央集权国家的建立提供了有益理论指向。

墨子主张官员百姓均应遵循尚同的原则，而对于那些不愿意遵从尚同的臣民，墨子认为他们可以向上级提出劝谏，上级也应听取这些意见，如若合理则采纳之。如上级认为下属的意见不合理，则下属必须服从政长，若不服从，则可予以惩罚。显然，墨子认为，尚同并非下级对上级的盲从，但任何的反对意见必须公开向上级提出，由上级做出取舍，而上级一旦作出决定，则下级必须尊崇之，对此，墨子说道：

> 天子为发政施教曰："凡闻见善者必以告其上，闻见不善者亦必以告其上。上之所是必亦是之，上之所非必亦非之。己有善傍荐之；上有过规谏之。尚同义其上，而毋有下比之心，上得则赏之，万民闻则誉之。意若闻见善不以告其上，闻见不善亦不以告其上。上之所是不能是，上之所非不能非。己有善不能傍荐之，上有过不能规谏之。下比而非其上者，上得则诛罚之，万民闻则非毁之。"故古者圣王之为刑政赏誉也，甚明察以审信。是以举天下之人，皆欲得上之赏誉，而畏上之毁罚。①

由此可见，墨子提出的尚同思想，其实质就是建立上下一致，权归中央的集权型国家，在墨子所设计的尚同思想中，他尽量将政治统一与良政

---

① （清）孙诒让撰，孙启治点校：《墨子间诂》，中华书局 2001 年版，第 80 页。

结合起来，力图构建一种合理化的政治统一氛围及体制。应当说在战国初期，中央集权作为一种政治现实尚不普遍的情况下，墨子尚同论表现出了卓越的政治见识。

三　尚同思想与下情上达

墨子在推行其政治主张，以达到实现高度中央集权的君主统治时，要求君主在坚持尚同的前提下，收集讯息，做到下情上达。墨子云：

> 故古者圣王唯而审以尚同，以为政长，是故上下情请为通。上有隐事遗利，下得而利之；下有蓄怨积害，上得而除之。是以数千里之外有为善者，其室人未遍知，乡里未遍闻，天子得而赏之。数千里之外，有为不善者，其室人未遍知，乡里未遍闻，天子得而罚之。是以举天下之人皆恐惧振动惕慄，不敢为淫暴，曰："天子之视听也神。"先王之言曰："非神也，夫唯能使人之耳目助己视听，使人之吻助己言谈，使人之心助己思虑，使人之股肱助己动作。"助之视听者众，则其所闻见者远矣；助之言谈者众，则其德音之所抚循者博矣；助之思虑者众，则其谈谋度速得矣；助之动作者众，即举其事速成矣。故古者圣人之所以济事成功，垂名于后世者，无他故异物焉，曰：唯能以尚同为政者也。①

墨子在此表明，古代的明君圣贤唯有推行尚同，才能使君臣上下和谐共处。在这样的环境下，君主在施政过程中有所遗漏或不当之处，下属便会竭尽所能进行补救，从而弥补上级的过失；下属在施政中若招致怨恨灾祸，君主得知后也会予以消解排遣。君主既能得人，因此即使是数千里之外有做善事之人，即便他的家人与故乡的人还不了解情况，天子也会优先得知并予以奖励；数千里之外之人若有恶行，即便他的家人与故乡的人还不知道，天子也会优先知道并给予惩罚。故而天下之人都会敬畏谨慎，不敢做淫邪作乱之事，众人也皆称天子之明睿而有如神灵。对天子而言，能够有更多的人协助自己眼见听闻，便愈加耳聪目明，博闻多识；有更多的人协助自己去了解他人，那么天子的善言善行所影响的范围也就会更加广

---

① （清）孙诒让撰，孙启治点校：《墨子间诂》，中华书局2001年版，第87—88页。

阔；有更多的人协助自己进行思考，那么天子的谋划计略就会更加迅速地得以实施；有更多的人协助自己行动，那么天子行政就会更加迅速地成功实施。因此，古代的圣君贤明之所以功成名就，垂范后世，就是因为能够以尚同的原则来施政，舍此之外并没有其他的原因。

如此可见，墨子所说的尚同，虽然要求下属服从君主，但为了保证君主决策的合理，墨子还是主张君主一定要借用众人之力，做到博闻多见，更加迅速、更加准确地了解各地善恶之事，以协助自己施政治国。可见墨子所言的尚同并不是把所有的责任权力全部系于君主一人之身，而是要求君主要博采众人之力，借鉴众人之识，以确保施政决策的合理。

在这里，墨子意识到，统御一个国家仅靠君主一人之力、一人之智，无论如何是不能完成的，因此，他主张既要借助他人之力、他人之智，更要做到下情上达。因此，墨子所构建的尚同政治体系，尽管是君主居于众人之上，但在这个体系当中，信息的流动并不是单向的，而是双向的。墨子希望在这样一个政治网络中，下属的才智、信息能够源源不断地汇入君主那里，从而开阔君主的眼界，增长君主的才识，提升君主的能力，确保君主的施政是建立在合理的决策之上。应当说，墨子注重政治信息的双向流动，在先秦思想家当中颇独具特色。

综合来看，尚贤与尚同其内涵虽有所区别，但两者之间的关联却更加密切。尤其是二者都统一于善政的基础之上，这就要求在官员体系中，必须以贤人政治为核心，既做到施政有效、有力，也能做到下情上达。"'尚贤'亦一种统治人民即实现'尚同'的重要办法。……'尚贤'是'尚同'的保证，离开了由贤人担任的各级政长直至天子的原则，'尚同'也就不能发挥其应有的作用甚至根本不能实行了。"[1] 尚贤是实现国家完全统一的必要手段，尚同是实现国家高度统一的理想境界。

研究墨子的政治思想，应当说对当今社会的廉政建设和政治体制改革，具有较大的借鉴作用。[2]

---

① 杨俊光：《墨子新论》，江苏人民出版社 1995 年版，第 80 页。

② 徐希燕：《墨子的政治思想研究》，《政治学研究》2001 年第 4 期。

四　尚同思想的影响

不可否认的是，尽管墨子为尚同论的实施设定了前提条件，但其还是会经常引起争议，因为尚同思想归根结底还是强调下级对上级的服从，臣民对君主的服从，墨子就要求"上之所是必皆是之，所非必皆非之"①。这就很容易与君主专制联系起来。这种思想对后来的法家以及秦之后的中央集权和专制统治，显然是产生了一定的影响，尽管墨子一再强调尚同的前提是义，也就是实行善政，但在实际的政治运作中，并不能保证所有的君主和官员都能够实施善政，也不能确保有些君主和官员表面上遵循义。因此，墨子主张的尚同思想，也不可避免地存在一些消极因素。

然而，徐希燕等学者指出，尽管墨子尚同思想存在某些消极因素，但总体看，墨子尚同思想对后世产生了极为重要的积极影响。

墨子尚同思想对荀子、韩非子等思想家产生过较大影响。《荀子·致士》云："君者，国之隆也；父者家之隆也。隆一而治，二而乱。自古及今未有二隆争重而能长久者。"《韩非子·扬权》云："道无双，故曰一。是故明君贵独道之容。君臣不同道，下以名祷，君操其名，臣效其形，形名参同，上下和调也。"② 荀子和韩非子虽然分属儒家和法家，但二人是师承关系，且都重视政治思想的构建，也都推崇中央集权制国家的建立。从二人以上论述当中可以看到，荀子和韩非子都认为君主在国家政治生活当中应居于至高无上的地位，强调臣民对君主的服从，这些思想显然受到了墨子尚同思想的影响。汉代以后尽管墨子之学不再是显学，但秦汉以来大一统国家得以建立并不断发展，中央集权制度的不断强化，从中显然都可以看到墨子尚同思想的影响所及。

徐希燕指出，中华民族经过几千年分合战乱以及多次外族入侵之后，愈挫愈勇，文明发展没有中断，国家民族具有极强的凝聚力，历经几千年而不衰，迄今巍然屹立于世界东方，这其中墨子的尚同观念早已融入每一个炎黄子孙的血脉之中，成为树立国家民族认同的重要力量。

---

① （清）孙诒让撰，孙启治点校：《墨子间诂》，中华书局2001年版，第75页。
② 陈奇猷校注：《韩非子新校注》，上海古籍出版社2000年版，第152页。

第五节　政治道德修养

所谓政治道德，就是人们在政治活动中所坚持的伦理价值观、道德准则、道德品质的总和。政治道德修养则是主体通过学习和实践进行自我道德塑造，主动培养和完善自己道德人格的过程。由于墨子的政治伦理学说具有儒墨融合的特点，因此墨子的政治道德修养说一方面接受了部分儒学思想的影响，注重研习修身、忠孝等道德主张，同时，墨子也根据自己的学说对政治道德修养进行了新的阐发。

一　敬天明鬼

墨子是有神论者，故在政治道德修养方面，他也认为敬天明鬼亦为政治伦理所必须遵循的原则，否则必将招致祸患，关于这一点正如墨子所言"今若使天下之人偕若信鬼神之能赏贤而罚暴也，则夫天下岂乱哉！"[1]

应当注意的是，墨子"非命"观念根深蒂固，其敬天明鬼思想实则更为强调遵循"天鬼"爱憎行事以此消弭灾荒，而不是专注于对"天""鬼"本身的祷祝。如墨子曾云："故古者圣王明知天鬼之所福，而辟天鬼之所憎，以求兴天下之利，而除天下之害。"[2] 墨子又言："今天下之王公大人士君子，中实将欲求兴天下之利，除天下之害，当若鬼神之有也，将不可不尊明也，圣王之道也。"[3] 可见，墨子在这里已经明确指出，世人欲"除天下之害"，免于"祸崇"的惩罚，尊崇神明是必不可少的，而敬事"天鬼"的最重要途径就是通晓天鬼的"福""憎"，并在此基础上"顺天之意"，兴利除弊，如此才能达到"除天下之害"的目的。显然，墨子敬天明鬼思想，有一定鬼神的外衣，但仍然强调"非命"的一面，应当说这也体现了墨子学说的一贯特色。

不过，墨子毕竟是有着浓厚宗教色彩的思想家。因此墨子所说的敬天明鬼，除了要"顺天""法天"、多行善举之外，还应坚持通过祭祀祈祷的

---

① （清）孙诒让撰，孙启治点校：《墨子间诂》，中华书局 2001 年版，第 220 页。
② （清）孙诒让撰，孙启治点校：《墨子间诂》，中华书局 2001 年版，第 199 页。
③ （清）孙诒让撰，孙启治点校：《墨子间诂》，中华书局 2001 年版，第 249 页。

方式，以求禳弭灾患，获取福安。如汤遭遇大旱，"告于上天"，墨子即赞赏道："汤贵为天子，富有天下，然且不惮以身为牺牲，以祠说于上帝鬼神，即此汤兼也。虽墨子之所谓兼者，于汤取法焉。"① 可见，灾患发生时，墨子对于祭祀消弭灾患也持积极襄赞态度。

祭祀祈祷以人神沟通为出发点，以祭告活动为途径，以获得神鬼福佑为直接目的，显然更为强调"天""鬼"作为人格神的一面，在鬼神思想影响深远的先秦时期，这既是普遍的做法，也反映了墨子政治道德修养方面的浓厚宗教性特征。

二 君惠、臣忠、父慈、子孝

由于墨子曾学儒，谙熟儒学，因此墨子的政治道德修养论也留有浓厚的儒墨结合痕迹，这尤其表现在墨子对君臣父子关系的论述上。

君臣父子关系本是儒家特别关注的问题，君惠、臣忠、父慈、子孝，也是儒家所强调的人伦纲常标准和追求的理想境界。对此，墨子也推崇"君臣上下惠忠，父子弟兄慈孝"② "为人臣求之君而不得，不忠臣必且乱其上矣。"③ 基本上认同、继承了儒家的这一思想。

值得注意的是，墨子在谈及君臣父子关系时，更为强调君父的表率作用和引导作用，主张作为强势一方的君父应履行好自己的职责，以身作则，率先垂范，为政治道德修养作出示范，以此教化、引导臣子，从而实现政治道德修养目标的达成。如墨子说：

> 是故古之圣王发宪出令，设以为赏罚以劝贤。是以入则孝慈于"亲戚"，出则弟长于乡里，坐处有度，出入有节，男女有辨。是故使治官府则不盗窃，守城则不崩叛，君有难则死，出亡则送。④

在这里，墨子就谈到只有君主首先履行好自己的职责，唯有君主"赏罚以劝贤"，才能引导人们知法度，讲人伦，做到"坐处有度，出入有

---

① （清）孙诒让撰，孙启治点校：《墨子间诂》，中华书局 2001 年版，第 122 页。
② （清）孙诒让撰，孙启治点校：《墨子间诂》，中华书局 2001 年版，第 200 页。
③ （清）孙诒让撰，孙启治点校：《墨子间诂》，中华书局 2001 年版，第 178 页。
④ （清）孙诒让撰，孙启治点校：《墨子间诂》，中华书局 2001 年版，第 270 页。

节"。再如墨子云："古者明王圣人所以王天下、正诸侯者，彼其爱民谨忠，利民谨厚，忠信相连，又示之以利，是以终身不餍，殁世而不卷。古者明王圣人，其所以王天下、正诸侯者，此也。"① 所讲也是此意。

可以看到，墨子在谈到政治道德修养时，是很强调上行下效，主张君父，特别是君主在整个道德修养方面的主导作用。这样看似乎将君父置于高高在上的地位，与臣子间似乎存在着不平等的关系，但细加品酌便会发现墨子苦心，因为在当时背景下，君父地位高于臣子是客观事实，墨子强调君父在道德修养方面的主导性，看似维护了他们的地位，但实则抬高了对他们的道德要求，使其具有更重的道义责任。墨子云：

> 逮至昔三代圣王既没，天下失义，诸侯力正，是以存夫为人君臣上下者之不惠忠也，父子弟兄之不慈孝弟长贞良也。②

墨子在此谈道，君主若远离圣王之道，不履行自己的道德责任，就会"天下失义，诸侯力正"，更不要说臣忠、父慈、子孝之类，实际上也正从一个侧面强调了君主的政治道德责任。

三 节用、互利

墨子的节用、互利思想，既是墨子经济层面的道德伦理体现，也是其政治道德的重要显现。

节用理念是墨子学说突出的特色之一，也可以被视为墨子政治道德思想之一。

墨子认为节用说的实施，离不开圣人，如墨子云"圣王为政"则"财不费，民德不劳，其兴利多矣"。③ 墨子还进一步具体说道："故虽上世之圣王，岂能使五谷常收，而旱水不至哉？然而无冻饿之民者何也？其力时急，而自养俭也。"④ 对此，墨子又具体解释道："圣人为政一国，一国可倍也；大之为政天下，天下可倍也。其倍之，非外取地也，因其国家去其

---

① （清）孙诒让撰，孙启治点校：《墨子间诂》，中华书局2001年版，第163页。
② （清）孙诒让撰，孙启治点校：《墨子间诂》，中华书局2001年版，第221页。
③ （清）孙诒让撰，孙启治点校：《墨子间诂》，中华书局2001年版，第157页。
④ （清）孙诒让撰，孙启治点校：《墨子间诂》，中华书局2001年版，第28—29页。

无用之费，足以倍之。圣王为政，其发令兴事、使民用财也，无不加用而为者，是故用财不费，民德不劳。"① 墨子又称："古者圣王制为节用之法，曰：'凡天下群百工、轮车鞴匏、陶冶梓匠，使各从事其所能。'曰：'凡足以奉给民用，则止。'"②

由此可以看到，墨子已经意识到了统治者若能够为政"养俭"，那么即使有水旱之灾，也可能做到无冻饿之民，显然，这是充分肯定了统治者节用对政治治理的明显功效，墨子才说"是以其民俭而易治"。③ 以此可见，墨子提倡的节用思想，既针对统治阶级，也面对下层民众，其内涵相当广泛，显然这并非仅仅是针对突发危机而发，而是内容较为系统全面的一种道德追求。

值得注意的是，墨子节俭主张，不仅针对普通人有具体要求，对国君、官宦节俭之道也阐释得十分详细，如墨子言：

> 凡五谷者，民之所仰也，君之所以为养也，故民无仰则君无养，民无食则不可事，故食不可不务也，地不可不力也，用不可不节也。五谷尽收，则五味尽御于主，不尽收则不尽御。一谷不收谓之馑，二谷不收谓之旱，三谷不收谓之凶，四谷不收谓之馈，五谷不收谓之饥。岁馑，则仕者大夫以下皆损禄五分之一。旱，则损五分之二。凶，则损五分之三。馈，则损五分之四。饥，则尽无禄禀食而已矣。故凶饥存乎国，人君彻鼎食五分之五，大夫彻县，士不入学，君朝之衣不革制，诸侯之客，四邻之使，雍食而不盛，彻骖騑，涂不芸，马不食粟，婢妾不衣帛，此告不足之至也。④

墨子明确主张凶饥之年，人君仕宦皆应采取"彻鼎食""损禄"等举措，以节俭之道应对灾荒。

总体来说，墨子既认同崇尚君惠、臣忠、父慈、子孝这样的儒家伦理，也提出了节用的政治主张，其政治伦理和政治道德带有鲜明的儒墨结

---

① （清）孙诒让撰，孙启治点校：《墨子间诂》，中华书局2001年版，第157页。
② （清）孙诒让撰，孙启治点校：《墨子间诂》，中华书局2001年版，第163-164页。
③ （清）孙诒让撰，孙启治点校：《墨子间诂》，中华书局2001年版，第34页。
④ （清）孙诒让撰，孙启治点校：《墨子间诂》，中华书局2001年版，第26-27页。

合特征。

在先秦诸子中，墨子多以浓厚的平等观念示人，墨子提出了"人无幼长贵贱，皆天之臣也"①之说即为其中典型。墨子核心思想"兼爱"实质上即是一种曲折的平等观念，《史记·太史公自序》评论墨家"尊卑无别也"，②班固也指出墨家"不知别亲疏"③的特征，正表明了这一事实。

墨子对社会财富分配的态度带有平均主义取向，墨子在《非命上》中即云："古者汤封于亳，绝长继短，方地百里，与其百姓兼相爱、交相利，移则分。"④

墨子爱利万民的政治价值观，以及"官无常贵，而民无终贱"的平等观从本质上讲是一致的。也可以说，他的这种带有平均主义思想的分配原则实则就是为他的政治理想服务的。⑤他以文王之治为例描述说：

> 昔者文王之治西土，若日若月，乍光于四方，于西土，不为大国侮小国，不为众庶侮鳏寡，不为暴势夺穑人黍稷狗彘。天屑临文王慈，是以老而无子者，有所得终其寿；连独无兄弟者，有所杂于生人之间；少失其父母者，有所放依而长。此文王之事，则吾今行兼矣。⑥

故此，在政治与经济伦理思想方面，墨子提出义利统一说，主张追求"天下之大利"。

在墨子政治思想中，对利的肯定是一个重要特色。如墨子谈到何谓仁之事，就主张仁之事即为"必务求兴天下之利"。他主张："利人乎，即为；不利人乎，即止。"⑦

实际上，墨子对利相当重视，以至把它上升到了天志的高度。墨子认为"利"是天命所致，如他曾言"天必欲人之相爱相利，而不欲人之相恶

---

① （清）孙诒让撰，孙启治点校：《墨子间诂》，中华书局2001年版，第22页。

② （汉）司马迁：《史记》，中华书局1982年版，第3291页。

③ （汉）班固：《汉书》，中华书局1962年版，第1738页。

④ （清）孙诒让撰，孙启治点校：《墨子间诂》，中华书局2001年版，第268-269页。

⑤ 窦炎国：《墨子政治伦理思想评析》，《道德与文明》2009年第3期。

⑥ （清）孙诒让撰，孙启治点校：《墨子间诂》，中华书局2001年版，第111-112页。

⑦ （清）孙诒让撰，孙启治点校：《墨子间诂》，中华书局2001年版，第251页。

相贼也"。① 由此出发，对于政治家，墨子主张"有爱而无利"。② 认为他们应放弃私利，为谋取公利而有作为，将义和利有机统一起来。

四 非乐、非儒

墨子主张节用，反对奢侈，对于儒家所推崇的厚葬与礼乐尤为反对，进一步形成了"非乐""非儒"等主张。

墨子弃儒，很重要的原因是他认为儒家过于注重礼乐制度，徒然靡费财用。墨子曾指出："姑尝厚措敛乎万民，以为大钟、鸣鼓、琴瑟、竽笙之声，以求兴天下之利，除天下之害而无补也。"③ 他还诘问道："撞巨钟、击鸣鼓、弹琴瑟、吹竽笙而扬干戚，民衣食之财将安可得乎？"④ 可见，墨子认为礼乐耗费大量资财，但对于兴利除弊却并无益处。因此墨子直言"为乐非也"。

乐既是文化娱乐，也关乎德行修养。墨子并不否认乐的存在价值，墨子认为，"身知其安""口知其甘""目知其美""耳知其乐"，可见音乐是符合人之本性，契合人之常情。故此《墨子》说："是故子墨子之所以非乐者，非以大钟鸣鼓、琴瑟竽笙之声以为不乐也，非以刻镂华文章之色以为不美也，非以犓豢煎炙之味以为不甘也，非以高台厚榭邃野之居以为不安也。"⑤

墨子认为，乐虽有存在的必要，但却应该处于一个合适的位置，如果乐"亏夺民衣食之财"，墨子就对其持否定的态度了。因为墨子认为，让百姓获得基本的生活需求是国家首务，如果连这个都做不到，是绝不应过分追求声色之乐。⑥ 墨子说：

> 民有三患：饥者不得食，寒者不得衣，劳者不得息，三者民之巨患也。然即当为之撞巨钟、击鸣鼓、弹琴瑟、吹竽笙而扬干戚，民衣

---

① （清）孙诒让撰，孙启治点校：《墨子间诂》，中华书局 2001 年版，第 22 页。
② （清）孙诒让撰，孙启治点校：《墨子间诂》，中华书局 2001 年版，第 407 页。
③ （清）孙诒让撰，孙启治点校：《墨子间诂》，中华书局 2001 年版，第 252 页。
④ （清）孙诒让撰，孙启治点校：《墨子间诂》，中华书局 2001 年版，第 251–252 页。
⑤ （清）孙诒让撰，孙启治点校：《墨子间诂》，中华书局 2001 年版，第 251 页。
⑥ 窦炎国：《墨子政治伦理思想评析》，《道德与文明》2009 年第 3 期。

食之财将安可得乎?①

在墨子看来，乐之是非最终也要看是否符合民众的利益，尤其是基于现实的生存需求。因此，墨子提出非乐的根本目的仍在于"兴天下之利，除天下之害"。因此有学者就认为，"墨子属于理性功利主义者而非感性功利主义者，他并不否认也没有贬低精神文化生活的价值，而是主张首先必须满足人民大众的基本的物质生活需求，并反对在人民大众衣食问题解决之前为满足少数人的需要而大事铺张文化娱乐活动"②。

墨子对儒学抱有矛盾的态度，他既承袭儒学的众多思想，也对儒学进行了批评，墨子"非儒"具有一定的政治性，因此，非儒也带有政治道德的性质。③

墨子曾明确阐述了对儒家学术观点的抵触，包括主张兼爱，反对"亲亲有术，尊贤有等"；主张非命，对待"天命"思想的二重性与独立性；批评"君子必服古言，然后仁"的观点，反对儒家以古为师的理念。

由此看来，墨子对儒学是持有较为严厉的批判态度。不过也应看到，墨子政治道德既有"非儒"一面，也有借鉴儒学一面。如墨子仁学就借鉴了儒家仁学以爱为本的理念，以孝亲为前提，以兼爱为依归，体现的正是墨学承传性与革新性的结合。尽管墨学"二本"思想也受到一些学者质疑，但可以看到的是，墨子所打造从"亲度"到"天下度"的思维导向，也为解决"非儒"与承继儒学之间矛盾提供了某种依据，从而使得墨子对儒学的观点具备了一种思想自洽。

五 自省

墨子在构建其政治道德理论时，虽以功利主义为基石，但同时也重视贵义、修身等政治道德修养。墨子生活的年代，正是传统道德体系走向崩溃，新的社会价值重构尚未形成的阶段，以往视为当然的义先利后、言行一致等观念在某种程度上出现了倾覆，也正由于此，墨子才提出了贵义修

---

① （清）孙诒让撰，孙启治点校：《墨子间诂》，中华书局 2001 年版，第 253 页。

② 窦炎国：《墨子的功利主义政治哲学》，载任守景主编《墨子研究论丛》（八），齐鲁书社 2009 年版，第 559–560 页。

③ 窦炎国：《墨子政治伦理思想评析》，《道德与文明》2009 年第 3 期。

身的政治道德主张。这表面上似与其功利主义主张相背离，但两者之间恰相成为相互补充、互为表里的关系。墨子属于理性主义功利论者，他把国家百姓人民之利看作是义，因此对于为政者的道德要求必定是舍个人之小利而取国家百姓人民之大利。① 所以他说："万事莫贵于义。"② 怎样才能做到贵义呢？墨子说："必去六辟，默则思，言则诲，动则事，使三者代御，必为圣人。必去喜，去怒，去乐，去悲，去爱，而用仁义。手足口鼻耳，从事于义，必为圣人。"③ 这就是说，在墨子看来，为政者应当以圣人为标准，从思想、言论、行动各个环节严格要求自己。

墨子说："天下之君子不知仁者，非以其名也，亦以其取也。"④ "今士之用身，不若商人之用一布之慎也。"⑤ 这就是说，君子对仁的把握不是仅仅知道其名，而是要真正去践行，但在当时社会上，却存在这样名不符实的所谓君子士人，故此墨子提出了修身主张。墨子认为，修身是为政之本。他说："是故置本不安者，无务丰末；近者不亲，无务求远；亲戚不附，无务外交；事无终始，无务多业；举物而暗，无务博闻。是故先王之治天下也，必察迩来远，君子察迩而迩修者也。"⑥ 墨子提出的修身主张，是希望以此让当时的从政者将政治伦理内化于心，提高他们的政治素养，以从根本上改善从政者的政德，这与儒家等学派的修身主张有相似之处，反映出了墨子对儒家思想的继承。

关于如何修身，墨子提倡"反其身者"，主张形成自省的思维习惯，这与儒家有相似之处，与西方哲学中的"反思"思想也颇类似。⑦ 墨子又云"据财不能以分人者，不足与友；守道不笃、遍物不博、辩是非不察者，不足与游"（《修身》）。可见，墨子在谈到修身时，仍坚持将兼爱精

① 窦炎国：《墨子的功利主义政治哲学》，载任守景主编《墨子研究论丛》（八），齐鲁书社 2009 年版，第 563 页。

② （清）孙诒让撰，孙启治点校：《墨子间诂》，中华书局 2001 年版，第 439 页。

③ （清）孙诒让撰，孙启治点校：《墨子间诂》，中华书局 2001 年版，第 442-443 页。

④ （清）孙诒让撰，孙启治点校：《墨子间诂》，中华书局 2001 年版，第 443 页。

⑤ （清）孙诒让撰，孙启治点校：《墨子间诂》，中华书局 2001 年版，第 444 页。

⑥ （清）孙诒让撰，孙启治点校：《墨子间诂》，中华书局 2001 年版，第 8 页。

⑦ 窦炎国：《墨子的功利主义政治哲学》，载任守景主编《墨子研究论丛》（八），齐鲁书社 2009 年版，第 564 页。

神注入其中，这也体现出墨子修身思想的独特方面。①

春秋战国时期，百家争鸣，诸子之学竞相出现，各个学派的思想家纷纷谈古论今，既发表对古代治术君臣的看法，又以此为镜鉴，提出对当时政治体制和政治伦理的观点。作为先秦时期的显学，墨家也积极投入这一潮流当中，既借鉴儒学法家，又基于自身多做阐发，从而形成了其独特的政治思想架构。

值得注意的是，墨子凡是谈到当代政治的时候，多会将其与尧舜汤武等古代明君圣贤及桀纣等暴虐之君作比较。墨子认为，自尧舜以来，逾千年的政治发展轨迹说明，唯有遵循天志，做到"兴天下之利，除天下之害"，才可以真正做到安国利民，国泰民安。可以看到在墨子那里，无论是对古代历史经验教训的追溯，其与当代政治的比较及其对现实的分析批判，都带有强烈的政治反思意味。墨子常由这种反思得出的政治结论，再经由天志思想予以强化，由此确立这种政治反思牢固的权威性地位。

《墨子》对历史上政治经验的总结大致分为两个方面，即敬天事鬼和爱人。墨子认为，只有兼爱天下之百姓，列德而尚贤，兴天下之利，除天下之害，赏善罚暴，"则下天之乱也，将属可得而治也；社稷之危也，将属可得而定也"。于是"天鬼之福可得也"。如果亲近小人，暴虐百姓，恣意取乐，就会逆天之志，就会受到天的惩罚。这样，《墨子》在进行政治经验总结时，就触及了历史变动原因的一些方面，把总结历史上政治得失的视角从天神转到了人世。②

---

① 窦炎国：《墨子政治伦理思想评析》，《道德与文明》2009年第3期。

② 钟文先、陈虎：《试论墨子政治思想的渊源与特征》，《山东教育学院学报》2000年第4期。

第四章　墨子的经济思想

在先秦诸子中，对经济问题的关注是一个普遍现象，墨子也不例外。墨子主张"兴天下之利，除天下之害"，他所说的利既有抽象之利，如天下之利、他人之利，也包括具体、微观之利，而其中很重要一部分就是经济之"利"、财富之"利"。在《天志》《节用》《节葬》《非乐》等篇中，墨子详尽谈及了财富的生产、分配以及荒政、经济伦理等内容，显示墨子对经济问题的思考，也构建起了他的经济思想脉络。

第一节　墨子的财富观

经济发展的直观表现是财富的积累，墨子认为物质财富生产是国家稳定的根基，由此出发墨子提出了关于物质财富生产、分配、消费、交换等一整套学说，从而构成了其较为完备的财富观学说。

一　物质财富生产是国家稳定之本

在墨子思想中，重视经济因素在国家与家庭中的作用是一个突出特点。墨子说："凡五谷者，民之所仰也，君之所以为养也。故民无仰则君无养，民无食则不可事。故食不可不务也，地不可不力也，用不可不节也。"[1]"'财不足则反之时，食不足则反之用。'故先民以时生财，固本而

---

① （清）孙诒让撰，孙启治点校：《墨子间诂》，中华书局 2001 年版，第 25 页。

用财，则财足。"① "食者国之宝也。"② 从墨子言语可知，墨子将生产劳动视为衣食财用之源，认为财用是维系国家和百姓生存的基础，故称其为"本"。墨子说：

> 国有七患。七患者何？城郭沟池不可守，而治宫室，一患也；边国至境四邻莫救，二患也；先尽民力无用之功，赏赐无能之人，民力尽于无用，财宝虚于待客，三患也；仕者持禄，游者爱佼，君脩法讨臣，臣慑而不敢拂，四患也；君自以为圣智而不问事，自以为安强而无守备，四邻谋之不知戒，五患也；所信者不忠，所忠者不信，六患也；畜种菽粟不足以食之，大臣不足以事之，赏赐不能喜，诛罚不能威，七患也。③

七患皆为国家心腹之灾，出现时"国必有殃"。这其中"畜种菽粟不足以食之，大臣不足以事之，赏赐不能喜，诛罚不能威"④ 即为七患之一，由此可见墨子将财用不足作为国家重大灾祸，提到危及国家存亡的高度。而对于百姓之患，墨子说："民有三患：饥者不得食，寒者不得衣，劳者不得息。"墨子将这三者都称为"民之巨患也"。⑤ 也清楚反映出墨子将衣食足用作为百姓之本的态度。

因此墨子认为，免于饥寒是保证国家和百姓生存的基础。甚至，墨子还从道德发生的角度出发，分析了财用与道德出现之间的关系。如墨子说："今有负其子而汲者，队其子于井中，其母必从而道之。今岁凶、民饥、道饿，重其子此疚于队，其可无察邪？故时年岁善，则民仁且良；时年岁凶，则民吝且恶。"⑥ 可以看到，墨子在这里将"岁善"与"民仁且良"联系起来，认为衣食足用不仅是百姓生活的根本，也是保证人民善良，具备德性的重要基础。

由此出发，墨子认为为了使百姓安心良善，就必须做到"固本""节

① （清）孙诒让撰，孙启治点校：《墨子间诂》，中华书局 2001 年版，第 28 页。
② （清）孙诒让撰，孙启治点校：《墨子间诂》，中华书局 2001 年版，第 29 页。
③ （清）孙诒让撰，孙启治点校：《墨子间诂》，中华书局 2001 年版，第 23 页。
④ （清）孙诒让撰，孙启治点校：《墨子间诂》，中华书局 2001 年版，第 25 页。
⑤ （清）孙诒让撰，孙启治点校：《墨子间诂》，中华书局 2001 年版，第 251 页。
⑥ （清）孙诒让撰，孙启治点校：《墨子间诂》，中华书局 2001 年版，第 27-28 页。

用"。墨子说道：

> 夫民何常此之有？为者疾，食者众，则岁无丰。故曰"财不足则反之时，食不足则反之用"。故先民以时生财，固本而用财，则财足。故虽上世之圣王，岂能使五谷常收，而旱水不至哉？然而无冻饿之民者，何也？其力时急，而自养俭也。故《夏书》曰："禹七年水"，《殷书》曰："汤五年旱"，此其离凶饿甚矣，然而民不冻饿者，何也？其生财密，其用之节也。①

可以看到，墨子在这里不仅阐释了道德发生的经济维度，肯定了经济因素对民众道德取向的影响，也向统治者揭示了一个朴素的治国之道，即对统治者而言，必须通过"固本""节用"等方式使人民能够丰衣足食，因为这不仅是保证国家生存的前提，也是保持封建道德秩序，进而稳固统治的重要基础。

二　生产是财富之源

墨子极为重视劳动，他认为劳动是人们区别于其他动物的重要标志。墨子说：

> 今人固与禽兽麋鹿、蜚鸟、贞虫异者也。今之禽兽麋鹿、蜚鸟、贞虫，因其羽毛以为衣裘，因其蹄蚤以为绔屦，因其水草以为饮食。故唯使雄不耕稼树艺，雌亦不纺绩织纴，衣食之财固已具矣。今人与此异者也，赖其力者生，不赖其力者不生。②

由此可见，墨子已经将生产劳动视为人的特有属性，明确指出生产活动是人类区别于其他物种的标志。诚然，墨子并没指出生产活动是人的根本属性，但能够将劳动的意义阐释至此，其在先秦思想家中也可谓翘楚。③

孔子虽然并不歧视劳动者，他曾说："贤哉，回也！一箪食，一瓢饮，

---

① （清）孙诒让撰，孙启治点校：《墨子间诂》，中华书局2001年版，第28—29页。
② （清）孙诒让撰，孙启治点校：《墨子间诂》，中华书局2001年版，第257页。
③ 胡子宗、李权兴等：《墨子思想研究》，人民出版社2007年版，第304页。

在陋巷，人不堪其忧，回也不改其乐。贤哉，回也！"① 但孔子毕竟认为劳动只是"小人"所为，君子当有更远大追求。孟子则更进一步，他说："然则治天下独可耕且为与？有大人之事，有小人之事。且一人之身而百工之所为备，如必自为而后用之，是率天下而路也。故曰或劳心，或劳力。劳心者治人，劳力者治于人；治于人者食人，治人者食于人：天下之通义也。"② 可见，儒家并没有将生产活动看作人们普遍特征，而只是将生产劳动看成"小人"，即社会下层专有的谋生手段。可见，在孟子看来，君子不仅不用参与生产活动，而且君子之业与"小人"的劳动在性质上也不相同。

与之不同的是，墨子不仅提出生产劳动是人的特有属性，他还认为尽管劳动有不同分类，人们承担的角色也不尽相同，但这都只是社会分工不同而已，从本质上讲并无差异。如墨子说："君子不强听治，即刑政乱；贱人不强从事，即财用不足。"③ 再如墨子云："凡天下群百工、轮车鞼匏、陶冶梓匠，使各从事其所能。"④ 即清楚阐述了这一思想。

同时，墨子也指出生产是物质财富产生的根本，离开生产活动的成果任何人都无法生存。墨子云："凡五谷者，民之所仰也，君之所以为养也。故民无仰则君无养，民无食则不可事。故食不可不务也，地不可不立也，用不可不节也。……故曰：'财不足则反之时，食不足则反之用。'故先民以时生财，固本而用财，则财足。"⑤ 在这里，墨子明确指出生产衣食之财的物质生产劳动是人们生存的基础，即所谓"本"。⑥

与儒家等学派相比，墨子将生产活动作为人之所以为人的标志，指出了劳动分工的必然性，同时也明确肯定了劳动种类在性质上并无差异的道理，显然，其进步性是不言而喻的。

正是在这样生产观的基础上，墨子认为"七患之所当，国必有殃"⑦。

---

① （清）刘宝楠：《论语正义》，中华书局 1990 年版，第 226 页。

② （清）焦循：《孟子正义》，中华书局 1987 年版，第 372-373 页。

③ （清）孙诒让撰，孙启治点校：《墨子间诂》，中华书局 2001 年版，第 257 页。

④ （清）孙诒让撰，孙启治点校：《墨子间诂》，中华书局 2001 年版，第 163-164 页。

⑤ （清）孙诒让撰，孙启治点校：《墨子间诂》，中华书局 2001 年版，第 25、28 页。

⑥ 胡子宗、李权兴等：《墨子思想研究》，人民出版社 2007 年版，第 304 页。

⑦ （清）孙诒让撰，孙启治点校：《墨子间诂》，中华书局 2001 年版，第 25 页。

"民有三患：饥者不得食，寒者不得衣，劳者不得息，三者民之巨患也。"①
而无论是国家大患，还是民众大患，其原因主要是与生产活动的衰落密切
相关的。墨子进一步分析道："凡五谷者，民之所仰也，君之所以为养也。
故民无仰则君无养，民无食则不可事。故食不可不务也，地不可不力也，
用不可不节也。五谷尽收，则五味尽御于主，不尽收，则不尽御。"②

墨子明确指出，五谷是百姓赖以生存的根本，也是统治者维系国家的
基础。百姓没有粮食维持生存，国君也就没有人来供养。百姓若没有吃
的，也就不能做任何事情。所以生产粮食应该尽力，耕种土地应该尽力，
财政支出应该节约。

因此，墨子主张大力发展生产。至于应如何发展生产，墨子认为第
一，应不误农时，适时生产。③ 墨子云："今师徒唯毋兴起，冬行恐寒，夏
行恐暑，此不可以冬夏为者也。春则废民耕稼树艺，秋则废民获敛。今唯
毋废一时，则百姓饥寒冻馁而死者，不可胜数。"④ 就是此意。

第二，墨子认为应该通过更长的劳动时间和更大的劳动强度来提高产
量。他说："今也农夫之所以蚤出暮入，强乎耕稼树艺，多聚菽粟，而不
敢怠倦者，何也？曰：彼以为强必富，不强必贫；强必饱，不强必饥，故
不敢怠倦。今也妇人之所以夙兴夜寐，强乎纺绩织纴，多治麻统葛绪，捆
布缲，而不敢怠倦者，何也？曰：彼以为强必富，不强必贫；强必暖，不
强必寒，故不敢怠倦。"⑤

在这里墨子谈到，大力发展生产就必须做到"强"，对于何谓"强"，
墨子具体阐述到男子应"蚤出暮入"，女子应该"夙兴夜寐"，就是说要从
早到晚辛勤劳作以产出更多东西。墨子不仅认为劳动时间是保障更多产出
的必要条件，他也意识到应该加强劳动强度，主张劳动者应"不敢怠倦"，
以此得出更大的产值。⑥

第三，由于墨子承认社会分工的合理性，同时墨子又出身劳动者阶

---

① （清）孙诒让撰，孙启治点校：《墨子间诂》，中华书局 2001 年版，第 253 页。
② （清）孙诒让撰，孙启治点校：《墨子间诂》，中华书局 2001 年版，第 25 页。
③ 胡子宗、李权兴等：《墨子思想研究》，人民出版社 2007 年版，第 309 页。
④ （清）孙诒让撰，孙启治点校：《墨子间诂》，中华书局 2001 年版，第 130 页。
⑤ （清）孙诒让撰，孙启治点校：《墨子间诂》，中华书局 2001 年版，第 283-284 页。
⑥ 胡子宗、李权兴等：《墨子思想研究》，人民出版社 2007 年版，第 308 页。

层，所以墨子认为合理分工有助于提高生产效率。墨子云："譬若筑墙然，能筑者筑，能实壤者实壤，能欣者欣，然后墙成也。为义犹是也。能谈辩者谈辩，能说书者说书，能从事者从事，然后义事成也。"① 因此，在发展生产时，墨子主张应进行合理分工，使得劳动者可以专司一业，做到熟知工作内容，提高技能水平，以提升劳动生产率。② 如他说："王公大人蚤朝晏退，听狱治政，此其分事也；士君子竭股肱之力，亶其思虑之智，内治官府，外收敛关市、山林、泽梁之利，以实仓廪府库，此其分事也；农夫蚤出暮入，耕稼树艺，多聚菽粟，此其分事也；妇人夙兴夜寐，纺绩织纴，多治麻丝葛绪，捆布缪，此其分事也"③。

第四，增加人口。墨子意识到要想促进物质财富的产出，人口生产对物质财富生产的促进作用不可忽视。战国初期，人口数量不多，加之战争、疾病、灾荒的影响，劳动力就更加缺乏。所以墨子认为："故孰为难倍？唯人为难倍。然人有可倍也，昔者圣王为法曰：'丈夫年二十，毋敢不处家，女子年十五，毋敢不事人。'此圣王之法也"④。这说明墨子主张以立法的形式，促使人们早婚多育，增殖人口，从而促进人口增加。墨子认为战争是影响人口增加的重要原因，他说："且大人惟毋兴师以攻伐邻国，久者终年，速者数月，男女久不相见，此所以寡人之道也。与居处不安、饮食不时、作疾病死者，有与侵就援橐、攻城野战死者，不可胜数。"⑤ 墨子对由于战争原因造成的人口衰减深为忧虑。墨子主张非攻，很明显这一非攻主张也包含着通过反对战争，从而降低对人口损伤的考虑。此外，墨子指出统治者拥有大量妻妾侍女，也是造成人口结构不平衡，乃至于人口数量不足的重要原因，他说："当今之君其蓄私也，大国拘女累千，小国累百，是以天下之男多寡无妻，女多拘无夫，男女失时，故民少。"所以墨子主张"君实欲民之众而恶其寡，当蓄私不可不节"⑥。明确

---

① （清）孙诒让撰，孙启治点校：《墨子间诂》，中华书局 2001 年版，第 426-427 页。

② 胡子宗、李权兴等：《墨子思想研究》，人民出版社 2007 年版，第 308 页。

③ （清）孙诒让撰，孙启治点校：《墨子间诂》，中华书局 2001 年版，第 257-259 页。

④ （清）孙诒让撰，孙启治点校：《墨子间诂》，中华书局 2001 年版，第 161 页。

⑤ （清）孙诒让撰，孙启治点校：《墨子间诂》，中华书局 2001 年版，第 162 页。

⑥ （清）孙诒让撰，孙启治点校：《墨子间诂》，中华书局 2001 年版，第 37 页。

反对统治者滥占人口，以达到社会上男女人口均衡，进而促进人口增加的目的。①

总之，由于出身劳动者的身份，墨子在关于生产的性质、地位以及如何促进生产方面都有着独到而深入的见解，这也构成了墨子经济思想的基本出发点。

三　墨子的财富分配观

墨子是战国初期人，他生活的时代正是奴隶制度解体，封建制度逐渐形成的时期。从春秋晚期开始，随着"废井田，开阡陌"风潮的涌起，承认土地及其他财产私有已经成为各诸侯国普遍做法。同时，在政治上，各国纷纷加强中央集权，加强政府对经济的管理，扩大在经济领域的发言权。反映在分配领域，一些国家为应付争霸战争或满足统治者的穷奢极欲，往往加大赋税额度，横征暴敛，使得财富向政府手中集聚，百姓则辛辛苦苦劳作，到头来仍然挣扎在生死一线。而由于封建私有制的形成，富人财富可敌国，穷人却往往无尺寸之地，社会贫富分化严重，社会矛盾也由此日益尖锐。在这样的背景下，作为社会下层的代表，墨子力图从分析国家和个人两个层面入手，提出自己对于社会财富分配的见解，从而构建自己理想的财富分配体系。

首先，墨子认为政府收取一定的财富有其合理性，但应该保证用之于民。

与老庄等学者相比，墨子认为国家产生是合乎社会发展规律的。墨子认为为了解决未有刑政之时"天下之乱，若禽兽然"② 的严重问题，于是产生了国家和官吏。《尚同上》云：

> 古者民始生未有刑政之时，盖其语"人异义"。是以一人则一义，二人则二义，十人则十义，其人兹众，其所谓义者亦兹众。是以人是其义，以非人之义，故交相非也。是以内者父子兄弟作怨恶，离散不能相和合。天下之百姓皆以水火毒药相亏害，至有余力不能以相劳，

---

① 戎向东：《墨子经济思想述要》，《经济研究导刊》2011 年第 21 期。
② （清）孙诒让撰，孙启治点校：《墨子间诂》，中华书局 2001 年版，第 75 页。

腐朽余财不以相分，隐匿良道不以相教，天下之乱，若禽兽然。夫明乎天下之所以乱者，生于无政长。是故选天下之贤可者，立以为天子。天子立，以其力为未足，又选择天下之贤可者，置立之以为三公。天子三公既以立，以天下为博大，远国异土之民，是非利害之辩，不可一二而明知，故画分万国，立诸侯国君。诸侯国君既已立，以其力为未足，又选择其国之贤可者，置立之以为正长。①

可以看到，墨子承认国家的产生有其必然性，而国家之所以能够出现，实际上是每个民众都要交出来一部分自身权益用以换取自身安全。从理想的状态讲，从天子、诸侯到三公大臣，都应该选贤与能，这就是墨子所说的尚同。因此，墨子认为为维系国家的运转，由国家收取部分财富是合理的。如墨子云："贤者之长官也，夜寝夙兴，收敛关市、山林、泽梁之利，以实官府，是以官府实而财不散。"即体现这一思路。

不过，墨子也明确指出，政府的消费应有一个基本原则，即合理花费，用之于民。在《节用上》中，墨子就说道："圣人为政一国，一国可倍也；大之为政天下，天下可倍也。其倍之，非外取地也，因其国家去其无用之费，足以倍之。圣王为政，其发令兴事、使民用财也，无不加用而为者，是故用财不费，民德不劳，其兴利多矣。"② 圣人治理国家可以使得天下财富倍增，而增加的途径并不是获取土地，而是节约民财，做到"用财不费，民德不劳"。

同时，墨子也强调"凡足以奉给民用，则止。诸加费不加于民利者，圣王弗为"③。就是说在花费方面，只要花费能够满足"民用"就可以了。对于那些既要增加花费，又不能使百姓得到实际利益的事情，那就一定"是圣王弗为"的。

其次，对于社会上的富人，墨子认为这些有钱人应该为"贤"，将自己部分财富分给穷人，以帮助社会上的"饥者""寒者"渡过难关。

《尚贤下》云："然女何为而得富贵而辟贫贱？莫若为贤。为贤之道将奈何？曰：有力者疾以助人，有财者勉以分人，有道者劝以教人。若此，

① （清）孙诒让撰，孙启治点校：《墨子间诂》，中华书局2001年版，第74-75页。
② （清）孙诒让撰，孙启治点校：《墨子间诂》，中华书局2001年版，第159页。
③ （清）孙诒让撰，孙启治点校：《墨子间诂》，中华书局2001年版，第164页。

则饥者得食，寒者得衣，乱者得治。若饥则得食，寒则得衣，乱则得治，此安生生。"① 墨子指出，要解决社会上贫富分化严重的问题，最好的办法是人们都要做贤者。贤者心怀仁德，能够做到"有财者勉以分人"，即将自己的财富分给贫穷之人，这就可以使得"饥者得食，寒者得衣，乱者得治"，财富分配均衡了，矛盾就会缓解，社会也自然安定。② 在这里，墨子试图以人人为贤的方式解决贫富不均现象的观念显然并不现实，因为这忽略了社会制度和经济发展规律的根本影响力，缺乏实践根基，没有在现实社会实现的可能性。但墨子出于对公正的执着追求，力图通过对人性的改造实现社会均等，无疑是一次有意义的探索和启蒙，在中国古代思想史上具有不可忽视的价值。

四 墨子的财富消费观

墨子生活的年代，由于封建制度逐步确立，铁农具的广泛使用，农业生产有了长足进步，制陶、冶炼、纺织、玉器、漆器等手工业也有了很大发展。这一时期，城市规模进一步扩大，特别是随着礼乐制度的衰落，西周以来严格的城市等级制度逐渐被打破，不少诸侯国都城规模迅速扩大，城市商业十分繁荣，城市中的消遣、娱乐等文化业态也开始出现。在物质财富迅速增加的背景之下，不少统治者贪图物质财富享受，不顾严重的贫富分化，生活奢靡，浪费了大量社会财富。

针对统治阶级腐朽之风，墨家在提出"强本"，即增加生产的同时，也没有忽视节用的重要性，墨子将节用提高到治国安邦的高度，认为任由奢靡可能带来灭顶之灾。如墨子说："是以其民俭而易治，其君用财节而易赡也。"③ 又云"因其国家去其无用之费，足以倍之"④。"圣人之所俭节也，小人之所淫佚也。俭节则昌，淫佚则亡。"⑤ 都阐述了这一道理。

由此出发，墨子在消费方面引入了节用观念，明确肯定了建立在节用

---

① （清）孙诒让撰，孙启治点校：《墨子间诂》，中华书局2001年版，第70-71页。
② 胡子宗、李权兴等：《墨子思想研究》，人民出版社2007年版，第310页。
③ （清）孙诒让撰，孙启治点校：《墨子间诂》，中华书局2001年版，第33页。
④ （清）孙诒让撰，孙启治点校：《墨子间诂》，中华书局2001年版，第159页。
⑤ （清）孙诒让撰，孙启治点校：《墨子间诂》，中华书局2001年版，第38页。

基础上的消费观。如墨子云"圣王为政"则"财不费，民德不劳，其兴利多矣"。① 再如墨子曾言："夫妇节而天地和，风雨节而五谷孰，衣服节而肌肤和。"② 墨子又说："故民衣食之财，家足以待旱水凶饥者何也？得其所以自养之情，而不感于外也。"故此，墨子才说"是以其民俭而易治"。③ 以此可见，墨子提倡的节用消费，既针对统治阶级，也倡导普通百姓执行，而更重要的是，墨子并没有将节用仅仅作为权宜之计，而是将其视为治本之策，统治者和普通百姓在治国、生活和社会活动的方方面面都应遵循。

在治国方面，墨子提出君主应爱惜民力，谨慎使用财富，躬行节用，若此才能兴利除弊，君主也才可被称为圣明之君。墨子说：

> 圣人为政一国，一国可倍也；大之为政天下，天下可倍也。其倍之，非外取地也，因其国家去其无用之费，足以倍之。圣王为政，其发令兴事、使民用财也，无不加用而为者，是故用财不费，民德不劳，其兴利多矣。④

在上述话语中，墨子将"无不加用而为者"看作使用民财的标准，要求统治者"用财不费"，只有这样才能做到"德不劳，其兴利多矣"。而为了贯彻这一原则，墨子要求统治者在衣食住行的各个方面都要贯彻节用：

> 其为衣裘何？以为冬以圉寒，夏以圉暑。凡为衣裳之道，冬加温、夏加清者，芊䪞不加者去之。其为宫室何？以为冬以圉风寒，夏以圉暑雨，有盗贼加固者，芊䪞不加者去之。其为甲盾五兵何？以为以圉寇乱盗贼，若有寇乱盗贼，有甲盾五兵者胜，无者不胜，是故圣人作为甲盾五兵。凡为甲盾五兵，加轻以利、坚而难折者，芊䪞不加者去之。其为舟车何？以为车以行陵陆，舟以行川谷，以通四方之利。凡为舟车之道，加轻以利者，芊䪞不加者去之。凡其为此物也，

① （清）孙诒让撰，孙启治点校：《墨子间诂》，中华书局2001年版，第157页。
② （清）孙诒让撰，孙启治点校：《墨子间诂》，中华书局2001年版，第38页。
③ （清）孙诒让撰，孙启治点校：《墨子间诂》，中华书局2001年版，第34页。
④ （清）孙诒让撰，孙启治点校：《墨子间诂》，中华书局2001年版，第159页。

无不加用而为者，是故用财不费，民德不劳，其兴利多矣。①

可见，墨子对于君主节用的要求，包括在衣食住行各个方面，这些方面正是以往礼乐制度有严格约束而显得尤为烦琐的地方，如今墨子要求君主按照节用原则，对此一切从简，从中也反映出墨子对症下药的苦心。墨子坚信，君主若能做到"节于身，诲于民，是以天下之民可得而治，财用可得而足"②。"兵革不顿，士民不劳，足以征不服，故霸王之业可行于天下矣。"③

值得注意的是，墨子对于儒家所推崇的礼乐制度多有贬斥。他认为礼乐制度内容繁缛，白白浪费了不少财用，但劳而无益，对于兴利除弊来说并没有什么意义。墨子云："姑尝厚措敛乎万民，以为大钟、鸣鼓、琴瑟、竽笙之声，以求兴天下之利，除天下之害而无补也。"④"撞巨钟、击鸣鼓、弹琴瑟、吹竽笙而扬干戚，民衣食之财将安可得乎?"⑤ 再如对于厚葬之礼，墨子也大不以为然，他认为厚葬徒然花费大量财物，不仅无益反而会造成百姓困苦的局面，如他曾言："今唯无以厚葬久丧者为政，国家必贫，人民必寡。"⑥ 厚葬的结果也必然导致"下不堪其苦，民见凶饥则亡，此皆备不具之罪也"⑦。这些话语态度鲜明，言辞激烈，明显反映出了墨子对烦琐礼乐制度的抵触态度。

因此，墨子主张废除厚葬习俗，提出节葬之说。墨子指出以厚葬久丧者为政，国家必贫，人民必寡，刑政必乱，所以"故当若节丧之为政，而不可不察此者也"⑧。为使得节葬说更有说服力，墨子进一步指出厚葬并不是古代圣君的做法，对于"今执厚葬久丧者之言曰：厚葬久丧虽使不可以富贫众寡、定危治乱，然此圣王之道也"。墨子答道：

---

① （清）孙诒让撰，孙启治点校：《墨子间诂》，中华书局 2001 年版，第 159-161 页。

② （清）孙诒让撰，孙启治点校：《墨子间诂》，中华书局 2001 年版，第 31 页。

③ （清）孙诒让撰，孙启治点校：《墨子间诂》，中华书局 2001 年版，第 34 页。

④ （清）孙诒让撰，孙启治点校：《墨子间诂》，中华书局 2001 年版，第 252 页。

⑤ （清）孙诒让撰，孙启治点校：《墨子间诂》，中华书局 2001 年版，第 251-252 页。

⑥ （清）孙诒让撰，孙启治点校：《墨子间诂》，中华书局 2001 年版，第 175-176 页。

⑦ （清）孙诒让撰，孙启治点校：《墨子间诂》，中华书局 2001 年版，第 30 页。

⑧ （清）孙诒让撰，孙启治点校：《墨子间诂》，中华书局 2001 年版，第 190 页。

不然。昔者尧北教乎八狄，道死，葬蛩山之阴。衣衾三领，谷木之棺，葛以缄之，既犯而后哭，满埳无封。已葬，而牛马乘之。舜西教乎七戎，道死，葬南己之市。衣衾三领，谷木之棺，葛以缄之。已葬，而市人乘之。禹东教乎九夷，道死，葬会稽之山。衣衾三领，桐棺三寸，葛以缄之，绞之不合，通之不埳，土地之深，下毋及泉，上毋通臭。既葬，收余壤其上，垄若参耕之亩，则止矣。若以此若三圣王者观之，则厚葬久丧果非圣王之道。故三王者，皆贵为天子，富有天下，岂忧财用之不足哉？以为如此葬埋之法。①

针对"厚葬久丧，果非圣王之道，夫胡说中国之君子，为而不已，操而不择哉"的说法，墨子也明确否认厚葬是君子士人的传统做法，主张"葬埋者，人之死利也，夫何独无节于此乎"②。对于士君子，既然"中请将欲为仁义，求为上士，上欲中圣王之道，下欲中国家百姓之利"，那就应该"故当若节丧之为政，而不可不察此者也"。

同时，墨子也积极倡导非乐。墨子认为乐对人民无利而有害，"乐非所以治天下"，制造乐器要"厚敛乎万民"。演奏音乐和欣赏音乐要耗费民时民事。尽管音乐悦耳，但对为政、为民并无任何有利之处，因而应当禁止。

是故子墨子之所以非乐者，非以大钟、鸣鼓、琴瑟竽笙之声以为不乐也，非以刻镂华文章之色以为不美也，非以犓豢煎炙之味以为不甘也，非以高台厚榭邃野之居以为不安也。虽身知其安也，口知其甘也，目知其美也，耳知其乐也，然上考之不中圣王之事，下度之不中万民之利，是故子墨子曰：为乐非也。今王公大人虽无造为乐器，以为事乎国家，非直掊潦水、折壤坦而为之也，将必厚措敛乎万民，以为大钟鸣鼓、琴瑟竽笙之声。古者圣王亦尝厚措敛乎万民，以为舟车，既以成矣，曰："吾将恶许用之？"曰："舟用之水，车用之陆，君子息其足焉，小人休其肩背焉。"故万民出财赍而予之，不敢以为感恨者，何也？以其反中民之利也。然则乐器反中民之利亦若此，即

---

① （清）孙诒让撰，孙启治点校：《墨子间诂》，中华书局2001年版，第181–185页。

② （清）孙诒让撰，孙启治点校：《墨子间诂》，中华书局2001年版，第189页。

我弗敢非也。然则当用乐器譬之若圣王之为舟车也，即我弗敢非也。①

不过也要注意的是，对于墨子非乐之论，不可仅从字面观之。墨子的非乐思想的形成，有其特殊的历史背景，在当时礼乐制度虽然衰落，但乐舞之风依然很盛，加之统治者也以乐舞作为消遣之物，大量豢养乐工舞者，不计成本添置乐器，可以说奢靡浪费之处比比皆是，因此，墨子非乐的实质是反对执政者沉迷享乐，奢侈无度，废政乱国，而不是全盘否定音乐的价值，尤其不是否定音乐对人的陶冶教化作用，对此应当有清醒的认识。②

五　财富的交换

战国初期，随着农业、手工业的发展，道路的不断开辟，商业也随之繁荣起来。这一时期，不仅商品交换的种类大为丰富，商人群体也空前壮大，这表现为一方面城市中的坐商数量迅速增加；另一方面还出现了大批奔走于各地的行商，墨子在描述当时商人经商状况时就说："商人之四方，市贾信徙，虽有关梁之难，盗贼之危，必为之。今士坐而言义，无关梁之难，盗贼之危，此为信徙，不可胜计，然而不为。则士之计利不若商人之察也。"（《贵义》）可以看到，墨子对商人不辞辛苦奔走四方，以及在这其间所表现出的"商人之察"，即商人智慧都给予了赞许。可见，墨子对于当时蓬勃兴起的商业活动是持支持态度的。

对于商业活动而言，商品交换是其基础，而对于商业交换原则，在墨子思想中也有阐述。

第一，墨子主张"交相利"。墨家认为交换之后，双方建立起互相交换、互相兼爱的关系，不是今天理解的市场经济中的交换，而是一种互酬的关系。"利人乎，即为；不利人乎，即止。"③"交相利"的"交"不是"交换"而是"互酬"。墨子说："贫则见廉，富则见义；生则见爱，死则

---

① （清）孙诒让撰，孙启治点校：《墨子间诂》，中华书局 2001 年版，第 251-253 页。
② 胡子宗、李权兴等：《墨子思想研究》，人民出版社 2007 年版，第 313 页。
③ （清）孙诒让撰，孙启治点校：《墨子间诂》，中华书局 2001 年版，第 251 页。

见哀。"①"夫爱人者，人必从而爱之；利人者，人必从而利之。"②

第二，义利合一的义利观。在商品交换中，难免遇到利益与道义之间的碰撞和选择。对此，墨子并不回避。不过与儒家重义轻利的观念不同，在谈及义利观关系时，墨子明确主张"志功为辩"，即力求做到义利合一。

关于"利"，墨子实际上将其分为"公利""他利"与"私利"。而至于"义"的含义，墨子认为就是正确的方向，是人们做事所应遵循的原则。墨子称"义者，善政也"③。墨子提出："譬若筑墙然，能筑者筑，能实壤者实壤，能欣者欣，然后墙成也。为义犹是也。能谈辩者谈辩，能说书者说书，能从事者从事，然后义事成也。"④ 就是说人们应该在"义"的指导下，各居其位，各司其职。

在具体分析义利关系时，墨子说："志功，不可以相从也。""义，利；不义，害。志、功为辩。"⑤ 在这里，墨子表明了自己的义利观，即遇到义利碰撞时，要以志功合观的社会交换观来作为交换原则，即相利相酬，义利合一。

第三，交换应讲求诚信。墨子倡导诚信，认为所谓信就是说要言行合一。墨子认为诚信是一个人必备的素质。如他说"志不强者智不达；言不信者行不果"⑥。又云"言必信，行必果"⑦。"爱民谨忠，利民谨厚，忠信相连。"⑧"大臣有功劳于上者多，主信以义。"⑨

具体到在商业交换方面，墨子主张也应以诚信为本。墨子以商人经商取货为例，指出商人应"必择良者"。他说道："今士之用身，不若商人之用一布之慎也。商人用一布布，不敢继苟而雠焉，必择良者。今士之用身

---

① （清）孙诒让撰，孙启治点校：《墨子间诂》，中华书局2001年版，第9页。

② （清）孙诒让撰，孙启治点校：《墨子间诂》，中华书局2001年版，第104页。

③ （清）孙诒让撰，孙启治点校：《墨子间诂》，中华书局2001年版，第197页。

④ （清）孙诒让撰，孙启治点校：《墨子间诂》，中华书局2001年版，第426-427页。

⑤ （清）孙诒让撰，孙启治点校：《墨子间诂》，中华书局2001年版，第407页。

⑥ （清）孙诒让撰，孙启治点校：《墨子间诂》，中华书局2001年版，第10页。

⑦ （清）孙诒让撰，孙启治点校：《墨子间诂》，中华书局2001年版，第117页。

⑧ （清）孙诒让撰，孙启治点校：《墨子间诂》，中华书局2001年版，第163页。

⑨ （清）孙诒让撰，孙启治点校：《墨子间诂》，中华书局2001年版，第495页。

则不然，意之所欲则为之，厚者入刑罚，薄者被毁丑，则士之用身不若商人之用一布之慎也。"① 在这里，墨子指出商人进货务求必择良者，这其实就是"义"，即诚信的反映，墨子还以此为例，告诫士人凡行为处事也应像商人"用一布布"一样，务求必择良者，做到诚信为人，诚信做事，由此也能看到墨子对于商业诚信的肯定。

第四，商品价格由供需关系和币值决定。在商品交换中，商品价格是不断波动的，但对于价格浮动有何种力量决定，古人则莫衷一是，缺乏一致的认识。值得注意的是，在墨子经济思想中，对于商品价格的变化规律，墨子作出了可贵的探索。墨子认为商品价格之所以不恒定，即有所谓贵和贱，首先是因为商品的价格受到市场上商品供求关系的影响，其次也受到货币本身价值的影响。

墨子说："买，刀籴相为贾。刀轻则籴不贵，刀重则籴不易。王刀无变，籴有变，岁变籴则岁变刀。"（《经说下》）这里说的是，货币与商品可以相互比价。当货币贬值时，商品表面价格上涨，而商品实际价值并未上涨。货币面值不变，但商品的价格却不断地变，甚至每年的差别很大。显然，这意味着墨子已经从商品价格和货币价格的相对关系中认识到货币本身就是一种商品，在一定程度上反映了价值规律的内容。② 因此，墨子说："买无贵，说在反其贾。""贾宜则雠，说在尽。"③ 是指在币值不变的情况下，市场上的商品供大于求或供不应求，也会引起商品价格的变动，讲的也是同一个道理。

总之，墨子从商品交换中认识到商品价值变化的决定因素是供求关系和币值变化，改变了当时不少人所持价格为商人所操纵的固有认识，丰富了人们对于价格变化规律的认识，体现了对价值规律的初步探索，应该说是中国古代经济思想的一个重要成果。④

① （清）孙诒让撰，孙启治点校：《墨子间诂》，中华书局 2001 年版，第 444 页。
② 邹沣：《浅析墨子经济思想及其现实意义》，《党史文苑》2008 年第 8 期。
③ （清）孙诒让撰，孙启治点校：《墨子间诂》，中华书局 2001 年版，第 329 页。
④ 胡子宗、李权兴等：《墨子思想研究》，人民出版社 2007 年版，第 316-319 页。

第二节　天志说背景下的墨子经济伦理思想

先秦时期，墨子学说独树一帜，其思想多有独到之处。在墨子思想中，天志观念颇具特色，不仅自成一体，而且与其经济伦理思想的形成与演进之间也存在着不可忽视的联系，对此学界历来关注较少，故此，本节即主要探讨二者间的基本联系。

一　天志说及其宗教属性是墨子经济伦理的思想基础

墨子主张有神论，承认神明的存在。如墨子称凡入国，"则语之尊天、事鬼"①。又言凡行止举事则"天意不可不慎也"②。可见，在墨子看来，"天"无所不在，对于人们的行为处事，天志的影响具有决定性因素。事实上，天志学说贯穿于墨子整个思想体系之中，其内容相当系统，具备了宗教教义的基本要素，因而天志说从根本上讲就是一种宗教信仰。对此，胡适先生就说"墨子是一个创教的教主"③；郭沫若也称"墨子始终是一位宗教家"④。有学者更为明确地指出："墨子是我国古代的一位最能以宗教家的精神以力行救世的行动型哲学家。他的宗教以'天志'为核心，他对天志、鬼神的真诚信仰正是他积极努力于力行救世的精神动源。"⑤ 由此可见，天志说具有明显的宗教色彩，墨子以此为基础建立了一个相对完整的思想体系。在这一体系之中，墨子的经济伦理学说，亦以天志说为基石，充分反映了墨子思想的特色，是其学说的重要组成部分。从这一角度看，墨子经济伦理观呈现出了两个主要特征。

（一）"天"是正义的化身

与所有宗教一样，墨子的信仰体系有其信仰的最高神明，即"天"。墨子所说的"天"有其喜怒好恶，掌握着世间的祸福赏罚，具有人格神的特点。但同时墨子对"天"的认识也并不拘泥于此，实际上，墨子也将

---

① （清）孙诒让撰，孙启治点校：《墨子间诂》，中华书局2001年版，第475-476页。

② （清）孙诒让撰，孙启治点校：《墨子间诂》，中华书局2001年版，第201页。

③ 胡适：《中国哲学史大纲》，河北教育出版社2001年版，第119页。

④ 郭沫若：《郭沫若全集·历史编》第一卷，人民出版社1982年版，第463页。

⑤ 林存光：《先秦诸子政治哲学研究》，辽海出版社2006年版，第74页。

"天"视为一种理想的道德规范与行为导向,在很大程度上使之成为现实生活的行为规范与准则。如墨子说:"天之行广而无私,其施厚而不德,其明久而不衰。"① 在这里,显然"天"实际上是一个理想化的道德准则,天"行广而无私""明久而不衰",其实也反映了人们心目中正义的形象。

再如墨子言:"我有天志,譬若轮人之有规,匠人之有矩。轮匠执其规矩,以度天下之方圆,曰:'中者是也,不中者非也。'今天下之士君子之书不可胜载,言语不可尽计,上说诸侯,下说列士,其于仁义则大相远也。何以知之?曰:我得天下之明法以度之。"② 在此,墨子更为明确地将"天"看作人世间行为的"规矩","上说诸侯,下说列士"都应该以此为依据而决定其行止。

在政治上,墨子主张"法天"。他说:"然则奚以为治法而可?故曰莫若法天。天之行广而无私,其施厚而不德,其明久而不衰,故圣王法之。既以天为法,动作有为必度于天,天之所欲则为之,天所不欲则止。然而天何欲何恶者也?天必欲人之相爱相利,而不欲人之相恶相贼也。"③ 可以看到,墨子在政治上的"法天"观念,其前提也是基于"天"的正义性。

因此,可以说在墨子的伦理学说中,"天"是最高的神明,它既是人格化的神,也是理想化的正义化身,事实上,"天"的存在也决定了墨子经济伦理思想的基本内涵和发展趋势。

(二)"兼爱"思想是"天志"说的主要体现,也是墨子伦理观的核心

墨子生活在春秋战国之际,正是历史发生巨大变革的时期。置身于社会剧烈变迁的时代,墨子目睹了旧秩序瓦解,新秩序尚未建立这一特殊时期的混乱局面。作为具有民本主义色彩,又兼具宗教的普济苍生情感的思想家,墨子为消除社会、政治混乱状态,提出了"兼爱""节用""非攻""尚同""尚贤"等一系列伦理主张,而且,墨子还无一例外地将这些伦理观念赋予了天意的属性,将其纳入"天志"的范围之内。在上述这些伦理观念中,墨子最为注重兼爱一说,或者可以说兼爱思想是天志说的主要体现,也是墨子伦理观的核心。

---

① (清)孙诒让撰,孙启治点校:《墨子间诂》,中华书局2001年版,第22页。
② (清)孙诒让撰,孙启治点校:《墨子间诂》,中华书局2001年版,第197页。
③ (清)孙诒让撰,孙启治点校:《墨子间诂》,中华书局2001年版,第22页。

之所以说兼爱在墨子伦理思想中占据核心地位，可以从下面一段墨子对兼爱的重要作用论述中看出端倪：

> 圣人以治天下为事者也，不可不察乱之所自起。当察乱何自起？起不相爱。……若使天下兼相爱，爱人若爱其身，犹有不孝者乎？视父兄与君若其身，恶施不孝？犹有不慈者乎？视弟子与臣若其身，恶施不慈？故不孝不慈亡有。犹有盗贼乎？故视人之室若其室，谁窃？视人身若其身，谁贼？故盗贼亡有。犹有大夫之相乱家、诸侯之相攻国者乎？视人家若其家，谁乱？视人国若其国，谁攻？故大夫之相乱家、诸侯之相攻国者亡有。若使天下兼相爱，国与国不相攻，家与家不相乱，盗贼无有，君臣父子皆能孝慈，若此则天下治。故圣人以治天下为事者，恶得不禁恶而劝爱？故天下兼相爱则治，交相恶则乱。故子墨子曰：不可以不劝爱人者，此也。①

可以看到，墨子以解决世间的各种混乱现象为己任。他认为世间的乱局，皆是由于人们自爱而不兼爱，天下之人皆不相爱的原因造成的。他由此提出了自己的解决之道，而墨子开出解决问题的方案就是兼爱。墨子所言天下兼相爱则治，交相恶则乱，这是其对社会动乱的根由进行深入思考后所得出的结论，也是墨子为疗治社会问题给出的最根本药方。

墨子认为兼爱是治理天下的根本，同时他也自然而然地认为兼爱也系天的意志所出。关于这一点，墨子即言："天欲人相爱相利，而不欲人相恶相贼也。"② 墨子又说："顺天之意者，兼也；反天之意者，别也。"③ 皆反映出在墨子看来，兼爱实则为"天"意志所要求，也是天志具体反映的思想。

总而言之，墨子基本的经济伦理主张就是兼爱思想，墨子提倡的这种兼爱，意思是要求整体的爱、平等的爱，也就是人与人相爱，不能有人己、亲疏的区别。而兼爱一方面系天志所出；另一方面又是天志的基本内容和具体体现。因此，兼爱不仅居于墨子伦理思想的要核，也是必须要实

---

① （清）孙诒让撰，孙启治点校：《墨子间诂》，中华书局 2001 年版，第 99-101 页。
② （清）孙诒让撰，孙启治点校：《墨子间诂》，中华书局 2001 年版，第 22-23 页。
③ （清）孙诒让撰，孙启治点校：《墨子间诂》，中华书局 2001 年版，第 213 页。

践的准则和要务。

二 "天志"说是实现墨子经济伦理观的重要手段

在墨子思想中，"天""天志"的地位至高无上，是世间万物的根源，具有本体论的意义。然而需要注意的是，在墨子那里，"天""天志"的意义并不局限于此。事实上，墨子如此推崇天志，固然与其内心信仰及其对世界追根溯源的思想有关，但在墨子思想体系中，天志也具有工具性的作用，墨子认为它对人们的行为举止有着不可忽视的警示、引导、评判之用；而在墨子经济伦理思想里，天志的这种作用也有体现，并实际上成为实现其思想的一种手段。

(一) 强化人们对"天"（正义）的敬畏之心

墨子生活在一个社会剧烈变迁的时代，面对春秋战国之际的混乱局势，墨子提出了一系列思想主张，希望对此加以补救和重塑，其经济伦理思想就是其中的重要内容。墨子意识到，当时社会乱局的形成除了传统规则的崩溃之外，另外很重要的一点就在于宗教信仰的沦丧，而这导致人们对神明的尊崇逐步淡薄，以至缺乏内在的警惧和敬畏之心，故此行止才会不计后果而恣意妄为。

正因如此，除了制定具体规则之外，墨子还注重重新树立人们对"天"的信仰和敬畏。如墨子曾言："今天下之王公大人士君子，中实将欲求兴天下之利，除天下之害，当若鬼神之有也，将不可不尊明也，圣王之道也。"①

墨子又说："夫既尚同乎天子，而未上同乎天者，则天菑将犹未止也。故当若天降寒热不节，雪霜雨露不时，五谷不孰，六畜不遂，疾菑戾疫，飘风苦雨，荐臻而至者，此天之降罚也，将以罚下人之不尚同乎天者也。故古者圣王，明天鬼之所欲，而避天鬼之所憎，以求兴天下之利，除天下之害。是以率天下之万民，齐戒沐浴，洁为酒醴粢盛，以祭祀天鬼。"②

可以看到，墨子倡导天志等观点，强调"天"的惩恶扬善功能，实际上就是要建立一种宗教伦理，以重新创立人伦秩序，使得人们有所敬畏，

---

① （清）孙诒让撰，孙启治点校：《墨子间诂》，中华书局 2001 年版，第 250 页。

② （清）孙诒让撰，孙启治点校：《墨子间诂》，中华书局 2001 年版，第 82 页。

以期更好地实现其主张的兼爱等思想。故此，冯友兰等学者就指出，墨子的"天命"说与其说是一种目的，还不如说是一种手段，墨子其实就是通过此来实现他的思想主张。①

墨子学说中的"天"是一个有意志、有道德、有行为的最高神明，天的意志就是天志。天有意志，能对人进行赏罚，无论是天子、王公侯伯，还是普通人，只要是恣意妄为或者做了违背天意的事情，都无法逃脱"天"的监督和惩罚。对此，墨子说："故鬼神之明，不可为幽闲广泽、山林深谷，鬼神之明必知之。鬼神之罚，不可为富贵众强、勇力强武、坚甲利兵，鬼神之罚必胜之。"② 墨子又说："然则是谁顺天意而得赏者？谁反天意而得罚者？子墨子言曰：昔三代圣王禹汤文武，此顺天意而得赏也。昔三代之暴王桀纣幽厉，此反天意而得罚者也。然则禹汤文武其得赏何以也？子墨子言曰：其事上尊天，中事鬼神，下爱人。"③

可见，墨子一直试图通过强调"天"的奖惩功能，强化人们的内在敬畏感，进而树立人们对善和正义的内在追求。在这里，天志已经明显体现出了其工具性作用，成为促进人们内心信念形成的一个监督手段。

（二）提出"非命""三表"说，强调人的行止决定其命运

先秦时期，"天命"说一直有很大影响，如老子就说"天地不仁"④；孔子也说"获罪于天，无所祷也"⑤。都把天的行为视为自然而然的事情，人在天命前也显得十分渺小。

墨子尊天事鬼，但是却否定有预见的、不可改变的命，彻底否定了命定论，并提出了非命的观点。如墨子就说："命者，暴王所作，穷人所术，非仁者之言也。今之为仁义者，将不可不察而强非者此也。"⑥

可见，非命体现出的中心思想是，只要顺应天意，其行为就一定会获取"天"的认可与回馈，因此，天志与非命之间也就不再矛盾，而是形成一种因果关系了。显而易见，墨子提出的这种信念其实都是为了警戒世

---

① 冯友兰：《中国哲学史新编》上卷，人民出版社1998年版，第248页。

② （清）孙诒让撰，孙启治点校：《墨子间诂》，中华书局2001年版，第244页。

③ （清）孙诒让撰，孙启治点校：《墨子间诂》，中华书局2001年版，第195页。

④ （魏）王弼注，楼宇烈校释：《老子道德经注校释》，中华书局2008年版，第13页。

⑤ （清）刘宝楠：《论语正义》，中华书局1990年版，第100页。

⑥ （清）孙诒让撰，孙启治点校：《墨子间诂》，中华书局2001年版，第286页。

人，对人的行为进行约束和引导，并通过此，借以充当实现兼爱和社会公正的手段。

由非命论出发，墨子对事物评价又有"三表"法认识论。关于"三表"论的内容，墨子称："何谓三表？子墨子言曰：有本之者，有原之者，有用之者。于何本之？上本之于古者圣王之事。于何原之？下原察百姓耳目之实。于何用之？废以为刑政，观其中国家百姓人民之利。此所谓言有三表也。"① 可见，墨子对具体事物的评判，有三个主要标准：其一，"上本之于古者圣王之事"，即指间接经验；其二，"原察百姓耳目之实"，就是人们的感官经验；其三，也是最重要的一点，"观其中国家百姓人民之利"，就是从实际结局看言论与行动的效果。

显然，墨子提出非命、"三表"法，是强调神明的观照之下，人们行为决定了自己的命运，而只有勠力向善，人们才会有光明的前景，即所谓"上者尊天事鬼，下者爱利百姓"②。在这方面，墨子多有论述。

如墨子说："故唯毋明乎顺天之意，奉而光施之天下，则刑政治，万民和，国家富，财用足，百姓皆得暖衣饱食，便宁无忧。"③

墨子还说："故古者圣王明知天鬼之所福，而辟天鬼之所憎，以求兴天下之利，而除天下之害。是以天之为寒热也节，四时调，阴阳雨露也时，五谷孰，六畜遂，疾菑戾疫凶饥则不至。"④

再如墨子言："然则天亦何欲何恶？天欲义而恶不义。……然则何以知天之欲义而恶不义？曰：天下有义则生，无义则死；有义则富，无义则贫；有义则治，无义则乱。然则天欲其生而恶其死，欲其富而恶其贫，欲其治而恶其乱，此我所以知天欲义而恶不义也。"⑤

由以上墨子所论可以看到，墨子所提出的非命说，是在天志说的思想框架内，给人们顺应天意，追求善行提供了重要的理论依据和实践途径，从这一点来看，非命也是天志思想合乎逻辑的延伸。由尊崇天命而认知非命，进而践行善行、义政，可以说，这是墨子经济伦理思想的一个重要逻

---

① （清）孙诒让撰，孙启治点校：《墨子间诂》，中华书局2001年版，第266页。
② （清）孙诒让撰，孙启治点校：《墨子间诂》，中华书局2001年版，第466页。
③ （清）孙诒让撰，孙启治点校：《墨子间诂》，中华书局2001年版，第200页。
④ （清）孙诒让撰，孙启治点校：《墨子间诂》，中华书局2001年版，第201页。
⑤ （清）孙诒让撰，孙启治点校：《墨子间诂》，中华书局2001年版，第193页。

辑链条，也是墨子本人所孜孜以求的理想愿景。

三 "天志"思想与墨子义利观

义利观是先秦时期思想家们常常讨论的一个对象，也是经济伦理思想中的重要命题。在义利关系上，儒家强调义，贬斥利，如孔子就"罕言利"①，孟子也说"何必曰利"②，墨子也注重"义"，他曾说："万事莫贵于义。今谓人曰：'予子冠履，而断子之手足，子为之乎？'必不为。何故？则冠履不若手足之贵也。又曰：'予子天下而杀子之身，子为之乎？'必不为。何故？则天下不若身之贵也。争一言以相杀，是贵义于其身也。故曰：万事莫贵于义也。"③ 由此可见，"义"在墨子思想中也占有重要的分量。不过，与儒家不同，墨子从其天志思想及三表法认识论出发，对于义利的性质和它们之间的关系进行了自己的阐释，其中多有独到之处，构成了墨子经济伦理思想的重要内容。

（一）义利统一

对于义、利的性质，墨子认为它们与"天"有密切联系。如墨子说："天为贵、天为知而已矣。然则义果自天出矣。"④ "天欲义而恶不义"⑤ "今天下之君子，中实将欲遵道利民，本察仁义之本，天之意不可不慎也。"⑥ "天之爱人也，薄于圣人之爱人也；其利人也，厚于圣人之利人也。"⑦ 这就是说，义利都是由天的意志派生而出的，它们也都是天志的具体表现，具有正当性和合理性。墨子认为既然二者都是基于"天"的意志而出现并发展，故此才称"天之意不可不慎"。

对于义利之间的关系，墨子除了承认它们二者都是源于天志之外，也从"三表"法的角度对其进行了探讨。墨子说："所为贵良宝者，可以利

---

① （清）刘宝楠：《论语正义》，中华书局 1990 年版，第 319 页。

② （清）焦循：《孟子正义》，中华书局 1987 年版，第 36 页。

③ （清）孙诒让撰，孙启治点校：《墨子间诂》，中华书局 2001 年版，第 439 页。

④ （清）孙诒让撰，孙启治点校：《墨子间诂》，中华书局 2001 年版，第 198 页。

⑤ （清）孙诒让撰，孙启治点校：《墨子间诂》，中华书局 2001 年版，第 193 页。

⑥ （清）孙诒让撰，孙启治点校：《墨子间诂》，中华书局 2001 年版，第 199 页。

⑦ （清）孙诒让撰，孙启治点校：《墨子间诂》，中华书局 2001 年版，第 403 页。

民也，而义可以利人，故曰：义，天下之良宝也。"①

由此立论，墨子反对脱离具体实际，而空洞谈论"义"。墨子认为"义，志以天下为芬，而能能利之，不必用"②。可见"义"只有和具体实践结合起来，并且具有实际效果，它的存在才是有意义的。

既然如此，墨子就认为义利之间不仅不存在矛盾，实际上二者还是相辅相成、互为表里的关系。义利都是基于"天"的意志而出现，又都在实践中互为表里，因此，墨子就总结义利关系为"义，利也"③。也就是说二者实则即为一体。

（二）主张义、利皆以"利民"为依归

从义、利之间的关系来看，墨子强调义利统一；而就义、利的内涵来看，墨子认为义利实际上也是一致的，墨子认为，从本质讲，它们归根结底都应该以"利民"为依归。如墨子说："凡言凡动，利于天鬼百姓者为之；凡言凡动，害于天鬼百姓者舍之。"④ 即突出反映了这一特点。

关于"利"，墨子并不讳言有个人之利，即所谓的"我所利"。但应当注意的是，墨子所说的"利民"远非是只谈个人之利，实际上墨子言利更主要的还是追求更广阔范围的利，就是所谓天下之大利。墨子言"观其中国家百姓人民之利"⑤。又称"仁人之所以为事者，必兴天下之利，除天下之害，以此为事者也"⑥。都体现出墨子视天下之利为根基的特点。

墨子认为，能行天下之利者，唯有圣人、圣王，所以墨子说"圣王之道，天下之大利也"⑦。又说"圣人以治天下为事者也"⑧。在墨子看来，圣人、圣王实际上就是能顺天意者，故而墨子说，"故天意曰：'此之我所爱，兼而爱之；我所利，兼而利之。爱人者此为博焉，利人者此为厚焉。'故使贵为天子，富有天下，业万世子孙，传称其善，方施天下，至今称

---

① （清）孙诒让撰，孙启治点校：《墨子间诂》，中华书局 2001 年版，第 430 页。
② （清）孙诒让撰，孙启治点校：《墨子间诂》，中华书局 2001 年版，第 334 页。
③ （清）孙诒让撰，孙启治点校：《墨子间诂》，中华书局 2001 年版，第 310 页。
④ （清）孙诒让撰，孙启治点校：《墨子间诂》，中华书局 2001 年版，第 442 页。
⑤ （清）孙诒让撰，孙启治点校：《墨子间诂》，中华书局 2001 年版，第 266 页。
⑥ （清）孙诒让撰，孙启治点校：《墨子间诂》，中华书局 2001 年版，第 101 页。
⑦ （清）孙诒让撰，孙启治点校：《墨子间诂》，中华书局 2001 年版，第 163 页。
⑧ （清）孙诒让撰，孙启治点校：《墨子间诂》，中华书局 2001 年版，第 99 页。

之，谓之圣王。"① 可见，墨子认为圣人、圣王所以为王公侯伯，实际上就是"天""使之赏贤而罚暴；贼金木鸟兽，从事乎五谷麻丝，以为民衣食之财。"② 故而圣人能够推行"义之政"，亦为出于天志。

对于圣人、圣王依据天志，推行"义之政"，行天下之利的具体内容，墨子也有详尽阐述：

> 圣人为政一国，一国可倍也；大之为政天下，天下可倍也。其倍之，非外取地也，因其国家去其无用之费，足以倍之。圣王为政，其发令兴事、使民用财也，无不加用而为者，是故用财不费，民德不劳，其兴利多矣。
>
> 其为衣裘何？以为冬以圉寒，夏以圉暑。凡为衣裳之道，冬加温、夏加清者，芊鲴不加者去之。其为宫室何？以为冬以圉风寒，夏以圉暑雨，有盗贼加固者，芊鲴不加者去之。其为甲盾五兵何？以为以圉寇乱盗贼，若有寇乱盗贼，有甲盾五兵者胜，无者不胜。是故圣人作为甲盾五兵。凡为甲盾五兵，加轻以利、坚而难折者，芊鲴不加者去之。其为舟车何？以为车以行陵陆，舟以行川谷，以通四方之利。凡为舟车之道，加轻以利者，芊鲴不加者去之。凡其为此物也，无不加用而为者，是故用财不费，民德不劳，其兴利多矣。③

从上述墨子的论述中，我们可以看到，墨子以天志为出发点，通过圣人、圣王顺天意，推行义政的具体路径，最终达到追求天下之大利的目的，其间关联可谓明确，而这也正符合墨子天志思想的信仰基点。

（三）推崇"兼相爱，交相利"

在墨子义利观中，"兼相爱，交相利"是其重要特色，也是其经济伦理思想中不可忽视的组成部分。关于"兼相爱，交相利"方面更为具体主张，墨子曾说："有力者疾以助人，有财者勉以分人，有道者劝以教人。若此，则饥者得食，寒者得衣，乱者得治。若饥则得食，寒则得衣，乱则

---

① （清）孙诒让撰，孙启治点校：《墨子间诂》，中华书局 2001 年版，第 195 页。
② （清）孙诒让撰，孙启治点校：《墨子间诂》，中华书局 2001 年版，第 203 页。
③ （清）孙诒让撰，孙启治点校：《墨子间诂》，中华书局 2001 年版，第 159-161 页。

得治，此安生生。"① 又说："故兼者圣王之道也，王公大人之所以安也，万民衣食之所以足也。故君子莫若审兼而务行之，为人君必惠，为人臣必忠，为人父必慈，为人子必孝，为人兄必友，为人弟必悌。故君子莫若欲为惠君、忠臣、慈父、孝子、友兄、悌弟，当若兼之不可不行也，此圣王之道而万民之大利也。"②

　　对于"兼相爱""交相利"之间的联系，墨子还用对比的方式做出了解释："姑尝本原若众害之所自生，此胡自生？此自爱人利人生与？即必曰非然也，必曰从恶人贼人生。分名乎天下恶人而贼人者，兼与？别与？即必曰别也。然即之交别者，果生天下之大害者与？是故别非也。子墨子曰：非人者，必有以易之。若非人而无以易之，譬之犹以水救火也，其说将必无可焉。是故子墨子曰：兼以易别。"③

　　由此可见，"兼相爱，交相利"实际上就是兼爱思想在义利观中的实践与发展。因此，墨子也明确认为"兼相爱，交相利"来自天之意，这一点在《墨子》一书中多有表述：

　　　　顺天意者，兼相爱，交相利。④

　　　　今天下之士君子之欲为义者，则不可不顺天之意矣。曰：顺天之意何若？曰：兼爱天下之人。何以知兼爱天下之人也？以兼而食之也。⑤

　　　　然而天何欲何恶者也？天必欲人之相爱相利，而不欲人之相恶相贼也。奚以知天之欲人之相爱相利，而不欲人之相恶相贼也？以其兼而爱之、兼而利之也。奚以知天兼而爱之、兼而利之也？以其兼而有之、兼而食之也。⑥

　　由以上可见，"兼相爱，交相利"是墨子兼爱思想在经济伦理方面的落实和演进，它明显体现出了墨子坚持兼爱源于天志的一贯主张，又在实

---

①　（清）孙诒让撰，孙启治点校：《墨子间诂》，中华书局 2001 年版，第 70-71 页。

②　（清）孙诒让撰，孙启治点校：《墨子间诂》，中华书局 2001 年版，第 127 页。

③　（清）孙诒让撰，孙启治点校：《墨子间诂》，中华书局 2001 年版，第 114-115 页。

④　（清）孙诒让撰，孙启治点校：《墨子间诂》，中华书局 2001 年版，第 195 页。

⑤　（清）孙诒让撰，孙启治点校：《墨子间诂》，中华书局 2001 年版，第 210 页。

⑥　（清）孙诒让撰，孙启治点校：《墨子间诂》，中华书局 2001 年版，第 22 页。

践中丰富了内涵，体现出了注重互助、互利，主张"兼天下而爱之"，① "有财相分也"② 的经济伦理思想。

四 "天志"说与节用等概念

在经济伦理思想方面，墨子提出义利统一说，主张追求天下之大利。除此之外，墨子在经济伦理方面还大力倡导节用。

节用是墨子学说的重要内容，事实上，从广义的角度看，节用还包括其非乐、节葬等思想，这一点，清人孙诒让评论墨子节用说时就说墨子："其学务不侈于后世，不靡于万物，不晖于数度，以绳墨自矫而备世之急。作为非乐，命之曰节用，生不歌，死无服，泛爱兼利而非斗，好学而博，不异。又曰兼爱、尚贤、右鬼、非命，以为儒者礼烦扰而不悦，厚葬靡财而贫民，久服伤生而害事，故背周道而用夏政。"③

墨子认为，节用说的实施，离不开圣人，他说："圣人为政一国，一国可倍也；大之为政天下，天下可倍也。其倍之，非外取地也，因其国家去其无用之费，足以倍之。圣王为政，其发令兴事、使民用财也，无不加用而为者，是故用财不费，民德不劳。"④

墨子又称："古者圣王制为节用之法，曰：'凡天下群百工、轮车鞼匏、陶冶梓匠，使各从事其所能。'曰：'凡足以奉给民用，则止。'"⑤

墨子所言的圣人实际上就是他所说"天"在世间的形象和代表，圣人节用实际上也是反映"天"的意志。因此，节用思想与天志说思想联系也很密切。对于这一点，胡适先生就明确指出，墨子"他对于鬼神，只注重精神上的信仰，不注重形式上的虚文"⑥。关于此，胡适先生还指出，节用等思想其实就是墨子天志说的信条，是天志说的具体表现，可谓一语中的。

值得注意的是，除节用说外，墨子又强调人们应当自食其力的观念，

---

① （清）孙诒让撰，孙启治点校：《墨子间诂》，中华书局 2001 年版，第 201 页。
② （清）孙诒让撰，孙启治点校：《墨子间诂》，中华书局 2001 年版，第 199 页。
③ （清）孙诒让撰，孙启治点校：《墨子间诂》，中华书局 2001 年版，第 682 页。
④ （清）孙诒让撰，孙启治点校：《墨子间诂》，中华书局 2001 年版，第 159 页。
⑤ （清）孙诒让撰，孙启治点校：《墨子间诂》，中华书局 2001 年版，第 163–164 页。
⑥ 胡适：《中国哲学史大纲》，河北教育出版社 2001 年版，第 122 页。

墨子言:"赖其力者生,不赖其力者不生。君子不强听治,即刑政乱;贱人不强从事,即财用不足。"①

此外在经济伦理思想方面,墨子也强调诚信。墨子说:"古者明王圣人所以王天下","忠信相连"是其中的重要原因。② 关于诚信的概念,墨子说"信,言合于意也"。③ 并认为"所信者不忠,所忠者不信"为六患之一。④ 墨子认为人们在行为举止中应当做到"言必信,行必果"⑤,强调"志不强者智不达,言不信者行不果"⑥。可以说,对诚信的价值做出了突出的论述。

《汉书·艺文志》称:"墨家者流,盖出于清庙之守。茅屋采椽,是以贵俭。"⑦ 实际上,墨子自力、诚信这些经济伦理学说,与他的节用说一样,既是墨子所认为的"天"昭示的基本原则,同时也是人们在实践天志过程中的具体行为,通过这些,墨子认为人们顺应了天意,也实践了善行,因此也是构建人伦秩序的重要内容。

总之,先秦时期,墨子学说多有独到之处。在墨子思想中,天志观念颇具特色,不仅自成一体,而且与其经济伦理思想的形成与演进也有着不可忽视的联系。在墨子那里,天志说具有明显的宗教色彩,墨子以此为基础建立了一个相对完整的思想体系。在这一体系之中,墨子的伦理学说,亦以天志说为基石,充分反映了墨子思想的特色,且具有鲜明的特征,是其思想的重要组成部分。在墨子经济伦理思想里,天志不仅成为实现其思想的一种手段,而且天志思想对墨子义利观、节用、自力,以及诚信等经济伦理思想的形成和发展也有着重要影响。

---

① (清)孙诒让撰,孙启治点校:《墨子间诂》,中华书局 2001 年版,第 257 页。

② (清)孙诒让撰,孙启治点校:《墨子间诂》,中华书局 2001 年版,第 163 页。

③ (清)孙诒让撰,孙启治点校:《墨子间诂》,中华书局 2001 年版,第 313 页。

④ (清)孙诒让撰,孙启治点校:《墨子间诂》,中华书局 2001 年版,第 25 页。

⑤ (清)孙诒让撰,孙启治点校:《墨子间诂》,中华书局 2001 年版,第 117 页。

⑥ (清)孙诒让撰,孙启治点校:《墨子间诂》,中华书局 2001 年版,第 10 页。

⑦ (汉)班固:《汉书》,中华书局 1962 年版,第 1738 页。

第三节　墨子的荒政思想

先秦时期，由于各种原因导致的灾荒频繁发生，① 作为春秋战国之际杰出思想家，墨子对于灾荒成因、备荒策略、救荒举措等方面皆有阐发，其荒政思想颇有独到之处。关于墨子的荒政学说，学界历来关注较少，特别是尚无专论探讨，有鉴于此，本节即以此为研究对象，以厘清其基本脉络。

一　墨子对灾荒成因的认识

春秋战国之际，面对频频发生各种灾荒的成因，墨子颇为关注。由对灾荒成因的解释出发，墨子探究应对之道，进而形成了具有自身特点的荒政学说，因此研讨墨子的灾荒成因理念是分析其荒政思想的重要起点。

（一）天志与灾荒形成

先秦时期，灾荒常有发生，对其成因的解释也多有差异，而在这里面，天命致灾观念是其中的主流。如《诗经·云汉》载："天降丧乱，饥馑荐臻。"② 又如《史记·货殖列传》载春秋时计然之言："故岁在金，穰；水，毁；木，饥；火，旱。""六岁穰，六岁旱，十二岁一大饥。"③都反映了当时人们所具有上天左右灾患的观念，以及由此产生对天的敬畏之情，可谓颇具典型性。

众所周知，墨子是有神论者，其学说中亦有天志、明鬼之论，即承认神明的存在。故而在论及灾荒成因时，墨子并不否认有"天"等超自然因素的影响，如墨子在面对灾荒发生时即强调"天意不可不慎也"，④ 认为"五谷不孰，六畜不遂，疾灾葍戾疫，飘风苦雨，荐臻而至者，此天之降罚也"。⑤ 由此可见，墨子也认为灾荒发生与否，天意的取向是其重要原因。

---

① 邓云特：《中国救荒史》，上海书店 1984 年版，第 9 页。

② （清）阮元校刻：《十三经注疏》，中华书局 1980 年版，第 561 页。

③ （汉）司马迁：《史记》，中华书局 1982 年版，第 3256 页。

④ （清）孙诒让撰，孙启治点校：《墨子间诂》，中华书局 2001 年版，第 201 页。

⑤ （清）孙诒让撰，孙启治点校：《墨子间诂》，中华书局 2001 年版，第 82 页。

从表面看来，墨子这种思想与当时流行的天命观念颇有契合之处。不过值得注意的是，墨子所言的"天"虽然具有人格神的某些特征，但并非直接左右世间万物的主宰。实际上，在更大程度上墨子将"天"视为一种理想的道德规范和行为准则。如墨子言："我有天志，譬若轮人之有规，匠人之有矩。轮匠执其规矩，以度天下之方圆。"① 再如墨子曾言"天欲义而恶不义"② "天之行广而无私，其施厚而不德，其明久而不衰"。③ 在墨子那里，所谓的"天"实际上是一个至大至公的道德标准，它"行广而无私""明久而不衰"，为世间树立了一个行为标准，其代表的形象也正是墨子心目中正义的化身。

不仅如此，墨子从天志说出发还衍生出非命的思想。墨子认为，"天"虽然至高无上，但其发挥作用主要还是依赖于人为因素。在这里，墨子否定了有预见的、不可改变的命，彻底否定了"命定论"。如墨子就说："命者，暴王所作，穷人所术，非仁者之言也。今之为仁义者，将不可不察而强非者此也。"④ 称天因爱民的缘故而设置王公侯伯，"使之赏贤而罚暴"⑤。从非命论出发，墨子对事物评价又衍生出三表法认识论，即对人们行为处事的评价要"上本之于古者圣王之事""下原察百姓耳目之实"，还要"观其中国家百姓人民之利"⑥。可见，墨子强调在神明的观照之下，人们行为决定自己的命运，而只有勠力向善，做到"上者尊天事鬼，下者爱利百姓"⑦，人们才会有光明的前景。

可以看到，墨子认为灾害的产生与人为因素有极其密切的关联，即灾害的发生虽说是天意左右，但其根本原因还是由于世人各种行为不能够顺天之意而导致的，故此人为因素才是灾荒出现的真正原因。

（二）刑政无道

墨子认为天至大至公，出于这种认识，在治理国家方面，墨子提出

① （清）孙诒让撰，孙启治点校：《墨子间诂》，中华书局 2001 年版，第 197 页。
② （清）孙诒让撰，孙启治点校：《墨子间诂》，中华书局 2001 年版，第 193 页。
③ （清）孙诒让撰，孙启治点校：《墨子间诂》，中华书局 2001 年版，第 22 页。
④ （清）孙诒让撰，孙启治点校：《墨子间诂》，中华书局 2001 年版，第 286 页。
⑤ （清）孙诒让撰，孙启治点校：《墨子间诂》，中华书局 2001 年版，第 203 页。
⑥ （清）孙诒让撰，孙启治点校：《墨子间诂》，中华书局 2001 年版，第 266 页。
⑦ （清）孙诒让撰，孙启治点校：《墨子间诂》，中华书局 2001 年版，第 466 页。

"法天"是施政的根本。对此,墨子明确提出:"然则奚以为治法而可?故曰莫若法天。天之行广而无私,其施厚而不德,其明久而不衰,故圣王法之。既以天为法,动作有为必度于天,天之所欲则为之,天所不欲则止。"①

墨子认为,如果偏离"法天"的原则,则必然会导致政治混乱,即所谓"有义则治,无义则乱"②。墨子看到政治昏暗与财用贫乏之间存在着必然联系,他明确指出"有义则富,无义则贫"③;"上不听治,则刑政乱;下不从事,则财用不足"④。即一旦出现统治昏暗,必将会引起社会失序,进而导致社会财富不足。可以看到,墨子很明确地将政治紊乱、刑错失序看作"不为天之所欲,而为天之所不欲"⑤ 的结果,而刑政无道的结局也必然是招致天意的惩处,导致天下遭遇祸祟,进而引发灾荒。⑥

(三)战争影响

墨子生活在战争频仍的春秋战国之际,对于战争的巨大破坏与耗费,他有着深切的认识。故而墨子认为战争是逆天之举,称"天之意不欲大国之攻小国也,大家之乱小家也"⑦。对于战争,尤其是兼并战争墨子持坚决反对态度。

墨子认为严酷的战争是违背天意之举,既然其违背天志,也必将受到上天惩罚。如墨子称:"今若处大国则攻小国,处大都则伐小都,欲以此求福禄于天,福禄终不得,而祸祟必至矣。"⑧ 同时从更现实的角度出发,墨子认为战争带来的破坏与靡费也是直接引发灾患频出、灾荒流行的重要原因,如墨子云:"今师徒唯毋兴起,冬行恐寒,夏行恐暑,此不可以冬夏为者也。春则废民耕稼树艺,秋则废民获敛。今唯毋废一时,则百姓饥

---

① (清)孙诒让撰,孙启治点校:《墨子间诂》,中华书局2001年版,第22页。
② (清)孙诒让撰,孙启治点校:《墨子间诂》,中华书局2001年版,第193页。
③ (清)孙诒让撰,孙启治点校:《墨子间诂》,中华书局2001年版,第193页。
④ (清)孙诒让撰,孙启治点校:《墨子间诂》,中华书局2001年版,第273页。
⑤ (清)孙诒让撰,孙启治点校:《墨子间诂》,中华书局2001年版,第193页。
⑥ (清)孙诒让撰,孙启治点校:《墨子间诂》,中华书局2001年版,第193页。
⑦ (清)孙诒让撰,孙启治点校:《墨子间诂》,中华书局2001年版,第199页。
⑧ (清)孙诒让撰,孙启治点校:《墨子间诂》,中华书局2001年版,第200-201页。

寒冻馁而死者，不可胜数。"①

对于战争的耗费，墨子还具体分析说："今尝计军上，竹箭、羽旄、幄幕、甲盾、拨劫，往而靡弊腑冷不反者，不可胜数；又与矛戟戈剑乘车，其列住碎折靡弊而不反者，不可胜数；与其牛马肥而往、瘠而反，往死亡而不反者，不可胜数；与其涂道之修远，粮食辍绝而不继，百姓死者，不可胜数也；与其居处之不安，食饮之不时，饥饱之不节，百姓之道疾病而死者，不可胜数。丧师多不可胜数，丧师尽不可胜计，则是鬼神之丧其主后，亦不可胜数。"②

可见，墨子认为战争行为既是违背天志之举，导致祸祟必至，而且其戕害生灵，靡费巨大，更是直接带来饥寒冻馁盈野，因此亦为引起灾患的重要因素。

（四）惰于从事与礼乐过繁

墨子主张人们应当自食其力，他认为"昔上世之穷民，贪于饮食，惰于从事，是以衣食之财不足，而饥寒冻馁之忧至"③。故此，墨子认为当今的人们若"恶恭俭而好简易，贪饮食而惰从事"，其结果也必然就是"衣食之财不足，使身至有饥寒冻馁之忧"④。故而，怠惰也是造成灾患的一个不能忽视的因素。

此外，墨子主张节用，反对奢侈，对于儒家所推崇的厚葬与礼乐尤为反对，认为厚葬和礼乐过繁也是引起灾患的一个原因。

实际上，墨子早年曾习儒，后弃儒自成一家，其学说对礼乐制度多有指斥。对此《淮南子·要略》即载："墨子学儒者之业，受孔子之术，以为其礼烦扰而不说，厚葬靡财而贫民，服伤生而害事，故背周道而用夏政。"⑤ 墨子弃儒，很重要的原因即是他认为儒家过于注重礼乐制度，徒然靡费财用。墨子曾指出："姑尝厚措敛乎万民，以为大钟鸣鼓、琴瑟竽笙之声，以求兴天下之利，除天下之害，而无补也。"⑥ 他还诘问道："撞巨

① （清）孙诒让撰，孙启治点校：《墨子间诂》，中华书局2001年版，第130页。
② （清）孙诒让撰，孙启治点校：《墨子间诂》，中华书局2001年版，第130–132页。
③ （清）孙诒让撰，孙启治点校：《墨子间诂》，中华书局2001年版，第271页。
④ （清）孙诒让撰，孙启治点校：《墨子间诂》，中华书局2001年版，第276页。
⑤ 何宁：《淮南子集释》，中华书局1998年版，第1459页。
⑥ （清）孙诒让撰，孙启治点校：《墨子间诂》，中华书局2001年版，第254页。

钟、击鸣鼓、弹琴瑟、吹竽笙而扬干戚，天下之乱也，将安可得而治与?"① 可见，墨子认为礼乐耗费大量资财，但对于兴利除弊却并无益处。

循着这一思路，墨子认为礼乐过繁而大量浪费财用也是造成灾荒的重要原因。如对于厚葬，墨子曾言："今唯无以厚葬久丧者为政，国家必贫，人民必寡。"② 厚葬的结果也必然导致"下不堪其苦""民见凶饥则亡，此皆备不具之罪也"③。

关于非乐，墨子态度也很明确，他说："为乐非也。"对于为乐过繁的危害，墨子指出君子"说乐而听之，即必不能竭股肱之力，亶其思虑之智，内治官府，外收敛关市、山林、泽梁之利，以实仓廪府库，是故仓廪府库不实"；农夫"说乐而听之，即必不能蚤出暮入，耕稼树艺，多聚菽粟，是故菽粟不足"；妇人"说乐而听之，即不必能夙兴夜寐，纺绩织纴，多治麻丝葛绪，捆布缪，是故布缪不兴"④。从这些言论中不难看到，墨子认为举乐奢靡浪费，诱使人们不务本业，造成社会财用的萎缩而引发灾患。故而，从这一角度出发，墨子否定了乐的正面作用，其非乐思想，实际上也是希望把它作为一项根本性的文化政策，长久而全面地加以推行。这与《周礼》中所倡导在灾患时节应"蕃乐"的策略式主张显然有重要的区别。⑤

也正是基于这样的认识，墨子尖锐地指出："而儒者以为道教，是贼天下之人者也。且夫繁饰礼乐以淫人，久丧伪哀以谩亲，立命缓贫而高浩居，倍本弃事而安怠傲。贪于饮食，惰于作务，陷于饥寒，危于冻馁，无以违之。"⑥ 可以说，墨子态度鲜明地将礼乐过繁与奢侈怠惰视为造成灾荒的重要原因。

二　墨子的备荒思想

先秦时期，对于不断发生的灾患，人们在吸取经验教训，不断探究其

---

① （清）孙诒让撰，孙启治点校：《墨子间诂》，中华书局 2001 年版，第 253 页。
② （清）孙诒让撰，孙启治点校：《墨子间诂》，中华书局 2001 年版，第 177-178 页。
③ （清）孙诒让撰，孙启治点校：《墨子间诂》，中华书局 2001 年版，第 29 页。
④ （清）孙诒让撰，孙启治点校：《墨子间诂》，中华书局 2001 年版，第 259 页。
⑤ （清）阮元校刻：《十三经注疏》，中华书局 1980 年版，第 68 页。
⑥ （清）孙诒让撰，孙启治点校：《墨子间诂》，中华书局 2001 年版，第 291 页。

成因的基础上，已经认识到居安思危，防患于未然，有针对性地预先采取防范措施是减少灾患损失的有效途径。因此，在先秦荒政体系中，备荒思想与实践已经受到了一定程度的重视。如《逸周书》载："天有四殃，水、旱、饥、荒，其至无时，非务积聚，何以备之？"①《国语》也称"有未至而设之""可先而不备，谓之怠"②；《礼记·王制》亦载："三年耕，必有一年之食；九年耕，必有三年之食。以三十年之通，虽有凶旱水溢，民无菜色。"③ 从这些备荒方面的论述中可以看到，这一时期，备荒的重要性已经为人们所认知；保持忧患意识，事先预防以减轻灾荒，已经是当时荒政思想中不可或缺的组成部分。特别是强调丰年积聚备荒，在当时的备荒体系中更是占有特殊重要的地位。关于备荒，墨子从自己对灾荒成因的认识出发，亦有不少论述，在其荒政思想中占有一定的分量。尤其对于备荒的途径与方式，墨子重视政治、经济、军事等方面手段的阐发和运用，这其中多有自己独到的见解，颇能体现墨子学说特点。

（一）修政与非攻

墨子认为政治昏暗是悖逆天道之举，也是导致上天惩戒，进而引起灾荒的重要原因。从这个角度出发，为避免灾荒，墨子主张修明政治，以顺应天意，避免灾患。墨子说："与接天下之政，治天下之民。此何故始贱卒而贵，始贫卒而富？则王公大人明乎以尚贤使能为政。是以民无饥而不得食，寒而不得衣，劳而不得息，乱而不得治者。"④ 他又说："今天下之士君子，中实将欲求兴天下之利，除天下之害，当若有命者之言，不可不强非也。曰：命者，暴王所作，穷人所术，非仁者之言也。今之为仁义者，将不可不察而强非者此也。"⑤ 可见，墨子认为，王侯为政如果能做到顺天之意即可以 "内有以食饥息劳，持养其万民"⑥，从而也有效地达到减少灾患发生的目的。

与修明政事相应的是，墨子也提出非攻、止战是防止灾荒的重要途

① 黄怀信、张懋镕：《逸周书汇校集注》，上海古籍出版社 1995 年版，第 259 页。

② （吴）韦昭注：《国语》，上海古籍出版社 2008 年版，第 52 页。

③ （清）孙希旦：《礼记集解》，中华书局 1989 年版，第 340 页。

④ （清）孙诒让撰，孙启治点校：《墨子间诂》，中华书局 2001 年版，第 59-60 页。

⑤ （清）孙诒让撰，孙启治点校：《墨子间诂》，中华书局 2001 年版，第 285-286 页。

⑥ （清）孙诒让撰，孙启治点校：《墨子间诂》，中华书局 2001 年版，第 199 页。

径。墨子指出战争"春则废民耕稼树艺，秋则废民获敛。今唯毋废一时，则百姓饥寒冻馁而死者，不可胜数"①。因此，对生产、生活破坏巨大。墨子坚持其一贯反对兼并战争的立场，主张"止战""非攻"。从反对战争的立场出发，墨子进一步认为只要做到"诸侯之冤不兴矣，边境兵甲不作矣"，即各国间战端不兴，那么就会出现"刑政治，万民和，国家富，财用足，百姓皆得暖衣饱食，便宁无忧"的安定局面，②从而有效抑制灾患的出现。

（二）注重物质生产，避免财用不足

在先秦诸家中，墨子以关注下层民众、重视物质生产而著称。如墨子曾说："凡五谷者，民之所仰也，君之所以为养也。故民无仰则君无养，民无食则不可事。故食不可不务也，地不可不力也。"③墨子认识到了物质生产，特别是农业生产是创造财富的根基，他曾说农夫耕稼树艺"强必富，不强必贫；强必饱，不强必饥"；妇人纺绩织纴"强必富，不强必贫，强必暖，不强必寒"。④在这里，墨子就表现出了鲜明的重视物质财富生产的思想。墨子意识到若背离此点，则必有灾患发生，即所谓："一谷不收谓之馑，二谷不收谓之旱，三谷不收谓之凶，四谷不收谓之馈，五谷不收谓之饥。"⑤因此人们只有努力耕作纺织，才能够做到财用充足，即所谓"固本而用财，则财足"⑥。

墨子不仅注重物质生产，他也主张人们应当自食其力，强调"赖其力者生，不赖其力者不生"⑦。不过应当注意的是，墨子反对不劳而获，但他并不反对社会分工；相反，他认为合理的社会分工，是创造财富，保证社会安定的重要前提，墨子说"农夫蚤出暮入，耕稼树艺，多聚菽粟"，"妇人夙兴夜寐，纺绩织纴，多治麻丝葛绪，捆布缲"，固然是"此其分事

---

① （清）孙诒让撰，孙启治点校：《墨子间诂》，中华书局 2001 年版，第 130 页。

② （清）孙诒让撰，孙启治点校：《墨子间诂》，中华书局 2001 年版，第 199-200 页。

③ （清）孙诒让撰，孙启治点校：《墨子间诂》，中华书局 2001 年版，第 25 页。

④ （清）孙诒让撰，孙启治点校：《墨子间诂》，中华书局 2001 年版，第 283-284 页。

⑤ （清）孙诒让撰，孙启治点校：《墨子间诂》，中华书局 2001 年版，第 25-26 页。

⑥ （清）孙诒让撰，孙启治点校：《墨子间诂》，中华书局 2001 年版，第 28 页。

⑦ （清）孙诒让撰，孙启治点校：《墨子间诂》，中华书局 2001 年版，第 257 页。

也"，① "凡天下群百工、轮车鞲匏、陶冶梓匠"，② 也是各自"从事其所能"，② 而君子专心"听治"才能使得刑政得当，其性质亦如同只有"贱人"竭力从事，才可避免出现"才用不足"的状况一样。③

（三）建立节用的生活方式

节用理念是在墨子学说中突出的特色之一。在其备荒思想中，墨子也引入了节用观念，明确肯定了节用与备荒间的关系，特别是强调了统治者"养俭"对备荒的重要作用。如墨子曾云"圣王为政"则"用财不费，民德不劳，其兴利多矣"④。墨子还进一步具体说道："故虽上世之圣王，岂能使五谷常收，而旱水不至哉？然而无冻饿之民者，何也？其力时急，而自养俭也。"⑤ 可以看到，墨子已经意识到了统治者若能够为政"养俭"，那么即使有水旱之灾，也可能做到无冻饿之民，显然，这是充分肯定了统治者节用对备荒的明显功效。实际上，也正印证了墨子所言圣人节用，则"兴利多矣"的论断。不唯如此，在其学说中，墨子也论及了百姓节用对备荒的意义。墨子曾言："夫妇节而天地和，风雨节而五谷孰，衣服节而肌肤和。"⑥ 墨子又说："故民衣食之财，家足以待旱水凶饥者，何也？得其所以自养之情，而不感于外也。"故此，墨子才说"是以其民俭而易治"⑦。以此可见，墨子提倡的节用备荒思想，既针对统治阶级，也面对下层民众，其内涵相当广泛，显然这并不仅仅是针对一时危机而发，而是内容较为系统全面的一种生活方式，而其核心可以说是对上古简约的推崇和对周礼繁芜的贬斥。

关于这一点，司马迁即称"墨者亦尚尧舜道，贬抑周政"，明确指出节用思想是"墨子之所长，虽百家弗能废也"⑧。清人孙诒让在评论墨子节用说时也言："以为儒者礼烦扰而不悦，厚葬靡财而贫民，久服伤生而害

---

① （清）孙诒让撰，孙启治点校：《墨子间诂》，中华书局2001年版，第258-259页。
② （清）孙诒让撰，孙启治点校：《墨子间诂》，中华书局2001年版，第163-164页。
③ （清）孙诒让撰，孙启治点校：《墨子间诂》，中华书局2001年版，第257页。
④ （清）孙诒让撰，孙启治点校：《墨子间诂》，中华书局2001年版，第159页。
⑤ （清）孙诒让撰，孙启治点校：《墨子间诂》，中华书局2001年版，第28页。
⑥ （清）孙诒让撰，孙启治点校：《墨子间诂》，中华书局2001年版，第38页。
⑦ （清）孙诒让撰，孙启治点校：《墨子间诂》，中华书局2001年版，第33页。
⑧ （汉）司马迁：《史记》，中华书局1982年版，第3290-3291页。

事，故背周道而用夏政。"① 可以说，以上二人对墨子节用思想的评述，切中墨家本义，其论可谓精当。

（四）建立仓储

先秦时期，建立仓储制度在当时的备荒体系中占有突出的地位。如《周礼·地官司徒》即载："县都之委积，以待凶荒。"② 又载仓人："掌粟入之藏……有余则藏之。以待凶而颁之。"③

对于建仓储以应对凶年灾荒的作用，墨子亦有充分认识，他曾说："故仓无备粟，不可以待凶饥。"④ 又言："且夫食者，圣人之所宝也。故周书曰：'国无三年之食者，国非其国也；家无三年之食者，子非其子也。'此之谓国备。"⑤ 应当说，这些言论都较为典型，突出反映了墨子对建立仓储备荒的认识。

关于蓄积备荒，墨子思想中还有很宝贵的一点，即墨子认识到官府建立仓储固然是备荒不可缺少的途径，藏富于民，将财用存储于民众之中也是可取之道，如他曾说："取疏，令民家有三年畜蔬食，以备湛旱、岁不为。"⑥ 对此，墨子还更具体说道："常令边县豫种畜芜、芸、乌喙、袜叶，外宅沟井可實塞，不可，置此其中。安则示以危，危示以安。"⑦ 可见，墨子希望以"边县豫种"的方式扩大财富总量，再通过改造"外宅沟井"，存储财用，而这其中显然也包括将部分财用藏于民间，由此亦可窥测墨子明显的民本思想。

三　墨子的救荒思想

在灾害到来之前，未雨绸缪，预先防备，建立备荒体系固然可以在一定程度上阻遏灾荒发生。然而灾害的出现有其必然性，特别是在科学和生产力水平落后的先秦时期，灾害的发生往往很难预知，灾荒的降临也难以

---

① （清）孙诒让撰，孙启治点校：《墨子间诂》，中华书局 2001 年版，第 682 页。

② （清）阮元校刻：《十三经注疏》，中华书局 1980 年版，第 728 页。

③ （清）阮元校刻：《十三经注疏》，中华书局 1980 年版，第 750 页。

④ （清）孙诒让撰，孙启治点校：《墨子间诂》，中华书局 2001 年版，第 28 页。

⑤ （清）孙诒让撰，孙启治点校：《墨子间诂》，中华书局 2001 年版，第 30 页。

⑥ （清）孙诒让撰，孙启治点校：《墨子间诂》，中华书局 2001 年版，第 630 页。

⑦ （清）孙诒让撰，孙启治点校：《墨子间诂》，中华书局 2001 年版，第 631-632 页。

完全避免，单纯的备荒体系也无法从根本上解决问题。因此灾荒一旦发生，为避免更大的损害，即要采取措施设法降低损失，减轻灾害影响，这就是所谓的救荒。先秦时期，救荒思想已经成为这一时期荒政学说的重要组成部分。与同时代的救荒思想相比，墨子对于救荒也有较为系统的阐述。

（一）官赈与互助

先秦社会，国君、仕宦群体掌握了最大份额的社会资源，在调用人力、物力方面，他们也具有无可比拟的优势。一旦灾荒出现，出于道义上的需求，同时更重要的是，为了减缓灾患冲击，防止灾荒带来的社会震荡危及统治稳定，国君、仕宦们也就不免需要出面设法救荒，赈济受灾民众。因此这一时期，官赈已经成为较为常见的救荒形态，即在灾害发生时官府要能做到"有至而后救之"[1]，《左传·文公十六年》载"宋公子鲍礼于国人"，宋国曾发生饥荒，他即"竭其粟而贷之"[2]。就是官宦救荒的例证。孟子也强调"凶岁"官赈的重要性，《孟子·梁惠王章句下》曾云"凶年饥岁"若"君之仓廪实，府库充"，有司即应该救荒，否则就是"上慢而残下也"之举。[3]

墨子代表中下层百姓利益，与官府关系虽然较为疏离，但对于官赈态度也较为积极。墨子认为灾害发生时，官府救荒势不可少，他曾说："若贫人食不能自给食者，上食之。"[4] 可见，墨子也承认官赈在救荒中的价值，希望其能发挥减轻灾荒的作用。

灾荒发生时，尽管官赈必不可少，但官府救荒的范围与效果也都有一定的局限性。因此在承认官赈作用的同时，墨子从兼爱角度出发，将单向的官赈说发展成为了兼爱思想主导下的互助救荒观念，主张不分贵贱亲疏，世人皆应相互协助以度灾荒。

在互助救荒方面，墨子提出了"有财相分也"[5] 的思想。力主荒景时，

---

① （吴）韦昭注:《国语》，上海古籍出版社 2008 年版，第 52 页。

② （清）洪亮吉:《春秋左传诂》，中华书局 1987 年版，第 384 页。

③ （清）焦循:《孟子正义》，中华书局 1987 年版，第 158 页。

④ （清）孙诒让撰，孙启治点校:《墨子间诂》，中华书局 2001 年版，第 607 页。

⑤ （清）孙诒让撰，孙启治点校:《墨子间诂》，中华书局 2001 年版，第 199 页。

"有力者疾以助人,有财者勉以分人",使得"饥者得食,寒者得衣"①。墨子指出若是"腐朽余财不以相分",必然导致"天下之乱"②。墨子提倡广博大爱,主张"兼天下而爱之"③,显然,他的这些互助救荒思想正是其兼爱理念的具体反映。

(二)节俭度荒

墨子一贯倡导节用,在灾害发生时,墨子也将节俭作为减轻灾荒影响的一种手段,主张节俭度荒。如墨子云"禹七年水""汤五年旱""此其离凶饿甚矣,然而民不冻饿者,何也?其生财密,其用之节也"④,即是较为典型的例证。

值得注意的是,墨子节俭度荒主张,不仅针对普通人,他也要求国君、官宦在灾荒时亦应采取节俭之道,以共度时艰。墨子言:"凡五谷者,民之所仰也,君之所以为养也。故民无仰则君无养,民无食则不可事。故食不可不务也,地不可不力也,用不可不节也。五谷尽收,则五味尽御于主,不尽收,则不尽御。一谷不收谓之馑,二谷不收谓之旱,三谷不收谓之凶,四谷不收谓之馈,五谷不收谓之饥。岁馑,则仕者大夫以下皆损禄五分之一。旱,则损五分之二。凶,则损五分之三。馈,则损五分之四。饥,则尽无禄,禀食而已矣。故凶饥存乎国,人君彻鼎食五分之五,大夫彻县,士不入学,君朝之衣不革制,诸侯之客,四邻之使,雍食而不盛,彻骖騑,涂不芸,马不食粟,婢妾不衣帛,此告不足之至也。"⑤ 明确主张凶饥之年,人君仕宦皆应采取"彻鼎食""损禄"等举措,以节俭之道应对灾荒。事实上,墨子有此观念并不奇怪,在先秦诸子中,墨子多以浓厚的平等观念示人,墨子提出了"人无幼长贵贱,皆天之臣也"⑥ 之说即为其中典型。墨子的核心思想兼爱实质上即是一种曲折的平等观念,《史

① (清)孙诒让撰,孙启治点校:《墨子间诂》,中华书局2001年版,第70页。
② (清)孙诒让撰,孙启治点校:《墨子间诂》,中华书局2001年版,第74-75页。
③ (清)孙诒让撰,孙启治点校:《墨子间诂》,中华书局2001年版,第201页。
④ (清)孙诒让撰,孙启治点校:《墨子间诂》,中华书局2001年版,第28页。
⑤ (清)孙诒让撰,孙启治点校:《墨子间诂》,中华书局2001年版,第25-27页。
⑥ (清)孙诒让撰,孙启治点校:《墨子间诂》,中华书局2001年版,第22页。

记·太史公自序》评论墨家"尊卑无别也"①，班固也指出墨家"不知别亲疏"②的特征，正表明了这一事实。因此，墨子主张君臣百姓在灾荒时，皆须节俭度荒，可以说这种思想也正是其平等观念的显现。

（三）敬天禳弭

先秦时期，鬼神思想影响深远，遭际灾荒，祭祀祈祷以求禳弭灾患是当时普遍的做法。《周礼·地官司徒》在论及荒政策略时就有"索鬼神"③之说。《孟子·尽心下》也称："周于利者，凶年不能杀。"④ 即是这方面的反映。

对于灾害，墨子首先强调的是尽人事来救荒，但他也认为敬天以禳弭灾荒亦为可行一途。如汤遭遇大旱，"告于上天"，墨子即赞赏道："汤贵为天子，富有天下，然且不惮以身为牺牲，以祠说于上帝鬼神，即此汤兼也。虽子墨子之所谓兼者，于汤取法焉。"⑤ 可见，灾患发生时，墨子对于祭祀消弭灾患也持积极襄赞态度。

墨子是有神论者，加之当时的鬼神观念极为普遍，因此其有敬天以禳弭灾患的说辞并不奇怪。不过应当注意的是，墨子非命的观念根深蒂固，其敬天禳弭思想实则更为强调遵循"天鬼"爱憎行事以此消弭灾荒，而不是专注于祭祀祈祷本身以除灾患。如墨子云："故古者圣王明知天鬼之所福，而辟天鬼之所憎，以求兴天下之利，而除天下之害。"⑥ 墨子又言："今天下之王公大人士君子，中实将欲求兴天下之利，除天下之害，当若鬼神之有也，将不可不尊明也，圣王之道也。"⑦ 可见，墨子在这里已经明确指出，世人欲除天下之害，免于祸祟的惩罚，尊崇神明是必不可少的，而敬事"天鬼"的最重要途径就是通晓天鬼的"福""憎"，并在此基础上顺天之意，兴利除弊，如此才能达到除天下之害的目的。显然，墨子敬天禳弭灾患的思想，尽管披上了鬼神的外衣，但实质上其落脚点还是在其

---

① （汉）司马迁：《史记》，中华书局1982年版，第3291页。
② （汉）班固：《汉书》，中华书局1962年版，第1738页。
③ （清）阮元校刻：《十三经注疏》，中华书局1980年版，第68页。
④ （清）焦循：《孟子正义》，中华书局1987年版，第970页。
⑤ （清）孙诒让撰，孙启治点校：《墨子间诂》，中华书局2001年版，第123页。
⑥ （清）孙诒让撰，孙启治点校：《墨子间诂》，中华书局2001年版，第201页。
⑦ （清）孙诒让撰，孙启治点校：《墨子间诂》，中华书局2001年版，第250页。

非命学说之上，应当说这也体现了墨子学说的一贯特色。

　　总之，墨子在论及灾荒成因时，虽不否认有"天"等超自然因素的影响，但其从天志说和非命思想出发，尤为强调在神明的观照之下，人们行为决定自己的命运，因此墨子认为灾害的产生与人为因素有极其密切的关联，即灾害的发生虽说是天意左右，但其根本原因还是由于世人各种行为不能够顺天之意而导致的。关于备荒，墨子从自己对灾荒成因的认识出发，亦有不少论述，在其荒政思想中占有一定的分量。尤其对于备荒的途径与方式，墨子重视政治、经济、军事等方面手段的阐发和运用，这其中多有自己独到见解。而与同时代的救荒思想相比，墨子对于救荒也有较为系统的阐述。特别是将兼爱、平等、非命思想注入其中，而显得尤为令人瞩目。因此可以说，在先秦思想家中，墨子荒政学说显得较为全面而特色鲜明，对于灾荒成因、备荒策略、救荒举措等方面皆有阐发，其中多有独到之处，其价值颇值得深入挖掘。

第五章　墨子的军事思想

墨子主张"非攻"，反对战争，真诚期望人们和平相处，但身处当时战乱频仍的环境之下，一味主张和平显然并不现实，因此墨子深入钻研军事思想、军事谋略和军事技术，希望不断厚植军事实力，以有力的军事力量做后盾，从而以此达到消弭战争的目的。

第一节　墨子的战争观

在墨子时代，战争是无可回避的社会现实，墨子立足"非攻"，将是否主动发起战争作为衡量战争性质的重要标准，由此来判断战争正义与否，并进而提出立足防御、好战必亡的战争观。

一　战争与道义

墨子明确提出，大不攻小、强不侮弱是"义"的基本要求；反之则为"不义"，因此在看待战争的问题上，墨子所秉持的基本立场就是"非攻"。这就是说墨子认为国与国之间的征伐，就其本质而言，都是不义之战，因此应当尽可能避免战争的发生。对此，墨子采用设喻、说理等方式进行了层层剖析。

> 今有一人，入人园圃，窃其桃李，众闻则非之，上为政者得则罚之。此何也？以亏人自利也。至攘人犬豕鸡豚者，其不义又甚入人园圃窃桃李。是何故也？以亏人愈多，其不仁兹甚，罪益厚。至入人栏

厩，取人马牛者，其不仁义又甚攘人犬豕鸡豚。此何故也？以其亏人愈多。苟亏人愈多，其不仁兹甚，罪益厚。至杀不辜人也，拖其衣裘，取戈剑者，其不义又甚入人栏厩、取人马牛。此何故也？以其亏人愈多。苟亏人愈多，其不仁兹甚矣，罪益厚。①

在这里，墨子首先以"入人园圃，窃其桃李""入人栏厩，取人马牛者""杀不辜人也，拖其衣裘，取戈剑者"为例，说明统治者不仅知道这些盗窃、杀人行为都是不义之举，明白这些行为的严重程度层层递增，同时也清楚必须对其进行惩罚的道理。

接下来，墨子针对无视"义与不义之别"的种种表现，又进行了详细剖析。

> 杀一人谓之不义，必有一死罪矣。若以此说往，杀十人十重不义，必有十死罪矣；杀百人百重不义，必有百死罪矣。当此，天下之君子皆知而非之，谓之不义。今至大为不义攻国，则弗知非，从而誉之，谓之义。情不知其不义也，故书其言以遗后世。若知其不义也，夫奚说书其不义以遗后世哉？今有人于此，少见黑曰黑，多见黑曰白，则以此人不知白黑之辩矣；少尝苦曰苦，多尝苦曰甘，则必以此人为不知甘苦之辩矣。今小为非，则知而非之。大为非攻国，则不知非，从而誉之，谓之义。此可谓知义与不义之辩乎？是以知天下之君子也，辩义与不义之乱也。②

在这里，墨子进一步阐明了种种不义行为的共性所在，他明确指出攻人之国等同于杀人越货，而统治者却"从而誉之，谓之义，情不知其不义也，故书其言以遗后世"。对战争这种不义行为不以为辱，还自认为义举，扬扬自得，自以为是，何其荒谬！由此而论，墨子紧接着笔锋一转，将话题引向了战争的不义性。他说："当此，天下之君子皆知而非之，谓之不义。今至大为攻国，则弗知非，从而誉之，谓之义。此可谓知义与不义之别乎？"墨子尖锐指出，战争产生的杀戮行为，在性质上与前面那些众人皆知的不义行为并无差异，都属于不义之举，但所谓的君子却对此视而不

---

① （清）孙诒让撰，孙启治点校：《墨子间诂》，中华书局 2001 年版，第 128-129 页。

② （清）孙诒让撰，孙启治点校：《墨子间诂》，中华书局 2001 年版，第 129-130 页。

见，无视战争的不义性。因此，墨子直问这些君子，究竟"知义与不义之别乎？"

可贵的是，墨子不仅指出这些行为的荒谬，还分析了这种行为背后的心理基础。他认为这就如同"少见黑曰黑，多见黑曰白，则以此人不知白黑之辩矣；少尝苦曰苦，多尝苦曰甘"一样，对于习以为常的事物，人们先是产生麻木之感，无动于衷，进而颠倒黑白。所以墨子认为由于当时战乱频仍，攻伐之事屡屡上演，人们不以是为是，不以非为非，是非观的颠倒麻木，才会产生"是以知天下之君子也，辩义与不义之乱也"这种现象的发生。①

在分析了战争的不义性后，墨子进一步阐述了战争的危害性：

> 今王公大人、天下之诸侯则不然，将必皆差论其爪牙之士，皆列其舟车之卒伍，于此为坚甲利兵，以往攻伐无罪之国。入其国家边境，芟刈其禾稼，斩其树木，堕其城郭，以湮其沟池，攘杀其牲牷，燔溃其祖庙，刭杀其万民，覆其老弱，迁其重器。卒进而柱乎斗，曰："死命为上，多杀次之，身伤者为下，又况失列北桡乎哉，罪死无赦！"以"骳"其众。夫无兼国覆军，贼虐万民，以乱圣人之绪。意将以为利天乎？夫取天之人，以攻天之邑，此刺杀天民，剥振神之位，倾覆社稷，攘杀其牺牲，则此上不中天之利矣。意将以为利鬼乎？夫杀之人，灭鬼神之主，废灭先王，贼虐万民，百姓离散，则此中不中鬼之利矣。意将以为利人乎？夫杀之人，为利人也博矣。又计其费，此为周生之本，竭天下百姓之财用不可胜数也，则此下不中人之利矣。②

在此，墨子描述了战争所造成的种种悲惨景象。他指出当时的战争目的就是要倾覆社稷，屠杀人民，摧毁经济。这种暴力行为"上不中天之利矣""中不中鬼之利矣""下不中人之利"，不符合任何一方的利益，完全是应被谴责的行径。

由此可见，在战争观方面，墨子坚持以道义为中心，认为主动侵略、

---

① 徐希燕：《墨学研究　墨子学说的现代诠释》，商务印书馆 2001 年版，第 235 页。

② （清）孙诒让撰，孙启治点校：《墨子间诂》，中华书局 2001 年版，第 141—143 页。

进攻他国，是严重的不义之举，好战者上不应天，中违鬼神，下害百姓，因此其危害性极大。

值得注意的是，墨子的非攻思想虽然是十分明确的，但墨子也注意到区分"攻"与"诛"的不同。墨子认为讨伐无罪之国是"攻"，这无疑是不义之举。而讨伐有罪之君则为"诛"，在一定条件下是可以允许的。如《非攻上》就载有"今遝夫好攻伐之君"诘问墨子"以攻伐之为不义，非利物与？昔者禹征有苗，汤伐桀，武王伐纣，此皆立为圣王，是何故也？"对此，墨子回应道："子未察吾言之类，未明其故者也。彼非所谓攻，谓诛也。"① 墨子在解释"禹征有苗，汤伐桀，武王伐纣"这些行为时，指出有苗、桀、纣都是暴虐之君，所为属于不义，禹、汤、武王的行为是以义讨不义，不是所谓攻，而是诛，故此是合理的，在分析墨子战争观时，对于这一点也应予以重视。②

二　立足防御，主张非攻

总体来看，墨子以战争为不义之举，主张非攻，尤其反对掠夺战争。但事实是他所处的战国时期，征战频仍，当时列国之间的兼并战争持续进行，其激烈程度是号称"春秋无义战"的春秋时期也无法相比的。所以墨子面对当时的现实，并不主张盲目的和平主义，而是将战争区分为侵略他国战争和自卫战争，他认为自保战争有其合理性，也是迫不得已必须进行的。

因此，针对当时的复杂环境，一方面墨子坚决反对"攻"，即反对以大欺小，恃强凌弱。如墨子说："今且天下之王公大人士居子，中情将欲求兴天下之利，除天下之害，当若繁为攻伐，此实天下之巨害也。今欲为仁义，求为上士，尚欲中圣王之道，下欲中国家百姓之利，故当若非攻之为说，而将不可不察者此也。"③ 另一方面墨子并不主张放弃武备，听天由命，而是主张要积极整饬军备，做足防御力量，积蓄足够实力以图自保。

---

① （清）孙诒让撰，孙启治点校：《墨子间诂》，中华书局 2001 年版，第 145-146 页。

② 胡子宗、李权兴等：《墨子思想研究》，人民出版社 2007 年版，第 421-422 页。

③ （清）孙诒让撰，孙启治点校：《墨子间诂》，中华书局 2001 年版，第 157 页。

事实上，在军事方面墨子也的确是以善"守"而知名。《战国策·齐六》篇载："今燕王方寒心独立，大臣不足恃，国弊祸多，民心无所归。今公又以弊聊之民，距全齐之兵，期年不解，是墨翟之守也。"① 就是说，现在燕国王公用疲惫的民众抵抗整个齐国军队，整整一年都未被攻克，就运用了墨子的守城之法。司马迁在《史记·孟子荀卿列传》中也称赞墨子"善守御"。因此，冯友兰先生就认为："墨翟反对兼并战争，但他不是简单的和平主义者；他主张非攻，而不主张非战，他反对攻，却讲究守。"②

那么如何做到"守"呢，墨子认为最重要的是要做到"备"，即要有充分的准备。如墨子说："是若庆忌无去之心，不能轻出。夫桀无待汤之备，故放；纣无待武之备，故杀。桀、纣贵为天子，富有天下，然而皆灭亡于百里之君者何也？有富贵而不为备也。"（《七患》）而至于应该装备什么样的内容，墨子说："故仓无备粟，不可以待凶饥。库无备兵，虽有义不能征无义。城郭不备全，不可以自守。心无备虑，不可以应卒。"（《七患》）在这里，墨子从仓粟、库兵、城郭、人心多个角度全面论述了有备无患的道理，可见墨子对于防御的认识是很全面的，它所说的"守"并非寄希望于侥幸，而是要建立在充足的准备基础上。③

墨子进一步指出，"备"是一件很严肃的事情，需要统治者殚精竭虑，经年累月地实施。假如统治者对此不重视，而是"以其极赏，以赐无功，虚其府库以备车马衣裘奇怪，苦其役徒以治宫室观乐，死又厚为棺椁，多为衣裘，生时治台榭，死又修坟墓"。这就会使得"故民苦于外，府库单于内，上不厌其乐，下不堪其苦。故国离寇敌则伤，民见凶饥则亡"。其后果也必然是"此皆备不具之罪也"④。可见，墨子认为如果统治者耽于享乐，奢侈无度，必然会导致"备不具"的局面，给国家带来严重威胁，由此也从另一个方面强调了"备"的重要性。

墨子不仅在理念上重视"守"，在实际行动上，墨家也充分利用自己来自社会下层，特别是多来自手工业者群体的优势，充分发挥聪明才智，

---

① （西汉）刘向集录：《战国策》，上海古籍出版社 1985 年版，第 452 页。

② 冯友兰：《三松堂全集》第八卷，河南人民出版社 2000 年版，第 211 页。

③ 胡子宗、李权兴等：《墨子思想研究》，人民出版社 2007 年版，第 423-424 页。

④ （清）孙诒让撰，孙启治点校：《墨子间诂》，中华书局 2001 年版，第 29 页。

制作了不少防御器具，以更好做到有备无患。

墨家制造的守城武器，如威力强大的连弩车、投掷车等能够大量地杀伤敌人。墨家立足利于小国、弱国的实际情况，最大限度地利用人力、物力，采用政治、军事、外交等各种手段，削弱对手，保护自己，充分显现了防御的精髓。

例如，楚国欲攻宋，公输盘为楚国造云梯，墨子"于是见公输盘，子墨子解带为城，以牒为械，公输盘九设攻城之机变，子墨子九距之，公输盘之攻械尽，子墨子之守圉有余"。并且使他的弟子"禽滑厘等三百人，已持臣守圉之器，在宋城上而待楚寇矣"①。虽然禽滑厘等人数并不多，但这区区三百人已经迫使楚王被迫放弃攻宋的念头了，由此可见墨家防御能力之强。

墨子守御还有一个突出特点，即不是一味死守，而是弹性防守，守中有攻。《蛾傅》篇载："故引兵而去。则令我死士左右出穴门击遗师，令贲士、主将皆听城鼓之音而出，又听城鼓之音而入。因素出兵施伏，夜半城上四面鼓噪，适人必或，有此必破军杀将。以白衣为服，以号相得，若此，则云梯之攻败矣。"② 就是说敌人带队逃跑，就命令敢死队从左右出穴门追击溃敌，命令勇士和主将都要按照城上的鼓声从城内出击或退入城内。趁多次出兵时设下埋伏，半夜时城墙上四周击鼓呐喊，敌人必定疑惑不安，伏兵可乘机攻破敌营，擒杀敌人首领。要取得最后胜利，攻也是不可缺少的手段，可见墨子对攻守关系的把握是很到位的。③

墨子以自己发明的守城之器、守御之术帮助弱国御大国的进攻，体现了墨子反对以大欺小，恃强凌弱，主张小国强兵自卫的一贯主张。

这虽然还不足以完全区分战争的正义性与非正义性，但不可否认的是，和平安定的局面有利于社会安定，经济发展，减少百姓痛苦，因此，也是符合人民普遍愿望的。

---

① （清）孙诒让撰，孙启治点校：《墨子间诂》，中华书局 2001 年版，第 486-488 页。

② （清）孙诒让撰，孙启治点校：《墨子间诂》，中华书局 2001 年版，第 546 页。

③ 徐希燕：《墨学研究 墨子学说的现代诠释》，商务印书馆 2001 年版，第 260-261 页。

三　好战必亡

在墨子战争观中，还有一个重要观点，即好战必亡。墨子认为，不义之战上不应天，中不合于鬼神，下戕害百姓，所以好战者虽能得逞于一时，但终究难逃覆亡的命运。为了印证自己的观点，墨子首先举出了春秋时期夫差的例子：

> 饰攻战者之言曰：彼不能收用彼众，是故亡。我能收用我众，以此攻战于天下，谁敢不宾服哉？子墨子言曰：子虽能收用子之众，子岂若古者吴阖闾哉？古者吴阖闾教七年，奉甲执兵，奔三百里而舍焉，次注林，出于冥隘之径，战于柏举，中楚国而朝宋与及鲁。至夫差之身，北而攻齐，舍于汶上，战于艾陵，大败齐人而葆之大山；东而攻越，济三江五湖，而葆之会稽。九夷之国莫不宾服。于是退不能赏孤，施舍群萌，自恃其力，伐其功，誉其智，怠于教，遂筑姑苏之台，七年不成。及若此，则吴有离罢之心。越王句践视吴上下不相得，收其众以复其仇，入北郭，徙大内，围王宫而吴国以亡。①

夫差是春秋时期吴国的国君，他在位时任用伍子胥、孙武等人改革军事，增强武力，曾经攻破楚国都城郢，几乎灭掉楚国，后又打败越国，北上中原，一度成为霸主。但因为贪心过大，好战不倦，恃强凌弱，终于被越国勾践所灭。此外，墨子还举出智伯的例子，进一步加以阐述。

> 昔者晋有六将军，而智伯莫为强焉。计其土地之博，人徒之众，欲以抗诸侯，以为英名。攻战之速，故差论其爪牙之士，皆列其舟车之众，以攻中行氏而有之。以其谋为既已足矣，又攻兹范氏而大败之。并三家以为一家，而不止，又围赵襄子于晋阳。及若此，则韩魏亦相从而谋曰："古者有语，'唇亡则齿寒'。赵氏朝亡，我夕从之，赵氏夕亡，我朝从之。诗曰'鱼水不务，陆将何及乎！'"是以三主之君一心戮力，辟门除道，奉甲兴士，韩魏自外，赵氏自内，击智伯大败之。②

---

① （清）孙诒让撰，孙启治点校：《墨子间诂》，中华书局 2001 年版，第 135–138 页。
② （清）孙诒让撰，孙启治点校：《墨子间诂》，中华书局 2001 年版，第 138–139 页。

智伯与赵、魏、韩三家同为春秋后期晋国大夫，智伯地盘最大，实力最强，却不知足，强向韩魏两家索地，又围赵襄子于晋阳，企图灭掉赵家。最终赵、魏、韩三家协力同心，共灭智伯，不久三家分晋，开启了战国时期的序幕。

这两个例子相距墨子时代不远，墨子举其为例，正是为了更加有说服力，从而印证自己的观点。所以墨子才说："古者有语曰：'君子不镜于水，而镜于人。镜于水见面之容，镜于人，则知吉与凶。'今以攻战为利，则盖尝鉴之于智伯之事乎？此其为不吉而凶，既可得而知矣。"①

墨子以攻伐为不义之战，认为其必然好战而亡，但有"好攻伐之君"却不以为然，曾诘难墨子："子以攻伐为不义，非利物与？……唐叔与吕尚邦齐晋。此皆地方数百里，今以并国之故，四分天下而有之。是故何也？"②

这位所谓"好攻伐之君"以齐国以及由晋分出的赵、魏、韩皆因好征伐而强大为反证，试图说明好战未必会亡，甚至可能会借此强国。对此，墨子反驳道："子未察吾言之类，未明其故者也。古者天子之始封诸侯也，万有余。今以并国之故，万国有余皆灭，而四国独立。此譬犹医之药万有余人，而四人愈也，则不可谓良医矣。"③

墨子在此的回答很合逻辑，他以好战必亡的普遍性与好战未必亡的个别性作答，令诘难者无言以对，同时也让自己的答问更加具有哲理色彩。

因此当话已至此，这位"好攻伐之君"也不得不回避攻伐战争掠夺性，而试图也以"义"来说明攻伐的合理性："我非以金玉、子女、壤地为不足也，我欲以义名立于天下，以德求诸侯也。"对此，墨子答道：

> 今若有能以义名立于天下，以德求诸侯者，天下之服可立而待也。夫天下处攻伐久矣，譬若傅子之为马然。今若有能信效先利天下诸侯者，大国之不义也，则同忧之；大国之攻小国也，则同救之；小国城郭之不全也，必使修之；布粟之绝，则委之；币帛不足，则

---

① （清）孙诒让撰，孙启治点校：《墨子间诂》，中华书局 2001 年版，第 139-140 页。

② （清）孙诒让撰，孙启治点校：《墨子间诂》，中华书局 2001 年版，第 153-155 页。

③ （清）孙诒让撰，孙启治点校：《墨子间诂》，中华书局 2001 年版，第 155 页。

共之。①

墨子在这里很明确说明了何谓"义",墨子告诉此好征伐之君,"大国之攻小国也,则同救之",这才是征战之"义",而不是其他空洞的说辞。由此,墨子也全面表述了对战争性质的看法:"今且天下之王公大人士居子,中情将欲求兴天下之利,除天下之害,当若繁为攻伐,此实天下之巨害也。今欲为仁义,求为上士,尚欲中圣王之道,下欲中国家百姓之利,故当若非攻之为说,而将不可不察者此也。"②

墨子将仁人君子所应该做的事情归结为"兴天下之利,除天下之害"。而攻伐之事在墨子看来就是"天下之巨害",因此"非攻"不仅是对小国弱国有利,对于大国强国而言,"非攻"也是有利的,因为这不光是从道义角度说的,就是从实际方面看,好战也早晚必将招致"巨害"。

第二节　墨子的军事策略

墨家及墨家学派都以实践能力强,善于制造军事器具著称。不过墨子在与军事相关活动中,除了重视器具的使用外,也相当注重谋略的运用,力图做到"上兵伐谋"。因此,善用策略也构成了墨子军事思想的一个重要特点。

一　致力止战

提倡非攻,消除或减轻战争祸患是墨子的一贯追求,为此他一方面积极主张弱国、小国积极备战,以坚强的防御击破敌军入寇;另一方面墨子也注重使用军事之外的谋略手段阻止战争的发生,力图做到"不战而屈人之兵"。

墨子止战之举包括"止楚攻宋""止齐伐鲁""止鲁阳文君攻郑"等事例,这其中最著名的莫过于"止楚攻宋",在"止楚攻宋"过程中,墨子致力止战的谋略特征可谓展露无遗。③

---

① (清)孙诒让撰,孙启治点校:《墨子间诂》,中华书局2001年版,第155-156页。

② (清)孙诒让撰,孙启治点校:《墨子间诂》,中华书局2001年版,第157页。

③ 徐希燕:《墨学研究墨子学说的现代诠释》,商务印书馆2001年版,第240页。

为阻止楚国伐宋，墨子"起于齐，行十日十夜而至于郢，见公输盘"。墨子不远千里奔波，首先去见公输盘其实是有策略方面考虑的。

在与公输盘论辩时，墨子先以类比的方法与之论辩，使其承认"吾义固不杀人"。接着墨子指出"宋无罪而攻之"，对其进犯与无故杀人的行径同为不义之举，而其性质则尤为恶劣。可以看到，墨子从道义的角度出发，以有理有据的言辞使得"公输盘服"。

公输盘长于制造攻城器械，是楚王攻宋的重要依仗，正由于墨子说服了公输盘，才使得公输盘同意与墨子一道去见楚王。

墨子见楚王，首先仍然对其晓以道义，试图以"义"劝诫楚王。墨子设喻道："今有人于此，舍其文轩，邻有敝舆，而欲窃之；舍其锦绣，邻有短褐，而欲窃之；舍其粱肉，邻有糠糟，而欲窃之。此为何若人？"

墨子所述之事非常生动，楚王对此也不禁承认这"必为窃疾矣"。墨子抓住楚王所云"窃疾"说法，以此为论，指出楚国幅员辽阔，物产丰饶，而宋土地狭小贫瘠，楚国攻宋其实正与"窃疾"同类，所以墨子对楚王直言"臣见大王之必伤义而不得"。与楚王问答，楚王亦不得不折服于墨子道义之论，承认其"善哉"！

但楚王话锋一转又声称，"公输盘为我为云梯，必取宋"。显然，楚王意欲攻宋，其目的在于开疆拓土，并不真正在意正义与否，因此仅以道义为由劝其放弃攻宋并不现实。对此，墨子显然早有准备，关键时刻，墨子与公输盘模拟攻守，"公输盘之攻械尽，子墨子之守圉有余。公输盘诎"。墨子不仅战胜了公输盘，还告诫楚王与公输盘即使他们杀害自己，"然臣之弟子禽滑厘等三百人，已持臣守圉之器，在宋城上而待楚寇矣。虽杀臣，不能绝也"。最终，楚王看到在道义与作战两方面都没有胜算，才言到："善哉！吾请无攻宋矣。"最终放弃攻宋念头。①

墨子为"止战"，不辞长途跋涉和个人安危，显示出罕见的正义感和勇气。同时墨子又是有备而来，在"止战"的整个过程中，注重策略而绝不空谈，将道德、勇气与谋略完美结合起来，无疑是墨子谋略军事思想的代表之作。

为达到"止战"目的，在面对不同对手时，墨子也注意因势而变，以

---

① （清）孙诒让撰，孙启治点校：《墨子间诂》，中华书局 2001 年版，第 483-488 页。

更好提升运用策略的效果。如在"止齐伐鲁"中，鲁君问墨子："吾恐齐之攻我也，可救乎？"墨子肯定答道："可。"而对于如何"救"，墨子提出应对三策："吾愿主君，之上者尊天事鬼，下者爱利百姓，厚为皮币，卑辞令，亟遍礼四邻诸侯，驱国而以事齐，患可救也，非此，顾无可为者。"①值得注意的是，除"尊天事鬼""爱利百姓"这样的对内举措外，墨子还建议鲁君通过采取结交"四邻诸侯"，与齐国搞好关系等外交手段，一方面形成联盟，使强敌不敢轻易挑衅；另一方面改善与齐国关系，不给其入犯借口。

应当说墨子在"止齐伐鲁"中所提出的策略，是一种有针对性的内政、外交并举策略。墨子强调与各国协作，与百姓紧密团结，调动一切有利因素，结成广泛联盟，一致对付齐国的进攻，彻底地孤立了对手，为最后打击敌人创造了良好的前提条件。

在"止鲁阳文君攻郑"中，墨子则根据形势不同采取了另外的一套策略。鲁阳文君预备攻郑，墨子知道后力图制止。在与鲁阳文君论辩中，墨子仍首先从道义角度出发，指出鲁阳文君举兵伐郑与"大都攻其小都，大家伐其小家，夺之货财"一样都是违背天志人道之举，告诫鲁阳文君"今举兵将以攻郑，天诛其不至乎？"然而，鲁阳文君却振振有词地辩解："我攻郑，顺于天之志。郑人三世杀其父，天加诛焉，使三年不全，我将助天诛也。"

对于鲁阳文君的说辞，墨子指出："郑人三世杀其父而天加诛焉，使三年不全。天诛足矣。"即郑人有过，自有天惩，在这样的情况下，又举兵将以攻郑，还声称"吾攻郑也，顺于天之志"。这就如同有人，"其子强梁不材，故其父笞之。其邻家之父举木而击之，曰：'吾击之也，顺于其父之志'。"②

墨子认为，这样的举措越俎代庖，且不过以顺天志为借口，行兼并之实，决非真正以道义行事，因此是极其荒谬的。值得注意的是，墨子不仅设喻巧妙，层层深入，借鲁阳文君自己的逻辑，通过缜密剖析使鲁阳文君陷入自相矛盾的境地，使其失掉了伐郑正义性的借口，而且在与鲁阳文君的论辩中，墨子还明确提出不干涉其他国家内部事务的原则，在当时列国

①　（清）孙诒让撰，孙启治点校：《墨子间诂》，中华书局2001年版，第466页。
②　（清）孙诒让撰，孙启治点校：《墨子间诂》，中华书局2001年版，第468—469页。

争雄的背景下，提出这样的原则对于小国抵制大国控制显然有一定的作用，其现实意义和历史价值也凸显于外。

总之，在战争隐患出现之时，墨子主张事先止战。他注重论辩策略，又不避艰险，将勇气与谋略很好地结合在一起，故在实践中取得了明显效果。

二 致力防御

在战国初期的战争中，墨子旗帜鲜明地站在弱者一方。墨子反对恃强凌弱，常奔走于列国之间，能消弭战祸于事前则勉力为之。若战端开启，墨子常率领弟子奔赴弱者那里，协助他们抵御强国进攻。由于站在弱者一面，墨家所面临局面就是要面对大国、强国，去防守小国、弱国。[①] 墨家守城的规模多为人口不过数万，方圆不过数里，这必然导致出现以寡敌众的局面，所以墨家必须寻找以弱胜强之道。《备城门》篇记载："禽滑厘问于墨子曰：'……甲兵方起于天下，大攻小，强执弱。吾欲守小国，为之奈何？'"为应对这种情况，墨子主张利用士气、地理等方面的优势，充分发挥弱者力量，力求做到"水因地而制流，兵因敌而制胜"。

首先，墨子主张面对大国进攻，弱国一方必须全力以赴，动用所有可以使用的力量，做到举国皆兵迎击敌人。

《备城门》篇记载："客攻以队，十万物之众，攻无过四队者。上术广五百步，中术三百步，下术百五十步。诸不尽百五十步者，主人利而客病。广五百步之队，丈夫千人，丁女子二千人，老小千人，凡四千人，而足以应之。此守术之数也。"[②] 在这里，墨子描述了一幅强敌入侵的典型场景，即进攻敌人多达十万之众，兵分四路攻城。以墨子所在的战国前期战争规模计算，其声势可谓浩大。而墨子所守之城却仅有数万人口，在这样的情形下，墨家的策略就是动员男女老少全民皆兵。尽管防御者尽全力也只能凑齐区区四千人防守力量，敌我力量仍然悬殊，但动员全民参战能够唤起百姓守土卫国的意识，可有效鼓舞士气，无疑是克敌制胜的重要

---

① 徐希燕：《墨子的军事思想述评》，《松辽学刊》2001 年第 3 期。

② （清）孙诒让撰，孙启治点校：《墨子间诂》，中华书局 2001 年版，第 529 页。

手段。①

其次，采取正确的战术。

据《城守》等篇记载，墨子协助小国进行防御作战，一般战场都位于城市及其周边，所面临的战场范围比较狭小，因此一般是被动防守。各篇在提及作战时，均只提到城市与城郊，说明墨子设定的战场较小。

战国时期，战争规模已经越来越大，作战的空间格局也呈现出多样化情形。在战场开阔的野战中，由于回旋空间大，进攻方可以采取正面直击，迂回包抄，穿插分割等多种战术，防御方则可以充分利用地形地貌，隐蔽设伏，防御敌人。但城市防守中，由于战场空间小，守方的机动范围较小，目标明确，难于出奇制胜。但守城作战，武器装备早有准备，而且经过长期战争实践，守城武器也更加多样有效，包括有护城河、吊桥、城墙、塔楼、弓弩等，部队守在城中，无须奔波，能够以逸待劳，这在作战时有着明显的优势。因此，墨子认为尽管守城在总体上处于弱势，但只要善于利用优势，采取正确战术，也照样可以取得胜利。②

三　致力发明新式武器

在决定战争胜败的因素中，尽管人与物都是必不可少的要素，但最终起决定作用的无疑还是人，对此古今中外几乎所有的军事家都是认同的。不过，随着战争规模不断扩大，军事装备水平不断提高，先进的武器装备凝聚了越来越多人们的智慧和经验，效用和功能越来越强大，在战争中起到的作用也越来越大。对于弱小的一方来说，由于处于守势，如能采用先进的武器装备，充分发挥武器的效能，往往能够扬长避短，发挥意想不到的功用，做到以弱胜强。

对此，墨子是有深刻认识的。在城市防御中，墨家发明制造的多种守城武器，用途广泛，威力强大，在实战中能够给予敌人以很大的杀伤，在城防作战中发挥了十分重要的作用。可以说，墨家能够或者有信心做到以寡敌众，以弱胜强，与其掌握了先进的武器装备有着莫大关系。③

---

①　徐希燕：《墨子的军事思想述评》，《松辽学刊》2001 年第 3 期。

②　徐希燕：《墨子的军事思想述评》，《松辽学刊》2001 年第 3 期。

③　徐希燕：《墨学研究　墨子学说的现代诠释》，商务印书馆 2001 年版，第 263 页。

如墨子作转射机："机长六尺，狸一尺。两材合而为之辐，辐长二尺，中凿夫之为道臂，臂长至桓。二十步一，令善射之者佐。"① 从《墨子》记载可知，转射机是一种可以环转发射的大型弓弩。如果将其配备在要塞、城堡、敌楼等高处，利用地势之利则可以向外左右旋转发射，威力巨大，而敌方弓箭则很难射入，因此转射机是一个处于相对固定地带的大型弓弩发射阵地，其形制和功用都类似于热兵器时代的"射击塔"。②

再如墨家所发明的另外一种弓弩发射装置——连弩车，其相关记载如下。

> 备临以连弩之车，材大方一方一尺，长称城之薄厚。两轴三轮，轮居筐中，重下上筐。左右剄二植，左右有衡植，衡植左右皆圆内，内径四寸。左右缚弩皆于植，以弦钩弦，至于大弦。弩臂前后与筐齐，筐高八尺，弩轴去下筐三尺五寸。连弩机郭同铜，一石三十斤，引弦鹿长奴。筐大三围半，左右有钩距，方三寸，轮厚尺二寸，钩距臂博尺四寸，厚七寸，长六尺。横臂齐筐外，蚤尺五寸，有距，博六寸，厚三寸，长如筐。有仪，有诎胜，可上下。为武，重一石，以材大围五寸……矢高弩臂三尺，用弩无数，出人六十枚，用小矢无留。十人主此车，遂具寇，为高楼以射道，城上以苔罗矢。③

可见，连弩车是一种复杂的大型兵器，配置于城上，由十个人负责操作。发射时可同时射出六十支大弩箭，并发射无数支小弩箭，具有强大的杀伤力。

显然，墨子常常面对敌众我寡局面，毫不畏惧，从容应战，除了有其道德勇气的支撑外，还与手握先进武器有关，依靠先进武器大量杀伤敌人，做到以少胜多，无疑也是其军事策略重要方面。

四　致力速战速决

随着战争规模的扩大，到战国时期列国之间争战，动辄出动战车千余

---

① （清）孙诒让撰，孙启治点校：《墨子间诂》，中华书局2001年版，第503-504页。

② 李少一、刘旭：《干戈春秋　中国古代兵器史话》，中国展望出版社1985年版，第82页。

③ （清）孙诒让撰，孙启治点校：《墨子间诂》，中华书局2001年版，第536-539页。

辆，军士十余万人，甚至几十万人。兵马未动粮草先行，大规模的军事行动带来的必然是繁重的后勤供应压力。因此一旦战争爆发，转运军粮，供应武器装备和各种器械等开销，每天耗资何止千万。如果战争旷日持久，军队长期在外作战，国家后勤供给就更会发生困难。因此，对于战国时期的兵家而言，避免长期消耗战，速战速决，一直是他们追求的目标。

如果速战速决只是追求战争成本最小化的话，与之截然不同的是，墨子从揭示战争对物质财富所造成的巨大破坏出发，从根本上否定了战争的合理性。《非攻中》篇云："今师唯毋兴起，冬行恐寒，夏行恐暑，此不可以冬夏为者也。春则废民耕稼树艺，秋则废民获敛。今唯毋废一时，则百姓饥寒冻馁者，不可胜数。……百姓死者，不可胜数也；……丧师多不可胜数……子墨子曰：计其所自胜，无所可用也。计其所得，反不如所丧者之多。"①

可以看到，墨子竭力主张避免主动攻伐他国，因为这样既影响百姓春耕秋获，破坏农业生产，又劳民伤财，使百姓饥寒冻馁；百姓死伤众多，军队丧师无数，结果谁也从中得不到任何益处。

不过，墨子也清楚认识到在实际生活中非攻、止战并不一定行得通，战争常常是不可避免的。因此，为尽量减少战争对物质财富所造成的损失，墨子主张当战争来临时，要能够做到迅速地、大量地消灭敌人的有生力量，防御得法，尽量减少自身损失。《号令》篇云："凡守城者，以亟伤敌为上，其延日持久以待救之至，明于守者也，不能此，乃能守城。"② 这就是说，对防御一方来说，最好的办法就是迅速消灭或杀伤敌人，如若旷日持久，看似可以等待救援，但其实是不明智之举，也是没有搞懂防御作战的精髓和关键所在。可见，墨子在实战条件下，也是主张速战速决的，不过墨子所讲的速战速决其前提是防御战。在防御的前提下，实施速战速决既可以依靠前期的充分备战，打击敌人，瓦解敌人斗志，也可缩短战争进程，有效减少自身物质损失，所以，墨子才将其作为一项重要军事策略来认真看待。③

---

① （清）孙诒让撰，孙启治点校：《墨子间诂》，中华书局 2001 年版，第 130-132 页。

② （清）孙诒让撰，孙启治点校：《墨子间诂》，中华书局 2001 年版，第 588 页。

③ 徐希燕：《孙子与墨子军事思想比较研究》，《北京社会科学》2001 年第 1 期。

五　居安思危，积极备战

墨子主张非攻，却不忘战。墨子认为和平时期盲目乐观的做法是不可取的，如果平时耽于享乐，忘记国家面临的潜在威胁，在危险到来时就缺乏应有的准备。因此，正确做法应该是居安思危，积极备战，用实力来保卫自己，震慑对手，即所谓能战方能止战。《杂守》篇云："安则示以危，危则示以安。"① 墨子在此表明，当国家处于安全状态时，应有危机意识，做到安不忘危；而当国家身处危机时，反而应镇定自若，态度安稳，不可慌乱。从中也显示出墨子居安思危，积极备战的思想。

六　政令统一，赏罚分明

战争是国之大事，一旦战争降临，就需要全国上下一心，各尽所能，人人不避危难险阻，方能赢得战争胜利。这就要求，在战争时期，要与和平时期不一样，政令必须统一，赏罚必须分明，唯此才能上下齐心，令行禁止。

《尚同中》篇云："天子为发政施教曰：'凡闻见善者必以告其上，闻见不善者亦必以告其上。上之所是必亦是之，上之所非必亦非之。己有善傍荐之，上有过规谏之。尚同义其上，而毋有下比之心，上得则赏之，万民闻则誉之。意若闻见善不以告其上，闻见不善亦不以告其上。上之所是不能是，上之所非不能非。己有善不能傍荐之，上有过不能规谏之。下比而非其上者，上得则诛罚之，万民闻则非毁之'。"② 墨子推崇尚同思想，墨子在此强调，天子颁布政教，必会要求下属若听闻目睹好的事情，则必须将其向自己的上级汇报；下属若听闻目睹不好的事情，也必须向自己的上级汇报；如果是上级确认的事情，下级必须遵从之；反之，若上级否定的事情，下属也必须坚决摒弃之。下属有上佳的谋略就应向上司汇报，请示是否可以被采用；上级若有错误、失职之处就应竭力规劝。总之，下属应当将自己的言行思想与上级保持一致，断不可有结党营私之心，更不能有结党营私之实。墨子之于尚同思想多侧重于政治方面的阐述，而尚同强调上下一致，下属对上级的服从，同时又主张在必要情况下对上级进行建

① （清）孙诒让撰，孙启治点校：《墨子间诂》，中华书局 2001 年版，第 632 页。

② （清）孙诒让撰，孙启治点校：《墨子间诂》，中华书局 2001 年版，第 80 页。

议以及对不当之处实施劝谏，因此，对于军事领域而言，尚同思想也可视为一种军事策略，应用于军事实践当中，事实上墨子强调军令如山实则也正是这一点的体现。①

如《号令》篇明确提出了军事方面的令行禁止思想："卒有惊事，中军疾击鼓者三，城上道路、里中巷街皆无得行，行者斩。女子到大军，令行者男子行左，女子行右，无并行，皆就其守，不从令者斩……四面之吏亦皆自行其守，如大将之行，不从令者斩。……伍人蹦城归敌，伍人不得，斩；与伯归敌，队吏斩；与吏归敌，队将斩；归敌者，父母、妻子、同产皆车裂。"② 这些都是墨家治军的法令，凡是违反军令者，墨子主张要严厉惩处。

该篇又云："候三发三信，重赐之。不欲受赐而欲为吏者，许之二百石之吏，守佩授之印。"这里是讲墨家厚重奖赏有功之人。

墨家强调令出如山，赏罚分明，即基于当时普遍的军事思想，也与其政治思想相贯通，构成了独特而又完整军事思想的体系与形态。

第三节　城市防御的基础、策略与设施

墨学团体具有浓厚的军事色彩，又带有扶危济困的侠义精神，因此在当时的军事斗争中，墨学团体常常站在弱者一方参与军事防御，因此在军事防御，尤其是城市防御方面，对城市防御的基础、策略与设施等内容深有体会，这也成为墨家军事活动的重要特征。

一　做好防御准备

墨子的防御思想，首先表现在积极做好防御准备。③ 在《七患》篇中，墨子就说："备者，国之重也。"将"备"置于决定国家生死存亡的高度。

至于国家应当做何种准备，墨子具体阐述道："故仓无备粟，不可以

① 徐希燕：《墨子的认识论研究》，《青海社会科学》1999 年第 2 期；徐希燕：《墨学研究　墨子学说的现代诠释》，商务印书馆 2001 年版，第 274 页。

② （清）孙诒让撰，孙启治点校：《墨子间诂》，中华书局 2001 年版，第 591-594 页。

③ 胡子宗、李权兴等：《墨子思想研究》，人民出版社 2007 年版，第 423-424 页。

待凶饥。库无备兵，虽有义不能征无义。城郭不备全，不可以自守。心无备虑，不可以应卒。"① 在此，墨子提到了所谓四备，指的是粮食、武器、城池、人心。

一是粮食。对于粮食储备的重要性，墨子有着深刻认识。墨子将粮食视之为"民之所仰""君之所养"。就是说，民众要依仗粮食生存，君主要依靠粮食养育国家百姓。所以，墨子才会说："且夫食者，圣人之所宝也。"并引用《周书》："国无三年之食者，国非其国也；家无三年之食者，子非其子也。"将"食"视为"国备"。

二是兵备。墨子高度重视武器装备的作用，认为"库无备兵，虽有义不能征无义"。就是说国家如果没有合适的武器储备，即使是处于正义一方也无法取得战争胜利。

三是城池。墨子所说的"城"，就是城池防御系统，包括城墙、护城河、壕沟、坞堡等在内军事防御设施。墨子主张要强固城池防御，并将"城"作为一个防御体系，而不是单纯的一道城墙，以最大限度地发挥"城"的防御效能。

四是"心"，即人心。墨子认为，做好战争准备，不光要有物质的蓄积，也应该做好心理上的准备。通过心理上的准备，不光要使得人们有居安思危的警惕心。还要理顺上下关系，使军民心气和顺，士气高涨。对此，墨子就提出，在守城时就要做到："人众以选，吏民和，大臣有功劳于上者多，主信以义，万民乐之无穷。"② 讲的就是这个道理。

由此可见，墨子对军事斗争中所需要的"备"，认识是比较全面的。墨子认识到，军事准备既包括粮食、武器、城池这些物化要素，也包括居安思危的国防意识、上下一致的军民士气等精神要素，只有将这些因素统一起来，有效运用，才能真正达到有备无患的目的，显然这一理念已经触及军事斗争较深层面，是墨子对古代军事斗争经验的规律化总结和升华。

二 守城的诸要素

在谈到城市防御的问题时，墨子不仅总结了军事准备的十四个方面，

---

① （清）孙诒让撰，孙启治点校：《墨子间诂》，中华书局 2001 年版，第 28—29 页。

② （清）孙诒让撰，孙启治点校：《墨子间诂》，中华书局 2001 年版，第 495 页。

还分析了城市防御所需要的具体要素，墨子认为守城必须具备十四个方面的要素，"十四者无一，则虽善者不能守矣"①。也就是说这十四个要素缺一不可。墨子所说十四个要素具体是：

> 凡守围城之法，厚以高，壕池深以广，楼撕揗；守备缮利；薪食足以支三月以上，人众以选；吏民和，大臣有功劳于上者多，主信以义，万民乐之无穷。不然，父母坟墓在焉。不然，山林草泽之饶足利。不然，地形之难攻而易守也。不然，则有深怨于适而有大功于上。不然，则赏明有信而罚严足畏也。此十四者具，则民亦不宜上矣，然后城可守。十四者无一，则虽善者不能守矣。②

这十四个要素的具体含义是：第一，城墙要结实厚重，有足够高度；第二，城外的护城河和壕沟，要既深且宽；第三，要修建楼坞，负责侦查守望；第四，武器装备和各种器械要完善好用；第五，粮食柴草要充足，至少能够维持三个月以上；第六，军士要经过必要的选拔和训练；第七，官民关系良好，上下一致；第八，大臣要具备足够的能力，多数应该能立下战功；第九，作战是建立在道义基础上，有其合理性，能够获取百姓的支持和拥护；第十，官兵多数是本地人，祖上坟茔就在于此，有守卫乡土的感情；第十一，物产丰富，能够从物质上支持战争；第十二，地形地势有利，易守难攻，便于防御一方；第十三，官兵军民同仇敌忾，有对敌的决心；第十四，君主赏罚分明，令行禁止。墨子认为："此十四者具，则民亦不疑上矣，然后城可守。"此外，在《杂守》篇也指出，若出现以下五种情况，则无法成功守城。这五种情况是："凡不守者有五：城大人少，一不守也；城小人众，二不守也；人众食寡，三不守也；市去城远，四不守也；畜积在外，富人在虚，五不守也。"③ 可以看作对上述十四点要素的运用和补充。④

---

① （清）孙诒让撰，孙启治点校：《墨子间诂》，中华书局 2001 年版，第 495 页。

② （清）孙诒让撰，孙启治点校：《墨子间诂》，中华书局 2001 年版，第 493-494 页。

③ （清）孙诒让撰，孙启治点校：《墨子间诂》，中华书局 2001 年版，第 639 页。

④ 胡子宗、李权兴等：《墨子思想研究》，人民出版社 2007 年版，第 430-431 页。

三 有效组织防守

对于如何进行作战，墨子既重视物的一面，也重视发挥人的主观能动性。他主张在防御作战中，要合理分配兵力，进行有效组织，以最大限度地发挥军队的效能。[1]

在敌强我弱的背景下，为弥补兵力的不足，墨子主张要竭尽可能增加兵源，努力做到全民皆兵。墨子曾说"丁女子、老少，人一予"。"女子到大军，令行者男子行左，女子行右，无并行，皆就其守，不从令者斩。"[2]就是说，被围城市要发动男女老少，各尽其能，各尽其力，全力投入防御之中。

对如何具体配置守城人员，墨子也有详细说明。他说："守法：五十步丈夫十人、丁女二十人、老小十人，计之五十步四十人。城下楼卒，率一步一人，二十步二十人。城小大以此率之，乃足以守圉。"[3] 这是介绍如何进行守城力量的分配，即城上五十步配置四十人，其中青壮年男子十人，青壮年女子二十人，老人少年十人；城下士兵每步一人，二十步二十人，按照城市的大小以此类推。

墨子又说："客攻以遂，十万物之众，攻无过四队者。上术广五百步，中术三百步，下术百五十步。诸不尽百五十步者，主人利而客病。广五百步之队，丈夫千人，丁女子二千人，老小千人，凡四千人而足以应之，此守术之数也。"[4] 这里讲的是敌人密密麻麻来进攻，即使多达十万人，也不过分为四队，其中最宽的一路为五百步，中间三百步，最窄的不过一百五十步，因为敌人没有充分的施展空间，所以这对防守一方有利而对攻方不利。对于五百步的一路，守城一方须用四千人为基本单位，其中青壮年男子一千人，青壮年女子二千人，老少一千人，这就足以抵抗住敌人的进攻。

对于城上的兵力部署和官民组织，也是十分严密的。对于城墙守备，

① 胡子宗、李权兴等：《墨子思想研究》，人民出版社2007年版，第424页。
② （清）孙诒让撰，孙启治点校：《墨子间诂》，中华书局2001年版，第591页。
③ （清）孙诒让撰，孙启治点校：《墨子间诂》，中华书局2001年版，第529—530页。
④ （清）孙诒让撰，孙启治点校：《墨子间诂》，中华书局2001年版，第529页。

墨子说："设守门，二人掌右阎，二人掌左阎，四人掌闭，百甲坐之。城上步一甲、一戟，其赞三人。五步有五长，十步有什长，百步有百长，旁有大率，中有大将，皆有司吏卒长。城上当阶，有司守之。移中中处，泽急而奏之。士皆有职。"①

这就是说，各个城门均派有专人守卫和专职的掌门人，城墙上每一步都有带甲士兵、持戟士兵共五人。五步有一名伍长，十步有一名什长，百步有一名百长。城的各面有一名负责军官，城中央有主将负责坐镇指挥。

关于城内民众组织，墨子云："因城中里为八部，部一吏，吏各从四人，以行冲术及里中。"② 即城内民众分编为八部，各部均有官吏负责安全巡视。总之，"钧其分职，天下事得；皆其所喜，天下事备；强弱有数，天下事备矣"③。尽最大可能，将人员合理编排。

合理安排好防守力量后，还要根据个人所长，做到人尽其用。对此，墨子就说："有谗人，有利人，有恶人，有善人，有长人，有谋士，有勇士，有巧士，有使士，有内人者，外人者，有善人者，有善门人者，守必察其所以然，应名以内之。"④ 就是说，战争用的是人的长处，各色人等不应过多计较，但是用人必须用其所长，使之感到自重和充分发挥主动性和积极性。⑤

有效组织作战，墨子认为："命必足畏，赏必足利，令必行，令出辄人随，省其可行、不行。"⑥ 就是说作战离不开赏罚严明，令行禁止。墨子对于战争中的赏和罚十分重视，强调"赏明可信而罚严足畏也"⑦。墨子说："诸守牲格者，三出却适，守以令召赐食前，予大旗，署百户邑若他人财物，建旗其署，令皆明白知之，曰某子旗。""有能捕告之者，赏之黄金二十斤。"⑧ 就是说对于立有退敌之功，及告发不轨者，要予以重奖；对

---

① （清）孙诒让撰，孙启治点校：《墨子间诂》，中华书局 2001 年版，第 575–576 页。

② （清）孙诒让撰，孙启治点校：《墨子间诂》，中华书局 2001 年版，第 590 页。

③ （清）孙诒让撰，孙启治点校：《墨子间诂》，中华书局 2001 年版，第 622 页。

④ （清）孙诒让撰，孙启治点校：《墨子间诂》，中华书局 2001 年版，第 633–634 页。

⑤ 胡子宗、李权兴等：《墨子思想研究》，人民出版社 2007 年版，第 424 页。

⑥ （清）孙诒让撰，孙启治点校：《墨子间诂》，中华书局 2001 年版，第 598–599 页。

⑦ （清）孙诒让撰，孙启治点校：《墨子间诂》，中华书局 2001 年版，第 495 页。

⑧ （清）孙诒让撰，孙启治点校：《墨子间诂》，中华书局 2001 年版，第 605 页。

破坏战事者，墨子主张严厉处罚：

> 城禁：使、卒、民不欲寇微职和旌者，断。不从令者，断。非擅出令者，断。失令者，断。倚戟县下城，上下不与众等者，断。……客在城下，因数易其署而无易其养。誉敌少以为众，乱以为治，敌攻拙以为巧者，断。客、主人无得相与言及相藉，客射以书，无得誉，外示内以善，无得应，不从令者，皆断。禁无得举矢书若以书射寇，犯令者父母、妻子皆断，身枭城上。①

在这里，墨子详细列出了守城所禁止的各种行为，以及应该给予的相应处罚。不过，应该注意到的是，墨子虽然主张对所禁止行为严厉惩处，但墨子并不主张滥用刑罚；相反墨子认为赏罚必出于公。就是说各项处罚应处于公心而不是私利，事实上，墨子将各种处罚公之于众，也正是为了使人人知晓，使处罚尽量建立在公正的基础上。②

四　城墙防御体系

墨子善于城市防御，所谓"墨守成规"，其实讲的就是墨家擅长利用城市进行防御。而古代城市防御，其核心阵地就是城墙及其附属设施组成的城墙体系，包括城墙、护城河、城郭等。

（一）城墙

古代城市防御，城墙是最主要的防御设施，是城市防御的主阵地。对于城墙防御系统，墨子说："大城丈五为闺门，广四尺。为郭门，郭门在外，为衡，以两木当门，凿亓木，维敷上堞。"③"百步一亭，高垣丈四尺，厚四尺，为闺门两扇，令各可以自闭。亭一尉，尉必取有重厚忠信可任事者。"④ 墨子所设定的城防体系，同样以城墙为核心，在城外建郭，郭外再建亭，形成了一个以城墙为主，由里外三道防线组成的防御体系。最外层防线是亭，亭一般建在交通要道、险要之处，呈点状分布，负责重要地点

---

① （清）孙诒让撰，孙启治点校：《墨子间诂》，中华书局 2001 年版，第 605-606 页。

② 胡子宗、李权兴等：《墨子思想研究》，人民出版社 2007 年版，第 425 页。

③ （清）孙诒让撰，孙启治点校：《墨子间诂》，中华书局 2001 年版，第 502 页。

④ （清）孙诒让撰，孙启治点校：《墨子间诂》，中华书局 2001 年版，第 522-523 页。

的守备和警戒。亭既和内层防线相通，又可以为内层防线提供屏障。中间一层是郭，郭即外城，呈带状环绕城墙，起着掩护主阵地的作用。第三道防线才是城池。

在墨子的时代，城墙一般以夯土筑成，城墙必须有一定的高度和厚度，要能达到"厚以高"①，夯土土质经过层层捶打，土质坚硬结实，具有较好的强度和承载力，可以容纳承载各种防御设施和军队在上面活动，也能够较好地承受进攻者的各种破坏，是守城歼敌的主力所在。

城墙都有城门。在和平时期，城门是人们来往城市内外的必经通道。在战争时期，城门既是敌人攻城的重点，也是防御方歼敌的重要场所，成为敌我双方必争关键之处。

对于守城时城门的设置和利用，墨子也有专门论述："故凡守城之法，备城门，为县门，沈机长二丈，广八尺，为之两相如。门扇数和相接三寸，施土扇上，无过二寸。"②"大城丈五为闺门，广四尺。为郭门，郭门在外，为衡，以两木当门。凿亓木，维敷上堞。为斩县梁……"③"三十步一突，九尺，广十尺，高八尺，凿广三尺，表二尺，为宁。"④"城百步一突门，突门各为窑灶。"⑤ 可见，《墨子》中记载的城门就有悬门、闺门、郭门、突门等不同种类，在城防战中，它们各自发挥着不同的作用。

所谓悬门，位于城门洞内，之所以称为悬门是因为它装有控制升降的设施。闺门是在正门之外建的旁门，郭门则位于闺门之外，即外城之门，突门每三十步设置一个。此外，各个城门处都挖掘两个洞，一个用来侦测敌情，二是为了隐藏守军，向敌人放箭。在城百步的突门，是进窑灶的地方。⑥

为充分发挥城墙的防御效能，城墙上还建有各种楼："二百步一立楼，城中广二丈五尺二，长二丈，出枢五尺。"⑦"百步一木楼，楼广前面九尺，

---

① （清）孙诒让撰，孙启治点校：《墨子间诂》，中华书局 2001 年版，第 494 页。
② （清）孙诒让撰，孙启治点校：《墨子间诂》，中华书局 2001 年版，第 496 页。
③ （清）孙诒让撰，孙启治点校：《墨子间诂》，中华书局 2001 年版，第 502 页。
④ （清）孙诒让撰，孙启治点校：《墨子间诂》，中华书局 2001 年版，第 505 页。
⑤ （清）孙诒让撰，孙启治点校：《墨子间诂》，中华书局 2001 年版，第 549 页。
⑥ 胡子宗、李权兴等：《墨子思想研究》，人民出版社 2007 年版，第 438 页。
⑦ （清）孙诒让撰，孙启治点校：《墨子间诂》，中华书局 2001 年版，第 518-519 页。

高七尺。"① "土楼百步一，外门发楼，左右渠之。为楼加藉幕，栈上出之以救外。"② "守堂下为大楼，高临城，堂下周散道，中应客，客待见。时召三老在葆宫中者，与计事得先。"③

可以看到，楼包括立楼、木楼、土楼、发楼、杂楼、屈楼、侯楼等不同类型，它们位于城墙之上，既方便观察不同方向，也可以藏兵于其中，从不同角度打击敌人。④

此外，城上还建有桄枞，在城墙周围还建有附属防御设施令耳等。

墨子曾总结敌人攻城的十二种方式：临、钩、冲、梯、堙、水、穴、突、空、蚁附、赣韫、轩车。针对敌人的攻城之法，墨子也制定了守法十二种：备城门、备钩、备冲、备梯、备堙、备水、备穴、备突、备空洞、备蚁附、备轒韫、备轩车。有针对性应对，形成了完备防御战术。

此外，墨子还制作了各种守城器械，包括藉车、连弩车、冲车、渠答、藉幕、蒺藜、轺车等，并对操作的官兵进行专门培训以达到能够熟练使用的目的。值得注意的是，墨子还高度重视战争中的信息顺畅。除了在部队中，编列有专门的通信人员外，墨子还主张建立了完备的通信系统，有：烽燧、树表、举旗、击鼓、口传等，以最大可能保障信息畅通。⑤

（二）护城河

为加强城墙的防御作用，一般的城墙外面还设有护城河。古代的护城河有的是直接利用自然河道，如殷墟的洹水就是如此。但也有不少护城河是改造自然河道，或干脆就是人工开挖河道。护城河环绕城墙，加大了进攻方的进攻难度，有效降低了敌人偷袭的可能性，有些护城河，在水下暗设有竹箭；护城河与城郭之间放置了树枝等障碍物，更加提高了防御效能；为便于交通，在护城河上架有吊桥，在吊桥前面的道路下还设有陷阱；因此，护城河与城墙相互配合，使之成为一种很有效的防御手段。⑥

《备城门》篇："壕池深以广"，"去城门五步大堑之，高地三丈，下

① （清）孙诒让撰，孙启治点校：《墨子间诂》，中华书局 2001 年版，第 517 页。

② （清）孙诒让撰，孙启治点校：《墨子间诂》，中华书局 2001 年版，第 521 页。

③ （清）孙诒让撰，孙启治点校：《墨子间诂》，中华书局 2001 年版，第 528-529 页。

④ 胡子宗、李权兴等：《墨子思想研究》，人民出版社 2007 年版，第 438 页。

⑤ 胡子宗、李权兴等：《墨子思想研究》，人民出版社 2007 年版，第 426 页。

⑥ 徐希燕：《墨学研究 墨子学说的现代诠释》，商务印书馆 2001 年版，第 275 页。

地至，施贼亓中，上为发梁，而机巧之，比传薪土，使可道行，旁有沟垒，毋可喻越，而出佻且比，适人遂入，引机发梁，适人可禽。适人恐惧而有疑心，因而离"。① 此段引文大意为，在距离城门五步远的地方挖掘壕沟，在地势高的地方挖一丈五尺深，地势低的地方要挖到有地下水，然后再往下挖三尺深。在壕沟上架设栈板，栈板上设置悬梁，在上面安装机关，栈板外面铺上草和土，以让人们可以在上面行走，两边建有沟和壁垒无法逾越。完成准备后就可以出城挑战，然后佯装败北，引诱敌人走上栈板，开启上面的机关，将敌人擒获。如果敌人恐惧怀疑，也会就此撤退。

在护城河外，还设置有屏障和柞格："池外廉有要有害，必为疑人，令往来行夜者射之，谋其疏者。墙外水中为竹箭，箭尺广二步，箭下于水五寸，杂长短，前外廉三行，外外乡，内亦内乡。"②

这就是说，在壕沟内要安装竹箭，箭头放置在水面以下五寸之处，箭头长短不一，前排三行箭头朝外，其余的箭头向内，这样可以有效防止敌军越过壕沟。

此外，还要在壕沟外面，离城墙十尺处，设置木桩组成的屏障。木桩长五尺，上端锋利，粗一围半以上。排五行，行距三尺，深埋二尺，使木桩安放的犬牙交错。"杜格，狸四尺，高者十尺，木长短相杂，兑其上，而外内厚涂之。"③ 杜格即柞格，其形状是尖桩栅栏，但外面要涂上厚厚的一层泥土来伪装，使得敌人很难辨认。④

（三）城郭周围的警戒设施

为进一步加强城郭的防御，在不少城郭外面的四周还建有望敌之楼、亭、塔等，它们作为警戒设施，能够防止敌人突袭，起到预警作用，必要时，还可以进行一定限度的抵抗，为城市防御赢得时间。⑤

在墨子城防设施中，"井"是一种很独特的设施。《墨子》载：

---

① （清）孙诒让撰，孙启治点校：《墨子间诂》，中华书局 2001 年版，第 535-536 页。
② （清）孙诒让撰，孙启治点校：《墨子间诂》，中华书局 2001 年版，第 628-629 页。
③ （清）孙诒让撰，孙启治点校：《墨子间诂》，中华书局 2001 年版，第 569-570 页。
④ 胡子宗、李权兴等：《墨子思想研究》，人民出版社 2007 年版，第 437-438 页。
⑤ 徐希燕：《墨学研究 墨子学说的现代诠释》，商务印书馆 2001 年版，第 275 页；胡子宗、李权兴等：《墨子思想研究》，人民出版社 2007 年版，第 439 页。

禽子再拜再拜曰：敢问古人有善攻者，穴土而入，缚柱施火，以坏吾城，城坏，或中人为之奈何？子墨子曰：问穴土之守邪？备穴者，城内为高楼，以谨候望适人。适人为变，筑垣聚土非常者，若彭有水浊非常者，此穴土也，急堑城内，穴亓土直之。穿井城内，五步一井，傅城足，高地，丈五尺，下地，得泉三尺而止。令陶者为罂，容四十斗以上，固顺之以薄鞈革，置井中，使聪耳者伏罂而听之，审知穴之所在，凿穴迎之。①

可见，井除了指普通水井外，也指用来对付敌人进攻的地道。它的作用在于容纳污水，以及用来听敌人动向，以化解敌人的进攻。②

通过对墨子所谈各种守城器械的记载，可以看到墨子所设定的城防体系是以城墙为核心，由城墙、楼、亭、井、壕沟等组成的坚固防线，同时配有各种武器，这一切都使守城建立在牢固的基础之上。

第四节　墨子与城市防御兵器③

对于影响战争胜负的各项因素而言，尽管战争性质、人心向背、军事谋略等都占据重要地位，但兵器的作用却是无论如何也不可低估的，墨子极为重视兵器在战争中的效能，他善于改进、创新各种兵器，尤其是防御性兵器，力图通过打造坚兵利器来实现防御战争的胜利。

一　常用兵器

战国时期，战争规模和作战方式都发生明显变化，与之相应的是作战兵器较之前代也更加多样，对于当时使用的武器，墨子曾经提到："为短矛、短戟、短弩、虻矢。"④ "为斤、斧、锯、凿、钻。"⑤ 可见，此时常用

---

① （清）孙诒让撰，孙启治点校：《墨子间诂》，中华书局2001年版，第548—551页。
② 胡子宗、李权兴等：《墨子思想研究》，人民出版社2007年版，第439页。
③ 本节内容参考胡子宗、李权兴等《墨子思想研究》第七章"墨子的军事思想"有关内容，人民出版社2007年版。
④ （清）孙诒让撰，孙启治点校：《墨子间诂》，中华书局2001年版，第561页。
⑤ （清）孙诒让撰，孙启治点校：《墨子间诂》，中华书局2001年版，第563页。

的单兵武器有矛、戟、弩、矢、斧等多种，而兵器的多样化也可有助于应对不同的战场局面。

墨子在军事上注重防御，尤其是善于守城。墨子意识到守城作战，对于守方而言一大优势就是守方可以依托城墙。由于守军多站在城上，面对敌方仰攻，可以利用居高临下之势破敌，为更好发挥这一优势，其兵器也须进行相应改造。对此，墨子特地对有些兵器做了加长处理：如："长斧，柄长八尺。十步一长镰，柄长八尺。十步一斗。长锥，柄长六尺，头长尺。斧亓两端。三步一大铤，前长尺，蚤长五寸。两铤交之置如平，不如平不利，兑亓两末。"① 很显然，长斧、长镰、长锥、大铤等兵器之所以加长，就是为了适应城墙防守，更好发挥居高优势而专门改装的。②

二 守城器械的制作

事实上，城墙并非一个单纯防御工事，而是一个以城墙为主体的防御体系。墨家为强固守御而制造的各种器械，具有克敌制胜的很大把握，以当时的技术条件而言是相当领先的。如公输盘在当时以善造攻城器具而著称，墨子"见公输盘。子墨子解带为城，以牒为械，公输盘九设攻城之机变，子墨子九距之。公输盘之攻械尽，子墨子之守圉有余，公输盘屈"③。可见，就连公输盘这样的匠人，穷尽所能也没有办法战胜墨子，由此可知墨子所发明创造的守城器械的样式之多，作用之巨。④ 墨子发明创造的重要守城设施及器械有渠答、藉车、连弩车、转射机等。

渠答是建在城上用来阻挡敌人的箭石的防御设施。

> 渠长丈六尺，夫长丈二尺，臂长六尺，亓狸者三尺，树渠毋傅堞五寸。藉莫长八尺，广七尺，亓木也广五尺，中藉莫为之桥，索其端。适攻，令一人下上之，勿离。⑤

就是说渠长为一丈六尺，柱长为一丈二尺，臂长为六尺，要埋在地下

---

① （清）孙诒让撰，孙启治点校：《墨子间诂》，中华书局2001年版，第499-501页。

② 胡子宗、李权兴等：《墨子思想研究》，人民出版社2007年版，第436页。

③ （清）孙诒让撰，孙启治点校：《墨子间诂》，中华书局2001年版，第486-487页。

④ 胡子宗、李权兴等：《墨子思想研究》，人民出版社2007年版，第427页。

⑤ （清）孙诒让撰，孙启治点校：《墨子间诂》，中华书局2001年版，第505-506页。

三尺将其固定,所树立的地方不要紧靠城墙,而是要离城墙内边缘有五寸的距离,藉幕长八尺,宽七尺。它的木架宽五尺。在藉幕中部,搭建一横木,横木两端系上绳索,以便上下牵拉,这就如同形成了一个大盾牌。战时,要专门派人上下牵拉,其人要专司其职,不得离开。

藉车是设置于城上,向进攻之敌抛石的器具,即投石机。《备城门》载:

> 诸藉车皆铁什,藉车之柱长丈七尺,亓狸者四尺,夫长三丈以上至三丈五尺,马颊长二尺八寸,试藉车之力而为之困,失四分之三在上。藉车夫长三尺,四二三在上,马颊在三分中。马颊长二尺八寸、夫长二十四尺以下不用。治困以大车轮。藉车桓长丈二尺半。[1]

从以上可知,各种藉车外表皆用铁来包裹,藉车的柱子长一丈七尺,长达四尺的部分埋于地下;车座长三丈至三丈五尺,马颊长二尺八寸,此外,依据所测试的籍车的力度,而后制作车困。可见,藉车的具体结构是:

车座,长三丈至三丈五尺,有四分之三在地面上。

马颊,木杆顶端有一固定环套。可以装放石块等投掷物。木杆末端系上绳子,一旦绳子松开,夫就会脱离马颊的束缚而扬起,并将放在上面的石块抛出去。为了使抛出去的物品射程加长,全靠夫的另一端的绳子的快速拉动。就是利用杠杆作用,把石块等物射向敌军。

困,是架在两根柱子之间的支柱上,用大车轮制成的制动轮。

夫,是用几根长的木棍捆在一起合成为粗壮的木杆,长三丈五尺,是用来抛石的长臂。

连弩车是一种大型弩机发射车。《备高临》中对此有详细介绍(见本章第二节"致力发明新式武器")。

为了应对进攻之敌构筑高台攻城,还可以制作一种连弩车。制作这种连弩车所用的木材,大小一尺见方,使得其长度与城墙厚度相同。两根车轴,三个轮子,轮子安装在车厢的中部,以使重心向下。车厢左右上下有两个立柱,左右还有两根横梁,上面又用四根横木连成一体。横柱左右两

---

① (清)孙诒让撰,孙启治点校:《墨子间诂》,中华书局2001年版,第533-534页。

头都是圆榫头，直径为四寸左右，将弩之臂捆绑在左右两边立柱上，用弓弦钩住弓弦，连到大弦上。弩臂前后与车厢部齐高，大约八尺。弩轴距车身三尺五寸。连弩机的"机括"，即机关，是用铜制成的，重约一百五十斤。使用辘轳牵动弓弦，车厢的周长相当于人的三围半，左右两侧装有钩距，大约三寸见方。车轮厚一尺二寸。钩距臂宽一尺四寸，厚七寸，长六尺。横臂长出车厢约一尺五寸，上装称为"距"的横柄，柄宽六寸，厚三寸，长度与车厢同长。还装有瞄准仪，使用时可以上下调整。还有弩床，是用一围五寸的木材做成的，重一百二十斤。箭身长十尺，用绳系住箭尾，就像用细绳系住射飞鸟的箭一样，只是射出的箭是用辘轳摇回。箭比弩臂高三尺。十个人一辆车，可以同时发箭，用箭没有固定数，但至少一个人可以用到六十只箭。小箭也可以不再收回。这样的连弩车，十人负责使用一辆。为了有效抵御敌人的进攻，构筑高楼射击攻城之敌，须在城上用草编成厚实的掩蔽来抵挡和收集敌人射来的箭。

转射机是指可以转动而变换方向的弩架。

> 转射机，机长六尺，狸一尺。两材合而为之辊，辊长二尺，中凿夫之为道臂，臂长至桓。二十步一，令善射之者佐，一人皆勿离。[1]

转射机构造：机长六尺，埋在地下一尺，用两根木头合为车辊，辊长二尺，后部用重物压住，在当中凿通把弩机既固定又可以使其旋转改变方向。每二十步放一个，由善射者一人专门负责，派一人辅助，都不可随意离开。[2]

三 新型武器

墨子不只是一个思想家，也是一个科学家和发明家，在防御武器的制造方面，墨子除了大量制造普通兵器外，还利用自己在科技方面的特长，制造了一些新型武器，不仅在实战中取得了奇效，也丰富了古代兵器的种类，促进了军事科技的发展。

一是声学原理的应用。声学是现代物理学的分支，在墨子那里，声学

---

[1] （清）孙诒让撰，孙启治点校：《墨子间诂》，中华书局 2001 年版，第 503-504 页。

[2] 胡子宗、李权兴等：《墨子思想研究》，人民出版社 2007 年版，第 428-430 页。

原理已经在军事实践中得到了运用："令陶者为罂，容四十斗以上，固顺之以薄鞈革，置井中，使聪耳者伏罂而听之，审知穴之所在，凿穴迎之。"① 在这里，显然是利用声学的原理，侦探敌人动向，反映了科技在军事方面的进展。

二是墨子利用物质的化学反应，制作了一些带有化学性质的武器。如：

> 令陶者为月明，长二尺五寸，六围，中判之，合而施之穴中，傿一，覆一，柱之外，善周涂亓傅柱者，勿烧。柱者勿烧，柱善涂亓窦际，勿令泄。两蒭皆如此，与穴俱前。下迫地，置糠若灰亓中，勿满。灰糠长五窦，左右俱杂相如也。穴内口为灶，令如窑，令容七八员艾，左右窦皆如此，灶用四蒙，穴且遇，以頡皋冲之，疾鼓蒙熏之，必令明习蒙事者，勿令离灶口。连版以穴高下广陕为度，令穴者与版俱前，凿亓版，令容矛，参分亓疏数，令可以救窦。穴则遇，以版当之，以矛救窦，勿令塞窦。窦则塞，引版而郤，过一窦而塞之，凿亓窦，通亓烟，烟通，疾鼓蒙以熏之。②

可以看到，墨子设定的战法是点燃燃烧物，但不引发明火，只让其发烟，然后使用风箱鼓风，催生更多的浓烟，然后将这些含有一氧化碳和二氧化碳的烟雾吹向敌军，用烟雾使敌军出现呼吸困难，甚至窒息现象。同时，为防止敌人用烟来熏自己，可以这样做："以盆盛醯，置穴中，文盆毋少四斗。即熏，以目临醯上，及以油目。"③ 这些做法，已经涉及物质的化学反应。④

---

① （清）孙诒让撰，孙启治点校：《墨子间诂》，中华书局 2001 年版，第 550-551 页。

② （清）孙诒让撰，孙启治点校：《墨子间诂》，中华书局 2001 年版，第 551-553 页。

③ （清）孙诒让撰，孙启治点校：《墨子间诂》，中华书局 2001 年版，第 564 页。

④ 胡子宗、李权兴等：《墨子思想研究》，人民出版社 2007 年版，第 435 页。徐希燕：《墨学研究 墨子学说的现代诠释》，商务印书馆 2001 年版，第 270-271 页。

第六章　墨子的管理思想

孟子说："争地以战，杀人盈野；争城以战，杀人盈城。此所谓率土地而食人肉，罪不容于死。故善战者服上刑，连诸侯者次之，辟草莱、任土地者次之。"（《孟子·离娄上》）诸侯"善战"的欲望使得社会失序，天下大乱，道德失范，如何重整社会秩序，重建伦理道德，实现天下的统一，则成为摆在儒、墨、道、法等思想家面前的重大课题。他们纷纷从不同的观察角度、不同阶层的利益出发，阐述其治国的谋略和管理社会的模式。其中，墨子根据对战国初期社会形势的综合分析，在吸收其他诸子学说的基础上形成了以兼爱、尚贤和尚同为核心的管理体系。墨子管理思想的灵魂是利国利民，所有的措施都围绕"兴天下之利，除天下之害"这一主旨展开，成为"农与工肆之人"（《尚贤上》）等阶层的代言者，通过构建和谐的社会以解决天下苍生的灾难和痛苦。时至今日，这一思想仍闪烁着古典时期圣哲的光辉。

第一节　墨子的人才管理思想

鲁哀公问政，孔子回答说："文武之政，布在方策，其人存则其政举，其人亡则其政息。……故为政在于得人，取人以身，修道以仁。"（《孔子家语·哀公问政》）很明显，这里是强调贤哲与政治的关系问题，优秀的人才关系着国家的兴衰与存亡。墨子对人才极为重视，且将其视为国家的珍宝，社稷的辅佐，他说："入国而不存其士，则亡国矣。见贤而不急，则缓其君矣。非贤无急，非士无与虑国。缓贤忘士，而能以其国存者，未曾有也。"（《亲士》）《墨子》中有大量相关的论述，蕴含着丰富的育才、选才和用才的智慧，形成别具一格的人才管理思想，"尚贤"则是其核心与灵魂。

一 墨子的育人智慧

墨子的人性论与孔子极为相似，不过他是受到丝染说影响，《所染》记载墨子见丝染后感叹说："染于苍则苍，染于黄则黄，所入者变，其色亦变，五入必，而已则为五色矣！故染不可不慎也！"而且还引发了他对环境育人的思考，说："非独染丝然也，国亦有染。舜染于许由、伯阳，禹染于皋陶、伯益，汤染于伊尹、仲虺，武王染于太公、周公。此四王者所染当，故王天下，立为天子，功名蔽天地。举天下之仁义显人，必称此四王者。夏桀染于干辛、推哆，殷纣染于崇侯、恶来，厉王染于厉公长父、荣夷终，幽王染于傅公夷、蔡公谷。此四王者，所染不当，故国残身死，为天下僇。举天下不义辱人，必称此四王者。"如有学者说："人性本来没有善恶之分，人之所以能够表现出善恶都是由于后天环境的影响。因此，他更加注重自身的修养，并且他认为修身是一个人立身行事的根本，《墨子》一书中就包含了丰富的人格修养论。"①

墨子本人身体力行、言行一致，践履他所提出的廉洁、仁义、慈爱和利人等育人原则，以培养出"兼相爱，交相利"的理想人格，进而实现其政治理想。墨家的教育方法主要有注重德行、善于辩论和具有一技之长。

培养贤士是墨子的育人目标，而贤士品质则是具备"兼爱"和"正义"。他时常教育弟子要勤劳从事、吃苦耐劳，反对浪费，且将"节俭"与个人、家庭、国家的命运联系在一起，即学者们讲的"节俭则昌，淫佚则亡"②。当然，无论是做事还是做人，墨子都强调弟子都要遵守墨家的规矩，否则就要被赶出师门，如钜子腹䵍居秦，其子杀人。秦惠王对他说："先生之年长，非有他子，寡人已令吏弗诛矣。先生之以此听寡人。"然而，腹䵍则说："墨者之法曰：'杀人者死，伤人者刑。'此所以禁杀伤人也。"（《吕氏春秋·去私》）最终，他将自己的儿子送上了刑台。这也说

---

① 周群英：《墨子人才管理思想及育人方法研究》，《湖北社会科学》2013年第7期。
② 张俊相：《墨子的"节俭则昌，淫佚则亡"》，《道德与文明》1994年第1期。

明贤士将国家和人民的利益放在至高位置，必要时可以牺牲自己的生命。

与孔子主张的"仁而不佞"（《论语·公冶长》）不同，墨子认为要实现自己的政治主张，必须有能言善辩的贤士进入社会、朝堂进行说教，所以"辩乎言谈"亦是墨子育人的重要目标。他说："譬若欲众其国之善射御之士者，必将富之，贵之，敬之，誉之，然后国之善射御之士，将可得而众也。况又有贤良之士厚乎德行，辩乎言谈，博乎道术者乎，此固国家之珍而社稷之佐也，亦必且富之，贵之，敬之，誉之，然后国之良士，亦将可得而众也。"（《尚贤上》）墨子育人方式无疑是符合历史实际的，并促使墨家成为战国初年与儒学并称的"显学"，给占主导地位的儒学产生强有力的冲击，这也是孟子极力批评墨学的重要原因。在墨家影响下，儒家也被迫培养善辩的人才，这也是孟子和荀子都发出"予岂好辩哉？予不得已"（《孟子·滕文公下》）的慨叹。

墨子认识到仅有"辩乎言谈"的口才，却不能自立于社会，这样的人才也不是他所希望看到的，所他同时强调弟子门人必须具备多种技能，即"博乎道术"。所谓的"博乎道术"就是想让弟子具备谋生本领，至少能自食其力，这也促使了中国科技的发展，墨子也被后世尊称为"科圣"，甚至与现代的职业教育相联系。如有人说："在春秋战国时代，墨子以'农与工肆之人'为教育对象，创办了亦工亦读的私学，教育弟子学会掌握一定的生产技术和技巧，可谓开辟了中国职业教育的先河。"① 当然，尽管墨子著有《非攻》篇，但是战争无法避免，所以墨子特别强调弟子务必具备军事防御和战争技能。只有贤士具备了此项技能，才能保护自身，保全百姓生命财产的安全，体现其"兼爱"的特点。

应该说，墨子是从维护"农与工肆之人"利益的角度出发，将培养具有高尚人格、辩乎言谈和博乎道术的"兼士""贤士"作为目标，以实现其"兼相爱，交相利"的社会理想。通过这样的育人措施，培养出能够忠实执行其社会管理思想的人才。

二　墨子的选才智慧

墨子继承孔子儒家"为政在于得人"（《孔子家语·哀公问政》）思

---

① 秦真勇：《墨子职业教育思想管窥》，《职业教育研究》2009年第4期。

想，提出任用贤人治理国家的主张，他说："是在王公大人为政于国家者，不能以尚贤事能为政也。是故国有贤良之士众，则国家之治厚；贤良之士寡，则国家之治薄。故大人之务，将在于众贤而已。"（《尚贤上》）所以，作为国家的决策者必须将选用贤才作为治理国家的首要任务。其实，这也是先秦时期百家诸子的共识。

当然，在选人的过程中，墨子对人才的要求相对宽松，即所谓的"良剑期乎利，不欺乎莫邪"。换句话说，只要具备正常德义素质，且有一技之长，就应该将其选拔上来，并委以重任。在选用人才上，墨子还有一个突出的贡献是极力反对贵族世袭制，提出不问出身，不问等级，只要是贤者就应该被举荐任事。正如有学者所说："面对'爱有差等'的社会现实，他一方面正视统治者与百姓间的阶级对立；另一方面要求统治者兼爱百姓，并告之以'功，利民也'。'是否利民'是能否满足老百姓的利益，这才是衡量统治者功绩的尺度。"① 这应是墨子对传统世卿世禄提出的挑战。

除世卿世禄制度外，当时的统治者还根据个人好恶任用亲近之人，德才兼备者却很难得到重用，所以墨子提出任人唯贤的选人原则，认为选拔人才应不避贵贱、不避亲疏、不避远近，即选拔人才以贤能作为唯一标准。这一主张使出身低微的农、工、商等阶层获得了与王公贵族同样的出仕机会。提倡有能则举之，无能则下之，实现政治生态中的官无常贵、民无常贱。"墨子把选拔人才的范围扩大到了整个社会，打破了传统的宗法世袭制，否定了'亲亲''尊尊''任人唯亲''任人唯贵''任人唯色'等用人原则，可谓是中国思想史上的一大创举。"② 应该说，墨子的这一用人原则也成为打破传统用人制度的一把利器。

当然，墨子的选人原则并非为其谋取私利，核心标准是以国家社稷和普通百姓利益为重。墨子说："选天下之贤可者，立以为天子。天子立，以其力为未足，又选择天下之贤可者，置立之以为三公。天子三公既以立，以天下为博大，远国异土之民，是非利害之辩，不可一二而明知，故画分万国，立诸侯国君，诸侯国君既已立，以其力为未足，又选择其国之

① 李静：《墨子管理思想的人民性及现代价值》，《天津市工会管理干部学院学报》2001 年第 2 期。
② 訾其伦：《论墨子的选人用人之道》，《领导科学》2012 年第 23 期。

贤可者，置立之以为正长。"（《尚同上》）其实，选贤与能也并非墨子的独创，应是春秋战国时期学者的普遍看法，由于墨学的选人思想较为典型，对后世的影响更大。

此后的不少诸子对这一思想都有继承或者发展，如荀子提出的"内举不避亲，外举不避仇，是在焉从而举之，非在焉从而罚之，是以贤良遂进而奸邪并退"（《韩非子·说疑》）；又如《荀子·成相》中的"大人哉舜，南面而立万物备。舜授禹，以天下，尚得推贤不失序。外不避仇，内不阿亲，贤者予"。应该说，墨子的选人智慧蕴含在其一整套的制度和论述中，不仅在当时的人才思想中具有重要地位，而且对后世统治者选拔人才和治理国家都具有重要的启示意义。

三　墨子的用人智慧

如果说育人和选人是前提，那么用人就属于墨子人才管理思想的核心，把推崇、任用贤能者视为为政之本，即"夫尚贤者，政之本也"（《尚贤上》）。墨子在其著作中提出了一整套的用人措施，包括量才适用、爵禄激励和奖惩措施。虽然汉代之后墨学受到人们的冷落，但《墨子》中蕴含的"赏贤事能"思想却为后世所推崇，如有学者说："墨子提出'尚贤事能'是为政之本，'尚贤事能'是墨子人才管理学说的核心。墨子否定天命论，反对世袭，反对终身制，主张任人唯贤。他在两千四百多年前提出的'尚贤事能'为核心的完整系统的人才思想，无疑是有很大进步的。"① 而汲取墨子人才管理智慧则为当下人才管理提供有益的滋养。

量才适用是墨子选拔与任用人才的核心原则，要求既不能大材小用，亦不能小材大用，务必做到人尽其才，这是对有任命权的君主或官吏提出的知人善任要求。他首先提出用人前要对其进行道德考察，说："圣人听其言，迹其行，察其所能，而慎予官，此谓事能。故可使治国者使治国，可使长官者使长官，可使治邑者使治邑。"（《尚贤中》）杜绝一切"不胜其任而处其位""不胜其爵而处其禄"者。与此同时，还应充分发挥人才的特长，给予合理分工，即"能谈辩者谈辩，能说书者说书，能从事者从事"（《耕柱》），实现各安其位，各尽其能，以在最合适的岗位谋求绩效

---

① 朱光磊：《关于墨子管理学说的几个问题》，《河北机电学院学报》1993 年第 4 期。

最大化。

在做出成绩的基础上，墨子提出给予人才相应的官爵和俸禄，即"富之，贵之，敬之，誉之"。换句话说，就是从经济上能够满足人才的经济生活和社会保障，从政治上给予相应的体面地位和权利荣誉。应该说，墨子的这一主张与当时来自社会底层的人才得不到相应的待遇有关。"墨子从下层劳动者'爵位不高''蓄禄不厚''政令不断'的实际情况出发，提出要给予人才权、钱、地位和声望，即'高予之爵，重予之禄，任之以事，断予之令'，这也体现了下层劳动者平等地参与社会政治的强烈愿望。"① 墨子的初衷是希望调动更多优秀人才参与政事，以实现其天下大同的政治理想。

墨子最早制定了人才考核与奖惩的具体标准，认为人才的考核应根据具体的职位从德行、能力和实绩等进行全面考核。在现实生活中，设置了不同的岗位，并赋予不同的职能，考核的目的则是要考量其是否圆满地履行了职责。墨子认为，称职的人才治国应"蚤朝晏退，听狱治政"，治官应"夜寐夙兴，收敛关市、山林、泽梁之利"，治邑应"蚤出莫入，耕稼、树艺、聚菽粟"（《尚贤中》）。根据考核结果，对其实施奖惩，对贤能者"举而上之，富而贵之，以为官长"；对平庸者"抑而废之，贫而贱之，以为徒役"。这种考核办法与现在所提倡的优胜劣汰正相对应，蕴含着能上能下的人才管理模式和用人智慧。

应该说，墨子的用人思想来源于他对以往历史的思考和现实社会的冷静观察，最后汇集到其"尚贤"学说之中。"墨子的尚贤主张反映了'农与工肆之人'急切希望打破世卿世禄、任人唯亲的传统用人标准，依据人的才能和德行而不是出身的等级尊卑平等参与政治的要求和呼声，因而具有鲜明的人民性之外，其职能相符的制度特征也十分鲜明。"② 虽然墨子的用人思想并未被当时的统治者所采纳，但却历经岁月的考验而光辉不减，成为不可多得的思想珍品。

---

① 訾其伦：《论墨子的选人用人之道》，《领导科学》2012 年第 23 期。

② 陈延庆：《论墨子管理思想的逻辑结构及其基本特征》，《江西社会科学》2000 年第 9 期。

第二节　墨子的社会管理思想

春秋战国之际，中国社会发生巨大变革，出现前所未有的社会失序和道德失范，而重建道德体系，重建新的社会秩序就成为诸子百家所要解决的核心问题。以兼爱为核心，以交相利为目标，以尚同为理想的墨子社会管理思想可谓独树一帜。墨子管理思想的独特性应与其出身有关，即"人民性"，墨子"整个思想都是从下层百姓、人民大众的立场进行阐发的。也正基于此，墨子哲学改变了先秦哲学为专制制度论证的功能，开启了为以农业、手工业为主体的平民百姓服务，也即论证平民政治合理性的先河"①。其实，墨子社会管理思想都是围绕"兴天下之利，除天下之害"（《明鬼下》）展开的。

一　兼相爱：社会管理的核心

墨子说："若使天下兼相爱，国与国不相攻，家与家不相乱，盗贼无有，君臣父子皆能孝慈，若此则天下治。"（《兼爱上》）所以他把劝人相爱作为一种社会道德加以阐扬，以培养社会管理的高级人才："兼士"和"兼君"。这些人才，"他们具有高尚的道德品质与修养，本着'兼相爱，交相利'的原则从政治国，他们所推行的'兼政'给天下百姓带来了大利。……将会使天下秩序和谐安定，万民衣食丰足，使老有所终，幼有所养"。"这便是墨子理想的管理格局。"② 应该说，目睹了"国与国相攻，家与家相篡，人与人相贼"（《兼爱下》）的社会现实，墨子得出此类祸篡怨恨产生的根源是天下人的"不相爱"，所以他提出"兼相爱"作为管理社会、治理国家的核心理念。

由于墨子出身低微，使其自幼就认识到底层百姓生活的艰辛，他所提出的"兼爱"自然打上了基层社会的烙印，所以其"兼相爱"强调的是统治者与百姓是平等的，没有等级的差别。当然，面对当时"爱有差等"的

---

① 李静：《墨子管理思想的人民性及现代价值》，《天津市工会管理干部学院学报》2001 年第 2 期。

② 李少惠：《墨子的管理思想及其特征》，《兰州大学学报》1997 年第 2 期。

现实，墨子一方面正视社会中存在的等级差别；另一方面则要求统治者能兼爱百姓，实现二者间最大的和谐。他所开出的药方是培养大爱精神，即"视人之国若视其国，视人之家若视其家，视人之身若视其身。是故诸侯相爱则不野战，家主相爱则不相篡，人与人相爱则不相贼，君臣相爱则惠忠，父子相爱则慈孝，兄弟相爱则和调"（《兼爱上》）。"墨子'兼相爱'的和谐社会蓝图，其实就是对各种社会关系进行平衡，将'兼爱'落实到不同社会关系中。为此他梳理出六种最基本的社会关系，并提出相应的平衡之道。"①

为使"兼相爱"理想得到落实，墨子曾提出许多与之相配套的措施，其中以"非攻"为代表。墨子认为战争是导致社会混乱的根源，是天下之巨害。然而，墨子毕竟无法阻止天下的战争，他不得已开始带领弟子训练守城技能，《墨子》中有大量与此相关的言论。"这里面渗透着强烈的爱民、利民的思想。他虽然反对战争，但他意识到阻止不了战争。因此在如何反侵略，进行自卫战争的问题上，他从国家、百姓和人民的利益出发，提出了很多有价值的军事管理思想。从作战的物质准备到思想准备，战时安排到守城方法，从战旗的使用到军令的服从，他都有详尽的论述。"② 尽管如此，墨子还是希望天下之王公大人士君子能够培养"义正"精神，以便"上欲中圣王之道，下欲中国家百姓之利"（《非攻下》）。

墨子的"兼爱"主张在当时引起强烈的反响，即便是对其提出严厉批评的孟子也不得不承认"墨子兼爱，摩顶放踵，利天下而为之"（《孟子·尽心上》）。墨子欲构建的"视人若己""爱人若己"的"兼爱"社会在诸子百家中是独树一帜的。他力图打破地域、血缘和亲情的界限，将平等之爱散播到墨者所到之处。这种博爱的价值观，体现了人类高尚的精神追求，是人与动物区别的根本所在。

二 交相利：社会管理的目标

墨子主张人际关系的管理应从改变人们观念入手，如果说"兼相爱"

---

① 张金山：《墨子的和谐管理思想》，《辽宁经济管理干部学院》2011年第6期。

② 李静：《墨子管理思想的人民性及现代价值》，《天津市工会管理干部学院学报》2001年第2期。

是其社会管理的核心的话，那么"交相利"就是社会管理中经济运行之目标。如墨子说："若夫兼相爱，交相利，此其有利且易为也……万民衣食之所以足……此圣王之道而万民之利也。"（《兼爱下》）意思是说，兼相爱、交相利是很容易实现的事情，特别是实现了"交相利"，就能成为圣王。"按照墨家'兼相爱'的社会政治观，在人们的经济关系中应遵循'交相利'的行为准则，使人们能建立互利的关系，以抑制争夺，在社会和谐中实现万民之利。"[1] 墨子这里是希望能通过构建互利互惠的社会，以消除社会的动乱，给处于战乱中的普通百姓带来一些福祉，这也是对孔孟儒家强调贵义贱利主张的一种补救。

当然，尽管早期儒家侧重于强调仁义，但这种强调是针对统治者的，是希望他们能够做好自己的本职工作，少与百姓争利，这也是《孟子》开篇对梁惠王强调"何必曰利"的原因，否则社会必将出现"上下交征利而国危""不夺不餍"（《孟子·梁惠王上》）等局面。当然，儒家等学派不与民争利的主张和墨子"交相利"的管理目标在本质上是一致的，可谓殊途而同归。"墨子提出兼爱交利的理想社会是以人人平等，有财有分，有利相交，彼此互爱为基本目的的。虽然孔、老、墨三家理想各不相同，代表的阶级利益也不相同，但在一点是相同的，即对民不聊生的黑暗现状的愤慨，他们从不同的角度关心到人性问题，关心人的生存。这个共同点正是春秋战国之际士、农、工、商阶层的壮大，贵族萎缩的一个反映。"[2] 墨子这里所谈论的既是人们的生存问题，同时也是社会的管理模式问题。

正是要解决百姓的疾苦，所以他的社会管理思想是以"兴天下之利，除天下之害"为目标，反复强调这一法则的重要性。墨子强调说："仁人之事者，必务求兴天下之利，除天下之害。"（《兼爱下》）又说："凡言凡动，利于……百姓者为之；凡言凡动，害于……百姓者舍之。"（《贵义》）墨子并非单纯的理论家，他还将自己的这套思想付诸实践。如当得知鲁班为楚国制造云梯将攻打宋国时，他"行十日十夜而至郢"，凭借智慧化解了宋国的这场灾难。所以，"墨子言功利，不是利己，而是为万民

---

①　邱燕翎：《墨子管理思想初探》，《江淮论坛》1992 年第 6 期。

②　刑兆良：《墨子评传》，南京大学出版社 1993 年版，第 193-194 页。

兴利除害，主张普天同利。……是墨子管理学说的宗旨"①。以百姓是否得利是墨子思想区别于其他诸子管理思想的重要标志。

应该说，墨子"交相利"学说是"兼相爱"管理思想在现实社会中的具体表现，谋取大众之利，是墨子及墨家学者一直所憧憬、追求的理想境界。作为社会中小生产者的代表人物，墨子的主张集中反映的是社会下层反对恃强凌弱、以富辱贫、以贵傲贱的行为，希望社会能够平等，希望人人互助互爱，希望社会资源能够人人得利。当然，由于这种思想超越了阶级诉求，超越了时代界限，所以只能算是一种社会管理的理想状态，在当时甚至传统社会后期都是根本无法实现的，墨子的"这一思想显然有他的阶级局限性"②。尽管如此，墨子这种"明知不可为而为之"的精神与孔孟儒家是一致的，也是可以理解和接受的，这也是传统社会能够不断向前的重要原因。

三　崇尚同：社会管理的理想

如果说"兼相爱"和"交相利"是墨子社会管理思想宗旨的话，那么"崇尚同"则应是其管理思想的理想，这与儒家的"大同"理想有着相似之处。如墨子说："今天下之王公大人士君子，请将欲富其国家，众其人民，治其刑政，定其社稷，当若尚同之不可不察，此之本也。"（《尚同下》）也就是说上至天子下至君子，目标都是要使国家富裕，人民众多，刑政治理，社稷安定，"尚同"自然成为社会管理的理想境界。当然，"尚同"并不等于"专制"，其前提是贤能者为政，即"选择天下之贤能、圣知、辩慧之人，立以为天子……置以为三公……设以为万诸国君……置以为左右将军"（《尚同中》）。而要实现这一理想境界，前提是打破固有的等级制度，打破封建宗法制下的亲疏、贵贱和尊卑的体制牢笼。

墨家的"尚同"理想是对此前社会管理思想的继承与发展，春秋时期齐国思想家晏婴曾说："国有三不祥，是不与焉。夫有贤而不知，一不祥；知而不用，二不祥；用而不任，三不祥也。"③《礼记·中庸》中亦说：

---

① 朱光磊：《关于墨子管理学说的几个问题》，《河北机电学院学报》1993年第4期。

② 付进扬：《浅析墨子的管理思想》，《江西行政学院学报》2006年第1期。

③ 汤化译注：《晏子春秋》，中华书局2015年版，第110页。

"夫政也者，蒲卢也，待化以成。故为政在于得人，取人以身，修道以仁。"即"贤人政治"是当时社会思想家的共识，尤为平民出身的墨子所重视，如有学者说："尚贤择君择礼是为了能一同天下之义，使贤君、贤礼能领导、管理社会……尚贤就是反对以血统门第世袭的'任人唯亲'的举官制度。用'任人唯贤'反对'任人唯亲'是西周官学瓦解、私学兴盛过程中政治斗争的一种表现。"①"尚贤"是墨子实现社会管理理想的最核心的抓手，对后世产生了深远的影响。

由于墨子"尚同"思想极为强调"一同天下之义"，首先要冲破的就是世袭制，即便天子也要由选举产生，再由天子选拔贤能者出任三公和诸侯，诸侯国君再选拔贤能者出任大夫、乡长和里长。这种层层选拔就能确保思想的高度统一，具体流程为里长"发政里之百姓"→乡长"一同乡之义"→国君"一同国之义"→天子"一同天下之义"，最终实现"天下治"（《尚同上》）。墨家的这种权力的高度统一性，也并非盲目地服从上级。假若上级有过错，下级也要进行规劝，并负责将辖区内好的建议反映给上级，即墨子说的"上有过则规谏之，下有善则傍荐之"。以此为基础，墨子特别强调天子权威性，说："天下既已治，天子又总天下之义，以尚同于天。"（《尚同上》）墨子的"尚同"理想，是建立在"社会各基层思想保持高度统一"基础上的，"彼此就能相互知情，使社会矛盾及时得到解决和化解"②，从而实现社会的整体和谐。

由此可见，墨子认为要使社会和谐，就要将社会的管理权归于道义的统一。道义统一的方式是设立天子、诸侯国君和各级行政长官。他认为，只要下级绝对服从上级，并以上位者的是非为是非，就不会产生分歧，就不会产生混乱，就能实现天下治。很显然，墨子的这一思想有着空想性，"这种'尚同'的思想，反映了作为小手工业者的墨家学派重视集中统一和严格的纪律性，以及幻想通过'尚同'而实现太平的一种理想"③。所以，墨子"尚同"的社会管理模式几乎不可能为社会所接受，只能成为一种空想。如果说墨子有所实践的话，就是将其用于墨家学派的管理，但事

---

①　邢兆良：《墨子评传》，南京大学出版社 1993 年版，第 207 页。

②　张金山：《墨子的和谐管理思想》，《辽宁经济管理干部学院学报》2011 年第 6 期。

③　谭家键、孙中原：《墨子今注今译》，商务印书馆 2009 年版，第 59 页。

实证明这种实践并不成功。由于墨子的后继者（历代钜子）权力高度集中，限制了墨家学派的发展，这也是墨学在战国后期走向衰亡的重要原因。

第三节　墨子的行政管理思想

虽然战国时期的墨学并未成为社会的主流，其政治学说也很少为统治者所采纳，但墨子所创立的墨家与儒家、法家等相似，都是欲使其学说被那个时代所关注，进而成为指导国家治理的指导思想，所以墨子及其学说中充满着以运用国家权力对社会事务进行管理的内容，主要体现在尚贤使能、崇尚集权和爱民利民等方面。墨学的这些行政管理思想尽管与儒家、法家有着明显的不同，所代表的主要是"小生产提高自己政治、经济地位的愿望和要求"①，具有浓厚的时代气息，但这种气息却代表着社会前进的方向，这与近现代以来的行政管理思想有着高度的契合度，成为现代行政管理参照的重要资源。

一　尚贤事能的行政智慧

墨子认为，尚贤是行政管理的根本，所以他特别重视尚贤使能在行政管理中的基础作用。在选拔人才上他始终坚守两项标准：一是"得意，贤士不可不举；不得意，贤士不可不举"；二是"列德而尚贤，虽在农与工肆，有能则举之"（《尚贤上》）。墨子认为，春秋战国时期之所以出现社会混乱，很大程度上是因为王公大人为政国家时"不能以尚贤事能为政"。要改变现状就必须"不党父兄，不偏富贵"真正做到"贤者举而上之，富而贵之，以为官长；不肖者抑而废之，贫而徙之"（《尚贤中》）。针对墨子的这一观点，有学者评价说："墨子主张政治向下层人们开放……既要给他优厚的物质待遇，又要赋予他崇高的社会地位，还要授予他职权使他充分施展才能。高爵、重禄、职权被墨子称为'为治三本'，并不是为了赏赐贤者，而是使贤者当政能忠于职守、尽职尽责的三种必要工作

---

① 邱燕翎：《墨子管理思想初探》，《江淮论坛》1992 年第 6 期。

条件。"①

墨子能把"高爵、重禄和职权"授予贤能者，且作为社会治理的法宝，这与当时的世之人主"多以珠玉戈剑为宝"（《吕氏春秋·侈乐》）不同，也与儒家的"人亲以为宝"（《礼记·大学》）、"忠信以为宝"（《孔子家语·儒行解》）、"以货财为宝"（《荀子·儒效》）等不同。同时，墨子也承认，同为贤士其才能却存在不小的差别，所以在任用时务必坚守"选择其次"②（《尚同下》）的原则任用贤才。如有学者评价说："职能相符作为制度特征，无论在人才的选拔、识别还是任用、考核等方面都突出地体现出来。尚贤是任其德，事能是使其才，由于贤者的德行、能力有高低、大小之别，必须根据各人的能力量才使用，因事任人。"③ 这种"量才使用"和"因事任人"是对传统行政思想和行政智慧的新发展。

在选用贤才的过程中，与儒家相似的是墨子同样将"德"置于优先地位，如他说："以德就列，以官服事，以劳殿赏，量功而分禄。"（《尚贤上》）又说："德行、君上、老长、亲戚，此皆所厚也。"（《大取》）墨子的这一思想是对此前"重德"观念的继承与总结，上古三代时期的圣王在施政时，总是安排位置给德行高尚的人。更为可贵的是墨子还提出了任前试用的原则，即"听其言，迹其行，察其所能，而慎予官，此谓事能"（《尚贤上》）。墨家的选贤是"没有范围限制的"④，只要有德、有才就会有位。墨子之所以强调立德修身对贤才的作用，是因为他看到德行对官员处理行政事务时的核心价值。

应该说，墨子的这一选人用人的标准，是对传统官员选拔世袭制的一种否定，也是对孔子儒家强调血缘亲疏远近的反叛，反映了以小手工业者为代表的社会下层对管理社会事务的迫切要求。只是由于墨子的主张缺少相应的配套机制和牢固的根基，其缺陷也是非常明显的。"如果使用不当，会造成权力过分集中于某一个人的现象，继而产生滥用权力的问题。"⑤ 这

---

① 崔永斌：《墨子管理思想的现代价值》，《平原大学学报》2004 年第 6 期。

② （清）孙诒让撰，孙启治点校：《墨子间诂》，中华书局 2001 年版，第 90 页。

③ 李少惠：《墨子的管理思想及其特征》，《兰州大学学报》1997 年第 2 期。

④ 徐希燕：《墨子的管理思想研究》，《南开管理评论》2000 年第 4 期。

⑤ 兰兰、徐顽强等：《〈墨子〉的行政管理思想及其对现代公务员管理的启示》，《湖北社会科学》2013 年第 9 期。

也是墨学不能成为当时乃至后来社会行政管理思想主流的重要原因。尽管如此，墨子要打破宗法制，注重任贤事能，且有任前考察，任后督查等措施相保障，为探索新时期社会管理的模式提供了有益的参照资源。

二 崇尚集权的行政思维

在与儒者的辩论中，墨家虽然提出"仁人事上竭忠，事亲得孝，务善则美，有过则谏，此为人臣之道"（《非儒下》），但墨子所关注的重心却在"事上竭忠"上，也就是上文所说的"上同"。只有如此才能快速、有效地解决社会的纷争，解决行政效率低下的弊端。墨子反复强调意见同一于天子的重要性，他说："天子之所是，皆是之，天子之所非，皆非之。去若不善言，学天子之善言；去若不善行，学天子之善行，则天下何说以乱哉？"（《尚同上》）为避免此类现象干扰行政事务，墨子特别强调天子意见的重要性，难怪人们誉其为"上同"。如有学者说："墨子的'尚同'即'上同'，作为一种政治主张，强调人们在政治、经济、军事和文化等领域的是非标准应统一于上级，并最终统一于天。"①

墨子的"上同"方案无疑是有利于解决行政事务的分歧的，这与他所观察到的社会现象有关，他曾说："一人则一义，二人则二义，十人则十义，其人兹众，其所谓义者亦兹众。是以人是其义以非人之义，故交相非也……天下之乱，若禽兽然。"（《尚同上》）墨子认为天下混乱的根源在于人们判断是非的标准不统一，这一判断具有很强的说服力。"要从根本上消除社会动乱，还得从思想上加强统制。人的行为往往受思想意识的支配，没有思想的统一，便不能有行动上的一致。这就要求人们的是非标准统一起来，使人们的思想达成共识，故而墨子提出尚同的主张。"②尽管墨子尚同的主张并非要加强中央集权专制，但既然以"天子"的思想意志为标准，难免会以统治者意志为法律准绳，被统治者都要绝对服从它。

按照墨子所设计的行政系统，主要包括天、天子、诸侯、三公、大夫、将军、乡长、里长，士是连接里长和庶人的桥梁，而庶人则是社会的

---

① 兰兰、徐顽强等：《〈墨子〉的行政管理思想及其对现代公务员管理的启示》，《湖北社会科学》2013 年第 9 期。

② 李少惠：《墨子的管理思想及其特征》，《兰州大学学报》1997 年第 2 期。

最基层。这些阶层的成员均不得随意行事，要依次由各自的上级领导，即便是有"善言""善行"也务必逐级申报，最后由代表天志的天子来决定。用这样的组织形式，建立了自上而下、自下而上的逐级管理模式。在这种稳定的组织构造限定下，一个新的和谐稳定的统治秩序得以成立，这也是墨子和墨家为重建新的社会秩序所设计的方案。这种理想救世方案的运行，其前提是上自天子下至里长都是社会中的贤人，其中"天子"是"天下最贤能的人"，他的救世标准是"统一天下道德标准"，最终使天下"由相互攻击争斗，变成相互亲善，和睦相处，达到大治"①。

墨子行政思维设计的出发点是针对统治者内部混乱斗争的现状，是要解决因内耗而削弱国力的弊端，提高行政效率。然而，事实上在当时条件下几乎是不可能的事情。因为既没有社会上最贤能的天子，也没有重新设计行政系统的时机，更没有实施这种理想的土壤，所以这种带有专制主义色彩的"尚同"思维，根本无法带人们由兼爱进入平等的大同世界。

三　爱人利人的行政特色

墨子多次强调"夫爱人者，人亦从而爱之；利人者，人亦从而利之"（《兼爱中》），把"爱人"和"利人"联系在一起。墨子的"爱人""利人"并非小爱、小利，而是"爱天下"和"利万民"。墨子说："'无穷不害兼。'如果空间是无穷无尽的，在这无限大的空间中，每一个有穷区域都实行了兼相爱的行为准则，则在这无穷的空间中没有一个地方是不兼爱的。所以，无穷的空间当然是充满爱的。"② 其实，墨子的"利人"同样如此，他说："君子莫若欲为惠君、忠臣、慈父、孝子、友兄、悌弟，当若兼之不可不行也，此圣王之道而万民之大利也。"（《兼爱下》）在墨子看来，只要为政的仁人君子能够做到心中有大爱，就能落实"天下之大利"。

墨子的"爱人"还有对等互报的意思，他说："投我以桃，报之以李，即此言爱人者必见爱，而恶人者必见恶也。"（《兼爱下》）在墨子看来，只要以平等之爱的心态相待，为政者就能"视人之室若其室""视人之身

---

① 付进扬：《浅析墨子的管理思想》，《江西行政学院学报》2006年第1期。
② 邢兆良：《墨子评传》，南京大学出版社1993年版，第196页。

若其身""视人之家若其家""视人国若其国"(《兼爱上》)。在必要时墨子认为可以为天下之人而牺牲自己,说:"杀一人以存天下,非杀一人以利天下也。杀己以存天下,是杀己以利天下。"(《大取》)这种自我牺牲的精神,有点像"菲饮食,而致孝乎鬼神;恶衣服,而致美乎黻冕;卑宫室,而尽力乎沟洫"(《论语·泰伯》)的大禹。墨子欣赏那种"兼爱"利天下甚至"殉道"的做法,这既具有反抗传统行政中等级观念的进步意义,也不得不承认带有强烈的"理想色彩"①。可见,"舍己利人"则成为墨子行政管理思想最显著的特点之一。

与儒、道等诸子相似,墨子同样对社会弊端进行揭露,他说:"今诸侯独知爱其国,不爱人之国,是以不惮举其国以攻人之国。今家主独知爱其家,而不爱人之家,是以不惮举其家以篡人之家。"(《兼爱中》)这也造成了执掌权柄的诸侯肆无忌惮地进行"野战",执掌家主权力的士大夫彼此"相篡"。当然,墨子对社会丑恶现象的批判,并不是为了维护周王室的正统地位,而是为了给不同百姓争取更多的利益。如有学者说:"在《墨子》一书中,利更多是与天下、国家、百姓、万民等字眼紧紧相连,在他的心目中,根本大利乃是天下之利、百姓之利。由此可见他确确实实是把利国利民作为管理的根本目的。这使得他的管理目标比起儒家王天下和法家富国强兵的目标要纯粹、实在得多。"②这也是墨子和墨家强调从底层做起,从解决百姓生活做起的原因。

墨子及墨学的纯粹和实在还体现在其根据各国不同的情况而采取不同的举措,如墨子说:"凡入国,必择务而从事焉。国家昏乱,则语之尚贤、尚同;国家贫,则语之节用、节葬;国家喜音湛湎,则语之非乐、非命;国家淫僻无礼,则语之尊天事鬼;国家务夺侵凌,则语之兼爱、非攻。"(《鲁问》)这些措施被学者们誉为墨子"十论",其目标是实现"国家之富,人民之众,刑政之治"(《尚贤上》),这也是"爱人利人"的最高境界。当然,墨子爱人利人的行政管理思想并非要无限满足个人的私欲,而

---

① 兰兰、徐顽强等:《〈墨子〉的行政管理思想及其对现代公务员管理的启示》,《湖北社会科学》2013年第9期。
② 李少惠:《墨子的管理思想及其特征》,《兰州大学学报》1997年第2期。

是"最低限度的物质生活"①，即满足人生存的基本需要就够了。这也是墨学尽管有许多弟子从政，但他们都遵循宗师指示，以"克己的精神"②"爱人利人"，很少将精力放在个人的衣食住行问题上。

第四节　墨子的经济管理思想

虽然墨子及墨家并不特别在意个人的衣食住行问题，但却并非代表他们不关注社会经济发展问题，他最早提出了"以时生财"说。同时墨子还提倡"为者疾，食者众，则岁无丰"，并提出"生财密，其用之节"（《七患》）的经济管理思想。此外，他还在《尚贤上》中还提出"以劳殿赏，量功分禄"说，或许这可以算作中国"按劳分配"思想的"雏形"。③ 墨子的经济管理思想包括生产、流通和消费等各个环节，主要是从利于底层普通百姓的角度进行阐述的。

一　"赖其力"的生产管理

增加社会财富，满足百姓最基本的需求是春秋战国时期思想家的共识，如管子的"仓廪实，则知礼节；衣食足，则知荣辱"（《管子·牧民》），孔子的"富之""教之"（《论语·子路》），而荀子还撰有《国富》专篇。与其他思想家相比，墨子最早提出了"生财密"的观点，这也是中国最早的"国富论"。所谓"生财密"就是多增加生产的意思，而"强从事"则是其主要途径，也是是否能致富的关键。他说："上强听治则国家治矣，下强从事则财用足矣。若国家治财用足，则内有以洁为酒醴粢盛，以祭祀天鬼；外有以为环璧珠玉，以聘挠四邻。"（《天志中》）上位者的"强从事"是"强听治"；下位者的"强从事"是增加财富，这样才有足够的财富应对内外事务。

墨子"强从事"的主要意思是延长劳动时间和增加劳动强度。在墨子

①　陆玉林：《中国学术通史·先秦卷》，人民出版社2004年版，第215页。

②　俞杨建、俞丽萍：《论墨子管理思想的现代价值》，《常州大学学报》2013年第6期。

③　李静：《墨子管理思想的人民性及现代价值》，《天津市工会管理干部学院学报》2001年第2期。

看来，一个人无论处于怎样的位置，都要在其岗位上努力工作，做好自己的本职工作。墨子说："赖其力者生，不赖其力者不生。君子不强听治，即刑政乱；贱人不强从事，即财用不足。"（《非乐上》）甚至为了增加国家财富，墨子还提出"不信命"的主张，他说："今天下之士君子，忠实欲天下之富而恶其贫，欲天下之治而恶其乱，执有命者之言，不可不非，此天下之大害也。"（《非命上》）如有学者赞誉说："人们相信有命，就会'上不听治，下不从事'，造成刑政混乱，财用不足，以致'亡失国家，倾覆社稷'。此批判是深刻的。"① 这一思想给普通百姓指出了一条改变悲惨生活境遇的途径和方法。

关于墨子的"赖其力"，强调社会各阶层的人都必须早出晚归、全力以赴，否则将出现社会混乱，他说："王公大人怠乎听狱治政，卿大夫怠乎治官府，则我以为天下必乱矣。农夫怠乎耕稼树艺，妇人怠乎纺织绩纴，则我以为天下衣食之财将必不足矣。"（《非命下》）其中，农夫务必要"蚤出暮入，强乎耕稼树艺，多聚菽粟"，妇人务必"夙兴夜寐，强乎纺绩织纴，多治麻丝葛绪，捆布缲"。有学者评价说："墨子强调'强'和'疾'两个字。抓紧劳动谓之'疾'，拼力劳动谓之'强'，这一点是墨子尤为强调的。他多次提到'早出暮归''不敢倦怠'，提倡勤奋的劳动精神，这反映了农业自然经济的特点。"② 这也是墨子特别强调"下强从事，则财用足"的原因所在。

墨子这里所生的"财用"与现当代的大工业生产存在明显的差别，主要是指人们生存所需的最基本的生活资料。所以墨子特别重视粮食生产，他说："凡五谷者，民之所仰也，君之所以为养也，故民无仰则君无养，民无食则不可事，故食不可不务也，地不可不力也，用不可不节也。五谷尽收，则五味尽御于主，不尽收则不尽御。"（《七患》）墨子强调吃饭是"国之宝"，是"圣人之所宝"。墨子认为，社会的安定和百姓的精神面貌都取决于社会物质生产的状况，所以他说："国家富，财用足，百姓皆得暖衣饱食，便宁无忧。"否则，国家就会出现祸患甚至动荡不安。所以有学者解释说："墨子所谈到的'财'和'富'指的是衣食住行各种生活的

---

① 谭家键、孙中原：《墨子今注今译》，商务印书馆 2009 年版，第 196 页。
② 邱燕翎：《墨子管理思想初探》，《江淮论坛》1992 年第 6 期。

必需品，因此，他所说的'生财'是指各种生活必需品的生产。"① 而这正反映了传统社会农业和家庭手工业是其最重要的特点。

二 "敛关税"的流通管理

墨子主张社会各阶层都应"赖其力"和"强从事"，问题是社会存在天然的分工，并非全社会的所有人都从事生活必需品的生产。墨子对此有着清晰的认识，他说："凡天下群百工、轮车鞼鞄、陶冶梓匠，使各从事其所能。"（《节用中》）还说："譬若筑墙然，能筑者筑，能实壤者实壤，能欣者欣，然后墙成也。为义犹是也。能谈辩者谈辩，能说书者说书，能从事者从事，然后义事成也。"（《耕柱》）墨子认识到只有通过合理的分工才能"义事成"，才能促进社会的整体和谐。如有学者评价说墨子："认识到分工是社会的一种自然分类，充分肯定了分工是天下'义事成'的原因。分工思想涉及男女性别分工、体力脑力分工、能力专长分工、生产过程分工。"② 墨子的社会分工思想无疑是对社会经济发展内在规律的一种有益探索。

社会分工和社会生产的精细化，自然就会促使商品交换行为的出现。有交换就存在利益的分配问题，墨子提出"交相利"的原则，坚守"利人乎，即为；不利人乎，即止"（《非乐上》）的道德原则。这里的"利"并非单纯强调商人贩卖商品的所营之"利"，更多的是强调"中万民之利"，即在商品交换中实现有财相分、有利相交和疾以助人，如有学者说："墨子注重'交相利'的'公利'原则，墨子以为交换行为应首重'义利'准则，坚决反对'不义之利'，'义，利；不义，害'（《墨子·大取》）……这个利不是'亏人自利'，二是公利，它就是'义'，这是墨子一以贯之的伦理内核，只有如此方能在交换中体现'兼相爱'的精神品质。"③ 墨子用"义"的标准去谈"利"，其用心是如何使生活资料的分配更合理。

---

① 常江：《墨子管理思想浅析》，《大家》2010 年第 2 期。
② 刘明明：《墨子经济逻辑思想初探》，《天津商业大学学报》2008 年第 6 期。
③ 郭智勇：《墨子"交相利"商业伦理思想及其现代价值》，《商业研究》2012 年第 4 期。

墨子敏锐地认识到追求利润是商人的天性，且会在求利润过程中追求最大化。他说："商人之四方，市贾信徙，虽有关梁之难，盗贼之危，必为之。""商人用一布布，不敢继苟而雠焉，必择良者。"（《贵义》）由此可见，商人在商品的选择上是非常谨慎的，因为高利润与高风险并存。如何使商人和百姓都能获"利"，墨子对此进行长时间观察与思考，就商品和货币间的关系进行详细论证。以同一商品的价格变动为例，墨子说："买，刀籴相为贾。刀轻则籴不贵，刀重则籴不易。王刀无变，籴有变，岁变籴则岁变刀。若鬻子。"（《经说下》）意思是说，尽管货币面值不变，但谷物的价格却不断地变，甚至每年的差别很大。当谷物的价值非常低的时候，对农民的伤害是致命的，甚至需要卖儿女以求生存。

为避免此类现象的出现，就需要国家选贤任能进行调节，以保证利润分配的相对公平和社会的相对稳定。如墨子说："贤者之长官也，夜寝夙兴，收敛关市、山林、泽梁之利，以实官府，是以官府实而财不散。"（《尚贤中》）墨子这里提出了一个重要的概念：税，即由贤能之士负责征收关市、山林、泽梁之利，以充实国库。应该说，"敛关税"使国库充盈，既能保证国家有足够的财富进行分配，也使国家在社会动乱时期进行重大救助，在外敌入侵时进行有效抵御。尽管墨子的这一思想与主流的儒学有所偏离，但不得不承认时至今日它仍有重要的理论价值。

三 "节其用"的消费管理

《史记·论六家之要指》中说，墨家"强本节用，则人给家足之道也。此墨子之所长，虽百家弗能废也"①。司马谈认为，尽管墨子所提倡的治国之道"俭而难遵"，但他也不得不承认强本节用的重要性。墨子的节用主要包括国家财政开支和个人消费的节俭两个方面。

首先是国家财政支出要节俭，墨子极力强调务必"去其无用之费"。如墨子说："圣人为政一国，一国可倍也；大之为政天下，天下可倍也。其倍之，非外取地也，因其国家，去其无用之费，足以倍之。圣王为政，其发令兴事，使民用财也，无不加用而为者，是故用财不费，民德不劳，其兴利多矣。"（《节用上》）这里的"倍"是指由于节用而财富成倍增

---

① 司马迁:《史记》，中华书局 2014 年版，第 3291 页。

长。墨子之所以提出国家财政支出的节俭，其目的就是要遏制君主无限膨胀的私欲，"当时的统治者过着荒淫奢侈的生活，对宫室、饮食、衣服、舟车和蓄私上有着无止境的享乐的欲望，这就是墨子提出'节用'的原因"①。

其次是社会成员日常生活费用的节俭，以培育社会节用的风尚，而这一风尚的形成，是需要诸侯国君做顶层设计的。为了说明这一问题，墨子不厌其烦地阐释古代明王圣人的治国之法，如"节用之法"为"凡足以奉给民用，则止"。"饮食之法"为"足以充虚继气，强股肱，耳目聪明，则止。不极五味之调、芬香之和，不致远国珍怪异物"。"衣服之法"为"冬服绀緅之衣，轻且暖，夏服絺绤之衣，轻且清，则止"（《节用中》）。"墨子的节俭论，不只是增加积累、增加投入的问题，还有保护生产劳动、节约资源、合理消费的积累意义，有利于促进生产，保护和合理利用资源，形成节约型社会，确保社会经济的可持续发展。"② 应该说，从增加物质生产和节约并重的角度谈节俭，是墨子的长处，也极具有价值。

墨子认为社会中最应节俭的是丧葬之礼。他不仅阐述了圣王的"节葬之法"："衣三领，足以朽肉；棺三寸，足以朽骸；堀穴深不通于泉，流不发泄，则止。死者既葬，生者毋久丧用哀。"（《节用中》）而且还著有《节葬》三篇（传世本只有下篇，上中两篇失传），规定了墨者必须遵循的"埋葬之法"："棺三寸，足以朽骨；衣三领，足以朽肉；掘地之深，下无菹漏，气无发泄于上，垄足以期其所，则止矣。哭往哭来，反从事乎衣食之财，佴乎祭祀，以致孝于亲。"墨者认为，这种埋葬之法在生者和死者之间找到了一种平衡，即"不失死生之利者"（《节葬下》）。应该说，墨子提倡的"丧葬之礼"是对传统厚葬习俗的一种修正。

此外，墨子还主张"非乐"，即反对从事音乐活动，这是墨家消费节约的一种重要形式。墨子反对音乐，并非是"大钟、鸣鼓、琴瑟、竽笙之声""刻镂华文章之色""犓豢煎炙之味""高台厚榭邃野之居"（《非乐上》），他也承认这些都是人之耳目口所"好"。他所反对的是优美的音乐和华丽的建筑，不仅要"厚措敛乎万民"，而且无益于解决"民之三患"

① 方勇译注：《墨子》，中华书局 2015 年版，第 180 页。
② 刘明明：《墨子经济逻辑思想初探》，《天津商业大学学报》2008 年第 6 期。

(饥者不得食，寒者不得衣，劳者不得息)。"统治阶级……大量制造大钟、鸣鼓、琴、瑟等乐器，耗费大量的钱财……分摊在老百姓身上，加剧了老百姓和统治者的矛盾……势必耗费了大量的工作时间，耽误了生产劳动。"① 最后墨子认为要"求兴天下之利，除天下之害"，"乐之为物，将不可不禁而止也"(《非乐上》)。

总之，墨学之所以在战国初年与儒学同称"显学"(《韩非子·显学》)，是因为它与儒家一样都是以"兴天下之利""除天下之害"为目标，都具有丰富的治国安民的管理思想，主要包括人才管理、社会管理、行政管理和经济管理等诸多领域。"墨子基于对春秋战国时期社会经济状况与政治形势的考察，以及对建立国家行政机构以促进人类社会发展的认识，形成了以兼爱、尚同、尚贤为主要框架的管理思想体系。兼爱、尚贤、尚同作为这一框架体系的三个构成要素，既存在主从关系，又相互制约。"② 由此可见，墨子的这些措施皆是既要立足于当下需求，又着眼从未来社会的整体发展，就如何重整社会秩序，重建伦理道德所开出的药方，是社会管理学上的一座丰碑。

---

① 付进扬：《浅析墨子的管理思想》，《江西行政学院学报》2006 年第 1 期。

② 李少惠：《墨子的管理思想及其特征》，《兰州大学学报》1997 年第 2 期。

第七章　墨子的法律思想

孟子说："不以规矩，不能成方圆。"（《孟子·离娄上》）意思是说，社会正常运转需要特定的规则来维系，否则将会出现社会动荡，造成民不聊生。然而，不幸的是，墨子所处的战国社会正是这样一个旧的规矩被打破、新的规矩尚未形成的时代，即司马迁所描绘的"幽厉微而礼乐坏，诸侯恣行，行有强国"，甚至逐渐形成"臣弑君，子弑父"（《史记·太史公自序》）的局面。如何恢复被强力所破坏的秩序，则成为摆在包括墨子在内所有诸子百家面前的重要使命。而身处社会底层，代表劳动人民利益的墨子法律思想，正体现其重整社会秩序的夙愿。

第一节　墨子的法律观

《易大传》："天下一致而百虑，同归而殊途。"（《汉书·司马迁列传》）意思是说，尽管时代精英所展示的手段不同，但墨子与同时代的阴阳、儒、名、法、道德等诸子相似，都是要拯救这个社会的。墨子的法律思想，则是其中重要的组成部分。墨子及其后学规划的法律体系虽然并未流传于后世，但《墨子》一书中所体现的法律思想，却蕴含着一种全新的"亲民""民本"色彩，这与同时代其他诸子的法律思想体系相比，更多的是反映底层普通劳动百姓的要求和愿望。

一　墨子法律观的基础

追溯中国法的起源，很多人都会提到先秦时期的法家诸位代表人物及其著作，如李悝、吴起、申不害、韩非子和商鞅等，却很少有人关注墨子的法律思想及其相关论述。"李悝、吴起、申不害等人都在其后晚了几十年，至于商鞅等人更晚了。也就是说，墨子稍晚于孔子，墨子关于法制的思想，影响了以后法家思想的形成和发展，在这一点上，还从来没有人指出过。"① 其实，仔细梳理上述各家的法律思想，除本学派的师承外，不少人都曾受到墨子相关论述的影响，受到墨子法律智慧的恩泽。

在先秦法家著作，特别是战国时期儒家经典中，经常会看到与法律相似的字样，如"规矩""绳墨""权衡"等。最早阐述这些与法律社会功能相关的思想家应是墨子及其后学，如墨子说："天下从事者不可以无法仪，无法仪而其事能成者无有也。虽至士之为将相者，皆有法。虽至百工从事者，亦皆有法。百工为方以矩，为圆以规，直以绳，正以县。无巧工不巧工，皆以此五者为法。巧者能中之，不巧者虽不能中，放依以从事，犹逾己。故百工从事，皆有法所度。"（《法仪》）在墨家看来，管理社会没有法度是不行的，这也是孟子"规矩""方圆"说法的理论依据。

墨子曾学儒者之业，受孔子之术，对周代礼乐文化传统本身的弊端有着深刻的认识，即"其礼烦扰而不说，厚葬靡财而贫民，久服伤生而害事"，他不得已选择了简单易行的"夏政"。根据时代特点，墨子及其后学先后提出一系列思想主张，主要有"兼爱""非攻""尚贤""尚同""尊天""事鬼""非乐""非命""节用""节葬"，这些主张既构成墨家学说的哲学体系，更是其法律观的理论基石。以"尚贤"为例，墨子继承了儒家的贤人为政的政治观，提出"尚贤亲士"的主张，主张贤者是立法、司法与行政的主体，从法律层面表达了平民分享国家权力、参与政治活动的强烈愿望。

纵观《墨子》经传文本，与法律相关的论述尽管并不多，却仍然传达出从法律层面挽救社会秩序的根本目的。"适逢乱世的墨子，面对相恶相贼的动荡社会，指出社会的动乱的根源在于不相爱。为救民于水火，墨子'择务而从事'整个法律思想都是围绕着平乱求治展开的，欲建立一个'百姓皆得暖衣饱食'的社会秩序，并率弟子节用苦行，终生为之而奔波。"② 这应是墨子及墨子后学的精神中最难能可贵之处。

---

① 孟天运、葛敬静：《墨子"法天""听民"的法律思想》，《东方论丛》2011 年第 4 期。
② 包家新：《墨子治国法律思想研究》，《探索》2006 年第 3 期。

墨子思想是一个不可分割的整体，这些核心观念既构成了墨子法律思想的基础，而与法律相关的论述同样是墨子思想体系在政治、经济等领域的应用与探索，墨子法律思想对同时代的政治家和思想家的治国理政理念都产生了深远的影响，成为早期中华法系的重要组成部分。

二　兼爱与交利的法律观

面对动荡不安的社会状态，来自社会底层的墨子及其后学将这一局面产生的原因归结于统治者不推行"兼相爱"与"交相利"的政治法律思想。针对儒家提出的"亲亲有别""爱有差等"，墨子提出"罪生于别，乱息于兼"，只要统治者能坚守"天下兼相爱则治，交相恶则乱"（《兼爱上》）的原则，社会秩序最终必将恢复正常。与春秋战国时期的其他诸子相似，墨子的"兼爱"学说，是以治乱问题为着眼点，以平乱为基本目的，带有明显的功利色彩。

墨子认为，社会之所以出现重重乱象，其根源在于"不相爱，在别"，而治乱之术则是"在相爱，在兼"。总结起来，社会中"不兼爱"的现象主要有三种：（一）自爱其身不爱他人之身，故有盗杀等现象。（二）自爱其家不爱他人之家，故有篡夺等现象。（三）自爱其国不爱他人之国，故有攻占等现象。① 最终导致整个社会不慈、不孝、不忠、不悌、不友的现象丛生，这或许就是诸子百家相互争辩甚至攻击，最后又没有定论的人本性善恶问题。

其实，墨子并不像其他诸子那样，把过多的精力放在人性善恶的无谓争辩之中，而是以"务为治"的精神，重点解决如何使人们能够"兼相爱""交相利"的问题。他认为，君臣不惠忠，父子不慈孝，兄弟不和调等问题，都源于人与人之间的"不相爱"。那么，如何来改变这种状况呢？墨子的答案是"以兼相爱，交相利之法易之"。意思是说，只要社会之中能充满大爱，强者对弱者、富者对贫者、智者对愚者都能做到兼爱与交利，天下的祸乱怨恨就不再发生，国家自然就能够治理好。

墨子的"兼相爱"学说是以"交相利"为基础的，他认为，"爱人"就意味着"利人"；"兼相爱"就意味着"交相利"。他还引用《诗·大

---

① 蔡尚思：《十家论墨》，上海人民出版社 2004 年版，第 73 页。

雅》中的"无言而不仇,无德而不报,投我以桃,报之以李"名言,以说明爱人的必定被人爱,憎恨人的必定被人憎恨。这也成为墨子法律思想的人与人之间是一种报偿关系的特点,是一种功利性的体现。而墨子也以此来衡量各国的法令、制度,建议贯彻到所游说的国家立法之中,也成为品评其他诸子思想学说的重要依据,同时也常为其他诸子所批判。

墨子心中的"利"是"公利"而非"私利",是百姓之利、国家之利,而非个人之利。他说:"古者上帝鬼神之建设国都,立政长也……将以为万民兴利害。"(《尚同中》)他的这一观点,在《非乐上》中讲得非常清楚:"必务求兴天下之利,除天下之害,将以为法乎天下。利人乎即为,不利人乎即止。"意思是说,凡属于利国利民的事情就去做;毁邦害民的事情就禁止去做,一切都以国家百姓之利为标准。这种由维护少数人的利益变为维护大多数民众的利益,体现了早期思想家的人本主义理念。

墨子有关"兼相爱"与"交相利"的观点,无疑从根源上觅得了拯救社会混乱秩序的一方良药。然而,由于避开像儒家倡导的"修身养性"问题,无法从人的本性上给予指导,对那些违反"兼相爱""交相利"原则者只能给予严厉的惩罚。以盗贼者为例,对其严厉地惩戒最后致使"天下之为盗贼者周流天下,无所重足"(《尚同下》)。其实,墨子的主张某种程度上迎合了统治者口味,也助长了"重法"的意愿,更加重了当时市场上卖假脚的生意好过卖鞋的生意。实践证明,以暴制暴的做法有悖于社会伦理,也无益于社会稳定。

三 尊天与事鬼的法律观

在传统社会中,与人民百姓"兼相爱,交相利"是不可能真正为统治者所采纳的,这是人们的共识。毛泽东说:"至于所谓'人类之爱',自从人类分化成为阶级以后,就没有过这种统一的爱。过去的一切统治阶级喜欢提倡这个东西,许多所谓圣人、贤人也喜欢提倡这个东西,但是无论谁都没有真正实行过,因为它在阶级社会里是不可能实行的。"[①] 尽管它有着种种时代的局限,但墨子"兼相爱"和"交相利"法律观则有其自身的哲

---

① 毛泽东:《在延安文艺座谈会上的讲话》,《毛泽东选集》(第三卷),人民出版社1991年版,第871页。

学基础，即"以天为法"。这既奠定了墨学法律观自然法思想，与同时代的思想家也是相通的。

墨子说："以天为法，动作有为必度于天；天之所欲则为之，天之所不欲则止。"（《法仪》）墨子的"天之所欲"中的"欲"并非自然天的"欲"，而是人民间的"相爱相交"；"天之所不欲"中的"不欲"则是人民间的"相恶相贼"，这种"欲"与"不欲"是"天"的意愿，即墨子一再强调的"天志"。"墨子把他的'兼相爱，交相利'说成是'天志'，并以它作为测定是非善恶的客观依据，衡量人们行为的最高标准。"① 在墨子倡导下，"天志"成为墨家学说中一张较为闪亮的名片。

墨子之所以对"天志"如此重视，并要求人们遵循"以天为法"的原则，究其原因，应与"天志"的功能有关。首先，"天"是万物的本源，爱民甚厚，为百姓造就所需的万物；其次，"天"兼有万物，它大公无私，将世界中的万物一视同仁；最后，"天"具有识别善恶的能力，是人间赏罚的主宰，甚至连最高统治者都称为其"子"。很明显，墨子这里的"天"并非单纯的"自然之天"，而是通过突出"天"的权威，对世间的统治者进行恐吓和约束，从而对"兼相爱，交相利"的立法原则神圣化，以取代传统文化所遵循的礼法。

除"天志"原则外，为强化法律思想中"兼相爱，交相利"的核心地位，墨子还请来了上帝鬼神作为辅助，他说："爱人利人者，天必福之；恶人贼人者，天必祸之。"（《法仪》）又说："天子为善，天能赏之；天子为恶，天能罚之。"（《天志中》）而这里的"天"就有了超越自然法的概念，具备了宗教迷信色彩，墨子"把神权法与政治主张结合在一起，幻想利用传统宗教迷信的力量来实现其理想社会"②。而这与孔子儒家的"性与天道，不可得而闻"（《论语·公冶长》）形成鲜明的对比。

墨子在法律思想中尊天事鬼，主要目的有二：一是以"天志"劝说各国诸侯效仿古代圣王，顺从天意兼爱天下百姓，以重建被破坏了的社会秩序；二是用"天鬼"来警告和恐吓统治者，起到震慑与约束其不法行为的作用。正因如此，墨子极力宣扬"天鬼"的作用，如"故鬼神之明，不可

---

① 杨鹤皋：《墨子法律思想述评》，《法学》1984 年第 11 期。

② 刘向明：《墨子法律思想中的尊天事鬼观》，《龙岩师专学报》1999 年第 2 期。

为幽闲广泽、山林深谷，鬼神之明必知之"（《天志上》）、"不可为富贵众强、勇力强武、坚甲厉兵，鬼神之罚必胜之"（《明鬼下》）。《墨子》一书中类似的言论很多，并塑造出一个超乎世俗、超乎自然的宇宙主宰。

当然，墨子的法律思想中具有"尊天事鬼"的特色，并非凭空产生，有着深厚的历史渊源，概括起来主要有三点：一是深受夏商周以来神权思想的影响；二是春秋战国时期浓厚的鬼神观念的影响；三是与墨子本人出身贫贱的社会地位有关。在墨子及其历代钜子的影响下，尊天事鬼的法律观，使墨学俨然成为内部组织严密、法律森严的社会团体。这一团体，既具备了宗教的特点，又有了政治派别的特征。正因如此，墨子学说侵染了"天志"说、"明鬼"论，使其堕入了宗教神秘主义的迷途之中，并最终直接影响到其延传。

第二节　墨子的法制思想

春秋战国之际，西周时期以来"因革损益"而形成的礼法制度受到前所未有的冲击，社会秩序即将推陈出新，这也就意味着需要新的"规矩"。在这一环境下，以墨子为代表的思想家，逐渐突破固有礼乐制度和法律体系的樊篱，在法制思想上有着不少开创性的建议。其中的法律至上、法律平等以及舆论监督等至今都具有极高的参考价值。

一　确立法律至上原则

《诗经·小雅·北山》中说："普天之下莫非王土，率土之滨莫非王臣。"意思是说，天底下所有的动物、植物、山川、河流等，其所有权都是周天子的，体现了至高无上的话语权。然而，随着周王室的逐渐衰落，即便以往象征王权的"礼乐征伐权"也由天子转移到诸侯、士大夫甚至是各国的陪臣，出现了"陪臣执国命"（《论语·季氏》）的混乱现象。春秋战国之际的思想家们，有的试图重整天子王权，有的在助推诸侯霸权，而以墨子为代表的墨学则寻求另一种新的"规矩"，信奉"法律至上"的原则，以寻求社会秩序的再平衡。

当然，墨子并没有直接提出"法律"的概念，而是使用"法仪"说。在《法仪》的开篇，墨子说："天下从事者不可以无法仪，无法仪而其事能成者无有。"这里的"法仪"指的就是准则、法度，已经蕴含后来法家学说中"法律"的内涵，类似于孔子儒家的"正名"说。由此可见，墨子已经认识到"法律"对规范社会成员行为的重要性。在墨子看来，无论从事何种劳动的人都要遵守一定的法度才能获得成功，即"故百工从事，皆有法所度"（《法仪》）。"这种把法当作治理国家最有效的手段，极大地提高了法律的权威，也隐含着法律至上的思想。"①

　　虽然墨子的"法仪"说与现代意义上的法律不尽相同，但要求有超越王权的规范存在，这本质上就蕴含着法律具有极大的权威。在墨子看来，法律（法仪）与其他社会规范和管理手段相比，"法天"的法仪具有国家强制性、稳定性、精确性和科学性的特点，不会随着人事的变动、政权的交替而有大的变动。他说："天之行广而无私，其施厚而不德，其明久而不衰，故圣王法之。既以天为法，动作有为必度于天，天之所欲而为之，天所不欲而止。"（《法仪》）正因墨子的法仪是以"天"为准则，所以也确立了法律的至上性。

　　墨子的法制思想之所以选择"法天"，应是看到了此前法制根基的弊端。春秋战国时期甚至西周时期，国家法律制定的依据主要有父母之言、大人之言和国君之言三种。墨子认为，父母、学、君都是蕴含人为因素，这些人又很难做到"仁"，自然无法真正实现客观与公正。他说："天下之为父母者众，而仁者寡，若皆法其父母，此法不仁也。法不仁，不可以为法。当皆法其学奚若？天下之为学者众，而仁者寡，若皆法其学，此法不仁也。法不仁，不可以为法。当皆法其君奚若？天下之为君者众，而仁者寡，若皆法其君，此法不仁也。法不仁不可以为法。"（《法仪》）正因为人的主观性很难使法律具有稳定性、精确性和科学性，所以墨子最终选择了"法天"，这在中国法律史上是具有里程碑式意义的。

　　正是因为过去所法之"人"无法做到真正的公平客观，自然无法真正成为制定国家法律的基础。传统社会由于受到西周时期宗法制的影响，社会上常常出现家族内部、姻亲士族、熟人朋友中任性的偏袒，使国家法律的权威性无法得到落实。这种观念也深刻影响着传统社会的士大夫阶层，使他们坚守着"君叫臣死臣不得不死""官大一级压死人""刑不上大夫"

---

　　①　沈乐：《墨子法律思想及其现代意义》，《江苏警官学院学报》2006 年第 4 期。

等信念，无疑挑战着法律的权威。

二 树立法律面前人人平等原则

在秦代之前，几乎所有的法家都强调"法"是神圣不可侵犯的，但所追溯法的来源，或者说法制定者不同，并非所有人在法面前享受到平等的权利。通常情况下，多数法家都将法制定权归为"君主"，如《管子·任法》中说："有生法，有守法，有法于法。夫生法者君也，守法者臣也，法于法者民也，君臣上下贵贱皆从法，此谓大治。"这里的"君臣上下贵贱皆从法"应属于理想状态，因为"君"是法的制定者，很难保证其制定法的公正性与客观性。"君主也是人，他个人的智力和才智是有限的，许多君主还是昏君暴君，法家的理论家们从来没有解释：昏君暴君会对立法起到什么灾难性的作用，以及如何避免君主在立法的环节上的偏见，制定出公平优秀的法来。"① 其实，这也是墨子之前各国法普遍存在的现象。

与此前法家把法的来源归结到"君主"不同，墨子认为自古以来的"君主"很少是"仁者"，所以历代所制定的法律都掺杂了君主的个人意志，很难被称为"善法"。所以，墨子推翻了此前思想家将至亲的父母、权威的国君、为学的诸子百家，作为法律的基础的做法，或者拥有制定法的特权。与现实社会中的"寡仁"者不同，墨子心目中的"天"则是客观的，亦是大公无私的。由于"天"超越了现实存在，所以以此诞生的法律自然是客观的，具有无上的权威性，也就奠定了法律面前人们平等的前提和基础。正因如此，现实世界中的天子、父母、学者都必须效法于天，即一切以天为法，听命于天，服从于墨子所创的"天志"。

所谓"天志"就是天下的明法，墨子说："我有天志，譬若轮人之有规，匠人之有矩；轮匠执其规矩以度天下之方员。"（《天志上》）而对不服从"天志"者，上天会通过特殊途径给予其相应惩罚。"对于不上同'天志'的，天一方面通过'飘风苦雨'，降灾于人类来惩罚；另一方面通过天的执法者——鬼神来惩罚。墨子将鬼神说成公正无私、最为强悍的执

---

① 孟天运、葛敬静：《墨子"法天""听民"的法律思想》，《东方论坛》2001 年第4 期。

法者，任何人犯罪都无一例外地受到鬼神的惩罚。"① 在墨子看来，"鬼神之罚"是公正的，无论犯错者是王公贵族还是普通百姓，都能做到一律平等，"鬼神之罚，不可为富强众强，勇力强武，坚甲利兵，鬼神之罚必胜之。"（《明鬼下》）

为论证"鬼神之罚"的公正性，墨子列举了对"汤武革命"的例子，已说明即便是"贵为天子，富有四海"的夏桀和商纣，假如一意孤行地"上诟天侮鬼，下殃傲天下之万民"，也必将接受上天的惩罚。以商纣为例，他"播弃黎老，贼诛孩子，楚毒无罪，刳剔孕妇"，造成"庶旧鳏寡，号咷无告"的残局。为挽救残局，上天乃使武王对其进行惩罚。墨子说："武王以择车百两、虎贲之卒四百人，先庶国节窥戎，与殷人战乎牧之野，王乎禽费中、恶来，众畔百走。武王逐奔入宫，万年梓株。折纣而系之赤环，载之白旗，以为天下诸侯僇。"（《明鬼下》）且不论墨子把"鬼神"视为"汤武革命"的动力是否正确，单纯地从惩罚人人平等的角度来说，其在中华法系史上的贡献都是可圈可点的。

当然，学术界对于"天志"的内涵还有不小的争议，有的认为是"正义"②，有的认为是"意志"③，但无论做何种解释，墨子"天志"论隐含着一个具有进步意义的法律思想，即"以法律为准绳，法律面前人人平等"。"尽管墨子'天志说'有其历史局限性，是在'天志'面前人人平等，但这无疑比以君主的意志为转移的法律思想进了一大步。"④ 虽然墨子并非人们公认的法家，但他所提出的"天志"面前人人平等原则，就已经超越了同时代与后代的不少的法家学者。

三　注重对权力的监督与制约

在墨子之前，中国社会是重德轻法的，注重强调仁政，如孔子说："为政以德，譬如北辰，居其所而众星共之。"（《论语·为政》）人们认为，只要君主或者官吏按照特定修为规范生活，就能达到"仁"的境界，

---

① 张清学、包家新：《论墨子法律思想的特点》，《攀枝花学院学报》2007 年第 2 期。
② 杨鸿烈：《中国法律发达史》，上海书店 1990 年版，第 68 页。
③ 任继愈：《中国哲学史》，人民出版社 2003 年版，第 124 页。
④ 沈乐：《墨子法律思想及其现代意义》，《江苏警官学院学报》2006 年第 4 期。

就能实现"克己复礼",似乎法是件可有可无的事情。再加上传统的"世卿世禄"制度,缺乏对君主和官吏权力的监督和制约机制,使其失职行为很难受到相应的惩罚。即便此前有人认识到此问题,也苦于找不到监督官员尤其是君主的有效机制而不得不放弃。

与此前的思想家不同,墨子倡导"天志"说,认为"天"是有人格的,能够自主获得奖善惩恶的资讯和权力,并通过"明鬼"进行惩罚与监督。这一思想打破了"君权神授""法自君出"的樊篱,天子和国君所掌握的生死大权受到限制。"墨子通过对父权、教权、君权的否定,提出'以天为法',就是对当时统治者以君定法的否定和批判,从而起到限制君权的作用。"① 尽管这种限制和监督都很难真正落实,但在当时社会条件下,墨子能提出不以君主意志进行赏罚的观念,则具有重要的进步意义。

那么,"天"是通过怎样的途径对失职的官吏和君主进行惩罚呢?墨子所借助的是此前社会流行的"民心"说,即"天视自我民视,天听自我民听"(《尚书·泰誓中》)思想,即监督和赏罚都要听从民意,都要听从社会舆论。通过这一途径,墨子将"天志"监督变为民众的监督,变成社会意识的监督。在很多人看来,在君权神授的环境中,民众监督在短时期内很难看到显著效果。然而,事实证明,与民众的舆论或者利益背道而驰的渎职,都将获得相应的惩罚,官吏丢官丧命,国家变更,天下改朝换代,或许这也成为中国历史前进的根本动力。当然,"墨守成规"的学派特点则决定上述现象是其所极不愿看到的。

墨子认为,为保证国家正常运转和社会和谐有序,上至天子诸侯,下至普通官吏都务必各尽其责。在周代采诗官失守,民间疾苦无法传达给周天子的机制下,基层官吏的职责就必须能准确及时地反映民情,反映民间疾苦,使天子或诸侯能按照民情准确地调整政策,并按规定进行惩恶扬善,即"上有隐事遗利,下得而利之;下有蓄怨积害,上得而除之。是以数千万里之外,有为善者,其室人未遍知,乡里未遍闻,天子得而赏之。数千万里之外,有为不善者,其室人未遍知,乡里未遍闻,天子得而罚之。是以举天下之人皆恐惧振动惕栗,不敢为淫暴,曰天子之视听也神"(《尚同中》)。即天子拥有对其所属官吏监督与惩罚的权利。

---

① 沈乐:《墨子法律思想及其现代意义》,《江苏警官学院学报》2006年第4期。

当然，天子是所属官吏和诸侯的监督者，而具有灵性和权威的"天"会对其"子"进行监督和惩罚。墨子说："为不善以得祸者，桀、纣、幽、厉是也，爱人利人以得福者，禹、汤、文、武是也。爱人利人以得福者有矣，恶人贼人以得祸者亦有矣。"（《法仪》）"爱人利人"的禹、汤、文、武等，可以获得上天的眷顾拥有天下并庇佑其子孙；而"恶人贼人"的桀、纣、幽、厉等，被上天抛弃失掉天下且祸及其子孙。墨子认为，天子虽然有惩罚权和监督权，但也必须守法和接受法律的监督与制约，否则同样会受到上天的制裁和惩罚。

第三节　墨子的经济法思想

春秋时期以来，虽然社会战乱不断，但科学技术的进步则推动了经济取得空前的发展。为满足经济发展的需要，制定相应的法律则提上日程。"'法'这个词在春秋战国时期出现了非常引人注目的变化……尤其到了战国中后期，非止有了用'法'标名的法家，其他诸如黄老家、管子学派、名家乃至儒家，均有以'法'为中心来建构治术理论体系的尝试。"① 其中，墨子及其学派顺应历史发展的潮流，在经济立法领域走在了前列，并做出杰出的贡献。

一　"义即利"为经济法的原则

"义利之辨"是困扰中国士人两千余年的难题，主要涉及人的道德行为与物质利益间的辩证关系。"义"即"宜"，就是思想行为符合特定的道德标准；"利"即利益、功利，就是从中获得利于己的益处。孔孟儒家将道德与利益分开，反对不义而富贵；法家韩非轻义而重利，提倡人与人之间首先注重利害。墨子则与二者都不相同，他提出把"义即利"作为处理人际关系的基本准则，这也是墨子经济法思想的重要特征和指导人们经济行为的重要规范，是"兼相爱"和"交相利"的完美结合。

通过"义即利"的论述，墨子将原来看似不相容的两个范畴糅在一起，即"义，利也"。王同勋教授指出，墨子的"利"并非单纯的经济上

---

① 李平：《论墨子与先秦"法"学兴起》，《法制与社会发展》2014年第2期。

的概念，也是一个政治道德的概念，它包含"义"的内容。如墨子说："所为贵良宝者，可以利民也，而义可以利人，故曰：'义天下之良宝也。'"（《耕柱》）意思是说，"义"就是"利"，这一观点突破了早期儒家对"正义""道义"的阐释，倡导在实际功用上凸显自身的价值，即为社会和百姓带来实实在在的利益。同时，墨子也提出"利即义"，即凡是给社会和百姓带来利的都符合"义"，都可以用合理的、合法的手段谋求。这则是墨学对"义即利"所包含道德和功利的双向互注。

当然，墨子反对不义之利的行为，其原则为是否利于天鬼和百姓，他说："凡言凡动，利于天鬼百姓者为之；凡言凡动，害于天鬼百姓者舍之。"（《贵义》）意思是说，对天鬼和百姓有利的则为之，否则就不为。墨子这里继承了孔子学说的精髓，将利益限定于道德许可的范围之内。墨子把"利"作为"义"的实质内容和标准，立法、执法和行政都应是这样的，即强调实际效果是否"利民"。墨子把维护少数贵族利益转变为普通百姓谋求利益的主张，在当时应是有划时代意义的。[1] 这也就是强调的"利人乎即为，不利乎人即止"（《非乐下》）。这里的"人"并非单纯地指统治者，更多是指普通百姓。

虽然墨子学于孔门弟子，但其"尚利贵义"的思想却与孔子有明显区别。孔子儒家强调"君子喻于义，小人喻于利"，明显把"重义"还是"重利"作为区分君子与小人的重要区别。同时，墨子与法家亦不相同，如《韩非·难二》中说："好利恶害，夫人之所有也……喜利畏罪，人莫不然。"如《商君书·更法》中说："是以圣人苟可以强国，不法其故；苟可以利民，不循其礼。"由此可见，墨子在义利关系上是与前后的思想家存在明显的差别，这种差别则奠定了其经济法的根基，即尚利贵义，义利并重，取利合义，以义实现利。

不可否认墨子是重"利"的，但他又提出"万事莫贵于义"，通过"兼相爱"手段达到"交相利"目标，实现义与利的完美结合。"墨子在处理'义利'关系上，坚持'义利'并重，将道德、法律功利化，功利道德化、法律化，功利主义是墨子之法的价值取向。"[2] 虽然经济法思想在

---

① 陈宏冬：《中国法律思想史》，中国法制出版社2000年版，第48页。

② 张清学、包家新：《论墨子法律思想的特点》，《攀枝花学院学报》2007年第2期。

《墨子》一书所占的位置并非特别重要，甚至并未引起人们的重视，但"义即利"的立法原则的确是墨子对我国法律思想的一个不小的贡献，对传统中国法系起到重要的启示作用。

二　"利民"为经济法的核心

虽然孔子主张"三年之丧"，且制定了限制厚葬制度，然而孔门后学却强调厚葬久丧，特别是统治者借机厚敛民财，给百姓生活带来极大困惑。墨子将这一现象归罪到孔子儒学，如《公孟》中说："儒以天为不明，以鬼为不神，天鬼不说，此足以丧天下。又厚葬久丧，重为棺椁，多为衣衾，送死若徙，三年哭泣，扶后起，杖后行，耳无闻，目无见，此足以丧天下。又弦歌鼓舞，习为声乐，此足以丧天下。又以命为有，贫富寿夭，治乱安危有极矣，不可损益也，为上者行之，必不听治矣；为下者行之，必不从事矣，此足以丧天下。"

这就是墨子所总结的"儒之道"著名四重罪，无论这种批判是否抓到了孔子儒学有关丧葬的软肋，其批判是否为儒者所信服，但从"节葬"与"节用"角度提出薄葬主张，是有利于民生的，也有利于遏制统治者借机敛财的欲望。"墨子从法的价值取向——'利民'角度分析社会动乱的原因是统治者'厚敛民财''厚葬久丧'逆天、执命、乱鬼神。提出'饥者得食，寒者得衣，劳者得息'的民生论和以立法'利民'为原则的法律思想。"① 而"利民"这一原则也成为墨子及其后学制定经济法的核心。

首先，"利民"为核心的经济法涉及财富问题：一方面主张节流，即节葬、节用和非乐，以解决百姓的"三患"问题："饥者不得食，寒者不得衣，劳者不得息。"（《非乐上》）另一方面主张开源，即墨子认为统治者的层层盘剥，威胁到普通百姓的生存，是社会动乱的根源，所以要求其效法先王，给劳动者最起码的生存资料从事生产。墨子认为，影响百姓最重要的是浓重的"厚葬久丧"风俗，他说："今唯无以厚葬久丧者为政，君死，丧之三年；父母死，丧之三年；妻与后子死者，五皆丧之三年，然后伯父叔父兄弟孽子其；族人五月；姑姊甥舅皆有月数。"（《节葬下》）此种习俗严重影响着正常的生产和生活，所以要求"节葬"。

---

① 包家新：《墨子治国法律思想研究》，《探索》2006 年第 3 期。

其次，"非乐"是墨子"利民"思想的又一核心内容。墨子认为，为政者"听乐"是扰乱政治秩序的行为，说："与君子听之，废君子听治；与贱人听之，废贱人之从事。今王公大人惟毋为乐，亏夺民之衣食之财以拊乐，如此多也。"（《非乐上》）虽然学界对墨子的"非乐"思想一直有不同意见，甚至予以否定，但正如有学者说的"墨子在老百姓连饭都没得吃的时代，主张'非乐'，实是救世良药"[1]。"像墨子这样一个'以自苦为极'的人物，实在无法想象乐对人生与社会有何价值，假如能生活在一个多数人都能享用乐的社会，大概就不会有这种想法了。"[2] 尽管如此，墨子将人们的精力引向百姓的生活，并试图加以规范化、法律化，这应是值得肯定的。

最后，"非命"也体现了墨子的"利民"思想。尽管自西周初年以来"天命靡常"思想形成以来，人们逐渐打破了"生不有命在天"（《尚书·西伯戡黎》）观念的禁锢，但是"世卿世禄"制度仍给人一种"子子孙孙永保用"和"永保天命"的错觉。在这种错觉的影响下，这些统治者的执命造成了社会的混乱，如墨子说："今用执有命者之言，则上不听治，下不从事。上不听治，则刑政乱；下不从事，则财用不足。"这种治理有违圣人之道，则被墨子称为"暴人之道"（《非命上》）。如有学者说："天命论应用到实际，使人怠惰，失去坚强的斗志，造成听天由命的风气。非命论则使人勤奋，增加人们的斗志，是除'三患'之法。"[3] 而墨子对天命的否定，撕开了固有等级制度的一个缺口，打破了贵贱贫富贤愚等不平等的宿命论，为社会资本的重新组合奠定基础。

总的来说，从经济立法的角度来说，尽管墨子并没有形成成熟的经济法思想体系，但所确定的"利民"思想却超越了同时代的法家的经济法思想。一方面从"节流"的角度高扬"节葬""节用"的旗帜，使人们将更多的精力关注现实人生；另一方面从"开源"的角度给予百姓足够的生产资料和生产时间，社会所确立的经济原则应以有利于百姓的生活为导向，反对因私而害公。通过综合措施，解决始终困扰百姓的"三患"问题。

---

① 蔡尚思：《十家论墨》，上海人民出版社2004年版，第348页。
② 韦政通：《中国思想史》（上册），上海书店出版社2003年版，第76页。
③ 包家新：《墨子治国法律思想研究》，《探索》2006年第3期。

三 "平等"为经济法的前提

随着经济的快速发展，战国时期社会上的财富更加充盈，人们获得享受经济利益的可能。然而，普通百姓所获得经济利益与诸侯、士大夫相比却存在巨大差异，墨子说："今天下为政者，其所以寡人之道多，其使民劳，其籍敛厚，民财不足，冻饿死者不可胜数也。"（《节用上》）所以，墨子强调"去无用之费"，以减轻对百姓的盘剥，以至百姓能享受平等的经济利益。其实，在这一点上，墨子与儒家并没有明显的差别，基本都是以恢复古圣先王之道，求得天下的大利。

墨子认为，上古先民经济的分配方式值得当下社会借鉴，以古代宫殿的建筑之法为例，"古之民未知为宫室时，就陵阜而居。穴而处，下润湿伤民，故圣王作为宫室。为宫室之法，曰：'室高足以辟润湿，边足以圉风寒，上足以待雪霜雨露，宫墙之高足以别男女之礼。'"（《辞过》）对百姓征收赋税则以不影响百姓生活为准，"凡费财劳力，不加利者，不为也。役，修其城郭，则民劳而不伤；以其常正，收其租税，则民费而不病"（《辞过》）。这也是当时墨、老等学派的共同主张，借助上古圣王治世原则，恢复人与人之间的相对平等。

墨子对经济平等的要求应是以批判儒家为前提和基础的。"墨子对于当时贵族阶级的一切生活，抱着彻底反对的态度，因此有'非礼''非乐'的主张。儒家讲究礼、乐，墨子非礼、乐，故非儒。墨子反对礼、乐的主要观念，在反对其奢侈。墨子的正面理论为'节用'。墨子认为贵族礼中最无用即最奢侈的莫如丧葬之礼，故墨子提倡'节葬'。"[1] 不仅如此，儒家所提倡的墨子都反对，在相互交锋中形成战国时期两个显学。

墨子经济法是否真的有平等思想，虽然一直受到学术界的质疑，但"非攻""节葬""节用"等主张确蕴含着"平等"的理念。有学者评价说："墨子是一个实行的宗教家。他主张节用，又主张废乐，所以他教人要吃苦修养。要使后世的儒者，都要'以裘褐为衣，以跂蹻为服，日夜不休，以自苦为极'。这是'墨教'的特色。"[2] 儒、墨尽管都主张法先王，

---

[1] 钱穆：《国史大纲》，商务印书馆 1996 年版，第 101–102 页。

[2] 胡适：《中国古代哲学史》，安徽教育出版社 1999 年版，第 146–147 页。

但侧重点不同，墨家将其学派的起点追溯到大禹，正如《庄子·天下》中说的"不能如此，非禹之道也，不足谓墨"。从教所有人吃苦，从事最基本的经济生产这点说，墨子的经济法思想中也的确包括人人平等的要素。

当然，墨子的经济法思想是顺应当时经济发展的需要，也是对当时各国经济法的总结，其中有齐国实行的"设轻重九府"，且"通齐国之鱼盐于东莱，使关税几而不征，以为诸侯利，诸侯称广焉"（《国语·齐语》）。此外，诸侯国为保证贸易的正常，也先后签订了相关盟约以示规范，如"勿贮粟"（《公羊传·僖公三年》）、"勿讫耀"（《谷梁传·僖公九年》）、"勿蕴年"（《左传·襄公十一年》）等。由于这些类似于经济法的规定涉及不同诸侯国，既属于经济法的范畴，也初步具备了现代国际贸易经济法的价值。①

第四节　墨子的赏罚思想

近代西方法学家在反对传统专制制度的斗争中，是以"天赋人权"为理论武器的，主张人人享有自由、平等和博爱等自然特权，这也被视为现代法律思想的源头。其实，两千多年前的墨子就已经以"天欲"为基础提出相近的观点，他曾说："顺天之意，得天之赏者有之；憎人贼人，反天之意，得天之罚者亦有矣。"（《天志中》）墨子强调"顺天"和"反天"，就是要以天的意志对人间的行为给予相应的赏罚，这里所谓的"天"：一是"天志"；二是"民意"。

一　"天志"为赏罚的根基

《史记·货殖列传》说："天下熙熙皆为利来；天下攘攘皆为利往。"当人的欲望无法得到及时满足时，社会常常出现争夺、抢杀现象，正常的秩序则被破坏。如何避免社会失序，则成为摆在包括墨子在内先秦诸子面前的重要课题。墨子认为，"天"是最公正的，应当以其为标准进行赏罚，他说："天何欲何恶者也？天必欲人之相爱相利，而不欲人之相恶相贼也。"（《法仪》）意思是说，天的欲望是想让人们"相爱相利"；天之不

---

① 彭丹丹：《墨子国际法思想的现代价值》，《学理论》2014 年第 3 期。

欲是欲阻止人们"相恶相贼"。所以，"天志"也就成为墨子判断赏罚轻重的根基。

春秋战国时期，人们逐渐怀疑"上天"的权威性和神圣性，同时绝大多数人仍将其作为心中的主宰，而墨子则利用这种心理，一方面认为"上天"的意志通过"民意"形式体现出来；另一方面即便是代表上天意志的天子失职仍要接受惩罚，即"君主也必须守法，接受法律制约，如果君主犯错一样要受到制裁和惩罚"①。当然，君主为善同样也会接受"上天"的赏赐。墨子的这一论述，是对君主权威的怀疑和对民意权威的塑造，虽然算不上"民权"主义，但毕竟代表了一种法律前进的方向。

墨子认为"兼相爱"和"交相利"就是"上天"的意志，这也是判定是非善恶的客观依据和行为方式的最高标准。墨子心目中的天主要是自然之天，它制造日月星辰，划分春夏秋冬，形成雷电雨雪，设置山川溪谷，都是为了便利百姓的生活。"墨子的'天'，并不像殷周奴隶主的'天'那样狰狞可怕，相反，它很慈祥、善良，'爱民甚厚'，是劳苦民众理想的'天'！"② 既然如此，世间不分等级贵贱，都会受到其庇护。这也反映出墨子代表小生产者思想倾向。

虽然墨子的"非攻"是有维护统治者利益的嫌疑，但他多次提到对"天子"失职时的惩罚，既说明其心目中"天"的神通广大，也说明对传统天子权威的否定。"墨子的'以天为法'，并不是对统治者的人定法的辩护和肯定，而是对它们的批判和否定。他在政治上是想借'天'的权威来恐吓和约束统治阶级，不要滥施暴政。"③ 这也就要求天子和君主务必"上同于天"，否则就要受到天所降灾祸的惩罚。

对统治者惩罚的同时，墨子也主张对社会普遍存在的违反"天志"的"不义"行为给予惩罚。这些行为包括"入人园圃，窃其桃李""攘人犬豕鸡豚""入人栏厩，取人马牛"和"杀不辜人也，扡其衣裘，取戈剑"（《非攻上》），这些行为属于不劳而获的范畴，已经构成了犯罪，必须按照法律规定视情况轻重给予其相应的惩罚。而这种对人私有财产的维护：

---

① 沈乐：《墨子法律思想及其现代意义》，《江苏警官学院学报》2006年第4期。
② 杨鹤皋：《墨子法律思想述评》，《法学》1984年第11期。
③ 杨鹤皋：《墨子法律思想述评》，《法学》1984年第11期。

"赖其力者生，不赖其力者不生"（《非乐上》）的观点，是从其"农与工肆"的生活体验中得出的，应是对"天志"意志的提升。

二 "听民"为赏罚的依据

墨子虽然一再强调"天"和"天志"，但他并非彻底的天命论，而是借"天"喻"民"，二者是相互交融的，是近乎统一的。如墨子说："尚贤者，天、鬼、百姓之利，而政事之本也。"（《尚贤下》）这应是对此前"民本"思想的继承与发展。"我们有理由认为墨子讲的取法于天的真正含义是取法于民，天志天欲的真正含义是民志民欲，是为了借助上帝鬼神在人们心目中特别是在统治者心目中的权威地位或者至高无上的地位。"[1] 由于"民"在百姓心目中的特殊位置，也奠定了赏罚应以"民意"为标准，突出其"听民"特色。

墨子把"百姓耳目之实"当作赏罚君主和官吏的根据，他说："我所以知命之有与亡者，以众人耳目之情，知有与亡。有闻之，有见之，谓之有；莫之闻，莫之见，谓之亡。"（《非命中》）墨子主张考察百姓的实际情况，以百姓的亲身经历为标准，来评价官员的政绩。所以，他要求各级长官在行政时，要注重百姓的意见，得善而赏，得恶而罚，做到始终与主流民意一致，即上赏下誉，上罚下非。可见，"听命"于百姓应为墨子立法与执法的重要依据，这样也就将法律的意志变为民众的行动，变成了社会的意识。

由于受到时代的限制，墨子并没有明确提出其民本位观念，而是借助"尊天事鬼"这一理念完成其"听民"的刑罚思想，而鬼神的赏罚则代表了百姓的赏罚。墨子认为，天子是天鬼神所立，即按照天的意志选择"天子"，建国立都。在墨子看来，人们所普遍尊崇的"尧舜禹汤文武"等之所以拥有天下，是"天鬼神"的特殊安排，使其成为民之父母，而各级官吏则是圣王所立的各级"政长"。既然如此，政令的原始动力"天使鬼神"就一定是检验"善刑政"的标准。"符合天鬼之意者为'善刑政'，墨子称之为'义政'，不符合天鬼之意者为'不善刑政'，即'力政'。'力政'

---

① 赵建文：《墨子法律思想的自然法理论特征》，《现代法学》1995 年第 2 期。

违反天意，权力缺乏正当性，就会受到天鬼的惩罚，就会亡家灭国。"① 虽然"力政"者可能并非都能得到及时的惩罚，但天鬼神都最终对其实施惩罚。

墨子认为，天鬼神最高的赏罚是使其拥有或者失去天下。"昔之圣王禹汤文武，兼爱天下之百姓，率以尊天事鬼，其利人多，故天福之，使立为天子，天下诸侯皆宾事之。暴王桀纣幽厉，兼恶天下之百姓，率以诟天侮鬼，其贼人多，故天祸之，使遂失其国家，身死为僇于天下，后世子孙毁之，至今不息。"（《法仪》）此后，墨子则不厌其烦地说明"其赏也必于祖，其戮也必于社"的神明赏罚的重要性，以此宣扬天鬼神和其背后百姓司法权的神圣性，体现其神权性和政治主张的融合，把百姓力量神秘化，以此实现其崇高的社会理想。

当然，这种借力打力的模式，是其探索恢复社会秩序的方案，代表了低层社会民众的声音，体现了现代司法体系的精神。由于墨子及其后学并未能找到实现其社会理想的载体，所以最终只能归属于理想化的赏罚模式。尽管如此，墨家的探索精神仍值得后世司法赏罚借鉴。

三　《墨子》刑罚思想的价值

除整体上阐述赏罚思想外，墨子还在其《城守》诸篇中列举了大量有关赏罚的具体案例。虽然这些内容的真实性曾受到不少学者的质疑，再加上其文本文字错落的极多，所以以往治《墨子》学者很少关注。所幸的是，随着秦汉简牍帛书的出土证实其真实性，墨子的刑罚思想则逐渐引起学者的关注。相关篇章主要有《号令》《备城门》《军爵禄》等，其中所涉及的刑罚思想对传统法律都有重要的启示意义。

《号令》中论述了墨子的刑罚思想，首先他倡导量才任用原则，说："备不先具者无以安主，吏卒民多心不一者，皆在其将长。诸行赏罚及有治者，必出于王公。"还说："诸吏卒民有谋杀伤其将长者，与谋反同罪，有能捕告，赐黄金二十斤，谨罪。"意思是说，人的任用务必任人唯贤，使其充分发挥其才智。在这样的基础上，若仍有人以下犯上，就要给予相应的惩罚，对能检举揭发者给予相应的奖励。

---

① 张清学、包家新：《论墨子法律思想的特点》，《攀枝花学院学报》2007 年第 2 期。

墨子提出"归爵免罪"制度，如他说："用其贾贵贱、多少赐爵，欲为吏者许之。其不欲为吏，而欲以受赐爵禄者赎出亲戚，所知罪人者，以令许之。"（《号令》）又说："欲归爵二级以免亲父母为隶臣妾者一人，及隶臣斩首为公士，谒归公士而免故妻隶妾一人者，许之，免以为庶人。"（《军爵禄》）这一制度在此前的法律条文中并没有出现过，应属于墨子的首创，如有学者说："秦简中的大量法律、法令更与城守诸篇有相同者，而且有的还是其他时代的古籍中从未有过的。"① 意思是说，墨子的法律思想对秦汉以后中国传统社会的法律产生重要的影响。

墨子还明确区分了有意和无意犯罪的区别。他说："慎无敢失火，失火者斩。其端失火者以为乱事者车裂。"虽然同样是死罪，但"失火"和"端失火"的处罚是不同的，所谓的"端"就是"故意"的意思，这样的人应该施以极刑。当然，墨子对判死刑者要视情节轻重给予不同的刑罚②，且审讯后才能定罪，如他说："昏鼓，鼓十，诸门亭皆闭之，行者断。必系问行故，乃行其罪。"（《号令》）尽管有人触及"守城"之法，或许能危及一城人的生命安全当杀，但墨子也主张给予其申辩权，体现对生命的尊重。

墨子对那些不服从军令者给予斩杀的处罚，以维护法律的权威。"民室材木、瓦石可以益城之备者，尽上之，不从令者斩"（《备城门》）；"门者及有守禁者皆无令无事者得稽留止其旁，不从令者戮"；"四面之吏亦皆自行其守，如大将之行，不从令者斩"；"客、主人无得相与言及相藉，客射以书，无得誉，外示内以善，无得应，不从令者，皆断。禁无得举矢书，若以书射寇，犯令者父母、妻子皆断，身枭城上。有能捕告之者，赏之黄金二十斤"（《号令》）等。这些论断说明墨子军事刑罚的果断，体现了其"守城"思想中的智慧，是其刑罚思想的重要内容。

---

① 秦彦士：《墨子考论》，巴蜀书社 2002 年版，第 33 页。
② 李学勤：《秦简〈墨子〉城守各篇》，《云梦秦简研究》，中华书局 1981 年版，第328-329 页。

第八章　墨子的宗教思想

由于生产力落后和科学水平的局限，在墨子生活的时代，人们常将一些在当时无法正确解释的自然和社会现象归因于超自然力，由于受到这种历史环境的制约，墨子在对本体论、自然观、社会观等方面的认识上，也倾向于运用超自然的方式，推崇"尊天""事鬼"，从而使其思想带有一定程度的宗教色彩，应当说，这也是历史局限性在墨子思想上的具体体现。

第一节　墨子宗教思想产生背景

宗教是人类发展到一定历史阶段后所产生的一种特有社会现象，它既是一种文化模式，也具有鲜明的意识形态色彩。宗教的突出表现在于信众相信现实世界之外存在超自然的神灵，神灵拥有绝对权威，主宰着宇宙自然和人类社会的发展演变，从而使信众对该神灵产生敬畏及崇拜，进而形成信仰体系以及相应的组织、仪轨和活动场所。在人类历史上，宗教的存在极为普遍，可以说在人类历史上几乎每一个民族都产生或信仰过某种甚至多种宗教。纵观人类历史，宗教不仅普遍存在，而且对人类社会的政治、经济、科技、文化等不同领域都产生过重要影响，甚至在很大程度上影响了历史发展的进程，即使在当代，宗教对人们精神和物质生活的影响仍不可忽视，在某种维度上，宗教依然是影响当代社会发展的重要因素。在墨子思想中，宗教观念贯穿始末，成为墨子学说的重要组成部分。本体性、价值性与工具性是墨子宗教思想的三个突出特性，也是影响墨子其他思想的重要因素，因此对其进行探索是深化墨子研究的必要之举，具有很重要的现实意义。

一 对"天"的崇拜

自人类诞生以来，对各种自然与社会现象的不解与追问就伴随着人们整个的生活轨迹。在古代社会，囿于认知能力的限制，基于虚幻想象之上的认知成为人们解读对象世界的重要方式，因此诉诸神灵等超自然力的信仰也就应运而生。

事实上，在新石器时期，万物有灵的观念就已经根深蒂固。原始社会末期，随着阶级分化，国家出现，人们信仰的神灵也变得更加一致。在中国古代社会，"天"超越其他神灵，逐渐成为人们崇拜的最高神祇。夏、商、周三代，尽管对"天"的功能认知有所差异，但无不以"天""天命"作为政治合法性的根据。如《尚书·甘誓》中启就称："有扈氏，威侮五行，怠弃三正，天用剿绝其命。今予惟恭行天之罚。左不攻于左，汝不恭命；右不攻于右，汝不恭命；御非其马之正，汝不恭命。用命，赏于祖；弗用命，戮于社，予则孥戮汝。"[1] 汤在灭商时也说"有夏多罪。天命殛之""夏氏有罪，予畏上帝，不敢不正"[2]。尽管西周建国后，周人鉴于商代灭亡的教训，认识到"天命靡常"[3]，"皇天无亲，惟德是辅；民心无常，惟惠之怀"[4]。因此，君主必须躬身修德，"保享于民"[5]，才能做到"享天之命"[6]。尽管周人已经有了天命转移的理念，但将"天"作为世界本源的信念并没有动摇，因此天命观念依然在人们思想体系中占据牢固地位。

---

① （汉）孔安国传，（唐）孔颖达正义：《尚书正义》，上海古籍出版社 2007 年版，第 258—259 页。

② （汉）孔安国传，（唐）孔颖达正义：《尚书正义》，上海古籍出版社 2007 年版，第 285 页。

③ （清）阮元校刻：《十三经注疏》，中华书局 1980 年版，第 505 页。

④ （汉）孔安国传，（唐）孔颖达正义：《尚书正义》，上海古籍出版社 2007 年版，第 662 页。

⑤ （汉）孔安国传，（唐）孔颖达正义：《尚书正义》，上海古籍出版社 2007 年版，第 669 页。

⑥ （汉）孔安国传，（唐）孔颖达正义：《尚书正义》，上海古籍出版社 2007 年版，第 670 页。

墨子生活在战国初期，当时正处于社会剧烈变革的时代。周王权势衰落势必使人们对"天子"权威的本然性产生怀疑，社会生产力的发展则促使人们驾驭自然的能力有了长足进步，私学的兴起与"士"阶层的壮大促进了知识的普及，营造了多元文化的氛围，这一切都使人们对社会和自然的理解也更为深入，特别是一些著名的思想家对长期以来人们坚信不疑主宰一切的神灵世界开始有了新的思考，并从不同维度进行了较深入探索。

作为儒家学派的创立者，孔子并不否认超自然"天"的存在，他说："天何言哉？四时行焉，百物生焉。天何言？"① 天在此扮演的是宇宙最高主宰的角色，天创制了自然运行的规律与模式，孕育了世间万生包括人类的存在。天的意旨即为"天命"，古人常认为世间万物之旦夕祸福皆为天命所决定，而对于天命，孔子主张"畏天命"，承认天命的存在。如孔子曾说，"道之将行也与，命也；道之将废也与，命也"②。"不知命，无以为君子"③。显然，如同那个时代的多数思想家一样，孔子承认天命的存在，同时也认可个体需知晓天命，顺应天命。

尽管孔子承认天作为最高主宰的存在，但他实际上对虚幻的彼岸世界并不过于执着，对形而上的纯哲学问题也不太感兴趣，他更关注的其实是此岸世界，是现实人生。孔子云："未能事人，焉能事鬼""未知生，焉知死"④，又有"子不语怪、力、乱、神"⑤，"夫子之言性与天道，不可得而闻也"之语。⑥

孔子不仅对超自然的宗教问题抱有敬而远之的态度，对于天命，孔子在承认其存在的前提下，也不乏穷尽人事、强力而为，不可消极等待天命的主张。如孔子云"知其不可而为之"⑦ "不怨天，不尤人，下学而上达，知我者其天乎？"⑧ 即表现出此意，由此而发，孔子的天命思想显然又超越

---

① （清）刘宝楠：《论语正义》，中华书局 1990 年版，第 698 页。

② （清）刘宝楠：《论语正义》，中华书局 1990 年版，第 593 页。

③ （清）刘宝楠：《论语正义》，中华书局 1990 年版，第 769 页。

④ （清）刘宝楠：《论语正义》，中华书局 1990 年版，第 449 页。

⑤ （清）刘宝楠：《论语正义》，中华书局 1990 年版，第 272 页。

⑥ （清）刘宝楠：《论语正义》，中华书局 1990 年版，第 184 页。

⑦ （清）刘宝楠：《论语正义》，中华书局 1990 年版，第 597 页。

⑧ （清）刘宝楠：《论语正义》，中华书局 1990 年版，第 592 页。

了彼时多数思想家对于天命的理解，在孔子那里，天命与天道更多呈现出的是一种客观规律，个体之于天命的顺应，并非简单地固守，而是在知晓天命的趋势下，尽人事而为之，以达到真正"知天命"的本义。这一点正如有学者指出的：孔子之意在于如何从浅近的日用人伦、社会政治入手，把超越存在的天道落实在现实的道德心性和社会伦理秩序之中，是实现天人合一，或者说实现有限和无限统一的具体操作。这才是孔子"不可得而闻"的"性与天道"。具体地说就是隐含在"仁"和"礼"之中的超越精神。①

老子是道教学派的创立者，道家将"道"视为宇宙的本体，是创始宇宙万物的原动力，老子云："道，可道，非常道。名，可名，非常名。"②"道生一，一生二，二生三，三生万物。"③ 在此可以看到，道家之"道"与时人所谓"天"有相似之处，即它们都非同一般，都是世间万物的创制者。然而，与将"天"视为人格化神灵的观念不一样，对"道"究竟为何，老子通过模糊化的处理，事实上否认了"道"作为人格化神灵的可能性。老子说道："无名天地之始，有名万物之母。故常无欲，以观其妙；常有欲，以观其徼。此两者同出而异名，同谓之玄，玄之又玄，众妙之门。"④"玄之又玄"，亦称"恍惚"。"道之为物，惟恍惟惚。惚兮恍兮，其中有象；恍兮惚兮，其中有物。窈兮冥兮，其中有精；其精甚真，其中有信。"⑤"视之不见名曰夷，听之不闻名曰希，抟之不得名曰微。此三者不可致诘，故混而为一。"⑥ 可见，通过一系列貌似含糊，但却带有超越性的解释，老子树立了"道"非人格化的特质。

老子认为，道首先是宇宙最高的存在，道创造了世间万物，是世界运行的原动力，其超越性和本体性毋庸置疑；其次尽管道是世界的本体，又是以一种"惟恍惟惚"的形式存在，但道绝不等同于人们习以为常的人格化神灵"天"，尽管后人对道究竟归属唯物论还是唯心论争论不休，但老

① 麻天祥、姚彬彬、沈庭：《中国宗教史》，武汉大学出版社 2012 年版，第 72-73 页。
② （魏）王弼注，楼宇烈校释：《老子道德经注校释》，中华书局 2008 年版，第 1 页。
③ （魏）王弼注，楼宇烈校释：《老子道德经注校释》，中华书局 2008 年版，第 117 页。
④ （魏）王弼注，楼宇烈校释：《老子道德经注校释》，中华书局 2008 年版，第 1-2 页。
⑤ （魏）王弼注，楼宇烈校释：《老子道德经注校释》，中华书局 2008 年版，第 52 页。
⑥ （魏）王弼注，楼宇烈校释：《老子道德经注校释》，中华书局 2008 年版，第 31 页。

子强调道法自然，因此道必定是遵循自然而行，而绝不是自然演变为道所左右，因而道在老子眼中，与宗教之论相距颇远。需要指出的是，后代道教之出现，尽管借用了道的概念，且道家某些思想也为道教的思想渊源之一，但先秦道家与后世道教之间，其区隔还是很明显的，尤其是道家中的神灵来自自然宗教和民间信仰，更是与先秦道家没有什么关涉。

作为墨家学派的创始人，墨子提出的兼爱、非攻、非命、节用、尚同等一系列关乎社会发展的理念，涉及政治、经济、军事各个层面，构成了墨子思想的重心所在。然而值得注意的是，墨子在为社会发展设计富有现实色彩方案的同时，并没有忽略"天"的存在。事实上，墨子明确主张有神论，认同神灵的存在，对此，《墨子》"天志""明鬼"等篇多有记载。更值得注意的是，墨子认为其改造现实社会的方案皆源于"天"，受"天"掌握，是"天"的意志体现，由此也就形成了其思想中神灵世界与现实社会共存共重的图景。因此，浓厚的宗教性特征也就成为墨子学说的重要特色。

二　"事鬼"观念

自古以来，人们对身后世界就有着太多好奇和追问，而在科学不发达的古代，要想对此给出一个合乎客观的答案显然是很困难的，因此古人通过直观认知和玄奥想象去解释身后世界，相信彼岸世界的存在，并由此产生人在亡故之后灵魂不灭、幻化为鬼的观念也就不足为奇了。《礼记·祭法》载："大凡生于天地之间者皆曰命，其万物死皆曰折，人死曰鬼，此五代之所不变也。"[1] 所反映者正是古代社会这一现象普遍存在的事实。至于墨子，比较而言，在诸子中其"事鬼"的信念相当强烈。他一再强调"尊天事鬼"[2]，墨子曾说"明天鬼之所欲"[3] "其事上尊天，中事鬼神，下爱人"。[4] 墨子将"事鬼"看作人们所应必备的德行，他认为无论祭祀祈祷、治理国政还是居常生活，"事鬼"都是必须遵循之道。从背景因素

---

① （清）孙希旦：《礼记集解》，中华书局1989年版，第1197页。
② （清）孙诒让撰，孙启治点校：《墨子间诂》，中华书局2001年版，第23页。
③ （清）孙诒让撰，孙启治点校：《墨子间诂》，中华书局2001年版，第82页。
④ （清）孙诒让撰，孙启治点校：《墨子间诂》，中华书局2001年版，第195页。

来看，墨子这种根深蒂固的"事鬼"观念，固然与其个人出身和生活轨迹有关，但其产生亦有不可忽视的历史因素。

考古资料显示，至迟在原始社会的旧石器时期晚期，人们已经产生了灵魂不灭的观念。如北京周口店山顶洞人，他们生活在距今约1.8万年前，正处于旧石器时期晚期。考古学者发现，山顶洞人遗址中已经出现墓葬，而在墓葬中，发现死者遗骨周围有安葬时有意抛撒的赤铁矿粉，同时还发现了兽牙、蚌壳和鱼骨做的骨坠、钻孔兽齿、石珠等装饰品以及燧石石器等随葬品。[①] 学者们推测，在尸体周围抛撒赤铁粉应该是当时一种比较普遍的下葬仪式，红色与血液同色，是生命的象征，山顶洞人可能是用赤铁粉的红颜色代表鲜血和生命，希望通过抛撒赤铁粉给予逝者以新的生命和灵魂，以达到在彼岸世界永生的目的。抛撒赤铁粉的仪式也就意味着赋予逝者以生命力，反映了当时人们对死后彼岸世界的一种认知和期待。而在墓葬中摆设一些生活用品和装饰品作为随葬品，不仅体现了生产力水平的提高和审美意识的出现，也反映出当时人们认为在彼岸世界中，逝者不仅灵魂不灭，而且也会如同在现实中一样，过着某种具体形式的生活，因此将这些随葬品放置于墓中，正是为了满足逝者在彼岸世界的日常生活之需。[②] 可见，山顶洞人在逝者的尸体周围撒赤铁粉以及摆放随葬品的做法，已然直观反映灵魂不灭观念的出现，以及这种观念对当时人们思想和习俗的影响。

到新石器时期，鬼神信仰以及与之而来的祭祀活动更加普遍，同时这一时期还出现了专门的祭祀场所，成为鬼神信仰进一步强化的显著标志。20世纪80年代初，位于辽宁省建平县和凌源市交界处牛河梁女神庙遗址被发现并进行了考古挖掘。该遗址坐落在一道山梁上，属红山文化晚期遗存，距今约5500年至5000年。考古资料证明，牛河梁女神庙遗址范围甚广，其中以女神庙为中心分布着共16个红山文化时期的神庙、祭坛和积石冢。[③] 牛河梁女神庙遗址距离当时人们的生活区域较远，是一组相对独立，

---

① 贾兰坡：《山顶洞人》，龙门联合书局1951年版，第21页。
② 庄华峰：《中国社会生活史》，中国科学技术大学出版社2014年版，第245页。
③ 辽宁省文物考古研究所：《辽宁牛河梁红山文化"女神庙"与积石冢群发掘简报》，《文物》1986年第8期。

且规模宏大的祭祀建筑群，遗址中出土有女神像、祭坛、玉佩饰、石饰和陶器等，数量众多，均与祭祀活动有关，综合分析来看，该遗址应是当时部落间祭祀先祖的场所。牛河梁女神庙遗址证明，在新石器时期晚期，人们的鬼神信仰不仅愈加普遍，而且已经能够建造出规模较大的专门祭祀场，这充分反映了先民们宗教意识和相应活动的发展。

　　考古材料还证明，随着生产力的提升和"事鬼"观念的普及，在新石器时期，专门的随葬器也已出现。《礼记·檀弓上》载"夫明器，鬼器也"①，就是说明作为专门随葬器的明器，其形状虽然模仿生活用具，但质地、用途等与真正的生活用品相比却大相径庭。在位于浙江杭州余杭的良渚文化遗址中，出土了一些黑陶豆和圈足陶盘，这些器具上常描有彩绘；在位于河南安阳的后岗二期文化遗址中，出土的一些黑陶盆和圈足盘上也绘有不同颜色的彩绘。这些彩绘并非在烧制陶器前所做的彩釉，而是在陶器烧制完成后再绘制上去的，因此这些色彩虽然浓重但却并不牢固，很容易被擦拭掉。显然这些陶器并不是生活用具，而是专门随葬生产的明器。② 原始社会末期明器的出现，显示当时已经有了专门为亡者随葬而制作的用品，反映出原始社会末期鬼神信仰系统化、宗教化趋势的加强。

　　除考古资料外，关于先民的鬼神信仰的记载也频见于各种古籍当中，如《史记·五帝本纪》载黄帝："官名皆以云命，为云师。置左右大监，监于万国。万国和，而鬼神山川封禅与为多焉。"③ 颛顼"载时以象天，依鬼神以制义，治气以教化，洁诚以祭祀"④，帝喾"取地之财而节用之，抚教万民而利诲之，历日月而迎送之，明鬼神而敬事之"⑤，《尚书·大禹谟》亦载舜之言道："鬼神其依。龟筮协从。"⑥ 及至夏商周时期，虽然在

　　① （清）孙希旦：《礼记集解》，中华书局 1989 年版，第 219 页。

　　② 白寿彝总主编，苏秉琦主编：《中国通史·远古时代》，上海人民出版社 2015 年版，第 249-250 页。

　　③ （汉）司马迁：《史记》，中华书局 1982 年版，第 6 页。

　　④ （汉）司马迁：《史记》，中华书局 1982 年版，第 11 页。

　　⑤ （汉）司马迁：《史记》，中华书局 1982 年版，第 13 页。

　　⑥ （汉）孔安国传，（唐）孔颖达正义：《尚书正义》，上海古籍出版社 2007 年版，第 135 页。

不同时期人们对鬼神信仰的表现和态度有所差异，但尊崇鬼神的信念还是一致的，如伊尹就曾言"鬼神无常享，享于克诚"①。"山川鬼神，亦莫不宁。暨鸟兽、鱼鳖，咸若。"②（《尚书·伊训》）周公也自云"多材多艺，能事鬼神"③。春秋时期，周郑交恶，即有君子评论道"苟有明信，涧、谿、沼、沚之毛，苹、蘩、蕰、藻之菜，筐、筥、锜、釜之器，潢、汙、行潦之水，可荐于鬼神。可羞于王公"④，春秋时，仲几亦发出"山川鬼神。其忘诸乎"⑤ 之声。故而，《礼记·表记》引用孔子之言："夏道尊命，事鬼敬神而远之"，"殷人尊神，率民以事神，先鬼而后礼"，"周人尊礼尚施，事鬼敬神而远之"⑥，即概括出这一时期人们的敬神事鬼之状。

三 "天命靡常"与"以德配天"思想

商周以来，尽管人们普遍相信"天"的至高无上，也承认所谓"天命"，即"天"对世间万物根本性控制，但种种历史经验和现实状况却也告诉他们，无论人们是多么虔诚地尊崇"天"，幸运也不一定会因此必然降临，灾祸也并不一定会因之而远离他们，因此这一事实难免会促使人们去反思天人关系的实质和"天命"的真正意涵，并由此作出新的思索。

事实上，早在商代就已有人意识到国之兴衰固然关乎"天"的意志，但"天"的赏罚并非仅依靠祭祀的虔诚殷勤与否，而是更多取决于统治者是否具备"德"这一前提。

《尚书·伊训》载："古有夏先后，方懋厥德，罔有天灾。山川鬼神，亦莫不宁。"⑦ 伊尹辅佐商汤打败夏桀，建立商朝，后又辅弼商王太甲。

---

① （汉）孔安国传，（唐）孔颖达正义：《尚书正义》，上海古籍出版社 2007 年版，第 317 页。

② （汉）孔安国传，（唐）孔颖达正义：《尚书正义》，上海古籍出版社 2007 年版，第 302 页。

③ （汉）孔安国传，（唐）孔颖达正义：《尚书正义》，上海古籍出版社 2007 年版，第 495 页。

④ （清）洪亮吉：《春秋左传诂》，中华书局 1987 年版，第 191 页。

⑤ （清）洪亮吉：《春秋左传诂》，中华书局 1987 年版，第 806 页。

⑥ （清）孙希旦：《礼记集解》，中华书局 1989 年版，第 1309-1310 页。

⑦ （汉）孔安国传，（唐）孔颖达正义：《尚书正义》，上海古籍出版社 2007 年版，第 302 页。

《伊训》是伊尹写给太甲的教导与告诫。在这里，伊尹指出夏朝的圣君就因为有了美好的道德，才能够避免灾祸，使鬼神得以安宁。

在《尚书·太甲下》中，伊尹更是直接告诫太甲："惟天无亲，克敬惟亲。民罔常怀，怀于有仁。鬼神无常享，享于克诚。"① 在这里，伊尹警示太甲，"天"并不属于哪一个人或哪一个家族，"天"是至公至正的，鬼神也不会仅仅享用某一个固定的祭祀，如果做不到怀德亲民，终有一日会被"天"和鬼神所抛弃。

西周建国是建立在灭商的基础上，商朝的灭亡给周代君臣留下了深刻印象，促使让周代君臣进一步提炼出"天命靡常"② 和"皇天无亲，惟德是辅"③ 的思想，这对周人的思想言行产生了深刻影响。

如鲁僖公五年（前655），晋国向虞国借道攻打虢国，虞公欲应允，他很自负地说道"吾享祀丰絜，神必据我"。宫之奇则劝谏道："臣闻之，鬼神非人实亲，惟德是依。故周书曰：'皇天无亲，惟德是辅'"④，宫之奇在此明确告诫虞公，鬼神并不会因哪一个人平常多加祭祀就会偏爱于他，"天"是公正的，只有做到"惟德是依"，才可获得"天"的保佑。

再如周惠王与内史曾就神灵降临有过一番对话，内史就说道："国之将兴，明神降之，监其德也。将亡，神又降之，观其恶也。故有得神以兴，亦有以亡。虞、夏、商、周皆有之。"⑤ 此处，内史向惠王清楚表明，鬼神的作用就是观察监督人间具备德行与否，具备德行则国家兴旺，失德无道则会走向衰亡。既然"惟德是依"，才可获得"天"的保佑，那么由此也就可以很容易地推论出天命转移的思想，即只有有德之君才能够享有"天"的眷顾，一旦失德，则不仅会失去"天"的庇佑，政权转移也会随之丧失。

《尚书·召诰》是一篇重要的古代政治文献，一般认为作者为西周初

① （汉）孔安国传，（唐）孔颖达正义：《尚书正义》，上海古籍出版社2007年版，第317页。

② （清）阮元校刻：《十三经注疏》，中华书局1980年版，第505页。

③ （汉）孔安国传，（唐）孔颖达正义：《尚书正义》，上海古籍出版社2007年版，第662页。

④ （清）洪亮吉：《春秋左传诂》，中华书局1987年版，第279页。

⑤ （清）洪亮吉：《春秋左传诂》，中华书局1987年版，第260页。

期的周公。《召诰》云:"王其疾敬德,相古先民有夏。天迪从子保,面稽天若,今时既坠厥命。今相有殷,天迪格保,面稽天若。今时既坠厥命。"① 周公在《召诰》中先谈道,夏商两代都曾掌握政权,但后来都失去"天"的眷顾而亡国。继而又指出,夏商之所以会丢掉政权,原因就在于丧失德行,其言:"我不可不监于有夏,亦不可不监于有殷。我不敢知曰有夏服天命,惟有历年;我不敢知曰不其延,惟不敬厥德,乃早坠厥命。"② 因此,夏商历代最终被"天"抛弃而就此沦亡。所以,周公告诫成王:"王乃初服。呜呼!若生子,罔不在厥初生,自贻哲命。今天其命哲、命吉凶、命历年,知今我初服,宅新邑,肆惟王其疾敬德。王其德之用,祈天永命。"③ 这就是说,成王一定要做有德之君,因为唯有如此才能得到"天"的垂青,获得"永命",使得周朝根基永固。这说明,商亡周兴的历史巨变,不仅带给周代统治者深深的震撼,也促使其不断总结反思前代治国的经验教训,形成"王其德之用,祈天永命"理念,从而将德治思想和天命转移的观念深深印刻在自己内心当中,并使之内化成为周代治国的一个基本原则。

第二节 "天"在墨子宗教思想中的本体论意义

在墨子思想中,神灵世界包括两个层面,即"天"和"鬼"。这其中"天"主宰世间一切秩序,是世界的最高存在,因此在墨子那里,"天"具有无可置疑的本体论意义,这可以从三个方面进行阐释。

一 "天"是世间的主宰

在墨子学说中,"天"拥有万物,是包括人类社会在内世间一切的主宰,对万物演变有着决定性的影响,具有至高无上的地位。如墨子说:

---

① (汉)孔安国传,(唐)孔颖达正义:《尚书正义》,上海古籍出版社 2007 年版,第581页。

② (汉)孔安国传,(唐)孔颖达正义:《尚书正义》,上海古籍出版社 2007 年版,第586页。

③ (汉)孔安国传,(唐)孔颖达正义:《尚书正义》,上海古籍出版社 2007 年版,第587页。

"今天下无大小国，皆天之邑也。人无幼长贵贱，皆天之臣也。此以莫不犓羊、豢犬猪，絜为酒醴粢盛，以敬事天，此不为兼而有之、兼而食之邪!"① 又如墨子称："凡入国，必择务而从事焉。国家昏乱，则语之尚贤、尚同；国家贫，则语之节用、节葬；国家喜音湛湎，则语之非乐、非命；国家淫僻无礼，则语之尊天、事鬼。"② 即反映了他对"天"无上权威的肯定。在论及"天"对社会结构的作用时，墨子认为"天"的影响遍及世间，对于人们在现实社会中的行为处事，"天"的影响更是决定性的。如墨子说"天之为政于天子"③，"故天子者，天下之穷贵也，天下之穷富也。故于富且贵者，当天意而不可不顺。顺天意者，兼相爱，交相利，必得赏。反天意者，别相恶，交相贼，必得罚"④。由此可见，墨子继承了西周以来对"天子"身份的认知，认为天子是"天"的代表，其职任就是代天履职，拥有天所赋予的权力，因此臣民须服从于天子，这显然也是对"天"至尊地位的一种承认。不过墨子也指出，天子并不能为所欲为，其行为也应该遵从天的意志，即以天的至善品德指引本身行为，而这对天子权势也起到了某种约束作用。

再如墨子又说君子凡行为举事，"中实将欲遵道利民，本察仁义之本"，则"天之意不可不慎也"⑤。在这里，墨子所论君子的道德规定性其实也可归于"天志"的要求，抑或说来自"天"这一源泉，从而再一次印证了墨子对"天"至上性、根源性的认知。

二 "天志"是制定社会规则的基础

在墨子学说中，对社会规则作用的重视颇引人注目。墨子认为"法仪"，即社会规则，是构建社会秩序，保证社会有序运行的基本要件之一。墨子曾说："天下从事者不可以无法仪，无法仪而其事能成者，无有也。虽至士之为将相者皆有法，虽至百工从事者亦皆有法。百工为方以矩，为圆以规，直以绳，正以县。无巧工不巧工，皆以此五者为法。巧者能中

---

①　（清）孙诒让撰，孙启治点校：《墨子间诂》，中华书局2001年版，第22页。
②　（清）孙诒让撰，孙启治点校：《墨子间诂》，中华书局2001年版，第475-476页。
③　（清）孙诒让撰，孙启治点校：《墨子间诂》，中华书局2001年版，第194页。
④　（清）孙诒让撰，孙启治点校：《墨子间诂》，中华书局2001年版，第195页。
⑤　（清）孙诒让撰，孙启治点校：《墨子间诂》，中华书局2001年版，第199页。

之，不巧者虽不能中，放依以从事，犹逾己。故百工从事，皆有法所度。今大者治天下，其次治大国，而无法所度，此不若百工辩也。"① 就突出体现了墨子对"法仪"价值的高度认可。

在墨子看来，确立制度，制定法仪，基本依据仍然应来源"天"的意志。墨子称："然则奚以为治法而可？故曰莫若法天。天之行广而无私，其施厚而不德，其明久而不衰，故圣王法之。既以天为法，动作有为必度于天。"② 在这里，墨子的逻辑和结论都十分明确，即因为天具有"行广而无私"的美好德性，因此立法就理应遵循天的意志，即"莫若法天"，唯此才能保证法律的公平、公正，使得不论国君还是臣民都能依据正当的社会规则行事，从而做到相爱相利。

三 "天"能够洞察是非、惩恶扬善

墨子不仅认为"天"是世界本体，具备至善的德性，同时还赋予"天"洞察秋毫，明辨是非的"至明"特征。墨子将"仁义""忠惠""慈孝"等品德，视为"顺天之意也"③。对于违背天意者，墨子认为无论是谁都会受到天的惩罚，而对于顺应天意者则会受到"天"的嘉奖。如墨子曾说："孰为知？曰：天为贵、天为知而已矣。"④ 再如墨子说："天子为善，天能赏之；天子为暴，天能罚之；天子有疾病祸祟，必斋戒沐浴，洁为酒醴粢盛，以祭祀天鬼，则天能除去之。然吾未知天之祈福于天子也，此吾所以知天之贵且知于天子者。"⑤ 可见在墨子学说中，"天"不光是理想社会创造者，同时也是其监督者，扮演着双重的角色。

由此也可以看到，宗教理念并非孤立存于墨子学说的某几个方面，而是系统地贯穿于其整个思想与组织体系之中，这其中既包括人格神的塑造，也包括较完整的宗教思想和类似僧团的墨学团体的构建，可以说在墨子思想中，已经具备了宗教教义与宗教的基本要素，因而从本质上讲，墨子"天"的思想即为一种宗教信仰。关于这一点，胡适先生就曾说"墨子

---

① （清）孙诒让撰，孙启治点校：《墨子间诂》，中华书局2001年版，第20—21页。
② （清）孙诒让撰，孙启治点校：《墨子间诂》，中华书局2001年版，第22页。
③ （清）孙诒让撰，孙启治点校：《墨子间诂》，中华书局2001年版，第213页。
④ （清）孙诒让撰，孙启治点校：《墨子间诂》，中华书局2001年版，第198页。
⑤ （清）孙诒让撰，孙启治点校：《墨子间诂》，中华书局2001年版，第198页。

是一个创教的教主"①；冯友兰先生也明确指出墨子学说中"主宰之天"的宗教内核，指出其学说以上帝，即"天"的存在为其根本教义②；更有学者鲜明提出，墨子济世救民的精神源泉，正是出于他对天志等宗教思想的虔诚信仰，因此在墨子身上，体现了先秦思想家中最典型的宗教情怀以及基于这之上的救世之行。③应当说这些学者的评价，充分说明了在墨子学说中，"天"所具有的至高无上地位，从而印证了"天"在墨子宗教思想中的本体论意义。

第三节　墨子天志说的价值和工具意义

在墨子那里，"天"所具有的宗教色彩不仅表现在它作为世间万物的主宰，掌握着世间的祸福赏罚，带有本体性特征，还在于"天"以人格神的形式出现时，所体现出的价值意义。在先秦思想家中，尽管"天"的价值意蕴也有学者提及，但墨子基于天志说的价值观仍呈现出鲜明的自身特征，极大丰富了墨子宗教思想的内容，这主要体现在以下两个方面。

一　"天"是正义的化身

在论及"天"的人格化特征时，墨子赋予"天"至善的道德取向，如墨子说："天之行广而无私，其施厚而不德，其明久而不衰，故圣王法之。既以天为法，动作有为必度于天，天之所欲则为之，天所不欲则止。然而天何欲何恶者也？天必欲人之相爱相利，而不欲人之相恶相贼也。"④在这里，天"行广而无私""明久而不衰"，具有历久不衰的至善性，实际上成为一个理想化的道德具象。很明显，在墨子心目中，"天"其实就是理想人格的体现，而这也正与当时人们对正义形象的认知相契合。

与此同时，墨子也将"天"看作一种理想的道德规则与行动指南，如墨子即言："我有天志，譬若轮人之有规，匠人之有矩。轮匠执其规矩，

---

① 胡适：《中国哲学史大纲》，上海人民出版社2014年版，第112页。
② 冯友兰：《中国哲学史新编》（上卷），人民出版社1998年版，第246—250页。
③ 林存光：《先秦诸子思想概述》，辽海出版社2012年版，第77—79页。
④ （清）孙诒让撰，孙启治点校：《墨子间诂》，中华书局2001年版，第22页。

以度天下之方圆，曰：'中者是也，不中者非也。'今天下之士君子之书不可胜载，言语不可尽计，上说诸侯，下说列士，其于仁义则大相远也。何以知之？曰：我得天下之明法以度之。"① 可见，墨子明确将"天"界定为世间行为的"规矩"，要求"上说诸侯，下说列士"都要遵循于此，使之成为现实生活的行为准则。事实上，墨子在政治上主张"法天"，其前提也正是基于"天"的这种正义性。

因此到这里就可以很清楚地看到，在墨子学说中，"天"作为最高神明，它以人格化的形式演化成了正义化身，由此，"天"的存在也确立了墨子价值观念的基本内涵与发展趋势。

二 "兼爱"是"天志"的主要体现和墨子价值观的实践方式

墨子所生活的战国初期，正是历史发生巨变的时代。史载："墨子学儒者之业，受孔子之术，以为其礼烦扰而不说，厚葬靡财而贫民，服伤生而害事，故背周道而用夏政。"② 可见，墨子面对春秋战国之际社会变局，曾学儒以试图寻找改造社会的途径，但终以"背周道而用夏政"而告终结。这以后，作为小生产者的代表，墨子怀着改造社会的强烈愿望，提出了"兼爱""节用""非攻""尚同""尚贤"等一系列伦理价值主张。值得重视的是，墨子认为这些理念皆来自"天"，是"天志"的具体呈现和实践方式，因此这些价值观念无一例外都带有天意的属性。而在上述价值范畴中，墨子最重视的无疑是"兼爱"，这从下面墨子对兼爱的重要作用论述中就可以看得很清楚。

> 圣人以治天下为事者也，不可不察乱之所自起。当察乱何自起？起不相爱。……
>
> 若使天下兼相爱，爱人若爱其身，犹有不孝者乎？视父兄与君若其身，恶施不孝？犹有不慈者乎？视弟子与臣若其身，恶施不慈？故不孝不慈亡有。犹有盗贼乎？故视人之室若其室，谁窃？视人身若其身，谁贼？故盗贼似亡有。犹有大夫之相乱家、诸侯之相攻国者乎？视人家若其家，谁乱？视人国若其国，谁攻？故大夫之相乱家、诸侯

---

① （清）孙诒让撰，孙启治点校：《墨子间诂》，中华书局 2001 年版，第 197 页。
② 何宁：《淮南子集释》，中华书局 1998 年版，第 1459 页。

之相攻国者亡有。若使天下兼相爱，国与国不相攻，家与家不相乱，盗贼无有，君臣父子皆能孝慈，若此则天下治。故圣人以治天下为事者，恶得不禁恶而劝爱？故天下兼相爱则治，交相恶则乱。故子墨子曰：不可以不劝爱人者，此也。①

由此可见，墨子在分析社会种种混乱现象产生原因时，明确将其归结于"天下之人皆不相爱"，墨子指出正是由于人们"各爱其家，不爱异家""各爱其国，不爱异国"，所以才导致"天下之乱物具此而已矣"②的局面，正是基于这一认识，墨子提出了自己解决问题的方案，这就是"兼爱"。墨子所说"兼爱"，就是人与人、国与国之间无差别的爱，即人与人、国与国之间皆相爱，不能有亲疏远近之分。墨子认为"天下兼相爱则治，交相恶则乱"，在此墨子明确提出"兼爱"作为"自爱"的对立面，是克服"自爱"这一社会病因，解决社会混乱顽疾，走向国家安然的最有效药方。

墨子视"兼爱"为治理天下的根本之策，同时他也尤为强调"兼爱"为"天"所出的这一关系。如墨子曾说："天欲人相爱相利，而不欲人相恶相贼也。"③又如墨子云："顺天之意者，兼也；反天之意者，别也。"④都体现出了这个特点。应当说这既反映出墨子将"天"作为世界本源，万物皆出于"天"的一贯理念，也明显透露出墨子试图通过处处强调二者关系，强化人们对"兼爱"的认知，促使人们在实践中多践行其思想的意图。

能够看到，墨子的"兼爱"观其实体现的就是墨子的实践价值。墨子认为，它们一方面为"天志"所出，是"天"的产物；另一方面又是"天志"的基本内容和具体呈现，使得"天"作为人格神，其价值观的落实变得更加可行，同时也使墨子的"天"论思想更为接近宗教学说的本义和固有路径。

---

① （清）孙诒让撰，孙启治点校：《墨子间诂》，中华书局2001年版，第99-101页。
② （清）孙诒让撰，孙启治点校：《墨子间诂》，中华书局2001年版，第100页。
③ （清）孙诒让撰，孙启治点校：《墨子间诂》，中华书局2001年版，第22-23页。
④ （清）孙诒让撰，孙启治点校：《墨子间诂》，中华书局2001年版，第213页。

三 墨子宗教思想的工具论意义

在墨子学说中，"天"作为世界万物发生的根源，具有至高无上的地位，其本体论意义不言而喻。不过需要重视的是，在墨子思想中，"天"的意义并不止步于此。毋庸讳言，墨子将"天"视为世界的最高存在，固然是其内心信仰的真实告白，反映了他对人生价值和人生终极意义的追寻与确认。但在墨子思想中，对"天"的信仰实际上也带有一定的工具性意义，且与"强力""节用"等唯物观相互融合，共生共进，成为促使实现其思想的一种途径，具体有以下几个方面。

（一）巩固人们对正义的敬畏之心

战国初期，面对纷乱形势，墨子认识到当时乱局的形成除了传统制度解体的原因之外，还有一个重要因素，即宗教精神的丧失。这使得人们对"天"的崇拜日趋淡漠，原有内在的对神灵权威的敬畏逐渐消解，因此行为举事才会无所顾忌，不计后果。

有鉴于此，墨子重视树立人们对"天"的信仰，希望通过重建人们的内在敬畏，推动具体规则的实践。对此，墨子就曾说："今天下之王公大人士君子，中实将欲求兴天下之利，除天下之害，当若鬼神之有也，将不可不尊明也，圣王之道也。"①

再如墨子曾说："夫既尚同乎天子，而未上同乎天者，则天菑将犹未止也。故当若天降寒热不节，雪霜雨露不时，五谷不孰，六畜不遂，疾菑戾疫，飘风苦雨，荐臻而至者，此天之降罚也，将以罚下人之不尚同乎天者也。故古者圣王，明天鬼之所欲，而避天鬼之所憎，以求兴天下之利，除天下之害。是以率天下之万民，齐戒沐浴，洁为酒醴粢盛，以祭祀天鬼。"②

很明显，墨子希望通过强调"天"的惩恶扬善职能，重塑宗教精神，张扬其道德特性，并实施于社会之中，使得人们由敬畏而践行，从而更好地实现其"兼爱"等主张。对此，墨子说："故鬼神之明，不可为幽闲广泽、山林深谷，鬼神之明必知之。鬼神之罚，不可为富贵众强、勇力强

① （清）孙诒让撰，孙启治点校：《墨子间诂》，中华书局2001年版，第250页。
② （清）孙诒让撰，孙启治点校：《墨子间诂》，中华书局2001年版，第82页。

武、坚甲利兵，鬼神之罚必胜之。"① 墨子又说："然则是谁顺天意而得赏者？谁反天意而得罚者？子墨子言曰：昔三代圣王禹汤文武，此顺天意而得赏也。昔三代之暴王桀纣幽厉，此反天意而得罚者也。然则禹汤文武其得赏何以也？子墨子言曰：其事上尊天，中事鬼神，下爱人。"② 所以，墨子通过塑造"天"这样一个道德与明睿并存，意志与行为共生的至尊形象，形成了一种对人世间无可遁逃的监督和惩戒方式，无可避免地强化人们的内心敬畏，也必然会促进人们对正义的内化追求。很明显，墨子所说的"天志"在很大程度上已经成为构建人们内在信念的一个重要手段，突出显现出了其工具性价值，也正因如此，冯友兰先生就认为，墨子以"有意志之天"作为手段，以此当作工具，借以实现他的思想主张，因此在墨子学说中，宗教观念与其说是一种目的，毋宁说是一种工具。③ 其评价之深刻可谓一针见血。

（二）提出"非命""三表"说，重视人的行为过程

值得注意的是，墨子虽然尊天事鬼，树立了一个至高无上"天"的形象，强调"天"对现实社会监督惩戒功能，但墨子却对可预见、固化的"命定论"持否定态度。针对先秦时期普遍存在的"天命"论，墨子并未因自己的宗教观念盲从，而是另辟蹊径，提出了"非命"的理念。如墨子曾言："命者，暴王所作，穷人所术，非仁者之言也。今之为仁义者，将不可不察而强非者此也。"④ 可以看到，墨子所云"非命"思想，其中心意涵就是人们只要遵从天意，其行为就会得到"天"的认可和奖励，由此可见，"天"与"非命"之间就形成了这样一种因果关系，即"天"以"天志"的形式向人们传达它的意旨，同时起监督警示作用，但"天"并不直接参与行动本身，而是由人们自己去领悟、实践"天"的意志，并以自己行为本身获取奖惩。很明显，墨子到此已经巧妙地将"天志"说与"非命"说联结了起来，他通过构建二者的因果关系，将"天志"融汇于行为本身，并强化对人的行为约束和引导，并从而转化为实现社会正义的

---

① （清）孙诒让撰，孙启治点校：《墨子间诂》，中华书局 2001 年版，第 244 页。

② （清）孙诒让撰，孙启治点校：《墨子间诂》，中华书局 2001 年版，第 195 页。

③ 冯友兰：《中国哲学史新编》，人民出版社 1998 年版，第 246-250 页。

④ （清）孙诒让撰，孙启治点校：《墨子间诂》，中华书局 2001 年版，第 286 页。

手段。

在"非命"这一观点的基础上,墨子又从认识论的角度提出了"三表"法,对于何谓"三表",墨子说:"有本之者,有原之者,有用之者。于何本之?上本之于古者圣王之事。于何原之?下原察百姓耳目之实。于何用之?废以为刑政,观其中国家百姓人民之利。此所谓言有三表也。"①由此可知,墨子认为认识或评价某种事物,要从以下三个标准入手,即"上本之于古者圣王之事""下原察百姓耳目之实""观其中国家百姓人民之利"。所谓"上本之于古者圣王之事"指的是源于前人的经验;而"下原察百姓耳目之实",其实即为人们的感官体验;至于"观其中国家百姓人民之利",实则指的是基于实践基础上的结果,显然这也是"三表"中墨子最为注重的一个方面。

很明显,墨子提出"非命""三表"法,其用意就是通过强调神明观照,促使人们以行为决定自己的命运,而墨子在此亦明确指出只有多行善举,人们才能够获取光明的前途。

如墨子云:"然则天亦何欲何恶?天欲义而恶不义。然则率天下之百姓以从事于义,则我乃为天之所欲也。我为天之所欲,天亦为我所欲。然则我何欲何恶?我欲福禄而恶祸祟。若我不为天之所欲,而为天之所不欲,然则我率天下之百姓以从事于祸祟中也。然则何以知天之欲义而恶不义?曰:天下有义则生,无义则死;有义则富,无义则贫;有义则治,无义则乱。然则天欲其生而恶其死,欲其富而恶其贫,欲其治而恶其乱,此我所以知天欲义而恶不义也。"②

再如墨子说:"故唯毋明乎顺天之意,奉而光施之天下,则刑政治,万民和,国家富,财用足,百姓皆得暖衣饱食,便宁无忧。"③墨子还说:"故古者圣王明知天鬼之所福,而辟天鬼之所憎,以求兴天下之利,而除天下之害。"④

可以看到,墨子的"非命""三表"说基于"天志"思想而生,可以

---

① (清)孙诒让撰,孙启治点校:《墨子间诂》,中华书局2001年版,第266页。
② (清)孙诒让撰,孙启治点校:《墨子间诂》,中华书局2001年版,第193页。
③ (清)孙诒让撰,孙启治点校:《墨子间诂》,中华书局2001年版,第200页。
④ (清)孙诒让撰,孙启治点校:《墨子间诂》,中华书局2001年版,第201页。

看作墨子宗教思想的有机组成部分。而在现实社会中，由知"天志"而晓"非命"，从而能够实践善行，从而形成了墨子宗教学说的一个逻辑锁链，它为当时人们追求善行提供了精神支撑和实践途径，也通过"非命""三表"说突出展现了"天志"思想的工具化一面。

总之，墨子以"天"为核心建立了一套相对完整的宗教思想体系。在这一体系中，墨子将"天"视为基石，使之具有了本体论和价值观意义，同时通过运用"非命""三表"说，使"天志"成为实现其社会理想的手段，对墨子仁学观、义利观、节用等思想构建也产生了不可忽视的影响，因之也具有突出的工具性价值。

第九章　墨子的科技思想

作为科学家、工程技术专家，墨子的科技思想不仅源于对生产工具的使用和改进，还源于对自然现象、自然物体的探究。其内容主要集中在《墨子》一书中。为此，本章首先分析《墨子》中蕴含的科学思想，其次阐释《墨子》中蕴含的技术思想，最后分析墨子所具有的科学精神。

第一节　墨子科学思想的形成

作为墨家学派的代表，墨子科学思想的逐渐形成具备一定的科学基础和社会历史背景。具体而言，由于在《考工记》中有周天子颁布的关于各种器具制作的法定规范，作为官书流传很广，同时在内容上不断有所增补，博览群书的墨子，他是有机会接触它的，如在《考工记》中的《法仪》篇可以找到直接的论据，由此可以断定《墨子》科学思想渊源于《考工记》，后者是前者科学思想形成的重要条件。

一　科学基础

先秦时期，科技的发展主要表现在农业、冶金和手工业技术三个重要领域。其成果不仅具有物质方面的社会作用，而且也具有精神方面的社会作用。就物质方面而言，主要体现在生产经验的积累以及对生产工具的使用和改进上，具体而言，一是早期先哲们在农业生产和手工操作的过程中获得一些经验知识和经验定律，为农业和手工业更好的发展提供了有效的技术途径。二是冶金技术为那个时代农业和手工业的发展提供经久耐用的

266

工具。从精神方面来说，这些科技实践及其在实践中取得的成果一定会涉及关于昼夜四季等物候变化、山川河流等物体形态、日月运行等天体活动、刮风下雨等各种自然现象。在探究这些自然物体性能、自然现象变化的过程中，随着经验的提高，实践水平的提升，在对自然现象、自然物体解释分析中，会得到与过去不同的解释，甚至会形成对它们之间内在本质的规律性认识。在质疑、好奇心等因素的驱使下，先秦时的贤哲们在探究自然奥秘的过程中，会提出一系列的问题，进而在解决问题中促使理性思维的发展。对于万物的本源、时空的终始、天地的形成、宇宙的大小等一些自然问题，吸引春秋战国之际的思想家浓厚兴趣和探索热情，这些问题也成为他们所热衷讨论的问题。科学思想是在科技发展成果的基础上形成的。下面分别从农业、冶金和手工业技术三方面具体分析在这几个领域先民们所取得的成就。

（一）农业

由于中国属于农耕文化、大河文明，早在先秦时期，主要的物质生产部门就是农业。随着作物栽培、水利、土壤、气象、物候、天文等各方面知识的积累，先民们的农业科技得到很大的进展、提高。在春秋战国之际，在农业生产领域取得的一些发展主要得益于天文历法和水利的成就，其原因在于人类早期农业生产严重依赖天气和水，在缺水、天气恶劣的情况下，农业就会歉收，甚至绝收。因此，政府非常关心水利、天象、历法，并把水利兴修、天象观测、历法制定等纳于官办事业范围。然而，处于春秋战国之际，因为在周朝的衰落、诸侯的争霸等前提下，当时齐、秦、楚等各国统治者为了自身的经济、政治发展的需要，都非常重视水利、天文历法等事业。各国的竞争，极大地促进水利、天文等事业的发展，这方面的成就有力地推动了处于萌芽状态的小农生产的形成。实施统一的水利进行灌溉，有如下好处：一是保证了小农有条件在小规模的耕地上开展精耕细作和推广一年两熟制，从而使单位面积的产量得以明显提高，这种以家庭为单位的小农生产方式也只有在这种条件下，存在和发展才有可能，并最终成为社会物质生产的基本力量。二是在农耕过程中，为取得丰硕的果实，需要一种务实、求实精神，这样在社会风气中提倡实证精神，并使其注入了社会思潮。在这种具体问题具体分析的社会思潮影响下，科学思想才有可能步入客观实证分析的征途。

（二）冶金业

冶金业在这个历史时期有铸铁冶炼技术和合金技术两大重要成就。冶金技术这两大成就为先秦时期的经济、政治、文化发展提供了动力。如就铸铁冶炼技术而言，随着这一技术的提高，在很大程度上，使生产工具在耐用性和有效性方面得到了改善。同时生产工具铁器化进程，不断促进当时生产力的发展。就合金技术而言，随着这一技术的日益成熟，先民对空气与温度以及光的颜色与温度之间的联系、金属的液态和固态原始状况、铜锡铁等各种金属物质形态之间的关系、物态变化与温度的关系有了初步的认识，这些对物质形态、结构的认识。虽然大部分属于萌芽状态粗糙的感性经验认识，但也存在一些理性认识成分，有时甚至上升为经验性定律。"这些经验认识都摆脱了巫著的神秘性，具有建立在生产实践基础上的客观实在性。这一点正是工匠所特有的思维特征，这种经验知识为理论形态的科学认识提供了基础。"①

（三）手工业技术

春秋战国之际，随着农耕技术的提高，农业生产水平的提升，当时先民们在保障基本生存需要的前提下，他们中的一部分人有闲暇时间来从事手工业、商业，这样就逐渐导致工匠、商人等两大阶层的兴起，这部分人在手工制作、商业交往过程中，积累了大量的手工业生产经验和商业知识，推动了手工业技术的快速发展。当时比较普遍的手工业生产实践不仅为墨子科学思想的形成提供了直接的思想刺激，而且也提供了丰富的科学材料。作为记载自西周以来到战国初期这段时间的众多手工业技术操作规范的手册，《考工记》不仅系统地详细阐述了30余种专门手工业生产部门，而且还具体记载了各种检验手段和制作方法，虽然这些内容大都是经验性的、常识性的，但对滚动摩擦、材料强度、惯性运动、斜面应用等物理现象已经形成了初步认识，"这些认识是对客观自然现象、自然物体规律的初步了解，这些在生产技术实践中积累的科学知识具有明显的实证性，这也正是工匠思维的一个基本特征，即重视感觉经验，重视实践验证。具有工匠传统的墨子，其科学思想具有实证的特征，其哲学思想具有

---

① 邢兆良：《墨子评传》，南京大学出版社 1993 年版，第 142 页。

明显的经验论倾向是很自然的"①。

二 历史背景

任何思想的形成都不是无源之水、无本之木，它的产生都有其自身的思想渊源和历史社会条件，同样，墨子科学技术思想的形成概莫能外，也有着其独特的社会历史背景。

（一）社会生产力的驱动

墨子处于春秋战国时期，此时，进步的封建制逐步取代业已崩溃瓦解的奴隶制，随着牛耕和铁制工具的广泛使用，为大规模的兴修水利和开荒种地提供了有力的工具支撑，在以铁器为标志的新生产工具的带动下，新的生产力快速发展，生产实践刺激推动了当时科学技术的发展。与此同时，新生产力代表者——新兴的地主阶级，在与旧的奴隶制势力相斗争的过程中，为发展壮大自己和巩固自己的统治地位，就会竭力创造条件来寻求新的技术力量支持，于是，就为新生产力的代表者——墨子，提供了广阔的发展空间。

（二）科学技术的牵引

春秋战国时期，铁器的发明带来积极的效果：一是扩大了金属工具的使用范围。伴随金属工具的广泛使用，不仅极大地推动了生产力的发展，还刺激了农业、手工业、商业等部门的发展。就手工业而言，独立的手工业者阶级在此时诞生了，如墨子学派大多数成员就是手工业劳动者。二是推动古代中国科技发展达到新的高潮。生产力的快速发展不仅为当时科学技术的发展提供了基础与前提，而且对科学技术发展提出了更高的标准和要求，双向互动的结果是驱动中国古代科技在此时上升到一个新的阶段。此外，中国由渔猎文明步入农耕文明，农业在当时人们的社会生活中处于举足轻重的地位。墨子的兼爱、节用、非攻、节葬等政治思想主张，在农耕文明条件下必然派生重农、尚农思想，此时，先民对铁器的使用方向、关注度发生改变，这样就出现了由对数学、力学、光学等知识的关注到手工机具、农机工具研制的转变，进而推动了墨子科技思想的进一步发展。

---

① 邢兆良：《墨子评传》，南京大学出版社1993年版，第155页。

（三）军事斗争的需求

"春秋战国时期，战争频繁，为了各国的利益，防敌御敌取胜则为人们所迫切关注，因此，军事领域的科技理论与创造发明也就随之产生了。"① 墨子思想的中心主旨是"兼爱"，为实现"兼爱"，他提倡"非攻"，主张各个诸侯国之间要和平相处、互敬互爱。同时为防备敌国的侵略，墨子及其弟子不仅在政治思想上主张"非攻"，而且亲自制作防城御敌的工具。由此可见，墨子在制作军械技术的过程中所产生的科技思想，是为"兼爱"这一主旨服务的。为了有效地制止战争，更好地满足军事斗争的需要，墨家特别注重在国防战备方面军械技术的创造，这也导致他的科技思想及其成就主要体现在防备御敌方面，因此，就墨子科技思想的主导方面而言，墨子科技是应用到军事斗争的科学，是国防战备的科学，是"非攻"的科学，更是"兼爱"的科学。正如英国著名科学史家斯蒂芬·F. 柏森在《自然科学史》中所说："墨翟学派主张'兼爱'，但他们并非和平主义者，因为要扶弱抑强，所以他们就对军事技术进行研究。对军事技术的研究，也就促进他们去探讨物理学，特别是光学、力学和防御工程问题。"②

（四）墨家集团的张力

墨子学派所从事工艺的性质决定了这一学派科技思想的产生、发展。具体而言，墨子学派实际上是一个手工业集团，这一集团的日常活动和基本生存方式，不仅与他们对生产技艺的认识和应用密不可分，还与他们在手工劳动中对技艺不断总结和研究改进密不可分，进而由感性认识上升为理性认识，也使普通的技艺升华为科学知识。墨学科技思想源于生产实践。实际上，任何科学技术的产生发展都是在总结生产技术实践的基础上进行的，是人类在认识自然、改造自然的具体实践中取得的对世界理论性和系统性的认识。墨子学派的科技活动也不例外。他们立足于生产实践，并以此为基础亲身参加活动，运用理性分析的手段来开展科技活动，因此，墨子学派的科技知识既具有浓厚的实用性，又具有一定的抽象性和理

---

① 刘世海：《论墨子的科学技术思想》，硕士学位论文，武汉科技大学，2009 年，第 10 页。

② ［英］斯蒂芬·F. 柏森：《自然科学史》，上海出版社 1980 年版，第 63 页。

论性。"墨家科技活动的出发点是具体的生产和生活，在生产和实践中他们观察自然现象，进行科学实验，论证科学命题，体现了为生产服务的实用科技观。"①

第二节　墨子的科学思想

春秋战国时期，墨子的科学思想成就使其学派成为当时非常有影响的一个重要流派，墨子在科学思想上取得的巨大成就首先得益于他把自然界直接当作自己从事科学活动的对象，并形成了时空观、物质观和运动论。其次墨家在物理学、数学等科学领域取得的科学成果，在当时世界上处于先进水平。再次墨家具有丰富的方法论思想，在科学实践活动中成功地运用现代科学中依然用到的逻辑类推法、"三表"法等科学方法，并以高水平的认识为前提来解构自然、探索规律。

一　墨子的自然观

墨子的自然观可以分为时空观、物质观和运动观三个方面。

（一）时空观

墨子的时空观主要体现在时空的"有穷无穷"思想上，其具体内容如下。

1. 墨子对时间的认识

墨子认为，时间是永远均匀流逝着的，它是连续不断的、无始无终的，它永远被各个时刻遍布充满，另外，时间需要借助于一个旦暮的运动等长时间来衡量和体验。墨子对时间的认识主要体现如下。

[经40] 久，弥异时也。②

[经说] 久，古、今、旦、暮。

文中的"久"是"宙"之同音假借字。在现代汉语中，"久"的含义

①　刘世海：《论墨子的科学技术思想》，硕士学位论文，武汉科技大学，2009年，第11页。

②　孙中原：《墨子解读》，中国人民大学出版社2013年版，第38页。

为"时间长"与"时间的长短"①，"宙"指古往今来的时间②。可见，"久"意指时间的无始无终。原文［经说］部分当译为"时间是指从古到今，从早到晚的所有时刻"。其内蕴的深刻含义为，可用自旦至暮的时间段来衡量计算自古至今的时间，同理，也可以用一个旦暮等长时间去体验与测量未来的时间。这和当代科学中，衡量时间用等周期的机械运动来进行，道理是相似的。

2. 墨子对空间的探索

墨子认为空间是无处不在的，而物体在空间中的位置是相对的，其位置必须选定特定的参照系作为观测点。这一观点如下。

> ［经41］宇，弥异所也。③
> ［经说］宇，东、西、南、北。

"宇"在《现代汉语词典》中④解释为"上下四方，所有的空间"。"弥"即是"充满"。［经41］大致意思是说，空间遍及、存在于无限的特定空间。此为"宇"的定义内涵，此时是指地点，与［经40］中的"久，弥异时也"的"时"作时间讲相对应。上文［经说］中"宇，东、西、南、北"是对"宇"之外延的解释。

3. 墨子辩证统一的时空观思想

墨子认为"久""宇"是有穷、无穷之间的矛盾统一，这在当时已达到了非常深刻的思想深度。如：

> ［经165］行修以久，说在先后。⑤
> ［经说］行。行者，必先近而后远。远近修也，先后久也，民行修必以久也。久：有穷无穷。

---

① 中国社会科学院语言研究所词典编辑室编：《现代汉语词典》，商务印书馆1996年版，第675页。

② 中国社会科学院语言研究所词典编辑室编：《现代汉语词典》，商务印书馆1996年版，第1637页。

③ 孙中原：《墨子解读》，中国人民大学出版社2013年版，第38页。

④ 中国社会科学院语言研究所词典编辑室编：《现代汉语词典》，商务印书馆1996年版，第1537页。

⑤ 孙中原：《墨子解读》，中国人民大学出版社2013年版，第138页。

这里"修"是"长"的意思，所以［经 165］当释为：行程长则需时间久，同时从起点步行，先止步者行程就短，后止步者行程就长。这可通过时间有先后的变化来说明。墨子在此说明行程与时间成正比。［经说］中的"久：有穷无穷"相对地说，就某一事物的运动过程而言，因为时间是有穷（有限长）的；绝对地说，就宇宙万物永恒运动而言，时间又是无穷的，就是说无限长，不论过去还是将来。墨子关于时空有穷、无穷的思想，即使在今天仍然是比较深邃的。

（二）物质观①

墨子物质观思想极其深刻，从存在物的"有""亡（无）"的辨析到数学（几何学）上关于构成物质微粒的"端"的分析，充分展示了其深刻的唯物思想。

1. 墨子对物质的唯物主义理解

墨子虽没有直接明白地提出物质的定义，但其思想中却包含着对物质的唯物主义理解。如"我所以知命之有与亡者，以众人耳目之情，知有与亡。有闻之，有见之，谓之有；莫之闻，莫之见，谓之亡"（《非命中》）。在这里，墨子提出了存在物"有"的概念。可"闻之"，可"见之"，由于它是客观存在的，故可感知它，即为"有"；反之，"莫之闻，莫之见"，则为不存在，不具有客观性的本质，故谓之"亡（无）"。其中，"命"由于不可"闻"、不可"见"，故墨子认为其不属"有"的范畴，而属"亡（无）"的范畴。可见，在墨子对于"有"与"亡（无）"这对范畴的论述中，包含了物质客观性的唯物主义基本思想。

2. 墨子对物质概念的唯物主义理解的局限

墨子虽然已经认识到物质的客观实在性与可认识性的关系，试图用可认识性来说明客观实在性，用有的可"闻之"、可"见之"来说明"有"的客观实在性。但是从物质的可知性来说明其客观实在性是欠严谨的，因为物质的可知性并非是与精神相区别的"唯一特性"，精神现象也是可知的。正因如此，墨子没有能够使其唯物主义的理解贯彻到底，从上文我们可以看出，其认为鬼神也能"闻之""见之"，故也属"有"的范围，这

---

① 刘世海：《论墨子的科学技术思想》，硕士学位论文，武汉科技大学，2009 年，第 14—15 页。

就使其唯物主义的物质观陷入唯心主义迷途。

（三）运动观①

墨子的运动观主要贡献在于揭示出宇宙中事物运动的原因、方式及运动与静止的关系。

1. 揭示运动发生的原因

墨子认为，宇宙万物是运动不息的。至于发生运动的原因，墨子从力学的角度作了正面的解释："力，形之所以奋也。"（《经上》）力是运动变化的原因，而形体的变化则是受到力的作用的结果。这是从力学角度对机械运动的原因作了分析说明，揭示了运动产生的根源。

2. 揭示事物运动的方式

墨子认为，事物的运动主要以三种形式的变化体现出来：一是位移，"动，或徙也"（《经上》）。"或"即"域"，即地点区域，"徙"即移，移动迁移，此句讲的是物体所处区域的迁移，就是处所位置的迁移变化。二是量变，"库，易也"（《经上》）。"库：区穴若斯貌常。"（《经说上》）"库"是藏东西的处所，"易"是变化，"区"是几何学上的面（这里指库容区域），"穴"就是空隙，"区穴"这里有凹面的意思，可以理解为仓库里面的空间。三是质变，"化，征易也"（《经上》）。"化：若蛙为鹑。"（《经说上》）"化"，是事物特征属性的变化，由一事物变为另一事物，即质变。

3. 探讨运动与静止的关系

《墨经》中的运动论还包含着丰富的辩证法思想，对于运动与静止的论述就是其主要表现之一。"景不徙，说在改为。"（《经下》）大意是影子不动，是由于影子不断地在改变，体现了运动与静止统一的关系。"止，以久也。"（《经上》）"止无久之不止，当牛非马，若矢过楹。有久之不止，当马非马，若人过梁。"（《经说上》）大意是，物体在某一位置上处于一段时间，就是静止状态，而占有时间"无久"，即"不止"，就是运动了。

---

① 刘世海：《论墨子的科学技术思想》，硕士学位论文，武汉科技大学，2009年，第15–16页。

二 墨子的科学成就

墨子在物理学、数学、心理学和生理学等科学领域都取得了巨大成就和突出贡献，现仅就物理学、数学领域的成就阐述如下。

（一）物理学

物理学主要涉及光学、力学等方面诸多概念和定理。

1. 光学

在光学领域，墨子首先讨论了光是沿直线传播的。如：

> ［经118］影不徙，说在改为。①
>
> ［经说］影。光至影亡。若在，尽古息。

这里的"影"旧作为"景"，两者为通假字。上文按照周云之先生的分析，［经118］释义是"物体在动，但物之影是不动的。物之影只能随物之移动而由旧影变为新影，即表现为旧影不断消亡而新影不断产生"②。而［经说］释义为"物影是因为光被物体遮住而产生的。所以，一旦光能照着影子出现的地方，影子就消亡了。假若光还存在于此处，则物影就永远在此处消亡着"③。

其次，墨子分析了重影和半影产生的原因。

> ［经119］影二，说在重。④
>
> ［经说］影。二光夹一光，一光者影也。

上文的意思是，当同一物体被两个光源照射，会形成两个影子，当这两个影子一旦发生重叠时，就会形成重影（当两个光源都照不到的地方，就是说两个光源所形成的两个影子相重叠的地方，影子较浓）和半影（当一个光源照不到；另一个光源能照到，影子较淡）。

---

① 孙中原：《墨子解读》，中国人民大学出版社2013年版，第103页。
② 周云之：《墨经校注·今译·研究——墨经逻辑学》，甘肃人民出版社1993年版，第174页。
③ 周云之：《墨经校注·今译·研究——墨经逻辑学》，甘肃人民出版社1993年版，第174页。
④ 孙中原：《墨子解读》，中国人民大学出版社2013年版，第103页。

再次，墨子发现了小孔成像原理。

[经120] 影倒，在午，有端与影长，说在端。①

[经说] 影。光之入，照若射，下者之入也高，高者之入也下。足蔽下光，故成景于上。首蔽上光，故成景于下。在远近有端与于光，故景库内也。

这里"影倒"就是"倒影"，"午"即"交错"，"端"是指"点，小孔"，"窟"原作为"库"，古时二者相通。其中 [经120] 的释义，按照周云之先生的解释："物之所以成倒影，还因为光在经过小孔时有交叉点，其映出物影之所以有长短，是因为物体与小孔的距离有远近，即在光与显影之屏或墙的距离相同的情况下，物与小孔的距离愈近，则墙上倒影则愈长，反之则影则愈短。"②

《墨经》中论及光学虽字数不多，仅仅只有八条，就是说除了上述三条之外，还有五条（鉴于篇幅所限，仅分析三条），但这八条前后依次相连，从简单现象到复杂规律，从影的产生到小孔成像原理，合理严谨，递进有序，正如方孝博所说："形成了一个具有相当完整的逻辑体系的光学论文。"③ 可见，此时的几何光学已经具备了基本理论雏形，使光学体系较为系统。

2. 力学

就力学研究方面，墨子先后研究了力的性质、作用力，物体重心、力的平衡、杠杆原理、球形体、斜面、滑轮等受力的情况以及弹性力学的理想物质状态等内容，现仅选择其中的物体重心、杠杆的基本原理两项内容来分析。

首先，关于物体重心的分析，如下文：

[经126] 负而不翘，说在胜。④

---

① 孙中原：《墨子解读》，中国人民大学出版社 2013 年版，第 104 页。

② 周云之：《墨经校注·今译·研究——墨经逻辑学》，甘肃人民出版社 1993 年版，第 176 页。

③ 方孝博：《墨经中的数学和物理学》，中国社会科学出版社 1983 年版，第 76 页。

④ 孙中原：《墨子解读》，中国人民大学出版社 2013 年版，第 108 页。

［经说］负。衡木加重焉，而（标端）不翘，极胜重也。右校交绳，无加焉而翘，极不胜重也。

这里的"负"是指"桔槔本端负重"，"翘"原作为"挠"，二者相通。"胜"是指"胜过、大于"。上文的大意是说，当在物体的一端加上重物但它不发生弯曲（或翘起来），其原因在于选择了恰当的重心；反之，若当物体的一端不加重物而它发生弯曲（或翘起来），则是失其重心，就是支点选得不当，很可能出现"极不胜重"的情况。显然这是涉及物体的重心问题。

其次，关于杠杆原理。

［经127］衡而必正，说在得。①

［经说］衡。相衡则本短标长。加重于其一旁，必垂。权重相若也，两加焉，重相若，则标必下，标得权也。

这里的"衡"是指"秤杆、秤"，"权"是指"秤锤"，上文的大意是讲，当以秤杆中柱为支点，如果两边等重，那么保持平衡；假如其中一端受重，则它就会下垂，而两端如果加同样的重物，则秤杆仍保持平衡。若改变一端受秤锤的重压，秤杆则会失衡。此条虽没把秤杆知识进行量化处理，但实际上已经解释清楚了杠杆的基本原理。

（二）数学

数学方面主要涉及几何学等众多数学概念，这些概念的命题、定义具有高度的严密性和抽象性。墨子不仅界定端（点）、尺（线）、区（面）、厚（体）的含义，也解释了两形间的相交和相切，同时也正确认识了圆、方等数学概念以及总结和阐述十进位制。

限于篇幅，现仅选择圆、方两概念以及十进位制来分析。

1. 墨子对圆、方等数学概念的正确认识

［经59］圆，一中同长也。②

［经说］圆。规写交也。

---

① 孙中原：《墨子解读》，中国人民大学出版社2013年版，第109页。
② 孙中原：《墨子解读》，中国人民大学出版社2013年版，第49页。

这里的"规"是指画圆形的工具。众所周知，圆是从同一个圆的中心到圆周上所有一点的距离都相等的平面几何图形。墨子在《天志中》明确提出：

> 今夫轮人操其规，将以量度天下之圆与不圆也，曰：中吾规者谓之圆，不中吾规者谓之不圆，是故圆与不圆皆可得而知也。此其故何？则圆法明也。①

可见，"圆"是墨子等工匠在实践中通过"规"来得到正确认识。同理，对于"方"认识也体现这一特点。

> ［经60］方，柱，隅四权也。②
> ［经说］方，矩写交也。

四角、四边都相等的平面几何图形就是长方形，既然如此，那么，先民是怎样认识"方"的呢？实际上，墨子在《天志中》中谈得很清楚：

> 匠人亦操其矩，将以量度天下之方与不方也。曰中吾矩者谓之方，不中吾矩者谓之不方，是故方与不方皆可得而知之。此其故何？则方法明也。
>
> 可见，对概念"方"的正确认识是通过"矩"的操作而得到的。结合墨子在《天志上》所说的"我有天志，譬如轮人之有规，匠人之有矩。轮、匠执其规、矩，以度天下之方圆"③。

这说明先民已经知道用规画圆，用矩画方，在此基础上，得到对圆、方等数学概念的正确认识。

2. 墨子对十进位的总结和阐述

早在商代就已经比较广泛地应用十进制记数法，墨子则是对十进制概念进行总结、阐述得最早的数学家。

---

① 方勇译注：《墨子》，中华书局2011年版，第234页。
② 孙中原：《墨子解读》，中国人民大学出版社2013年版，第50页。
③ 方勇译注：《墨子》，中华书局2011年版，第221页。

[经 160] 一少于二而多于五，说在建位。①

[经说] 一：五有一焉，一，有五焉。十，二焉。

这里的"建位"，按照陈孟麟的说法，是指"所处的计算位置"。上文的大致意思是说，由于有"建位"的缘故，同一个数字，当它处在不同的位，就代表不同的数值。墨子上文所言的"一""二""五""十"等数字只有根据它们所处位置来进行换算成相应的数值，才能通过比较，得出大小关系。在同一个建位上，"一"少于"二"是很容易理解的，而"一多于五"显然费解，是因为所在进位的不同，假如说，"一"在十位上，就是代表"十"，"五"在个位上，即代表"五"，按照常识来说，"十"当然比"五"大。再假如："一"如果在个位上，则"五"是由五个"一"构成的，即"五有一焉"，"一"如果在十位上，"一"则代表数值"十"，"十"就由两个"五"构成，所以说"一，有五焉"。上文看似极其简单，却暗含着比较复杂的道理，值得后人揣摩。从本条我们就知道在早在两千多年前，劳动人民凭着自己的聪明才智把握了数的建位，十进制的发明、应用是中国为世界文明做出的一个巨大贡献。

三　墨子的科学方法论

在中国思想史上，墨子最早总结了科学方法论，是中国最早意识到并总结出科学方法与哲学方法的人。《墨子》中的科学方法有观察法、实验法、比较法、归纳法、逻辑推理法和"三表"法等，在此着重介绍以下两法。

（一）逻辑推理法

1. "察类明故""以见知隐"的阐释②

墨子提出了"察类明故""以见知隐"。《经下》云："有以同，类同也。""不有同，不类也。"意思是：类同，必有相同的特性；不类同，则没有相同的特性。《大取》指出"立辞三物"之一是"类"，推理论证的三个原则之一是"辞以类行"，因为"立辞而不明于其类，则必困矣"。在

---

① 孙中原：《墨子解读》，中国人民大学出版社 2013 年版，第 135 页。

② 刘世海：《论墨子的科学技术思想》，硕士学位论文，武汉科技大学，2009 年，第 20-21 页。

平时的科技活动中，墨家把"类"范畴作为思想法则或方法去遵守和应用。而"察类"则是要求注意概念内涵外延的确定性，排除思维中的概念模糊与混淆，这对于探求真理是有重要帮助的。"明故"即探索原因，思考事物之间的因果关系，进而发现其中的科学规律。"以见知隐，以往知来"即要根据表面的现象深入发掘事物隐蔽的本质，根据以往的经验来推知未来的趋势，这一点体现了墨家善于逻辑推理的特点，这也是从事科技活动所必需的。

2. 逻辑推理法的具体运用①

墨家辩术尤其注重逻辑和推理的力量。墨子在科学实践活动中也大量运用了逻辑和推理的方法，自觉运用理性思维，进行有效的类比推进，具有理性的光芒。在《非攻上》中，墨子通过类比推理很巧妙地说明了什么是"义"，唤起了更多人反对频繁攻战，从而实现其非攻的思想。另外，《非攻中》云，"是故，子墨子曰：古者有语：'谋而不得，则以往知来，以见知隐。'谋若此，可得而知矣"。这里的"以往知来"意为"根据过去推知未来"，这里也是运用了类推法。"以见知隐"就是根据事物的表面现象推知其内里的本质，即由现象看本质"隐"的原则。墨子判断、推理事物坚持"以类取，以类予"。墨家最早明确界定了"类"范畴。

（二）思维判断方式②

墨子在思维方式上提出了具体的要求："故言必有三表，何谓三表？子墨子曰：有本之者，有原之者，有用之者。于何本之？上本之于古者圣王之事。于何原之？下原察百姓耳目之实。于何用之？发以为刑政，观其中国家百姓人民之利。此所谓言有三表也。"（《非命上》）就是说立言要言之有据，要以古代圣人之事迹为范本；要从实际出发，以百姓的实际体验为依据；要把言语主张成为治理刑狱和政务的措施，看其是否有利于国家和人民。细细分析，墨子的"三表"法中还隐含着实践是检验认识的基本标准的观点。虽然墨子提出的"三表"法主要是从社会活动的角度来思

---

① 刘世海：《论墨子的科学技术思想》，硕士学位论文，武汉科技大学，2009年，第20-21页。

② 刘世海：《论墨子的科学技术思想》，硕士学位论文，武汉科技大学，2009年，第22页。

考判断问题的，但这种重视历史和现实的实践案例及其效果的思维判断方式，在自然科学的认识领域是同样适用的。这一观点在古代科学思想史上确实是极为罕有的，闪耀着夺目的异彩。墨子提出的"有本""有原""有用"的思维判断准则与近代西方科学思想的共性就是从实际出发，根据实践经验去探求事物的规律，并据以检验认识的正确与否，寻求正确解决问题的办法。

第三节　墨子的技术思想

技术思想是《墨子》中关于技术设计和技术的属性、作用、发展规律以及传授方式的认识和看法，其技术思想主要表现在以下几个方面。

一　"义利统一"的技术伦理思想[①]

墨子的技术伦理思想是以义利观为理论基础的，认为凡是符合"利天下""利人"的行为就是"义"；而"亏人自利""害天下"的行为就是"不义"。在义和利上，墨子既贵义又尚利，主张"义"是以"利"为内容、目的和标准；而"利"主要是指"天下之利"，认为"利天下"是仁者从事的最高目的，仁者追求义利的完美统一。墨子的技术伦理思想主要表现有以下三点。

一是兴利。墨家技术思想带有明显的功利性和工具性，所有的技术活动都统一在"兴利除害"的目的下进行，明确要求"兴天下之利，除天下之害"，此句在《墨子》一书重复达十多次。在墨家看来，"兴天下之利"的办法主要包括两方面，一方面是各从其事，各司其职，达到理想的国家之治；另一方面就是进行社会物质资料的生产，使"饥者得食，寒者得衣，劳者得息"（《非命下》），以达到国家之富。墨子的义利统一观在其思想中首先是何为至善的问题，也就是道德价值问题。

二是非攻。墨子认为非攻是"求天下之利，除天下之害"（《非命下》）的一个重要手段，他反对主动发起战争。"非攻"是反对"大攻

---

① 刘世海：《论墨子的科学技术思想》，硕士学位论文，武汉科技大学，2009 年，第23-24 页。

小，强执弱"，是一种反侵略战争思想；"非攻"则是墨子"兼爱"思想的延伸。墨子说，如果"天下之人皆相爱"，则"强不执弱，众不劫寡，富不侮贫，贵不傲贱，诈不欺愚"（《兼爱中》）。而"救守"则是指救助守卫小国，即一是提倡救弱，二是注重防守。这种积极防御战争思想在技术伦理上的表现就是为了"兴利"的机械设计目标，他们研究了各种守城、防御的器具，把救守重点放在了防御战方面。

三是节用。在具体的技术实践中，墨家对于一切设计与制造，不只看重实用，以"兴利"为目标，而且还强调"节用""尚俭"，体现"节用""尚俭"的设计思想。如《节用中》所述："是故古者圣王制为节用之法，曰：凡天下群百工、轮车鞴鞄，陶冶梓匠，使各从事其所能，曰：凡足以奉给民用则止。诸加费不加于民利者，圣王弗为。"大力提倡节俭。墨子认为只有去"无用之费"，才能实现"圣王之道"，才能达到"天下之大利也"。

二　技术教育思想①

研究表明，墨家思想中最有价值、最有特色、最具有现实意义的就是墨家首创的技术教育。

墨子技术教育目的是培养"兼士"。墨子系统论述了教育与环境之于人性形成的重大作用，提出了"人性素丝论"的观点。他以染丝为喻，来说明人性是教育、环境熏陶的结果。他认为后天的教育与环境之于人就像"染缸"与"素丝"。他在《所染》中说："染于苍则苍，染于黄则黄，所入者变，其色亦变，五入必而已，则为五色矣，故染不可不慎也。"并以此为基础来阐明教育的重要性，认为教育的目的在于培养"兼士"，以实现"兼相爱，交相利"即"兼爱、非攻"的社会理想。

墨子技术教育方法是实践法、观察法和归纳法。为实现教学目标，墨子对教学活动进行了调整和控制，总结出了一系列行之有效的教育教学方法，这些方法中除了普遍采用的启发式教学法、主动式教学法外，在技术教育上墨子还特地提出了实践法、观察法和归纳法。实际上，《墨子》中许多篇目都是先提一种常见的物或事，再归纳出想要说的道理。墨家的这

---

① 刘世海：《论墨子的科学技术思想》，硕士学位论文，武汉科技大学，2009年，第24—26页。

种用类推和归纳得出结论的方法运用于墨家的教学当中，有利于学生对深奥理论的理解。可以说，墨子提出并应用了归纳法，是中国归纳法的鼻祖，他比弗兰西斯·培根明确提出归纳法早了近两千年。

墨子技术教育注重道德教育。墨子的技术教育不仅仅局限于实践技能的传授，还表现在技术教育中注重对学生道德的培养，其把道德教育放在教育工作的首位，他说：建筑与人类的生活密切相关，而建筑防火技术又是人类备受关注的课题。《墨子》一书以其在这方面独具一格的技术思想，使墨子成为我国古代火灾消防技术的鼻祖。"万事莫贵于义。"（《贵义》）墨子称道夏禹，学禹之道，墨家极俭以奉身，极勤以救民。"后世之墨者，多以裘褐为衣，以跂蹻为服，日夜不休，以自苦为极，"[1] 但是墨家"服役者百八十人，皆可使赴火蹈刃，死不旋踵"[2]，还有家喻户晓的"止楚攻宋"，这都是墨子在技术教育中施行道德教育的反映和力证。墨家对弟子们特别注重道德的践行。总之，墨家在具体生产实践中不但总结出丰富的实践技能，而且以较为完善的技术教育思想体系开展技术教育，其首创的历史贡献是不可磨灭的。

三　技术成就[3]

墨子在技术上取得多方面的成就，其几乎谙熟当时绝大部分的机械、兵器、工程建筑以及农业等各方面的制造技术。

墨子利用其所熟悉的手工业技巧，设计、制造了大量在当时较为先进的防御武器，如连弩车、掷车、转射机等。

为了防备敌人用土石堆积成有台阶的高坡，像羊群爬坡那样从高处临近城池，墨子设计制造了一种连弩车。其是利用机械力量代替人力拉弓的高技术兵器，它需要十人负责运转，威力十分巨大。据《备高临》篇记载："备高临以连弩之车……两轴三轮……连弩机郭用铜一石三十斤（约合三十四公斤）。引弦辘轳收……有仪（瞄准仪）。有屈伸。可上下……矢

① 庄周著、钟雷编：《庄子·天下》，哈尔滨出版社 2006 年版，第 6 页。
② 何宁：《淮南子集释》，中华书局 1998 年版，第 1406 页。
③ 刘世海：《论墨子的科学技术思想》，硕士学位论文，武汉科技大学，2009 年，第 27-28 页。

长十尺，以绳系矢端，如弋射，以辘轳卷收。矢高弩臂三尺，用弩无数，出入六十枚，用小矢无留。十人主此车。"连弩车利用辘轳、轮轴即杠杆类的简单机械控制发射和回收长箭原理，小矢竟然一次能发射六十枚，要十人操作，足见其威力之大。

墨子利用杠杆原理所设计的抛掷机械主要有掷车和转射机。掷车是用来投掷杀伤敌人的刀剑和火桶的武器，所抛掷投射的杀伤物有剑、炭火筒、茨藜等，类似现代的燃烧弹和喷火器装置。《备梯》篇说："施剑其面，以机发之。"《备城门》篇："以木大围长二尺四分而中凿之，置炭火其中而合幂之，而以掷车投之。"而转射机是可以旋转投掷武器的掷车，掷车比转射机大，所以称为车，而后者更为灵活。墨子发明的掷车和转射机是城池防御战的主要兵器，为后代抛掷石弹的炮的原型。

建筑与人类的生活密切相关，而建筑防火技术又是人类备受关注的课题。远在春秋战国时期，我们的祖先便在长期生活实践中，积累了丰富实用的建筑防火知识，形成了不少独特的防火技术。《墨子》一书以其在这方面独具一格的技术思想，使墨子成为我国古代火灾消防技术的鼻祖。对于城市内的建筑，《号令》云："城门内不得有室。为周官，垣丈四尺，为倪。"即一般的房屋不得在城门内建筑，但是如果建高级的房屋，必须在高高的围墙之上再建有孔可对外看的小墙。这就是建筑防火的需要，一旦发生火情，可以及时发现处理。在具体建筑中，《号令》又载："诸灶必为屏，火突高出屋四尺。"即屋内居民炉灶烧火的灶门处，必须筑有屏障，以防止炉火往外蔓延；屋顶的烟囱必须高出房面四尺。此处强调了燃火部位的改造。在城市街道上，《备城门》记载："城下州道内，百步一积薪，毋下三千石以上，善涂之。"涂就是用泥涂封，此处系城内堆积柴薪的防火管理，以免引发火灾。

第四节　墨子的科学精神[1]

先秦时期在百家争鸣中最具科学精神的当属墨家学说，其创始人墨子被誉为"科圣"。而中国文化振兴、中华民族腾飞，需要弘扬墨家学说思

---

[1]　张波：《试论墨子的科学精神》，《理论界》2011年第3期。

想的精华，尤其需要弘扬墨子的科学精神。

一 大胆的创新精神

科学需要创造性，在本质上是反传统的，它以探求未知为目的。墨子是中华民族创新精神的典范，是一个敢于创新的践行者。墨子创新精神体现如下。

第一，墨子反对儒者的复古主义。墨子强调在科技活动中创新要比"述而不作"有益得多。墨子认为，只有创新才是真正的君子之道。因此他针对儒者"君子循而不作"，应之曰："古者羿作弓，伃作甲，奚仲作车，巧垂作舟。然则今之鲍函车匠，皆君子也，而羿、伃、奚仲皆小人邪？且其所循人必或作之，然则其所循皆小人道也？"（《非儒下》）

第二，墨者创立了具有异质特征的墨学。《淮南子·要略》记载："墨子学儒者之业，受孔子之术"，"墨翟，修先圣之术，通六艺论"。由此可知，墨子以前是学习儒术的。至于墨子后来开创了和儒家截然不同的墨家学派的原因就在于墨子具有大胆的创新精神。首先是对传统做出理性分析，通过筛选、甄别后继承传统文化的精华，剔除其糟粕。墨子正是因为对儒家的教育内容和学术态度提出怀疑和扬弃，才自成一派，开创了具有强烈技术理性精神的墨家学派。

第三，墨子创造了中国历史上第一个完整的逻辑学体系，具有独特的理论和文化价值。墨子是中国古代逻辑学的实际创始人，在他开创的基础上，后期墨家建构了初步的逻辑系统，代表中国古典逻辑学的最高成就。主要贡献有：最早提出"辩"的思想，认识到"类"和"故"两个范畴的逻辑含义；提出推论的基本原则和方法；注重从概念的内涵规定作为事物同异分类标准的方法等。

第四，将经验从理论高度加以总结。墨子主张"非攻"，墨子为成功制止战争，他培养一支具有一定科学素养的队伍，这支队伍既能构筑城墙和防御工事，又能研制精良的武器装备。墨家师徒之所以能发明和研制许多器械，是与他们在多次的实践与演练中不断探索和积累经验分不开的。他们在探索中，"创造性地开始了对好些科学领域的研究，并将经验从理论高度加以总结，为丰富我国的科学技术的知识，做出了贡献"①。

---

① 水渭松：《墨子导论》，巴蜀书社 1991 年版，第 25—26 页。

二 自由的探索精神

墨家师徒在追求真理过程中体现出执着的自由探索精神。

第一，追问所以然。面对变幻莫测的自然现象和各种生产实践中的科学问题，墨子认为正确地描述其所以然，"摹略万物之然，论求群言之比"（《小取》）。即探究其所以然是科学活动的基本任务。墨子对自然万物有执着的探索精神，力求探究万物所以然，于群言之中择其佳者从之，墨子养成了穷根究底的理性品格。正如《经下》所言："知知之否之，足用也，悖，说在以也。""论之，非智无以也"（《经下说》）按照王讚源等的解释前一句话为"知道自己知道的和不知道的，这就够用了，这种论点是错误的，理由是没用"①。后一句话的释义"对于事理，'知之'和'否之'之外，还要加以论辩，这就要有更高的知识才能达成"②。强烈的求知欲，追问所以然，反映了墨家探究外界规律的进取精神。

第二，提出科学假说。墨子对于自然界奥秘不懈的探求精神，体现在他尝试提出的科学假说上。"发之绝否，说在所均。发均，悬轻重，而发绝，不均也。均，其绝也莫绝。"（《经下》）当物质处于均匀状态，悬轻重俱不绝，如绝则不均，显然发之均与否当时是无法验证。墨子于此展开思辨，对于断绝机理提出了自己的假说：断绝是由物质分布不均造成的。这一假说当代已经得到证明，闪烁着科学理性的光辉。

第三，全面探讨经济问题。墨子对经济问题进行了全面探讨。首先，在富国问题上，墨子探讨了富国的意义和方法等，为后世的思想家们进一步解决富国与富民的关系奠定了基础。墨子认为，富国就是使一个国家的财富总量成倍增长，其中，既包括国家财政收入增长，也包括百姓个人收入的增长。判断一个国家是否强大，主要看它的富裕程度。在生产方面，墨子强调劳动的重要性，把农业作为国家的根本。并提出一系列增加农业生产的方法，从而成为中国历史上影响深远的"以农为本"论的先驱人物。

第四，探索治国安邦的方略和措施。墨子所处的时代是一个社会

---

① 王讚源主编：《墨经正读》，上海科学技术文献出版社2011年版，第114页。
② 王讚源主编：《墨经正读》，上海科学技术文献出版社2011年版，第114页。

动荡的乱世，探索治国安邦的方略和措施成为各派思想家的热门话题。墨子是一个以救世济民为己任的思想家，因而国家的治乱，百姓的安危是墨子极为注重的问题。墨子运用逻辑的武器，分析治、乱之根源，论证去乱致治的原则。墨子用类比推理的方法论证了兼相爱是治国安民的根本措施。

三　强烈的批判精神

墨子思想作为儒学的一个对立面，是在直接和儒家思想斗争中产生和发展的。墨子非儒，系统地批判了儒学的各种观点，进一步批判、否定了周文化的内容。墨子对周文化的"礼"系统批判。墨子认为周礼繁褥烦扰，强制性地规范了人的生活方式，强固了人的等级隶属模式。墨子对周礼的这一中肯的批判代表了小生产劳动者的物质利益和对平等大同社会理想的追求。墨子背周道，非周礼主要是采取了非儒以非周的方式，从而完成了批判周文化的理论任务。墨子非儒：

一是主张节葬。墨子认为"厚葬久丧，重为棺椁，多为衣衾，送死若徙，三年哭泣，扶后起，杖后行，耳无闻，目无见，此足以丧天"（《公孟》）。儒家为了恢复周礼，维护宗法等级，所以强调厚葬久丧是治国之道。墨子认为厚葬浪费人力、物力、财力，无利于天下，三年久丧使社会生产荒废。墨子节葬的主张正是小生产劳动者针对富贵者，反对宗法等级的平等思想的一种体现。

二是主张非命。墨子认为"又以命为有，贫富寿夭、治乱安危有极矣，不可损益也。为上者行之，必不听治矣；为下者行之，必不从事矣。此足以丧天下"（《公孟》）。据说，儒者是信"命运"，贫富、寿夭、治乱、安危，都是命运。在反对命的问题上，墨子批判的矛头主要指向儒家。他认为有命论是儒家足以丧天下的四政之一，他认为，有命之说危害甚大，其一，是怀疑人的力量，否定人的力量，这样就必然危害人们求天下之利的活动，使人们无所作为。其二，有命之说又庇护暴君坏人的不义行为，不利于求天下之利的活动。墨子的非命观反映了小生产劳动者以力谋生的思想，他们在现实的生活中懂得以力非命是他们得以生存、发展的基础。儒者将周礼提高到天命的高度，使其具有一种神圣不可侵犯的威慑力量，墨子非命就是从根本上背弃了周道。

三是反对定命论。墨子反对定命论的主要根据在"三表"法。"三表"法是墨子所提出的衡量言论是非的基本标准。侯外庐说:"墨子三表的价值,是在于其勇于和传统思想作斗争这一点。他的第一表'本之',敢于批判了古言古服的先王传统,得出理想化的今言今服的先王理想;他的第二表'原之',敢于批判了习俗的传统成见,得出以社会实情来判断是非的新命题;他的第三表'用之',敢于批判了只问其当然的传统的是非善恶,得出了须问其所以然的国民阶级的利益尺度。这便是'无所顾虑的态度',本身是具有科学性的。因此,这个言表,他叫做'革思'言表。"①

四是主张兼爱。兼爱是墨子主张的灵魂,是区别其他各家的主要标志。兼爱的批判矛头直接指向传统血缘宗法制度,是当时要求重建社会伦理的最具代表性的呼声。"兼"的意思是视人如己,性质上属于绝对的利他主义,不分亲疏、远近、贵贱,平等地爱所有的人。儒家的人差等之爱,儒家的爱是仁爱,有亲疏、远近、贵贱之别,"贵贱之分源于封建制度,亲疏之别起于血缘关系,这两者是对宗法制的怀疑和批判,可以说,墨子是中国历史上第一个要求废除宗法制度,打破贵族政治,重建社会伦理的思想家,他的兼爱在当时无疑是思想界的一场革命"②。

五是主张尚贤。墨子尚贤论,在中国古代体现了下层民众的一种平等参政的要求,对传统的宗法理论和世袭制度展开了猛烈批判。他揭露世袭制度的弊端说:"今天下大人其所贵,皆王公大人骨肉之亲,无故富贵,面目美好者也。"(《尚贤下》)这些人未必有什么才能,之所以得享富贵,是因为他们是王公大人的骨肉之亲,主张"尚贤使能",把范畴扩展到"农与工肆之人",从而打破了血缘和阶级的界限。墨子之所以提倡"尚贤"要求不分贵贱等级,重用那些德才兼备的人,主旨就是要解决拉帮结派、搞裙带关系等不合理现象。

总之,墨子非儒的一个根本点就是反对儒者轻视物质生产劳动的态度,反对儒者对物质财富的浪费。墨子认为,儒者"倍本弃事而安怠傲,贪于饮食,惰于作务"(《非儒下》),这必然会使人们"陷于饥寒,危于冻馁"(《非儒下》)。

① 侯外庐等:《中国思想通史》第一卷,人民出版社1957年版,第235页。
② 张永义:《墨子与中国文化》,贵州人民出版社2001年版,第7页。

四 坚定的实践精神

冯友兰说："墨翟的认识论和方法论，有唯物主义的和科学的精神，在中国哲学史中，是光辉的一页。墨翟的唯物主义倾向及其对实践的重视，是与他所代表的当时手工业主这一阶层重视发展生产分不开的。"[1] 墨子认为"知也者，以其知过物而能貌之"（《经说上》），大意是想获得真正的知识必须亲自观察、体验，体现了墨家的实践精神。

一是吃苦耐劳的实践精神。墨子及墨家成员以吃苦耐劳的实践精神作为墨者之道，这正是手工匠固有的一种品质。《备梯》篇记载，墨子弟子"禽滑厘子事子墨子三年，手足胼胝，面目黧黑，役身给使，不敢问欲"（《备梯》）。墨子也很重视被孔子鄙视为小人之学的稼圃之类的知识。他将百姓耳目之实作为认识的出发点，以农、工、生产、生活实践作为自己知识的对象，每每以耕织工匠之事作比喻，论证他的各种观点。

二是强调实践对真伪判别的作用。墨子十分强调人的实践对科学认识真伪判别的决定性作用。墨子认为一个科学命题、科学判断的正确与否，应该通过实践，接受事实的检验。"瞽不知白黑者，非以其名也，以其取也。"（《贵义》）单从理论上，以"名"来说明，并不能确证是否是真知，只有经过"取"的实践，才能证明其正确。

三是强调学者传统和工匠传统相结合。墨子将学者传统和工匠传统结合起来，最明显地体现在两点上，一是对实践中积累起来的经验知识的总结、概括与认识论、逻辑思想研究的结合上，使对自然现象客观内容的认识和思维形式在确定性、一致性的基础上统一起来。二是理论认识和实践的一致，即言行一致不仅是墨子认识论的指导思想，而且也是墨子及墨者处世做人的道德行为准则，"言必信，行必果，使言行之合，犹合符节也"（《兼爱下》）。

四是求天下之利的功利观具有强烈的实践色彩。墨子求天下之利的功利观具有强烈的实践色彩，墨子反对空谈求利，反对言行不一，要求动机和行为的一致性。墨子在《贵义》篇中以商人求利为例，说明求天下之利的大义不是空谈，而应实践之。

---

[1] 冯友兰：《中国哲学史新编》，人民出版社 1982 年版，第 223—224 页。

五是其逻辑学法则与其重实践的经验论相一致。墨子关于逻辑学的这个法则是和他重实践的经验论相一致的。墨子认为，自然万物的存在、变化有其然和其所以然。人们在实践中得到了关于自然事物的各种经验知识，然后通过思维的抽象形成了概念、判断，认识了个别事物的具体规定性，再进一步用逻辑的推理，使个别事物之间的本质联系得到了揭示和说明。

墨子大胆的创新精神、自由的探索精神、强烈的批判精神、坚定的实践精神，使墨家在先秦诸子百家争鸣中成为最具科学精神的学说，在我国实施科技兴国战略，弘扬墨子的科学精神，对大力推进我国科学文化事业发展具有重要的理论意义和现实意义。

第十章 墨子的逻辑思想

墨子逻辑是诞生于战国时期的一种系统逻辑学说。而以它为典范的中国古代逻辑，是与印度因明、西方逻辑并列的世界三大逻辑源流之一。它萌芽于墨子，逐渐成熟于墨子后学，即后期墨家。谭戒甫认为墨子"遂开华夏两千年前独到之辩学"①。墨子逻辑思想主要集中于《经》上下、《经说》上下、大小《取》等广义《墨经》中，自晋朝鲁胜以来，学者研究墨子逻辑思想的文章、著作众多。

第一节 墨子逻辑思想产生的背景

墨子逻辑思想既不是贤哲们灵机一动的产物，更不是凭空从天上掉下来的，墨子逻辑思想有其产生的社会背景、政治背景和科学背景。

一 社会背景：百家争鸣

沈有鼎说："和古希腊、印度一样，古代中国的逻辑学是首先作为辩论术而发展起来的。"② 由此可见，论辩活动是中国古代逻辑得以产生的关键因素之一。而百家争鸣恰好是提供这一条件的政治因素。

百家争鸣诞生于社会急剧变化的春秋战国时代，当时站在不同立场、代表不同阶级的知识分子，从各自的利益出发著书立说，产生了儒、墨、

① 谭戒甫：《墨辩发微》，中华书局 1987 年版，第 1-2 页。
② 沈有鼎：《沈有鼎文集》，人民出版社 1992 年版，第 311 页。

道、名、法等各种思想流派，彼此间为回答和解决社会存在的问题，进行互相论战，于是中国学术史界出现了一派繁荣景象，后世称之为"百家争鸣"。

春秋末期，老子、邓析、孔子等分别创立了道、名、儒等学派，提出了不同的论辩方法和名、辩思想，其中作为名家的开创者邓析，尤其精通于"操两可之说，设无穷之辞"（《列子·力命》），这样，百家争鸣的端倪就出现了。

战国初期，墨子在由学儒到非儒的过程中，不断与弟子论辩、与时人论辩、与儒家信徒论辩，甚至与王公大人士君子论辩，这样，墨子在学派内外进行论辩实践中，总结出"辨""名""辞"等逻辑范畴。

战国中期，孟子、惠施、庄子等围绕中国逻辑的各种问题来展开讨论，为当时诸子各派论辩准备了充分的资料。继承了邓析论辩作风的惠施，作为名家另外一个重要人物，他把论辩领域从司法或法律界扩展到自然科学界。如流传至今的"历物"十事，就是十个与人们常识、感觉不同的自然科学论断。又如他们后来提出的"二十一事"，同样是违背人们直觉的命题。

战国后期，公孙龙子、荀子、吕不韦等，在对中国古代逻辑思想进行总结时，分别带有名、儒、杂、法各家鲜明特点，代表了中国古代逻辑学光辉成就的《墨经》在此时出现，它是由后期墨家集体撰写而成，也是在总结和批判百家争鸣的论辩学术成果的基础上形成的。正如高亨所言："晚周时代，百家创说，诸子争鸣。儒、墨、道、名法、阴阳、农等各个派别，互相批评的风气，极盛一时。墨家为了和别家辩论，才写出《墨经》作为根据。"①

因此，墨子逻辑思想是在百家争鸣这一大的社会背景下才能产生，正如杨武金所讲："没有中国古代的百家争鸣，就没有墨经逻辑；而没有墨经逻辑，也没有中国古代百家争鸣中理性与科学的辉煌成果和辨诘的高超水平。"②

墨子逻辑思想是在批判和总结诸子百家在辩论中获取的学术成果的前

---

① 高亨：《墨经校诠（自序）》，科学出版社 1958 年版，第 1 页。
② 杨武金：《墨经逻辑研究》，中国社会科学出版社 2004 年版，第 23—24 页。

提下提炼而成。例如，由于当时诸子在处理部分与整体之间、集合与元素之间关系时，混淆两者的概念，容易产生让人难以理解的辩题，例如"鸡三足"（鸡有三只脚）这一辩题，在《庄子·天下》篇有论辩者曾提出"鸡三足"的题目与惠施辩论。在《公孙龙·通变论》中存在对"鸡三足"这样的辩题的论证。按照常理，鸡只能是二足，可是论辩者认为从元素角度来看鸡有二足，而从集合角度看"鸡足"是一，元素+集合就是三，所以说"鸡三足"。针对辩者混淆元素名、集合名不同逻辑层次，《墨子》中对集合与元素之间、部分与整体之间关系有以下界定：

> ［经2］：体，分于兼也。①
> ［经说］：体：若二之一，尺之端也。

这里的"体"就是部分，"兼"就是整体或全体，"尺"犹如几何学的线，而"端"如同几何学的点。因此，［经2］和［经说］两句的释义为"体是从兼（全体）分出的部分"。例如："二是一的全体，一是二的部分；线是点的全体，点是线的部分。"②

二 政治背景：国家安定、人民安宁

先秦时期，诸子在百家争鸣过程中，虽然为了自己私利而展开的辩论，导致名辩之风盛行，但他们最主要目的还是安民治国来追求盛世太平，尤其是代表手工业阶层的墨家学派，通过论辩等逻辑研究可以在现实中实现"明是非""明同异"，乃至"审治乱"目标。即墨家学派根本宗旨就是为了国家安定、人民安宁。实际上，墨子最初是"学儒者之业，受孔子之术"，可是在学习的过程中，他清醒地认识到"其礼烦扰而不悦，厚葬靡财而贫民，久服伤生而害事"（《淮南子·要略》）即墨子认为儒家不仅礼节烦琐不易实行，而且主张厚葬使得百姓受穷，同时长时间为死者服丧容易伤害到活着的人等。因此，墨子"背周道而用夏政"（《淮南子·要略》）。反对儒家的礼乐制度，推崇夏禹的主张。正如杨武金所说："墨学是中国先秦时代具有批判精神的显学，其'墨论'思想中专门有

---

① 孙中原：《墨子解读》，中国人民大学出版社2013年版，第11页。
② 王讚源主编：《墨经正读》，上海科学技术文献出版社2011年版，第3页。

'非命''非乐''非儒''非攻'等，批判当时儒家与其他各家学说中的消极观点。"①

墨子逻辑思想主要用来阐释和解决普通百姓在实际生活中的政治伦理问题。如在《小取》中："盗，人也。多盗，非'多人'也。无盗，非'无人'也。……不爱盗，非'不爱人'也。杀盗，非'杀人'也。"② 墨家学者在这段话中清晰地认识到辨析"盗"与"人"概念之间的关系重要。在外延上，概念"人"大于概念"盗"，两者是包含与被包含的关系。若单纯地从外延的角度来考虑，墨家主张"杀盗不是杀人"，显然是荒谬的。但若从内涵的角度来分析，墨子逻辑却具有合理性。首先，就"杀盗"中的"盗"而言，在外延上"盗"虽然属于人，可是在内涵上"盗"还具有"非人"的本质属性，即"盗"不只是人；其次，"从'杀盗'这两个字的本义看，'杀盗'并不是因为'盗'是人而杀他，因此，杀盗并不是要杀在'人'上，而是要杀在'盗'上"③。由此可见，墨子逻辑是基于人民安宁和国家安定这一政治伦理背景，侧重于从概念内涵的视野来把握和分析概念之间（如"盗"与"人"两概念）的逻辑关系。

三　科学背景：墨家的实践需要

在先秦诸子中，与轻视生产实践的儒家不同，墨家非常重视社会生产实践，甚至墨子本人就是一位与公输盘不相上下的能工巧匠。墨子在日常教育弟子时，也是采取因材施教的方法，具体而言，即如《耕柱》所言："为义犹是也，能谈辩者谈辩，能说书者说书，能从事者从事，然后义事成也。"④ 这里根据弟子中"能谈辩者""能说书者""能从事者"等的实际情况，分别参加"谈辩""说书""从事"等不同性质的工作。就是说"能谈论分辨的就谈论分辨，能解释经书典籍的就解释经书典籍，能身体力行的就身体力行"⑤。作为"从事"工作的既有技术性的手工业者、农业生产者，也有参加攻防战斗的将军以及行政事务的士人、大夫，其中墨

---

① 杨武金：《逻辑：墨学的"批判武器"》，《中国社会科学报》2012 年 11 月 12 日。
② 孙中原：《墨子解读》，中国人民大学出版社 2013 年版，第 191-192 页。
③ 余纪元、张志伟主编：《哲学》，中国人民大学出版社 2008 年版，第 7 页。
④ 孙中原：《墨子解读》，中国人民大学出版社 2013 年版，第 456 页。
⑤ 方勇译注：《墨子》，中华书局 2011 年版，第 396 页。

子及墨家学派绝大多数成员为了生存或自保，不仅亲自参加生产劳动，而且制作用于军事攻防或日常生活需要的器械。在从事科学技术活动或生产活动的长期实践过程中，作为实践的直接参与者、经验的总结者的墨家集团成员，编撰成一部蕴含力学、光学、数学、逻辑学、哲学等百科全书式成果《墨经》。正是由于在大量的实践活动中，对积累起来的实践经验进行科学总结，同时对各门科学知识不断探讨，导致了墨经逻辑的最终创立。可见，墨家的实践需要，推动了当时科技知识、科技理论的不断发展，致使墨家成员在总结经验技术时，既要了解、发现事物的表面上常识性的知识，又能归纳、总结事物一般法则和规律，其中也涉及逻辑学的规则和规律，就是说既要"知其然"，又要"知其所以然"。在此基础上，才创立出墨子逻辑思想。

第二节 墨子逻辑思想的主要范畴

杨俊光先生认为："中国古代逻辑思想的集大成和第一个初具规模的逻辑科学体系的创建之功，属于墨子后学。这已是学界的公论。墨子本人则是这一历史功勋的奠基者，亦属不可磨灭。"[1] 周云之先生认为："《墨经》的逻辑学说集中反映在《小取》篇中，《小取》篇提出了一个相当全面的逻辑学体系。"[2] 现选择辩、名、辞等墨子逻辑思想的主要范畴来简要阐释。

一 辩

（一）"辩"的含义

对"辩"内涵的界定，主要蕴含以下内容中：

[经75]：辩，争彼也，辩胜，当也。[3]

[经说]：辩。或谓："之牛"，或谓："之非牛"，是争彼也。是

---

① 杨俊光：《墨子新论》，江苏教育出版社 1992 年版，第 178 页。

② 周云之：《墨经校注·今译·研究——墨经逻辑学》，甘肃人民出版社 1993 年版，第 263 页。

③ 孙中原：《墨子解读》，中国人民大学出版社 2013 年版，第 58 页。

不俱当。不俱当，必或不当。不若当犬。

从上述界定可知，"辩"的范围和对象是争论、辨析"彼"到底是（牛）或非（牛）。为进一步弄清楚这一问题，有必要知道"彼"究竟是指什么呢？

　　　　[经74]：彼，不可两也。①
　　　　[经说]：彼。"之牛。""其非牛。"两也，无以非也。

从[经74]中的释义可以看出，"彼"在辩论中不能指两个事物。因此，综合[经75]和[经74]的内容可知，限定"辩"的范围只能是指同一对象。同时这个"彼"在命题中就是指同一主项。而同一主项的是非之争最能直观揭示矛盾命题与非矛盾命题的区别。

总之，把"辩"界定为争"彼"，辩论是争论一对矛盾命题的是非。墨家为了说明什么是"辩"，引进了"彼"的概念。如两个人针对同一对象，一人说"这是牛"，一人说"这不是牛"。这成为争论一对矛盾命题的是非问题。众所周知，一对矛盾命题，不可能都正确，但也不可能都不正确。按照逻辑学知识而言，两个相矛盾的命题，不能同真，必有一假；不能同假，必有一真。而文中把"辩"的定义为争"彼"，即争论两个矛盾命题的是非。凡是辩论，一定是关于某一对象的某种属性，甲说"是"，乙说"非"，因此，凡"辩"必有胜负。而"当"的一方，即在辩论中胜利的一方。"辩胜"就是以符合事实和真理为条件，这是墨子逻辑的宗旨、本质。

（二）"辩"的作用及方法

《小取》篇是中国古代逻辑学专论，是理解墨子逻辑思想的钥匙和方法，标志着中国对逻辑学的理解已进入较高水平、自觉的阶段。《小取》开篇的第1句，就是阐明"辩"的目的和作用，而其开篇的第2—4句主要是阐释"辩"的方法，具体而言，分析如下。

　　　夫辩者，将以明是非之分，审治乱之纪，明同异之处，察名实之理，处利害，决嫌疑焉。摹略万物之然，论求群言之比。以名举实，

————————————

① 孙中原：《墨子解读》，中国人民大学出版社2013年版，第58页。

以辞抒意，以说出故。以类取，以类予。有诸己不非诸人，无诸己不求诸人。①

"辩"的作用主要有六点：

一是明是非。这是"辩"最基本的作用，就是说只有分清了是非，才算达到了"辩"在认识方面的目的。这也是把"明是非"放在最先的原因。墨子认为，"辩"的最主要作用就是要辩明是非，决定胜负。

二是审治乱。墨子逻辑思想不仅与认识的基本目的和要求联系在一起，而且与当时各国的伦理、政治思想联系在一起。因此，墨子辩学的作用就是找到乱与治的原因和达到去乱致治的根本方法。

三是明同异。这既是区别是非的标准与根据，又是人们认识事物的基础。当人们开始认识事物时，就必须分清事物类的同和异。只有如此，才能认识到事物本质的同和异，进而以区别万物来辩明是非。

四是察名实。就是通过"正名"的方法弄清楚实与名的关系，使名具有确定性。这是进行"辩"的首要条件，也是"辩"的基本作用之一。

五是处利害。这就是把"辩"的作用应用于处理利和害的关系。实际上，"利"与"害"的关系和"是"与"非"的关系相一致的。只有通过"辩"分清利害与是（义）非（不义），才能正确地处理利害关系，进而实现"利之中取大，害之中取小"。

六是决嫌疑。就是通过"辩"而指明认识的目的是用来解决思想中疑惑不解的问题。它也是"明是非""察名实""明同异"等表现在认识过程中实际的作用和必然的效果。

"辩"的方法体现在《小取》开篇的第2句、第3句、第4句中。

第2句"摹略万物之然，论求群言之比"是对"辩"的是非标准的概括。其中"摹略万物之然"就是直接考察并概括反映客观事物本身之所然与所以然，它是以正确的亲知作为判定是非的标准；所谓"论求群言之比"，就是要比较分析各种不同的言论。由于一个人的亲知是有限的，所以要重视兼听各种不同的意见和言论，以便丰富认识和克服片面性。

第3句"以名举实，以辞抒意，以说出故"是指"辩"方法的内容。

① 孙中原：《墨子解读》，中国人民大学出版社2013年版，第191页。

其中"以名举实",就是用名词表示对象,即概念论;"以辞抒意"是指用命题表达思想,即判断论;"以说出故"就是用论述表达根据、理由,即推理论。

第4句"以类取,以类予"就是依据事物的类别来进行取例证明,根据事物的类别举例来进行反驳。而依据典型来选择事例,来进行考察,以至来判断和做结论,这是典型的分析论。

总之,"辩"的作用涉及认识和实践两个方面。就认识方面而言,"辩"要达到明是非、察名实、别同异;就实践意义而言,要达到审治乱、处利害、决嫌疑。而为了使"辩"的作用得到充分的发挥,必须有适当的"辩"的方法。辩具有名、辞、说三种基本思维形式。在后期墨家逻辑中,对这三种思维形式的理解,相当于西方传统逻辑中的概念、判断、推理。

二 名

(一)"名"的概说

就"名"而言,它是墨子逻辑思想的一个重要范畴,在广义《墨经》中出现的频率非常之高,例如:

①［经31］举,拟实也。①
［经说］举。告以之名举彼实也。

这里的"举"可以释义为列举、标举、概括、认识等。"拟"是指反映、模拟等。"名"可解读为概念、词语等。"实"解释为实质、实体或实物等。［经31］及其［经说］完整意思是:列举,是模拟事物的实质。概念是为了反映实物的。对于"名"来说,又如:

②［经32］言,出举也。②
［经说］言。故言也者,诸口能之,出名者也,名若画虎也。言,谓也,言由名致也。

［经32］及其［经说］可以解释为:言辞是把概念所反映的事物性质

---

① 孙中原:《墨子解读》,中国人民大学出版社2013年版,第33页。
② 孙中原:《墨子解读》,中国人民大学出版社2013年版,第34页。

表达出来。言辞，是人类口部的功能，是为了把概念表达出来。（概念与事物的关系）好像通过画虎来表现真虎一样。言辞是用来称谓事物的。言辞是由概念（语词）联结而成的。

综上所述，结合①②的释义可知，"名"作为词语或概念，是用来认识、反映实体或实物。这就揭示了"名"的实质，正如《小取》所说："以名举实。"又如从下面③④《墨经》中对"久"与"宇"，即时间与空间的定义，可以看出墨家对"名"的运用。

③ ［经40］久，弥异时也。①

　［经说］久。古、今、旦、暮。

④ ［经41］宇，弥异所也。②

　［经说］宇。东、西、南、北。

"弥"即概括。"久"即时间概念，是对不同的具体时间形式。"宇"即空间概念，是对不同的具体空间形式。时间与空间的概念，不是直接通过感官感知，是通过抽象思维对具体时空形式概括的结果，反映事物的一般性质。

（二）"名"的分类

"《墨经》根据不同的标准还对概念之名作了不同的划分，这是《墨经》对概念理论的突出贡献之一。"③ 对于"名"的分类，主要体现如下。

其一，"达名""类名""私名"。

［经79］名：达、类、私。④

［经说］名。物，达也，有实必待之名也命之。马，类也，若实也者必以是名也命之。臧，私也，是名也止于是实也。声出口，俱有名，若姓字丽。

这里的"达名"是指外延最大的"名"，即普遍概念；"类名"是指

① 孙中原：《墨子解读》，中国人民大学出版社2013年版，第38页。

② 孙中原：《墨子解读》，中国人民大学出版社2013年版，第38页。

③ 周云之：《墨经校注·今译·研究——墨经逻辑学》，甘肃人民出版社1993年版，第276页。

④ 孙中原：《墨子解读》，中国人民大学出版社2013年版，第62页。

概括一类事物的"名",即一般类概念;"私名"是指称谓个体的"名",即单独概念。具体而言,在上文[经说]"达名""类名""私名"分别对应为"物""马""臧"(奴仆名)。

其二,"兼名""体名"。

[经2] 体,分于兼也。①
[经说] 体,若二之一,尺之端也。

"兼"指整体、集合,"体"指元素、部分。[经2]及其[经说]的释义为:部分("体")是从整体("兼")中分出来的。正如集合"二"中的元素"一",线中的点。为进一步了解"兼名"与"体名"区别与联系,又如:

[经113] 区物一体也,说在俱一、惟是。②
[经说] 区,"俱一"若牛、马四足。"惟是"当"牛马"。数牛数马则牛马二;数"牛马"则"牛马"一。若数指,指五而"五"一。

这里"牛马"是一集合概念,由"牛"和"马"两个元素构成。当"牛马"作为一个整体,是兼名,它反映的是若干元素构成的整体。当把"牛马"视为集合时,牛马已非牛非马。即"牛马"集合概念不等于"牛",也不等于"马"。因此,"牛马非牛"与"牛马非马"两个命题都成立。墨子逻辑思想反映了集合和元素概念理论,讨论集合和元素概念的区分与联系,为古代逻辑和数学理论增添异彩。

(三)"名"的定义方法

若要正确思维,必须概念明确。定义是从内涵角度来明确概念的逻辑方法。《墨经》有概念定义一百多条,定义方法主要有种差定义和发生定义两种。

种差定义就是指找出被定义项与其他同级种概念之间的差别,即"种差",即概念内涵,概念所反映的特有属性。如:

---

① 孙中原:《墨子解读》,中国人民大学出版社2013年版,第11页。
② 孙中原:《墨子解读》,中国人民大学出版社2013年版,第99页。

[经 37] 罪，犯禁也。①

[经说] 罪，不在禁，虽害无罪，若诮。

这里"罪"的定义是"犯禁"，违反国家法律的禁令。如果某行为虽对人有害，却不违反国家法令，就不属于犯罪。

发生定义就是指对象发生的情况。如：

[经 59] 圆，一中同长也。②

[经说] 圆，规写交也。

圆是用规以"一中同长"的方法，画出图形，近似于下定义。它从"圆"的产生过程，揭示其某种差。除此之外，《墨经》有大量条目，用外延划分和内涵定义两种方法并举。如说"见、体、尽"等条目，都是划分，但在相应的 [经说] 中，则同时使用内涵定义，既明确按概念外延所划分的子项，又明确各子项的特有属性，这是相当恰当的明确概念方法，是墨子逻辑思维和科学精神的表现。

三 辞

(一)"辞"的本质

《小取》提出："以辞抒意。"这里"辞"的本义是判决，引申为对事物的断定；"抒"的字意为展开。在《墨经》中"意"既泛指思想、判断，又是指概念。而在"以辞抒意"中的"意"是指后者，即概念。概念展开为判断，叫"以辞抒意"。判断是把包含于概念里的内容加以展开而形成的一种思维形式。由于一个孤立的概念是不可能表达一个完整的意思的，所以，"辞"是融合不同的概念来表达一个完整的意思的。

因为"辞"（判断）须由概念组成，人要进行思维要借助于判断，因此，论证要围绕"辞"（判断）而展开。《大取》提道："夫辞以故生，以理长，以类行者也。"意思是说："推理论证要'故、理、类'三个方面都具备，然后一个论题才能必然成立。"③ 同时"辞"（判断）有真与

---

① 孙中原：《墨子解读》，中国人民大学出版社 2013 年版，第 37 页。

② 孙中原：《墨子解读》，中国人民大学出版社 2013 年版，第 49 页。

③ 孙中原：《墨子解读》，中国人民大学出版社 2013 年版，第 182 页。

假。如：

> ［经100］正无非。①
>
> ［经说］正。五诺，皆人于知，有说，过五诺，若圆无直。无说。
> 用五诺，若自然矣。

这里的"非"当指错误，与"是"正好相反。［经100］可以释义为：
正确的科学理论，应该排除其中错误成分。

（二）"辞"的分类

"辞"（判断）究其类别而言，主要有简单判断、复合判断。

简单判断包括直言判断、全称判断、特称判断等。

直言判断在《墨经》中主要形式是由"所谓"与"所以谓"组成的
这种判断形式。如：

> ［经81］知：闻、说、亲；名、实、合、为。②
>
> ［经说］知。传受之，闻也。方不障，说也；身观焉，亲也。所
> 以谓，名也；所谓，实也；名实耦，合也；志行，为也。
>
> 这里"所以谓，名也；所谓，实也"就是典型的直言判断。

全称判断是断定事物全部情况的判断。用全称量项"尽""俱"，如：

> ［经43］尽，莫不然也。③
>
> ［经说］尽，俱止、动。

这里"尽""俱"是莫不如此，全部如此。

特称判断是断定事物部分情况的判断。用特称量项"或""有"相当
于"有些""有的"。《小取》说："或也者，不尽也。"特称量项"或"
"有"的定义是"不尽"，即不是全部。［经上］说："动，或徙也。"是说
物体中有一部分运动。

复合判断由选言判断、模态判断或更多个判断组成。

---

① 孙中原：《墨子解读》，中国人民大学出版社2013年版，第76页。
② 孙中原：《墨子解读》，中国人民大学出版社2013年版，第63页。
③ 孙中原：《墨子解读》，中国人民大学出版社2013年版，第39页。

选言判断：常用词为"或"，其形式为"……或……"如：

[经44] 始，当时也。①

[经说] 始。时或有久，或无久。始当无久。

这里的两个"或"表示选言判断。就其[经说]含义而言：时间或是有绵延的时间量，或是无穷小的时间量。"开始"相当于无穷小的时间量。

模态判断：墨家突出研究时间模态，《墨经》定义时间模态词"且""已"。如：

[经43] 且，言然也。②

[经说] 且，自前曰且，自后曰已，方然亦且。

这里的"且"是表示事物存在状态、样式的模态词。"且"可以表示两种时态，一是在事物发生前使用，相当于"将""将要"，二是在事物发生过程中使用，相当于"正在""刚刚"。"已"表示过去时，相当于"已经""曾经"，这种时间模态词的引进，使模态判断有三种时态。

第三节　墨子逻辑推论的基本范畴和具体论式

墨子逻辑推论的三个基本范畴是"故""理""类"。墨子逻辑推论的具体论式主要有"或""假""效""譬""侔""援""推""擢"等。

一　墨子逻辑推论的基本范畴

墨子逻辑学不同于印度因明学、西方逻辑学，墨子逻辑推论形式和结构，既区别于印度因明学的宗、因、喻，也不同于西方传统的三段论。为弄清墨子逻辑推论形式，必须明确墨子逻辑推论基本范畴，即"故""理""类"，对这三范畴作用的理解，在《大取》篇中有所展示。

夫辞以故生，以理长，以类行者也。立辞而不明于其所生，妄也。今人非道无所行，虽有强股肱而不明于道，其困也可立而待也。

---

① 孙中原：《墨子解读》，中国人民大学出版社2013年版，第41页。
② 孙中原：《墨子解读》，中国人民大学出版社2013年版，第35页。

夫辞以类行者也，立辞不明于其类则必困矣。①

上文内容孙中原释义为："一个论题的成立要有充足的理由，推论的过程要符合道理和有条理，要根据事物的类别来进行。建立一个论题而不明白它所由以成立的充足理由，那就有可能虚妄不实。所谓'推论的过程要符合道理和有条理'，这犹如我们没有道路就无法行走，虽然有强健的肢体而不知道道路，其困难马上就会到来。论题要根据事物的类别关系推论出来。建立一个论题而不明白它由以推论的类别关系，则必然遭遇困难。"② 按照释义，逐一简要分析"故""理""类"的具体意思。

（一）"故"

> ［经1］ 故，所得而后成也。
>
> ［经说］ 故。小故：有之不必然，无之必不然。体也，若有端。
> 大故：有之必然，无之必不然。若见之成见也。③

对于上述经文，可以参考周云之先生的翻译："［经1］'故'是得（有）此后就可以推得结论或后件之前提或条件。［经说］'小故'是有之不能必然推得结论或后件；无之必然不能推得结论或后件之必要条件。这是一种部分对整体而言的条件，犹如线是由点组成的，点是线的部分，但有点不能必然成线，无点则必然不能成线，所以点是成线的必然条件（小故）。'大故'是有之必然能推得结论或后件；无之必然不能推得结论或后件之充分必要条件。有能见之所有条件，就必然有成见之结果；无能见之（任一）条件就必无成见之结果，所有，能见之所有条件就是能成见之充分必要条件。"④

由上可知，周云之认为"故"从哲学上来看是因果之因；从逻辑上来分析，就是推出结论的前提或推出后件的条件。而孙中原认为："故：本

---

① 孙中原：《墨子解读》，中国人民大学出版社 2013 年版，第 171 页。

② 孙中原：《墨子解读》，中国人民大学出版社 2013 年版，第 182 页。

③ 孙中原：《墨子解读》，中国人民大学出版社 2013 年版，第 6 页。

④ 周云之：《墨经校注·今译·研究——墨经逻辑学》，甘肃人民出版社 1993 年版，第 115 页。

义指事物的原因，引申义指论证的理由、根据。"① 结合周云之、孙中原等学者的释义，可以把"故"简单解释为原因、根据、理由等。

（二）"理"

对"理"最有代表性的解释，体现在《墨经》中主要有两处。

第一处：

> ［经 179］诽之可否，不以众寡，说在可非。
>
> ［经说下］诽。论诽之可不可以理。理之可诽，虽多诽，其诽是也。其理不可诽，虽少诽，非也。②

这里的"诽"是"批评"的意思。按照周云之的解释，对上文［经说下］可理解为："讨论批评之可与不可是根据他所言之道理。如果他所言之理应该批评，虽批评得多，也是对的。如果所言之理不该批评，虽批评得少，也是不对的。"③ 通过对［经说下］整体的理解，可以得知"理"就是"道理"。同时周云之认为"这个'理'就是指的客观事物之理，是反映客观事物规律性之真理"④。

第二处体现在"夫辞以故生，以理长……"（《大取》）中，就是讲怎样解释"以理长"？用原话来阐释说明，即"今人非道无所行，虽有强股肱而不明于道，其困也可立而待也"。这里的"道"讲的是规律、方向、道路的意思，为了让大家理解、接受"理"，就是用通俗易懂、具有形象性的"道"来分析"理"。

结合两处释义可知，"理"是指道理或规律。

（三）"类"

中国古代逻辑学起源于对"类"的研究，从某种角度来说中国古代逻辑学可算上是一种推类的逻辑学。为弄清楚"类"这一墨子逻辑推论的基本范畴的含义，可以从《墨经》中寻找答案。

---

① 孙中原：《墨子解读》，中国人民大学出版社 2013 年版，第 71 页。

② 孙中原：《墨子解读》，中国人民大学出版社 2013 年版，第 151 页。

③ 周云之：《墨经校注·今译·研究——墨经逻辑学》，甘肃人民出版社 1993 年版，第 222 页。

④ 周云之：《墨经校注·今译·研究——墨经逻辑学》，甘肃人民出版社 1993 年版，第 310 页。

　　［经87］同：重、体、合、类。

　　［经说］同。二名一实，重同也。不外于兼，体同也。俱处于室，合同也。有以同，类同也。①

　　这里的"兼"是整体的意思，"体"是部分的含义。按照孙中原先生的翻译，上文可如此理解："［经87］相同的种类：重同、体同、合同、类同。［经说］两个名称指谓同一个实体是'重同'。若干部分同属一个整体是'体同'。共处于同一空间是'合同'。在某方面有相同的性质是'类同'"②。这里强调"类同"必须是事物性质（属性）上的"有以同"，就是说所有属于同类的事物都具有相同的本质。

　　为更加完整和丰富地揭示"类"概念的逻辑内涵，在《墨经》文本中不仅揭示了"类同"的本质，而且还揭示了"类异"的本质含义。如下文：

　　［经88］异：二、不体、不合、不类。③

　　［经说］异：二必异，二也。不连属，不体也。不同所，不合也。不有同，不类也。

　　这里与类同相似，清晰地说明了"类异"的四种分类：两个个体一定不同是二必异；"不体"是不连属，即不从属于同一整体；"不合"是不同所，即不存在同一处所；"不类"是"不有同"。"不有同"正是与同类之"有以同"相对而言的，说明事物的"不类"（异类），是指事物在某方面没有本质属性。同时在《经下》篇中还谈道："异类不比，说在量。"是指异类的事物不能相比，比如在量上不能相互比较。事实上墨家的"异类不比"思想成为推理的重要规则之一。墨家学派在学术论辩中充分认识到了"类异"能产生推论谬误，并能熟练地运用这一原理驳斥对方的推论中的谬误。

---

① 孙中原：《墨子解读》，中国人民大学出版社 2013 年版，第 67 页。
② 孙中原：《墨子解读》，中国人民大学出版社 2013 年版，第 68 页。
③ 孙中原：《墨子解读》，中国人民大学出版社 2013 年版，第 68 页。

二　墨子逻辑推论的具体论式

墨子逻辑推论的具体论式较多，这里选"效""譬""侔""援"具体论式来作阐释。

(一)"效"式推论

> "效"者，为之法也，所效者所以为之法也，故中效则是也；不中效则非也。此"效"也。①

根据方勇的译注，这段话的意思是："效，是要为事物设立法则。设立法则所以依据的标准叫'所效'，与'所效'相符，就是正确的；不相符，就是错误的。这就叫'设立法则'。"②

具体而言，上述一段话中，"效"是为之"法"，就是说在立辞的时候，所提供的一个标准。符合此标准的，就是"中效"，即这个标准所指的这类事物。否则就是"不中效"，即不是这个标准所说明的这类事物。

为了说明"效"推论的具体运用，特举例如下：

> 子墨子曰："世之君子，欲其义之成，而助之修其身则愠，是犹欲其墙之成，而人助之筑则愠也。岂不悖哉！"③

这是《贵义》中一段内容，就其释义为："墨子说：'世上的君子，想要成就仁义，但帮助他修养身心却很生气，这就像想要建成城墙，但别人帮助他建筑却很生气，这难道不是有悖于常理吗！'"④

按照"效"的推论，其推理形式是：

1. 别人帮助他建筑却很生气是有悖于常理。

2. 世上的君子想要成就仁义，而帮助他修养身心却很生气，这种情况与别人帮助他建筑却很生气，是属于同一类。

3. 所以，世上的君子想要成就仁义，帮助他修养身心却很生气，这也

---

① 孙中原：《墨子解读》，中国人民大学出版社 2013 年版，第 191 页。

② 方勇译注：《墨子》，中华书局 2011 年版，第 387 页。

③ 孙中原：《墨子解读》，中国人民大学出版社 2013 年版，第 470 页。

④ 方勇译注：《墨子》，中华书局 2011 年版，第 418 页。

是有悖于常理。

这种"效"的推理形式就是所谓它的"中效式"。

综上,墨子逻辑思想中"效"(标准):凡对一类事物有所肯定,则对该类事物中任一事物也有所肯定;凡对一类事物有所否定,则对该类事物中任一事物也有所否定。①

(二)"譬"式推论

> "譬"也者,举他物而以明之也。②

此句来自《小取》,意思为:"譬,是以彼事物来说明此事物。"③"譬"是比方、譬喻。"譬"的用法有以下两种:一是形象思维;二是形象描绘。前者是从另一个事物的形象,引起概念与表象之间的联想;后者是从另一个事物的形象,引起表象与表象之间的联想。

为了弄清楚"譬"的推论式在《墨子》中的具体应用,仍举《贵义》中的内容来加以说明。

> 子墨子自鲁即齐,过故人,谓子墨子曰:"今天下莫为义,子独自苦而为义,子不若已。"子墨子曰:"今有人于此,有子十人,一人耕而九人处,则耕者不可以不益急矣。何故?则食者众而耕者寡也。今天下莫为义,则子如劝我者也,何故止我?"④

对于"义"这样抽象概念,是种不容易理解的理性认识。同时为了得出"天下做义事的人少而不做义事的人多,做义事的人更焦急"这一道理(归纳),文中就从"一人耕而九人处,则耕者不可以不益急"这一浅显事例作典型分析。由于为"义"是好事而从事者少,因此,墨子当然必须"苦为义"(演绎)。这就是"譬"的推论式。

具体而言,上述"譬"的推论形式是一种形象思维形式,是把反映对象本质概念"义",表象为生动具体的形象"耕",进而引起概念与表象间

---

① 陈孟麟:《墨辩逻辑学(修订本)》,齐鲁书社1983年版,第68—69页。
② 孙中原:《墨子解读》,中国人民大学出版社2013年版,第191页。
③ 方勇译注:《墨子》,中华书局2011年版,第387页。
④ 孙中原:《墨子解读》,中国人民大学出版社2013年版,第468页。

的联想，实现从感性认识到理性认识。"'譬'式推论的思维行程，实际是从归纳（就用作比喻的事物作典型分析）到演绎。"①

（三）"侔"式推论

在《小取》篇中，对于"侔"式推论仅仅用一句话来概括：

> "侔"也者，比辞而俱行也。②

该句话意思，依据方勇的解释为："侔，是两个词义相同，可以通用。"③

例如，《大取》："臧，人也；爱臧，爱人也。"就是反映两辞相比而俱行。这种"侔"式推论，可以化作如下的三段论：

大前提：臧是人；小前提：我爱臧；结论：故我是爱人。

为了进一步明确"侔"式推论在《墨子》中具体运用，现举例如下：

> 子自爱，不爱父，故亏父而自利；弟自爱，不爱兄，故亏兄而自利；臣自爱，不爱君，故亏君而自利，此所谓乱也。虽父之不慈子，兄之不慈弟，君之不慈臣，此亦天下之所谓乱也。父自爱也，不爱子，故亏子而自利；兄自爱也，不爱弟，故亏弟而自利；君自爱也，不爱臣，故亏臣而自利。是何也？皆起不相爱。④

这是《兼爱上》中多辞相比而俱行。比较同类的词句来说明它们都是行得通的。考察各种现象的共同属性，然后得出一个一般结论，这就是"侔"式推论形式。

（四）"援"式推论

> "援"也者曰："子然，我奚独不可以然也?"⑤

上述是《小取》中一句话是"援"式推论，其释义为："引用，是

---

① 陈孟麟：《墨辩逻辑学（修订本）》，齐鲁书社 1983 年版，第 70 页。
② 孙中原：《墨子解读》，中国人民大学出版社 2013 年版，第 191 页。
③ 方勇译注：《墨子》，中华书局 2011 年版，第 387 页。
④ 孙中原：《墨子解读》，中国人民大学出版社 2013 年版，第 252 页。
⑤ 孙中原：《墨子解读》，中国人民大学出版社 2013 年版，第 191 页。

说：你可以这样说，我为什么就不可以这样说呢。"①

"援"式推论是指人们在论辩中常依据对方所同意某一事物具有的某种属性，并以此推论与之同类的其他事物同样也具有这样的属性。

在《墨经》中所涉及的本质相同就是类同。若把本质相同作为"法"（标准），那就能够按"法"取同，即类同。这样，通过"援"式推论而得到的结论，就具有必然性。

现列举《小取》中的应用"援"式推论的内容：

> 奚以明之？恶多盗，非恶多人也；欲无盗，非欲无人也。世相与共是之。若若是，则虽盗，人也，爱盗非爱人也；不爱盗非不爱人也；杀盗人非杀人也，无难盗无难矣。此与彼同类，世有彼而不自非也。②

由于上文中有"此与彼同类"一句，就是说"此"与"彼"同类，即"此"与"彼"本质相同，即把同类作为标准（"法"），并"法"法取同。具体而言：由于恶多盗非恶多人，欲无盗非欲无人，爱盗非爱人，显然杀盗人非杀人。

这是因为把"人"与"盗人"作为类同而看待，即把这两个概念"人"与"盗人"视为两个并列关系的概念，体现出"援"式推论典型形式。

当然，使用"援"式推论的前提在于类同，或称为本质相同，即上文"此"与"彼"同类，具体而言"盗人"与"人"。若本质不相同，"援"式推论就不能适用。

第四节　墨子逻辑学的特点和贡献

思维形式及其规律是逻辑的研究对象。当在人类智力、认识发展到某一特定时期，就必然会反思在实践过程中自己的认识思维活动，探索人类思维形式及其内在本质规律。大约在公元前 5 至前 3 世纪，希腊、印度、

---

① 周才珠、齐瑞端：《墨子全译》，贵州人民出版社 2008 年版，第 426 页。
② 方勇译注：《墨子》，中华书局 2011 年版，第 389 页。

中国三个古老民族在这个历史阶段分别独立创建了各自的逻辑学说。具体而言，就是指古希腊的形式逻辑、古印度的因明学以及中国先秦时代的墨辩逻辑。但是三者又有严格的区别，如古希腊的逻辑学，它是以亚里士多德三段论法为核心，更注重推理过程的形式化和公式化，更强调逻辑系统的固有格式、形式主义；而古印度的因明学，它却更注重仔细分析在推理过程中的类比；墨子在《经》上下、《经说》上下、大小《取》等《墨经》6篇中所建立的逻辑学体系，它不仅注重把思维形式和具体内容进行有机的结合，更为注重服务论辩的实际需要。墨子的逻辑学不仅揭示了形式逻辑的某些共同形式，而且具有自己较完善的构成体系。

一　墨子逻辑学的特点

墨子及其学派是小生产劳动者利益的典型代表。在春秋战国社会变革时期，庶民阶层正在为自己的经济、政治地位而斗争，作为这一阶层的思想代表墨子学派也是在与儒学不断的对立和斗争中发展壮大。在理论与思想的斗争的领域中，论辩术具有重要的作用。在论战中，墨子一方面为了使自己的论证、说理更加严密，进而做到有根有据，使其更有说服力，也必然注意到研究论说方法、规则，探究论证、推理的合理性；另一方面由于紧迫的现实斗争，又使墨子无法像一个书斋里的学者那样，对思维形式进行静心研究，仔细论证规则以及推理方法，从而构造一个形式化的系统的逻辑体系。再者，墨子是以实践应用为主，强调言用于行、言行合一的学者。因此，墨子研究思维形式、推理方法以及论证规则的目的在于，它更强调为现实的理论斗争服务。由于论战的内容涉及政治、经济、伦理、道德、科技等具体学科，因而墨子在分析、阐明思维逻辑的形式、方法、规律时往往以这些具体学科的具体问题作为例子和内容。也就是说，墨子的逻辑学是和墨子的政治、经济、伦理、科技等具体学科的认识和知识交织在一起。①

墨子的"论求群言之比"（《小取》），主要就是为了"摹略万物之然"（《小取》）。"论求群言之比"是指如何构成逻辑的名、辞、说，即如何用准确的词语来表达概念，如何用适当的谓词来表达判断，如何用适

①　邢兆良：《墨子评传》，南京大学出版社1993年版，第301-302页。

当的推理方法和法则来表述事物之间的因果联系。墨子并不囿于如何研究
思维形式的固定化和公式化，而是要求思维的逻辑形式直接为思维的具体
内容服务，即要求"群言之比"必须能"摹略万物之然"。墨子关于逻辑
学的这个法则是和他重实践的经验论一致的。墨子认为，自然万物的存
在、变化有其然和其所以然。人们在实践中得到了关于自然事物的各种经
验知识，然后通过思维的抽象形成了概念、判断，认识了个别事物的具体
规定性，再进一步用逻辑的推理，使个别事物之间的本质联系得到了揭示
和说明。这个认识过程，墨子认为就是用"群言之比"的名、辞、说来模
拟、概括自然万物的其然和其所以然的过程。因而，墨子在论战过程中，
无论是批驳对方的论点，还是在陈述自己的观点时，都强调求故，求因，
求物之所以然，都必须遵循"摹略万物之然"这一基本原则。这样，墨子
在论战实践中形成的逻辑学体系具有鲜明的实用特点。虽然，从形式的系
统、完整方面来看，墨辩逻辑不及亚里士多德的形式逻辑和古印度的因明
学严密、精细。但是，墨子强调思维的逻辑必须从客观实际出发，每一种
思维形式必须紧密联系论辩的具体内容，即强调在思维的逻辑之外存在客
观真理，而思维的逻辑只是人们获得对这些客观真理认识的工具。这一特
点正是墨子逻辑学的长处。由此，在《小取》篇中，墨子开宗明义，明确
提出了墨辩逻辑的六大任务。①

"夫辩者，将以明是非之分，审治乱之纪，明同异之处，察名实之理，
处利害，决嫌疑。"（《小取》）这里，墨子将明是非、审治乱、明同异、
察名实、处利害、决嫌疑作为墨辩逻辑的目的。墨子认为："辩，争彼也；
辩胜，当也。"（《小取》）这里的"争彼"就是讨论认识对象的是非问
题，非是非，是是是，确定彼是此非或此是彼非，这正是论辩的任务和目
的。墨子反对似是而非，以非为是，模棱两可的诡辩术。

墨子所处的时代是一个社会动荡的乱世，探索治国安邦的方略和措施
成为各派思想家的热门话题。墨子是一个以救世济民为己任的思想家，因
而国家的治乱，百姓的安危是墨子极为关注的问题。墨子运用逻辑的武
器，分析治、乱之根源，论证去乱致治的原则。墨子用类比推理的方法论
证了兼相爱是治国安民的根本措施。在认识外界事物的科学活动中，同异

---

① 邢兆良：《墨子评传》，南京大学出版社 1993 年版，第 302-303 页。

之分是获取经验知识的第一步。大小、颜色、重量等外观同异，结构、质地的同异都是正确认识事物本质的根据。在《经上》篇，墨子具体规定了四种同和四种异，在《大取》篇中，又进一步把同分为十种：重同、具同、连同、丘同、鲋同、同类之同、同名之同、是之同、然之同、同根之同。对事物表象的分析和分类，对事物的科学定义奠定了基础。如果一个区域到了一定程度，不能再容纳哪怕是一条线的东西，则这种区域就称为有穷（有限）。如果一个区域在任何程度永远可以容纳哪怕是一条线的东西，则这种区域就称为无穷（无限）。这里，墨子用严格定义的形式确定了有穷和无穷各自的同一性以及彼此之间的互异性。①

春秋战国之际，由于社会政治、经济的剧变，旧有的名实关系相分离，发生了很大的变化。"名实相怨"已成为社会的一个重大问题。墨子主张"取实予名""举名以实"（《经说》），这样，才能做到真正的名实相耦。

利、害关系涉及每个人的切身利益，墨子将这个小至日常生活，大至国家治乱的问题，上升到理论认识的高度，运用逻辑手段论证自己对这个问题的看法。墨子首先对利与害分别下了定义。对一件具体的事，一项具体的活动，往往是利与害交杂在一起，墨子提出用"权"来衡量利、害之间的大小。然后，根据利大或害大，来判定其是利还是害。墨子说的权是为处利害，而不是为明是非。墨子关于利害得失的推断和论证都是以关于"利"与"害"的定义规定及利害得失之大小的判定为根据的。②

无论是在生活实践中，还是在认识过程中，总会碰到一些疑难问题，使人难以决断。对这类或此或彼的猜测，亦是一种认识手段。墨子从疑其然的角度来检验一个判断正确与否，墨子又具体地将疑的思维方法分为四种。从上述分析可知，墨子在论战中形成的逻辑学，一方面是对大量实际问题的论证、辩驳，提炼出各种思维的逻辑方法；另一方面又将这些逻辑方法应用于各种实际问题的分析、论证和推理。起于用，归于用，这是墨子逻辑学的一个最基本的特点。除此之外，墨子逻辑思想还具有普遍性、特殊性等特点。③

---

① 邢兆良：《墨子评传》，南京大学出版社 1993 年版，第 303–304 页。

② 邢兆良：《墨子评传》，南京大学出版社 1993 年版，第 304–305 页。

③ 邢兆良：《墨子评传》，南京大学出版社 1993 年版，第 305–307 页。

二　墨子逻辑学的贡献

"逻辑的产生是人们对思维本身研究的结果，也就是人们开始意识到，思维形式对思维内容正确而有效的表达具有重要的作用，思维形式本身也有其固有的规律性。"① 中国先秦逻辑思想诞生于中国文化轴心时代的春秋战国之际，当时诸子私学兴起，随着人们对自然现象认识的深入以及生产的不断发展，导致人们科学认识水平不断提高。同时随着阶级矛盾日益突出，加速社会的剧变，众多的社会问题和矛盾成为儒家、道家、墨家等思想家辩驳争鸣的课题。其中，名实关系直接影响到诸子百家的理论争论，所以名言辩说的形式以及技巧格外受到诸子百家的重视。他们围绕不同的目的，并从不同的角度开始研究有关的名言辩说，所以中国古代逻辑是和正名的认识论问题有密切关系。

在中国先秦逻辑史上，由于墨子能够自觉地认识到思维方法、思维形式和思维规律的重要性。同时他把思维形式作为自己的研究对象，并且首次写出了具有体系的逻辑学说——《经》上下、《经说》上下、大小《取》等《墨经》六篇。墨子认为，对辩说形式的研究，既能表达辩说内容，有助于进一步正确认识事物，又能使辩说具有更有效的说服力，进而有利于驳斥诡辩。

《墨经》六篇中各篇的侧重点有所不同，如《经上》《经说上》两篇主要是给出了一系列的概念、定义，并对其进行具体的解说。《经下》《经说下》两篇主要论及了命题、定理以及一些思维规律。《大取》篇着重谈了逻辑判断、推理的基本组织形式。《小取》篇总结了《墨经》逻辑，说明了逻辑的作用、逻辑形式以及逻辑方法的意义等。从《墨经》六篇的总体结构来看，墨子不仅已经明确制定了概念、判断、推理等三种基本的逻辑思维形式，而且清晰地阐明了它们彼此之间的区别和联系。同时墨子还具体论述了概念的本质、划分以及作用，阐述了判断的实质、类型和相互关系，揭示了逻辑思维最基本规律的内容。综上，墨子逻辑思想是一个由基本概念、范畴所构成，以思维形式和规律为对象和内容的逻辑学体系。从某种意义来看，《墨经》六篇实际上就是墨子逻辑思想的专著。

---

① 邢兆良：《墨子评传》，南京大学出版社 1993 年版，第 307 页。

墨子逻辑学不仅是先秦时代逻辑学发展的杰出成果，同时为中国古代逻辑学的发展奠定了良好的基础。这种奠基作用主要表现在以下几点。①

第一，明确把"论求群言之比"的思维形式和思维内容划分开来，将思维形式作为逻辑学研究的对象和内容。这是逻辑学得以成为一门学科，健康发展的先决条件，使思维本身的固有形式和逻辑规律得到系统揭示成为可能。同时墨子又强调思维形式的研究必须和思维的具体内容相结合，为思维内容服务。

第二，墨子关于名实、同异的认识为中国古代逻辑的发展提出了两个重要原则。取实予名，举名拟实，名实对应，强调概念的内涵和外延必须与认识对象的本质和表象相合，进而要求思维的形式有助于思维内容的表达，使其能真实地反映客观事物。墨子关于同异分类的原则，是从事物的自我同一性及与他事物的互异性，对大千世界的事物进行分类，从而使认识对象有了确定的划分，使认识活动有了确定的目标。

第三，墨子的逻辑学强调在论辩中名言辩说必须严格区分真理和谬误、论证和诡辩之间的区别。要求论证推理的过程具有充足的理由，要求揭示结果成立的必要条件和充分条件，使逻辑论证、推理的因果关系体现得更充分，不致陷于诡辩。

综上所述，墨子逻辑学同古印度的因明学、亚里士多德的形式逻辑一样都已论及了概念、判断、推理三种思维形式，揭示了矛盾律、排中律等思维规律的内容及其应用，总结了归纳、演绎、类比等逻辑方法及其应用。他们都以此构成了各自的逻辑体系，都揭示了人类思维的共同特征和逻辑规律，只不过各自的侧重点不同。如墨子的逻辑学注重概念，亚里士多德侧重于命题，古印度的因明学强调推理。三者所揭示的推理形式大体是相同的，有一定的对应关系。这三种逻辑学体系的同、异比较，说明墨子逻辑学作为一个逻辑体系不仅是对中国古代逻辑发展的一个重大贡献，同时，具有独创理论见解的墨子逻辑学是可与亚里士多德的逻辑、古印度的因明学相媲美，可与之并列为形式逻辑的世界三大源流。②

---

①　邢兆良：《墨子评传》，南京大学出版社 1993 年版，第 311 页。

②　邢兆良：《墨子评传》，南京大学出版社 1993 年版，第 312 页。

第十一章　墨子的生态思想①

墨子的生态思想不仅源于生活的体验、文化的熏陶和时代的影响，而且体现在"节用""节葬""非乐"的节俭观以及"非攻""兼爱"等和谐观上。同时，从历史发展、现实环境、未来要求三个角度看，弘扬墨子生态思想具有客观必然性和现实紧迫性。

第一节　墨子生态思想的渊源

墨子的生态思想源于墨子的生活体验、文化熏陶和时代影响等方面。

一　源于生活体验

"墨子出身于城市手工业师傅，行会的生活使他的等级观念比普通农民更为强烈，小生产者盼救星靠长官的思想，往往成为专制主义存在的重要社会条件。"② 而城市手工业师傅，也只是处于社会下层劳动者的等级，墨子作为手工业师傅，有一套手工技术，自己能制造器具，当时被视为"贱人"。墨子代表基层手工业者，深刻体会到社会下层百姓生活的疾苦和忧患，强烈反感王公大人的喜功好战和奢侈的生活。墨子为下层劳动人民呼唤贤明君主，呼唤兼爱，决心从自身做起，"摩顶放踵利天下，为之"③，崇

---

① 张波：《墨子生态思想的时代意蕴》，《平顶山学院学报》2015 年第 3 期。

② 任继愈主编：《中国哲学发展史（先秦）》，人民出版社 1983 年版，第222 页。

③ 万丽华、蓝旭译注：《孟子——中华经典藏书》，中华书局 2006 年版，第 287 页。

尚节俭，充分体现他是中国第一位社会下层劳动者等级利益的代言人，着眼于大多数劳动人民的根本利益。

二 源于文化熏陶

墨子思想博大精深，是其吸纳众多学说的缘故。海纳百川，故能成其大。首先，墨子以尧舜为最高典范。"孔墨皆道尧舜，而取舍不同。皆自谓真尧舜。尧舜不复生，将谁使定儒墨之乎？"① 尤其学习大禹为治水三过家门而不入，栉风沐雨，以裘褐为衣，日夜不休，他要求他的门人发扬"禹大圣"的精神，与百姓同甘共苦。其次，学习儒家学说。刘安说"墨子学儒者之业，习孔子之术，以为其礼烦扰而不说……故背周道而用夏政"②。墨子学习儒家思想，但不是盲目的依附，而是要有创新精神，反对儒家的"述而不作"，要求继承中有突破。最后，学习以管子为代表的齐文化。在春秋战国的齐国，齐桓公任用管仲为相。管仲在政治上，"修旧法，择其善者而用之"③ 的法家思想；在经济上，提倡"通货积财，富国强兵"④。使之成为开法家之先河、富国利民思想家。墨子学习管仲经济思想，主张"以德就列，以官服事，以劳殿赏，量功而分禄"⑤。总之，墨子学儒家之道，习孔子之术，受夏、商、周文化及鲁、宋、楚、郑、齐和三晋等文化的熏陶，博采众家，创建别具一格的思想体系。

三 源于时代影响

春秋战国是我国历史上奴隶制向封建制转变的社会大变革时代。生产力的发展，为封建制的建立创造物质条件，使社会的变革成为不可逆转的历史潮流。铁器的使用以及牛耕的推广，大大提高了农业和手工业的劳动生产率。同时，直接从事劳动的人从奴隶制的桎梏下解放出来，他们的劳动兴趣和生产积极性提高。奖励耕战又极大地推进了生产的发展。在农业生产发展的同时，手工业也有很大的进步。除官府手工业外，出现了私营

① 陈秉才译注：《韩非子——中华经典藏书》，中华书局2007年版，第278页。
② 顾迁译注：《淮南子——中华经典藏书》，中华书局2009年版，第289页。
③ 尚学锋、夏德靠译注：《国语——中华经典藏书》，中华书局2007年版，第82页。
④ 李小龙译注：《墨子——中华经典藏书》，中华书局2007年版，第48页。
⑤ 李小龙译注：《墨子——中华经典藏书》，中华书局2007年版，第48页。

手工业和独立个体手工业。各手工业部门内部出现了分工越来越细的明显倾向。手工业者在社会生活中逐渐取得相当重要的地位，作为手工业者利益的政治代表，在社会上风靡一时墨家学派诞生。不同的学派从各自的利益出发，纷纷著书立说，形成了思想上解放和学术上自由的"百家争鸣"的局面。深受时代的影响，墨子代表手工业利益，形成一时"显学"——墨学。

第二节　墨子生态思想的表现

墨子的生态思想主要表现在节俭观、和谐观两个方面。

一　节俭观

墨子节俭观主要包括"节用""节葬""非乐"等观点。针对统治者生活极度奢华铺张，社会物资消耗无限的现象，墨子倡导合理有节制的消费，即节俭。

首先，"节用"。所谓节用，就是节约开支，反对一切无用之费，墨子希望统治者能做到"凡足以奉给民用者，加费不加民利则止"①。墨子的"节用"标准有两点："一是'民用'，即普通百姓必需的生活需要；二是'足用'，即要满足百姓的生活需要。"墨子认为一个国家能不能做到节用，首先在君主"去无用之费。圣王之道，天下之大利也"②。在衣食住行用等方面严格遵守消费标准。吃饭是："足以充虚继气，强股肱，耳聪目明，则止。"③ 穿衣是"适身体，和肌肤而足矣"④，"冬以圉寒，夏以圉暑"⑤。舟车只要乘坐时安稳、便利并能够迅速到达目的地，没有必要用文彩雕镂来装饰车船。墨子认识到资源的有限性与消耗过度之间存在不可调和的矛盾，主张节用，体现可持续发展的生态思想。

其次，节葬。节葬是"节用"的自然推衍，也是"节用"理念在丧仪

---

① 梁奇：《墨子译注》，上海三联书店 2014 年版，第 168 页。
② 梁奇：《墨子译注》，上海三联书店 2014 年版，第 166 页。
③ 梁奇：《墨子译注》，上海三联书店 2014 年版，第 68 页。
④ 李小龙译注：《墨子——中华经典藏书》，中华书局 2007 年版，第 48 页。
⑤ 李小龙译注：《墨子——中华经典藏书》，中华书局 2007 年版，第 48 页。

方面的具体表现。墨子所处的时代，厚葬久丧的风气极度盛行，墨子针对当时社会这种弊端提出"节葬"之说。墨子认为，厚葬，把有用的财富埋在地下，结果人民必然贫困；久丧，使男女隔离，人口必然下降，同时贵族不能过问政事，百姓不能从事劳动，其结果是"国家必贫，人民必寡，刑政必乱"①。因此，针对厚葬久丧的弊端，他要求："衣三领，足以朽肉，棺三寸，足以朽骸，堀穴深不通于泉，流不发泄，则止。"② 墨子认为，用三层衣服，足够使死者的尸体腐烂，用三寸厚的棺材，足够使死者的骸骨朽烂。节葬，不仅表达对逝者的哀思，而且也不会对生者的生活造成不利影响。

最后，非乐。"非乐"是墨子节俭观的重要组成部分。墨子反对在文化娱乐上的奢靡行为。墨子的"非乐"并非反对音乐本身，而是反对为满足贵族统治者不顾百姓死活的过度音乐活动。墨子认为过度的音乐活动耽误生产，耗费民财，无益于百姓。墨子从百姓利益出发，反对统治者奢靡的物质和文化生活，这对国家发展和人民生活都有利。

二　和谐观

墨子和谐观主要体现在墨子的"兼爱""非攻"等政治主张上。

一是主张"兼爱"。针对孔子的有差别、有等级的"仁爱"，墨子倡导"兼爱"，即打破血统宗法制度，强调亲疏、人我平等。墨子的"爱"是无论贵贱、贫富、亲疏、贤愚，没有差别、视人如己之爱。就是一视同仁地爱一切人。这与儒家倡导的"亲亲""尊尊"的"推爱"是相对立的。墨子认为，"人无长幼贵贱，皆天之臣也"③。春秋时期，诸侯国间为争夺土地、牲畜等，相互发动战争，下层人民苦不堪言。墨子认为战争主要是人与人之间、人与社会之间、国与国之间缺乏友爱，因此，墨子提出"兼爱"，主张人、社会、自然的和谐相处。

二是主张"非攻"。墨子身处战国时期，对诸侯相互争霸导致生态环境的破坏有清醒地认识，对战争的残酷性和掠夺性进行大力地批判。如墨

---

① 王春红编著：《中华国学经典藏书：墨子》，企业管理出版社 2013 年版，第 59 页。

② 梁奇：《墨子译注》，上海三联书店 2014 年版，第 171 页。

③ 王春红编著：《中华国学经典藏书：墨子》，企业管理出版社 2013 年版，第 16 页。

子笔下描绘了一幅惨景："入其国家边境，芟刈其禾稼，斩其树木，堕其城郭，以湮其沟池，劲杀其万民，覆其老弱，迁其重器，卒进而柱乎斗……"①（《非攻下》）在战争中，茂盛的庄稼被毁坏，郁葱的树木被砍伐，完整的城郭被攻破，好好的沟池被填塞，无辜的百姓被戕害。战争不仅给人类带来极大的伤害，而且生态环境遭到严重的破坏。又如《非攻中》写道："今师徒唯毋兴起，冬行恐寒，夏行恐暑，此不以冬夏为者也，春则废民耕稼树艺，秋则废民获敛……今尝计军上，竹箭、羽旄、幄幕、甲盾、拨劫，往而靡弊腑冷不反者，不可胜数。"② 这从间接角度描写了战争对生态的破坏。百姓为了备战，一则耽误农时，庄稼歉收，百姓因此受冻挨饿；二则制作兵器，耗费自然资源，影响环境的生态恢复。而国家之间爆发战争的原因在于相互之间缺乏爱，因此主张国与国之间要提倡"兼爱"，要相互合作，才能和平共处。

第三节　墨子的生态思想哲学蕴含③

墨子的生态哲学思想主要表现在墨子的思维方式生态化和消费方式生态化，思维方式生态化主要体现在墨子运用矛盾和整体性思维方式而提出的十大主张中，尤其蕴含"兼爱"中的人与自然和谐相处思想以及"天志"中天人合一思想；消费方式生态化主要体现适度消费，适度消费是可持续发展的核心。

一　墨子思维方式生态化

思维方式是指人们观察、分析、解决问题的模式化、程式化的"心理结构"。在认识事物、解决问题时，墨子运用矛盾思维和整体性思维方式，提出了著名的"兼爱""非攻"等十大主张，蕴含"兼爱"中的人与自然和谐相处思想以及"天志"中天人合一思想，无不体现出生态化的思维方式。

---

① 梁奇：《墨子译注》，上海三联书店 2014 年版，第 150 页。
② 梁奇：《墨子译注》，上海三联书店 2014 年版，第 138 页。
③ 张波：《论墨子的生态思想》，《理论界》2013 年第 6 期。

（一）墨子矛盾思维、整体性思维及二者关系

作为一位小生产者的代表，墨子身体力行，亲自参加劳动，从劳动者的视角来看待事物。

1. 墨子的矛盾思维、整体性思维

矛盾，即对立统一。如《经上》说："同异交得仿有无"，"同异交得是同和异相互渗透，同时把握"。① 阐明了"同"和"异"是相互依存，水乳交融的关系。为进一步阐述同和异矛盾统一体，孙中原对同和异进行了详细解释和说明："'同异交得'的'同'，即同一性。'异'，即差异性。《经上》说：'同，异而俱于之一也。'即同时相异的事物，都具有的共同方面……同一以差别和对立为前提，是包含差别和对立的具体同一。没有矛盾双方相互对立，就没有相互依存，相互贯通，反之亦然。"② 明确了同一性和差异性相比较而存在，相斗争而发展。如果上升到理论高度，即"从主体论意义上看，'同异交得'是指同一事物内部存在相异或相对立的性质，从方法论意义上说，'同异交得'是指在思维中同时把握事物相异两种性质"③。

整体性思维主要是体现墨家"两而勿偏"的命题。《经说上》："权者两而勿偏。""权"即权衡，思考。这句话意思就是说："思考问题时要顾及两面，而不要只顾及一面。这就是提倡两点论、全面性，反对一点论、片面性。"④ 墨子在分析问题时，考虑问题的全面性、整体性，避免了只见树木不见森林的片面性、局部性，体现了墨子看待问题运用辩证的方法，显示出思维方式的合理性和科学性。又如："墨家考察分析对立现象，提出一系列对立范畴，如体兼、利害、有穷无穷，久宇，论证观察思考的全面性和整体性。"⑤

2. 墨子矛盾思维和整体性思维的辩证关系

墨子矛盾思维和整体性思维的辩证关系，正如孙中原所说："墨家'两而勿偏'的全面性，'同异交得'的矛盾法则，一脉相承。客观事物是

---

① 孙中原主编：《墨学与现代文化》，中国广播电视出版社 2007 年版，第 115 页。
② 孙中原主编：《墨学与现代文化》，中国广播电视出版社 2007 年版，第 116 页。
③ 李亚彬：《中国墨家》，宗教文化出版社 1996 年版，第 48 页。
④ 陈克礼：《墨学与当代哲学》，中国社会科学出版社 2007 年版，第 248 页。
⑤ 孙中原主编：《墨学与现代文化》，中国广播电视出版社 2007 年版，第 117 页。

矛盾统一体，观察思考就应该提倡全面性，反对片面性。要顾两面，不要只顾一面。事物的辩证本性决定认识的全面性。否则就不能正确认识和改造世界。"① 具有一种全面性、辩证性的整体性思维方式，才可能从单纯以人为主宰，向人与自然相和谐的有机整体自然观转变，才可理解和把握可持续发展。

（二）墨子矛盾思维和整体性思维的运用：提出十大主张

在处理经济问题上，尤其是在生产与消费问题上，墨子思考经济问题顾及生产、消费两个方面，既要重视生产，又要合理消费，运用了整体性思维。矛盾思维说明生产与消费是相互渗透、相互贯通，没有生产就没有消费。为此，提出"节用""节葬""非乐"的观点，重视生产，反对浪费。墨子生活在春秋战国时期，虽然当时铁制农具已经使用，但在生产力非常低下的情况下，社会生产的物质产品是有限的。而当时各国君臣却过着花天酒地骄奢淫逸的生活，他们死后，又大肆操办丧事，实行厚葬久丧。因为："民有三患，饥者不得食，寒者不得衣，劳者不得息，三者民之巨患也。"（《非乐上》）面对生产的有限，而消费却丝毫没有节制，墨子提出节用，反对王公大臣的浪费行径。同时提出节葬，旗帜鲜明地反对厚葬久丧。又针对当时的统治者宴乐终日，提出非乐的主张。统治者以掠夺性、破坏性的思维方式，对待资源和环境，导致生态环境问题。

针对不平等问题，尤其是出生不平等、血缘不平等以及国家实力不平等问题上，在处理认识宿命论与血统论、强与弱问题方面，提出"非命""非攻""兼爱"。为打破贵贱贤愚贫富不平等的宿命论，提出"非命"，反对人生一切不平等都是由先天命运决定的。春秋战国时期，诸侯国间为争夺土地、牲畜等，相互发动战争，下层人民苦不堪言。墨子认为战争主要是人与人之间、人与社会之间、国与国之间缺乏友爱，因此，墨子提出"兼爱"，打破亲疏不平等的血统论，提倡爱无差别，主张人、社会、自然和谐相处。同时提出"非攻"观点，主张国与国之间要相互合作，和平共处，对"兼爱"进一步深化和延伸。

在对待贤与愚、治与乱关系问题上，提出"尚贤""尚同""天志"

---

① 孙中原主编：《墨学与现代文化》，中国广播电视出版社 2007 年版，第 118 页。

"明鬼"观点。为了更好地治理好国家，倡议国君"尚贤"，即反对贵族世袭制，重视选拔德才兼备的人才，授予高官和提供优厚的待遇，发挥其聪明才智。为了维护社会秩序，保持国家政令畅通统一，他提出"尚同"观点。墨子为了实现自己的主张，一生奔走呼告，上说下教，致力于"兴利除害"。墨子知道仅靠自己的宣传游说，无法让世人尤其是统治者相信以及接受自己的政治主张，于是他借助自然界神秘的力量来约束统治者。墨子提出"天志""明鬼"来推行自己的主张，借助天、鬼的力量来改造社会、治理国家，借助天地鬼神的权威推行社会政治思想。

（三）墨子"兼爱""天志"中蕴含的生态思想

1. "兼爱"蕴含的生态思想

墨子的"兼爱""节用""节葬""非乐""非命""非攻""尚贤""尚同""天志""明鬼"共十大主张，其核心思想为"兼爱"。因为"兼爱"，打破血统宗法制度，强调亲疏、人我平等，同时也否定了先天决定的贵贱贫富的差异，提倡"非命"；"兼爱"，反对国与国之间的相攻相害，提倡"非攻"；"兼爱"，主张节省消费，反对浪费，提倡"节用""节葬""非乐"；"兼爱"，主张层层无条件选拔人才，反对血统任人唯亲，维护政局的稳定，提倡"尚贤""尚同"。为了保证自己"兼爱"理想得以实现，尊天事鬼，借助天、鬼的威严使世人信奉。针对孔子的有差别、有等级的"爱"。墨子"兼爱"体现出矛盾思维和整体性思维。墨子的"爱"是无论贵贱、贫富、亲疏、贤愚，没有差别、视人如己之爱。墨子认为，"人无长幼贵贱，皆天之臣也"（《法仪》），这种"兼爱"，不仅体现出人与人之间诚实守信、互相尊重、理解帮助，即体现出人际关系和谐，而且体现出人民与国家即国家的意志、法令与人民思想、行动的统一。国家"法令兴事，使民用财"，一切要从人民的利益出发，"利乎人即为，不利乎人即止"（《非乐上》）。同时体现出国与国和平相处，主张非攻。更重要的是人与自然之间的共生共荣、和谐相处。在农业文明时期，人类与自然的密切交往中，深深体验到自己生存对整个自然的依赖，认识到人类必须与自然建立和谐一体的融洽关系。

2. "天志"蕴含的生态思想

"'天志'是墨子哲学重要观念之一，是惩恶扬善的最高主宰，重视天的意志，依赖天志的惩恶扬善维护政治秩序，更是墨子用以维护社会政治秩序的最重要的依据和手段。'天志'是墨子天人合一思想的集中反映。"① 天人合一思想，用整体观有机地看待人与自然的统一。

一是墨子充分肯定天的意志是至高无上的。"墨子把大自然和一切自然现象归结于'天'，认为'天降疾穴戾疫，飘风苦雨'。"使"'四时不和，五谷不熟'等现象发生，都是'天意'，上天的意志和力量是无处不在，至高无上的，所以他主张尊天事鬼"②。同时墨子指出，天的意志就是他所主张的"兼爱""非攻""尚贤""尚同"等治国的根本。因此，他认为天是爱人的，也是爱百姓的。同时天是不主张强欺弱、诈欺愚、贵傲贫、大攻小的。墨子还认为，古代圣王合于天志，得天助，否则违背天志遭天谴。"当天意而不可不顺。顺天者，兼相爱、交相利，必得赏；反天意者，别相恶、交相贼，必得罚。"（《天志上》）把"天志"作为衡量是非的唯一标准，要求世上的所有人，上至天子，下到百姓，一定要服从"天志"。一个人只要接受"天志"，就会兼爱、非攻、尚贤、节用、节葬、尚同，就会努力成为兼君、兼士、兼人。没有先天的宿命决定人的命运。从某种意义来说，墨子所说的天志，几乎完全等同于他的基本思想观点，他的政治主张都是天志。

二是墨子"天志"讲究天人相应，或天人相通。是说人和自然在本质上是相通的，故一切人事均应顺乎自然规律，达到人与自然的和谐。即天人合一思想。墨子注重整体思维，以全面性考虑和处理事物各方面的关系。天人合一就是把人置于自然之中，认为人与自然是不可分割的整体，人依赖自然提供的物质求得生存和发展；墨子注重矛盾思维，在探索天人关系中，既注意到天志的不能违背，人有受动性的一面，又承认人应该充分发挥自觉能动性。天人合一思想，揭示了人是自然的一部分，在认识自然和改造自然的过程中，人既要尊重自然规律，又要发挥人的主观能动性，自觉保护自己生存的环境，实现人与自然的和谐相处，达到天人的均衡统一。墨子"天志"中的天人合一思想，蕴含着中国传统生态文明思想。

---

① 胡子宗、李权兴等：《墨子思想研究》，人民出版社 2007 年版，第 291 页。

② 曹胜强、孙卓彩主编：《墨子研究》，中国社会科学出版社 2008 年版，第 122 页。

二　墨子消费方式生态化

消费包括物质方面消费和精神方面的消费，这里主要谈论物质消费。物质消费包括生产消费和生活消费。对于消费，墨子有自己的独特见解和主张。一般来说，消费是根据人们的需要进行的。而人民的需要：一是生存的需要；二是发展的需要。墨子针对当时落后生产力条件这一实际，认为不适当的消费方式导致贫困加剧、国家发展失衡。若想得到合理发展，则需要改变消费，在消费方面提出"适度消费""合理消费"。"适度消费要求生产和消费构成适当比例，对社会总需求和总供给有宏观调控。"①

（一）适度消费提出的原因

墨子提出适度消费的原因主要有两点。

一是"食者众而耕者寡"（《贵义》），导致生产和消费关系失调。墨子强调消费应建立在生产发展的基础上，要求消费水平必须与生产发展水平相适应。墨子从整体上把握生产与消费的比例，他担心的不是生产过剩，而是过度消费，生产不足。出现"为者寡，食者众，则岁无丰"（《七患》）的境况。因此，墨子把"节用"看作与物质生产同等重要，看成制约物质生产的重要因素。墨子说："食不可不务也，地不可不力也，用不可不节也。"（《七患》）把节用和生产放在同一层面，"用"是与物质生产密不可分的消费，"节用"是适度消费，提出了消费方式生态化。

二是王公贵族过度的消费行为不仅败坏社会风气，甚至会导致国家的衰落和败亡。王公贵族在追求吃穿住行等方面都过分讲究：吃的要求色香味俱全；穿的要求绫罗绸缎；住的要求宽敞富丽；驾驶的车船要求装饰华丽。平日花天酒地，设宴赏歌。死后要求厚葬久丧，这样一来，上行下效，导致社会争相效仿，奢侈之风从上到下迅速蔓延，同时生产财富不增加，而消费却无休无止。平时财富被消耗殆尽，在发生战乱灾害的特殊时期，国家就面临岌岌可危的境地。因此，墨子把铺张浪费、骄奢淫逸等涉及节俭问题提升到关系国家兴衰成亡的高度来认识，强调节俭的重要性。提出："俭节则昌，淫佚则亡。"（《辞过》）因为有忧患意识，他认为节用是增加社会财富的一条重要途径，节用既是生存的手段，也是兴天下之

---

① 孙中原主编：《墨学与现代文化》，中国广播电视出版社 2007 年版，第 49 页。

利的社会之道。为此，要控制消费，提倡节用，反对奢侈浪费。

（二）适度消费内容：节用、节葬、非乐

适度消费以人的实际需要为限，超出限度是奢侈。"节"相当于适度，协调发展即适度发展。所谓节用，就是节约开支，反对一切无用之费，墨子希望统治者能做到"凡足以奉给民用者，加费不加民利则止"（《节用中》）。墨子的"节用"标准有两点：一是"民用"，即普通百姓必需的生活需要；二是"足用"，即要满足百姓的生活需要。墨子认为一个国家能不能做到节用，首先在君主"去无用之费。圣王之道，天下大利也"（《节用中》）。在衣食住行用等方面严格遵守消费标准。吃饭是："足以充虚继气，强股肱，耳聪目明，则止。"（《节用中》）不需要过分讲究调料和味道，更没必要追求远方国家的食品；穿衣是"适身体，和肌肤而足矣"（《辞过》），没有必要过分追求奢华；住房是"冬以圉寒，夏以圉暑"（《辞过》），没有必要将房子建造得富丽堂皇；舟车是"乘之则安，利以速至"（《节用中》），没有必要用文彩雕镂来装饰车船。

墨子从节用的观点出发，针对当时社会"厚葬久丧"的做法提出"节葬"之说，墨子认为，厚葬久丧是对财物的巨大浪费。墨子要求："衣三领，足以朽肉，棺三寸，足以朽骸，堀穴深不通于泉流，不发泄则止。"（《节葬下》）节用的另一体现是非乐。墨子主张在文化娱乐上也要节约，他认为儒家"足以丧天下"的原因是"弦歌鼓舞，习为声乐"（《公孟》）。墨子认为乐器的制造、音乐的演奏和欣赏，要耽误生产、浪费财物，是劳民伤财，对百姓有害无利。

总之，节用、节葬、非乐，都是对社会财富的节约爱惜，物质财富来源于自然，自然并不是取之不竭、用之不尽的宝库。过度地消费、炫耀性消费，迫使人类压榨自然，造成自然资源的枯竭，人与自然关系对立，甚至导致生态灾乱。

（三）适度消费的实质：适度消费是可持续发展的核心内容

根据墨子节用、节葬、非乐的观点所蕴含的丰富内容，尤其是在关于饮食方面的节用，提出"不极五味之调，芬香之和，不致远国珍怪异物"（《节用中》），即在饮食方面不要追求稀罕之物，不要奢侈浪费，不要花费不必要的时间猎奇，同时要保护自然资源，以便于可持续发展。墨子指明了"生产"与"节用"二者的关系。

首先，生产是节用的前提条件。墨子指出，生产是人与动物相区别的本质特征。在人类社会，"赖其力者生，不赖其力者不生"（《非乐上》），依靠自己力量的人才能生存，反之则不能生存，也就是说"不劳动不得食"。从这一观点出发，墨子强调人人都要从事生产，反对不劳而获。只有每一个人都努力劳动，天下的财富才会充足，社会才能稳定发展，人民才能安居乐业。因此，墨子号召人们积极生产，勉力而为。

其次，节用是为了更好地生产。节用是为了使人类更好地生存下去，因为人类生存需要耗费由生产而得到的财富。他还规劝农民增加劳动时间、提高劳动强度，并身体力行其强本节用的思想学说。他自称"量腹而食，度身而衣"，他的弟子穿的是"短褐之衣"，吃的是"藜藿之羹"，正如张坤民所说："墨子实际上是提出了低度消耗资源与适度消费的原则，这两个原则也是可持续发展的核心内容。"①

第四节 弘扬墨子生态思想的客观必然性和现实紧迫性

从历史发展经验、现实环境状况和未来发展要求来看，弘扬墨子生态思想具有客观必然性和现实紧迫性。

一 从历史发展看，继承传统生态文化需弘扬墨子生态思想

中国传统生态文化博大精深，源远流长，其基本内核就是要妥善处理人与自然之间的关系。早在春秋战国，我国就有丰富的文化典籍蕴含独具特色的生态文化，如《周易·象上》说："至哉坤元，万物资生……含弘光大，品物咸亨。"② "坤元"在古代指"地"。意思是说，大地为万物生长提供了良好的环境，维护了万物的生长发展，同时万物充分享受了大地提供的资源。百家争鸣中有许多学派体现人与自然和谐关系生态思想。如儒家的"天人合一"思想，道家的"道法自然"思想。儒家、道家这两种思想都认为人与自然是统一的，强调人与自然的和谐。又如佛教的"众生平等""戒杀戒欲"思想，佛教认为，凡有生命的生物都有生存的权利，

---

① 张坤民：《可持续发展与中国的行动》，《复旦学报》1998年第3期。

② 郭彧译注：《周易——中华经典藏书》，中华书局2006年版，第9页。

因此，佛家主张不杀生、不吃肉，减少对自然界的索取。儒、道、佛文化有助于社会平等、公正原则的建立，也有助于维护生态平衡，保护自然环境。

不论是儒家的"天人合一"思想，还是道家的"道法自然"思想以及佛教的"众生平等"思想，这些悠久的中国传统生态文化具有顽强的生命力，值得当今的世人继承和发展，它对于化解人与人之间以及人与自然之间矛盾有积极的借鉴价值。作为传统文化的重要组成部分的墨家思想也值得弘扬和传承，尤其是墨子的"兼爱""天志"中生态思想更值得我们学习和借鉴。

墨子"兼爱"中的生态思想。以"兼爱"为核心，对当时统治者的吃、住、行、享乐等提出相应的限制。竭泽而渔掠夺式生存方式所造成的生态平衡失调，是人类早期以土地破坏为主要特征的环境问题。孕育人类文明地方，人与自然要和谐统一，由于人类活动缺乏限制，导致自身的生存危机。过度消费导致贫困，贫困是导致生态恶化的根源，生态恶化又加深贫困。墨子的生态思维，指他不仅考虑人与人、社会的关系，而且考虑到人与自然的关系。

"天志"中的生态思想。"'天志'是墨子哲学重要观念之一，是惩恶扬善的最高主宰，重视天的意志，依赖天志的惩恶扬善维护政治秩序，更是墨子用以维护社会政治秩序的最重要的依据和手段。'天志'是墨子天人合一思想的集中反映。"[①] 墨子的"天志"讲究天人相通。即认为人和自然在本质上是相通的，一切人事均应顺乎自然规律，达到人与自然的和谐。墨子"天志"中天人合一思想，蕴含中国传统生态文明思想。

二　从现实环境看，化解生态危机客观要求弘扬墨子生态思想

作为后起工业化国家的中国，随着经济飞速增长，工业化全面铺开，资源消耗剧增，又因为个别地方盲目崇拜 GDP，带来片面工业化以及粗放城市化等问题，导致 20 世纪末国内生态危机全面爆发：一是土地严重退化。水土流失和荒漠化剧增；扬尘、雾霾和沙尘暴频发；草地退化、沙化和碱化严重；农业自然灾害加剧。二是水生态系统失衡。湿地破坏严重、

---

① 胡子宗、李权兴等：《墨子思想研究》，人民出版社 2007 年版，第 291 页。

水库储量减少、天然绿洲消失、河流断流加剧、旱涝灾害频发、湖泊萎缩明显。三是生物多样性锐减。野生植物面积减少、栖息地环境恶化、乱挖滥采乱捕滥猎屡禁不止、有害外来物种入境增加、野生动植物数量种类骤减，等等。同时，食品安全危机、能源危机正日益威胁到每一个中国人的生存，生态环境难以为继。生态恶化不仅危害人民的健康和生命安全，威胁可持续发展前景，而且影响周边其他国家地区的环境，容易引起国际争端和问题。因此，化解生态危机显得尤为重要。而化解生态危机需要弘扬墨子生态思想。

首先，倡导节俭，坚持节约。正如墨子所倡导的"节用""节葬""非乐"等主张一样，针对资源的日益减少与人类需求不断扩大的矛盾，为避免资源枯竭，人类必须检讨自己的浪费行为，最大限度地保护资源，维护生态。虽然随着科技的发展、生产力的提高，社会物质财富在不断增长，但作为一个有14亿人口的大国，中国仅仅就每个公民的吃住行用等消费就是一笔不小开支，为此，保持维护好生产与消费之间平衡关系，就必须树立科学健康的消费理念，培育生态化消费方式，大力推进生态消费、绿色消费，引导合理消费，反对过度消费、盲目消费和奢侈消费，推进资源节约型社会的建设。

其次，构建和谐社会，弘扬兼爱。针对当时为了争夺人口、土地、牲畜等财富，封建小国之间战争不断，人民流离失所，环境惨遭破坏，为避免这种局面的发生，墨子适时提出"兼爱""非攻"等主张。因此，在如今面临人、社会与自然之间关系日益恶化的情况下，为化解生态危机，必须正确处理人与人、人与社会、人与自然的关系，不仅人与人之间互敬互爱，人与社会共生共荣，更重要的是人与自然和谐相处。人类要改变原来对待自然的控制、利用、索取和改造等粗暴的方式，取而代之的是对自然的人文关怀，不仅要建立资源节约型社会，而且要建立环境友好型社会，只有这样，才能保护环境，维护生态。

三　从未来要求看：实现中国梦需弘扬墨子生态思想

中国梦，是民族的梦、人民的梦，为实现国家富强、民族振兴、人民幸福，不仅要加强政治、经济、文化等建设，而且要加强社会、生态文明建设，而生态文明建设显得尤为迫切。只有把生态文明建设融入经济、政治、文化、社会等全面建设过程中，努力建设天蓝、地绿、水净的美丽中国，才能实现中华民族伟大复兴的发展梦、强国梦和富民梦。而实现生态文明，必须把人的生存和发展作为最高价值目标，统筹人与自然的协调关系。生态文明以实现生态、经济和社会三者和谐发展、互惠互赢为宗旨，不仅追求经济效益、社会效益，更要追求生态效益。

生态文明强调人是自然的一部分，人类在自然面前应保持着一种理智的谦卑态度，不是力求征服、控制自然，而且敬畏、呵护自然，力图与自然和谐相处。生态文明一方面强调经济发展的可持续性。发展经济要紧密结合资源环境，发展要依靠资源和环境的支撑，既对可再生资源不断增值，永续利用，又对不可再生资源合理开发、节约使用。同时，在生产和消费的过程中，以可持续的生态型方式代替高消耗高投入高消费的传统模式。另一方面强调社会的公平。自然的资源和环境是属于全人类的，当代人以及后代人都有权公平地享有自然界的资源和环境。当代人不能滥用自己的环境权利，污染环境、挥霍资源。同时，任何国家和地区都不能仅为自己的发展而牺牲其他国家和地区的利益。因此，要实现生态文明必须要统筹人与社会、人与自然的关系，而协调人与社会、人与自然的关系，必须弘扬墨子生态思想。墨子的"兼爱"不仅考虑人与人、社会的关系，而且考虑人与自然的关系，"兼爱"中充分体现人与自然的和谐。墨子的"天志"思想就是把人置于自然之中来考虑，认为人与自然是不可分割的整体，人依赖自然提供的物质求得生存和发展；天人合一思想，揭示了人是自然的一部分，在认识自然和改造自然的过程中，人既要尊重自然规律，又要发挥人的主观能动性，自觉保护自己生存的环境，实现人与自然的和谐相处，达到天人的均衡统一。因此，自由继承弘扬墨子的"兼爱""天志"等生态思想，才能更好地实现生态文明，进而建立在生态文明基础上的中国梦才能早日实现。

第十二章　墨子的和谐思想

墨子的和谐思想体系是由墨子的和谐社会思想与墨子的和谐社会系统论构成，墨子和谐思想仍具有较高的当代价值。

第一节　墨子和谐社会思想

探究墨子的和谐社会思想，可以看出，兼爱是墨子和谐社会思想的基础，节用是墨子构建和谐社会的重要措施，非乐有助于和谐社会的构建，尚同尚贤是墨子和谐社会的政治理想。

一　兼爱是和谐社会思想的基础

诚信友爱是道德的核心，也是和谐社会的体现。诚信友爱反映人与人之间关系的和谐。众所周知，人与自然的关系、人与社会的关系归根结底都是由人与人的关系来决定的。由于社会是由各种不同种族、不同国籍的人所组成，人与人之间关系的是否和谐，不仅决定着社会生活的质量高低，也决定着社会是否繁荣。虽然，和谐社会既需要用道德来维系的，又需用法律来保障，但道德的维系是最为根本的。作为道德核心的诚信友爱显得格外宝贵，先贤曾把爱心、诚心视为人的道德之心，实际上，可以看作墨子"兼爱"思想的再现。

墨子生活在社会急剧变化的战国初期。由于旧制度崩溃、新制度尚未形成，导致战争、暴力、饥荒、欺诈等灾难和罪恶随处可见、随时可见。在此情况下，如何协调人与人之间的关系、如何维护社会的稳定、如何重构国家的道德秩序，成了当时思想家们关注的核心问题。面对以上问题，墨子在借鉴儒家、法家等学派思想的基础上，提出了兼爱、尚同、非攻、尚贤、节葬、节用、明鬼、天志、非乐、非命十大主张，作为解决上述问题的途径、方法，其中，兼爱是十大主张的精神核心，也是墨子和谐社会思想的支柱。

（一）兼爱的内涵

墨子"兼爱"的内涵集中表现在《兼爱》上、中、下三篇，这一思想是针对天下人"不相爱"而提出的。天下人由于只爱自己，不爱别人，导致不惜为了一己之利而损害他人的利益。《兼爱上》说：

> 臣子之不孝君父，所谓乱也。子自爱，不爱父，故亏父而自利；弟自爱，不爱兄，故亏兄而自利；臣自爱，不爱君，故亏君而自利，此所谓乱也。虽父之不慈子，兄之不慈弟，君之不慈臣，此亦天下之所谓乱也。父自爱也，不爱子，故亏子而自利；兄自爱也，不爱弟，故亏弟而自利；君自爱也，不爱臣，故亏臣而自利。是何也？皆起不相爱。虽至天下之为盗贼者亦然：盗爱其室，不爱其异室，故窃异室以利其室。贼爱其身，不爱人，故贼人以利其身。此何也？皆起不相爱。虽至大夫之相乱家，诸侯之相攻国者亦然：大夫各爱其家，不爱异家，故乱异家以利其家。诸侯各爱其国，不爱异国，故攻异国以利其国。天下之乱物，具此而已矣。察此何自起？皆起不相爱。[①]

针对"不相爱"而产生的"交相恶""爱有差等"现象，墨子提出了"爱无差等"，并用"兼相爱"来取代"交相恶"，这在《兼爱中》体现非常充分。同时墨子讲"兼爱"，并与"利"联系密切，提出了"兼相爱、交相利"，这里的"利"是指天下之利，而不是个人私利。

> 故兼者，圣王之道也，王公大人之所以安也，万民衣食之所以足也。故君子莫若审兼而务行之。为人君必惠，为人臣必忠；为人父必慈，为人子必孝；为人兄必友，为人弟必悌。故君子莫若欲为惠君、忠臣、慈父、孝子、友兄、悌弟，当若兼之，不可不行也。此圣王之

---

① （清）孙诒让撰，孙启治点校：《墨子间诂》，中华书局2001年版，第99页。

道，而万民之大利也。①

墨子谈论"兼"时，强调"利"是"万民之利""天下之利"，涉及不仅是仁人之事，而且也是圣王之道。可见，墨子的"兼爱"关注的实际利益具有利他主义的性质。由于"交相利"是墨子"兼爱"思想在现实生活中表现，墨子同时认为"利"与"义"具有一致性，而"贵义"就是"重利"，最大的"义"就是"利天下"，最终"利"与"义"密切相关，正如《兼爱下》中所言"兼即仁矣，义矣"②。当然有"义"，也有"不义"，前者是指符合民众利益的行为；后者与之相反，但两者在现实生活中区别如何分开，在《非攻上》有这样的表述：

> 今有一人，入人园圃，窃其桃李，众闻则非之，上为政者得则罚之。此何也？以亏人自利也。至攘人犬豕鸡豚者，其不义又甚入人园圃窃桃李。是何故也？以亏人愈多。苟亏人愈多，其不仁兹甚，罪益厚。至入人栏厩，取人马牛者，其不仁义又甚攘人犬豕鸡豚。此何故也？以其亏人愈多。苟亏人愈多，其不仁兹甚，罪益厚。至杀不辜人也，扡其衣裘，取戈剑者，其不义又甚入人栏厩，取人马牛。此何故也？以其亏人愈多。苟亏人愈多，其不仁兹甚矣，罪益厚。当此，天下之君子皆知而非之，谓之不义。今至大为攻国，则弗知非，从而誉之，谓之义。此可谓知义与不义之别乎？③

由上文可知，即使是天下之君子也不清楚"义"与"不义"的区别，正因如此，墨子才肯定"义"的重要性，他在《耕柱》中说"义，天下之良宝也"④。

综上，墨子的"兼爱"，不仅要"交相利"，而且要"贵于义"，就是说墨子之爱是以实际利益（"利"）为基础，同时也要符合"义"，这样一来，墨子所提倡的"兼爱"中的"爱"，既蕴含着"利"，又蕴含"义"，它打破孔子所倡导的以血缘关系为道德基础的"仁爱"限制，提出

---

① （清）孙诒让撰，孙启治点校：《墨子间诂》，中华书局2001年版，第127页。
② （清）孙诒让撰，孙启治点校：《墨子间诂》，中华书局2001年版，第120页。
③ （清）孙诒让撰，孙启治点校：《墨子间诂》，中华书局2001年版，第128-129页。
④ （清）孙诒让撰，孙启治点校：《墨子间诂》，中华书局2001年版，第430页。

一种无差别之爱，是一种符合天下人利益的爱，也是一种正义的爱。

（二）兼爱的作用

兼爱对构建和谐社会作用主要表现在以下几个方面。

第一，兼爱是建立人与人关系和谐的前提。[①] 墨子认为，以"利人"为内容的"兼爱"应该是相互的，而不是单方面的。自己与他人双方既承担爱的义务，也享受被爱的权利。

> 夫爱人者，人必从而爱之；利人者，人必从而利之；恶人者，人必从而恶之；害人者，人必从而害之。[②]

建立人与人的和谐关系，就要贯彻爱的相互性原则，这不但是必要的，而且是可能的。

> 无言而不雠，无德而不报。投我以桃，报之以李。即此言爱人者必见爱也，而恶人者必见恶也。[③]

这说明墨子的这种道德信念并不是以等价交换作为前提的，这也是墨子所讲的"兼相爱，交相利"就是要人与人应该互相关爱、互相帮助，不能只顾自己不顾别人，不能做损人利己的事，更不能损天下之大利以就个人之小利。那么怎么样去实践"交相利"呢？墨子提出：

> 有力者疾以助人，有财者勉以分人，有道者劝以教人。[④]

每个人都要发挥所长，各尽所能，从体力、财力、智力各方面去帮助别人。这种精神反映了劳动人民助人为乐的优秀品质，符合下层民众依靠集体力量以扶危济困的要求。庄子曾说："墨子泛爱、兼利而非斗，其道不怒。"[⑤] 可见在维护社会的安定上，除要兼相爱、交相利外，还要"非斗"。"非攻"的"攻"是指国与国之间的侵略战争，"非斗"的"斗"是

---

① 李光辉：《墨子和谐社会思想研究》，博士学位论文，首都师范大学，2007年，第24–26页。

② （清）孙诒让撰，孙启治点校：《墨子间诂》，中华书局2001年版，第104页。

③ （清）孙诒让撰，孙启治点校：《墨子间诂》，中华书局2001年版，第125页。

④ （清）孙诒让撰，孙启治点校：《墨子间诂》，中华书局2001年版，第70页。

⑤ 郭庆落：《庄子集释》，中华书局1961年版，第1074页。

指个人与个人之间的私斗。

> 子夏之徒问于子墨子曰："君子有斗乎?"子墨子曰："君子无斗。"子夏之徒曰："狗豨犹有斗，恶有士而无斗矣?"子墨子曰："伤矣哉! 言则称于汤文，行则譬于狗豨，伤矣哉!"①

虽然这段话提到的儒家之徒（子夏是孔子弟子）主张君子有斗并不符合事实，但从中可以看出墨子对提倡私斗者是持鄙视的态度。人与人如果互相爱护、互相尊重，自然不会为一点小事而进行私斗，伤害对方。那么如何才能实现人与人关系的和谐呢？墨子提出了"己先爱人，然后得报"的步骤，"必吾先从事乎爱利人之亲，然后人报我以爱利吾亲也"。② 不要等别人先来爱自己，然后才去爱别人；而是先去主动爱别人，然后别人才会爱你。可以看出，墨子所主张的爱虽然是相互的，但是这种爱也是利他的，并不一定期待得到有利于自己的回报。"爱人非为誉也。"③ 爱别人并非为了博得好的名声，更进一步说，在必要时，甚至可以为了别人利益而牺牲自己利益，为整体而牺牲个体。这比孔子所讲的"己欲立而立人，己欲达而达人"④，孟子所说的"推己及人"⑤ 以自己为中心的爱，更为光彩，也更符合人际关系和谐的要求。虽然这些主张相对而言更难以达到，但是对于墨子和墨家之徒来说，他们所信仰的是"摩顶放踵利天下，为之"⑥，所提倡的是"杀己以存天下，是杀己以利天下"⑦，这足见墨子大公无私的高尚人格。

第二，兼爱是维护社会安定的基石⑧。墨子认为，"兼爱"对于维护社会安定有序有着重要的影响。

---

① （清）孙诒让撰，孙启治点校：《墨子间诂》，中华书局 2001 年版，第 428-429 页。

② （清）孙诒让撰，孙启治点校：《墨子间诂》，中华书局 2001 年版，第 125 页。

③ （清）孙诒让撰，孙启治点校：《墨子间诂》，中华书局 2001 年版，第 415 页。

④ （清）孙诒让撰，孙启治点校：《墨子间诂》，中华书局 2001 年版，第 119 页。

⑤ （宋）朱熹：《孟子集注》，齐鲁书社 1992 年版，第 188 页。

⑥ （宋）朱熹：《孟子集注》，齐鲁书社 1992 年版，第 196 页。

⑦ （清）孙诒让撰，孙启治点校：《墨子间诂》，中华书局 2001 年版，第 404 页。

⑧ 李光辉：《墨子和谐社会思想研究》，博士学位论文，首都师范大学，2007 年，第 26-27 页。

若使天下兼相爱，爱人若爱其身，犹有不孝者乎？视父兄与君若其身，恶施不孝？犹有不慈者乎？视弟子与臣若其身，恶施不慈？故不孝不慈亡有，犹有盗贼乎？故视人之室若其室，谁窃？视人身若其身，谁贼？故盗贼亡有，犹有大夫之相乱家、诸侯之相攻国者乎？视人家若其家，谁乱？视人国若其国，谁攻？故大夫之相乱家、诸侯之相攻国者亡有。若使天下兼相爱，国与国不相攻，家与家不相乱，盗贼无有，君臣父子皆能孝慈，若此则天下治。故圣人以治天下为事者，恶得不禁恶而劝爱？故天下兼相爱则治，交相恶则乱。①

如果使天下人都能兼相爱，爱别人就像爱自己一般，就不会有不孝的现象出现。看待父亲、兄长和君主就像看待自身一样，怎么会有不孝呢？看待弟子与下臣就像看待自身一样，怎么会不能慈爱呢？不慈不孝的人没有了，还会有盗、贼吗？看待别人的家就像自己的家，有谁会去偷窃？看待别人之身就像自身，有谁会去残害？偷窃、残害就没有了，还会有大夫互相侵乱家族、诸侯互相攻伐国家的事吗？看待别人的家族就像自己的家族，谁会去侵乱？看待别人的国家就像自己的国家，谁去进攻别国？所以大夫互相侵乱家族、诸侯互相攻伐的现象就没有了。假如使天下人都能互相爱护，国家与国家之间不互相攻伐，家族与家族间不互相侵乱，盗贼没有了，君臣父子都能尽孝尽慈，如果是这样，社会就会呈现出一派和谐状态，那么天下也就治理好了。

第三，兼爱是实现社会平等、公平的关键。② 在金文中，"兼"字像手持二禾。许慎《说文解字·卷七上》说"兼"为"并也。从又持秝。兼持二禾，秉持一禾"。持二禾而不专一禾，就隐含了平等的意思。因此，"兼爱"的根本意义就是平等的爱，不分所爱对象的社会等级，一律相爱："使天下兼相爱，爱人若爱其身。"③ "视人之身若视其身。"④ "为其友之

---

① （清）孙诒让撰，孙启治点校：《墨子间诂》，中华书局 2001 年版，第 100-101 页。

② 李光辉：《墨子和谐社会思想研究》，博士学位论文，首都师范大学，2007 年，第 27 页。

③ （清）孙诒让撰，孙启治点校：《墨子间诂》，中华书局 2001 年版，第 100 页。

④ （清）孙诒让撰，孙启治点校：《墨子间诂》，中华书局 2001 年版，第 101 页。

身若为其身，为其友之亲若为其亲。"① 天下人都相爱，爱别人就像爱自己的身体一样，对待别人的身体也像对待自己的身体一样，把朋友的身体和亲人都当作自己的身体和亲人一样，这样才能算是真正的平等。当然，这种平等不是指政治上、财产上的平等，而是指思想感情上、态度上的平等。

第四，兼爱是墨子其他主张的理论基础和出发点。② 在墨子的和谐社会思想体系中，"兼爱"作为和谐社会的精神内核，是墨子其他主张的理论基础和出发点。墨子对和谐社会的构想，都是围绕着"兼爱"而展开论述的。

从"兼爱"出发，墨子大力提倡"非攻"。不仅仅是人与人之间和谐共处，更强调国与国之间和谐共处。"处大国不攻小国，处大家不乱小家，强不劫弱，众不暴寡，诈不谋愚，贵不傲贱。"（《天志中》）因为"攻伐无罪之国"（《非攻下》），"亏人自利"（《非攻下》），就是最大的不义，与"兼爱"原则尖锐对立。"非攻"寄寓了墨子对于消弭战乱、实现和平、建立和谐世界的理想。

从"兼相爱，交相利"出发，墨子主张通过"节用""节葬""非乐"来达到"国家富，财用足，百姓皆得暖衣饱食"（《天志中》）的和谐社会的经济目标。"凡足以奉给民用，则止。诸加费不加于民利者，圣王弗为。"（《节用中》）凡是足以保证给人民用的，就可以了。增加种种费用，而无益于百姓利益的，都是不可以干的。他主张要像古代圣王那样，在饮食、衣服、宫室、舟车、丧葬、兵甲等方面，"制为节用之法"（《节用中》），使王公大人的消费有一定的限度。超过这个限度，就是奢侈。而奢侈浪费，挥霍民财，是"亏夺民衣食之财""不中万民之利"（《非乐上》），当然是严重违背"兼爱"原则的。

为了达到"刑政治，万民和"（《天志中》）的政治和谐，墨子在政治上提出了"尚同"和"尚贤"的主张。所谓"尚同"，就是"一同天下之义"（《尚同中》），"选天下之贤可者，立以为天子"（《尚同上》），

① （清）孙诒让撰，孙启治点校：《墨子间诂》，中华书局 2001 年版，第 117 页。
② 李光辉：《墨子和谐社会思想研究》，博士学位论文，首都师范大学，2007 年，第 28-29 页。

"天下之百姓，上同于天子"（《尚同上》），即统一思想，统一政令。他所要求的"上同于天子"，就是要做像尧、舜、禹、汤、文、武那样"兼爱天下"的"兼君"；"一同天下之义"，就是要一同于"兼爱"。所以"尚同"正是"兼爱"得以实施的政治制度。而"尚贤"就是要崇尚和重用贤能的人。在"尚同"这个政治制度之下，担任政长的贤士就是那些能够实行"兼相爱，交相利"的人，也就是墨子所说的"兼士"。选贤任能的要求是"不党父兄，不偏贵富，不嬖颜色"（《尚贤中》），"虽在农与工肆之人，有能则举之"（《尚贤上》）。这种做法的本身就体现了"兼爱"的精神。以此为出发点，墨子教化就是为了培养出"兼士"，去"兴天下之利，除去天下之害"（《兼爱中》），以实现"兼相爱，交相利"的和谐社会。

为了提高"兼爱"主张在和谐社会中的权威性，墨子把"兼爱"上升为天的意志，并把鬼神作为"兼爱"的监护者。他认为，人世的"兼爱"，即来源于"天志"："天之意不欲大国之攻小国也，大家之乱小家也，强之暴寡，诈之谋愚，贵之傲贱，此天之所不欲也。不止此而已，欲人之有力相营，有道相教，有财相分也。"（《天志中》）"顺天之意何若？曰：兼爱天下之人。"（《天志下》）"仁也，义也，爱人利人，顺天之意，得天之赏。"（《天志中》）墨子把"天志"作为推行"兼爱"的宗教保障，而"明鬼"则是辅佐天赏善罚恶、实现公正公平的神秘力量，一切不实行"兼相爱"，而搞"交相恶"的人，鬼神就会给以诛伐。

总之，"兼爱"是墨子和谐社会思想的核心和总纲领，既是和谐社会的道德追求，又是和谐社会的经济政治目标，同时还具有宗教的哲学意义。

二 节用是构建和谐社会的重要措施

（一）节用原因①

墨子的"节用"，主要是针对君主、王公大人这些统治者。他认为，社会风气的败坏、国家的贫穷、人民生活的困苦，归根结底是由于统治者

---

① 李光辉：《墨子和谐社会思想研究》，博士学位论文，首都师范大学，2007 年，第 44—46 页。

生活奢靡无度的浪费所造成的。

> 当今之主，其为宫室则与此异矣。必厚作敛于百姓，暴夺民衣食之财，以为言室台榭曲直之望、青黄刻镂之饰。为宫室若此，故左右皆法象之。是以其财不足以待凶饥，振孤寡，故国贫而民难治也。①

墨子指出，君主、王公大人这些"当今之主"在宫室、衣服、饮食、舟车、丧葬等方面都存在着严重的奢侈浪费现象。比如住房要极尽豪华，大造宫室，如"台榭曲直之望，青黄刻镂之饰"。穿衣不是为了适身体，"皆为观好"，千方百计地置办"锦绣文采靡曼之衣，铸金以为钩，珠玉以为佩"（《辞过》），结果却剥夺了人民的衣食之财。吃饭也十分讲究，一顿饭往往要摆上几十个乃至上百个大盘小碗见方的桌面，"目不能遍视，手不能遍操，口不能遍味"（《辞过》）。上行下效，整个统治阶级几乎都大搞排场，崇尚奢侈，搞得老百姓没有饭吃。交通工具，纷纷要"饰车以文采，饰舟以刻镂"（《辞过》），征发大量男女劳动力，使得男不能耕稼，女不能纺织，导致百姓饥寒并至。丧葬方面也一样，统治者将生前奢侈生活所需的全都埋入地下，好像大搬家一样。而且要求子女亲人长期守丧，短则数月，长则数年。这种"厚葬久丧"的所谓礼制，不仅浪费财物，而且影响生育，只能给社会造成大量浪费，带来无穷的灾难。所有的这些都是通过向老百姓征收沉重的赋税，掠夺人民衣服、食物等财富来获得的。"富贵者奢侈"导致了"孤寡者冻馁"。如果统治者要能够把天下治理好，避免社会混乱，就必须在宫室、衣服、饮食、舟车、丧葬等方面不可不节约。

（二）节用目标②
墨子提倡节用，其目标就是富国。

> 圣人为政一国，一国可倍也；大之为政天下，天下可倍也。其倍之，非外取地也，因其国家去其无用之费，足以倍之。③

---

① （清）孙诒让撰，孙启治点校：《墨子间诂》，中华书局2001年版，第31页。

② 李光辉：《墨子和谐社会思想研究》，博士学位论文，首都师范大学，2007年，第48-49页。

③ （清）孙诒让撰，孙启治点校：《墨子间诂》，中华书局2001年版，第159页。

圣人施政一国，一国的财富可以成倍增加。扩大到施政天下，天下的财富可以成倍增加。这种财富成倍增加，并不是靠向外掠夺土地的手段达到的，而是因为其国家省去了无用的花费而实现的。

当然，通过节约能否使社会财富得到增长，关键要看节余的财富如何使用。如果把节余的财富用于积累以便扩大再生产，那么节约确实能够促进社会财富的增长；如果把节余的财富用于简单再生产，那么节约至多只能使社会财富保持在原有的水平之上。墨子主张通过去除"无用之费"来达到增加财富的目的。实质上无非想把用于生产奢侈品的劳动转移到生产生活必需品上来而已。墨子把生活必需品的增长说成社会财富的增长，显然是由于他只把生活必需品看作财富，而把奢侈品排除在财富之外，这说明他关于财富的概念也是不完善的。

尽管如此，墨子的说法仍然不能说没有意义。他之所以提倡节用倍财，目的无非是想限制统治者的过分奢侈，以便维护劳动者简单再生产的正常进行。这在当时实不失为一种明智的选择。因为战国时期的生产力水平还相当低下，不管怎样发挥劳动力的效率，人们也最多只能勉强维持在温饱的生活水平。在这种情况下，如果用于无用之举如战争、厚葬、礼乐等方面的多了，自然会使一部分人失去生活必需的基本资料。而一旦没有了基本的生活资料，那么人都面临着严重的生存问题，也就更不用说生产的正常进行了。

三　非乐有助于和谐社会的构建①

春秋战国时期，尽管经济已经有了新的发展，但从整体上看，生产力水平还不高，各种社会问题还很严重。人们对于和谐社会的渴望还只是停留在保证基本的生存这一层面，就如墨子所提到的和谐社会思想的经济目标也仍然只是"国家富，财用足，百姓皆得暖衣饱食"（《天志中》）。因此，当时的文化娱乐活动绝不如现代人所想象的那样，是一种高雅的欣赏，是生活中和社会中不可或缺的文化因素。当时的文化娱乐仍然是建立在下层庶民血汗劳动的基础之上的，只属于王公大人和士君子这些少数人

---

① 李光辉：《墨子和谐社会思想研究》，博士学位论文，首都师范大学，2007 年，第52-53 页。

才能享用的奢侈品，它必然会带来各种各样的矛盾。墨子所重视的是"乐"与"事"的矛盾，过多的"乐"不仅会影响王公大人、士君子、农夫、织妇们正常的工作和劳动，而且会造成物质上的巨大浪费，所以才要"非乐"。

应当说，墨子的"非乐"只是一时的权宜之计。他并不否认文化娱乐可以给人以美的享受，他所反对的只是过分享乐的东西，而不是反对所有的文化娱乐。在《非乐上》篇，他就开宗明义地指出：

> 是故子墨子之所以非乐者，非以大钟鸣鼓、琴瑟竽笙之声以为不乐也，非以刻镂华文章之色以为不美也，非以犓豢煎炙之味以为不甘也，非以高台厚榭邃野之居以为不安也。虽身知其安也，口知其甘也，目知其美也，耳知其乐也，然上考之不中圣王之事，下度之不中万民之利，是故子墨子曰：为乐非也。

"非乐"并不是墨子立说的根本目的，而是不得已而为之的手段。考虑到他的"兴天下之利，除天下之害"的宏愿，假若真的实现了天下之治，墨子在音乐问题上恐怕也不会那么极端了。但无论怎样，把音乐同"亏夺万民之财"相提并论都是一种偏狭的说法，人毕竟不是工具，还有情感、爱好等，如果把这些全都排除掉了，生活就会变得极端枯燥无味。

如今，在我们构建社会主义和谐社会的过程中，"非乐"的主张也仍然有可借鉴之处。墨子提出"非乐"，是立足于当时经济发展的水平，为着整体社会的和谐而提出的一个富国裕民的措施。我们现在构建社会主义和谐社会，虽然要注重物质文明、精神文明、政治文明的协调发展，要注重文化娱乐的丰富多彩，但也必须立足于当前社会主义初级阶段的国情。对于艺术活动、艺术设施的投资仍需从初级阶段的经济条件出发，文化艺术事业的发展和管理仍应以不妨碍社会发展和政治安定为前提。墨子所强调的文化娱乐不要妨碍工作和劳动，不能过于奢侈浪费，仍具有现实的意义，这也是墨子"非乐"主张的意义所在。

四　尚同尚贤是和谐社会的政治理想

在墨子的十大主张中，"尚贤""尚同"就代表了其对和谐社会政治建构的设想。"尚同"的意思是一切有关善恶、是非的意见都必须统一、服从于上级。"尚贤"的意思是任用贤才，不计出身贵贱，只依能力为准。"尚贤"和"尚同"结合，既反映了墨子对贵族政治的不满，又体现了他对政治清明、国家安定统一的良好愿望，这是和谐社会创造良好社会环境的必要条件。①

墨子和谐社会思想的主旨是消弭战乱、革除社会弊端、安定社会民生，而实现这一理想的唯一途径是使天下之人皆相爱，即"兼爱"。但墨子并不是一个泛道德主义者，他认为"兼爱"这一道德要求必须得到相应的政治保障才能得以实现，或者说，要把这一道德要求通过一定的政治原则和政治行为体现出来。"尚贤"是这类政治原则之一，但主要是对统治者的要求。而墨子对包括被统治者、各级统治者以及最高统治者等所有人在内的最基本、同时也是最高的政治要求，则是"尚同"。他认为只要统治者与被统治者都能以"尚同"作为支配各自政治行为的准则，就能够建立新的、和谐稳定的政治秩序，就能够真正实现社会安定。②

所谓"尚同"，孙诒让等学者释为"上同"，就是要求民众与统治者要求一致。具体而言，"尚同"的意思就是与上级要保持高度统一，一切有关是非、善恶的意见都统一于上级政长，下级臣民一定听从天子的号令。

（一）"尚同"对于和谐社会政治建构的功效③

按照墨子的解释，"尚同"的作用在实现天下之治。它之所以能够使天下得治，主要理由有三：一是所有的政长都是贤仁之士，乡长是一乡的贤人，国君是一国的贤人，这可以保证他们为天下兴利除弊。二是有利于"上下通情"，上面对下面的情况知晓得一清二楚，这样的话，百姓的善恶，执政者心中有数，赏罚善恶自然会得当。三是能够避免上下相非，如果上下不同义，也就是说判断是非的标准不一样，那么赏誉就不足以劝善，刑罚就不足以阻暴。

"尚同"对后世产生了极为重要的影响。在墨家以后，经过法家的继承和发展，君主集权制成为中国两千多年封建政治的基本格局。在中国历

---

① 李光辉：《墨子和谐社会思想研究》，博士学位论文，首都师范大学，2007 年，第 54 页。

② 李光辉：《墨子和谐社会思想研究》，博士学位论文，首都师范大学，2007 年，第 54 页。

③ 李光辉：《墨子和谐社会思想研究》，博士学位论文，首都师范大学，2007 年，第 61–62 页。

史上，许多帝王、君主都沿用了墨子的"尚同"主张以加强政治统治。中华民族经过两千多年分与合的战乱以及多次外族入侵之后，至今仍然是保持完整的大国，这充分说明"尚同"已深深植根于中国人的心目中。对于"尚同"，我们不能用现代人的观念来取舍、改造，更不能用现代的标准来取代当时的标准。虽然"尚同"确也有其消极的影响，这不免干涉了人民的思想、言论与行动的自由，其推行会导致专制及恐怖气氛，但墨子并不是为了王公大人的统治着想。他所关心的仍是天下万民百姓之利，他的立场仍是"为万民兴利除害、富贫众寡、安危治乱"①。墨子提出"尚同"，就是针对当时天下纷乱的现实而提出他对和谐社会政治建构的主张，也就是对国家政权的组织形式的设想，这里面包括了国家的起源、行政制度的设立、各级政长的关系等问题。只是他的方法与他的目的恰相乖违而已。

（二）尚贤在实现政治和谐中所起的作用②

关于墨子尚贤的意义，大多数学者都给予肯定。如侯外庐等人认为，"墨子的人类观点实质上是阶级论。这一思想是以尚贤篇为张本。所谓'尚贤'即尚国民阶级的资格，并坚持着国民阶级的立场，以反对氏族贵族。""墨子从人类中划分出了旧贵族阶级和国民阶级，否定了氏族贵族的'无故'富贵的地位，并把国中之众的自由民、四鄙之萌人的奴隶、手工业者以及公社农民和百工商贾等这一类远者疏者，和氏族贵族的亲者近者看成对立的阶级，从而同情国民阶级。""墨子的尚贤论富有科学精神，富有破坏氏族遗制的威力。"③ 但是也有不同的评价。如刘泽华认为："墨子的尚贤主张有其进步意义，在一定程度上也符合人民的要求。但是墨子的尚贤是由'上'来尚贤，而不是由人民来选贤。因此它在本质上不会是劳动人民的思想。在剥削阶级占统治地位的社会中，尚贤主张在很多情况下还会束缚人民的行动。因为把社会问题归结为几个人的问题，把社会改革的希望全寄托在几个贤人身上，这就会转移人民对统治阶级的斗争，这显

---

① （清）孙诒让撰，孙启治点校：《墨子间诂》，中华书局2001年版，第86页。

② 李光辉：《墨子和谐社会思想研究》，博士学位论文，首都师范大学，2007年，第69—70页。

③ 侯外庐、赵纪彬、杜国庠：《中国思想通史》第一卷，人民出版社1957年版，第234页。

然是一种改良主义的思想。"①

墨子的"尚贤"主张在当时社会由奴隶制向封建制过渡的大背景下，对于冲破奴隶制度下的世卿世禄制是有积极意义的，其反对君主任人唯亲、偏爱美色、以权谋私的思想，也是对当时政治黑暗的一种抨击，这对于政治和谐而言是必要的条件。墨子作为小生产劳动者的代表，要求在政治上取得应有的地位，这反映了他对实现政治平等的美好愿望。当然要指出的是，墨子并不是要泯除尊卑贵贱的阶级差等，而是想要达到一种参政机会的平等。在《尚贤中》里，墨子还提出了"富贵为贤以得其赏""富贵为暴以得其罚"②，"自贵且智者为政乎愚且贱者则治，自愚贱者为政乎贵且智者则乱"③ 的主张。可见墨子只是"不偏富贵"而已，他只是认为"农与工肆之人"中的贤者也可以参加政权，并没有提出只有劳动者才能当权或主要由劳动者当权。从这里来看，墨子主张对贤士赐予高官厚禄，说明他仍然承认等级制度的存在及其重要性。在墨子和谐社会的构想中，还允许有"役徒"的存在。从"上同而不下比"的要求看，这个社会内上下级之间的等级观念可能更严重。

第二节　墨子和谐社会系统论④

哲学家邦戈曾经指出："所有具体事物不是一个系统就是某一个系统的组成部分。"⑤ 人类社会作为一种客观存在的实体，也是以一种系统的形式存在，是一个包含政治、经济、文化和社会生活的有机系统。而"系统是以各种要素的属性为基础经由特定关系而形成的属性不可分割的整体"⑥。同时系统论认为，系统的和谐依赖于系统内部诸要素之间以及内部诸要素自身的协调和均衡。人类社会就是一个复杂的系统，由经济、政

---

① 刘泽华：《先秦政治思想史》，南开大学出版社 1984 年版，第 589 页。

② （清）孙诒让撰，孙启治点校：《墨子间诂》，中华书局 2001 年版，第 60 页。

③ （清）孙诒让撰，孙启治点校：《墨子间诂》，中华书局 2001 年版，第 49 页。

④ 张波：《墨子和谐社会系统论》，《太原城市职业技术学院》2012 年第 7 期。

⑤ 邦戈：《系统世界》，《自然科学哲学问题》1986 年，第 46 页。

⑥ 国家教委社会科学研究与艺术教育司：《自然辩证法概论》，高等教育出版社 1991 年版，第 5 页。

治、文化等结构组成。这些结构分别对应于人与自然之间、人与人（社会、政府）之间、人与自身的关系。社会的主体系统是以个人、群体等要素相互作用、相互依赖而构成的整体。社会的主体系统必然有与之相对应的社会的客体系统和社会支持系统来保驾护航。因此，社会系统是由社会主体系统、社会客体系统以及社会支持系统等要素协调一致的行动和相互关联的功能组成的统一整体。

而和谐社会就是指社会系统中各个部分、各种要素处于一种相互协调，其功能得到最大化的状态。和谐社会是社会的各种要素和关系相互融洽的状态，它涉及人与人、人与自然、人与社会、公民与政府等多重关系，涵盖了人们的经济生活、政治生活、文化生活和日常生活。在复杂众多的和谐社会系统要素中，和谐社会系统主体要素起决定作用，只有充分调动人的积极性，才能激活社会系统其他要素，并显示系统的整体功能。和谐社会系统具有整体性和开放性的特点，既存在内部各要素与外部环境进行物质、能量和信息的交换等相互作用，又存在内部各要素协同的过程。

一 墨子和谐社会系统要素

（一）墨子和谐社会系统主体要素

为了实现以个人、群体等要素之间以及内部诸要素自身的协调和均衡，墨子提出"兼爱""非攻""非命"观点，并倡导以"兼爱"为核心构建和谐社会。其和谐社会系统主体要素是指具有"兼爱"思想、"非攻"意识以及"非命"思维的个人、群体等。

"兼爱"是和谐社会的核心和灵魂。墨子身处"礼崩乐坏"乱世，他认为乱世起于不相爱、不相助，而不相爱、不相助就会产生不忠、不孝、不敬，导致人只爱自己，产生自私自利、相互间争斗和伤害。为了避免这种"别相恶，交相贼"的局面，墨子提出"兼相爱，交相利"的根本观念。兼爱主要强调的是爱的范围广泛性，墨子认为爱的对象不仅是自己或别人，而应该是整个人类。兼爱强调爱要不分亲疏、贵贱，对一切人一律同等爱之，就是"爱无差等"，即视人如己。

"非攻"是和谐社会的主题。由"兼爱"引发出"非攻"，反对诸侯国之间、国内各家之间的互相掠夺，倡导和平相处。墨子生活在中国历史上战争最为频繁的时期，而社会动荡不安根源在于人与人之间的不相爱，为此，兼爱是非攻的理论基础，非攻是兼爱的延伸。墨子从"兼爱"出发，大力提倡"非攻"，不仅仅体现人与人之间的和谐相处，也强调了国与国之间的和谐共处，同时寄托了墨子建立和谐世界的理想。

"非命"是和谐社会的动力。"非命"就是反对寿夭、治乱、穷达等都由命运注定的命定主义，即"墨家主张'非命'是为了反对人的任逸怠惰，以便能够做到强力从事"。墨子的非命，一方面是对天命观念的批评；另一方面又肯定了尚同天意的努力必定得到回报，只要充分发挥人的主观能动性，就可以改变命运。"非命"否定先天决定贵贱贫富的差异。

（二）墨子和谐社会系统客体要素

为实现以政治、文化、经济、生活等要素之间以及内部诸要素自身的协调和均衡，墨子在政治上提出"尚贤""尚同"观点，文化上提出"尊天事鬼"的理念，在经济和生活上提出"节用""节葬"和"非乐"主张，并使以上观点、主张在实际中得以实施。

"尚贤""尚同"体现政治和谐。"兼爱"主要从个体道德的角度抨击儒家的"亲亲"原则，而从社会伦理的角度批评儒家的"尊尊"制度就是"尚贤"。尚贤是指崇尚贤能并努力使之向上处于政府的高职位，即尊重、提拔和任用贤人。贤人是德才兼备的能人。墨子的"尚贤"思想是直接针对当时贵族、世袭、专权政治而提出的。墨子打破等级贵贱的世俗偏见，提出在贤人面前人人平等的思想，同时呼吁统治者要发现人才、保护人才、器重人才。"尚同"就是与"上"保持高度一致，就是保持国家的政治、思想、文化、经济、法制等方面的高度统一。墨子生活在乱世，墨子认为乱世存在原因就在于没有统一的"义"。"义"是统治者制定出来的治国方略与政策。正如刘泽华说："墨子的'义'的本质就是要建立一套统治秩序。'义'不仅是道德范畴，而且首先是一种政治主张。""尚贤"与"尚同"是密切联系的："尚贤"是一种统治人民即实现"尚同"的重要方法。"尚贤"是"尚同"的保证。"尚贤"是实现国家完全统一的必要手段，"尚同"是实现国家高度统一的理想境界。

"尊天事鬼"是和谐社会的文化氛围。墨子的尊天事鬼思想，烘托了浓厚的文化氛围。"尚贤"重视天的意志，依赖"天志"的惩恶扬善维护政治秩序，更是墨子用以维护社会政治秩序的最根本、最重要的依据和手段。墨子认为天的意志是至高无上的，要敬畏天。墨子认为，天的意志就是他所主张的兼爱、非攻、尚贤等。天志就是"义"。墨子"明鬼"，是为了扬善抑恶，所以特别强调鬼神能够公平地赏贤罚暴，不仅是对平民百姓公平，而且无人能够得以逃脱，想以此作为对君主和臣民的精神警示。墨子"天志""明鬼"仅仅是借助原始鬼神的信仰来推行自己的社会政治理想的手段。即墨子的尊天事鬼是为了借助天、鬼的力量来改造社会、治理国家。

"节用""节葬"和"非乐"是和谐社会生活上的道德体现和经济上追求。针对当时统治阶级奢侈靡乐的生活，墨子倡导节用、节葬思想。节用就是节约一切开支，反对"无用之费"。墨子为节用提出了明确的标准：一是实用；二是有益于百姓。为实现节用的目的，就在衣、食、住、行等方面提出了具体标准。作为节用思想的延伸和应用的节葬，是墨子治国家贫穷的另一种方法。针对当时"厚葬久丧""杀殉""居丧"制度的弊端，墨子提出批评。墨子指出，厚葬不利于国家富足，也不利于治乱，更不利于人口增长。节用的另一种体现是非乐，墨子主张在文化娱乐上也要节约。墨子认为，统治者举办音乐歌舞，需要演员参加，而演员的吃、穿靠民众的辛勤劳动来提供，这无疑加重了民众的负担，而乐器的制作、演奏和欣赏等花费代价是大众难以承受的。

（三）墨子和谐社会系统支持要素

为达到团体（社会、政府、国际）机构、组织等要素和关系之间的相互协调、相互融洽的目的，墨子及弟子不仅组成了墨家学团，而且实行钜子制。

创立墨家学团。墨子自己创墨家学派后，随着影响的不断扩大，其弟子日益增多，学派规模也逐渐发展壮大，墨家慢慢形成具有严密组织性、经济一体化和行动统一化的学术团体。墨家学团的成员统一信奉墨子创立的学说，他们以实现墨子的社会政治理想为信仰，四处游说诸侯、出仕为官，推行墨子学说是他们的首要任务。学团不仅掌控弟子出仕后的行为，而且控制成员的经济生活，要求成员"有财者勉以分人"（《尚贤下》）。墨家不仅是一个学术团体，而且是一个有自己学说和严密组织纪律的政治团体。

实行钜子制。墨家首领有其特殊的称号，叫作"钜子"。在墨家组织内部，钜子拥有至高无上的权力和威望，墨家的全体成员都必须完全听命于钜子，钜子决定墨家组织的一切。在这些钜子的领导下，墨家在相当长的一段时间内始终保持团结，并进而和其他各家相抗衡。钜子制的组织制度具有以下特征：一是团体内部下级绝对服从上级；二是团体内部有严格的法，任何人都无条件遵守；三是钜子操纵团体内一切事物；四是钜子为终身制，前任钜子指定后任钜子。在百家争鸣的春秋战国时期，墨家能成为"显学"之一，得益于钜子制团体内部的和谐与统一。

二 墨子和谐社会系统结构、功能和环境

（一）墨子和谐社会系统结构

系统的各要素之间存在着特定关系，形成一定的结构，结构是系统中各种联系和关系的总和。墨子和谐社会系统中的主体要素、客体要素以及支持要素之间存在相互依赖、相互作用的关系，通过这种关系构成具有特定功能的整体。要形成和谐社会系统结构，必须具备以下条件：第一，社会结构合理。和谐社会的各个组成部分也就是主体要素、客体要素以及支持要素等系统之间有一个比较匀称、均衡、稳定的关系。社会结构合理是社会和谐的前提，否则会导致社会矛盾拉大、社会张力扩大，社会冲突也会一触即发。第二，需要和谐文化引领。实现社会和谐，除了需要经济基础、政治保障等客体要素之外，还需要和谐文化的引领。墨子以"兼爱"作为社会思想文化的基础，在此基础上形成的社会文化及其传统，在很大程度上决定当时社会的精神面貌，没有和谐的文化，就没有和谐社会。墨子立足当时，引导人们树立和谐的思想观念和思维方式，使和谐成为春秋战国时期的重要价值取向。第三，社会系统的支持要素要运转协调。如果没有协调的社会（政府、国际）组织、机构等协调运转，社会仍然难以和谐，甚至浪费社会系统的其他要素的资源，本来合理的社会结构也变得不合理。只有社会系统的支持要素运转协调，才能最大限度地发挥社会系统其他要素的作用。

（二）墨子和谐社会系统功能和环境

系统的结构使它成为一个有特定功能的整体。功能是系统在内部关系和外部中所表现出来的特性和能力。而社会系统的功能依赖于社会要素、结构和环境的相互作用。社会系统只有依靠结构才能把诸多个体组成一个

整体，从而显示社会的功能。功能是在系统与外部环境的相互作用中表现出来的，系统总是存在于一定的环境中。由此可见，墨子和谐社会系统要素、结构和环境相互作用，共同决定和谐社会系统功能。和谐社会系统功能只有在社会系统中主体要素、客体要素以及支持要素等诸要素与外部环境的相互作用中才能表现出来。墨子和谐社会系统客体要素中涉及在经济思想提出"节用"观念，墨子在提出"节用"观念的同时，也提出"生产"的观点。"节用"和"生产"两个观念是相辅相成的。生产是节用的前提，节用是为了更好地生产，为了使人类更好地生存下去，因为人类生存需要耗费由生产而得到的财富。但是，因为人类的消费是必需的，所以墨子实际上提出了低度消耗资源与适度消费的原则。这两个原则也是可持续发展的核心内容。即墨子和谐社会系统通过与自然界等外部环境的相互作用中表现出来的积极功能，体现出一种正价值，有益于促进社会发展和社会进步。墨子和谐社会系统要素之间的关系处于最优的结构状态，整个系统就呈现出最优的功能。

和谐社会系统是由社会主体系统、社会客体系统和支持系统等要素组成，其关系处于相互协调、相互融洽的状态，并以实现功能最大化为目标。墨子和谐社会系统则以具有"兼爱"思想、"非攻"意识以及"非命"思维的个体、群体等要素作为社会主体系统要素。在政治、文化、经济和生活上分别以"尚贤""尚同""尊天事鬼""节用"等要素作为社会客体系统要素。而团体（社会、政府、国际）机构、组织等要素作为支持系统要素，其关系处于相互协调、相互融洽的状态，并实现了功能的最大化。墨子和谐社会系统中的各要素通过与自然界等外部环境进行物质、能量和信息的交换过程中表现出积极功能，体现出一种正价值，促进人类社会发展和不断进步。正如高静文所说："社会系统论就是在各种社会要素的有序联系中揭示社会有机体的内在结构，在要素、结构域功能联系中把握社会整体，其目的是为了在实践中管理、控制和改造社会系统，以求达到社会运行的最优状态。"①

---

① 高静文：《社会系统论与和谐社会的构建》，《哲学研究》2006 年第 4 期。

第三节　墨子和谐思想的当代价值①

墨子是我国先秦时期伟大的思想家。墨子用丰富的思想构建了一个"和平济世"的理想社会，"兼爱、非攻、尚贤、节用、非命"是其思想的精髓所在。重新挖掘墨子思想中的有益成分，尤其是墨子的和谐思想，寻找与当前我国社会主义和谐社会建设的结合点对于构建社会主义和谐社会具有巨大的时代价值。墨子的和谐思想能够为社会主义和谐社会的建设提供精神动力和伦理规范，提高我们建设和谐社会的能动性、创造性和实效性。

一　人与人的和谐思想

（一）"兼相爱、交相利"的价值观，有助于建立和谐的人际关系

墨子深刻认识到混沌社会状况造成了人们畸形心理，长期的战乱形成了人与人之间的自私自利、反目成仇。墨子认为："凡天下祸篡怨恨其所以起者，以不相爱生也。"（《兼爱中》）意思是说，一切祸乱都源自人与人之间的不相爱，"不相爱"归根结底是一种单纯的"利己观"，为解决这一问题，墨子提出了解决方案，即"兼相爱、交相利"思想。孔子讲"仁义"的基础在于道德本心，即先义后利，而墨子讲"兼爱"的基础在于义利合一，这是墨子"兼爱"比孔子"仁爱"高明的地方。

墨子用"视人若己"的换位思考准则来阐释"兼相爱、交相利"的道德准则。"视人若己"，就是多从对方角度考虑问题，这样可以避免误解、消除冲突。墨子认为："视人之国，若视其国；视人之家，若视其家；视人之身，若视其身。是故诸侯相爱，则不野战。家主相家，则不相篡。人与人相爱，则不相贼。群臣相爱，则惠患。父子相爱，则慈孝。兄弟相爱，则和调。天下之皆相爱，强不执弱，众不劫寡，富不侮贫，贵不傲贱，诈不欺愚。"（《兼爱中》）墨子在此构建了一个理想社会，一个协调的群体组织的蓝图，在那个时代显示出了可贵的进步意义。社会是一个隐含着相同价值取向的共同体，社会中的每个群体、每个人都需要得到尊

---

① 孙继军：《论墨子的和谐思想及其现代价值》，《船山学刊》2008年第1期。

重、肯定和理解。出于对人性、社会的考虑，墨子认为，人与人之间的交往就是要相互理解，相互关爱，而唯有经常地"兼相爱、交相利"，想他人所想，急他人所急，方营造出温暖和谐的社会氛围。

墨子阐述"兼相爱、交相利"思想，是针对"不相爱"现象进行剖析的。在墨子看来，个人私欲不断膨胀，个人主义、拜金主义等"不相爱"现象。都是社会不和谐的诱因，然而他并不排斥"不相爱"（利己）的存在。他认为："爱人不外己，己在所爱之中。"（《大取》）这是说，爱他人不排除爱自己，在爱人（利他）的过程中就已经实现了爱己（利己），这种双向"互爱"的本质就是互相尊重、互惠互利的复合价值取向。在市场经济条件下，我们也不反对利益主体对合理合法的私利的追求，但这种追求不能以满足自身的单纯"利己"为目的，而应以"兼相爱、交相利"的复合价值观为指导原则，"利他"是出发点，"利己"是终结点。最终双方追求的结果是在相互作用中实现共赢。只有一个人从单纯的"利他""利己"观中解放出来，人与人之间的平等关系才能建立，才能形成团结互助、平等友爱的社会互助体系。

（二）"义利合一"的功利观，有利于利益分配上的和谐

墨子认为仁义必须与人们的实际利益结合起来。他说："所谓贵良宝者，为其可以利人也。而和氏之璧、隋侯之珠、三棘六异，不可以利人，是非天下之良宝也。今用人为政于国家，人民必众，刑政必治，社稷必安，所为贵良宝者，可以利民也。而义可以利人，故曰：'义，天下之良宝也。'"（《耕柱》）墨子以利人、利民为义，认为义与利是合一的，所以义是天下之良宝。他还认为，义作为一种道德，必须"有力以劳人，有财以分人，有道以教人"（《尚贤》），也就是说，讲义利必须给人以实际的利益，否则只是空谈。谈到兼爱，墨子同样认为要给人以实际的利益。他说："古者明王圣人，所以王天下正诸侯者，彼其爱民谨忠，利民谨厚，忠信相连，又示之以利，是以终身不厌，殁世而不倦。"（《节用中》）就是说，要爱民就必须给人民以实际的利益。不仅如此，他认为发明创造某种机械是否有价值，也应该以是否利人为尺度。可见，墨子的价值观是把百姓的实际利益置于第一位，不是宣扬个人利己主义。

墨子的义利观对我们有两点重要的启示：首先，是义利孰轻孰重的问题。那种认为君子不言利"重义轻利"，甚至"义而忘利"的道德信条是片面的，它不利于调动人民群众建设社会主义和谐社会的积极性。同样，面对利益诱惑，那些认为"利"就是一切，因而重利轻义，乃至见利忘义，更是不可取的。我们应当提倡墨子的义利统一观，保障个人正当利益，鼓励个人通过诚实劳动和合法经营追求自己的个人利益，但不能把个人利益狭隘化。其次，在经济活动中应当坚持利人的原则，从"利人"中"自利"，坚持"利人"就是要把国家和人民的利益放在首位，自觉把个人利益同国家、集体利益结合起来。在经济活动中不谋非义之财，不求非义之富，坚决反对侵吞国家、集体财产和侵犯他人利益的损人利己行为。

二　人与自然的和谐思想

墨子倡导可持续发展的科学消费观。针对当时的侈靡风俗，墨子发出了"俭节则昌，淫佚则亡"的呐喊，同时也提出了"节用""节葬""非乐"的建议，其目的在于引导人们合理地利用资源，通过协调人与自然的和谐关系，最终实现人与自然的和谐发展。

墨子说："凡天下群百工、轮车鞲鞄、陶冶梓匠，使各从事其所能。曰：凡足以奉给民用，则止。"（《节用中》）这里是说凡是天下百工，各自从事所擅长的技能，只要能够供给民用就可以了。墨子在此强调了人在自然面前要有所节制，生产要有限度，开采资源要适度，不要造成自然资源的过度浪费。墨子说："爱尚世与爱后世，一若今之世人也。"（《大取》）这里是说，爱后世就要为后世子孙设想，在发展生产，满足当代人消费需求的同时，必须要兼顾自然资源和生态环境的保护，而不能利于今世，但害于后世。同时墨子还在《七患》中分析了统治者如何做到"五谷常收而旱水不至"，他提出的对策为"以时生财，固本而用财，则财足"。他认为统治者不要为满足一时需要而过度地索取自然，而应建立长效机制，居安思危，做到取之有度，用之有道。墨子强调说："古者圣王制为饮食之法，曰：足以充虚继气，强股肱，耳目聪明，则止。不极五味之调、芬香之和，不致远国珍怪异物。"（《节用中》）人们没有必要在饮食上过分讲究色香味的调和，追求珍贵罕见的食物，只要能够强身健体就足够了。墨子在此提出了一种十分合理的经济行为和生活方式。

构建社会主义和谐社会关键一环就是要加强节约型社会的建设，坚定不移地反对奢侈浪费，提倡科学消费，不断提高可持续发展的能力，"节用"思想恰恰体现了这种要求。但墨子的前瞻性还在于他对一般民众提出了同样的要求：养成一种崇尚简朴，反对奢靡的消费习惯。这种全民动员式的可持续消费观无疑是当前我国资源紧缺的现状开了一剂良药，对我们建设节约型社会有很大的启发。

三　人与社会的和谐思想

（一）以农业为基础的经济观，有利于产业结构的和谐

墨子非常重视农业生产在国计民生中的地位和作用，他说："五谷者，民之所仰也，君之所以为养也。故民无仰，则君无养；民无食，则不可事。"（《七患》）又说"五谷麻丝，为民衣食之财，自古及今，未尝不有此也"（《天志中》）。既然五谷丝麻是人民衣食之源，国家亦赖以奉养，因此统治者必须特别注重农事，把农业生产放在首要地位。墨子还认识到，如果农业收成好，人民丰衣足食，社会就会安定，统治就能稳固，而"农事缓则贫，贫且乱政之本"（《非儒下》）。因此，农业是关系到国计民生、治乱安危的大事。墨子还针对当时的历史状况提出了发展农业的对策。首先，要合理利用土地。他说："安国之道，道（从）任地始。地得其任，则功成；地不得其任，则劳而无功。"（《号令》）土地能不能得到合理使用，能不能充分发挥效力，是农业生产能否发展的关键。其次，必须保证农民有充足的时间从事劳动。他认为战争对农业生产的影响最大"春则废民耕嫁树艺，秋则废民获敛"，必须坚决反对和制止战争。再次，必须保证充足的农业劳动力。墨子认为导致当时人口稀少的最主要原因是统治者的残酷剥削和战争，他说："今天下为政者，其所以寡人之道多，其使民劳，其籍敛厚；民财不足，冻饿死者，不可胜数也。且大人惟毋兴师，以攻伐邻国，攻城野战，死者不可胜数。此不令为政者，所以寡人之道。"（《节用上》）墨子还进一步指出不得休息是劳动人民产生疾苦的原因，"人之所得于病者多方，有得之寒暑，有得之劳苦"（《公孟》）。因而将休息的重要意义提高到关系国家存亡和人民健康的高度上。

墨子的这些思想，值得我们深省。墨子强调："民有三患：饥者不得食，寒者不得衣，劳者不得息。三者，民之巨患也。"（《非乐上》）这就是说，生产不发展，必然有民患国忧；只有发展了，才能解决其他问题，发展才是硬道理。中国近代百余年的血的教训告诫我们，落后就要挨打，

只有自身发展了，综合国力提高了，才有话语权、自决权，才能独立自主不受制于人。"三农"问题关系中国经济发展的全局，没有农民的小康就没有全国人民的小康，没有农村的现代化就没有国家的现代化，同时也事关国家的长治久安。解决"三农"问题是和谐社会建设的重要组成部分，关系到整个社会产业结构的和谐发展。因此，必须落实国家政策，运用现代科技，发展农业生产。

（二）"志功统一"的道德评价观，促进了个人与社会的融洽

墨子提出"志功统一"说，认为动机和效果不能偏废。墨子的功利主义观，不仅认为道德行为不能脱离人的生活利益，而且不应该离开其实际效果。行为的效果，墨子称为"功"，即功效；行为的动机，称为"功"。鲁君曾问墨子："我有二子，一人者好学，一人者好分人财，孰以为太子而可？"墨子说："未可知也。或所谓赏与为是也。钓者之恭，非为鱼赐也；饵鼠以虫，非爱之也。昔愿主君之合其志功而观焉。"（《鲁问》）墨子认为，鲁君的两个儿子，一个好学习，另一个乐善好施，这都是表现，仅看其表现还不能够判断谁好谁坏，还要考察他们的动机，墨子主张"合其志功而观焉"，把动机和效果结合起来考察。墨子认为，一个人是否懂得道德，不是概念的问题，而是行动的问题，他说："瞽不知白黑者，非以其名也，以其取也。今天下之君子之名仁也，虽禹汤无以易之，兼仁与不仁，而使天下之君子取焉，不能知也。故我曰：天下之君子，不知仁者，非以其名也，亦以其取也。"（《贵义》）墨子认为，一个有道德的人，不仅是在概念上理解了什么是仁义，更重要的是在行动中对善恶行为能够取舍。

墨子的"志功统一说"坚持动机和效果的辩证统一，为我们在判断人们行为的道德价值，有效地实现对个体道德的社会调控，提供了科学的前提和基础。作为社会主义市场经济活动主体与参与者的个人，既要注重自身利益的发展，同时也应注意到自身的利益与社会利益相协调，只有把二者有机结合，在社会充分实现和谐的前提下，才能使个人获得充分的发展。否则，必将得不偿失。

（三）"尚贤使能"的人才观，有助于维护社会的公平公正

尚贤就是任人唯贤，墨子反对任人唯亲的宗法血缘用人制度。墨子早在两千年前就将"尚贤"纳入其思想体系之中，并将其定性为执政之根本。墨子认为"夫尚贤者，为政之本也"。"是故国有贤良之士众，则国家之治厚；贤良之士寡，则国家之治薄。故大人之务，将在于众贤而已。"（《尚贤上》）在他看来，"天下之乱，上下相贼"的根源在于政令、意见自上而下的不统一，而不统一的原因又在于没有"任人唯贤"的政治制度。墨子站在庶民一边，提出"官无常贵，民无常贱""不党父兄，不偏富贵，不嬖颜色"（《尚贤中》），人不分贵贱都有公平竞争、参与政治的权利，"虽在农与工肆之人，有能则举之"（《尚贤上》）。这里可以明显看出，墨子"尚贤"思想中极强的群众意识。社会主义和谐社会的构建依赖于人的全面发展，而全面发展的实现需要一个公平公正的社会环境，完善的人才选拔任用制度，健全的社会保障制度，公正透明的立法程序是保障公民获得平等权利的基础，只有各项法律法规日趋合理化、人性化，公民才可能真正地不分地位和职业的差别，参与管理，参与分配，共享机会平等，共同为建设社会主义和谐社会的伟大事业而奋斗。

总之，尽管墨子的和谐社会思想带有小农阶级的局限性，而且在当时的社会里，墨子的主张对统治者抱有过多幻想，容易被统治阶级所利用，作为麻痹人民思想的工具。但他关于人类自身和谐、人与自然的和谐、社会的和谐以及经济的和谐的思想，作为一种人类理想诉求，闪耀着人才智慧之光；作为中国古代思想史上一笔宝贵的思想财富，对于今人建设社会主义和谐社会仍有重要的启发和研究价值。

第十三章　墨子的教育思想

春秋战国时期，诸子著书立说，招收门徒，传播思想可谓蔚然成风，墨子亦不例外，墨家能够成为先秦"显学"，这与墨子积极招收门徒，悉心传道授业，严格管理学生有着密不可分的关系，而在长期的教育实践中，墨子也逐渐形成了自己的教育理念，大大丰富了中国传统教育思想的内涵。

第一节　墨子教育思想的理论基础

先秦时期，聚徒传道，培养人才是诸子文化的一个显著特征。作为先秦时期的显学，墨子也积极招收门徒，传授自己的思想，在教育过程中形成了具有多重色彩的墨家教育思想。

一　墨家教育思想发展的背景

教育有广义和狭义之分，广义教育是指人们从事的各种与知识传授相关的活动，应当说自人类诞生以来，广义教育活动就已经开始出现，因此它的历史也极为悠久；狭义教育则是指由专门教育机构或人员，有目的、有计划、有组织的教育过程，它的出现时间相较于广义教育要晚得多，通常的组织形式就是学校教育。

中国古代学校教育起源于原始社会晚期。据文献记载和考古发现证实，原始社会末期，随着生产力的发展，社会分工开始出现，一部分人可以脱离体力劳动而专门从事脑力劳动，这就为教育的出现奠定了基础。

夏商时期，学校已经出现，而此时学校以官学为主。关于夏商的学校，古籍与出土资料皆有较多记载。如《礼记·明堂位》说："序，夏后氏之序也。瞽宗。殷学也。"①《孟子·滕文公上》说："夏曰校，殷曰序。"商代的学校不仅有文献上的记载，而且得到地下出土文物特别是甲骨文的证实。《孟子·滕文公上》："校者，教也；序者，射也。""学则三代共之，皆所以明人伦也。"② 可见，夏代的"序""校"，教育内容包括宗教、伦理道德、军事和一般文化知识等，已经具备官学的基本特征。

西周建国，在继承夏商制度的基础上进行了各项典章制度重建，孔子云："殷因于夏礼，所损益，可知也；周因于殷礼，所损益，可知也。"③就明确指出，西周制度并非凭空而起，而是在继承前代基础上损益删改而成。夏商西周的教育均以官学为主体，即所谓"学在官府"，因此教育制度是当时国家重要的典章制度之一，在教育制度方面，西周同样继承发展了夏商的教育制度，从而形成了一套完整的官学教育体系。

西周官学教育包括国学和乡学两个部分。国学是中央官学，设于天子和诸侯国都城，乡学则是地方官学，设在都城之外。西周国学按照学生来源、学制、学习内容和培养目标，可分为大学和小学两类。《礼记·王制》载："天子命之教，然后为学。小学在公宫南之左，大学在郊。天子曰辟雍，诸侯曰頖宫。"④ 可以看到，小学一般设在宫南之左，大学一般都设在都城的郊外，天子在王城设置大学名叫辟雍，诸侯国的国都设置大学名叫頖（泮）宫。西周的乡学则是按照行政系统来划分。《礼记·学记》"古之教者，家有塾，党有庠，术有序，国有学"⑤。就是说除在国都设置大学、小学外，在地方上，州设置序、党设置庠、间里设置塾，序、庠、塾就属于当时的乡学系统。

西周官学的教育内容主要为"六艺"。所谓六艺，就是礼、乐、射、御、书、数。礼指的是规章礼仪，乐指的是音乐舞蹈，射指的是射箭，御指的是驾车，书指的是文献典籍，数指的是算学。可以看到，六艺教育是

---

① （清）孙希旦：《礼记集解》，中华书局 1989 年版，第 853 页。
② （清）焦循：《孟子正义》，中华书局 1987 年版，第 343 页。
③ （清）刘宝楠：《论语正义》，中华书局 1990 年版，第 71 页。
④ （清）孙希旦：《礼记集解》，中华书局 1989 年版，第 332 页。
⑤ （清）孙希旦：《礼记集解》，中华书局 1989 年版，第 957 页。

文武兼备，既有理论性，又具有很强实践性的一种教育模式，适合培养当时贵族需要养成的必备素质。

春秋以降，社会急剧转型，西周所构建的各种制度走向衰落，这就是历史文献中所谓的"礼崩乐坏"。在此背景下，春秋战国时期的官学教育也发生了显著变化。这一时期，由于社会生产力的发展和传统礼乐制度、宗法制的衰落，传统的教育制度也随之变化，官学教育不断衰落，私学教育迅速崛起发展，出现了"天子失官，学在四夷"的局面，由此产生了古代教育的另一系统——私学。

春秋战国时期，私学教育的蓬勃发展与这时期一个新的社会阶层"士"的出现密不可分。随着宗法制的没落，一部分下层贵族失去了贵族身份，同时，一些有一定知识技能的社会下层，日渐活跃，他们共同构成并壮大了新的"士"阶层。因此此处的"士"并非指西周时期在宗法体制下处于贵族最底层的"士"，而是指在新历史阶段，一部分没落贵族和一部分具有一技之能的社会下层。"士"这一阶层有文化知识，有一技之长，他们一方面奔走于列国之间，希望能以其学说才干得到君主重用，同时他们中的很多人也聚收门徒，著书立说，传播自己的主张和学说，这就形成了春秋战国时期的一种新型教育模式，即私学教育。

春秋战国时期的私学，在办学方针、教学内容、教学方法和教育对象上都有别于当时的官学。在教育对象上，私学没有等级限制，向全社会开放；在教学内容和教学方法上，私学更注重学术研讨，大力宣传自身主张，倡导关注现实，学以致用。人们所熟知的先秦诸子，如孔子、孟子、墨子、荀子等，无不以广招学生，兴办私学而闻名于世。与传统的官学校相比，他们在教学内容、教育目标、教育方法、学生来源、师生关系等诸方面都有着鲜明的自身特色。如孔子教授学生，就以新六艺来作为教学内容，所谓新六艺，指的是诗、书、礼、易、乐、春秋六门学问，这与传统的六艺有着很大的差异，而墨子、孟子、荀子等在教授门徒时，也都有自己独特的讲授内容。在学生来源方面，私学教育打破了传统的教育以贵族为主的窠臼，学生来源更加广泛，孔子就主张要"有教无类"，因此，在孔子的学生中，既有贵族子弟，也不少来自平民阶层，甚至还有来自所谓的"贱人"，在师生关系方面，私学教育的师生关系更加密切，往往形成内部关系牢固的师门传承，并逐渐演化为不同的学派。

应当说，春秋以来私学教育的出现是中国教育史上的一件大事。私学教育使学校开始从官府中解放出来，并从政治活动中逐渐分离出来，有利于学校教育的独立化。它扩大了教育对象，使得以前众多没有权力获得教育的平民甚至奴隶获得了受教育权，弥补了国家官方办学的不足，促进了文化的传播与发展。私学在教育内容更加广泛，在教育方式方面更加灵活，也有助于培养更多的人才，催生更多的思想火花，可以说春秋战国时期的百家争鸣局面，在很大程度上就是建立在私学繁荣的基础之上。私学的产生，还促使人们更好地研究教育的本质和规律，并在实践中积累了丰富经验，从而形成了相当自由的办学方针和独特的教学风格。因此，私学教育的出现不仅直接推动了各种学派的发展和百家争鸣局面的形成，也推动了社会学术思想和科技文教事业的综合发展，深深影响了中国古代的传统教育格局，私学创立后，官学、私学并重，形成了中国古代教育官私并进的基本格局。

二　墨子教育理论的出发点——人性与"所染"

理论是实践的凝结和指南，任何一项实践的顺利开展都离不开理论引导。回到教育活动上来，作为塑造人的活动，教育工作的对象是"人"，因此教育理论的核心也多是围绕"人"展开的。

墨子思想是一个综合性的体系，涵盖了相当数量的教育理论内容，而在这其中，人性论与"所染"学说则成为墨子教育理论的出发点和基础。

墨子十分重视教育在人性培养上的重要作用。在墨子看来，教育是兴万民之利、除万民之害的有效手段，为达此目的，他以"上说王公大人，次匹夫徒步之士"[①]为自己的教育对象，宣传其"兼爱"主张，这大大扩大了受教育者的范围。

事实上，在墨子之前，先秦一些思想家已经谈到过人性，并将其与教育问题联系起来进行了阐述，在这方面最典型的莫过于孔子。

孔子在论及人性问题时，主张"性相近也，习相远也"[②]。孔子所说的"性"，指的是人的先天之性，"习"指的是后天环境熏染和主动学习。在

---

① （清）孙诒让撰，孙启治点校：《墨子间诂》，中华书局 2001 年版，第 474 页。

② （清）刘宝楠：《论语正义》，中华书局 1990 年版，第 676 页。

孔子看来，人们先天的习性是相近的，相互之间并没有因为社会地位、贫富区隔等因素的影响而有太大差别。值得注意的是，孔子在谈到人性问题时，并没有将人性简单地用"善"或"恶"来界定，而是将"性"与"习"分开，认为"性"本身并没有明显的善恶之分，人们之间的差异主要是体现在"习"之上。

因此在解释社会上之所以有"君子"和"小人"之分时，孔子认为这主要是因为"习于善则善，习于恶则恶"，即人们受到后天教育和社会环境的影响。在这里，孔子其实已经强调了教育的重要作用以及接受教育的必要性。

在人性论方面，孔子虽提出"性相近，习相远"的观点，但同时又把人性分为三等："生而知之者上也，学而知之者次也。困而学之，又其次也。困而不学，民斯为下矣。"① 孔子认为"惟上知与下愚不移"②。由此可见，孔子的"性相近，习相远"只适用于中人，至于"上智"与"下愚"者，天赋还是在其人格形成中占主导地位的。

墨子思想出于儒家而又有别于儒家，因此在人性论和教育思想方面，墨子既受到孔子思想的某些启示，又多有创造性发挥。

与孔子人性论有类似又有区别的是，墨子在谈到人性问题时，墨子不认可"性善"，而是主张有限度的"性恶"。墨子的人性论，可以概括为"善少恶多论"③。墨子认为在人性中不好的东西居多，④"天下之为父母者众，而仁者寡""天下之为学者众，而仁者寡""天下之为君者众，而仁者寡"⑤，认为人性善恶并非来自先天，而是出于后天发展。

不过比孔子更进一步的是，墨子不认为人性有所谓"上智""中人"与"下愚"之分，在墨子看来，无论是圣贤还是普通百姓，他们的发展都有赖于后天环境，生活环境和个体学习才是真正决定一个人发展的根基。关于这些思想，集中反映在墨子的"所染"说中。

据记载，墨子见到染丝者的染色劳动后，感叹道："染于苍则苍，染

① （清）刘宝楠：《论语正义》，中华书局 1990 年版，第 664 页。

② （清）刘宝楠：《论语正义》，中华书局 1990 年版，第 678 页。

③ 娄立志：《墨子教育哲学思想浅析》，《齐鲁学刊》1999 年第 2 期。

④ 孙中原主编：《墨学与现代文化》，中央广播电视大学出版社 1998 年版，第 107 页。

⑤ （清）孙诒让撰，孙启治点校：《墨子间诂》，中华书局 2001 年版，第 21-22 页。

于黄则黄，所入者变，其色亦变，五入必，而已则为五色矣！故染不可不慎也！"（《所染》）

墨子学派成员出于手工业者居多，故目睹甚至参与染丝之类的手工业劳动并不奇怪。难能可贵的是，墨子从简单的染丝劳动中，触类旁通，引申思考，从中体悟到了与人格养成相通的内容。对此，墨子就说道："非独染丝然也，国亦有染。"① "非独国有染也，士亦有染。"②

可见在墨子看来，人是由环境、教育所塑造的。不论是什么人，环境的影响都具有决定性，人有什么样的教育环境，就能造就出什么样的人，而这一思想也就成了墨子教育思想的理论基础。③

三 "所染"与教育的必要性

在"所染"说中，墨子指出如同"染于苍则苍，染于黄则黄"一样，人性受环境因素影响极大。墨子认为人生来的秉性本是大体相同的，但由于后天的教育不同，他们之间也出现了各种差别，因此为使人们拥有弃恶扬善的良好品性，让人们接受适当的教育也就显得十分必要。

为了从人性上说明人是可塑的，环境对人起着潜移默化的陶冶作用，④墨子首先从天子说起：

> 非独染丝然也，国亦有染。舜染于许由、伯阳，禹染于皋陶、伯益，汤染于伊尹、仲虺，武王染于太公、周公。此四王者所染当，故王天下，立为天子，功名蔽天地。举天下之仁义显人，必称此四王者。夏桀染于干辛、推哆，殷纣染于崇侯、恶来，厉王染于厉公长父、荣夷终，幽王染于傅公夷、蔡公谷。此四王者，所染不当，故国残身死，为天下僇。举天下不义辱人，必称此四王者。⑤

在这里，墨子以古代天子为例，指出舜、禹、汤、武王等人，身边仁

---

① （清）孙诒让撰，孙启治点校：《墨子间诂》，中华书局2001年版，第12页。
② （清）孙诒让撰，孙启治点校：《墨子间诂》，中华书局2001年版，第18页。
③ 何芳：《墨子"民本"平等思想的现代审思》，任守景主编：《墨子研究论丛》（八）下，齐鲁书社2009年版，第714-718页。
④ 刘红霞：《墨子教育哲学思想的现代阐释》，《郑州大学学报》2009年第6期。
⑤ （清）孙诒让撰，孙启治点校：《墨子间诂》，中华书局2001年版，第12-14页。

立着许由、伯阳这样的"仁义显人",夏桀、殷纣、厉王、幽王身边则是干辛、推哆、崇侯等奸佞小人环绕,舜、禹、汤、武王之所以会成为一代明君,夏桀、殷纣、厉王、幽王之所以会昏庸残暴,其实也正与这样的环境密切相关。

由此而论,不光是天子,墨子指出诸侯国的统治者的成败得失,同样深受身边环境的熏染。

对此,墨子同样以前代诸侯国统治者为例,来说明"所染"的重要性。墨子指出,齐桓、晋文、楚庄、阖闾能够崛起,成为一代霸主,与管仲、鲍叔等人的辅佐密切相关,"染于"管仲等人,也就成为齐桓、晋文等君主取得成功的基础。范吉射、中行寅、夫差、知伯摇、中山尚、宋康"染于"长柳朔、王胜、籍秦、高强、王孙雒、太宰嚭、智国、张武、魏义、偃长、唐鞅、佃不礼等人,故国家残亡,身为刑戮,宗庙破灭,绝无后类,君臣离散,民人流亡。对于普通士人而言,墨子认为"所染"同样重要:

> 非独国有染也,士亦有染。其友皆好仁义,淳谨畏令,则家日益、身日安、名日荣,处官得其理矣,则段干木、禽子、傅说之徒是也。其友皆好矜奋,创作比周,则家日损、身日危、名日辱,处官失其理矣,则子西、易牙、竖刁之徒是也。诗曰"必择所堪,必谨所堪"者,此之谓也。[1]

墨子将人性比作丝,意在说明环境对人性成长和发展的重要影响,以此说明教育的合法性,并在此基础上也指出了教育的必要性和重要性。

在墨子看来,教育对人来讲就是提供一种外在的社会环境和生活氛围,从而熏陶受教育者品性与品行。应当说,墨子突出了外在环境对人性形成的重要性,具有很大的合理性。

正因为墨子强调从现实出发,提倡通过教育反对儒家"命定"说,这对教化人们摆脱"宿命"论,有着重大的观念变革意义。

先秦时期,"天命"说一直有很大影响,如老子就说"天地不仁,以

---

① (清)孙诒让撰,孙启治点校:《墨子间诂》,中华书局2001年版,第18-20页。

万物为刍狗"①。孔子也说："获罪于天，无所祷也。"② 都把天的行为视为自然而然的事情，人在天命前显得十分渺小。

墨子尊天事鬼，但是却否定有预见的、不可改变的命，彻底否定了"命定论"，并提出了"非命"的观点。如墨子说"命者，暴王所作，穷人所术，非仁者之言也。今之为仁义者，将不可不察而强非者此也"③。

可见，"非命"体现出的中心思想是，只要顺应天意，其行为就一定会获取"天"的认可与回馈，因此，"天志"与"非命"之间也就不再矛盾，而是形成一种因果关系了。显而易见，墨子提出的这种信念其实都是为了警戒世人，对人的行为进行约束和引导，并通过此，借以充当实现"兼爱"和社会公正的手段。

但是，墨子将人性的形成主要归因于外部环境的作用，而忽视了受教育者的主动性，从而使墨子的教育思想具有"强行说教"的刚性教育色彩。

四　"所染"与"法天"

在墨子思想中，"天"既是最高神明，同时天也"行广而无私""明久而不衰"，④ 是理想化的道德规范和正义的化身。因此在教育方面，墨子大力主张"法天"，希望通过"法天"来引导人们行走正途，从而实现对理想人格的塑造。对此，墨子说：

> 然则奚以为治法而可？故曰莫若法天。天之行广而无私，其施厚而不德，其明久而不衰，故圣王法之。既以天为法，动作有为必度于天，天之所欲则为之，天所不欲则止。然而天何欲何恶者也？天必欲人之相爱相利，而不欲人之相恶相贼也。⑤

可以看到，墨子的"法天"观念，前提是建立在"天"的正义性之上，落脚点则是培养人格完善，进退有度的"人"。

---

① （魏）王弼注，楼宇烈校释：《老子道德经注校释》，中华书局 2008 年版，第 13 页。
② （清）刘宝楠：《论语正义》，中华书局 1990 年版，第 100 页。
③ （清）孙诒让撰，孙启治点校：《墨子间诂》，中华书局 2001 年版，第 285 页。
④ （清）孙诒让撰，孙启治点校：《墨子间诂》，中华书局 2001 年版，第 22 页。
⑤ （清）孙诒让撰，孙启治点校：《墨子间诂》，中华书局 2001 年版，第 22 页。

在落实如何"法天"时，墨子从人性"所染"出发，认为要做到以"天"为法，必须重视环境对人的陶染作用，在环境中向能躬行"法天"之人学习。其实墨子在《所染》篇以"天子""诸侯""士人"为中心，从正反两个方面，反复论证了环境的不同对于人的影响，强调只有接近良善，远离奸佞，人才能受到良好熏陶，向好的方向发展。

从"所染"说出发，墨子注重教育者在教育中的主导作用，倡导教师应主动施教，①"今遍从人而说之"，以使人广为知晓。他说："今夫乱世，求美女者众，美女虽不出，人多求之。今求善者寡，不强说人，人莫之知也。……行说人者，其功善亦多，何故不行说人也？"② 可见，墨子认为世上求真向善的人越来越少，这就要发挥教师的积极主动性，劝人向善。墨子在主张"强说人"的同时，并且对教师提出了自己的要求："有道相教"，即凡有道德学问者，应形式灵活，随时随地既教育他人，也可相互施教，由此可知墨子是非常重视教师的主导作用的。③

第二节 教育目的与教育主体

教育者在施教时总是希望通过教育活动培养自己心目中理想的受教育者，因此教育都会具有一定的目的性，而在教育活动中，施教者居于教育活动的主体地位，全面影响着受教育者的教育内容、教育过程和教育效果，因此教育目的与教育主体二者都是教育活动中的关键要素，在墨子学说中，对二者进行了详尽阐述。

一 教育目的——培养"兼士"

所谓教育目的是指人们对受教育者的期望，即人们希望受教育者通过受到教育在身心诸方面发生什么样的变化，或者产生怎样的结果。

在墨子教育思想中，对于教育目的提出了明确要求。墨子教育目的理

---

① 娄立志：《墨子教育哲学思想浅析》，《齐鲁学刊》1999 年第 2 期。

② （清）孙诒让撰，孙启治点校：《墨子间诂》，中华书局 2001 年版，第 451 页。

③ 王洪鹏、刘树勇、曾宪明：《"兼士"的品格——墨子教育思想评述》，任守景主编：《墨子研究论丛》（九），齐鲁书社 2010 年版，第 293 页。

论包括两个方面：其一，关于道德层面，即教育应该使人们能够做到"厚乎德行"，具有良好的道德面貌；其二，具有实践工作的能力。对此，墨子希望教育要培养出"辩乎言谈""博乎道术"的"能人"，① 也就是说通过教育，使人们具有经世致用、处理实际事务的能力，更好地在实践中有所作为。

如果将墨子所说的教育目的思想作一个总结，那就是墨子希望教育培养"兼相爱、交相利"② 为大任的贤良之士——"兼士"，③ 这些"兼士"应以"兼相爱、交相利"作为规范国家、家庭、社会、个人之间的关系的基本行为准则和价值取向，从而做到"视人之国若视其国，视人之家若视其家，视人之身若视其身"④。最终实现墨子"兴天下之利，除去天下之害"⑤ 的理想。

在墨子看来，教育是为国家培养大量的"兼士"，以"必兴天下之利，除去天下之害"，从而进一步实行天下之"公义"或"正义"。徐希燕先生认为，墨子所言的"兼士"应具有如下标准。

第一，兼相爱、交相利。"兼相爱、交相利"（《兼爱中》），意思是所有的人都相互爱护同时相互给予对方利益。"兼士"当然也理应爱护所有的人，同时利于所有的人。《兼爱下》篇云："'吾（兼士）闻为明君于天下者，必先万民之身，后为其身，然后可以为明君于天下。'是故退睹其万民，饥即食之，寒即衣之，疾病侍养之，死丧葬埋之。兼君之言若此，行若此。"⑥ 可见，"兼士"的行为是，看到饥饿的人就给其饭吃，看到寒冷的人就给其衣穿，看到有病的人就服侍、疗养，看到死丧之人就埋葬之。并且他的言行完全一致，言若此，行亦若此。

第二，疾以助人，勉以分人，劝以教人。"有力者疾以助人，有财者勉以分人，有道者劝以教人。"⑦ "劝"意为"提倡"。墨子的意思是，有

---

① 徐希燕：《墨子的教育观研究》，《平顶山师专学报》2001 年第 1 期。

② （清）孙诒让撰，孙启治点校：《墨子间诂》，中华书局 2001 年版，第 195 页。

③ （清）孙诒让撰，孙启治点校：《墨子间诂》，中华书局 2001 年版，第 117 页。

④ （清）孙诒让撰，孙启治点校：《墨子间诂》，中华书局 2001 年版，第 103 页。

⑤ （清）孙诒让撰，孙启治点校：《墨子间诂》，中华书局 2001 年版，第 101 页。

⑥ （清）孙诒让撰，孙启治点校：《墨子间诂》，中华书局 2001 年版，第 119 页。

⑦ （清）孙诒让撰，孙启治点校：《墨子间诂》，中华书局 2001 年版，第 70 页。

力气的就迅速帮助别人，有财产的就努力去分给别人，懂事物规律的就提倡以教诲别人。墨子所培养的"兼士"除了出力助人、分财予人外，还将教诲别人作为一项主要内容，可见教育在墨子心里所占据的地位是多么重要！

第三，思考、教诲、行动交替进行。《贵义》篇云："嘿则思，言则诲，动则事，使三者代御，必为圣人。必去喜，去怒，去乐，去悲，去爱，而用仁义。手足口鼻耳，从事于义，必为圣人。"① 墨子的意思是说，沉默的时候就思考，讲话的时候就教诲，行动的时候就从事。使三者交替进行，必定成为圣人。必须去掉喜、去掉怒、去掉乐、去掉悲、去掉爱，而使用仁义。手足口鼻耳都用来从事于仁义，必定成为圣人。必须思考、教诲、行动交替进行才能成为圣人。可见，教诲（或教育）所占的比重较大。这比明代哲学家王守仁的命题"知行合一"要丰富得多了，王守仁说："知者行之始，行者知之成：圣学只一个功夫，知行不可分作两事。"（《传习录》）他认为必须"知行并进"。但是，在教育的过程中也能增进知识，"教学相长"就是"教"与"学"两者互相促进与提高。显然，在这一点上，墨子是要胜于王守仁的。

墨子希望培养众多的"兼士"，以利于国家的统治与稳定。《尚贤上》篇云："是故国有贤良之士众，则国家之治厚；贤良之士寡，则国家之治薄。故大人之务，将在于众贤而已。"② 意思是说，若国家拥有众多贤良人士，那么国家的治理就厚实、稳固，若国家拥有的贤良人士少，那么国家的治理就薄弱、动荡。因此大人的首要任务，是使贤良人士增多。如何使"贤良之士"亦即"兼士"增多呢？那只有通过良好的教育来培养。③

二　墨子为以"兼士"为培养目标的原因

在教育思想中，教育目的论是很重要的一环，它决定着通过教育活动培养何种人才的问题。墨子的教育目的，概括来讲就是培养"兴万民之

---

① （清）孙诒让撰，孙启治点校：《墨子间诂》，中华书局 2001 年版，第 442-443 页。

② （清）孙诒让撰，孙启治点校：《墨子间诂》，中华书局 2001 年版，第 44 页。

③ 徐希燕：《墨学研究　墨子学说的现代诠释》，商务印书馆 2001 年版，第 345-346 页。

利"的"兼士",即"兼爱"之人。① 对此,墨子曾云"兼士"能"为其友之身若为其身,为身友之亲若为其亲"。② 而"别士""吾岂能为吾友之身若为吾身,为吾友之亲若为吾亲"③。故兼士爱他人,而别士只爱自身。而墨子所云"兼爱"即是"兼相爱,交相利";"夫爱人者,人亦从而爱之;利人者,人亦从而利之;恶人者,人亦从而恶之;害人者,人亦从而害之"。④ 墨子从他的"兼爱"立场出发,统治者想要治理国家,安邦定国,必须找出国家混乱的根源,墨子认为这个根源就是"不相爱",即"圣人以治天下为事者也,不可不察乱之所自起。当察乱何自起?起不相爱"⑤。

墨子生活在春秋战国之际,当时社会失范,列国争强,百姓深陷困顿之中。面对这种混乱局面,墨子认为:"凡天下祸篡怨恨,其所以起者,以不相爱生也。"⑥ 也就是说,墨子认为造成这一混乱局面的根源在于人们不能相爱,而是相互的争斗,因此他提出了"兼爱",即无差别的互爱,兼爱没有亲疏和厚薄之别,爱他人如同爱自己的亲人。墨子希望实施"兼爱"来实现"刑政治,万民和,国家富,财用足,百姓皆得暖衣饱食,便宁无忧"⑦ 的政治理想。他发现:"国有贤良之士众,则国家之治厚,贤良之士寡,则国家之治薄。"⑧ 感于兼爱的重要意义以及兼士的稀缺,墨子指出必须通过教育来培养大批"兼爱"思想的执行者即"兼士"。因此,墨子才把教育目的设定为培养以救世为己任的"兼士"。

"兼士"既是墨子教育思想中所要求达到的具体目标,也蕴含了墨子对理想人格达成的期望,故此墨子对"兼士"提出的严格要求:"厚乎德行,辩乎言谈,博乎道术。"⑨ 这包括三个方面:在道德品质上要做到品行

---

① 娄立志:《墨子教育哲学思想浅析》,《齐鲁学刊》1999 年第 2 期。

② (清) 孙诒让撰,孙启治点校:《墨子间诂》,中华书局 2001 年版,第 117 页。

③ (清) 孙诒让撰,孙启治点校:《墨子间诂》,中华书局 2001 年版,第 117 页。

④ (清) 孙诒让撰,孙启治点校:《墨子间诂》,中华书局 2001 年版,第 106 页。

⑤ (清) 孙诒让撰,孙启治点校:《墨子间诂》,中华书局 2001 年版,第 99 页。

⑥ (清) 孙诒让撰,孙启治点校:《墨子间诂》,中华书局 2001 年版,第 102 页。

⑦ (清) 孙诒让撰,孙启治点校:《墨子间诂》,中华书局 2001 年版,第 200 页。

⑧ (清) 孙诒让撰,孙启治点校:《墨子间诂》,中华书局 2001 年版,第 44 页。

⑨ (清) 孙诒让撰,孙启治点校:《墨子间诂》,中华书局 2001 年版,第 44 页。

高尚；在言语谈吐上，要知识广博，能言善辩；在能力技巧方面，要有专门之长，博通道技。总之，墨子对兼士的要求就是德才兼备。墨子注重实践价值，他要求"兼士"不仅要有德行、有学识、有能力，而且要挺身而出，能够挽救危局，救民于水火，对百姓和国家有切实帮助。他说："睹其万民，饥即食之，寒即衣之，疾病侍养之，死丧葬埋之。兼君之言若此，行若此。"① 就是说一个"兼士"，看到饥饿的人要予其之以食物，看到为寒冷所迫的人要予其之以衣物，看到有疾病之人就照顾疗治，看到去世之人要予以埋葬。故而真正的"兼士"一定要以自己的行为做到增益于人，增益于社会和国家。只有"有力者疾以助人，有财者勉以分人，有道者劝以教人"，② 才算是"兼士"。③

从墨子的"兼爱"观可以清晰地看出他的治国之道，以此也可洞察出墨子教育目的的社会意义。众所周知，教育作为社会体系的一部分总是为一定的阶级、阶层服务的，墨子的教育目的观也不例外。墨子希望他所培养的"兼士"通过"兼相爱，交相利"也为一定阶级、阶层服务。墨子认为"兼相爱，交相利"，即为"仁人之所以为事者，必兴天下之利，除去天下之害"，④ 为达到"兴利除害"的目的，墨子还要求他的弟子敢于赴汤蹈火、摩顶放踵，"必去六辟。默则思，言则诲，动则事，使三者代御，必为圣人。必去喜、去怒、去乐、去悲、去爱、去恶，而用仁义。手足口鼻耳，从事于义，必为圣人"⑤。墨子不但提出"兼士"的标准，而且还提出了权衡"兼士"是否真正符合要求的标准："合其志功而观焉。"⑥ 即是说要通过考查学生的动机与实践的客观效果来决定。这是中国历史上首次提出的动机与效果的统一论，也是古代认识论学说上的一大创见。⑦

娄立志认为，在墨子之于教育目的论述中，"兼士"固然为其教育目

① （清）孙诒让撰，孙启治点校：《墨子间诂》，中华书局 2001 年版，第 119 页。

② （清）孙诒让撰，孙启治点校：《墨子间诂》，中华书局 2001 年版，第 70 页。

③ 李光福、郭怀：《墨子教育观简析》，《太原师范学院学报》2005 年第 1 期。

④ （清）孙诒让撰，孙启治点校：《墨子间诂》，中华书局 2001 年版，第 101 页。

⑤ （清）孙诒让撰，孙启治点校：《墨子间诂》，中华书局 2001 年版，第 442-443 页。

⑥ （清）孙诒让撰，孙启治点校：《墨子间诂》，中华书局 2001 年版，第 472 页。

⑦ 孙中原主编：《墨学与现代文化》，中央广播电视大学出版社 1998 年版，第 109-110 页。

标所在，而在此中"尚贤"与"兼士"的关系也须着重留意。"尚贤"即推崇贤能方正之士。墨子心目中的贤良之士，即"厚乎德行，辩乎言谈，博乎道术"①之人，也就是所谓的"兼士"。墨子认为贤良之士是保证国家长治久安的基础，因此墨子把"尚贤"看作"为政之本"，他说"国有贤良之士众，则国家之治厚，贤良之士寡，则国家之治薄"②。既然贤良之士具有如此重要的作用，那么教育的功能就在于通过教育活动培养一大批贤良之士，为国家服务。如此一来，教育的目的便被赋予了明确的政治功能，与治理国家结合了起来。

娄立志认为，墨子的"兼爱"与孔子的"亲亲而爱人"尽管在表现形式上有所差异，但从本质上看，孔墨两家都是以普遍形式表现出来的"爱有等次"的不同阶级的概念。所不同者，墨子出身社会下层，所代表的也是平民阶层，因此墨子之"兼爱"主要是为下层百姓发声呐喊，这就是"天下之人皆相爱，强不执弱，众不劫寡，富不侮贫，贵不傲贱，诈不欺愚"，③因此，墨子教育目的虽以培养"兼士"为目标，但并非毫无差等，事实上，墨子的教育目的亦有阶级属性，只是这一归属是倒向社会下层而已。

故此，娄立志进一步指出，墨子教育思想中，有诸多关于生产劳动的论述，已经初步有了教育与生产劳动结合的，进而培养"兼士"的思想萌芽，具体而言：

首先，墨子意识到，劳动是人区别于其他动物的本质特征。他说："今人与此（禽兽、麋鹿、蜚鸟、贞虫）异者也，赖其力者生，不赖其力者不生。"④墨子在此表明，劳动为人所专有仅靠本能生存，而人则具备创造性劳动的能力，从而通过劳动，创造财富，改造环境，以求生存。

其次，墨子明确提出其教育对象主要面对"农与工肆之人"，因此墨子重视教授弟子各种劳动技能，这主要包括农业技能和手工业技能。农业方面，墨子认为"女子废其纺织而修文采，故民寒；男子离其耕稼而修刻

---

① （清）孙诒让撰，孙启治点校：《墨子间诂》，中华书局 2001 年版，第 44 页。
② （清）孙诒让撰，孙启治点校：《墨子间诂》，中华书局 2001 年版，第 44 页。
③ （清）孙诒让撰，孙启治点校：《墨子间诂》，中华书局 2001 年版，第 103 页。
④ （清）孙诒让撰，孙启治点校：《墨子间诂》，中华书局 2001 年版，第 257 页。

镂，故民饥"①；手工业方面，墨子强调"凡天下群百工、轮车鞼匏、陶冶梓匠，使各从事其所能"②。事实上，墨子不仅传授弟子农业和手工业生产技能，墨子本人也参加生产劳动，而且墨子的手工业造诣极深，如其所做的木器堪比著名工匠公输盘，由此可见墨子对于生产劳动的重视，而从中亦可知墨子在此方面对弟子教育的门径和成效。③

三　教育主体

在教育活动中，教育主体既指教育者，即教育实践活动的组织者和实施者；也指受教育者，即教育者所施加影响的承受者。因此，关于教育主体这一问题的讨论也就主要围绕两个方面展开：教育者面貌以及受教育者的范围，而从本质上讲，这其实就是对教育主体的范围和价值取向的研究。

在墨子教育思想中，也有关于教育主体方面的论述。为回答教育者该具有何种面貌，以及受教育者应该包括哪些人等问题，墨子提出"有道施教"和"能从事"的思想。④

关于"有道施教"，其体现的是墨子对教育者所应具备条件的基本认识。墨子曾说："为贤之道将奈何？曰：有力者疾以助人，有财者勉以分人，有道者劝以教人。"⑤ 墨子又说："天之意不欲大国之攻小国也，大家之乱小家也，强之暴寡，诈之谋愚，贵之傲贱，此天之所不欲也。不止此而已，欲人之有力相营，有道相教，有财相分也。"⑥ 都包含了这样的思想。可以看到，"有道施教"意味着对施教者而言，"有道"是作为从教者的必备条件，教育者做到"有道"即达标，做不到"有道"则不是合格的教育者。

墨子以"有道施教"来概括他心目中教育者的形象，跳出了那个时代某些固定条框的限制，但同时也给这一概念注入了明确的道德和实践标

① （清）孙诒让撰，孙启治点校：《墨子间诂》，中华书局2001年版，第36页。
② （清）孙诒让撰，孙启治点校：《墨子间诂》，中华书局2001年版，第163-164页。
③ 娄立志：《墨子教育哲学思想浅析》，《齐鲁学刊》1999年第2期。
④ 刘红霞：《墨子教育哲学思想的现代阐释》，《郑州大学学报》2009年第6期。
⑤ （清）孙诒让撰，孙启治点校：《墨子间诂》，中华书局2001年版，第70页。
⑥ （清）孙诒让撰，孙启治点校：《墨子间诂》，中华书局2001年版，第199页。

准，其内涵可谓既宽泛又严格。

应该注意到在墨子那里，"有道"实质上是一个品性或能力标准，而不是一个固化的等级或阶层尺度。因此无论是什么人，只要达到这个条件，都可以为师，这显然就确定了教育者的广泛来源。

无疑，墨子所说的"道"首先蕴含的是道德价值，如墨子所说的"君子之道"，就是"贫则见廉，富则见义，生则见爱，死则见哀，四行者不可虚假，反之身者也"①。又如：

> 子墨子云："籍设而攻不义之国，鼓而使众进战，与不鼓而使众进战而独进战者，其功孰多？"吴虑曰："鼓而进众者其功多。"子墨子曰："天下匹夫徒步之士少知义，而教天下以义者功亦多，何故弗言也？若得鼓而进于义，则吾义岂不益进哉？"②

不过，因为当时的社会现状是"天下之百姓，皆以水火毒药相亏害，至有余力不能以相劳，腐朽余财不以相分，隐匿良道不以相教，天下之乱，若禽兽然"（《尚同上》）。这也是墨子说的造成社会"三患"的原因。在此意义上，墨子更注重现实，提倡只要有良好的道术，能利天下，就要拿出来教诲人民。

墨子从社会现实和功利原则出发，为达到"除天下之害，兴天下之利"的目标，提出只要"有道者"就应该施教，充分反映了墨子强调教育主体的主动性、积极性的特点。

如墨子说："去无用之费，圣王之道，天下之大利也。"③ 又说："譬若筑墙然，能筑者筑，能实壤者实壤，能欣者欣，然后墙成也。为义犹是也，能谈辩者谈辩，能说书者说书，能从事者从事，然后义事成也。"（《耕柱》）

"有道施教"之"道"的标准，具体体现为功利的原则。也就是说，只要对人的生活实践有利，在墨子看来，都是各种不同的"道"，这实际上扩大了教育的内容。对墨子而言，有把技能教育放在更为核心地位的意

---

① （清）孙诒让撰，孙启治点校：《墨子间诂》，中华书局 2001 年版，第 9 页。

② （清）孙诒让撰，孙启治点校：《墨子间诂》，中华书局 2001 年版，第 474 页。

③ （清）孙诒让撰，孙启治点校：《墨子间诂》，中华书局 2001 年版，第 163 页。

蕴。因此，墨家教育思想，从其"强行施教"的倾向和对技艺训练的高度重视，都内在地规定了墨子教育思想强烈的实践性特征。

关于"能从事"，墨子以"能从事"作为接受教育的标准，将最大多数人列入可以接受教育的范畴，成为教育面对普通大众的显著标志。

墨子注重教育的实践价值，其教育对象覆盖面极广，"上说王公大人，次匹夫徒步之士"①。几乎包括了社会的不同阶层，墨子的教育思想带有明显的普及化倾向，这与孔子所倡导的"有教无类"，扩大教育对象范围的思想显然既一脉相承，又有所扩充。

不唯如此，墨家还从分析教与学关系入手，进一步阐述教育主体的价值。《经说下》："唱而不和，是不学也。智少而不学，必寡。和而不唱，是不教也。智而不教，功适息。使人夺人衣，罪或轻或重；使人予人酒，或厚或薄。"② 可见墨子认为，若只唱而不和，就是不学；缺乏知识却不愿不学习，才识只会愈加贫乏。若只和而不唱，就是没有施教；才识丰富却不愿教人，才能也会越来越差。教唆他人抢夺别人的衣服，抢夺者罪过较轻，而教唆者则罪过深重。教导人以酒赠送他人，赠酒者为厚，让人赠酒为薄。

由此段可知，墨家认为教与学是相辅相成、相互促进的，为师者通过教学活动不仅把知识给予了学生，也促进了自身才识的巩固和增长；为学者若不愿学习，才识会变少，能力也会变差；对教育活动本身而言，其本身则具有两重性，既可以教人行善，也可以教人作恶。墨子强调，教人作恶者，其罪行就本身而言更甚于作恶者。在此，墨子突出强调了教育主体的道德规定性，就是说教育主体的德行必须符合道义原则，在教育活动当中，教育者的责任要高于被教育者。在此，墨子突出教育者所应具备品德要求和应承担的责任，这不仅是古代教育思想的重要成果，也对今天的教育理论有启发意义。③

---

① （清）孙诒让撰，孙启治点校：《墨子间诂》，中华书局 2001 年版，第 474 页。

② （清）孙诒让撰，孙启治点校：《墨子间诂》，中华书局 2001 年版，第 388 页。

③ 刘红霞：《墨子教育哲学思想的现代阐释》，《郑州大学学报》2009 年第 6 期。

第三节 教育内容

墨家的教育内容德行并举，涵盖品德、世界观、知识技能多个层面。"大致分为以'兼爱'为核心的社会思想学说，和以'实用'为主的各种生产科学两方面内容。由于后一方面大多强调以实用为主或实用价值，针对这一特点，墨家的教育思想有重视技能培训和实践操作的特征。墨家的教育内容也是为'贵义'的旨趣展开的。"① 《非儒下》说："夫一道术学业，仁义也。皆大以治人，小以任官，远施周偏，近以脩身，不义不处，非理不行，务兴天下之利，曲直周旋，利则止，此君子之道也。"② 这就是说，道术、学业、仁义皆为学者所应学习的内容，三者名为不同，但实则合而一体，但在三者之中，墨子显然更看重仁义。墨子认为，此三者中，以大处而言，可以治理百姓；从小处而言，能够用以选任官员；以远景观之，可以普施恩泽；从近处来看，则可养性修身。不合道义之地不可滞留，不符合道理的事情不能去做，一定要致力兴天下之大利。判断曲直是非，以有利于天下为标准，这才称得上是君子之道。基于此，墨子的教育内容大体包括以下几个方面。

一 培养以"义"为核心的道德品质

所谓"义"本指公正合理的言行，后则引申为正确的原则，而在墨子看来，义即利。

在这里，墨子所说的利多指公利、天下之利。他认为要能够"仁人之所以为事也，必兴天下之利，除天下之害"，为践行"兼爱"理念而贵"义"、行"义"，"有力者疾以助人，有财者勉以分人，有道者劝以教人"。③ 并以此不惜赴汤蹈火，"摩顶放踵"。

重义思想到教育领域中，墨子即要求自己的学生必须刻苦、坚毅、诚信、热情，是一位兼相爱交相利，能够做到"有力者疾以助人，有财者疾

---

① 刘红霞：《墨子教育哲学思想的现代阐释》，《郑州大学学报》2009 年第 6 期。

② （清）孙诒让撰，孙启治点校：《墨子间诂》，中华书局 2001 年版，第 297—298 页。

③ （清）孙诒让撰，孙启治点校：《墨子间诂》，中华书局 2001 年版，第 70 页。

以分人，有道者疾以教人"，具有"义"精神的兼士。

因此在教育学生时，墨子着眼于人的贤德修养和实践，将"义"作为对弟子行为的基本道德准则。墨子认为，无论做什么事情，"义"都是根本，要求学生时时刻刻予以遵循，这正如墨子所言："能谈辩者谈辩，能说书者说书，能从事者从事，然后义事成也。"① 例如：

> 子墨子仕人于卫，所仕者至而反。子墨子曰："何故反？"对曰："与我言而不当。曰'待女以千盆'，授我五百盆，故去之也。"子墨子曰："授子过千盆，则子去之乎？"对曰："不去。"子墨子曰："然则非为其不审也，为其寡也。"②

其大意为，墨子推荐一人到卫国做官，此人到卫国后却返回了，墨子问其返回的原因，此人回复道"卫国君主言而无信，之前许诺我一千盆的俸禄，但其实却只给我五百盆，所以我才离开卫国"。墨子说"假如给你的俸禄超过一千盆，你还会离开卫国吗？"此人回答"不离开"。墨子说："你离开卫国不是因为卫国君主不守信义，而是他给你的俸禄低于原来许诺啊。"

再如：

> 子墨子使管黔敖游高石子于卫，卫君致禄甚厚，设之于卿。高石子三朝必尽言，而言无行者。去而之齐，见子墨子曰："卫君以夫子之故，致禄甚厚，设我于卿。石三朝必尽言，而言无行，是以去之也。卫君无乃以石为狂乎？"子墨子曰："去之苟道，受狂何伤！古者周公旦非关叔，辞三公，东处于商盖，人皆谓之狂。后世称其德，扬其名，至今不息。且翟闻之，为义非避毁就誉，去之苟道，受狂何伤！"高石子曰："石去之，焉敢不道也。昔者夫子有言曰：'天下无道，仁士不处厚焉。'今卫君无道，而贪其禄爵，则是我为苟陷人长也。"子墨子说，而召子禽子曰："姑听此乎！夫背义而乡禄者，我常闻之矣，倍禄而乡义者，于高石子焉见之也。"③

---

① （清）孙诒让撰，孙启治点校：《墨子间诂》，中华书局 2001 年版，第 427 页。

② （清）孙诒让撰，孙启治点校：《墨子间诂》，中华书局 2001 年版，第 446-447 页。

③ （清）孙诒让撰，孙启治点校：《墨子间诂》，中华书局 2001 年版，第 432-434 页。

其意为，墨子让自己的学生管黔敖推荐高石子到卫国去，卫国君主给予高石子的俸禄很丰厚，还封其为卿，对他很尊崇。高石子每天三次朝见卫君，每次都知无不言，言无不尽。但卫君对他的建议却从不采纳遵行。故此高石子离开了卫国到了齐国。后来高石子见到了墨子，对墨子说："卫国君主因为夫子推荐的缘故，给我的俸禄很丰厚，还封我为卿，我心存感念故而每天三次朝见，皆尽心尽力地极言直谏，但却从不见卫君采纳我的建议，故此我离开了卫国，卫君会不会认为我狂妄呢？"墨子回答道："离开只要是符合道义的，即便是被人视为狂妄，又有什么关系呢！古时，周公旦被管叔的非议猜疑，周公用行动反驳了猜疑后，就辞掉三公的高位，自己东行前往商盖，当时的人们都认为周公旦狂妄，可后世又都称颂周公的品行，以至今天周公的名声不减。而且我还听说过：做到'义'就不能害怕被人诋毁，而只追求别人的赞扬。你的离去卫国的理由正当充分，又何必担心一时被人误解而被视为狂妄。"高石子说："我离开卫国，哪里敢不依道义呢？以前夫子曾说过：'君主无道时，仁人志士就不该去这样的地方享受高官厚禄。'现今卫国君主无道，我如果贪图他的官职俸禄，那我岂不是存心浪费卫国的粮食吗？"墨子听后很高兴，于是将禽滑厘唤来，告诉他说："你听听高石子这番话吧，背离道义而追求高官厚禄的，我曾经听到过；但是放弃高官厚禄而追求道义的，我还只见到高石子能够做到。"

墨子通过以上事例表明，在义利关系方面，"义"永远居于首位，要"背禄而求义"，不应是"背义而求禄"，而且墨子还及时把这一原则教授给学生，由此可见，墨子在教育学生时对"义"的重视程度。①

二　掌握"天志"，实行"天志"

在墨子那里，"天志"既是思维判断的标准："我有天志，譬如轮人之有规，匠人之有矩。轮匠执其规矩，以度天下之方圆，曰：'中者是也，不中者非也。'"② 更是度量天下君主是非曲直的标准：

> 上将以度天下之王公大人为刑政也，下将以量天下之万民为文

---

① 胡子宗、李权兴等：《墨子思想研究》，人民出版社 2007 年版，第 410-412 页。

② （清）孙诒让撰，孙启治点校：《墨子间诂》，中华书局 2001 年版，第 197 页。

学、出言谈也。观其行，顺天之意谓之善意行；反天之意谓之不善意行；观其言谈，顺天之意谓之善言谈，反天之意谓之不善言谈；观其刑政，顺天之意谓之善刑政，反天之意谓之不善刑政。故置此以为法，立此以为仪，将以量度天下之王公大人卿大夫之仁与不仁，譬之犹分黑白也。①

如此实行"天志"，就可以按照"天欲人兼相爱，交相利"的标准，在实施"天志"的实践过程中，"顺天意者，兼相爱交相利，必得赏。反天意者，别相恶，交相贼，必得罚"②。从而形成具有墨家色彩的教育逻辑。③

三 知识学习："谈辩""说书"

墨子的知识论是其教育内容重要部分，他从知识论出发，对教育内容的选择与教育科目的安排有着自己独到的见解。墨子提出"博乎道术"，它要求"能从事者从事"之人，在"从事"的各种实践活动中，具有认识和改造自然的知识，掌握生产的技能与"法仪"，甚至包括防御守备的"道术"。墨子对教育使命的认识表明，在重视德行教育并将其置于教育内容首位的同时，墨子极为重视生产、科技、军事等实践性教育，这一点与孔子以来的私学教育更加注重理论素养培养的传统路数有着鲜明的差别。

在具体谈到学习何种知识时，墨子明确说道："为义犹是也。能谈辩者谈辩，能说书者说书，能从事者从事，然后义事成也。"④ 可见，"谈辩""说书""从事"都是墨子重要的教育内容，而前两者直接涉及知识学习；后者则关乎实践学习。

所谓"谈辩"，即"辩乎言谈"，指学习谈话辩论的技巧方法。

墨子一贯主张"辩"，他说"夫辩者，将以明是非之分，审治乱之纪，明同异之处，察名实之理，处利害，决嫌疑，焉摹略万物之然，论求群言

---

① （清）孙诒让撰，孙启治点校：《墨子间诂》，中华书局 2001 年版，第 208 页。

② （清）孙诒让撰，孙启治点校：《墨子间诂》，中华书局 2001 年版，第 195 页。

③ 张晓芒：《墨家教育思想的逻辑特点及其现代价值》，《淮阴师范学院学报》2006 年第 2 期。

④ （清）孙诒让撰，孙启治点校：《墨子间诂》，中华书局 2001 年版，第 427 页。

之比。以名举实，以辞抒意，以说出故。以类取，以类予。有诸己不非诸人，无诸己不求诸人"①。就是说欲辨明事物，就一定要先知道事物本身的是非曲直，之后明晓同与异，进而才可以探索未被认知的事物。

墨子又说："物之所以然，与所以知之，与所以使人知之，不必同，说在病。"② 要能"以说出故"。就是把道理讲出来讲透彻。讲的谁也驳不倒。论辩中就不能有"出举"，不能有"荡口"，不能有"悖论"。要"以名举实，以辞抒意，以说出故，以类取，以类予"。

墨子通过"辩"认识普通事物，同时他还把"辩"上升到国计民生的高度。

墨子在教育学生时，重视让他们通过"辩乎言谈"，传播墨家思想，发扬墨家精神，对此，墨子就曾说"凡入国，必择务而从事焉。国家昏乱，则语之尚贤、尚同；国家贫，则语之节用、节葬；国家喜音湛湎，则语之非乐、非命；国家淫僻无礼，则语之尊天、事鬼；国家务夺侵凌，则语之兼爱、非攻"③。在春秋战国之际，不少策士奔走于列国之间，以言辞打动各国君主，以求实现自己的政治抱负，墨子培养弟子具有良好的论辩言说能力，正是适应这一历史趋势，从而使学生具有能言善辩的语言能力，以更好达到自己的目的。

"说书"即通过讲授各类文化知识，包括德行、治国、经世、方技等，来培养各类专门人才。"从事"则是学习各种实践技能，包括农耕、手工业、商业、军事等技能，来培养各类实用人才。墨家重视科学，在数学、几何学、物理、光学、机械等方面都取得了很高成就，就跟墨子重视培养学生实用技能，不断创新有直接关系。墨子本人对军事科技有很深造诣，他培养的学生不仅继承了他在军事机械、军事工程学方面的成就，而且具有墨子以天下为己任的慷慨气度，"墨子服役者百八十人，皆可使赴火蹈刃，死不还踵，化之所致也。"④ 即凸显了这一点。

墨子的知识教育是为他培养"兼士"的目的服务的，同时也与他的知

① （清）孙诒让撰，孙启治点校：《墨子间诂》，中华书局2001年版，第415页。
② （清）孙诒让撰，孙启治点校：《墨子间诂》，中华书局2001年版，第320页。
③ （清）孙诒让撰，孙启治点校：《墨子间诂》，中华书局2001年版，第475-476页。
④ 何宁：《淮南子集释》，中华书局1998年版，第1406页。

识论相契合。尤其是墨子对有关自然科学及"辩学"方面的教育内容对古代教育和逻辑学体系的建构有着开创性的作用，是极为可贵的优秀历史遗产。①

四　在社会实践中学习

墨子的知识论思想是他教育思想令人瞩目之处。墨子对于知识的起源、检验标准、分类及传授方法都有独到见解。知识起源方面，墨子强调"察知""实知"，重视感觉经验的唯物论。墨子则认为知识的根源是人们的感知所反映的外界对象。② 他说："天下之所以察知有与无之道者，必以众之耳目之实知有与亡为仪者也，请惑闻之见之，则必以为有；莫闻莫见，则必以为无。"③ 可见，墨子非常重视耳闻、目见，即感觉经验在认识过程中的作用，具有唯物论的思想萌芽。因此，墨子提倡"能从事者从事"④，高度重视通过实践学习。

对于如何在实践中学习，从墨子对门徒在各国任职态度中就可以看得很清楚。在墨子门徒中，有不少是在列国担任要职，墨子认为，学生在列国做官，其目的是协助国君治理国家。然而他们能否学以致用，胜任使命，尚需以实践加以检验。⑤ 如下述记载：

> 子墨子使胜绰事项子牛。项子牛三侵鲁地，而胜绰三从。子墨子闻之，使高孙子请而退之，曰："我使绰也，将以济骄而正壁也。今绰也禄厚而谄夫子，夫子三侵鲁，而绰三从，是鼓鞭于马靳也。翟闻之：'言义而弗行，是犯明也。'绰非弗之知也，禄胜义也。"⑥

墨子派学生胜绰去跟随齐国将军项子牛，项子牛尚武好战，常侵略别国，墨子派胜绰其实就是为了能够劝阻项子牛，但项子牛多次出兵进攻鲁国，胜绰非但没有阻止，反而每次都随着项子牛出征。墨子知道后就派弟

---

① 娄立志：《墨子教育哲学思想浅析》，《齐鲁学刊》1999 年第 2 期。
② 娄立志：《墨子教育哲学思想浅析》，《齐鲁学刊》1999 年第 2 期。
③ （清）孙诒让撰，孙启治点校：《墨子间诂》，中华书局 2001 年版，第 223-224 页。
④ （清）孙诒让撰，孙启治点校：《墨子间诂》，中华书局 2001 年版，第 427 页。
⑤ 胡子宗、李权兴等：《墨子思想研究》，人民出版社 2007 年版，第 409 页。
⑥ （清）孙诒让撰，孙启治点校：《墨子间诂》，中华书局 2001 年版，第 478-479 页。

子高孙子到项子牛那里，请求项子牛逐退胜绰。高孙子对项子牛说："我老师派胜绰到您身边，是要他帮助您去偏就正。你给予胜绰待遇优厚，但他却不能以正道来助您，相反却多次随您去进攻鲁国，这就如同想要驱使马快跑，但却又鞭子打马的前胸，让马无法前行一样。墨子说：'口中言义却身体不行，这是对义的冒渎'。胜绰知晓道义，却禄利熏心，不行正道，见利忘义。所以吾师墨子要让胜绰回去。"

由此可见，墨子对于学生，既要求他们学以致用，也要求他们从实践中总结、提高，对于空有理论知识，而无法或不愿施行者，墨子深恶痛绝。总之，若言行不一，不能在实践中去践行所学，墨子不认为其是一个合格学生。

五　遵从纪律，死不还踵

墨子团体组织严密，带有相当的军事性特征，墨子本人很重视服从教育。墨学有自己指定的必须遵守的纪律，如杀人者死，伤人者刑。在墨子见公输盘中，也突出显现了墨子门徒严守纪律的情形。

> 于是见公输盘。……楚王问其故，子墨子曰："公输子之意，不过欲杀臣。杀臣，宋莫能守，可攻也。然臣之弟子禽滑厘等三百人，已持臣守圉之器，在宋城上而待楚寇矣。虽杀臣，不能绝也。"①

这段文字讲的是楚国想要攻打宋国，墨子听说后，赶往楚国阻止。墨子见到公输盘，解下带子围成城墙的形状，拿些小木块当作守城器械。公输盘多次设置攻城的变化，墨子都守住了城墙。公输盘攻城方法全部用尽，墨子守城方法还有剩余，公输盘败给了墨子，但却说道："我知道该如何对付你，只是我不愿说出来。"墨子也说："我也知道你打算如何对付我，但我也不说。"楚王问这是为什么。墨子说："公输盘的意思不过是要杀掉我，他认为杀了我，宋国就无法防守，楚国就可以取胜。但是我的学生禽滑厘等三百人，已经持着我的守城器具，在宋国城墙上严阵以待。即使杀了我，也还是无法攻进宋国的。"这段文字除了墨子在计谋策略应对得当外，也的确反映出墨子不怕自己出意外，就是因为平常对弟子严格要求，因此弟子们能够有效继承自己的事业，故此墨子才有此番言语。

---

① （清）孙诒让撰，孙启治点校：《墨子间诂》，中华书局 2001 年版，第 487-488 页。

再如，前文所引从墨子令高孙子到齐国将军项子牛那里去，请求项子牛解除胜绰的职务。以此来看，墨家门人到一个国家去任职，往往就是墨子安排的，他们带有墨子的使命，如果不能很好完成任务，墨子会将其换回，以此可见墨子对学生的教育往往是通过实践来完成的，而即使是在实践中，墨家的纪律也是十分严格的。

还需要注意的是，墨家门人到列国去任职做官，除了带有墨子的使命外，还有一项功能，通过做官，向墨家缴纳一定的资金，从而在经济上帮助墨家，可见，《耕柱》载："后生不敢死，有十金于此，愿夫子之用之也。"① 记载的就是耕柱子上缴十金给墨子。显然能够做到如此，墨家严格的纪律是其中的重要因素。

墨家严明的纪律在钜子制度中也能够体现得很明显。在当时，钜子制是一个很独特的制度，钜子是墨学团体的首领，对墨学成员具有绝对权威，因此墨家钜子制带有明显军事化管理体制的特征，具有鲜明的墨家特色。从史料中可以知道：后任钜子由前任钜子指定，终身任职，但一般不能子承父业，钜子具有很高权威，自身也要做遵守墨学纪律的典范，墨家子弟都要绝对服从钜子的命令，可谓生死不避。

在墨家门人遵从钜子的记载中，最典型的莫过于《吕氏春秋》所载钜子孟胜率领墨家弟子为阳城君守城而死之事。

> 墨者钜子孟胜，善荆之阳城君，阳城君令守于国，毁璜以为符，约曰："符合听之。"荆王薨，群臣攻吴起，兵于丧所，阳城君与焉，荆罪之。阳城君走，荆收其国。孟胜曰："受人之国，与之有符，今不见符，而力不能禁，不能死，不可。"其弟子徐弱谏孟胜曰："死而有益阳城君，死之可矣。无益也，而绝墨者于世，不可。"孟胜曰："不然。吾于阳城君也，非师则友也，非友则臣也，不死，自今以来，求严师必不于墨者矣，求贤友必不于墨者矣，求良臣必不于墨者矣。死之，所以行墨者之义，而继其业者也。我将属钜子于宋之田襄子，田襄子，贤者也，何患墨者之绝世也！"徐弱曰："若夫子之言，弱请先死以除路。"还殁头前于孟胜。因使二人传钜子于田襄子。孟胜死，

---

① （清）孙诒让撰，孙启治点校：《墨子间诂》，中华书局 2001 年版，第 428 页。

弟子死之者百八十。三人以致令于田襄子，欲反死孟胜于荆。田襄子
止之曰："孟子已传钜子于我矣，当听。"遂反死之。墨者以为不听钜
子不察，严罚厚赏不足以致此。今世之言治，多以严罚厚赏，此上世
之若客也。①

因奉钜子之令，墨家一百八十多人竟然跟钜子孟胜一道慷慨赴死。孟
胜派了两个弟子去告知田襄子，由他接任钜子，田襄子知道消息后，要求
两位弟子不要再回到阳城去了。可是这两位弟子不听从，回到阳城与众弟
子一起殉难，但这样的行为举止，这两位弟子被认为是没有服从钜子的命
令，由此可见墨家钜子号令的严峻和墨家弟子对钜子的信服和顺从。②

第四节 墨子教育思想的特征

墨子教育方法是与他的知识获得的方法相对应的，而且也与其教育内
容和教学实际有内在联系。墨子教育思想表现出以下主要特征。

一 肯定教育的重要价值，主张"强力施教"

纵观墨子教育思想，可以很清楚地看到一个突出特征，即他对教育价
值一以贯之的肯定和重视，以及在此基础上所提出的"强力施教"主张。

墨子对教育价值的充分认识首先表现在他将"天意"与"教"结合起
来，将教育上升到了"天意"的高度。如墨子云："今天下之君子，中实
将欲遵道利民，本察仁义之本，天之意不可不慎也。既以天之意以为不可
不慎已，然则天之将何欲何憎？子墨子曰：天之意不欲大国之攻小国也，
大家之乱小家也，强之暴寡，诈之谋愚，贵之傲贱，此天之所不欲也。不
止此而已，欲人之有力相营，有道相教，有财相分也。"③

在这里，墨子以"天之意不可不慎"为出发点，分析了"天之意不
欲"的具体表现，进而提出"有道相教"的理念，并将其作为"天所欲"
的内容之一。在墨子那个时代，天意具有至高无上的地位，由此墨子也赋

---

① 许维遹：《吕氏春秋集释》，中华书局 2009 年版，第 521-522 页。
② 胡子宗、李权兴等：《墨子思想研究》，人民出版社 2007 年版，第 417-418 页。
③ （清）孙诒让撰，孙启治点校：《墨子间诂》，中华书局 2001 年版，第 197 页。

予了教育的神圣属性。

由此而论，墨子认为对于国家和个人发展而言，"智而不教，功适息"①。即教育具有毋庸置疑的内在合理性，因此墨子主张上至贤圣，下至百姓，皆应顺应天意，积极投身教育活动。

如墨子说："古之圣王，欲传其道于后世，是故书之竹帛，镂之金石，传遗后世子孙，欲后世子孙法之也。今闻先王之遗而不为，是废先王之传也。"②

墨子所说的"古之圣王，欲传其道于后世"，其实就是所谓治国理政的"帝王之学"，而获取的方式也是"法"可得，"废"则不可得。

再如对于君子，墨子主张"今也天下之士君子""莫若为贤"，而为贤之道就是包括"有道者劝以教人"等举措，唯有此才能使"寒者得衣，乱者得治。若饥则得食，寒则得衣，乱则得治，此安生生"。③

而若做不到运用教育引导人们，则危害也是很明显的，对此，墨子说："天下之百姓皆以水火毒药相亏害，至有余力不能以相劳，腐朽余财不以相分，隐匿良道不以相教，天下之乱，若禽兽然。"④

有学者指出，墨子教育主张带有显著的刚性品质，反映在教育方式和教育上，即体现出墨子所提出的"强力施教"教育理念。墨子所倡导的"强力施教"理念，源于其对社会现实的冷峻认知，墨子说："今夫世乱，求美女者众，美女虽不出，人多求之。今求善者寡，不强说人，人莫之知也。"⑤ 墨子认为他生活的年代是乱世，人们很难心存善念，自觉按照道义的原则去行事。因此如果不竭力去说服、教化别人，人们就不知道行善之理。在教学的互动关系中，尤其是教育活动开展初始，教师一方的主动性在很大程度上决定了教育活动的成效。在此墨子强调教育者的主观能动性，对形成重视教育的氛围起到了重要作用。⑥

---

① （清）孙诒让撰，孙启治点校：《墨子间诂》，中华书局 2001 年版，第 388 页。
② （清）孙诒让撰，孙启治点校：《墨子间诂》，中华书局 2001 年版，第 444 页。
③ （清）孙诒让撰，孙启治点校：《墨子间诂》，中华书局 2001 年版，第 70-71 页。
④ （清）孙诒让撰，孙启治点校：《墨子间诂》，中华书局 2001 年版，第 74-75 页。
⑤ （清）孙诒让撰，孙启治点校：《墨子间诂》，中华书局 2001 年版，第 451 页。
⑥ 刘红霞：《墨子教育哲学思想的现代阐释》，《郑州大学学报》2009 年第 6 期。

二 重实践力行，理论联系实际

墨子的教育思想，从教育内容上看大体可分为以"兼爱"为核心的社会思想学说和以各种生产实践和科学实践为核心的实践知识两方面内容。由于后者以实用为主或实用价值为圭臬，因此针对这一特点，墨家的教育思想具有鲜明的重视技能培训和实践操作的特征，呈现出重视实践活动、注重亲力亲为，强调理论联系实际的特点。

墨子教学的一个重要内容就是"从事"，即各类实践知识和技能的培养，其教育对象也多是"农与工肆之人"，因此重视实践教育，注重理论与实践有机结合就成为墨子教育思想的重要特质。这大体表现为以下几个方面：其一，与当时众多思想家类似，墨子强调教学中学习与思考的结合，墨子提出的"故"的概念，即事物发展的内在原因。墨子要求学生在学习时，不仅要掌握知识本身，还要致力探索知识背后的原因和规律，做到学思结合。其二，墨子高度重视理论与实践的结合。墨子曾说"以身戴行"①"士虽有学，而行为本"②"口言之，身必行之"③，不止一次强调实践的重要性，提倡实践为本，理论与实践的统一，知识只有通过实践的强化与检验，才能真正发挥效能。其三，在教学方法上，墨子的教学活动很多并不是在讲堂中口耳相传，而经常采取实践教学方法，以具体、生动的教学方式，通过身体力行来完成教学活动。其四，由于墨子重视生产实践和自然科学方面知识的传授，所以墨子在教学中创立了通过实际操作而进行教学的科学实验法，从而更好地培养弟子们的抽象思维能力。如在光学教学中，墨子指导学生进行小孔成像实验，证实了光是沿直线传播的原理，形成了某种超越其时代的教学风格。④

三 提倡量力而行，因材、因时而教

值得注意的是，墨子虽然倡导强力施教，但在教学方法上却十分灵

---

① （清）孙诒让撰，孙启治点校：《墨子间诂》，中华书局2001年版，第11页。
② （清）孙诒让撰，孙启治点校：《墨子间诂》，中华书局2001年版，第7页。
③ （清）孙诒让撰，孙启治点校：《墨子间诂》，中华书局2001年版，第465页。
④ 娄立志：《墨子教育哲学思想浅析》，《齐鲁学刊》1999年第2期。

活，无论是德行、理论还是实践技能，墨子都尽量以潜移默化的方式去实施教育，如以下记载：

> 有游于子墨子之门者，身体强良，思虑徇通，欲使随而学。子墨子曰："姑学乎，吾将仕子。"劝于善言而学，其年，而责仕于子墨子。子墨子曰："不仕子。子亦闻夫鲁语乎？鲁有昆弟五人者，亓父死，亓长子嗜酒而不葬，亓四弟曰：'子与我葬，当为子沽酒。'劝于善言而葬，已葬而责酒于其四弟，四弟曰：'吾末予子酒矣。子葬子父，我葬吾父，岂独吾父哉？子不葬，则人将笑子，故劝子葬也。'今子为义，我亦为义，岂独我义也哉？子不学，则人将笑子，故劝子于学。"①

这段文字的意思是，有人游历到墨子那里，这人身体强健，思维敏捷，墨子打算让他成为弟子随自己求学。于是墨子对他说："先好好学习，将来我可以让你做官。"墨子以好言勉励，这人也应允好好学习。一年期满后，他向墨子求取官职。墨子说："实际上我让你求学并不是为了让你做官。你也听闻过一个鲁国故事吗？鲁国有一个五子之家，他们的父亲去世了，长子嗜酒不愿意和兄弟们安葬父亲。他的四个弟弟说：'只要你和我们一起安葬父亲，我们事后就给你买酒喝。'四个兄弟用老大喜欢听的话，使其一起安葬了父亲。之后老大就让四个弟弟给他买酒喝。四个弟弟说：'我们是不会给你买酒喝的，你安葬的是你的父亲，这与我们安葬的是我们的父亲是一样的道理，难道你安葬的仅仅是我们的父亲吗？如果你不去安葬别人肯定会讥讽你，故此我们才劝说你参加安葬父亲。'如今，你也要按道义行事，我也要按道义行事，难道只用我一个人讲道义吗？你不学道义别人一样也会讥消你，所以我才想办法劝勉你学习。"

由此可见，墨子对弟子的教育方式极为灵活，在教人道义的过程中，不是刻板说教，一味强求，而是通过现实磨砺和对照比较，实现了强力施教与灵活引导的有效结合。

在具体教学实践中，墨子还主张根据学生身心特点，量力而行，因材

---

① （清）孙诒让撰，孙启治点校：《墨子间诂》，中华书局2001年版，第461-462页。

施教。墨子曾言"夫知者必量亓力所能至而从事焉"①，"能谈辩者谈辩，能说书者说书，能从事者从事"②。即智慧的人可以根据自己的天分和能力去做某些事情，而有专长的人则可以根据专长来做自己擅长的事情。此外，墨子还提出"多言何益，唯其之时也"。即教育活动要因时而异，教育活动不合时宜，则难以开展。

墨子虽然主张"强力而教"，但并不意味墨子在教育方面一味求进，事实上墨子认为在一定情况下要学会适可而止。《公孟》云："二三子有复于子墨子学射者，子墨子曰：'不可。夫知者必量亓力所能至而从事焉，国士战且扶人，犹不可及也。今子非国士也，岂能成学又成射哉？'"③ 从中可见墨子在教育他人时，主张"亓力所能至而从事焉"，即学习一定要在自己的能力范围内，不可过分勉力而为，否则会适得其反。

同时墨子也认为，对于那些已经懂得精微道理的人，要适可而止，不要再重复学习。《贵义》说：

> 子墨子南游使卫，关中载书甚多，弦唐子见而怪之，曰："吾夫子教公尚过曰：'揣曲直而已。'今夫子载书甚多，何有也？"子墨子曰："昔者周公旦朝读书百篇，夕见漆十士。故周公旦佐相天子，其修至于今。翟上无君上之事，下无耕农之难，吾安敢废此？翟闻之：'同归之物，信有误者。'然而民听不钧，是以书多也。今若过之心者，数逆于精微，同归之物，既已知其要矣，是以不教以书也。而子何怪焉？"④

其意为，墨子南游前往卫国，车中装载了很多书籍。弦唐子看见后很诧异，问道："夫子曾经教导公尚过说：'书籍不过是用以权衡是非曲直而已。'现在夫子装载这么多书，做什么用呢？"墨子说："古时周公旦清晨读书百篇，晚上召见士人七十。故此周公旦辅佐天子，其高尚品行传至了当今。从上面说，我没有承担君主授予的职任，从下面说，我没有承担耕

① （清）孙诒让撰，孙启治点校：《墨子间诂》，中华书局2001年版，第464页。
② （清）孙诒让撰，孙启治点校：《墨子间诂》，中华书局2001年版，第427页。
③ （清）孙诒让撰，孙启治点校：《墨子间诂》，中华书局2001年版，第464页。
④ （清）孙诒让撰，孙启治点校：《墨子间诂》，中华书局2001年版，第445页。

作的艰辛，我怎么敢放弃这些书籍！我听说过：万事万物殊途同归，这中间可能会有差错。然而因为人们所听到的不一致，因此书籍就会多起来。如今像公尚过那样的人，内心对于事物的认识判断已经臻于精微。对于殊途同归的万事万物，已经找到其紧要关键之处，因此也就不再用书籍来教育了。你为什么要感到诧异？"这段文字表明，墨子认为公尚过已经知道事物的关节要理，通晓殊途同归的道理，具有很强的洞察力加上他的思维水平，不用再通过教他读书增加知识能力。墨子在此表明，书籍只具有工具性作用，其作用在于达到增加知识，洞察事物，不可为读书而读书，而个人知识才干达到一定程度，就可以离开书本，这也说明了墨子"学以致用"的实用理性教育原则。[①]

四 强调教师导向，注重教师的主导作用

在教学活动中，墨子高度重视教师的导向作用，他一再强调的"强说""强为"，实际上都是主张以教师为主体，以教师引导为方向，指导学生按照教育者期望的方向前行。墨子之所以如此重视教师的引导作用，显然与其教育内容的广博与艰深有重要关系。墨子不仅对学生在道德上有极高要求，更在治国、生产、军事等多个方面开展教育，而墨家学生来源广泛，自身素养不等齐。墨子意识到，在这种情况下，只有教育者主动引导，做到"虽不扣必鸣者也"[②]，才可以引导学生达到教育者的培养目标。因此，有学者即称，墨子是在教育方面偏重于注入式教学方式，他的其他教育方式在很大程度上也是服务于此的。[③]

① 刘红霞：《墨子教育哲学思想的现代阐释》，《郑州大学学报》2009 年第 6 期。

② （清）孙诒让撰，孙启治点校：《墨子间诂》，中华书局 2001 年版，第 450 页。

③ 娄立志：《墨子教育哲学思想浅析》，《齐鲁学刊》1999 年第 2 期。

附录：墨子教育思想的当代价值^①

论墨子教育思想之精华

墨子是伟大的教育改革家和教育实践家，他为自己的政治理想设学施教，广收门徒，身体力行，诲人不倦，在若干方面开创了教育历史先河。他是中国开展素质教育的先驱，是中国教育创新的发轫者。墨子留下的教育精神财富在几千年后的今天，仍然具有当代价值，可以作为我们发展教育事业的指南。墨子之所以能够取得璀璨的成就，源于其批判、继承、创新、发展的学术品格。墨子出于孔儒，但不拘泥于孔儒，他敢于批判，善于继承，长于创新，志于发展，因此才有了后来的孔墨并立于史林。本文甄别梳理相关研究资料，总结出墨子教育思想之精华如下。

一 教育哲学："染丝""非命"，人性可塑

为什么需要教育？教育的意义何在？这是教育哲学需要解答的首要问

---

① 为加强校园文化建设，营造良好的校园文化氛围，平顶山学院开展校园文化主题凝练工作。经充分论证，广泛征求意见，最终将"墨学文化"确定为平顶山学院校园文化建设主题。2017年6月24日，学校主办"墨子文化与大学教育高层论坛"，来自南开大学、中南财经政法大学、武汉科技大学、河南省社会科学院、河南理工大学等单位20余位学者出席会议。与会学者围绕"墨子教育思想的当代价值"、平顶山学院校园文化建设主题进行了研讨，提出了很好的意见和建议。今选参会专家祁雪瑞、李永铭、孙君恒、张振台4位先生的文章附于此，以供研讨学习。所选论文删去摘要、关键词，修改了少量标点、字词，其他未作修改。

387

题。墨子分别从人性论和现实需要两个方面说明了教育的合法性和必要性。墨子认为，人性是可塑的，教育能对人产生巨大的影响，并创立了"染丝"论（或者称为"人性素丝说"），在中国教育史上第一次提出了先天人性无差别，无善恶之分的观点。墨子认为，人之所以形成善恶之心，主要是后天教育造成的，人的能力，也是可以通过教育提升的。一个人的能力提升了，就能够改变命运，即"非命"。"染丝"论和"非命"说是墨子教育合法性的基石。

首先，墨子从人性上说明了人是可以改造变化的，而促使人变化的根源是外在环境，环境对人起着潜移默化的陶铸、教化作用。《墨子·所染》篇云："染于苍则苍，染于黄则黄，所入者变，其色亦变……故染不可不慎也！非独染丝然也，国亦有染。舜染于许由、伯阳，禹染于皋陶、伯益，汤染于伊尹、仲虺，武王染于太公、周公。此四王者所染当，故王天下。……夏桀……殷纣……厉王……幽王……此四王者，所染不当，故国残身死，为天下僇。……非独国有染也，士亦有染。其友皆好仁义，淳谨畏令，则家日益、身日安、名日荣，处官得其理矣……其友皆好矜奋，创作比周，则家日损、身日危、名日辱，处官失其理矣。"墨子的意思是，大臣、朋友的熏染与影响，也就是大臣、朋友的教化，直接导致了人的变好与变坏。这也就是俗语所说的"近朱者赤，近墨者黑"。墨子认为，人性的变化如丝的颜色变化一样，是和各自遇到的外因有关的。人性品质的形成，其所生活的社会环境起着重要的作用。在墨子看来，教育对人来讲就是提供一种外在的社会环境和生活氛围，从而熏陶受教育者品性与品行的形成。《说文解字》中说："教，上所施，下所效也。"墨子突出了外在环境对人性形成的重要性，同时强调了教育是最重要的人生环境。

其次，墨子从现实出发，提倡通过教育反对儒家的"命定"说，这对教化人们摆脱"宿命"论，有着重大的观念变革意义。墨子认为儒家的"命定"说同提倡教育相矛盾，他说："教人学而执有命，是犹命人葆而去亓冠也。"[1] 教育的基本功能是为了开启民智，改变命运。[2]

---

① 《墨子·公孟》。
② 刘红霞：《墨子教育哲学思想的现代阐释》，《郑州大学学报》（哲学社会科学版）2009年第6期。

二　教育目的：救世理想，公民意识

墨子在其"人性素丝说"的基础上，提出教育应培养能实现其"兼相爱、交相利"社会理想的"兼士"，以"兴天下之利，除去天下之害"，①从而进一步实行天下之"公义"或"正义"。墨子生活于以血缘关系为基础的氏族、贵族世袭、分封等级制的春秋战国时代，《淮南子·真训》中说："周室衰而王道废，儒墨乃始列道而议，分徒而讼。"

墨子既生逢乱世，又出身贫贱，这造就他抱有一种全人类无差等"兼爱交利"的美好愿望。墨子教育思想有三个鲜明的观点：一是教育救世；二是劳动改变命运；三是不扣也鸣主动教学。他要求弟子不仅成为具备技艺和各种专业知识的实干人才，而且还要成为具有高尚道德情操的"兼士"。墨家弟子践行以苦为乐、公而忘私、舍生取义的救世精神，这其实就是现代公民的写照。

墨子所要培养的"兼士"有三个标准，即"厚乎德行、辩乎言谈、博乎道术"，② 其中又以"厚乎德行"为核心。"厚乎德行"，是指富有好的品行，能尽其能地行兼爱义利；"辩乎言谈"，是指善于言事哲理，具有雄辩的才能；"博乎道术"，是指通晓治国的道理和方法。《墨子·尚贤下》篇云："有力者疾以助人，有财者勉以分人，有道者劝以教人。""劝"，意为教化。可见，墨子的意思是，有力气的就迅速帮助别人，有财产的就努力去分给别人，懂事物规律的就教诲别人。让学生"能谈辩者谈辩，能说书者说书，能从事者从事"，使墨家子弟逐渐从事不同类型的职业，其中既有游说诸侯、出官入仕的"谈辩"人才，也有弘扬圣人之道、传授墨家学说的"说书"人才，以及掌握劳动技能、科学技术的"从事"人才，积极主动，各为所长，做合格公民。

《墨子·贵义》篇云："默则思，言则诲，动则事，使三者代御，必为圣人。"墨子的意思是说，沉默的时候就思考，讲话的时候就教诲，行动的时候就从事。必须思考、教诲、行动交替进行才能成为圣人。这比明代哲学家王守仁的命题"知行合一"还要丰富，王守仁说："知是行之始，

---

① 《墨子·兼爱中》。
② 《墨子·尚贤上》。

行是知之成",他认为必须"知行并进"。显然,墨子思想多了一项"言则诲",昭示了践行救世理想的公民精神。

《墨子·鲁问》篇云:"王公大人用吾言,国必治;匹夫徒步之士用吾言,行必修。……故翟以为虽不耕织乎,而功贤于耕织也。"墨子从维护天下人的利益出发,希望通过"上说下教"的社会教育和培养"兼士"的学校教育,建立一个"饥者得食,寒者得衣,劳者得息,乱者得治"的"兼相爱、交相利"的大同世界。

墨子还强调法治的教育观念,反对等级特权。他化用当时的宗教信仰,把"天"看作有生命意义的"人格之天",并且把他的一切观点托于"天志",强调"以天为法,动作有为,必度于天"。"天之所欲则为之,天所不欲则止。"[1] 墨子认为,天下办事的人不能没有法则,没有法则而能把事情办好,是从来没有的事。大的如治理天下,其次如治理国家,都要有法则。那么用什么法则呢?假如以父母师长或者国君为法则,但他们当中能够做到仁爱的太少,所以不宜以他们为法则。"天"的运行广大无私,"天"的恩泽深厚博大,"天"的光辉永远不衰,所以圣王以"天"为法则,"天"所希望的就去做,"天"所不希望的就停止。认为国君也要守法,墨子是第一人,他也因此成为法家的鼻祖。

三 教育对象:全民教育,机会均等

墨子当时的社会,人分九等(一官二吏三僧四道五医六工七匠八娼九儒),命有贵贱,教育或者被教育,只是部分达官贵人的特权。有鉴于此,为使天下人公平地享有教育权,墨子将教育权和受教育权上升到"天"的高度,大力宣传教育或接受教育乃"天欲",任何人都不可违抗。教育既是"天之所欲",因此,凡天下"有道者",都应积极从教。墨子"天欲"说,为平民教育权预制了一条无可置辩的论据,这样就从根本上否定了教育为官府所把持的状况,为普通民众寻求教育提供了理论支持。

墨子认为,每个人在接受教育的权利上应该是平等的,主张人人都应接受教育,把社会地位反差极大的"王公大人"与"匹夫徒步之士"都作为自己的教育对象。要成为墨学门徒,不问身份尊卑、不问地域远近、不

---

[1] 《墨子·法仪》。

问年龄大小，只要尚义即可。墨子在劝人学习时说："今子为义，我亦为义，岂独我义也哉？"① 表明了人人皆有受教育机会之观念。同时，墨子不仅在家广收门徒，还主动上学生家门去劝学，其足迹还踏遍各国山山水水，遍及鲁、齐、宋、魏、楚、卫、赵等国。除了"巫医农工百事"之外，他还多次面见楚王、卫大夫、齐太王、宋王等王公大人，宣传其"兼爱"理想，鼓吹"尚贤""尚同"政治主张，真正身体力行了"上说王公大人，次说匹夫徒步之士"之教育公平理想。

墨子还认为，"今夫乱世。求善者寡，不强说人，人莫之知也。行说人者，其功善亦多，何故不行说人也？"② 教化国民必须"强教"。很显然，墨子的逻辑是：求善者愈少，教人行善就更有必要，"有道以教人"，来者即"教"，不来者也可"往教"。这比孔子的"有教无类"更具有勇于奉献的精神，更具有平民性色彩。墨子主张教育面前要人人平等，开创了"义务教育"的先河。③ 孔子和孟子都是"来学即教，不学不问"。墨子则不然，不仅接受来学，而且热情往教；不仅"来者不拒"，而且"欲去者"则"止"之，"往者"则"追"之。现代的"义务教育"是国家用法律形式规定的对一定年龄儿童、青少年免费实施的学校教育，墨子的"遍从人而说之"也是进行免费教育；"强说人"是从"教"和"学"两个方面进行强制的要求。这种思想是前无古人的，它比1619年德国魏玛公国公布的义务教育法令还要早。

四 教育建制：多元教育，终身教育

墨子的教育建制从空间角度来看，包括学校教育与社会教育；从时间角度来看，延伸到终身教育。不仅教学形式多元化，教学内容更加多元化。

春秋战国时期，周王朝中央政府的政治势力和社会影响力日渐衰微，天下动荡不安，诸侯割据，大夫专权，战乱丛生。西周成立之初的"天子命之教，然后为学"的传统教育模式和"学在官府"的教育垄断形式失去

---

① 《墨子·公孟》。

② 《墨子·公孟》。

③ 蒋振远：《墨子教育思想解读》，《东疆学刊》2006年第1期。

了经济支柱和政治依据，学术开始下移。同时，秘藏于官府的典籍文献在诸侯混战中逐渐流散民间，"官守其书"的情况也被打破，为私学的兴起提供了教学资料，而诸侯割据、天下大乱使得大量周王朝宗亲贵族失去了原有的宗族统属关系，成为散落于社会中的游离者，其中一些人凭借一定文化知识和专长，以教授弟子、传播文化知识谋生，私学由是破土而出，天下开始了"士竞于教"的学术争鸣局面。从墨子讲学处古遗址来看，墨子在当时是建立了学校的。

墨子知道，任何事情要想成功，只靠个人的力量是不行的，要培养更多的人才共同去做，才有希望成功。因此，他除自己到各国游说之外，还派出许多弟子到各地分头讲学，宣传墨家主张，形成遍布社会的教育体系。

墨子还提出终身教育理念，主张将学校教育延伸至学生终身。墨子要求墨家弟子自觉地严守墨家教义，政治活动和经济生活都要受教义教规的控制，门徒出仕需由钜子安排和推荐，出仕者如违背墨家教义，即被罢免或撤回，接受惩罚和再教育。墨家对入仕的弟子始终具有约束力，一旦不符合墨家教义，可以随时召回。墨子曾因弟子胜绰助项子牛伐鲁，违背了教义，而派弟子高孙子去项子牛处辞退胜绰，这既说明了墨家组织纪律的严明，同时，也体现了墨子终身教育的主张。[1] 这种做法，从学校方面来说，是一种教育产品终身负责制，就好像现在消费品的终身保修制度一样，这在现代教育界也是绝无仅有的，使人不得不敬佩。《墨子·鲁问》篇云："子墨子使胜绰事项子牛。项子牛三侵鲁地，而胜绰三从。子墨子闻之，使高孙子请而退之。曰：'我使绰也，将以济骄而正嬖也。今绰也禄厚而谲夫子，夫子三侵鲁，而绰三从，是鼓鞭于马靳也。翟闻之：言义而弗行，是犯明也。绰非弗之知也，禄胜义也。'"《左传·定公九年》云："吾从子，如骖之靳。"杜预注曰："靳，车中马也。"这里的意思是说，墨子让弟子胜绰去项子牛处做官。项子牛三次侵犯鲁国领土，胜绰三次都跟从了。墨子听说后，派弟子高孙子请求项子牛辞退胜绰，并且说：我让胜绰去，是为了制止骄横、匡正邪僻。现在胜绰俸禄丰厚了却欺诈你夫子，你三次侵犯鲁国，胜绰三次都跟从了，这就像扬鞭打马车的中马一样。我

---

① 李醒：《墨子教育思想浅析》，《现代教育科学》2010 年第 4 期。

听说过，出语讲仁义却不实行，是违背了明白的道理。胜绰并不是不知道，而是将俸禄看得比义还重啊！胜绰是在墨子处学成后去侍奉项子牛的，但是墨子还要关心并继续教育胜绰。这是正规教育的延伸，是一种终身教育。①

五 教学原则：有道相教，强力从事

《墨子·天志中》篇云："子墨子曰：天之意……欲人之有力相营，有道相教，有财相分也。"上天希望人与人有力就互相营救，有道就互相传授，有财就互相分出。这里特别重要的是，上天希望懂得道理就要互相传授与教化。墨子反对宿命论，极力主张"赖其力者生，不赖其力者不生"，教导弟子必须强力从事。

墨子关于教育的原则有主动性原则、量力性原则、实践性原则三个方面，尤以主动性原则最为标新立异。墨子强调教师的主动精神，提出了强教于人，以强力教人的要求，不扣必鸣。在强力教人的同时，他还提出了强力为学的观点，"好美欲富贵者，不视人，犹强为之。夫义，天下之大器也，何以视人？必强为之！"② 这种强力教和奋勉学的精神，反映了墨子以教育来改良社会的强烈渴求。

墨子主张"有道相教"，认为凡有道德学问者，应不拘形式，随时随地教诲他人或彼此相教。《墨子·公孟》篇云："公孟子谓子墨子曰：君子共己以待，问焉则言，不问焉则止。譬若钟然，扣则鸣，不扣则不鸣。子墨子曰：……若大人为政，将因于国家之难，譬若机之将发也然，君子之必以谏，然而大人之利，若此者，虽不扣必鸣者也。"意思是，公孟子说，君子拱手等待，有人问就说，没有人问就不说。就好像钟一样，敲就鸣响，不敲就不响。墨子说……如果王公大人执政，国家将要发生灾难，就像弩机将发一样，君子必须劝谏。像这样，虽然不敲钟，也必须要鸣响。在教育学生时，不能只等学生问才答，而要发挥主观能动性，积极主动地教育学生。

墨子还主张"述而且作"，重视教育传承的形式问题。孔子自述是

---

① 徐希燕：《墨子的教育观研究》，《平顶山师专学报》2001年第1期。
② 《墨子·公孟》。

"述而不作，信而好古"。墨子批评这种"述而不作"说："已有善则作之，欲善之自己出也。今述而不作，是无所异于不好述而作者矣。吾以为古之善者则述之，今之善者则作之，欲善之益多也。"墨子认为，不述又不作，是不对的；而只作不述，也是错误的；仅述不作，和只作不述是同样不应该的。正确的态度则是：对于过去好的东西要继承，对现在有价值的就应当进行创造。这样才能使全人类的知识不断增进。由此可看出墨子认识到人类的创造继承发展有一个过程，它提倡每代人和每个人都应当有所作为。《墨经》是墨子讲课的讲义，是一部百科全书式的综合性教材，后人称颂《墨经》是"古代人类智慧的最高代表"，它也是墨子对"述而且作"主张的践行。要实施素质教育打造精品课程，也必须要重视教材建设。

六 教育方法：实践力行，学以致用

墨家是一个力行的学派，墨子注重实践，提出了以行为本等实践性的原则。墨家私学不仅是聚徒讲学，坐而论道，更主要的是以周游列国、劝说君主的实际行动来实现其理想。①

为了培养多才多艺的兼士，墨家推行重"利"贵"义"的价值取向和文科实科并重的教育方法。先秦诸子中，墨子是较早集中研究人的认识过程的人，有比较系统的认识论。墨子教育方法最富特色的是实践力行，重视理论联系实际，注重"致用"。其中"量力而行""因材施教""学以致用"的原则，对后世产生了深远的影响。

墨子虽没有明确提出因材施教的概念，但在教学实践活动中他十分注意贯彻这一原则。一方面，他将自己的学生分成若干类，根据其不同的志趣和才干分别授以不同的知识，"能谈辩者谈辩，能说书者说书，能从事者从事"；另一方面，根据社会的不同需要，注意选择不同教学内容。墨子还教导学生要根据不同国度不同的政治、经济、军事、文化等情况，分别施以不同的教育，这样才会收到理想的效果。

墨家学派在进行科学教育的教学过程中，创造了科学实验的方法。这在科技教育发展史上是一个重要的创举。这说明，我国在公元前4、前5

---

① 李醒：《墨子教育思想浅析》，《现代教育科学》2010年第4期。

世纪就产生了通过实验得出科学结论的科学实验法，而欧洲大约产生于文艺复兴时期。当时墨家学派对科学的基本概念和最简单的自然现象的研究，已经到了西方近代科学的大门口。从理论上讲，沿着这条道路发展下去，中国完全可以进入以科学方法和实验方法为主要特征的近代科学领域。① 只可惜，历史走偏了。

墨子教人还贯彻量力性原则，深浅适度，繁简得当。墨子的一名学生再三要求学射，他说："不可！夫知者，必量其力所能至而从事焉。国士战且扶人，犹不可及也。今子非国士也，岂能成学而又成射哉。"② 人要学有所成，就应量力而为，如果没有那份天资和能力，就不能既想"成学"又想"成射"，否则贪多务得就会一事无成。这是教学中量力性原则的基本要求。在教学目标方面，墨子强调学生要务本约末，他在《修身》篇中说："置本而不安者，无务丰末。"在务本上，墨子鼓励学生发扬集腋成裘的精神，诚如《墨子·亲士》篇所言："圣人者，事无辞也，物无违也，故能为天下器。是故江河之水，非一源之水也；千镒之裘，非一狐之白也。"

墨子还教人"察类明故"。墨子在教学中很讲究方法，既注意具体的譬喻及实例，又善于引导学生知其所以然。他在《小取》篇中说："譬也者，举他物而以明之也。"他经常向学生提出"何自""是何故也""何以为""将奈何哉""何以知之"等问题，以启发学生动脑子思考问题，不但要知其然，还要知其所以然。这是墨子教学思想的一个重要特点。墨子在教学实践中很注意引导学生对客观事物进行合理的分类，分析各类事物的同异、因果及其根据，通过模拟，探明原理。他说："古者有语：'谋而不得，则以往知来，以见知隐。'谋若此，可得而知矣。"③ 这种"察类明故""以往知来，以见知隐"等模拟推理的原则在教学方法上有重大意义，它可以解决诸多"谋而不得"的问题。这是墨子对认识论和教学论的一大贡献。

---

① 佟雅囡：《墨子与亚里士多德科学教育思想比较》，《吉林广播电视大学学报》2007年第1期。

② 《墨子·公孟》。

③ 《墨子·非攻中》。

墨子还主张实践性原则。墨子在对学生进行了理论教育之后，有意识地让他们参与社会活动，以求理论与实践相结合。墨子教导学生"言必有三表"，知必循三路（闻、说、亲）。《墨子·修身》篇云："士虽有学，而行为本焉。"意思是，士人虽然有学问，但是行为是其根本之所在。《墨子·兼爱下》篇又云："言必信，行必果，使言行之合犹合符节也，无言而不行也。"其意即，出言必定守信用，行为必定要果断，使言行一致就像与符节相合一样，没有出言而不实行的。可见，墨子严格要求弟子言行一致，将自己的言谈、思想贯彻到实践中去。《墨子·公孟》篇云："口言之，身必行之。今子口言之，而身不行，是子之身乱也。"意思是说，口出言，自身必须实行。现在你口已出言，但自身不去实行，是你自身混乱啊。《墨子·耕柱》篇又云："子墨子曰：'子之言恶利也？若无所利而不言，是荡口也。'"孙诒让云："'不言'疑当作'必言'。"① 墨子的意思是，你说的话有什么益处呢？若是没有什么益处还一定要讲，是放荡啊。可见，墨子反对说无益的废话。

墨子重视生产知识与应用技术，从实践经验中得到的许多科学知识，都用来作为教育弟子的教材，这是一个很了不起的突破与发展。墨子认为知识来自对客观事物的感知，人民群众的实践是知识的来源，通过"亲知"得来的直接经验比通过"闻知"和"说知"得来的间接经验可信程度大，事物的是非曲直都要以人们关于自然和社会的实践为基础。

在学术研究上，墨子同样强调实践教学，墨子通过科学实验验证了小孔成像原理，证明了光影关系和杠杆原理。墨子的"三表"法和"三知"说，强调实践和感性经验的重要性，对于中国古代教育的发展趋势提出了建设性的意见。中国现代教育家陶行知先生所倡导的"生活即教育""社会即学校""教学要合一"三大教育主张无不与墨子知行合一、言行一致、志功合一的教育思想相吻合。

七　教育内容：重视科技，兼顾人文

墨子在对儒家教学内容进行吸收和扬弃的基础上，明确了自己的教学内容既有别于儒家以"六经"为主的经学教育，也别于名家"白马非马"

---

① （清）孙诒让：《墨子间诂·诸子集成》，上海书店出版社1996年版，第74页。

的辩学，更不同于道家"学无益""绝学无优"的"流于自然"。其教学内容非常广泛，包括德育、游说、外交、逻辑、政治、经济、伦理、法制、自然科学、农业、工业、商业、天文、地理、应用技术、军事工程、兵器、射箭、体育、军事训练等方面。《墨子·尚贤上》篇云："况又有贤良之士，厚乎德行，辩乎言谈，博乎道术者乎，此固国家之珍，而社稷之佐也。"墨子所言的"厚乎德行，辩乎言谈，博乎道术"，是指道德品质高尚、善于思辨与言谈，广泛精通自然与社会科学原理与实用技术这三个方面。这也正是他设定的教育内容。

因为墨子学校教育的对象主要是"农与工肆之人"，所以他非常重视科技方面的教育内容，这首先是为了平民的生计，其次是为了社会的进步，客观上开启了职业教育的先河，而且比现在的职业教育做得更好。墨子认为，人民为了生存就必须掌握一技之长。以生产劳动教育和技术创新教育为基础，墨子在社会生产实践中逐渐形成了原创性的科技思想，在一定程度上推动了中国科学技术的发展，奠定了中国在世界科学技术史上的地位，墨子也因此被誉为"科圣"。墨子作为中国历史上第一个崇尚科学技术教育的学派领袖，在中国教育传统中是独树一帜的。科技教育不仅为墨子奠定了他在诸子百家中不可或缺的地位，也证明了中国也是自古就有着科学精神的民族。

墨子的教育内容完全服从于他把"农与工肆之人"培养成"为义的兼士"以"兴利除害"的政治目的，因而他从当时的社会实际、生产发展的需要来设计，对儒家的教学内容采取了择其善而用之，对不善者则非之的态度。"利于民谓之巧，不利于民谓之拙。"[①] 这是一种"利民""利国"的实用价值观。墨子用定义的形式，逻辑推理的方法，精确地解释科学概念，运用试验的方法反复验证了客观存在的科学原理；墨子对几何学、力学、光学，乃至宇宙时空都有较为深入的研究。同时，墨子还是一位具有创新意识的能工巧匠，他能用木材制成飞鸢，利用空气浮力在空中可以长时间飞行，还能做成坚固耐用的用来负重的车鲵，可载 30 石的重量，任重而致远。此外，墨子还设计发明了"车梯""转射机""连弩车"等守城器械，在阻止楚国攻打宋国的沙盘演练中，多次挫败了公输盘的云梯进

---

① 王建：《订单式培养带来职业教育重大变革》，《中国教育报》2004-05-11（1）。

攻，迫使楚王放弃了攻宋的计划。墨子把这些科学知识和技能，器械的制作原理和使用方法，作为教学内容传授给学生。

墨子也很重视道德观念的教育，他将兼爱与正义作为最高的道德理想，是其"上说下教"的教育内容之根本。墨子教育弟子要"视人之国若视其国，视人之家若视其家，视人之身若视其身……"① 实施无差别无等级的爱。

此外，重视勤劳和节俭的美德教育也是墨子教育思想的一大特色。他认为："俭节则昌，淫佚则亡。"② 从而将节俭的美德提高到治国安邦的高度。墨子对儒家厚葬久丧等礼乐制度进行了猛烈抨击，指出"厚葬"是浪费财富，"久丧"是破坏生产和生育，其结果是"国家必贫，人民必寡"，③ 忠孝皆无以奉行，天下不得安宁。④

墨子用其较为完善的"辩"学教育训练弟子，不仅提高了墨门弟子在政治、学术斗争中的能力和水平，而且还为他们掌握自然科学知识提供了重要方法。墨子对论辩的作用、目的、方法步骤及论辩道德，都有着深刻的理解。"夫辩者，将以明是非之分，审治乱之纪，明同异之处，察名实之理，处利害，决嫌疑。焉摹略万物之然，论求群言之比，以名举实，以辞抒意，以说出故，以类取，以类予。有诸己不非诸人，无诸己不求诸人。"在墨子看来，辩论的目的是要分清是非的区别，审察治乱的规律，搞清同异的地方，考察名实的道理，断决利害，解决疑惑。为了达到这些目的，论者要"摹略万物之然，论求群言之比"，探求事物本来的样子，分析、比较各种不同的言论，然后用名称反映事物，用言辞表达思想，用推论揭示原因。在墨家辩术课程中，墨子首先重视概念与定义，以实命名，《墨子》一书的《经》《说》篇章，全部都是名词、概念与定义；其次强调"知类"，即知晓事物的类别，按类别归纳，按类别演绎；再次注重"明故"，明了根据、理由，认为辩论的规则之一，就是"无故从有故，弗知从有知，无辞必服，见善必迁"。在论辩实践活动中，墨子逐步建立

---

① 《墨子·兼爱中》。

② 《墨子·辞过》。

③ 《墨子·节葬下》。

④ 赵发中：《墨子教育思想研究》，《河南教育学院学报》（哲学社会科学版）2000 年第 3 期。

了第一个中国古代较为完整的逻辑学体系，是我国逻辑教育的先驱。

墨子仍将儒家的《诗》《书》和《百国春秋》作为其教学内容的一部分；同时又针对儒家的教学内容，明确地提出"非乐"。他认为嗜爱声色伎乐，不仅浪费人力物力，而且还消磨人的意志，使统治者怠于政，人民怠于耕织，终将会招致饥寒交迫而败亡的结局。这在诸侯争霸、列强纷争的时代无疑是有积极意义的。

"三表"法是墨子判断事物真假与否的标准，也是墨家学派用来指导学生判断是非、考虑问题的方法论。第一表是"上本之于古者圣王之事"，即要根据前人的经验，言必有据，理论要有来源；第二表是"下原察百姓耳目之实"，即要考察广大人民群众亲身经历的直接经验，言必据实，理论要联系实际；第三表是"观其中国家百姓人民之利"，即要合乎国家和百姓人民的利益。墨子还把知识分为"闻知""说知"和"亲知"。"闻知"是通过传闻、书本得到的知识；"说知"是通过逻辑推理得到的知识；"亲知"是亲身经历获得的知识。

八　教育评价：综合标准，注重素质

墨子评价学生的方法不是看答卷，也不是看口试，而是"合其志功而观焉"，就是通过考查学生的动机和实践的客观效果来决定学生的成绩，这是比较科学的教育政绩观，是推动素质教育的导向。他教育弟子不仅要有高尚的道德修养、崇高的理想追求，而且还要有全面发展的综合素质。鲁君在选择太子时向墨子请教道："我有二子，一人者好学，一人者好分人财，孰以为太子而可？子墨子曰：未可知也，或所为尝与为是也。钓者之恭，非为鱼赐也；饵鼠以虫，非爱之也。吾愿主君之合其志功而观焉。"（《墨子·鲁问》）十分形象地说明了将动机与效果结合起来评判行为的重要性和必要性。

"厚乎德行"为"兼士"之首要。"德行"是兼士的内在品质，"源浊者流不清，名誉不可虚假，反之身者也"（《墨子·修身》）。墨子指出品行比名誉重要得多，而且强调名誉不能是虚置的，必须与品行相称，才能算作有德之人。《墨子·鲁问》记载，鲁阳文君对墨子说："有人向我描述忠臣的样子：叫他俯首就俯首，叫他仰头就仰头，静静地坐着不说话，一呼唤他就立即应答。这可以算是忠臣了吧？"墨子说："叫他俯首就俯首，叫他仰头就仰头，这就像影子一样了；静静地坐着不说话，一呼唤他就立即应答，这与回声有什么区别？那些敢于表达自己的见解，才是一个人有德行、有能力的表现。"

结　语

在诸子学说中，儒墨比邻，相绌相非、相成相长，孔子首创私学，墨子接踵其后。但墨子的教育思想显赫一时之后，在两千多年的封建社会中一直被视为异端，然而，又终因其独特的价值而重获认可。《淮南子·泰族训》有这样的记载，说墨子服役者百八十人，皆可使赴火蹈刃，死不旋踵，可见墨子教育效果的成功。①

墨子在教育目的、教育对象及教育理念诸方面的认识独树一帜，提出了一整套先进的教育理论，构建了相当完备的思想体系，不仅开创了新的教育领域，而且在以人为本、实现教育公平、创办特色学校、培养创新能力等方面为现代教育提供了理论依据和典型案例。在教育目的上，墨子构建了道德理想人格模式，对中华民族传统理想人格的形成产生了深刻的影响；在教育内容上，墨子突破了儒家的六艺教育范畴，表现出非凡的创造性；在教育方法上，注重力行，独树一帜地提出"强说人"的教师主动精神。墨子开创了自然科学教育和劳动教育的先河，把民主与科学的观念带给了世人，革新了教育方法，适应了社会发展的需要，给中国古代教育注入了生机和活力，在一定程度上革除了奢靡的社会风气，提高了社会的道德水平，培养了大批的应用型复合人才，造就了中国古代学术发展的新局面。

孔子施教为君主为统治，墨子施教为平民为社会，比较而言，墨子的教育思想更具有超越性、生命力和当代意义。在倡导公平与平等精神和公民意识的当代背景下，墨子的教育思想愈加珍贵。

作者：祁雪瑞，河南省社会科学院研究员

---

① 刘书玉：《墨子教育创新思想初探》，《中国成人教育》2011年第16期。

墨家的理想主义与当代大学教育

一　墨家的理想主义

所谓理想，就是"同奋斗目标相联系的有实现可能性的想象"①。而理想主义，通俗点讲是基于信仰的一种追求。② 理想主义是以精神层面为核心的，但它也是有现实基础的。理想主义跟信仰紧紧联系在一起，有信仰，理想主义才会形成。有信仰、有追求的人，我们一般称之为理想主义者。

当然，我们应该看到，理想还不是现实，然而，理想一定意味着善良完美的观念。理想不是关于个人私生活的，而是完美的道德观念。中国远古传说中的夸父追日、精卫填海、愚公移山，都是在为他人做自己生命之内无法完成的事。夸父、精卫、愚公的作为是利他的，他们被后人传颂千年，因为他们展示了追求理想的生命，展示了生命的完美。可以说，真正的理想主义越多，我们的社会也就越完善。

绝对意义上的理想主义社会是人类思想意识中最美好的社会，陶渊明笔下的桃花源，是他心目中的理想社会。西方早期的空想社会主义社会，美好，人人平等，没有压迫，就像陶渊明笔下的世外桃源，体现了人类对美好事物和美好社会的憧憬。所以，理想是道德的、完美的，是无私地去为社会做贡献，与今日所说的"真善美"在思想意识上是一致的。

理想主义通常会借由扩大描绘某一概念，以基于这种概念而建构的理想社群的形式，来展现该概念的若干根本性质。同时，理想主义往往以让现实更美好的名义开始行动，它的目标虽然不必是全社会的整体性变迁，但至少是在朝着有利于大众福祉的方向前进。从这个意义上讲，中国古代思想家墨子及其学派，就是典型的理想主义者。墨子以"兼爱"为核心建立的学术体系，以及他与他的学派弟子们以此为目标的努力追求，正体现了这个理想主义者伟大的人格。

墨子（约公元前 468—前 376 年），名翟，是我国先秦时期著名的思想

---

① 《辞海》（缩印本），上海辞书出版社 1980 年版，第 1212 页。

② 引自百度百科《理想主义》。

家、教育家、科学家、军事家，是墨家学派的创始人。

关于墨子思想的主要内容，墨子在《鲁问》篇中有非常集中而明确的说明："凡入国，必择务而从事焉。国家昏乱，则语之尚贤、尚同；国家贫，则语之节用、节葬；国家喜音湛湎，则语之非乐、非命；国家淫僻无礼，则语之尊天、事鬼；国家务夺侵凌，即语之兼爱、非攻。"①

尚贤、尚同、节用、节葬、非乐、非命、尊天、事鬼、兼爱、非攻，是墨子的学术体系，也是墨子及其学派弟子们毕生追求的目标。其思想的核心，就是兼爱。作为学者，他对他的理论进行了严密的论证，这就是他与他的弟子们留给后人的著作《墨子》；作为教育家，他根据学生的不同禀赋，分门别类进行教育，并与学生们一起走进社会，实地考察与实践；作为社会活动家，他深入社会，用自己的智慧与学识，宣传兼爱理论，制止不义行为；作为一个代表下层民众的学派，他们生活简朴，自苦为乐，影响了相当一部分人。其门徒聚集在墨子身边，以他为楷模，与他一起努力实践他的理想。

墨子"兼爱"的实质，就是"爱利百姓"，以"兴天下之利，除天下之害"（《墨子·兼爱中》）为己任。所以墨家之徒的言论行动，都以国家、百姓、人民利益为准绳。在墨子生活时代，战争频仍，土地荒芜，死者遍野，民不聊生，广大民众渴望弭兵息战，休养生息。墨子体察到下层的民情，代表小生产者及广大百姓的利益，从兼爱出发，提出了"非攻"主张，因为自古及今，不论什么形式的战争，其受害最深的首先是底层民众。而"兼相爱，交相利"（《墨子·兼爱中》）所明确表达的就是互相关爱，就是利人、利他。

在墨子看来，如果兼爱得到实现，那么人与人之间的关系就完全不同于以往了。"诸侯相爱则不野战，家主相爱则不相篡，人与人相爱则不相贼，君臣相爱则惠忠，父子相爱则慈孝，兄弟相爱则和调。天下之人皆相爱，强不执弱，众不劫寡，富不侮贫，贵不傲贱，诈不欺愚，凡天下祸篡怨恨可使毋起者，以相爱生也。"（《墨子·兼爱中》）一定意义上讲，这就是墨子所期望的理想社会。

---

① 《墨子·鲁问》，见张纯一《墨子集释》，成都古籍书店 1988 年版，第 455 页。下引墨子原文均见此书，故只录篇目页码于文后。

二　墨家的基本理论与先秦现实及之后的结合度

在墨子理论中，"兼以易别"是他的社会政治思想的核心，希望人们做到"视人之国，若视其国；视人之家，若视其家；视人之身，若视其身"（《墨子·兼爱中》）。"非攻"是他的具体行动纲领。他认为只要大家"兼相爱，交相利"，社会上就没有强凌弱、贵傲贱、智诈愚和各国之间互相攻伐的现象了。他对统治者发动战争带来的祸害以及平常礼俗上的奢侈逸乐，都进行了尖锐的揭露和批判。墨子主张任人唯贤，反对任人唯亲，主张"官无常贵，而民无终贱"（《墨子·尚贤上》），甚至主张从天子、诸侯国君到各级正长，都要"选择天下之贤可者"（《墨子·尚同上》）来充当；而人民与天子国君，则都要服从天志，发扬兼爱，实行义政，否则，就是非法的，这就是"一同天下之义"（《墨子·尚同上》）。

墨子生活的时代，社会正在激烈变动之中。诸侯争雄，百家争鸣。墨子以平民的身份，跻身于学界，活动于士林，使其学说及学派与孔子儒学并称显学，这是非常了不起的成就，这本身也证明了墨家学说的社会与历史价值。

但即使在墨子时代，墨家也不为时代所理解。"子墨子自鲁即齐，过故人，故人谓子墨子曰：'今天下莫为义，子独自苦而为义，子不若已。'子墨子曰：'今有人于此，有子十人，一人耕而九人处，则耕者不可以不益急矣。何故？则食者众而耕者寡也。今天下莫为义，则子如劝我者也，何故止我？'"（《墨子·贵义》）一次，墨子从鲁国到齐国探望老朋友。朋友对墨子说："现在天下没有人行义，你何必独自苦行为义，不如就此停止。"墨子说："现在这里有一人，他有十个儿子，但只有一个儿子耕种，其他九个都闲着，耕种的这一个不能不更加紧张啊。为什么呢？因为吃饭的人多而耕种的人少。现在天下没有人行义，你应该勉励我行义，为什么还制止我呢？"在一个为利而不惜血流成河的时代，公开宣扬爱与义，并将义与利结合起来，这是需要巨大勇气与毅力的。当时楚国、越国等国家统治者，看过墨子著作后，都非常赞赏其理论的严谨，但却不愿意任用墨子。即便如此，墨子仍抱定自己的理想与宗旨，风尘仆仆于各国之间，宣扬兼相爱交相利理论，制止侵略战争。

非常遗憾的是，先秦时的显学墨家学说，秦汉后逐渐失去了它学术上的地位并渐渐淡出人们视野。汉武帝"罢黜百家",让儒家以外的学说没有了生存土壤。由于墨家"兼爱"不利于形成以血亲为轴心的统治集团,墨家"非攻"与统治者好大喜功不一致,"节用""节葬"直接指责统治者的奢靡之风,"尚贤"动摇着家天下的理论基础,墨家侠士传统也不为统治者所认同,等等,统治者厌恶墨家学说是不言自明的,御用学者们回避墨家学说也是理所当然的。所以,秦汉以后墨家学说几近失传,直到近代后才又重回大众视野。

墨子在世时,颠沛流离,除几次阻止侵略的成功外,成果甚少,也没有能接纳他的统治者,因此,他应该已认清了自己学派的命运。但他毫不气馁,从未放弃自己坚定的信念。《墨子》写道:"子墨子曰:'吾言足用矣,舍吾言革思者,是犹舍获而攈粟也。以其言非吾言者,是犹以卵投石也,尽天下之卵,其石犹是也,不可毁也。'"(《墨子·贵义》)墨子说:"我的言论足够用了!舍弃我的学说、主张而另外思虑,这就像放弃收获而去拾别人遗留的谷穗一样。用别人的言论否定我的言论,这就像用鸡蛋去碰石头一样。用尽天下的鸡蛋,石头还是这个样子,并不能毁坏它。"什么叫理论自信?墨子这就叫理论自信!这就是一位理想主义者的理论自信!

对于墨子而言,理想是神圣的,为了实现理想,一切都在所不计。"断指与断腕,利于天下相若,无择也;死生利若一,无择也。"(《墨子·大取》)在墨子看来,只要对天下人有利,无论断指还是断腕,是死还是生,都会义无反顾。

三　墨子的教育思想与现代大学教育的基本理念

大学的本质是趋向未来的,着眼于培养和造就创新精神和实践能力的未来人才。平顶山学院决心以墨子的思想来重塑大学教育的理念,这是值得学界期待的。墨子作为教育家,其教育思想非常丰富,其中的以人为本、注重实践、道德理想、主动施教等,在今天仍具有重要的现实意义。

《墨子》书中记载:"公输子削竹木以为鹊,鹊成而飞之,三日不下,公输子自以为至巧。子墨子谓公输子曰:'子之为鹊也,不如翟之为车辖,须臾斫三寸之木,而任五十石之重。故所为巧,利于人谓之巧,不利于人谓之拙。'"（《墨子·鲁问》）《韩非子》中记载着类似故事："墨子为木鸢，三年而成，蜚一日而败。弟子曰：'先生之巧，至能使木鸢飞。'墨子曰：'不如为车輗者巧也，用咫尺之木，不费一朝之事，而引三十石之任，致远力多，久于岁数。今我为鸢三年成，蜚一日而败。'惠子闻之曰：'墨子大巧，巧为輗，拙为鸢。'"①　輗，大车车杠前端与车衡相衔接的部分。削竹木以为鹊、为木鸢，并能飞上天，这技术工艺应该是非常了不起的。但在墨子眼里，这远不如简单地做出一个车轴。因为车轴能为人服务，让人从负重中解放出来。以是否"利于人"作为评判的标准，一定意义上，这就是我们今天所讨论的"以人为本"。这种教育教学的以人为本，还包括根据学生特长的专门培养。《耕柱》篇云："譬若筑墙然，能筑者筑，能实壤者实壤，能欣者欣，然后墙成也。为义犹是也。能谈辩者谈辩，能说书者说书，能从事者从事，然后义事成也。"（《墨子·耕柱》）合理分工，各尽所能，将每个人都置于最适合的岗位工作，这样才能使整体利益最大化。当然，以人为本的教育，还须注意到施教过程中学生的知识水平方面，尽量做到"深其深，浅其浅，益其益，尊其尊"（《墨子·大取》），即就学生的知识水平而言，应当量其力而教，深者深求，浅者浅求，该增者增，该减者减。这表明，墨子对教学规律有着很好的把握，他希望让每一个学生都能在现有程度上得到不断提高。

现代教育强调以人为本，把重视人、理解人、尊重人、爱护人、提升人和发展人的精神贯注于教育教学的全过程。以人为本的教育理念，就是最广泛调动人的积极因素，最充分地激发人的创造活力，最大限度地发挥人的主观能动性。真正的教育应当是以人为本的教育，让人能体验美好、体验崇高、体验成功、体验快乐，培养积极的生活态度，体现人文关怀和道德情感。

墨子重视实践在教育中的作用，指出："士虽有学，而行为本焉。"（《墨子·修身》）士人虽然有学问，但亲身实践才是根本。在先秦诸子中，墨子是最注重实际行动的。他和他的弟子不仅宣扬墨家思想，更在社会上实践着自己主张。这种学以致用、重视行为本身的主张具有积极意

---

① 《韩非子·外储说左上》，（清）王先慎集解：《韩非子》，上海古籍出版社2015年版，第322-323页。

义。只读书而不去实践，纸上谈兵，对社会是没有多大意义的。

针对当时关于"述"与"作"关系的一些谬说，墨子指出："古之善者则述之，今之善者则作之，欲善之益多也。"（《墨子·耕柱》）对从前所谓善就应该述说他，对现在所谓善就应该自己去做，这样就可以使善更加增多起来。今天的教育方法与古代不同，必须重在创造。对古代的好东西应当继承，而在今天则进一步创造出新东西，希望好东西能更多一些。这既反映了墨子对待文化遗产的态度，也表明了他在学习与教育方法上是重创造的。

大学聚集了大量的科技创新资源，应该在建设国家创新体系中承担重要责任。而创新，必须脚踏实地。理论联系实际是创新的出发点。同时，必须根据学生实际，有针对性地进行教学活动，这样才能使大学在培育和造就创新人才中发挥基础性作用。

"兼爱"是墨家思想体系的核心，是墨学的重要纲领，也是施行教育的主要课程之一。从"兼相爱，交相利"的社会理想出发，墨子主张教育要培养"兼士"，通过他们去实现贤人政治。兼士必须"厚乎德行，辩乎言谈，博乎道术"（《墨子·尚贤上》），这是对兼士的道德、思维论辩和知识技能的要求。德行上能够毫无区别地爱一切人；知识技能上有兴利除害的实际能力；思维论辩上能向社会推行其"兼爱"主张。在这三项要求中，道德高尚尤为重要。唯有如此，兼士才能以兴天下之利、除天下之害为己任，不分彼此、亲疏、贵贱和贫富，对所有人都能做到"饥则食之，寒则衣之，疾病侍养之，死丧葬埋之"（《墨子·兼爱下》）。

道德是品格、素质、修养，是潜移默化的形成过程。理想是人们渴望达到的奋斗目标，是成功事业的台阶，是战胜困难的力量。无论在什么时代，人都有自己的理想，学生也不例外，并且随着年龄的渐长，其理想也更远大。理想越远大，越坚定，影响支配作用就越大。有了道德、理想，就有了做人的立身之本，也有了学习知识、掌握知识最后服务社会的手段。如果重智轻德，必然导致学生片面发展，有智商没智慧，有知识没文化，有文化没修养，有欲望没理想，有目标没信仰，最终是有青春没有热血。大学教育，就是要树理想信念之魂，立民族精神之根。在教育过程中，应该针对学生的道德品质、学术素养和实践创新能力等方面的发展，进行具体的教育教学安排，确立国家利益至上的价值观念，在集体中求得发展的价值观念，在创业中实现人生理想的价值观念，以及诚信受益的价值观念。

墨子重视环境和教育对于人性形成的重要作用。他提出了著名的"素丝说"，认为人性如素丝，"染于苍则苍，染于黄则黄"。以素丝和染丝为喻，形象地说明环境、教育对人性形成的重要性。在他看来，先天的人性不过如待染的素丝，有什么样的环境与教育，就能造就什么样的人。所以，他强调"染不可不慎也"（《墨子·所染》）。今天大学教育教学的改革在不断推进，有一些已取得成效，但也有不少理念在实践过程中造成问题，甚至留下后患。墨子的"慎重"观点，值得我们今后注意。

关于受教与施教，墨子倡导主动施为。《墨子》中记载："公孟子谓子墨子曰：'君子共己以待，问焉则言，不问焉则止。譬若钟然，扣则鸣，不扣则不鸣。'"（《墨子·公孟》）墨子认为，扣与鸣之间有三种情况，即扣则鸣，不扣则不鸣，虽不扣，亦必鸣。墨子主张"虽不扣必鸣者也"（《墨子·公孟》）。在墨子看来，被动施教的弊病不仅是施教者之过，而且还可能危害社会。因此主张"不扣必鸣"，为什么？在如今这样的乱世，倡爱倡义者不主动去宣扬自己的主张，普通大众不了解这种思想，就不可能施行"兼相爱，交相利"的行为。一方面是主动施教；另一方面则是主动学习，不要等到别人来教才学习。在这个过程中，教师的作用是非常重要的。故"天下匹夫徒步之士少知义，而教天下以义者功亦多"（《墨子·鲁问》）。

墨家教育思想具有自身特色，尤其可贵的是其科学技术知识和技能技巧的专门教育，在中国教育史上是首先提出并实行的，这就使墨子教育思想成为中国教育史上一份独特的、很有价值的遗产。

现代大学教育理念是时代赋予的，是时代的产物。大学的功能在于生气勃勃创造未来。在培养高级专门人才的过程中，它需要发展科学，并直接为社会服务。因此，对于一个现代大学来说，最重要的就是以人为本，注重学术，服务社会，改革创新。而这是和当今我国社会发展相适应的。

四　当代大学教育特别需要理想主义教育

墨子时代，政治上列国争霸，战乱不已；而学术上百家争鸣，理论之花盛开。墨子以"兼相爱，交相利"为号召，并身体力行，希望成就大爱的世界。平民出身的墨子所创立的墨学能跻身学术界，成为与儒学并立的显学，这与墨子高扬的超越现实的理想主义是密切相关的。墨子的追随者能为墨家事业"赴火蹈刃、死不旋踵"，也因接受了墨子理想主义教育之故。

20世纪70年代末的改革开放，推动了中国社会的发展与进步，市场经济所带来的人们观念上的变化，对既有的社会价值理念形成了强烈的冲击，原有的价值取向被抛弃，但新的价值取向并没有随之建立，人们在享受现代化进程中的丰裕物质成果之时，日益感觉到一种理想上的失落以及"精神家园"的迷失。当今大学生面对物质生活上的改善，并没有产生相应的幸福感，由于就业与生存的压力，很多学生对前途感到迷茫，对学习提不起精神。现实主义、功利主义盛行，理想主义风光不再，人们的心态也比以前显得更为浮躁、急躁、烦躁。

当今学校的教育，也没有坚守教育的宗旨，而是随着社会的变化而流动，教育目的中的功利化色彩日趋浓厚，无论是课时安排、学科建设还是对学生的培养与设计，都更多地受市场价值取向的影响，人文学科日益边缘化，人们学习的，以及所受教育的主要内容和目标是教会人"如何而生"的本领，即人如何生活得更好，而缺乏"为何而生"的教育。

人的欲求是多种多样的，但总体上看，人类的追求主要有两种：一种是精神类的；一种是物质类的。精神的追求要通过精神的产品来满足，而物质的追求则需要通过物质的产品来满足。一般来说，现代化基本可以满足现代人的各种物资欲望，而心灵需求、精神需求、灵魂需求却未必能通过某种物资的供应使之得到满足。当代社会流行心灵鸡汤，以及宗教关怀在人们心中地位逐渐提高，都说明人们实在需要精神的满足。虽然近年传统文化热也在升温，但其中良莠不齐，很多人、很多时候，很多行为是打着传统文化的旗号贩卖各种私货，也有很多人饥不择食，随意地拿来一些别人的或过去的东西就认其为至理，并未能真正解决人们的精神需求问题。

事实上，无论对国家、社会还是个人或人类整体，教育的价值都既有功利性的一面，又有非功利性的一面。教育不仅要促进社会发展，而且也要促进人的全面发展；教育在适应社会的同时，还担负着超越与导引的功能，承担着开发人的潜能、陶冶人的情操、确立人的理想信念、丰富人的精神生活等功能。

理想主义是表达人类对现状的不满，传递人类对未来的期许，它是改造现实的力量，是推动社会进步的动力。青年学生肩负着民族振兴的历史使命，一旦树立正确的崇高理想，有了追求的目标，就可能产生强大的动力，就会努力学习科学文化知识，勇于实践，敢于创新，不断培养自己的创新精神和实践能力，并在全面建设小康社会的伟大实践中，自觉做到有所发现，有所发明，有所创造，有所前进，承担起中华民族伟大复兴的历史重任。

教育是需要理想的，教育者需要的是一群理想主义者而不是实用主义者。学问要从年轻时代养成，成为大学生活的重要组成部分。当前教育，必须呼喊理想主义，重塑人文精神，狠抓理想主义教育，通过高远的目标意识、良性的竞争意识、良好的思维品质、坚强的个人意志、强烈的社会责任感、善于合作的精神素养，使得理想主义像一面鲜艳的旗帜，高高飘扬，催人奋进。

因此，今天我们研究墨子，研究墨子的教育思想，必须对理想主义教育进行重构，重塑理想主义教育目标，还得开发理想主义教育资源。通过对墨子思想的现代解读，倡导学生对自己的使命、责任、目标、操守作出新的认识，引导青年学生正确认识社会现象，融入主流社会生活，勇于承担起国家、民族、社会、家庭赋予的使命，追求光明与进步。

作者：李永铭，中南财经政法大学教授

墨子和大学精神的养成

墨学留下了丰富的精神财富，值得我们进行认识、应用和发扬。司马迁说："墨子之所长，虽百家弗能废。"（《史记》）胡适说墨子为社会利益的献身精神，是前无古人的："这是何等精神！何等人格！……试问中国历史上可曾有第二个'摩顶放踵利天下为之'的人么？"① 墨子尚贤事能、唯才是举，节用非乐、强本尚力，视人若己、兼爱交利思想所蕴含的文化价值等，是大学精神养成上永不枯竭的活水源泉。抚今追昔，我们认为墨家的基本精神有助于当代大学人文精神的培养，值得加以研究、应用。

一 科学精神

墨子的科学技术研究有光辉的成就。他善于探讨科学问题（什么）、科学原理（为什么）、科学方法与应用（怎么样）。中国前国家科技委员会主任宋健赞扬墨子为"科圣"。

墨家的逻辑学、认识论，堪称中国古代逻辑之高峰。墨家的逻辑学的"三表"法："有本之者，有原之者，有用之者"（《墨子·非命上》），对归纳与演绎都有深入研究，是中国古代的最高成就。胡适说："依我看来，墨家的名学在世界的名学史上，应该占有一个重要的位置。"② 郝大维（David L. Hall）安乐哲（Roger T. Ames）认为："即使像墨家这样一些准理性主义者，虽然曾经向着与西方相似那一种逻辑试验的方向努力过，然而他们的影响在汉朝以后消失了，儒学的最终胜利实际上将这个哲学从传统中排除出去了。16 世纪对后期墨家的再发现并不能为这种形式的理性主义取得重要的立足点提供机会。实际上，只是到了 19 世纪和 20 世纪，那时只是为了对西方的挑战作出回应，墨家才再一次被加以比较认真的研究。"③

---

① 胡适：《中国哲学史大纲》（上），东方出版社 1996 年版，第 132 页。

② 胡适：《中国哲学史大纲》（上），东方出版社 1996 年版，第 198 页。

③ ［美］郝大维、安乐哲：《汉哲学思维的文化探源》，施忠连译，江苏人民出版社 1999 年版，第 3 页。

墨子在自然观、力学、数学、光学等方面均有创见。他们注重科学实验方法，一方面注重经验；另一方面强调推理，对后人产生巨大影响。梁启超曾列举先秦文化的六大不足：一曰论理逻辑思想之缺乏；二曰物理学实学之缺乏；三曰无抗论别择之风；四曰门户主奴之见太深；五曰崇古保守之念太重；六曰师法家数之界太严。但墨家正是对这六大不足的补充。胡适指出，《墨辩》是"中国古代第一奇书"、科学的百科全书，它包括了八种科学门类：算学、几何学、光学、力学、心理学、人生哲学、政治学、经济学。① 冯友兰在探讨"中国何以未有科学"时，就感叹地表示，如果墨家思想能获得充分开展，中国极可能很早就有科学了。冯友兰说："依我看来，如果中国人遵循墨子的善即有用的思想……那就很可能早就产生了科学。"②

二 公利精神

墨子主张在社会整体层面讲究公利（天下之利）、在人际关系上实施互利。墨子强调"利"（利益）和"用"（效用）的思想，对利益的道德属性进行了比较详细的论述。墨家认为有用、有利才体现了善，或者说善就是有用、有利；恶则表现为不利、灾祸。利益是人们喜欢的，损害是人们所厌恶的。利害的权衡、利弊的多少，需要掌握比较、取舍的方法。"义，利也。利，所得而喜也。害，所得而恶也。"（《墨子·经上》）

墨子对道德的确定是从利益上来说明的，反对脱离利益的、空洞的道德。而利益之善，最明显体现为效用。他用"孝"做说明，强调孝的根本在有利于亲人，不利无法证明孝敬。利益是判断善恶与否的试金石。善与利是统一的，没有无用的善。胡适、张岱年等国内许多著名学者认为墨子的思想体现了功利主义。胡适说墨子的"应用主义又可叫做'实利主义'"③。张岱年论述道："墨子的价值观可以称为功用价值论。"④

墨学的利益宗旨不是谋求自己的私利，而是公利（社会利益）。公利

---

① 胡适：《中国哲学史大纲》（上），东方出版社 1996 年版，第 197 页。
② 冯友兰：《为什么中国没有科学》，载冯友兰《三松堂学术文集》，北京大学出版社 1984 年版，第 41 页。
③ 胡适：《中国哲学史大纲》（上），东方出版社 1996 年版，第 137 页。
④ 张岱年：《文化与价值》，新华出版社 2004 年版，第 189 页。

是普天之下、芸芸众生的利益，是占社会最大多数的、广大劳动群众的利益，是相对于少数统治者的区区私利而言的最大化的社会利益。墨子用医生行医做模拟，指出如果一种药只能为四五个人服务、得利的话，那么它的价值就特别有限，而应该想到所有天下人，才是好药。墨子这方面的名言千古流芳："仁人之所以为事者，必兴天下之利，除天下之害。"（《墨子·兼爱中》）"凡言凡动，利于天鬼百姓者为之。凡言凡动，害于天鬼百姓者舍之。"（《墨子·贵义》）"爱人利人者天必福之，恶人贼人者天必祸之。"（《墨子·法仪》）

墨子主张互利，要求"有力者疾以助人，有财者勉以分人，有道者劝以教人"，从而达到"强不执弱，众不劫寡，富不侮贫，贵不傲贱，诈不欺愚"的理想社会。墨子的这段名言，说明了国家、民族之间，要互相尊重、平等的原则立场。在其位者，"敬惧而施"（怀着敬惧之心努力去做事）；农工肆人"竞劝尚意"（互相劝勉，崇尚道德）；为政者"爱民、节用"，国与国之间"非攻、恶战"。墨子正是用自己善良的意愿，表达了人民互利互惠、和平相处的普遍呼声。

墨子的"兼相爱，交相利"中，"爱"是伦理思想，"利"是经济范畴，实现了经济与伦理的统一。经济伦理追求利益、手段与工具价值与道德规范、理想引导、目的价值之间的相互平衡、协调、统一、融合、促进。可是，在今天市场经济体制下，往往容易发生断裂、颠覆，处理好道德与利益的关系成为时代经济伦理学的严峻课题。墨子以智慧的眼光，辨证认识了义利关系，强调公利、互利，发人深省，对于国家治理（市场经济制度、反腐败等）、人际关系、邻里关系、国际关系建设，具有重要的指导意义，值得深入研究、挖掘、转换、应用、推广。

三　正义精神

墨子强调，正义在于公利，为天下兴利除害，是治理国家的根本对策。"天下有义则生，无义则死；有义则富，无义则贫；有义则治，无义则乱。"（《墨子·天志上》）如果我们可以说，孔子的中心思想是一个仁字，那么墨子的中心思想就可说是一个"义"字。追求公共利益，就要反对自私自利的思想与行为。墨子以公利为正义，不重个人的名利。与儒家的求名不求利，道家的反对名利相反。要实现公共利益，每个人必须做到对他人有利，达到互利互惠、互相帮助，梁启超在《墨子学案》（第一章二）里面认为："墨子特注意经济组织的改造，要建设一种劳力本位的互助社会。"[1] 墨子强调正义、公义、大义的道义观，与他的利益主张，密切联系，相得益彰。"行侠仗义"说明了墨家、墨侠（集团）的行为有其思想指导，"义"就是他们行动的道德观念。墨家作为侠客，其"义"是公义与大义。

墨子认为公义与大义重要，"万事莫贵于义"，义是天下良宝。他们"摩顶放踵，利天下为之"。墨家的侠客行为，有其明确的指导思想、强大的精神支撑。墨家的主张不徇私情。墨家主张"兼相爱"，提倡"爱无差等"，消除亲情差别，不分亲疏远近，等同对待天下所有的人。维护公理与道义，义不容辞。墨者们吃苦耐劳、严于律己，敢于主动承担责任。墨者大多是有知识的劳动者。墨家的社会伦理思想以兼爱为核心，提倡"兼以易别"，反对儒家所强调的社会等级观念，提出"兼相爱，交相利"，以尚贤、尚同、节用、节葬作为治国方法，反对当时的兼并战争，提出非攻的主张。它主张非命、天志、明鬼。纯粹的公共利益和社会利益，是墨家的侠义追求。蒋智由认为墨子"此真侠之至大，纯而无私，公而不偏，而可为千古任侠者之模范焉"[2]。墨子率领墨家"摩顶放踵，利天下为之"，是以身赴义，以天下为己任的典型。他们对自己所信奉的主义和社会理想坚韧不拔的执着追求，所表现出来的"以绳墨自矫而备世之急"的心理、"赴火蹈刃，死不旋踵"的牺牲精神，正是传统文化理想人格所追求的成大义的理想社会境界。墨子和墨家为取大义注入了一股积极精神，取义不只是一种豪言壮语，而是一种言行一致，切实付之于实践的献身行为，不只表现在生死荣辱存亡关键时刻的以身殉义，而且表现在长期的艰苦卓绝的实践活动中持之以恒、孜孜不倦的追求和奋斗。难怪《庄子》高度赞扬说："墨子真天下之好也！将求之不可得也，虽枯槁不舍也！"

---

① 梁启超：《墨子学案》，载蔡尚思主编《十家论墨》，上海人民出版社 2004 年版，第4页。

② 蒋智由：载梁启超《中国之武士道》，吉林出版集团有限责任公司 2008 年版，第3页。

四　法制与平等精神

墨子认为，工匠有规矩确定方圆，是从事生产的需要，推而广之，国家需要法治进行管理。《墨辩》强调"法"的观念。法要求一视同仁，照样子去做。能够实施平等制度的社会，只能依靠民主、法制，而不是依靠专制。墨子心目中的社会，就是西方近代卢梭提出社会契约论形成的社会，政府只是服务于人民利益的共同机构，其行为完全为老百姓利益服务。严灵峰在《墨子简编》中指出："墨子的尚同、尚贤的理想，可说是一种很完整的民主集权的政治。"① 王桐龄对孔子儒家社会学说和墨家国家观点，进行了比较："孔孟学说宜于君主国体，墨子学说宜于共和国体。孔孟学说宜于专制政体，墨子学说宜于立宪政体。孔孟学说宜于阶级制度，墨子学说宜于平等制度。……使墨子而得位行道，则选贤与能，天下为公，其兼爱主义、实利主义、万民平等主义、君主民选主义，将一一见诸实行。"②

墨子赞赏平等，反对凌驾于人民之上的专制统治，主张统一的法治。法的要害在于平等，而平等体现了正义，是对所有的人一视同仁，是"兼爱"在社会制度上的具体体现，因为"兼爱"本身就强调平等。墨子主张社会活动，应该有利于人民，劳民伤财的事情不应该出现，这是剥削、是不公正的行为。"诸加费不加利于民者弗为。"（《墨子·节用》）"凡费财劳力不加利者不为也。"（《墨子·辞过》）反对浪费与剥削，他认为奢侈的人便是"暴夺人衣食之财。"（《墨子·节用》）顾颉刚先生著名的论文《禅让传说起于墨家考》，指出墨家有平等和民主观念，墨子提出有德有才做天子的主张，就是平等的竞争和选拔，在当时尊古贱今的风气下，或多或少能够改造古帝传说去宣扬民主平等的理想。但是领导、人才该怎么选、如何选、由谁来选等问题，墨子自己无法回答，墨子此主张仍停留在空想阶段，当时根本是无法实行的。墨子主张平等的社会制度，最起码此

---

① 严灵峰：《墨子简编》，载蔡尚思主编《十家论墨》，上海人民出版社 2004 年版，第12页。

② 王桐龄：《儒墨之异同》，载蔡尚思主编《十家论墨》，上海人民出版社 2004 年版，第57页。

理念打破了世袭的传统模式，有这样的思想闪光，也已经不容易。

墨子的社会理想就是要实现所有人的共同幸福，达到平等，不致于在财富、权势等方面盛气凌人，从而实现美好的境界。墨家主张平民（公民）、社会本位，不是道家的个人本位与儒家的家族本位。梁启超说："墨子这种经济思想，自然是以劳力为本位，所以'劳作神圣'为墨子唯一的信条。"①伍非百说，墨子思想与《礼运》中的大同学说是一致的，"兼爱"与"不独亲其亲，不独子其子"一致、"非攻"与"讲信修睦"一致、"尚同"与"天下为公"一致、"尚贤"与"选贤与能"一致。"故读《墨子》者，不可不知'大同'为墨家之学，而力谋所以实现；而梦想大同者，亦不可不于墨家言求之。"②

五　改革和进取精神

章太炎肯定："盖非命之说，为墨家所独胜。儒家道家，皆言有命。"③

墨子主张"非命"，就不能满足现状，就需要抗争、改革、创新、奋斗。梁启超在《墨子学案》认为："革新旧社会，改造新社会，就是墨子思想的总根源。"梁启超说："非命者，墨学与儒学反对之一要点，而亦救时最适之良药。征诸儒家言曰，孔子进以礼，退以义，得之不得曰有命，曰不知命无以为君子也，曰死生有命，富贵在天，曰莫非命也，顺受其正，曰道之将行也与，命也，道之将废也与，命也，曰吾之不遇鲁侯，天也，诸如此类，不可枚举，故命也者，实儒教中一普通之信条也。"④他要颂扬墨子"非命"观念，来批判所谓命定主义，以建立现代精神——力行。

谭嗣同特别崇尚墨子的为理想不断进取的精神。他在《仁学·自序》中写道："墨有两派：一曰任侠，吾所谓仁也，在汉有党锢，在宋有永嘉，略得其一体；一曰格致，吾所谓学也，在秦有《吕览》，在汉有《淮南》，

---

① 梁启超：《墨子学案》，载蔡尚思主编《十家论墨》，上海人民出版社 2004 年版，第11 页。

② 伍非百：《墨子大义述》，载蔡尚思主编《十家论墨》，上海人民出版社 2004 年版，第 101 页。

③ 姜义华编：《章太炎语萃》，华夏出版社 1993 年版，第 26 页。

④ 梁启超：《饮冰室文集》第 37 卷，台北中华书局 1960 年版，第 12–13 页。

各识其偏端。仁而学，学而仁，今之士其勿为高远哉！即墨之两派，以近合孔耶，远探佛法，亦云汰矣。"谭嗣同将墨学提升到与儒教、基督教、佛教同等的高度，接受了墨子的道德理论和人格力量影响，进行个人选择，走上变法之路。"吾自少至壮……由是益轻其生命，以为块然躯壳，除利人之外，复何足惜！深念高望，私怀墨子摩顶放踵之志矣。"他的人生活动，践行了"摩顶放踵以利天下"的墨家理想。

韦政通先生也指出墨子是伟大的改革家。"如果说孔子是一位伟大的道德与人文的教师，墨子扮演的则是一位苦行卓越的社会改革家的角色。"①

六　当代大学需要墨子精神

墨子精神和当代大学提倡的价值观念不谋而合。主张建设新社会精神的梁启超、胡适等近代学者，就深入挖掘了墨子精神，对他加以赞扬。梁启超在《墨子学案》认为："欲救今日之中国，舍墨学之忍痛苦何以哉？墨学之轻生死何以哉？"胡适主张在中国复兴墨学，"中国哲学的未来，似乎大有赖于那些伟大的哲学学派的恢复……非儒家学派的恢复是绝对需要的"②。台湾政治大学的沈清松教授认为，墨子精神体现了尊重科学技术的创新精神、兼爱的和平精神、开放的人文主义与深刻的宗教精神，与现代社会的需要进行对照，"墨子实为最合乎当今时代趋势的中国传统思想"③。

科学、公利、互利、民主、平等、公正、法制、进取、改革精神，与现代社会观念体系、市场经济体制、大学校园文化建设要求相符合，也是社会主义核心价值观的来源要素。科学技术是第一生产力，是实现社会进步和发展的根本途径。通过市场交换，实现互利互惠原则，才能"兴天下利，除天下害"。如果说墨子时代缺少实践功利主义的条件，封建专制主义盛行，自给自足经济决定了在市场上互利不可能实现，那么今天流行世

---

① 韦政通：《中国思想传统的创造转化》，云南人民出版社 2002 年版，第 56 页。

② 胡适：《先秦名学史》，学林出版社 1983 年版，第 19 页。

③ 沈清松：《贺信》，载张知寒主编《墨子研究论丛》（四），齐鲁书社 1998 年版，第 4 页。

界的法制、民主、平等精神，则为"兼爱"的推行提供了良好的土壤和气候。蔡尚思教授指出："封建王朝已不存在，墨子思想急需弘扬。……墨子的进步思想，不仅是限于中国的。"①章太炎先生指出："虽然，墨子之学，诚有不逮孔、老者，其道德则非孔、老敢窥视也。"②

墨家思想是当今政治学、社会学、伦理学、经济学宝贵历史资源之一。墨子的"兼相爱，交相利"中，"爱"是伦理思想，"利"是经济范畴，它们实现了经济与伦理的统一。经济伦理追求利益、手段与工具价值与道德规范、理想引导、目的价值之间的相互平衡、协调、统一、融合、促进。可是，在今天市场经济体制下，往往容易发生断裂、颠覆，处理好道德与利益的关系成为时代经济伦理学的严峻课题。墨子以智慧的眼光，辩证认识了义利关系，发人深省，具有重要的指导意义，值得深入研究、挖掘、应用、推广。胡德平《十家论墨·序》中说："爱要以利为基础，利要以爱为归宿。把爱与利统一起来的伦理观，在我国的经济思想史上是罕见的。"③严灵峰在《墨子简编》中指出："兼爱是手段，交相利是要达到的目的，两者相互为用。""墨子是在中国历史上赤裸裸地暴露了人类的弱点：自爱（自私）为一切祸乱的根源之第一个人。同时，并提出医治这种病的药方——兼爱。"④

墨学弘扬人的主体力量、反对天命，可以激发大学生志存高远的追求、奋斗精神。主体觉醒和发挥作用的内在信念，要反对听天由命的封建迷信、愚昧无知。墨学在古代社会，能够反对天命，提倡科学唯物论思想，难能可贵。时代的发展，早已证明了"非命"的科学性。西方近代的文艺复兴就开始了对主体的强调，康德、黑格尔、马克思、波普等在这方面有深刻论述。发挥人的能动性，尽力而为，调动一切人力资源，在人的聪明才智上挖潜力，而不是被动地依附客观条件，是解决人的需要、实现社会美好的重要方面。今天，我们应该广泛提

---

① 蔡尚思：《祝词》，载张知寒主编《墨子研究论丛》（四），齐鲁书社1998年版，第4页。

② 姜义华编：《章太炎语萃》，华夏出版社1993年版，第27页。

③ 胡德平：《序》，载蔡尚思主编《十家论墨》，上海人民出版社2004年版，第1页。

④ 严灵峰：《墨子简编》，载蔡尚思主编《十家论墨》，上海人民出版社2004年版，第12页。

倡唯物主义思想，自觉将墨子提出的合理见解贯彻到大学教育、人生与社会之中。

墨子丰富的思想，其所希冀的国家之间"大不攻小，强不侮弱，众不贼寡，诈不欺愚，贵不傲贱，富不骄贫，壮不夺老"、治理国家"刑政治，万民和，国家富，财用足，百姓皆得暖衣饱食，便宁无忧"的美好愿景，就是为了解决如何实现平等、如何协调人与人的关系、如何解决贫富差距，以及如何制止战争和暴力、实现永久和平等问题，以真正实现和谐社会的理想未来。墨子所描绘的和谐社会蓝图，主要体现在十大主张，即兼爱、非攻、尚贤、尚同、节用、节葬、非乐、非命、天志、明鬼。这些集中反映了广大人民对于美好社会和生活的渴望。在我国构建社会主义和谐社会的过程中，墨子和谐社会思想也能够为我们解决所面临的科学、道德等社会问题提供一些思路或启示，从而为当代大学精神和教育建设注入有益的内容。春秋战国，墨子思想和儒家理论曾经并驾齐驱，儒墨并称，同为"显学"。历史沧桑，人们在不同的时代（如唐代的韩愈，近代的梁启超、胡适等，现代的费孝通、任继愈等），都情不自禁地追寻和发扬光大墨子思想，就说明了它具有很强烈的时代价值。1921年梁启超将他用十多年所作的《墨子》笺注辑为《墨经校释》四卷，送请胡适作序。胡适在这篇3000字的长序里首先赞扬了梁先生20年前提倡墨子研究的贡献，并说自己就是受梁氏的影响而爱上墨子的。近代许多仁人志士都一起推动墨学复兴，现代台湾学者、复旦大学蔡尚思教授都深信墨家思想一定能够在世界思想领域，发挥巨大的、积极的作用。

总之，墨家伦理思想，为当今大学精神的养成提供可以借鉴的地方很多。"兼相爱"与"交相利"的义利观，可以与"为人民服务"的社会主义道德相互兼容，目的都是为了广大人民群众（老百姓）的利益，致力于公共利益、相互利益。市场经济的一般规则就在于"交相利"（平等交换）。"兴天下之利，除天下之害"的整体思想，与"集体主义"的社会主义道德基本准则具有一致性。"爱民谨忠，利民谨厚"是为老百姓着想，考虑民生细节（丧葬等），符合民本思想。"赴火蹈刀，死不旋踵"的侠义、果敢、刚毅、拼搏等人格伦理，是个人美德应该重视的，这里杜绝个人的斤斤计较，提倡的是正义和大义。"非攻"可以作为"和平共处"的国际关系伦理要求，配合积极防御、主动外交，对于今天的世界安宁，值得反思和倡导。墨子伦理思想博大精深，其理论结合实际，具有明显的社会历史价值，需要我们进行审视，根据当代大学的具体情况加以认识、转换、借鉴和运用。

作者：孙君恒，武汉科技大学马克思主义学院教授；
熊盼，武汉科技大学马克思主义学院研究生

论墨子教育创新的独特价值

墨子创立的墨家学说博大精深，墨子革弊立新的教育思想颇具特色，墨子创立的墨家私学独树一帜。墨子在教育理念、教育目的、教育对象、教育内容、教育方法、教育实践等方面都有独到的见解和创新体现。本着"古为今用"的原则，重新领略墨子的教育智慧，探究其创新价值是非常必要的。

一　教育理念创新

墨子教育理念创新主要体现在以下几个方面。

（一）教育"救世、治世"理念

墨子提出"兼相爱，交相利"的思想，这是墨子思想的核心，是墨子一生为之追求的理想境界。墨子说："若使天下兼相爱，国与国不相攻，家与家不相乱，盗贼无有，君臣父子皆能孝慈，若此，则天下治。"（《墨子·兼爱上》）墨子认为，只要天下的人都相爱，国家与国家之间就不会发生战争，君臣父子之间全都孝顺慈爱，这样，天下就会大治。为了"兼爱天下""救世、治世"，墨子怀着"苦行救世"的理想和情怀，把"兴天下利，除天下害"作为自己的使命，秉持"兼爱天下"的崇高理想，以坚定不移的信念和坚忍不拔的毅力，到处游说，上至王公下至庶民，聚徒讲学，"摩顶放踵"，身体力行，把教育事业与他的"救世、治世"活动和"兼相爱，交相利"的社会政治理想的推行紧密地联系在一起。当自己的思想不被采用时，即使高官厚禄也丝毫不能让其停下"利天下"的步伐；即使生命面临威胁，只要符合自己的信念，"利天下"则赴汤蹈火、在所不辞。

（二）培养"为义的兼士"

墨子希望培养众多的"兼士"，从而实行天下之"公义"或"正义"，以"兴天下之利，除去天下之害"（《墨子·兼爱中》）。墨子主张"尚贤"，认为"尚贤"是为政之本。一个国家，兴盛与否的关键就在于是否能任用贤才，重视培养为义的"兼士"。墨子认为，有利于国家统治与稳定的"贤良之士"，要符合"德行""言谈""道术"的标准。这与我们现代社会所要求的"德才兼备"的人才标准是一致的，与我们现在的教育理念是相通的，即教育是为社会服务的，教育的目的就是要为国家培养有用之才、栋梁之材。《墨子·尚贤上》篇云："是故国有贤良之士众，则国家之治厚；贤良之士寡，则国家之治薄。故大人之务，将在于众贤而已。"意思是说，若国家拥有众多贤良之士，那么国家的治理就厚实、稳固；若国家拥有的贤良之士少，那么国家的治理就薄弱、动荡。因此，大人物的首要任务，就是使贤良之士增多。

（三）教育的社会作用

墨子重视教育的社会作用，把"有道劝以教人"作为实现其政治理想的根本措施，反对那种"隐匿良道，不以相教"的现象，把"隐匿良道，不以相教"视为大恶，把"有道者劝以教人"视为大善。墨子认为，人是可以通过教育而加以改造的，教育可以改变人，可以使人有学识，有高尚品德，墨子面对全社会进行广泛的教育。墨子在《墨子·鲁问》中指出，"诵先王之道，通圣人之言，而说王公大人、徒步之士、平民百姓，其功贤于耕织"。这就是说，仅靠一人之力去织布，并不能使天下的寒者都有衣穿；仅靠一个人去打仗，并不能抵御敌人的进攻。墨子通过对耕织和教育的比较，推论个人力量极为有限，而教育之功远胜于个人的自耕自织。用先王之道、圣人之言进行上说下教，王公大人采纳我的话，国家一定大治；平民百姓采纳我的话，德行一定变得美好。通过教育培养人才之作用于社会的政治、个人的人格修养等方面，以此推动社会进步，从而体现教育之于人、之于社会的作用。"不强说人，人莫之知也。"（《墨子·公孟》）墨子对王公大人进行教育，对平民百姓进行教育，还要求自己的弟子也同样对王公大人和平民百姓进行游说与教育，希望人们都能做到"有力者疾以助人，有财者勉以分人，有道者劝以教人"，便可以使"饥者得食，寒者得衣，乱者得治"。墨子培养学生的目的是"救世、治世"，而不是让学生做官、升官发财；即便是做官，也是为了更好地"兴天下利，除天下害"。

二　教育内容创新

墨子在对儒家教学内容进行吸收和扬弃的基础上，明确了自己的教学内容既有别于儒家以"六经"为主的经学教育，也别于名家"白马非马"的辩学，更不同于道家"学无益""绝学无忧"的"流于自然"。其教学内容全面丰富，门类众多，涉及道德学、逻辑学、语言学、美学、军事学、数学、力学、建筑学、光学等方面。

（一）道德教育

墨子把道德教育放在教育工作的首位，他在《墨子·修身》篇中说："士虽有学，而行为本焉。"墨子道德教育的核心内容是"兼相爱，交相利"。他从"兼爱"思想出发，引申出最高道德规范——"义"。他说："万事莫贵于义"（《墨子·贵义》），"义可以利人，故曰：义，天下之良宝也"（《墨子·耕柱》），认为天下有义则生，无义则死；有义则富，无义则贫；有义则治，无义则乱。所以，他教育人们"鼓而进于义"（《墨子·鲁问》），他把"利民"作为实践"兼爱"的行为准则，认为"义"也就是"利"，"义，利也"（《墨子·经上》）。"重利"与"贵义"是统一的，"爱利万民""兴天下之利，除天下之害"，是最高的道德准则，把"兼爱交利"见诸行动，才是道德高尚的人，勤劳、节俭、非乐、非命、非攻、兼爱、兴利、除害，才是真正的美德。

（二）"辩"学教育

"辩"学教育是墨子教学内容的一个重要组成部分。《墨子·小取》篇中的一段文字，可视为墨子"辩"学的纲要："夫辩者，将以明是非之分，审治乱之纪，明同异之处，察名实之理，处利害，决嫌疑，焉摹略万物之然，论求群言之比，以名举实，以辞抒意，以说出故，以类取，以类予，有诸己不非诸人，无诸己不求诸人。"这段文字对其"辩"学的作用和目的、方法和步骤及价值判断等做了概括而准确的阐释。意思是说，凡是论辩，都是打算用论辩弄清是非的界限，研究治乱的关键，弄明同异的所在，考察名实的关系，处置利害，决断嫌疑。于是就可深入探究万事万物的本来面貌，推究各种说法的不同类型，用名反映事实，用文辞表达心意，道理是从事实中概括出来的，在不同的事物中归纳出共同的东西，再用共同的东西去认识不同的事物。自己有的不反对别人也有，自己没有的不强求于人。墨子注重对弟子论辩才能和逻辑思维的培养，强调形式逻辑、归纳与演绎相结合。"察类明故"，并把假言推理、选言推理和归纳并列使用。讲求以理服人，追求思辨技巧，言行有据。墨子用"辩"学教育、训练弟子，不仅提高了墨门弟子在政治、学术斗争中的能力和水平，而且还为他们掌握自然科学知识提供了重要方法，"墨子是中国古代教育史上系统逻辑学教育的第一人"①。

（三）"非乐"审美教育

墨子的"非乐论"所非之"乐"是有特定含义的，"非乐"非"非乐"，"非乐"之美是墨子人生境界中所达到的最高水准，是墨子不断追求灵魂完美而确立的人生审美价值观。

在墨子看来，有仁德的人不会为了满足自己的享乐之欲而损害人民的利益，因为仁者所追求的最高目标是"为万民兴利除害"。墨子在《非乐上》讲："夫仁者之为天下度也，非为其目之所美，耳之所乐，口之所甘，身体之所安，以此来亏夺民食之财，仁者弗为也。"墨子精心地传授着本真的审美观、健康的审美标准和高雅的审美情趣，教育学生知晓什么是美，真正去领悟美的内涵，去促进人与社会的和谐，从而去创造美，改造社会，使社会变得美好。墨子看中作为"善"的"美"，轻视作为"饰"的"美"。墨子认为人们生活所需要的东西，如宫室、衣服、舟车等，不必有锦绣文采之饰，就是说，只要求便于使用就行了。墨子竭力反对统治阶级为了"美"的文饰和享乐而"暴夺民衣食之财""厚作敛于百姓"的奢侈浪费、荒淫腐败的生活。面对着"民生凋敝、哀鸿遍野、弦歌鼓舞、靡乐淫声、繁文缛节、挥霍无度"，统治者的贪图享乐荒淫无耻，怎能不让墨子敲响"当在乐之为物，将不可不禁而止也"的警钟。在战国初期的历史背景下，在"国家喜音湛湎"和"择务从事"的语境中细细体味墨子的"非乐"思想，才能明白，在当时的历史现实情况下，墨子的"非乐"思想是多么的难能可贵！墨子在遥远的战国时代，面对着"国家憙音湛湎"的局势极力地提倡"非乐"，以其独具特色的审美价值观教育人们正确对待"美"，正确评价、审视真正的"美""真正的乐"。

（四）"非命"科学教育

"非命"是墨子学说的重要内容之一。主张"非命"，就是否定"有命"论。墨子视当时流行的"有命"说是天下之巨害，不仅提出"非命"的理论，而且用社会实践和历史的演变予以证明，指出："昔桀之所乱，

---

① 沈灌群、毛礼锐：《中国教育家评传》（第一卷），上海教育出版社1988年版，第172页。

汤治之；纣之所乱，武王治之。当此之时，世不渝而民不易，上变政，而民改俗，存乎桀纣而天下乱，存乎汤武而天下治"，"若以此观之，夫安危治乱，存乎上之为政也，则夫岂可谓有命哉？"为了对"有命"论加以辩驳，他提出"言必有三表"，作为立言的总原则，论证了"有命"论的荒谬和危害。墨子从现实出发，提倡通过教育反对儒家的"命定"说，这也是教化人们摆脱"宿命"论，否定天命，追求真理，崇尚科学，因此，有着重大的观念变革意义和历史进步意义。

（五）自然科学教育

墨子十分重视自然科学知识的研究和传授。他把"农与工肆之人"以及自己在生产实践中获得的许多感性认识加以概括、总结，上升为理性认识，经过长期积累和刻苦研究，从中提炼出许多有科学价值的思想，并用来教育弟子。墨子在自然科学方面的教学内容主要涉及数学、几何学、物理学、光学等，其内容之丰富，在古代教育史上叹为观止。现存《墨子》一书中的《经上》《经下》《经说上》《经说下》《大取》《小取》六篇著作，可视为墨子进行自然科学知识教育的主要教材。墨子关于自然科学知识的教育，在中国古代，没有一个教育家能与之相比[1]，中国古代科技的发展和进步，与墨子科技理论和科学实践息息相关。墨子对几何学中的点、线、面、圆体等概念和定义的论述十分具体、系统。他的这些论述虽没有阿基米德的论述完整，但要比阿基米德早近三百年；力学方面，墨子完整、系统地提出了力学的基本原理，比牛顿提出的力学三定律要早整整两千年；光学方面，墨子是世界上第一个讲述光沿直线传导之原理的人，其成就在当时可以说要充人类之冠。[2]

（六）军事防御教育

墨子很重视军事知识的教育，他自己对此有很深刻的研究。他之所以重视军事知识教育，是为了培养一批懂军事的人才，做好反侵略战争的准备，实现他的"非攻"学说。今存《墨子》中《备城门》以下十一篇，可以称为比较全面的军事防御学说。墨子的"出诛"主导思想是反对非正

---

① 高开封、张希宇：《简论墨子的教育思想和教育成就》，《齐鲁学刊》1997年第4期。

② 赵发中：《墨子教育思想研究》，《河南教育学院学报》（哲学社会科学版）2000年第3期。

义战争，征伐"有罪之国"，是正义战争。墨子的军事战略就是为了达到制止战争或赢得战争的目的而采取的政策与谋略。墨子在论述国防建设的基础上，还探讨了国际关系方面的问题①，这有益于世界和平。

三 教育方法创新

墨子的教育方法灵活多变，颇具特色。在"因材施教、量力而行""动手实验、学以致用""主动施教、不叩亦鸣""察类明故""述而且作"等方面都有独到见解和创新价值。

（一）因材施教，量力而行

在教育活动中，每个受教育的个体都有自己的生活环境、成长经历和个性特点，因而对他们的教育必须有的放矢，必须采用不同的方法来"因材施教"。墨子以工匠制器应顺物性为喻，指出教育人也应各因其性。顺性施教的目的是为了"各尽其才"，从学生实际出发，发展学生个性、特长，为社会培养各类有用人才。

《墨子·耕柱》篇云："子墨子游耕柱子于楚，二三子过之，食之三升，客之不厚。"这是在讲墨子使耕柱子到楚国游学，以扬其名。《墨子·贵义》篇云："子墨子仕人于卫，所仕者至而返。"这里是说，墨子将培养的弟子送到卫国从政。《墨子·公孟》篇云："二三子复于子墨子学射者，子墨子曰：不可。"意即有两三个学生再次找墨子想学习射箭，墨子根据他们适宜于学习的情况，不同意他们学习射箭。墨子考察被教育者的具体情形，区别对待，使他们学有专长，使他们做到"能谈辩者谈辩，能说书者说书，能从事者从事"。

总之，墨子因材施教、量力而行的做法表现在根据教育对象的特长、爱好、性格的差异，施予不同的教育内容；根据教育对象的天赋资质或才能高低，予以不同的要求标准。墨子能够认识到弟子们的材资不同并实施相应之教，这是他长期从事教育活动的结果。

（二）动手实验，学以致用

墨子教学还重视理论联系实际、学以致用。墨子特别注重培养学生的动手能力。在军事教育中，与弟子共同研制各种军事器械，投入防御实际

---

① 徐希燕：《墨学研究　墨子学说的现代诠释》，商务印书馆 2001 年版，第 253 页。

运用。在科技教育中，墨子要求学生学习技艺，不能光口头记诵，还要懂得动手制作，亲自指导学生实际操作和做科学实验。墨子在光的教学中，带领弟子进行多次实验，从而使弟子们掌握了光的照射、物体的阴影、倒影以及球面镜的有关知识。《经下》记载："鉴位，景一小而易，一大而正，说在中之外内。"① 这是关于凹透镜成像的实验记录，弟子们通过实验了解掌握了凹透镜的基本原理与基本知识，墨子指导学生做"小孔成像"的实验，证明了光的直线传播规律。正因为墨子讲求实效，注重实验，理论联系实际，扎根实践，学以致用，所以取得了杰出的科学成就。墨子这种实践力行的教学方法，对后世影响深远。

（三）主动施教，不叩亦鸣

墨子坚持以教人为己任，指责"学无益"，主张"主动施教，不叩亦鸣"。《墨子》记载许多墨子主动施教的例子。如墨子听说禽滑厘这个人喜欢"勇"时，就亲自找上门，告诉他什么是真正的勇。墨子通过主动灵活引导，最终使得一个游手好闲之徒成为一个知义行义的人。墨子认为在乱世，如果不努力去说服、教育别人，就不会有人知道行善的道理。墨子说："今求善者寡，不强说人，人莫之知也。"（《墨子·公孟》）墨子还以撞钟与国家的政事为例，生动形象地对公孟子说明主动施教的重要道理，坚决反对儒家"叩则鸣，不叩则不鸣"的被动施教原则。墨子把不积极主动施教看作施教者的过失，是危害社会的祸乱之一。所以墨子一再强调的就是要"叩则鸣，不叩也鸣"，这对于教学来说，有利于教师主导作用和主观能动性的发挥，也有利于教学效果、教学质量的提高，具有极其重要的现实意义。②

（四）察类明故，述而且作

墨子在教学中很讲究方法，既注意具体的比喻及实例，又善于引导学生知其所以然。他在《墨子·小取》篇中说："譬也者，举他物，而以明之也。"他经常向学生提出"何问""何以为""将奈何哉""何以知之"等问题，以启发学生动脑子思考问题，不但要知其然，还要知其所以然。

---

① 徐希燕：《墨学研究　墨子学说的现代诠释》，商务印书馆 2001 年版，第 204 页。

② 赵发中：《墨子教育思想研究》，《河南教育学院学报》（哲学社会科学版）2000 年第 3 期。

这是墨子教学思想和方法的重要特点。

墨子在教学实践中很注意引导学生对客观事物进行合理分类,分析各类事物的异同、因果及其根据,通过模拟,探明原理。他说:"古者有语:'谋而不得,则以往知来,以见知隐。'谋若此,可得而知矣。"(《墨子·非攻中》)这种"察类明故""以往知来,以见知隐"等模拟推理的原则在教学方法上有重大意义,他可以解决诸多"谋而不得"的问题,这是墨子对认识论和教学论的一大贡献。

墨子"学儒者之业,受孔子之术,认为其礼烦扰而不说,厚葬糜财而贫民,久服伤生而害事,故背周道而用夏政"(《淮南子·要略》)。墨子因不满儒家礼乐的烦琐而自创学派,自立新说。墨子不同意孔子"信而好古,述而不作"的保守传统做法,提出现在只是祖述而不创作和不好祖述古代善事只能创作的人没有什么两样。认为对于古代的好事要陈述,对于现在的好事要创作,这样做是为了好的东西越来越多。墨子主张对好的东西继承,对有价值的东西进行创造,对文化遗产继承发展,无疑是伟大的创举。

总之,墨子善于独立思考,长于发现问题,敢于革弊立新。墨子在教育目的、教学方法与内容等方面进行了一系列卓有成效的改革,墨子对自己的政治理想和教育主张,躬身实践以身作则"摩顶放踵而利天下"。墨子有关教育创新的精华,是墨子在长期教育实践中逐步积累起来的优秀历史遗产,至今仍是我们所提倡的合理的教育方法和原则。

墨子的教育方法不仅在古代教育史上有独特的价值,今天仍然能为我们提供多方面的借鉴,对今天的大学教育改革创新有重要的意义和启示。

作者:张振台,《新乡学院学报》编辑部副研究馆员

下编

《墨子》选读①

---

① 《墨子》选读侧重于选能体现墨子核心思想的篇目，目的是配合本书上编、中编加深对墨学的理解；没有入选的篇目，如果上编、中编有引用，一般有较详细的解说。选读篇目以孙诒让《墨子间诂》为底本，文字略有更改：打印困难的罕用异体字，一般选用其通用字；打印困难的通假字，直接用本字；繁体字转为简体字如果有歧义，仍用繁体字；少量错误的字、词，据《墨子间诂》（孙启治点校本）修改。限于篇幅，选读篇目附简略注释，如果阅读有困难，请参阅本书参考文献所列各种《墨子》注译本。

亲 士[1]

本篇强调亲近、任用贤士的重要性。作者指出,古往今来,贤才难得,贤才往往受到压制、打击,甚至杀害。国君要善于纳谏,能够容纳有不同观点的臣子,要根据每个人能力大小授予官职,发挥他们的作用。

入国而不存[2]其士,则亡国矣。见贤而不急[3],则缓[4]其君矣。非贤无急,非士无与虑国。缓贤忘士,而能以其国存者,未曾有也。

昔者文公出走而正天下;桓公去国而霸诸侯;越王勾践遇吴王之丑而尚摄中国之贤君[5]。三子之能达名成功于天下也,皆于其国抑而大丑也。太上[6]无败,其次败而有以成,此之谓用民。

吾闻之曰:“非无安居也,我无安心也;非无足财也,我无足心也。”是故君子自难而易彼,众人自易而难彼。君子进不败其志,内究其情[7]。虽杂庸民,终无怨心,彼有自信者也。是故为其所难者,必得其所欲焉;未闻为其所欲,而免其所恶者也。是故逼臣伤君[8],谄下伤上。君必有弗弗之臣,上必有詻詻之下,分议者延延,而支苟者詻詻[9],焉可以长生保国。

臣下重其爵位而不言,近臣则喑[10],远臣则唫[11],怨结于民心。谄谀在侧,善议障塞,则国危矣。桀纣不以其无天下之士邪?杀其身而丧天下,故曰:归[12]国宝,不若献贤而进士。

今有五锥,此其铦[13],铦者必先挫[14];有五刀,此其错[15],错者必先靡[16]。是以甘井近竭,招木近伐,灵龟近灼,神蛇近暴[17]。是故比干

431

之殪，其抗也；孟贲之杀，其勇也；西施之沈，其美也；吴起之裂，其事也[18]。故彼人者，寡不死其所长，故曰：太盛难守也。

故虽有贤君，不爱无功之臣；虽有慈父，不爱无益之子。是故不胜其任而处其位，非此位之人也；不胜其爵而处其禄，非此禄之主也。良弓难张，然可以及高入深；良马难乘，然可以任重致远；良才难令[19]，然可以致君见尊[20]。是故江河不恶小谷之满已也，故能大。圣人者，事无辞也，物无违也，故能为天下器。是故江河之水，非一源之水也；千镒[21]之裘，非一狐之白也。夫恶有同方，取不取同而已者乎？盖非兼王之道也！是故天地不昭昭，大水不潦潦，大火不燎燎，王德不尧尧者[22]，乃千人之长也。

其直如矢，其平如砥，不足以覆万物。是故溪陕者速涸，逝浅者速竭，墝埆[23]者其地不育。王者淳泽[24]，不出宫中，则不能流国[25]矣。

注释：

[1] 亲：亲近，爱惜。

[2] 存：恤问。引申为关心、爱护。

[3] 急：尽快（早）任用。

[4] 缓：怠慢。

[5] 文公：晋文公，他年轻时遭到父亲晋献公和献公宠爱的女子骊姬的迫害，被迫流亡在外十九年。后在秦国帮助下回国即位，他重用贤才，称霸诸侯。正：匡正。桓公：齐桓公小白，齐襄公无道，他被迫出走。襄公被杀后，回国即位，重用管仲，九合诸侯，成为春秋时期霸主。越王：越王勾践在吴越争战中被吴王夫差打败，被迫屈服于夫差。他卧薪尝胆，忍辱负重，重用范蠡、文种等人终于灭掉吴国，成为春秋五霸之一。丑：耻辱，羞辱。摄：同摄，威慑。

[6] 太上：相对"其次"而言，最上等，最上策。

[7] 内：俞樾认为当作"纳"，即"退"字，意为不得志、失意之时。究：反省，回顾。

[8] 逼臣伤君：位高权重的大臣威胁到国君的利益。

[9] 弗弗之臣：敢于谏诤的大臣，弗：违逆。詻詻：说话正直。延延：长久，反复辩论。

[10] 喑：同"瘖"，不能说话。

[11] 唫：古为"吟"字，此为叹息之意。

[12] 归：通"馈"，赠送。

［13］铦：锋利，锐利。

［14］挫：折损，毁坏。

［15］错：磨砺。

［16］靡：销蚀。

［17］暴：同"曝"，暴晒，古代暴晒蛇类用来求雨。

［18］比干：商纣王大臣，敢于直谏，得罪纣王，后被剖心而死。殪：杀死。孟贲：齐国大力士，因与秦武王比试举鼎，武王体力不支，鼎掉下砸住脚，武王不治而死，孟贲因此获罪被杀。西施：越国美女，越王勾践战败后把西施献给吴王夫差，使其放松警惕，为自己东山再起创造条件。吴国灭亡后，一说西施被沉于江中；一说和范蠡泛舟五湖。吴起：参与楚国变法，失败被杀。

［19］令：支使，使用。

［20］致：使，让。见：被，受到。

［21］镒：古代黄金的重量单位，一镒为24两，一说为20两。

［22］昭昭：明亮的样子。燎燎：火苗旺盛的样子。尧尧：同"垚垚"，极高的样子。

［23］墝埆（qiāoquè）：土地坚硬而瘠薄。

［24］淳泽：恩泽深厚。

［25］流国：遍布全国。

修　身

　　本篇主要论述了品行修养的重要性。作者认为一个人安身立命、待人处世、治理国家必须重视品行修养和人格。作者指出提高品行修养的方法：要经常警戒、反省自己，要明辨是非、言而有信，要长期坚持才能达到净化心灵的目的。

　　君子战虽有陈[1]，而勇为本焉；丧虽有礼，而哀为本焉；士虽有学，而行为本焉。是故置[2]本不安者，无务丰末；近者不亲，无务求远；亲戚[3]不附，无务外交[4]；事无终始，无务多业；举物而暗，无务博闻。

　　是故先王之治天下也，必察迩来远，君子察迩而迩修者也。见不修行见毁而反之身者也，此以怨省[5]而行修矣。谮慝之言[6]，无入之耳；批扞之声[7]，无出之口；杀伤人之孩[8]，无存之心，虽有诋讦[9]之民，无所依矣。

　　故君子力事日强[10]，愿欲日逾[11]，设壮日盛[12]。君子之道也：贫则见廉，富则见义，生则见爱，死则见哀，四行者不可虚假，反之身者也。藏于心者，无以竭爱；动于身者，无以竭恭；出于口者，无以竭驯[13]。畅之四支[14]，接[15]之肌肤，华发隳颠，而犹弗舍者，其唯圣人乎！

　　志不强者智不达，言不信者行不果。据财不能以分人者，不足与友；守道不笃[16]，遍物不博，辩是非不察者，不足与游。本不固者末必几[17]，雄而不修者[18]，其后必惰，原[19]浊者流不清，行不信者名必耗[20]。名不徒生而誉不自长。功成名遂，名誉不可虚假，反之身者也。务言而缓行，虽辩必不听。多力而伐功，虽劳必不图。慧者心辩而不繁说，多力而不伐功，此以名誉扬天下。言无务为多而务为智，无务为文而务为察[21]。故彼智无察，在身而情[22]，反其路者也。善无主于心者不留，行莫辩于身者不立；名不可简而成也，誉不可巧而立也，君子以身戴行者也[23]。思利寻焉，忘名忽焉，可以为士于天下者，未尝有也。

注释：

[1] 陈：同"阵"，阵法，阵式。

[2] 置：通"植"，树立。

[3] 亲戚：孙诒让云，古代多称父母为亲戚。孔颖达云，亲指族内，戚指族外。

[4] 外交：交结外人。

[5] 怨省：怨毁的话减少。

[6] 谮慝之言：坏话。谮，诋毁别人。慝，邪恶。

[7] 批扞之声：不雅的话。批，打。扞，同"捍"，扰乱。

[8] 孩：一说指草根，同"亥"，一说指小孩。

[9] 诋讦：诋，诋毁诽谤。讦，揭露别人的隐私。

[10] 力事：处理事情。

[11] 愿欲：理想愿望。逾：超越，前进。

[12] 设壮日盛：设，大。君子之道大壮而日盛。

[13] 竭：无穷。驯：通"训"，语言典雅。

[14] 四支："支"同"肢"，手足。

[15] 接：达到。

[16] 笃：专注忠实。

[17] 本：树根。末：树梢。几：危险。

[18] 雄：勇猛。修：长。

[19] 原：同"源"，源流。

[20] 耗：同"耗"，毁坏，败坏。

[21] 文：文饰，花哨。察：明了。

[22] 情：孙诒让认为当是"惰"字之误。

[23] 戴：通"载"，带动。

所 染

本篇强调国君、诸侯、士大夫等上层统治者慎重交友的重要性。国君治理国家受身边人的影响，任用小人则国势衰微，任用贤才则国势日隆，因此，国君必须正确选择亲信和朋友。

子墨子言见染丝者而叹曰：染[1]于苍则苍，染于黄则黄。所入者变，其色亦变；五入必而已则为五色矣。故染不可不慎[2]也！

非独染丝然也，国亦有染。舜染于许由、伯阳，禹染于皋陶、伯益，汤染于伊尹、仲虺，武王染于太公、周公。此四王者所染当[3]，故王[4]天下，立为天子，功名蔽[5]天地。举天下之仁义显人，必称此四王者。

夏桀染于干辛、推哆，殷纣染于崇侯、恶来，厉王染于厉公长父、荣夷终，幽王染于傅公夷、蔡公谷。此四王者所染不当，故国残身死，为天下僇[6]。举天下不义辱人，必称此四王者。

齐桓染于管仲、鲍叔，晋文染于舅犯、高偃，楚庄染于孙叔、沈尹，吴阖闾染于伍员、文义，越勾践染于范蠡、大夫种。此五君者所染当，故霸诸侯，功名传于后世。

范吉射染于长柳朔、王胜，中行寅染于藉秦、高强，吴夫差染于王孙雒、太宰嚭，智伯摇染于智国、张武，中山尚染于魏义、偃长，宋康染于唐鞅、佃不礼。此六君者所染不当，故国家残亡，身为刑戮，宗庙破灭，绝无后类[7]，君臣离散，民人流亡。举天下之贪暴苛扰者，必称此六君也。

凡君之所以安者何也？以其行理[8]也。行理性于染当。故善为君者，劳于论人而佚于治官。不能为君者，伤形费神，愁心劳意，然国逾危，身逾辱。此六君者，非不重其国、爱其身也，以不知要故也。不知要者，所染不当也。

非独国有染也，士亦有染。其友皆好仁义，淳谨畏令[9]，则家日益，身日安，名日荣，处官得其理矣，则段干木、禽子、傅说之徒是也。其友皆好矜奋[10]，创作比周，则家日损，身日危，名日辱，处官失其理矣，则子西、易牙、竖刀之徒是也。诗曰："必择所堪，必谨所堪"者，此之谓也。

注释：

[1] 染：浸染、影响。

[2] 慎：谨慎、小心。

[3] 当：得当、合乎常理。

[4] 王：称王。

[5] 蔽：遍布。

[6] 残：残破、灭亡。僇：同"戮"，责罚。

[7] 绝无后类：没有子孙后代，家族灭绝。

[8] 理：符合事（情）理。

[9] 淳谨畏令：淳厚谨慎，遵守法令。

[10] 矜奋：狂妄。矜，妄自尊大。

法　仪

法仪即法度、准则。墨子认为，天下百工必须遵从法度，治理国家也要遵从各项规章制度。墨子认为，"天"是人民效法的榜样，强调天意的重要性，借此宣传"兼爱"主张。

子墨子曰：天下从事者，不可以无法仪；无法仪而其事能成者，无有也。虽至士[1]之为将相者，皆有法。虽至百工从事者，亦皆有法。百工为方以矩，为圆以规[2]，直以绳，正以县[3]。无巧工、不巧工，皆以此五者为法。巧者能中[4]之，不巧者虽不能中，放依以从事，犹逾己。故百工从事，皆有法所度[5]。

今大者治天下，其次治大国，而无法所度，此不若百工辩也[6]，然则奚以为治法而可？当皆法其父母奚若[7]？天下之为父母者众，而仁者寡。若皆法其父母，此法不仁也。法[8]不仁，不可以为法。当皆法其学[9]，奚若？天下之为学者众，而仁者寡。若皆法其学，此法不仁也。法不仁，不可以为法。当皆法其君，奚若？天下之为君者众，而仁者寡。若皆法其君，此法不仁也。法不仁，不可以为法。故父母、学、君三者，莫可以为治法。

然则奚以为治法而可？故曰：莫若法天。天之行广而无私，其施厚而不德[10]，其明久而不衰，故圣王法之。既以天为法，动作有为[11]必度于天。天之所欲则为之，天所不欲则止。然而天何欲何恶者也？天必欲人之相爱相利，而不欲人之相恶相贼[12]也。奚以知天之欲人之相爱相利，而不欲人之相恶相贼也？以其兼而爱之，兼而利之也。奚以知天兼而爱之、兼而利之也？以其兼而有之、兼而食之也。

今天下无大小国，皆天之邑也。人无幼长贵贱，皆天之臣也。此以莫不刍牛羊[13]、豢犬猪[14]，絜为酒醴粢盛[15]，以敬事天。此不为兼而有之、兼而食之邪？天苟兼而有食之，夫奚说以不欲人之相爱相利也？故曰：爱人利人者，天必福之；恶人贼人者，天必祸[16]之。曰：杀不辜者，得不祥[17]焉。夫奚说人为其相杀而天与祸乎？是以知天欲人相爱相利，而不欲人相恶相贼也。

昔之圣王禹汤文武，兼爱天下之百姓，率以尊天事鬼。其利人多，故天福之，使立为天子，天下诸侯，皆宾事之[18]。暴王桀纣幽厉，兼恶天下之百姓，率以诟天侮鬼。其贼人多，故天祸之，使遂失其国家，身死为僇于天下。后世子孙毁[19]之，至今不息。故为不善以得祸者，桀纣幽厉是也。爱人利人以得福者，禹汤文武是也。爱人利人以得福者，有矣！恶人贼人以得祸者，亦有矣！

注释：

［1］至士：优秀人才。

［2］规：直角尺，画直角的工具。规：圆规，画圆的工具。

［3］绳：用来画直线。悬：同"悬"，用线悬物，测量垂直高度。

［4］中：符合。

［5］度：衡量。

［6］辩：四库本作"辨"，明察。

［7］奚若：怎么样。

［8］法：效法、学习。

［9］学：学习对象，指老师。

［10］不德：不炫耀其功德。

［11］动作有为：行动作为。

［12］贼：用作动词，残害。

［13］刍牛羊：用草喂牛羊。

［14］豢：用谷物喂养牲畜。

［15］絜：同"洁"。醴：甜酒。粢：祭祀用的米饼。盛：放祭品的器皿。

［16］福：赐福。祸：降祸。

［17］不祥：坏的结果。

［18］宾事之：像对待宾客一样侍奉他。

［19］毁：谩骂，责骂。

七　患

本篇论述了影响国家安全稳定的七种危险，分析了产生七种危险的原因，指出了克服危险的途径。作者重点强调农业生产、粮食储备对于国家治理的决定作用，告诫统治者要重视农业生产、节用戒奢。

子墨子曰：国有七患。七患者何？城郭沟池不可守而治宫室，一患也；边国[1]杀不辜者，得不祥焉至境，四邻莫救，二患也；先尽民力无用之功，赏赐无能之人，民力尽于无用，财宝虚于待客[2]，三患也；仕者持禄，游者爱佼[3]，君修法讨臣，臣慑而不敢拂[4]，四患也；君自以为圣智[5]而不问事，自以为安强而无守备，四邻谋之不知戒，五患也；所信者不忠，所忠者不信，六患也；畜种菽粟不足以食之，大臣不足以事之，赏赐不能喜，诛罚不能威，七患也。

以七患居国，必无社稷；以七患守城，敌至国倾。七患之所当，国必有殃。

凡五谷者，民之所仰[6]也，君之所以为养也。故民无仰，则君无养；民无食，则不可事。故食不可不务也，地不可不力[7]也，用不可不节也。五谷尽收，则五味尽御[8]于主，不尽收则不尽御。一谷不收谓之馑，二谷不收谓之旱，三谷不收谓之凶，四谷不收谓之馈，五谷不收谓之饥[9]。

岁馑，则仕者大夫以下皆损禄[10]五分之一；旱，则损五分之二；凶，则损五分之三；馈，则损五分之四；饥，则尽无禄，禀食而已矣。故凶饥存乎国，人君彻[11]鼎食五分之三，大夫彻县，士不入学[12]，君朝之衣不革制；诸侯之客，四邻之使，雍食而不盛[13]；彻骖騑，涂不芸[14]，马不食粟，婢妾不衣[15]帛，此告不足之至也。

今有负其子而汲者，队[16]其子于井中，其母必从而道之。今岁凶[17]，民饥，道饿，重其子此疾于队，其可无察邪！故时年岁善，则民仁且良；时年岁凶，则民吝且恶。夫民何常此之有！为者疾[18]，食者众，则岁无丰。

故曰：财不足则反[19]之时，食不足则反之用。故先民以时生财，固本[20]而用财，则财足。故虽上世之圣王，岂能使五谷常收而旱水不至哉！然而无冻饿之民者，何也？其力时急[21]而自养俭也。故《夏书》曰："禹七年水。"《殷书》曰："汤五年旱。"此其离[22]凶饿甚矣，然而民不冻饿者，何也？其生财密，其用之节也。故仓无备粟，不可以待凶饥；库无备兵，虽有义不能征无义；城郭不备全，不可以自守；心无备虑，不可以应卒[23]，是若庆忌无去之心，不能轻出。

夫桀无待汤之备，故放[24]；纣无待武之备，故杀。桀纣贵为天子，富有天下，然而皆灭亡于百里之君者，何也？有富贵而不为备也。故备者，国之重也；食者，国之宝也；兵者，国之爪也；城者，所以自守也；此三者，国之具也。

故曰：以其极赏[25]，以赐无功；虚其府库，以备车马、衣裘、奇怪；苦其役徒，以治宫室观乐；死又厚为棺椁，多为衣裘。生时治台榭，死又修坟墓。故民苦于外，府库单[26]于内，上不厌[27]其乐，下不堪[28]其苦。故国离寇敌则伤，民见凶饥则亡，此皆备不具之罪也。且夫食者，圣人之所宝也。故《周书》曰："国无三年之食者，国非其国也；家无三年之食者，子非其子也。"此之谓国备。

注释：

[1] 边国：敌国。

[2] 虚于待客：因款待宾客用空财宝。

[3] 爱佼：佼，同"交"，喜欢与朋友交游。

[4] 慑：畏惧，害怕。拂：违反。

[5] 圣智：智商比一般人高很多。

[6] 仰：依靠，依赖。

[7] 务：生产。力：努力耕种。

[8] 御：享用。

[9] 饥：五谷不熟。馑：菜蔬不熟。饥馑指代荒年。

[10] 损禄：减少俸禄。

[11] 彻：减去。

[12] 大夫彻县，士不入学：大夫撤去悬挂在墙上的乐器，读书人停止入学。

[13] 雍食而不盛：招待外宾的宴会不丰盛。

[14] 涂：通"途"，道路。芸：除草。

[15] 衣：用作动词，穿。

[16] 队：同"坠"，跌落。

[17] 凶：灾年。

[18] 疾：清代毕沅认为应为"寡"字。

[19] 反：反省。

[20] 本：根本，代指农业，中国古代以农业为主。

[21] 力时急：努力耕作，抓紧季节。

[22] 离：同"罹"，遭受。

[23] 卒：同"猝"，突然。

[24] 放：流放，放逐。

[25] 极赏：最高奖赏。

[26] 单：同"殚"，竭尽。

[27] 厌：满足。

[28] 堪：承受，忍受。

辞　过

本篇分析了古今君主对待宫室、衣服、饮食、舟车、姬妾的不同态度及后果，告诫统治者要勤俭节约，要关注国计民生，维护国家长治久安。

子墨子曰：古之民，未知为[1]宫室时，就陵阜而居，穴而处，下润湿伤民，故圣王作为宫室。为宫室之法，曰室高足以辟润湿，边足以圉风寒，上足以待雪霜雨露，宫墙之高，足以别男女之礼，谨[2]此则止。凡费财劳力，不加利者，不为也。役[3]，修其城郭，则民劳而不伤，以其常正[4]，收其租税，则民费而不病。民所苦者非此也，苦于厚作敛于百姓。是故圣王作为宫室，便于生，不以为观乐也；作为衣服带履，便于身，不以为辟怪也。故节于身，诲[5]于民，是以天下之民可得而治，财用可得而足。

当今之主，其为宫室则与此异矣。必厚作敛于百姓，暴夺民衣食之财，以为宫室台榭曲直之望、青黄刻镂之饰。为宫室若此，故左右皆法象[6]之，是以其财不足以待凶饥、振[7]孤寡，故国贫而民难治也。君实欲天下之治而恶其乱也，当为宫室，不可不节。

古之民未知为衣服时，衣皮带茭[8]，冬则不轻而温，夏则不轻而清。圣王以为不中人之情，故作诲妇人，治丝麻，梱布绢，以为民衣。为衣服之法，冬则练帛之中，足以为轻且暖；夏则绤绤[9]之中，足以为轻且清，谨此则止。故圣人之为衣服，适身体，和肌肤[10]，而足矣。非荣耳目而观愚民也。当是之时，坚车良马不知贵也，刻镂文采不知喜也，何则？其所道之然。故民衣食之财，家足以待旱水凶饥者，何也？得其所以自养之情，而不感[11]于外也，是以其民俭而易治，其君用财节而易赡也。府库实满，足以待不然[12]；兵革不顿，士民不劳，足以征不服[13]。故霸王之业可行于天下矣。

当今之主，其为衣服，则与此异矣，冬则轻煖，夏则轻清[14]，皆已具矣，必厚作敛于百姓，暴夺民衣食之财，以为锦绣文采靡曼[15]之衣，铸金以为钩，珠玉以为珮。女工作文采，男工作刻镂，以为身服，此非云益煖之情也。单[16]财劳力，毕归之于无用也，以此观之，其为衣服非为身体，皆为观好，是以其民淫僻而难治，其君奢侈而难谏也，夫以奢侈之君，御[17]好淫僻之民，欲国无乱，不可得也。君实欲天下之治而恶其乱，当为衣服不可不节。

古之民未知为饮食时，素食而分处，故圣人作，诲[18]男耕稼树艺，以为民食。其为食也，足以增气充虚，强体适腹而已矣。故其用财节，其自养俭，民富国治。今则不然，厚作敛于百姓，以为美食刍豢，蒸炙鱼鳖，大国累百器，小国累[19]十器，前方丈，目不能遍视，手不能遍操，口不能遍味，冬则冻冰，夏则饰饐[20]，人君为饮食如此，故左右象之，是以富贵者奢侈，孤寡者冻馁，虽欲无乱，不可得也。君实欲天下治而恶其乱，当为食饮不可不节。

古之民未知为舟车时，重任不移，远道不至，故圣王作为舟车，以便民之事。其为舟车也，全固轻利，可以任重致远，其为用财少，而为利多，是以民乐而利之。法令不急而行，民不劳而上足用，故民归之。当今之主，其为舟车，与此异矣，全固轻利皆已具，必厚作敛于百姓，以饰舟车。饰车以文采，饰舟以刻镂。女子废其纺织而修文采，故民寒；男子离其耕稼而修刻镂，故民饥。人君为舟车若此，故左右象之，是以其民饥寒并至，故为奸邪。奸邪多则刑罚深，刑罚深则国乱。君实欲天下之治而恶其乱，当为舟车不可不节。

凡回于天地之间，包于四海之内，天壤之情，阴阳之和，莫不有也，虽至圣不能更[21]也。何以知其然？圣人有传：天地也，则曰上下；四时也，则曰阴阳；人情也，则曰男女；禽兽也，则曰牝牡雌雄也。真天壤之情，虽有先王不能更也。虽上世至圣，必蓄私[22]，不以伤行[23]，故民无怨。宫无拘女，故天下无寡夫。内无拘女，外无寡夫，故天下之民众。当今之君，其蓄私也，大国拘女累千，小国累百，是以天下之男多寡无妻，女多拘无夫，男女失时，故民少。君实欲民之众而恶其寡，当蓄私不可不节。

凡此五者，圣人之所俭节也，小人之所淫佚也。俭节则昌，淫佚则亡，此五者不可不节。夫妇节而天地和，风雨节而五谷熟，衣服节而肌肤和。

注释：

[1] 为：建造。

[2] 谨：通"仅"。

[3] 役：上当有"以其常"三字。

[4] 正：通"征"，征收。

[5] 诲：教导。

[6] 法象：效法模仿。

[7] 振：通"赈"，救济。

[8] 衣皮带茭：以皮为衣服，衣草索为腰带。

[9] 絺绤：絺，细葛布。绤，粗葛布。

[10] 适身体，和肌肤：使身体舒适，使肌肤暖和。

[11] 感：应为"惑"字。

[12] 不然：不正常，指突发事件。

[13] 不服：不服从的人或国家。

[14] 煖：暖。凊：凉快。

[15] 靡曼：轻而细的样子。

[16] 单：通"殚"，耗尽。

[17] 御：统治，治理。

[18] 诲：教导。

[19] 累：堆积，摆放。

[20] 饰饐：应为"餲饐"，（食物）腐败发臭。

[21] 更：更改。

[22] 蓄私：蓄养姬妾。

[23] 行：品行，德行。

三　辩

本篇是程繁与墨子关于音乐的对话。墨子认为，社会发展了，音乐也发展了，但是音乐对国家治理没有帮助。墨子这种观点与他的"节用"主张是一致的，反映了其作为平民代表人物思想的局限性。

程繁问于子墨子曰："夫子曰：'圣王不为乐。'昔诸侯倦于听治[1]，息于钟鼓之乐；士大夫倦于听治，息于竽瑟之乐；农夫春耕、夏耘、秋敛、冬藏，息[2]于聆缶之乐。今夫子曰：'圣王不为乐'，此譬之犹马驾而不税[3]，弓张而不弛，无乃非有血气者之所不能至邪！"

子墨子曰："昔者尧舜有茅茨者，且以为礼，且以为乐。汤放桀于大水，环[4]天下自立以为王，事成功立，无大后患，因先王之乐，又自作乐，命曰《護》，又修《九招》。武王胜殷杀纣，环天下自立以为王，事成功立，无大后患，因先王之乐，又自作乐，命曰《象》。周成王因先王之乐，又自作乐，命曰《驺虞》。周成王之治天下也，不若武王；武王之治天下也，不若成汤；成汤之治天下也，不若尧舜。故其乐逾繁者，其治逾寡[5]。自此观之，乐非所以治天下也。"

程繁曰："子曰：'圣王无乐。'此亦乐已，若之何其谓圣王无乐也？"子墨子曰："圣王之命也，多寡之。食之利也，以知饥而食之者智也。因为无智矣。今圣有乐而少，此亦无也。"

注释：

[1] 听治：处理政务。

[2] 息：歇止，休息。

［3］税：通"脱"，卸车。

［4］环：统一。

［5］寡：少。

尚贤上

本篇阐述了墨子的人才思想。墨子认为统治者任用人才不要注重出身门第、身份贵贱，只要德才兼备就应该重用。只有任用贤才，国家才能长治久安。通过对古代贤君重用贤才及取得成效的论述，告诫国君不管得意或不得意，都要把重用贤才放在重要位置，尊重、重用贤才是治国根本。

子墨子言曰："今者王公大人为政于国家者，皆欲国家之富，人民之众，刑政之治。然而不得富而得贫，不得众而得寡，不得治而得乱，则是本失其所欲，得其所恶。是其故何也？"子墨子言曰："是在王公大人为政于国家者，不能以尚贤事能为政也。是故国有贤良之士众，则国家之治厚[1]；贤良之士寡，则国家之治薄。故大人[2]之务，将在于众贤而已。"

曰："然则众贤之术将奈何哉？"子墨子言曰："譬若欲众[3]其国之善射御之士者，必将富之、贵之、敬之、誉之，然后国之善射御之士，将可得而众也。况又有贤良之士，厚乎德行，辩乎言谈，博乎道术者乎！此固国家之珍而社稷之佐也，亦必且富之、贵之、敬之、誉之，然后国之良士，亦将可得而众也。"是故古者圣王之为政也，言曰："不义不富，不义不贵，不义不亲，不义不近。"是以国之富贵人闻之，皆退而谋曰："始我所恃者，富贵也。今上举义不辟[4]贫贱，然则我不可不为义。"亲者闻之，亦退而谋曰："始我所恃者，亲也。今上举义不辟疏，然则我不可不为义。"近者闻之，亦退而谋曰："始我所恃者，近也。今上举义不辟远，然则我不可不为义。"远者闻之，亦退而谋曰："我始以远为无恃，今上举义不辟远，然则我不可不为义。"逮至远鄙郊外之臣、门庭庶子[5]、国中之众、四鄙之萌人闻之[6]，皆竞为义。是其故何也？曰：上之所以使下者，一物也；下之所以事上者，一术也。譬之富者，有高墙深宫，墙立既，谨上为凿一门。有盗人入，阖其自入而求之，盗其无自出。是其故何也？则上得要也。

故古者圣王之为政，列德[7]而尚贤。虽在农与工肆之人，有能则举之。高予之爵，重予之禄，任之以事，断予之令。曰：爵位不高，则民弗敬；蓄禄不厚，则民不信；政令不断，则民不畏。举三者授之贤者，非为贤赐也，欲其事之成。故当是时，以德就列，以官服事，以劳殿赏[8]，量功而分禄。故官无常贵而民无终贱。有能则举之，无能则下之。举公义，辟私怨，此若言之谓也。

故古者尧举[9]舜于服泽之阳，授之政，天下平。禹举益于阴方之中，授之政，九州成。汤举伊尹于庖厨之中，授之政，其谋得。文王举闳夭、泰颠于罝罔之中，授之政，西土服。故当是时，虽在于厚禄尊位之臣，莫不敬惧而施；虽在农与工肆之人，莫不竞劝而尚意。

故士者，所以为辅相承嗣也。故得士则谋不困，体不劳，名立而功成，美章[10]而恶不生，则由得士也。是故子墨子言曰："得意[11]，贤士不可不举；不得意，贤士不可不举。尚欲祖述尧舜禹汤之道，将不可以不尚贤。夫尚贤者，政之本也。"

注释：

[1] 厚：坚实、稳定。

[2] 大人：主要掌权者。

[3] 众：使……多。

[4] 辟：同"避"。

[5] 门庭庶子：公卿大夫之子。古代中国实行一夫多妻制，正室生的子为嫡子，妾生的子为庶子。春秋时期庶子往往负责宫中保卫，住在内外朝门庭之间，所以称门庭庶子。

[6] 四鄙：鄙，边境。萌：百姓。

[7] 列德：按照德行排列位次。

[8] 以劳殿赏：以功劳大小行赏。殿：通"定"。

[9] 举：选拔，任用。

[10] 美章：章，同"彰"，美的德行得到表彰。

[11] 得意：得志，国家治理有成效。

尚贤中

本篇基本观点与上篇同，但论述更充分。作者强调重用贤才的重要性。同时指出，用才要审慎，根据人才的真实能力授予职位，小才不能大用。

子墨子言曰："今王公大人之君[1]人民、主社稷、治国家，欲修保而勿失，故不察尚贤为政之本也！何以知尚贤之为政本也？曰：自贵且智者为政乎愚且贱者则治，自愚贱者为政乎贵且智者则乱。是以知尚贤之为政本也。"

故古者圣王甚尊尚贤而任使能，不党[2]父兄，不偏富贵，不嬖颜色[3]。贤者举而上之，富而贵之，以为官长；不肖者抑而废之，贫而贱之，以为徒役。是以民皆劝其赏，畏其罚，相率而为贤者，以贤者众而不肖者寡，此谓进贤。然后圣人听其言，迹[4]其行，察其所能而慎予官，此谓事能。故可使治国者使治国，可使长官者使长官，可使治邑者使治邑。凡所使治国家、官府、邑里，此皆国之贤者也。

贤者之治国也，蚤朝晏退，听狱治政，是以国家治而刑法正。贤者之长官也，夜寝夙兴，收敛关市、山林、泽梁之利，以实官府，是以官府实而财不散。贤者之治邑也，蚤出莫入[5]，耕稼树[6]艺、聚菽粟，是以菽粟多而民足乎食。故国家治则刑法正，官府实则万民富。上有以洁为酒醴粢盛以祭祀天、鬼，外有以为皮币，与四邻诸侯交接，内有以食饥息劳，将养其万民，外有以怀天下之贤人。是故上者天鬼富之，外者诸侯与之，内者万民亲之，贤人归之。以此谋事则得，举事则成，入守则固，出诛则强。故唯昔三代圣王尧舜禹汤文武之所以王天下、正诸侯者，此亦其法已。

既曰若法，未知所以行之术，则事犹若未成，是以必为置三本。何谓三本？曰：爵位不高，则民不敬也；蓄禄不厚，则民不信也；政令不断[7]，则民不畏也。故古圣王高予之爵，重予之禄，任之以事，断予之令。夫岂为其臣赐哉？欲其事之成也。《诗》曰："告女忧恤，诲女予爵，孰能执热，鲜不用濯？"则此语古者国君诸侯之不可以不执善承嗣辅佐[8]也。譬之犹执热之有濯也，将休[9]其手焉。古者圣王唯毋得贤人而使之，般[10]爵以贵之，裂地以封之，终身不厌。贤人唯毋得明君而事之，竭四肢之力以任君之事，终身不倦。若有美善则归之上。是以美善在上而所怨谤在下；宁乐在君，忧戚在臣。故古者圣王之为政若此。

今王公大人亦欲效人以尚贤使能为政，高予之爵而禄不从也。夫高爵而无禄，民不信也，曰："此非中实爱我也，假藉而用我也。"夫假藉之，民将岂能亲其上哉？故先王言曰："贪于政者不能分人以事；厚于货者不能分人以禄。"事则不与，禄则不分，请问天下之贤人将何自至乎王公大人之侧哉？若苟贤者不至乎王公大人之侧，则此不肖者在左右也。不肖者在左右，则其所誉不当贤，而所罚不当暴。王公大人尊[11]此以为政乎国家，则赏亦必不当贤，而罚亦必不当暴。若苟赏不当贤而罚不当暴，则是为贤者不劝，而为暴者不沮矣。是以入则不慈孝父母，出则不长弟乡里。居处无节，出入无度，男女无别。使治官府则盗窃，守城则倍畔[12]，君有难则不死，出亡则不从。使断狱则不中，分财则不均。与谋事不得，举事不成，入守不固，出诛不强。故虽昔者三代暴王桀纣幽厉之所以失措[13]其国家，倾覆其社稷者，已此故也。何则？皆以明小物而不明大物也。

今王公大人有一衣裳不能制也，必藉[14]良工；有一牛羊不能杀也，必藉良宰。故当若之二物者，王公大人未知以尚贤使能为政也。逮[15]至其国家之乱，社稷之危，则不知使能以治之。亲戚则使之，无故富贵、面目佼好则使之。夫无故富贵、面目佼好则使之，岂必智且有慧哉？若使之治国家，则此使不智慧者治国家也。国家之乱既可得而知已。

且夫王公大人有所爱其色[16]而使，其心不察其知而与其爱。是故不能治百人者，使处乎千人之官；不能治千人者，使处乎万人之官。此其故何也？曰：处若官者，爵高而禄厚，故爱其色而使之焉！夫不能治千人者，使处乎万人之官，则此官什倍也。夫治之法将日至者也，日以治之，日不什修，知以治之，知不什益，而予官什倍，则此治一而弃其九矣。虽日夜相接以治若官，官犹若不治。此其故何也？则王公大人不明乎以尚贤使能为政也。故以尚贤使能为政而治者，夫若言之谓也；以下贤为政而乱者，若吾言之谓也。今王公大人中实将欲治其国家，欲修保而勿失，胡不察尚贤为政之本也？

且以尚贤为政之本者，亦岂独子墨子之言哉？此圣王之道，先王之书，距年[17]之言也。传曰：“求圣君哲人，以裨辅而身。”《汤誓》曰：“聿求元圣[18]，与之戮力同心，以治天下。”则此言圣之不失以尚贤使能为政也。

故古者圣王唯能审[19]以尚贤使能为政，无异物杂焉，天下皆得其利。古者舜耕历山，陶河濒，渔雷泽[20]。尧得之服泽之阳，举以为天子，与接天下之政，治天下之民。伊挚，有莘氏女之私臣，亲为庖人。汤得之，举以为己相，与接天下之政，治天下之民。傅说被褐[21]带索，庸筑乎傅岩。武丁得之，举以为三公，与接天下之政，治天下之民。此何故始贱卒而贵，始贫卒而富？则王公大人明乎以尚贤使能为政，是以民无饥而不得食，寒而不得衣，劳而不得息，乱而不得治者。

故古圣王以审以尚贤使能为政，而取法于天。虽天亦不辩贫富、贵贱、远迩、亲疏，贤者举而尚之，不肖者抑而废之。然则富贵为贤以得其赏者谁也？曰：若昔者三代圣王尧舜禹汤文武者是也。所以得其赏何也？曰：其为政乎天下也，兼而爱之，从而利之；又率天下之万民，以尚尊天事鬼，爱利万民。是故天、鬼赏之，立为天子，以为民父母。万民从而誉之“圣王”，至今不已。则此富贵为贤以得其赏者也。

然则富贵为暴以得其罚者谁也？曰：若昔者三代暴王桀纣幽厉者是也。何以知其然也？曰：其为政乎天下也，兼而憎之，从而贼之，又率天下之民以诟天侮鬼，贼傲[22]万民。是故天、鬼罚之，使身死而为刑戮，子孙离散，室家丧灭，绝无后世。万民从而非之曰“暴王”，至今不已。则此富贵为暴而以得其罚者也。

然则亲而不善以得其罚者谁也？曰：若昔者伯鲧，帝之元子，废帝之德庸[23]，既乃刑之于羽之郊，乃热照无有及[24]也，帝亦不爱。则此亲而不善以得其罚者也。

然则天之所使能者谁也？曰：若昔者禹、稷、皋陶是也。何以知其然也？先王之书《吕刑》道之，曰："皇帝清问[25]下民，有辞有苗。曰：'群后之肆[26]在下，明明不常，鳏寡[27]不盖。德威维威，德明维明'。乃名三后，恤功于民：伯夷降典，哲民维刑；禹平水土，主名山川；稷隆播种，农殖嘉谷。三后成功，维假于民。"则此言三圣人者，谨其言，慎其行，精其思虑；索天下之隐事遗利，以上事天，则天乡[28]其德；下施之万民，万民被其利，终身无已。故先王之言曰："此道也，大用之天下则不窕[29]，小用则不困，修用之则万民被其利，终身无已。"

《周颂》道之曰："圣人之德，若天之高，若地之普，其有昭于天下也；若地之固，若山之承[30]，下坏不崩；若日之光，若月之明，与天地同常。"则此言圣人之德章明博大，埴固以修久也。故圣人之德，盖总乎天地者也。

今王公大人欲王天下、正诸侯，夫无德义，将何以哉？其说将必挟震威强。今王公大人将焉取挟震威强哉？倾者民之死也！民生为甚欲，死为甚憎。所欲不得，而所憎屡至。自古及今，未有尝能有以此王天下、正诸侯者也。今大人欲王天下、正诸侯，将欲使意得乎天下，名成乎后世，故不察尚贤为政之本也？此圣人之厚行也。

注释：

[1] 君：名词用作动词，统治。

[2] 党：偏私、偏袒。

[3] 颜色：美色。

[4] 迹：考察。

[5] 蚤：通"早"。莫：通"暮"，傍晚。

[6] 树：种植。

[7] 断：判断、决断。

[8] 承嗣辅佐：王位继承者和辅佐大臣。

[9] 休：保养。

[10] 般：毕沅认为即为"颁"。

[11] 尊：同"遵"。

[12] 倍畔：背叛。

[13] 失措：丧失。

［14］藉：依靠，凭借。

［15］逮：及，达到。

［16］色：美貌。

［17］距年：李渔叔认为当作"巨年"，老年人。

［18］元圣：大圣人。

［19］审：审慎。

［20］陶，渔：用作动词，制陶器，捕鱼。

［21］被褐："被"通"披"，褐：粗布衣服。

［22］贼：残害。傲：鄙视，看不起。

［23］德庸：功德。

［24］热照无有及：阳光照不到的地方。

［25］清问：询问。

［26］肆：及。

［27］鳏寡：老而无妻或无夫的人。

［28］乡：当为"享"。

［29］窕：缺损。

［30］承：接连不断。

尚贤下

本篇深入论证了任用贤才的重要性，批判王公大人看重自己的得失而置国家大事不顾的做法。文中引用古代贤士举于草野的故事，强调任用贤才应不分贫贱，要唯才是举。

子墨子言曰：天下之王公大人皆欲其国家之富也，人民之众[1]也，刑法之治也。然而不识以尚贤为政其国家百姓，王公大人本失尚贤为政之本也。若苟[2]王公大人本失尚贤为政之本也，则不能毋举物示之乎？

今若有一诸侯于此，为政其国家也，曰："凡我国能射御之士，我将赏贵之；不能射御之士，我将罪贱[3]之。"问于若国之士，孰喜孰惧？我以为必能射御之士喜，不能射御之士惧。我赏[4]因而诱之矣，曰："凡我国之忠信之士，我将赏贵之；不忠信之士，我将罪贱之。"问于若国之士，孰喜孰惧？我以为必忠信之士喜，不忠不信之士惧。今惟毋以尚贤为政其国家百姓，使国为善者劝[5]，为暴者沮[6]。大以为政于天下，使天下之为善者劝，为暴者沮。然昔吾所以贵尧舜禹汤文武之道者，何故以哉？以其唯毋临众发政[7]而治民，使天下之为善者可而劝也，为暴者可而沮也。然则此尚贤者也，与尧舜禹汤文武之道同矣。

而今天下之士君子，居处言语皆尚贤；逮至其临众发政而治民，莫知尚贤而使能。我以此知天下之士君子，明[8]于小而不明于大也。何以知其然乎？今王公大人有一牛羊之财不能杀，必索良[9]宰；有一衣裳之财不能制，必索良工。当王公大人之于此也，虽有骨肉之亲、无故富贵、面目美好者，实知其不能也，不使之也。是何故？恐其败财也。当王公大人之于此也，则

455

不失尚贤而使能。王公大人有一罢[10]马不能治，必索良医；有一危弓不能张，必索良工。当王公大人之于此也，虽有骨肉之亲、无故富贵、面目美好者，实知其不能也，必不使。是何故？恐其败财也。当王公大人之于此也，则不失尚贤而使能。逮至其国家则不然，王公大人骨肉之亲、无故富贵、面目美好者则举之。则王公大人之亲其国家也，不若亲其一危弓、罢马、衣裳、牛羊之财与？我以此知天下之士君子，皆明于小而不明于大也。此譬犹暗者而使为行人，聋者而使为乐师。是故古之圣王之治天下也，其所富，其所贵，未必王公大人骨肉之亲、无故富贵、面目美好者也。是故昔者舜耕于历山，陶于河濒，渔于雷泽，灰于常阳。尧得之服泽之阳，立为天子。使接天下之政，而治天下之民。昔伊尹为莘氏女师仆，使为庖人。汤得而举之，立为三公，使接天下之政，治天下之民。昔者傅说居北海之洲，圜土[11]之上，衣褐带索，庸筑于傅岩之城。武丁得而举之，立为三公，使之接天下之政，而治天下之民。是故昔者尧之举舜也，汤之举伊尹也，武丁之举傅说也，岂以为骨肉之亲、无故富贵、面目美好者哉？惟法其言，用其谋，行其道，上可而利天，中可而利鬼，下可而利人，是故推而上之。

古者圣王既审[12]尚贤，欲以为政，故书之竹帛，琢之槃盂，传以遗后世子孙。于先王之书《吕刑》之书然：王曰："於！来！有国有士，告女讼刑[13]。在今而安百姓，女何择言人？何敬不刑？何度[14]不及？"能择人而敬为刑，尧舜禹汤文武之道可及也。是何也？则以尚贤及之。于先王之书、竖年[15]之言然，曰："晞夫圣武知人[16]，以屏辅而身。"此言先王之治天下也，必选择贤者，以为其群属辅佐。

曰：今也天下之士君子，皆欲富贵而恶贫贱，曰：然女何为而得富贵而辟贫贱？莫若为贤，为贤之道将奈何？曰：有力者疾[17]以助人，有财者勉以分人，有道者劝以教人。若此，则饥者得食，寒者得衣，乱者得治。若饥则得食，寒则得衣，乱则得治，此安生生[18]。

今王公夫人，其所富，其所贵，皆王公大人骨肉之亲、无故富贵、面目美好者也。今王公大人骨肉之亲、无故富贵、面目美好者，焉故必知哉？若不知，使治其国家，则其国家之乱，可得而知也。

今天下之士君子皆欲富贵而恶贫贱，然女何为而得富贵而辟贫贱哉？曰：莫若为王公大人骨肉之亲、无故富贵、面目美好者。王公大人骨肉之亲、无故富贵、面目美好者，此非可学能者也。使不知辩，德行之厚，若禹汤文武，不加得也；王公大人骨肉之亲，躄喑聋暴为桀纣，不加失也。是故以赏不当贤，罚不当暴。其所赏者，已无故矣；其所罚者，亦无罪。是以使百姓皆攸心解体，沮以为善；垂其股肱[19]之力，而不相劳来也；腐臭余财，而不相分资也；隐匿良道，而不相教诲也。若此则饥者不得食，寒者不得衣，乱者不得治。

推而上之以[20]，是故昔者尧有舜，舜有禹，禹有皋陶，汤有小臣，武王有闳夭、泰颠、南宫括、散宜生，而天下和，庶民阜。是以近者安之，远者归之。日月之所照，舟车之所及，雨露之所渐，粒食之所养，得此莫不劝誉。且今天下之王公大人士君子，中实将欲为仁义，求为上士，上欲中圣王之道，下欲中国家百姓之利，故尚贤之为说，而不可不察此者也。尚贤者，天、鬼、百姓之利而政事之本也。

注释：

[1] 众：多。

[2] 苟：如果。

[3] 贵、贱：使动用法，使……富贵（贫贱）。

[4] 赏：孙诒让认为当作"尝"，曾经。

[5] 劝：勉励。

[6] 沮：止。

[7] 发政：发布政令。

[8] 明：明白，懂得。

[9] 良：优秀的，技艺娴熟的。

[10] 罢：同"疲"，乏困，乏力。

[11] 圜土：监狱。

[12] 审：详知，知悉。

[13] 讼刑：公正的刑罚。

[14] 度：思考。

[15] 竖年：老年人。

[16] 圣武知人：勇武、有智慧的人。

[17] 疾：急忙。

[18] 安生生：生活安稳、安宁。

[19] 股肱：大腿和大臂。

[20] 推而上之以：王念孙认为这五个字是衍文。

尚同上

本篇讲述治理国家方法。墨子认为，治理国家必须在思想、言论、行为等方面统一于国君。国君的思想和行为是全国学习模仿的榜样，必须服从，只有这样，国家才能稳定。墨子的这种思想反映了战国时期饱受战乱之苦的人民对和平稳定生活的向往。无条件服从国君，以国君的言行作为标准，也反映出其思想的局限性。

子墨子言曰：古者民始生，未有刑政之时，盖其语，人异义。是以一人则一义，二人则二义，十人则十义。其人兹[1]众，其所谓义者亦兹众。是以[2]人是其义，以非人之义，故交相非[3]也。是以内者父子兄弟作怨恶离散，不能相和合；天下之百姓，皆以水火毒药相亏害。至有余力，不能以相劳；腐朽余财，不以相分；隐匿良道[4]，不以相教。天下之乱。若禽兽然。

夫明乎天下之所以乱者，生于无政长[5]，是故选天下之贤可者，立以为天子。天子立，以其力为未足，又选择天下之贤可者，置立之以为三公[6]。天子、三公既以立，以天下为博大，远国异土之民，是非利害之辩[7]，不可一二而明知[8]，故画分万国，立诸侯国君。诸侯国君既已立，以其力为未足，又选择其国之贤可者，置立之以为正长[9]。正长既已具，天子发政于[10]天下之百姓，言曰："闻善而不善，皆以告其上。上之所是，必皆是之；所非，必皆非之。上有过则规谏之，下有善则傍[11]荐之。上同而不下比[12]者，此上之所赏而下之所誉也。意若[13]闻善而不善，不以告其上；上之所是弗能是，上之所非弗能非；上有过弗规谏，下有善弗傍荐；下比不能上同者，此上之所罚而百姓所毁也。"上以此为赏罚，明察以审信[14]。

是故里长者，里之仁人也。里长发政里之百姓，言曰："闻善而不善，必以告其乡长。乡长之所是，必皆是之；乡长之所非，必皆非之。去若[15]不善言，学乡长之善言；去若不善行，学乡长之善行。"则乡何说以乱哉？察乡之所治者何也？乡长唯能一同乡之义，是以乡治也。

乡长者，乡之仁人也。乡长发政乡之百姓，言曰："闻善而不善者，必以告国君。国君之所是，必皆是之；国君之所非，必皆非之。去若不善言，学国君之善言；去若不善行，学国君之善行。"则国何说以乱哉？察国之所以治者何也？国君唯能一同国之义，是以国治也。

国君者，国之仁人也。国君发政国之百姓，言曰："闻善而不善，必以告天子。天子之所是，皆是之；天子之所非，皆非之。去若不善言，学天子之善言；去若不善行，学天子之善行。"则天下何说以乱哉？察天下之所以治者何也？天子唯能一同天下之义，是以天下治也。

天下之百姓皆上同于天子，而不上同于天，则灾犹未去也。今若天飘风苦雨，溱溱而至者，此天之所以罚百姓之不上同于天者也。是故子墨子言曰："古者圣王为五刑[16]，请以治其民。譬若丝缕之有纪，网罟之有纲，所连收[17]天下之百姓不尚同其上者也。"

注释：

[1] 兹：通"滋"，更，更加。

[2] 是以：因此。

[3] 相非：互相指责。

[4] 良道：好的道术、方法。

[5] 政长：行政官员。

[6] 三公：国君手下负责军政事务的最高长官。周代以太师、太傅、太保为三公；西汉以大司徒、大司马、大司空为三公；东汉至魏晋以太尉、司徒、司空为三公。

[7] 辩：同"辨"，识别。

[8] 明知：使……清楚知道。

[9] 正长：长官。

[10] 于：向。

[11] 傍：同"访"。

［12］比：互相包庇。

［13］意若：假如。

［14］审信：真实可信。

［15］去若：去，除掉。若，代词，你们。

［16］五刑：五种刑罚，所指不一。秦以前为墨、劓、剕（刖）、宫、大辟（杀）；秦汉时为：墨、劓、剕（刖）、宫、大辟（杀）；隋唐以后为死、流、徒、杖、笞。

［17］连收：统治，控制。

尚同中

本篇论点与上篇基本相同。墨子强调圣王上同于天，必须敬神事鬼。治理天下，必须制定刑罚，任用贤才掌管权柄，才能使天下太平。古代圣王让一级治理一级，每级统治者均为贤人，天下得以太平。当今基层官员不如古代，导致国家动荡。墨子还认为，明确赏罚必须统一舆论，还必须了解下情，提高办事效率。

子墨子曰：方今之时，复古之民始生，未有正长之时，盖其语曰，天下之人异义，是以一人一义，十人十义，百人百义。其人数兹众，其所谓义者亦兹众。是以人是其义，而非人之义，故相交非也。内之父子兄弟作怨雠，皆有离散之心，不能相和合。至乎舍余力，不以相劳；隐匿良道，不以相教；腐朽余财，不以相分。天下之乱也，至如禽兽然。无君臣上下长幼之节、父子兄弟之礼，是以天下乱焉。明乎民之无正长以一同天下之义，而天下乱也，是故选择天下贤良、圣知、辩慧[1]之人，立以为天子，使从事乎一同天下之义。天子既以立矣，以为唯其耳目之请[2]，不能独一同天下之义，是故选择天下赞阅[3]、贤良、圣知、辩慧之人，置以为三公，与从事乎一同天下之义。天子三公既已立矣，以为天下博大，山林远土之民，不可得而一也。是故靡分[4]天下，设以为万诸侯国君，使从事乎一同其国之义。国君既已立矣，又以为唯其耳目之请，不能一同其国之义，是故择其国之贤者，置以为左右将军大夫，以远至乎乡里之长，与从事乎一同其国之义。天子、诸侯之君、民之正长，既已定矣，天子为发政施教，曰："凡闻见善者，必以告其上；闻见不善者，亦必以告其上。上之所是，亦必是之；上之所非，亦必非之。己有善，傍荐之；上有过，规谏之。尚同义其上，而毋有下比之心。上得则赏之，万民闻则誉之。意若闻见善，不以告其上；闻见不善，亦不以告其上。上之所是不能是，上之所非不能非。己有善，不能傍荐之；上有过，不能规谏之。下比而非其上者，上得则诛罚之，万民闻则非毁之。"故古者圣王之为刑政赏誉也，甚明察以审信。是以举天下之人，皆欲得上之赏誉而畏上之毁罚。

是故里长顺天子政而一同其里之义。里长既同[5]其里之义，率其里之万民以尚同乎乡长，曰："凡里之万民，皆尚同乎乡长而不敢下比，乡长之所是，必亦是之；乡长之所非，必亦非之。去而不善言[6]，学乡长之善言；去而不善行，学乡长之善行。"乡长固[7]乡之贤者也。举乡人以法乡长，夫乡何说而不治哉？察乡长之所以治乡者，何故之以也？曰唯以其能一同其乡之义，是以乡治。

乡长治其乡，而乡既已治矣，有[8]率其乡万民，以尚同乎国君，曰："凡乡之万民，皆上同乎国君而不敢下比。国君之所是，必亦是之；国君之所非，必亦非之。去而不善言，学国君之善言；去而不善行，学国君之善行。"国君固国之贤者也，举国人以法国君，夫国何说而不治哉？察国君之所以治国而国治者，何故之以也？曰：唯以其能一同其国之义，是以国治。

国君治其国，而国既已治矣，有率其国之万民以尚同乎天子，曰："凡国之万民，上同乎天子而不敢下比。天子之所是，必亦是之；天子之所非，必亦非之。去而不善言，学天子之善言；去而不善行，学天子之善行。"天子者，固天下之仁人也，举天下之万民以法[9]天子，夫天下何说而不治哉？察天子之所以治天下者，何故之以也？曰：唯以其能一同天下之义，是以天下治。

夫既尚同乎天子，而未上同乎天者，则天灾将犹未止也。故当若天降寒热不节[10]，雪霜雨露不时，五谷不孰，六畜不遂[11]，疾灾戾疫，飘风苦雨，荐臻[12]而至者，此天之降罚也，将以罚下人之不尚同乎天者也。

故古者圣王明天、鬼之所欲，而辟天、鬼之所憎，以求兴天下之害[13]，是以率天下之万民，齐戒[14]沐浴，洁为酒醴粢盛，以祭祀天、鬼。其事鬼神也，酒醴粢盛不敢不蠲洁[15]，牺牲[16]不敢不腯肥，珪璧币帛不敢不中[17]度量，春秋祭祀不敢失时几[18]，听狱不敢不中[19]，分财不敢不均，居处不敢怠慢。曰：其为正长若此，是故上者天、鬼有厚乎其为正长也，下者万民有便利乎其为政长也。天、鬼之所深厚而能强从事焉，则天、鬼之福可得也。万民之所便利而能强从事焉，则万民之亲可得也。其为政若此，是以谋事得，举事成，入守固，出诛胜者，何故之以也？曰：唯以尚同为政者也。故古者圣王之为政若此。

今天下之人曰："方今之时，天下之正长犹未废乎天下也，而天下之所以乱者，何故之以也？"子墨子曰："方今之时之以正长，则本与古者异矣。譬之若有苗之以五刑然。昔者圣王制为五刑以治天下，逮至[20]有苗之制五刑，以乱天下，则此岂刑不善哉？用刑则不善也。是以先王之书《吕刑》之道曰：'苗民否用练，折则刑[21]，唯作五杀之刑，曰法。'则此言善用刑者以治民，不善用刑者以为五杀。则此岂刑不善哉？用刑则不善，故遂以为五杀。是以先王之书《术令》之道曰：'唯口出好兴戎。'则此言善用口者出好，不善用口者以为谗贼寇戎，则此岂口不善哉？用口则不善也，故遂以为谗贼寇戎。"

故古者之置正长也，将以治民也。譬之若丝缕之有纪，而网罟之有纲也。将以运役天下淫暴而一同其义也。是以先王之书、相年之道曰："夫建国设都，乃作后王君公，否用泰[22]也。轻大夫师长，否用佚也。维辩[23]使治天均。"则此语古者上帝鬼神之建设国都立正长也，非高其爵，厚其禄，富贵佚而错之也[24]。将此为万民兴利除害，富贵贫寡，安危治乱也。故古者圣王之为若此。

今王公大人之为刑政则反此：政以为便譬[25]，宗于父兄故旧，以为左右，置以为正长。民知上置正长之非正以治民也，是以皆比周[26]隐匿，而莫肯尚同其上。是故上下不同义。若苟上下不同义，赏誉不足以劝善，而刑罚不足以沮暴。何以知其然也？

曰：上唯毋立而为政乎国家，为民正长，曰："人可赏，吾将赏之。"若苟上下不同义，上之所赏，则众之所非。曰人众与处，于众得非，则是虽使得上之赏，未足以劝乎！上唯毋立而为政乎国家，为民正长，曰："人可罚，吾将罚之。"若苟上下不同义，上之所罚，则众之所誉。曰人众与处，于众得誉，则是虽使得上之罚，未足以沮乎！若立而为政乎国家，为民正长，赏誉不足以劝善，而刑罚不沮暴，则是不与乡吾本言"民始生未有正长之时"同乎？若有正长与无正长之时同，则此非所以治民一众之道。

故古者圣王唯而审以尚同，以为正长，是故上下情请为通。上有隐事遗利，下得而利之；下有蓄怨积害，上得而除之。是以数千万里之外，有为善者，其室人[27]未遍知，乡里未遍闻，天子得而赏之；数千万里之外，有为不善者，其室人未遍知，乡里未遍闻，天子得而罚之。是以举天下之人，皆恐惧振动惕栗，不敢为淫暴，曰："天子之视听也神！"先王之言曰："非神也。夫唯能使人之耳目助己视听，使人之吻[28]助己言谈，使人之心助己思虑，使人之股肱助己动作。"助之视听者众，则其所闻见者远矣；助之言谈者众，则其德音之所抚循者博矣，助之思虑者众，则其谈谋度速得矣；助之动作者众，即其举事速成矣。故古者圣人之所以济事成功，垂名于后世者，无他故异物焉，曰：唯能以尚同为政者也。

是以先王之书《周颂》之道之曰："载来见辟王，聿求厥章。"则此语古者国君诸侯之以春秋来朝聘天子之廷，受天子之严教，退而治国，政之所加，莫敢不宾[29]。当此之时，本无有敢纷天子之教者。《诗》曰："我马维骆，六辔沃若，载驰载驱，周爰咨度。"又曰："我马维骐，六辔若丝，载驰载驱，周爰咨谋。"即此语也。古者国君诸侯之闻见善与不善也，皆驰驱以告天子。是以赏当贤，罚当暴，不杀不辜，不失有罪，则此尚同之功也。是故子墨子曰："今天下之王公大人士君子，请将欲富[30]其国家，众其人民，治其刑狱，定其社稷，当若尚同之不可不察，此之本也。"

注释：

[1] 辩慧：能言善辩。

[2] 耳目之请：耳朵听到的，眼睛看到的情况。请：同"情"。

[3] 赞阅：疑为衍文。

[4] 靡分：分散。

[5] 同：统一。

[6] 善言：好（有利于统治者）的言论。

[7] 固：本来，一定。

[8] 有：又。

[9] 法：效法，学习。

[10] 不节：不按照节令，天气反常。

[11] 遂：兴旺。

［12］荐臻：频繁。

［13］以求兴天下之害：疑有脱文，或为"以求兴天下之利，除天下之害"。

［14］齐戒：斋戒。古人在祭祀前三天要沐浴更衣、吃斋戒酒，以示敬诚。

［15］蠲洁：清洁。

［16］牺牲：祭祀用的猪、牛、羊。

［17］中：符合，合乎。

［18］时几：时机。

［19］听狱：处理案件。中：公正。

［20］逮至：等到。

［21］否用练，折则刑：钱大昕认为"否"即"不"，"练"即"灵"，通"令"，"折"即"制"。句意为不听从命令就制定刑罚。

［22］泰：骄纵。

［23］辩：通"辨"，分辨。

［24］错：同"措"，设置。

［25］便嬖：得宠的小人。

［26］比周：结党营私。

［27］室人：家族的人。

［28］吻：唇的两边，代指口舌。

［29］宾：服从。

［30］富：使动用法，使……富强。

尚同下

本篇主要强调下情必须上达。下级官员要把基层情况向国君汇报，国君及时了解民间实情。对上报实情者给予奖励，对掩盖实情者给予处罚。墨子也强调统治者要符合圣王之道，维护国家百姓利益。

子墨子言曰："知者之事，必计国家百姓所以治者而为之，必计国家百姓之所以乱者而辟之[1]。"然计[2]国家百姓之所以治者，何也？上之为政，得下之情则治，不得下之情则乱。何以知其然也？上之为政，得下之情，则是明于民之善非也。若苟明于民之善非也，则得善人而赏之，得暴人而罚之也。善人赏而暴人罚，则国必治。上之为政也，不得下之情，则是不明于民之善非也，若苟不明于民之善非，则是不得善人而赏之，不得暴人而罚之。善人不赏而暴人不罚，为政若此，国众必乱。故赏不得下之情，而不可不察者也。

然计得下之情，将奈何可？故子墨子曰："唯能以尚同一义为政，然后可矣！"何以知尚同一义之可而为政于天下也？然胡不审稽古之治为政之说乎？古者天之始生民，未有正长也，百姓为人。若苟百姓为人，是一人一义，十人十义，百人百义，千人千义。逮至人之众，不可胜计也；则其所谓义者，亦不可胜计。此皆是其义，而非人之义，是以厚[3]者有斗，而薄者有争。是故天下之欲同一天下之义也，是故选择贤者，立为天子。天子以其知力为未足独治天下，是以选择其次，立为三公。三公又以其知力为未足独左右天子也，是以分国建诸侯。诸侯又以其知力为未足独治其四境之内也，是以选择其次，立为卿之宰。卿之宰又以其知力为未足独左右其君也，是以选择其次，立而为乡长、家君。是故古者天子之立三公、诸侯、卿之宰、乡长、家君，非特富贵游佚而择之也，将使助治乱刑政也。故古者建国设都，乃立后王君公，奉以卿士师长，此非欲用说[4]也，唯辩而使助治天明[5]也。

今此何为人上而不能治其下？为人下而不能事其上？则是上下相贼也。何故以然？则义不同也。若苟义不同者有党，上以若人为善，将赏之，若人唯使得上之赏而辟百姓之毁；是以为善者必未可使劝，见有赏也。上以若人为暴，将罚之，若人唯使得上之罚，而怀百姓之誉；是以为暴者必未可使沮，见有罚也。故计上之赏誉，不足以劝善，计其毁罚，不足以沮暴。此何故以然？则义不同也。

然则欲同一天下之义，将奈何可？故子墨子言曰：然胡不赏使家君，试用家君发宪布令其家？曰："若见爱利家者，必以告；若见恶贼家者，亦必以告。"若见爱利家以告，亦犹爱利家者也，上得且赏之，众闻则誉之；若见恶贼家不以告，亦犹恶贼家者也，上得且罚之，众闻则非之。是以遍若家之人，皆欲得其长上之赏誉，辟其毁罚。是以善言之，不善言之；家君得善人而赏之，得暴人而罚之。善人之赏，而暴人之罚，则家必治矣。然计若家之所以治者，何也？唯以尚同一义为政故也。

家既已治，国之道尽此已邪？则未也。国之为家数也甚多，此皆是其家，而非人之家，是以厚者有乱，而薄者有争。故又使家君总其家之义，以尚同于国君，国君亦为发宪布令于国之众，曰："若见爱利国者，必以告；若见恶贼国者，亦必以告。"若见爱利国以告者，亦犹爱利国者也，上得且赏之，众闻则誉之；若见恶贼国不以告者，亦犹恶贼国者也，上得且罚之，众闻则非之。是以遍若国之人，皆欲得其长上之赏誉，避其毁罚。是以民见善者言之，见不善者言之；国君得善人而赏之，得暴人而罚之。善人赏而暴人罚，则国必治矣。然计若国之所以治者何也？唯能以尚同一义为政故也。

国既已治矣，天下之道尽此已邪？则未也。天下之为国数也甚多，此皆是其国，而非人之国，是以厚者有战，而薄者有争。故又使国君选其国之义，以尚同于天子。天子亦为发宪布令于天下之众，曰："若见爱利天下者，必以告；若见恶贼天下者，亦以告。"若见爱利天下以告者，亦犹爱利天下者也，上得则赏之，众闻则誉之；若见恶贼天下不以告者，亦犹恶贼天下者也，上得且罚之，众闻则非之。是以遍天下之人，皆欲得其长上之赏誉，避其毁罚，是以见善、不善者告之。天子得善人而赏之，得暴人而罚之，善人赏而暴人罚，天下必治矣。然计天下之所以治者，何也？唯而[6]以尚同一义为政故也。

天下既已治，天子又总天下之义，以尚同于天。故当尚同之为说也，尚[7]用之天子，可以治天下矣；中用之诸侯，可而治其国矣；小用之家君，可而治其家矣。是故大用之治天下不窕[8]，小用之治一国一家而不横者，若道之谓也。故曰治天下之国，若治一家；使[9]天下之民，若使一夫。意独子墨子有此而先王无此？其有邪？则亦然也。圣王皆以尚同为政，故天下治。何以知其然也？于先王之书也《大誓》之言然，曰：“小人见奸巧，乃闻不言也，发罪钧[10]。”此言见淫辟不以告者，其罪亦犹淫辟者也。

故古之圣王治天下也，其所差论以自左右羽翼者皆良，外为之人，助之视听者众。故与人谋事，先人得之；与人举事，先人成之；光誉令闻，先人发之。唯信身而从事，故利若此。古者有语焉，曰：“一目之视也，不若二目之视也；一耳之听也，不若二耳之听也；一手之操也，不若二手之强也。”夫唯能信身而从事，故利若此。是故古之圣王之治天下也，千里之外，有贤人焉，其乡里之人皆未之均闻见也，圣王得而赏之。千里之内，有暴人焉，其乡里未之均闻见也，圣王得而罚之。故唯毋以圣王为聪耳明目与？岂能一视而通见千里之外哉？一听而通闻千里之外哉？圣王不往而视也，不就而听，然而使天下之为寇乱盗贼者，周流天下无所重足[11]者，何也？其以尚同为政善也。

是故子墨子曰：“凡使民尚同者，爱民不疾，民无可使，曰：必疾爱而使之，致信而持之，富贵以道[12]其前，明罚以率其后。为政若此，唯欲毋与我同，将不可得也。”

是以子墨子曰：“今天下王公大人士君子，中情将欲为仁义，求为上士，上欲中圣王之道，下欲中国家百姓之利，故当尚同之说而不可不察。尚同，为政之本而治要也。”

注释：

[1] 知：通“智”，辟：通“避”。

〔2〕计：考虑、思考。

〔3〕厚：重，大。

〔4〕说：通"悦"。

〔5〕助治天明：帮助治理，使天下清明。

〔6〕唯而：唯能。

〔7〕尚：上。

〔8〕窕：空缺。

〔9〕使：驱使。

〔10〕发罪钧：其罪相同。

〔11〕重足：立足。

〔12〕道：导。

兼爱上

本篇论证了兼爱的重要性。墨子认为，人应该像爱自己一样爱别人，人与人之间，国与国之间，要相互关爱。墨子兼爱观在诸侯争战不休的春秋战国时期有其进步意义。

圣人以治天下为事者也，必知乱之所自起，焉[1]能治之；不知乱之所自起，则不能治。譬之如医之攻[2]人之疾者然：必知疾之所自起，焉能攻之；不知疾之所自起，则弗能攻。治乱者何独不然？必知乱之所自起，焉能治之；不知乱之所自起，则弗能治。圣人以治天下为事者也，不可不察乱之所自起。

当察乱何自起[3]？起不相爱。臣子之不孝君父，所谓乱也。子自爱，不爱父，故亏父而自利；弟自爱，不爱兄，故亏兄而自利；臣自爱，不爱君，故亏君而自利，此所谓乱也。虽[4]父之不慈子，兄之不慈[5]弟，君之不慈臣，此亦天下之所谓乱也。父自爱也，不爱子，故亏子而自利；兄自爱也，不爱弟，故亏弟而自利；君自爱也，不爱臣，故亏臣而自利。是何也？皆起不相爱。

虽至天下之为盗贼者亦然：盗爱其室，不爱其异室，故窃异室以利其室。贼爱其身，不爱人，故贼[6]人以利其身。此何也？皆起不相爱。虽至大夫之相乱家，诸侯之相攻国者亦然：大夫各爱其家，不爱异家，故乱异家以利其家。诸侯各爱其国，不爱异国，故攻异国以利其国。天下之乱物，具此而已矣。察此何自起？皆起不相爱。

若使天下兼相爱，爱人若爱其身，犹有不孝者乎？视父兄与君若其

470

身，恶施不孝？犹有不慈者乎？视弟子与臣若其身，恶施不慈？故不孝不慈亡有[7]。犹有盗贼乎？故视人之室若其室，谁窃？视人身若其身，谁贼？故盗贼亡有。犹有大夫之相乱家，诸侯之相攻国者乎？视人家若其家，谁乱？视人国若其国，谁攻？故大夫之相乱家，诸侯之相攻国者亡有。若使天下兼相爱，国与国不相攻，家与家不相乱，盗贼无有，君臣父子皆能孝慈，若此，则天下治。

故圣人以治天下为事者，恶得不禁恶而劝爱。故天下兼相爱则治，交相恶则乱。故子墨子曰："不可以不劝爱人者，此也。"

注释：

[1] 焉：乃，才。

[2] 攻：医治。

[3] 何自起：倒装句，自何起。

[4] 虽：即使。

[5] 慈：爱。

[6] 贼：名词用作动词，残害，伤害。

[7] 恶（wù）：怎么。亡：通"无"。

兼爱中

本篇以晋文公好恶衣、楚灵王好细腰、越王勾践好勇为例，论述只要君王做到爱护臣民，人与人之间就能兼爱。举大禹、周文王、武王为例，说明古代圣王已经实行兼爱并做得很成功，最后号召大家要"兼相爱"。

子墨子言曰："仁人之所以为事者，必兴天下之利，除去天下之害，以此为事者也。"然则天下之利何也？天下之害何也？子墨子言曰："今若国之与国之相攻，家之与家之相篡[1]，人之与人之相贼，君臣不惠[2]忠，父子不慈孝，兄弟不和调，此则天下之害也。"

然则崇[3]此害亦何用生哉？以不相爱生邪？子墨子言："以不相爱生。"今诸侯独知爱其国，不爱人之国，是以不惮[4]举其国以攻人之国。今家主独知爱其家，而不爱人之家，是以不惮举其家以篡人之家。今人独知爱其身，不爱人之身，是以不惮举其身以贼人之身。是故诸侯不相爱，则必野战；家主不相爱，则必相篡；人与人不相爱，则必相贼；君臣不相爱，则不惠忠；父子不相爱，则不慈孝；兄弟不相爱，则不和调[5]。天下之人皆不相爱，强必执弱，富必侮贫，贵必敖[6]贱，诈必欺愚。凡天下祸篡怨恨，其所以起者，以不相爱生也。是以仁者非之。

既以非之，何以易之？子墨子言曰："以兼相爱、交相利之法易[7]之。"然则兼相爱、交相利之法将奈何哉？子墨子言：视人之国，若视其国；视人之家，若视其家；视人之身，若视其身。是故诸侯相爱，则不野战；家主相爱，则不相篡；人与人相爱，则不相贼；君臣相爱，则惠忠；

父子相爱，则慈孝；兄弟相爱，则和调。天下之人皆相爱，强不执弱，众不劫寡，富不侮贫，贵不敖贱，诈不欺愚。凡天下祸篡怨恨，可使毋起者，以相爱生也。是以仁者誉[8]之。

然而今天下之士君子曰："然！乃若兼则善矣；虽然，天下之难物于故[9]也。"子墨子言曰："天下之士君子，特[10]不识其利、辩其故也。今若夫攻城野战，杀身为名，此天下百姓之所皆难也。若君说[11]之，则士众能为之。况于兼相爱、交相利，则与此异！夫爱人者，人必从而爱之；利人者，人必从而利之；恶人者，人必从而恶之；害人者，人必从而害之。此何难之有？特上弗以为政、士不以为行故也。"昔者晋文公好士之恶衣[12]，故文公之臣，皆牂羊[13]之裘，韦[14]以带剑，练帛[15]之冠，入以见于君，出以践于朝。是其故何也？君说之，故臣为之也。昔者楚灵王好士细要[16]，故灵王之臣，皆以一饭为节，胁息然后带，扶墙然后起。比期年[17]，朝有黧黑之色。是其故何也？君说之，故臣能之也。昔越王句践好士之勇，教驯其臣，和合之，焚舟失火，试其士曰："越国之宝尽在此！"越王亲自鼓其士而进之，士闻鼓音，破碎乱行[18]，蹈火而死者，左右百人有余，越王击金而退之。是故子墨子言曰："乃若夫少食、恶衣、杀人而为名，此天下百姓之所皆难也。若苟君说之，则众能为之；况兼相爱、交相利，与此异矣！夫爱人者，人亦从而爱之；利人者，人亦从而利之；恶人者，人亦从而恶之；害人者，人亦从而害之。此何难之有焉？特上不以为政而士不以为行故也。"

然而今天下之士君子曰："然！乃若兼则善矣；虽然，不可行之物也。譬若挈[19]太山，越河济也。"子墨子言："是非其譬也。夫挈太山而越河济，可谓毕劫有力矣。自古及今，未有能行之者也；况乎兼相爱、交相利，则与此异，古者圣王行之。"何以知其然？古者禹治天下，西为西河渔窦，以泄渠、孙、皇之水。北为防、原、泒，注后之邸、嘑池之窦，洒[20]为底柱，凿为龙门，以利燕代胡貉与西河之民。东方漏之陆，防孟诸之泽，洒为九浍，以楗东土之水，以利冀州之民。南为江、汉、淮、汝，东流之注五湖之处，以利荆楚、干、越与南夷之民。此言禹之事，吾今行兼矣。昔者文王之治西土，若日若月，乍光于四方，于西土。不为大国侮小国，不为众庶侮鳏寡，不为暴势夺穑人黍稷狗彘。天屑临文王慈，是以老而无子者，有所得终其寿；连独无兄弟者，有所杂于生人之间；少失其父母者，有所放依而长。此文王之事，则吾今行兼矣。昔者武王将事泰山隧[21]，传曰："泰山！有道曾孙周王有事。大事既获，仁人尚作，以祗商夏，蛮夷丑貉。虽有周亲，不若仁人。万方有罪，维予一人。"此言武王之事，吾今行兼矣。

　　是故子墨子言曰："今天下之君子，忠实欲天下之富而恶其贫；欲天下之治而恶其乱，当兼相爱、交相利。此圣王之法，天下之治道也，不可不务为也。"

注释：

[1] 篡：用强力夺取。

[2] 惠：恩惠。

[3] 崇："察"字之误。

[4] 惮：畏难，有所顾忌。

[5] 和调：和谐，和睦。

[6] 敖：通"傲"，轻视。

[7] 易：改变。

[8] 誉：赞美。

[9] 于故：迂远难行之事。于：通"迂"，故，事。

[10] 特：只是。

[11] 说：通"悦"。

[12] 恶衣：粗劣的衣服。

[13] 牂羊：母羊。母羊皮质量比羔羊皮质量差。

[14] 韦：熟牛皮。古人讲究腰带，熟牛皮做的腰带比较简陋。

[15] 练帛：大帛，厚缯布，是一种初级织品。

[16] 要：同"腰"。

[17] 比：及，等到。期年：一年。

[18] 破碎乱行：因争先恐后导致步伐凌乱。

[19] 挈：举。

[20] 洒：分流。

[21] 隧：掘地为隧。

兼爱下

本篇以"兼别二士""兼别二君"等事例，驳斥反对兼爱的言论。引用《诗》《书》，论证夏禹、商汤、周文王、周武王都行兼爱；批驳兼爱对孝行有害的言论，得出实行惠君、忠臣、慈父、孝子、友兄、悌弟之道，百姓才能从中得到好处。

子墨子言曰："仁人之事者，必务求兴天下之利，除天下之害。"然当今之时，天下之害，孰为大？曰：若大国之攻小国也，大家之乱小家也，强之劫弱，众之暴寡，诈之谋愚，贵之敖贱，此天下之害也。又与为人君者之不惠也[1]，臣者之不忠也，父者之不慈也，子者之不孝也，此又天下之害也。又与今人之贱人，执其兵刃毒药水火，以交相亏贼，此又天下之害也。

姑尝本原[2]若众害之所自生。此胡自生？此自爱人、利人生与？即必曰"非然也。"必曰："从恶人、贼人生。"分名乎天下恶人而贼人者，兼与？别与？即必曰："别也。"然即[3]之交别者，果生天下之大害者与？是故别非也。子墨子曰："非人者必有以易之，若非人而无以易之，譬之犹以水救火也，其说将必无可矣。"是故子墨子曰："兼以易别。"然即兼之可以易别之故何也？曰：藉为[4]人之国，若为其国，夫虽独举其国以攻人之国者哉？为彼者，犹为己也。为人之都，若为其都，夫谁独举其都以伐人之都者哉？为彼犹为己也。为人之家，若为其家，夫谁独举其家以乱人之家者哉？为彼犹为己也。然即国都不相攻伐，人家不相乱贼，此天下之害与？天下之利与？即必曰天下之利也。

姑尝本原若众利之所自生。此胡自生？此自恶人贼人生与？即必曰：
"非然也。"必曰："从爱人利人生。"分名乎天下，爱人而利人者，别与？
兼与？即必曰："兼也。"然即之交兼者，果生天下之大利者与？是故子墨
子曰："兼是也。"且乡吾本言曰：仁人之事者，必务求兴天下之利，除天
下之害。今吾本原兼之所生，天下之大利者也；吾本原别之所生，天下之
大害者也。是故子墨子曰别非而兼是者，出乎若方[5]也。

今吾将正求与天下之利而取之，以兼为正。是以聪耳明目相与视听
乎！是以股肱毕强相为动宰乎！而有道肆[6]相教诲，是以老而无妻子者，
有所侍养以终其寿；幼弱孤童之无父母者，有所放依以长其身。今唯毋以
兼为正，即若其利也。不识天下之士，所以皆闻兼而非者，其故何也？

然而天下之士，非兼者之言犹未止也，曰："即善矣，虽然，岂可
用哉？"

子墨子曰："用而不可，虽我亦将非之；且焉有善而不可用者。"姑尝
两而进之。谁以为二士，使其一士者执别，使其一士者执兼。是故别士之
言曰："吾岂能为吾友之身，若为吾身？为吾友之亲，若为吾亲？"是故退
睹其友，饥即不食，寒即不衣，疾病不侍养，死丧不葬埋。别士之言若
此，行若此。兼士之言不然，行亦不然。曰："吾闻为高士于天下者，必
为其友之身，若为其身；为其友之亲，若为其亲。然后可以为高士于天
下。"是故退睹其友，饥则食之，寒则衣之，疾病侍养之，死丧葬埋之。
兼士之言若此，行若此。若之二士者，言相非而行相反与？当使若二士
者，言必信，行必果，使言行之合，犹合符节也，无言而不行也。然即敢
问：今有平原广野于此，被甲婴胄[7]，将往战，死生之权[8]，未可识也；
又有君大夫之远使于巴、越、齐、荆，往来及否，未可识也。然即敢问：
不识将恶也家室，奉承亲戚、提挈妻子而寄托之，不识于兼之有是乎？于
别之有是乎？我以为当其于此也，天下无愚夫愚妇，虽非兼之人，必寄托
之于兼之有是也。此言而非兼，择即取兼，即此言行费[9]也。不识天下之
士，所以皆闻兼而非之者，其故何也？

然而天下之士，非兼者之言，犹未止也，曰："意可以择士，而不可
以择君乎？"姑尝两而进之。谁[10]以为二君，使其一君者执兼，使其一君
者执别。是故别君之言曰："吾恶能为吾万民之身，若为吾身？此泰[11]非
天下之情也。人之生乎地上之无几何也，譬之犹驷[12]驰而过隙也。"是故

退睹其万民，饥即不食，寒即不衣，疾病不侍养，死丧不葬埋。别君之言若此，行若此。兼君之言不然，行亦不然，曰："吾闻为明君于天下者，必先万民之身，后为其身，然后可以为明君于天下。"是故退睹其万民，饥即食之，寒即衣之，疾病侍养之，死丧葬埋之。兼君之言若此，行若此。然即交若之二君者，言相非而行相反与？常使若二君者，言必信，行必果，使言行之合，犹合符节也，无言而不行也。然即敢问：今岁有疠疫[13]，万民多有勤苦冻馁，转死沟壑中者，既已众矣。不识将择之二君者，将何从也？我以为当其于此也，天下无愚夫愚妇，虽非兼者，必从兼君是也。言而非兼，择即取兼，此言行拂也。不识天下所以皆闻兼而非之者，其故何也。

然而天下之士，非兼者之言也，犹未止也，曰："兼即仁矣，义矣；虽然，岂可为哉？吾譬兼之不可为也，犹挈泰山以超江、河也。故兼者，直愿之也，夫岂可为之物哉？"子墨子曰："夫挈泰山以超江、河，自古之及今，生民而来，未尝有也。今若夫兼相爱、交相利，此自先圣六王者亲行之。"何知先圣六王之亲行之也？子墨子曰："吾非与之并世同时，亲闻其声、见其色也；以其所书于竹帛、镂[14]于金石、琢于盘盂，传遗后世子孙者知之。"《泰誓》曰："文王若日若月乍照，光于四方，于西土。"即此言文王之兼爱天下之博大也，譬之日月，兼照天下之无有私也。即此文王兼也；虽子墨子之所谓兼者，于文王取法焉！

且不唯《泰誓》[15]为然，虽《禹誓》即亦犹是也。禹曰："济济[16]有众，咸听朕言！非惟小子，敢行称乱。蠢兹有苗，用天之罚。若予既率尔群对诸群，以征有苗。"禹之征有苗也，非以求以重富贵、干福禄、乐耳目也；以求兴天下之利，除天下之害。即此禹兼也；虽子墨子之所谓兼者，于禹求焉。

且不唯《禹誓》为然，虽《汤说》即亦犹是也。汤曰："惟予小子履，敢用玄牡，告于上天后曰：'今天大旱，即当朕身履，未知得罪于上下，有善不敢蔽，有罪不敢赦，简在帝心，万方有罪，即当朕身；朕身有罪，无及万方。'"即此言汤贵为天子，富有天下，然且不惮以身为牺牲，以词说于上帝鬼神，即此汤兼也；虽子墨子之所谓兼者，于汤取法焉。

且不惟《誓命》与《汤说》为然，《周诗》即亦犹是也。《周诗》曰："王道荡荡，不偏不党；王道平平，不党不偏。其直若矢，其易若底[17]。

君子之所履，小人之所视。"若吾言非语道之谓也，古者文、武为正，均分赏贤罚暴，勿有亲戚弟兄之所阿[18]。即此文、武兼也，虽子墨子之所谓兼者，于文、武取法焉。不识天下之人，所以皆闻兼而非之者，其故何也。

然而天下之非兼者之言，犹未止。曰："意不忠[19]亲之利，而害为孝乎？"子墨子曰："姑尝本原之孝子之为亲度者。吾不识孝子之为亲度者，亦欲人爱、利其亲与？意欲人之所恶、贼其亲与？以说[20]观之，即欲人之爱、利其亲也。然即吾恶先从事即得此？若我先从事乎爱利人之亲，然后人报我爱利吾亲乎？意[21]我先从事乎恶人之亲，然后人报我以爱利吾亲乎？即必吾先从事乎爱利人之亲，然后人报我以爱利吾亲也。然即之交孝子者，果不得已乎？毋先从事爱利人之亲者与？意以天下之孝子为遇，而不足以为正乎？姑尝本原之。"先王之所书，《大雅》之所道，曰："无言而不雠[22]，无德而不报。投我以桃，报之以李。"即此言爱人者必见爱也，而恶人者必见恶也。不识天下之士，所以皆闻兼而非之者，其故何也。

意以为难而不可为邪？尝有难此而可为者，昔荆灵王好小要，当灵王之身，荆国之士饭不逾[23]乎一，固据而后兴，扶垣而后行。故约食为其难为也，然后为，而灵王说之，未逾于世，而民可移也，即求以乡其上也。昔者越王句践好勇，教其士臣三年，以其知为未足以知之也，焚舟失火，鼓而进之。其士偃前列，伏水火而死有不可胜数也。当此之时，不鼓而退也，越国之士，可谓颤矣[24]。故焚身为其难为也，然后为之，越王说之，未逾于世，而民可移也，即求以乡上也。昔者晋文公好苴服。当文公之时，晋国之士，大布之衣，牂羊之裘，练帛之冠，且苴之屦，入见文公，出以践之朝。故苴服为其难为也，然后为，而文公说之，未逾于世，而民可移[25]也，即求以乡其上也。是故约食、焚舟、苴服，此天下之至难也，然后为而上说之，未逾于世而民可移也，何故也？即求以乡其上也。今若夫兼相爱、交相利，此其有利，且易为也，不可胜计也，我以为则无有上说之者而已矣。苟有上说之者，劝之以赏誉，威之以刑罚，我以为人之于就兼相爱、交相利也，譬之犹火之就上、水之就下也，不可防止于天下。

故兼者，圣王之道也，王公大人之所以安也，万民衣食之所以足也，故君子莫若审兼而务行之。为人君必惠，为人臣必忠；为人父必慈，为人子必孝；为人兄必友，为人弟必悌。故君子莫若欲为惠君、忠臣、慈父、孝子、友兄、悌弟，当若兼之不可不行也。此圣王之道，而万民之大利也。

注释：

［1］又与：又如。惠：爱。

［2］本原：推究根源。

［3］然即：然则。

［4］藉：假如。为：对待。

［5］若：这个。方：原则。

［6］肆：勉力。

［7］婴胄：婴同"缨"，名词用作动词。胄：头盔。

［8］权：变化。

［9］行费：费通"拂"，违背。

［10］谁：假设。

［11］泰：太。

［12］驷：马车。

［13］疠疫：瘟疫。

［14］镂：雕刻。

［15］《泰誓》：《尚书》中的一篇，今已散失。

［16］济济：众多的样子。

［17］厎：当作"砥"，磨刀石。

［18］阿：偏私，偏袒。

［19］忠：当作"中"，符合。

［20］说：道理。

［21］意：抑或。

［22］雠：答应。

［23］逾：超过。

［24］颤：李渔叔认为当作"殚"，竭尽。

［25］移：转变，改变。

非攻上

春秋战国时期，诸侯间征战不休。无论是战胜或是战败，都给广大劳动人民带来了巨大伤害。针对这种残酷现实，墨子提出了非攻观点，呼吁停止战争。

今有一人，入人园圃，窃其桃李，众闻则非[1]之，上为政者得则罚之。此何也？以亏人自利也。至攘[2]人犬豕鸡豚者，其不义，又甚入人园圃窃桃李。是何故也？以亏人愈多，其不仁兹甚，罪益厚[3]。至入人栏厩、取人牛马者，其不仁义，又甚攘人犬豕鸡豚。此何故也？以其亏人愈多。苟亏人愈多，其不仁兹甚，罪益厚。至杀不辜人也，扡[4]其衣裘、取戈剑者，其不义，又甚入人栏厩，取人牛马。此何故也？以其亏人愈多。苟亏人愈多，其不仁兹甚矣！罪益厚。当此天下之君子皆知而非之，谓之不义。今至大为攻国，则弗知非，从而誉之，谓之义。此可谓知义与不义之别乎？

杀一人，谓之不义，必有一死罪矣。若以此说往，杀十人，十重[5]不义，必有十死罪矣；杀百人，百重不义，必有百死罪矣。当此天下之君子皆知而非之，谓之不义。今至大为不义攻国，则弗知非，从而誉之，谓之义。情[6]不知其不义也，故书其言以遗后世；若知其不义也，夫奚说书其不义以遗后世哉？

今有人于此，少见黑曰黑，多见黑曰白，则以此人不知白黑之辩[7]矣；少尝苦曰苦，多尝苦曰甘，则必以此人为不知甘苦之辩矣。今小为非，则知而非之；大为非攻国，则不知非，从而誉之，谓之义。此可谓知义与不义之辩乎？是以知天下之君子也，辩义与不义之乱也。

注释：

［1］非：责难，谴责。

［2］攘：抢夺。

［3］厚：大，重。

［4］"扡"同"拖"，夺取。

［5］重：倍。

［6］情：完全，真。

［7］辩：区别。

非攻中

本篇论述三个问题：一是攻战消耗巨大，即使取胜，也得不偿失；二是批驳攻战可以广土众民，历史上以攻战而成大国的例子少，因攻战亡国的不可胜数；三是驳斥"我能用兵，故战必胜"论调。

子墨子言曰："今者王公大人为政于国家者，情欲誉之审[1]，赏罚之当，刑政之不过失。"是故子墨子曰："古者有语：'谋而不得，则以往知来，以见知隐[2]。谋若此可得而知矣。"

今师徒[3]唯毋兴起，冬行恐寒，夏行恐暑，此不以冬夏为者也，春则废民耕稼树艺，秋则废民获敛[4]。今唯毋废一时，则百姓饥寒冻馁而死者，不可胜数。今尝计军出[5]：竹箭、羽旄、幄幕、甲盾、拨劫，往而靡弊腑冷不反者，不可胜数。又与[6]矛、戟、戈、剑、乘车，其列住碎折靡弊而不反者，不可胜数。与其牛马，肥而往，瘠[7]而反，往死亡而不反者，不可胜数。与其涂道之修远，粮食辍绝而不继，百姓死者，不可胜数也。与其居处之不安，食饭之不时[8]，饥饱之不节，百姓之道疾病而死者，不可胜数。丧师多不可胜数，丧师尽不可胜计，则是鬼神之丧其主后，亦不可胜数。

国家发政，夺民之用，废民之利，若此甚众。然而何为为之？曰："我贪伐胜之名及得之利，故为之。"子墨子言曰："计其所自胜，无所可用也；计其所得，反不如所丧者之多。"今攻三里之城、七里之郭，攻此不用锐[9]，且无杀而徒得，此然也。杀人多必数于万，寡必数于千，然后三里之城、七里之郭且可得也。今万乘之国，虚数于千，不胜而入；广衍数于万，不胜而辟[10]。然则土地者，所有余也；王民者，所不足也。今尽王民之死，严下上之患，以争虚城，则是弃所不足，而重所有余也。为政若此，非国之务者也！

饰[11]攻战者言曰："南则荆、吴之王，北则齐、晋之君，始封于天下之时，其土城之方，未至有数百里也；人徒之众，未至有数十万人也。以攻战之故，土地之博，至有数千里也；人徒之众，至有数百万人。故当攻战而不可为也。"子墨子言曰："虽四五国则得利焉，犹谓之非行道也。譬若医之药人之有病者然，今有医于此，和合其祝药[12]之于天下之有病者而药之。万人食此，若医四五人得利焉，犹谓之非行药也。故孝子不以食其亲，忠臣不以食其君。古者封国于天下，尚者以耳之所闻，近者以目之所见，以攻战亡者，不可胜数。"何以知其然也？东方有莒之国者，其为国甚小，间于大国之间，不敬事于大，大国亦弗之从而爱利，是以东者越人夹削其壤地，西者齐人兼而有之。计莒之所以亡于齐、越之间者，以是攻战也。虽南者陈、蔡，其所以亡于吴、越之间者，亦以攻战。虽北者且不一著何，其所以亡燕代、胡貊之间者，亦以攻战也。是故子墨子言曰："今者王公大人，情欲得而恶失，欲安而恶危，故当攻战，而不可不非。"

饰攻战者之言曰："彼不能收用彼众，是故亡；我能收用我众，以此攻战于天下，谁敢不宾服[13]哉！"子墨子言曰："子虽能收用子之众，子岂若古者吴阖闾哉？"古者吴阖闾教七年，奉甲执兵[14]，奔三百里而舍焉。次[15]注林，出于冥隘之径，战于柏举，中楚国而朝宋与及鲁。至夫差之身，北而攻齐，舍于汶上，战于艾陵，大败齐人，而葆之大山；东而攻越，济三江五湖，而葆之会稽。九夷之国莫不宾服。于是退不能赏孤，施舍群萌[16]，自恃其力，伐[17]其功，誉其志，怠于教。遂筑姑苏之台，七年不成。及若此，则吴有离罢[18]之心。越王勾践视吴上下不相得，收其众以复其仇，入北郭，徙[19]大内，围王宫，而吴国以亡。昔者晋有六将军，而智伯莫为强焉。计其土地之博，人徒之众，欲以抗诸侯，以为英名、攻战之速。故差论[20]其爪牙之士，皆列其车舟之众，以攻中行氏而有之，以其谋为既已足矣。又攻兹范氏而大败之，并三家以为一家而不止，又围赵襄子于晋阳。及若此，则韩、魏亦相从而谋曰："古者有语：'唇亡则齿寒。'赵氏朝亡，我夕从之；赵氏夕亡，我朝从之。诗曰：'鱼水不务，陆将何及乎？'"是以三主之君，一心戮力，辟门除道，奉甲兴士，韩、魏自外，赵氏自内，击智伯，大败之。

是故子墨子言曰："古者有语曰：'君子不镜[21]于水，而镜于人。镜于水，见面之容；镜于人，则知吉与凶。'今以攻战为利，则盖尝鉴之于智伯之事乎？此其为不吉而凶，既可得而知矣。"

注释：

[1] 今：古本做"古"，依王念孙改为"今"。情：完全，真。审：慎重。

[2] 隐：潜在（隐藏）的事情。

[3] 师徒：军队，指战争。

[4] 敛：把收获的粮食储藏起来。

[5] 出：古本作"上"，依王念孙改。

[6] 又与：又如。

[7] 瘠：瘦弱。

[8] 时：动词，按时。

[9] 锐：精锐的军队。

[10] 辟：开辟，开拓。

[11] 饰：为……辩解。

[12] 祝药：药物。

[13] 宾服：臣服。

[14] 奉甲执兵：披着铠甲，拿着武器。

[15] 次：驻扎。

[16] 萌：通"氓"，百姓，人民。

[17] 伐：炫耀。

[18] 离罢：离散，疲弊。罢：通"疲"。

[19] 徙：迁移，挪走。

[20] 差论：按照等级组织。

[21] 镜：用……做镜子。

非攻下

本篇前部分说明攻战的危害；中间部分重点区分攻与诛，以大欺小的不义战争为攻，有道伐无道为诛；最后部分驳斥攻伐之君发动战争的种种借口，主张大国应该援救小国，帮助弱国抵抗侵略者。

子墨子言曰：今天下之所誉善[1]者，其说将何哉？为其上中[2]天之利，而中中鬼之利，而下中人之利，故誉之与？意亡非为其上中天之利，而中中鬼之利，而下中人之利，故誉之与？虽使下愚之人，必曰："将为其上中天之利，而中中鬼之利，而下中人之利，故誉之。"今天下之同意者，圣王之法也，今天下之诸侯，将犹多皆免[3]攻伐并兼，则是有誉义之名，而不察其实也。此譬犹盲者之与人，同命白黑之名，而不能分其物也，则岂谓有别哉！是故古之知者之为天下度[4]也，必顺虑其义而后为之行。是以动，则不疑速通。成得其所欲，而顺天、鬼、百姓之利，则知者之道也。是故古之仁人有天下者，必反大国之说，一天下之和，总四海之内。焉率天下之百姓，以农臣事上帝、山川、鬼神。利人多，功故又大，是以天赏之，鬼富之，人誉之，使贵为天子，富有天下，名参乎天地，至今不废，此则知者之道也，先王之所以有天下者也。

今王公大人、天下之诸侯则不然。将必皆差论其爪牙之士，皆列其舟车之卒伍，于此为坚甲利兵，以往攻伐无罪之国。入其国家边境，芟刈[5]其禾稼，斩其树木，堕[6]其城郭，以湮其沟池，攘杀其牲牷，燔溃其祖庙，劲杀其万民，覆其老弱，迁其重器，卒[7]进而柱乎斗，曰："死命为上，多杀次之，身伤者为下；又况失列北桡[8]乎哉？罪死无赦！"以惮其

485

众。夫无兼国覆军,贼虐万民,以乱圣人之绪。意将以为利天乎?夫取天之人,以攻天之邑,此刺杀天民,剥振[9]神之位,倾覆社稷,攘杀其牺牲,则此上不中天之利矣。意将以为利鬼乎?夫杀之人,灭鬼神之主,废灭先王,贼虐万民,百姓离散,则此中不中鬼之利矣。意将以为利人乎?夫杀之人为利人也博矣!又计其费此为周生之本,竭天下百姓之财用,不可胜数也,则此下不中人之利矣。

今夫师者之相为[10]不利者也,曰:将不勇,士不分[11],兵不利,教不习,师不众,率不利和,威不圉[12],害之不久,争之不疾,孙之不强。植心不坚,与国[13]诸侯疑。与国诸侯疑,则敌生虑而意赢矣。偏具此物,而致从事焉,则是国家失卒,而百姓易务[14]也。今不尝观其说好攻伐之国,若使中兴师,君子、庶人也必且数千,徒[15]倍十万,然后足以师而动矣。久者数岁,速者数月。是上不暇听治,士不暇治其官府,农夫不暇稼穑,妇人不暇纺绩织纴,则是国家失卒,而百姓易务也。然而又与其车马之罢毙也,幔幕帷盖,三军之用,甲兵之备,五分而得其一,则犹为序疏[16]矣。然而又与其散亡道路,道路辽远,粮食不继傺[17],食饮之时,厕役以此饥寒冻馁疾病而转死沟壑中者,不可胜计也。此其为不利于人也,天下之害厚[18]矣。而王公大人,乐而行之。则此乐贼灭天下之万民也,岂不悖哉?今天下好战之国,齐、晋、楚、越,若使此四国者得意于天下,此皆十倍其国之众,而未能食其地[19]也,是人不足而地有余也。今又以争地之故,而反相贼也,然则是亏不足而重有余也。

今遝[20]夫好攻伐之君,又饰其说,以非子墨子曰:"以攻伐之为不义,非利物与?昔者禹征有苗,汤伐桀,武王伐纣,此皆立为圣王,是何故也?"子墨子言曰:"子未察吾言之类,未明其故者也。彼非所谓'攻',谓'诛'也。昔者三苗大乱,天命殛[21]之。日妖宵出,雨血三朝,龙生于庙,犬哭乎市,夏冰[22],地坼及泉,五谷变化,民乃大振。高阳乃命玄宫,禹亲把天之瑞令,以征有苗。四电诱祇,有神人面鸟身,若瑾以侍,搤矢有苗之祥。苗师大乱,后乃遂几[23]。禹既已克有三苗,焉磨[24]为山川,别物上下,卿制大极,而神明不违,天下乃静。则此禹之所以征有苗也。遝至乎夏王桀,天有酷命,日月不时,寒暑杂至,五谷焦死,鬼呼国,鹤鸣十夕余。天乃命汤于镳宫:'用受夏之大命[25],夏德大乱,予既卒其命于天矣,往而诛之,必使汝堪之。'汤焉敢奉率其众,是以乡有夏之境，帝乃使阴暴毁有夏之城。少少有神来告曰：'夏德大乱，往攻之，予必使汝大堪之。予既受命于天，天命融隆火于夏之城间西北之隅。'汤奉桀众以克有，属诸侯于薄，荐章天命，通于四方，而天下诸侯莫敢不宾服。则此汤之所以诛桀也。遝至乎商王纣，天不序[26]其德，祀用失时。兼夜中十日，雨土于薄，九鼎迁止，妇妖宵出，有鬼宵吟，有女为男，天雨肉，棘生乎国道，王兄[27]自纵也。赤鸟衔珪，降周之岐社，曰：'天命周文王，伐殷有国。'泰颠来宾，河出绿图，地出乘黄。武王践功[28]，梦见三神曰：'予既沉渍殷纣于酒德矣，往攻之，予必使汝大堪之'武王乃攻狂夫，反商之周[29]，天赐武王黄鸟之旗。王既已克殷，成帝之来，分主诸神，祀纣先王，通维四夷，而天下莫不宾。焉袭汤之绪，此即武王之所以诛纣也。若以此三圣王者观之，则非所谓'攻'也，所谓'诛'也。"

则夫好攻伐之君又饰其说，以非子墨子曰："子以攻伐为不义，非利物与？昔者楚熊丽，始讨此雎山之间，越王繄亏，出自有遽，始邦于越；唐叔与吕尚邦齐、晋。此皆地方数百里，今以并国之故，四分天下而有之。是故何也？"子墨子曰："子未察吾言之类，未明其故者也。古者天子之始封诸侯也，万有余；今以并国之故，万国有余皆灭，而四国独立。此譬犹医之药万有余人，而四人愈也。则不可谓良医矣。"

则夫好攻伐之君又饰其说，曰："我非以金玉、子女、壤地为不足也，我欲以义名立于天下，以德求诸侯也。"子墨子曰："今若有能以义名立于天下，以德求诸侯者，天下之服，可立而待也。"夫天下处攻伐久矣，譬若博子之为马然。今若有能信效先利天下诸侯者，大国之不义也，则同忧之；大国之攻小国也，则同救之。小国城郭之不全也，必使修之，布粟之绝则委[30]之，币帛不足则共之。以此效[31]大国，则小国之君说。人劳我逸，则我甲兵强，宽以惠，缓易急，民必移，易攻伐以治我国，攻必倍。量我师举之费，以争[32]诸侯之毙，则必可得而序利焉。督以正，义其名，必务宽吾众，信吾师，以此授诸侯之师，则天下无敌矣，其为下不可胜数也。此天下之利，而王公大人不知而用，则此可谓不知利天下之巨务矣。

是故子墨子曰："今且天下之王公大人士君子，中情将欲求兴天下之利，除天下之害，当若繁为攻伐，此实天下之巨害也。今欲为仁义，求为上士，尚欲中圣王之道，下欲中国家百姓之利，故当若'非攻'之为说，而将不可不察者，此也！"

注释：

[1] 善：根据下文当作"义"。

[2] 中：符合。

[3] 免：通"勉"，勉力。或以"免"为衍文。

[4] 度：谋划。

[5] 芟刈：割除草类。

[6] 堕：毁坏。

[7] 卒：急。

[8] 北桡：桡通"挠"，败退。

[9] 剥振：毁坏。

[10] 师者：军事指挥员。相为：认为。

[11] 分：孙诒让认为"分"是"奋"的假借字。

[12] 圉：通"御"，抵御。

[13] 与国：盟国。

[14] 易务：改变职业。

[15] 徒：服劳役的人。

[16] 序疏：粗略的估算。

[17] 继傺：接济。

[18] 厚：大。

[19] 食其地：耕其地以食。

[20] 逯：通"逮"，及也。

[21] 殪：杀死。

[22] 冰：名词用作动词，结冰。

[23] 几：微弱。

[24] 磨：通"离"，分别，划分。

[25] 大命：天命。

[26] 序：欣赏。

[27] 兄：王念孙认为当为"况"字，更加。

[28] 践功：登上帝位。

[29] 反商之周：旧本作"反商立周"。

[30] 委：输送。

[31] 效：较量。

[32] 争：当作"净"，通"靖"，安抚。

节用上

节用是墨家重要主张之一。墨子认为，只有节用，减少浪费，国家财富才能增长。衣服、宫室、甲兵、舟车只要能满足日常应用即可，不要追求奢华。墨子也主张早婚早育，减少劳役，避免战争，这样人口可以成倍增长。

圣人为政一国，一国可倍[1]也；大之为政天下，天下可倍也。其倍之，非外取地也，因其国家，去其无用之费，足以倍之。圣王为政，其发令、兴事、使民、用财也，无不加用而为者。是故用财不费，民德[2]不劳，其兴利多矣！

其为衣裘何以为？冬以圉寒，夏以圉暑。凡为衣裳之道，冬加温、夏加清者，芊鲴[3]；不加者，去之。其为宫室何以为？冬以圉风寒，夏以圉暑雨。有盗贼加固者，芊鲴；不加者，去之。其为甲盾五兵何以为？以圉寇乱盗贼。若有寇乱盗贼，有甲盾五兵者胜，无者不胜，是故圣人作为甲盾五兵。凡为甲盾五兵，加轻以利、坚而难折者，芊鲴；不加者，去之。其为舟车何以为？车以行陵陆，舟以行川谷，以通四方之利。凡为舟车之道，加轻以利者，芊鲴；不加者，去之。凡其为此物也，无不加用而为者。是故用财不费，民德不劳，其兴利多矣。有去大人之好聚珠玉、鸟兽、犬马，以益衣裳、宫室、甲盾、五兵、舟车之数，于数倍乎？若则不难。故孰为难倍？唯人为难倍；然人有可倍也。昔者圣王为法，曰："丈夫年二十，毋敢不处家[4]；女子年十五，毋敢不事人[5]。"此圣王之法也。圣王既没，于民次[6]也，其欲蚤[7]处家者，有所二十年处家；其欲晚处家者，有所四十年处家。以其蚤与其晚相践[8]，后圣王之法十年，若纯三年而字[9]，子生可以二三年矣。此不为使民蚤处家，而可以倍与？且不然已！

今天下为政者，其所以寡人[10]之道多。其使民劳，其籍敛[11]厚，民财不足、冻饿死者，不可胜数也。且大人惟毋兴师，以攻伐邻国，久者终年，速者数月，男女久不相见，此所以寡人之道也。与居处不安，饮食不时，作疾病死者，有与侵就[12]援槖，攻城野战死者，不可胜数。此不令为政者所以寡人之道、数术而起与？圣人为政特无此。不圣人为政，其所以众人之道，亦数术而起与？

故子墨子曰："去无用之费，圣王之道，天下之大利也。"

注释：

[1] 可倍：财富成倍增长。

[2] 德：通"得"。

[3] 芊鉏："则止"二字之讹，参看孙启治点校《墨子间诂》。

[4] 处家：娶妻成家。

[5] 事人：嫁人。

[6] 次：通"恣"，放纵，任意。

[7] 蚤：通"早"。

[8] 践：行列整齐的样子，此处意为平均。

[9] 纯：都。字：生子。

[10] 寡人：使人口减少。

[11] 籍敛：赋税。

[12] 就：接近。

节用中

本篇在上篇基础上把节用的原则方法详细化。墨子假托古代圣王之制，规定了饮食、衣服、甲兵、舟车、节葬之法。墨子认为只要能够满足基本需要即可，凡是超过使用标准，都不合适。

子墨子言曰："古者明王圣人所以王天下、正[1]诸侯者，彼其爱民谨忠，利民谨厚，忠信相连，又示之以利，是以终身不餍，殁世而不卷[2]。古者明王圣人其所以王天下、正诸侯者，此也。"

是故古者圣王制[3]为节用之法，曰："凡天下群百工、轮车鞼匏、陶冶梓匠，使各从事其所能，曰：凡足以奉给民用，则止。"诸加费不加于民利者，圣王弗为。

古者圣王制为饮食之法，曰："足以充虚继气，强股肱，耳目聪明，则止。不极五味之调、芬香之和[4]，不致远国珍怪异物。"何以知其然？古者尧治天下，南抚[5]交阯，北降幽都，东西至日所出入，莫不宾服。逮至其厚爱，黍稷不二，羹胾不重，饭于土塯，啜[6]于土形，斗以酌，俯仰周旋威仪之礼，圣王弗为。

古者圣王制为衣服之法，曰："冬服绀緅之衣，轻且暖；夏服絺绤之衣，轻且清，则止。"诸加费不加于民利者，圣王弗为。

古者圣人为猛禽狡兽暴[7]人害民，于是教民以兵行。日带剑，为刺则入，击则断，旁击而不折，此剑之利也。甲为衣则轻且利，动则兵且从，此甲之利也。车为服重[8]致远，乘之则安，引之则利，安以不伤人，利以速至，此车之利也。古者圣王为大川广谷之不可济[9]，于是利为舟楫，足以将[10]之，则止。虽上者三公、诸侯至，舟楫不易，津人不饰，此舟之利也。

古者圣王制为节葬之法，曰："衣三领，足以朽肉；棺三寸，足以朽骸；堀穴，深不通于泉，流不发泄，则止。"死者既葬，生者毋久丧用哀。

古者人之始生、未有宫室之时，因陵丘堀穴而处焉。圣王虑之，以为堀穴，曰：冬可以避风寒，逮夏，下润湿，上熏烝，恐伤民之气，于是作为宫室而利。然则为宫室之法，将奈何哉？子墨子言曰："其旁可以圉风寒，上可以圉雪霜雨露，其中蠲洁[11]，可以祭祀，宫墙足以为男女之别，则止。"诸加费不加民利者，圣王弗为。

注释：

[1] 正：动词，使正。

[2] "餍"通"厌"。"卷"为"倦"。

[3] 制：制定。

[4] 极：极力追求。调：调和。

[5] 抚：安抚。

[6] 啜：饮。

[7] 暴：动词，残害。

[8] 服重：载重。

[9] 济：渡过。

[10] 将：行。

[11] 蠲洁：清洁。

节葬下

本篇前半部分论述厚葬的五种危害：浪费钱财、损害健康、国家动乱、国与国争战不休、不可求鬼神等；后半部分驳斥厚葬者两种言论，告诫统治者只有节葬，才能增加社会财富，增加人口，维护国内稳定。

子墨子言曰："仁者之为天下度[1]也，辟之[2]无以异乎孝子之为亲度也。"今孝子之为亲度也，将奈何哉？曰：亲贫，则从事乎富之；人民[3]寡，则从事乎众之；众乱，则从事乎治之。当其于此也，亦有力不足，财不赡，智不智[4]，然后已矣。无敢舍余力，隐谋遗利，而不为亲为之者矣。若三务者，孝子之为亲度也，既若此矣。虽仁者之为天下度，亦犹此也。曰：天下贫，则从事乎富之；人民寡，则从事乎众之；众而乱，则从事乎治之。当其于此，亦有力不足，财不赡，智不智，然后已矣。无敢舍余力，隐谋遗利，而不为天下为之者矣。若三务者，此仁者之为天下度也，既若此矣。

今逮至昔者，三代圣王既没，天下失义。后世之君子，或以厚葬久丧，以为仁也义也，孝子之事也；或以厚葬久丧，以为非仁义，非孝子之事也。曰二子者，言则相非，行即相反，皆曰吾上祖述尧、舜、禹、汤、文、武之道者也。而言即相非，行即相反，于此乎后世之君子，皆疑惑乎二子者言也。若苟疑惑乎之二子者言，然则姑尝传[5]而为政乎国家万民而观之。计厚葬久丧，奚当此三利者？我意若使法其言，用其谋，厚葬久丧，实可以富贫众寡、定危治乱乎！此仁也义也，孝子之事也，为人谋者，不可不劝也。仁者将兴之天下，设置而使民誉之，终勿废也。意亦使法其言，用其谋，厚葬久丧，实不可以富贫众寡、定危理乱乎！此非仁非义、非孝子之事也。为人谋者，不可不沮也。仁者将求除之天下，相废而使人非之，终身勿为。且故兴天下之利，除天下之害，令国家百姓之不治也，自古及今，未尝之有也。

何以知其然也？今天下之士君子，将犹多皆疑惑厚葬久丧之为中[6]是非利害也。故子墨子言曰："然则姑尝稽[7]之，今虽毋法执厚葬久丧者言，以为事乎国家。"此存[8]乎王公大人有丧者，曰棺椁必重，葬埋必厚，衣衾必多，文绣必繁，丘陇[9]必巨；存乎匹夫贱人死者，殆竭家室；存乎诸侯死者，虚车府，然后金玉珠玑比乎身，纶组节约，车马藏乎圹，又必多为屋幕、鼎鼓、几梴[10]、壶滥、戈剑、羽旄、齿革，寝而埋之，满意。若送从，曰天子杀殉，众者数百，寡者数十；将军、大夫杀殉，众者数十，寡者数人。

处丧之法，将奈何哉？曰：哭泣不秩[11]，声翁，缞绖[12]垂涕，处倚庐，寝苦枕块；又相率强不食而为饥，薄衣而为寒。使面目陷陬[13]，颜色黧黑，耳目不聪明，手足不劲强，不可用也。又曰：上士之操丧也，必扶而能起，杖而能行，以此共三年。若法若言，行若道，使王公大人行此则，必不能蚤朝五官六府，辟草木，实仓廪。使农夫行此，则必不能蚤出夜入，耕稼树艺。使百工行此，则必不能修舟车、为器皿矣。使妇人行此，则必不能夙兴夜寐，纺绩织纴。细计厚葬，为多埋赋之财者也；计久丧，为久禁从事者也。财以成者，扶而埋之；后得生者，而久禁之。以此求富，此譬犹禁耕而求获也。富之说无可得焉。

是故求以富家，而既已不可矣，欲以众[14]人民，意者可邪？其说又不可矣！今唯无以厚葬久丧者为政[15]：君死，丧之三年；父母死，丧之三年；妻与后子[16]死者，五皆丧之三年。然后伯父、叔父、兄弟、孽子其；族人五月；姑姊甥舅皆有月数。则毁瘠必有制矣。使面目陷陬，颜色黧黑，耳目不聪明，手足不劲强，不可用也。又曰上士操丧也，必扶而能起，杖而能行，以此共三年。若法若言，行若道，苟其饥约[17]又若此矣。是故百姓冬不仞[18]寒，夏不仞暑，作疾病死者，不可胜计也。此其为败男女之交多矣。以此求众，譬犹使人负剑而求其寿也。众之说无可得焉。

是故求以众人民，而既以不可矣，欲以治刑政，意者可乎？其说又不可矣。今唯无以厚葬久丧者为政，国家必贫，人民必寡，刑政必乱。若法若言，行若道，使为上者行此，则不能听治[19]；使为下者行此，则不能从事。上不听治，刑政必乱；下不从事，衣食之财必不足。若苟不足，为人弟者求其兄而不得，不弟[20]弟必将怨其兄矣；为人子者求其亲而不得，不孝子必是怨其亲矣；为人臣者求之君而不得，不忠臣必且乱其上矣。是以僻淫邪行之民，出则无衣也，入则无食也，内续奚吾，并为淫暴，而不可胜禁也。是故盗贼众而治者寡。夫众盗贼而寡治者，以此求治，譬犹使人三圜而毋负已也。治之说无可得焉。

是故求以治刑政，而既已不可矣，欲以禁止大国之攻小国也，意者可邪？其说又不可矣。是故昔者圣王既没，天下失义，诸侯力征，南有楚、越之王，而北有齐、晋之君，此皆砥砺[21]其卒伍，以攻伐并兼为政于天下。是故凡大国之所以不攻小国者，积委[22]多，城郭修，上下调和，是故大国不耆[23]攻之。无积委，城郭不修，上下不调和，是故大国耆攻之。今唯无以厚葬久丧者为政，国家必贫，人民必寡，刑政必乱。若苟贫，是无以为积委也；若苟寡，是城郭、沟渠者寡也；若苟乱，是出战不克，入守不固。

此求禁止大国之攻小国也，而既已不可矣，欲以干[24]上帝鬼神之福，意者可邪？其说又不可矣。今唯无以厚葬久丧者为政，国家必贫，人民必寡，刑政必乱。若苟贫，是粢盛酒醴不净洁也；若苟寡，是事上帝鬼神者寡也；若苟乱，是祭祀不时度[25]也。今又禁止事上帝鬼神，为政若此，上帝鬼神始得从上抚[26]之曰："我有是人也，与无是人也，孰愈？"曰："我有是人也，与无是人也，无择也。"则惟上帝鬼神降之罪厉[27]之祸罚而弃之，则岂不亦乃其所哉！

故古圣王制为葬埋之法，曰："棺三寸，足以朽体；衣衾三领，足以覆恶。以及其葬也，下毋及泉，上毋通臭[28]，垄若参耕之亩[29]，则止矣。"死则既已葬矣，生者必无久哭，而疾而从事，人为其所能，以交相利也。此圣王之法也。

今执[30]厚葬久丧者之言曰："厚葬久丧，虽使不可以富贫、众寡、定危、治乱，然此圣王之道也。"子墨子曰："不然！昔者尧北教乎八狄，道[31]死，葬蛩山之阴，衣衾三领，谷木之棺，葛以缄[32]之，既窆[33]而后哭，满坎无封[34]。已葬，而牛马乘之。舜西教乎七戎，道死，葬南己之市，衣衾三领，谷木之棺，葛以缄之。已葬，而市人乘之。禹东教乎九夷，道死，葬会稽之山，衣衾三领，桐棺三寸，葛以缄之，绞之不合，通之不坎，土地之深，下毋及泉，上毋通臭。既葬，收余壤其上，垄若参耕之亩，则止矣。若以此若三圣王者观之，则厚葬久丧，果非圣王之道。故三王者，皆贵为天子，富有天下，岂忧财用之不足哉！以为如此葬埋之法。"

今王公大人之为葬埋，则异于此。必大棺、中棺，革阓三操[35]，璧玉即具，戈剑、鼎鼓、壶滥、文绣、素练、大鞅万领、舆马、女乐皆具，曰：必捶涂差通，垄虽凡[36]山陵。此为辍[37]民之事，靡民之财，不可胜计也，其为毋用若此矣。

是故子墨子曰："乡者[38]吾本言曰：意亦使法其言，用其谋，计厚葬久丧，请[39]可以富贫、众寡、定危、治乱乎？则仁也，义也，孝子之事也！为人谋者，不可不劝也；意亦使法其言，用其谋，若人厚葬久丧，实不可以富贫、众寡、定危、治乱乎？则非仁也，非义也，非孝子之事也！为人谋者，不可不沮也。是故求以富国家，甚得贫焉；欲以众人民，甚得寡焉；欲以治刑政，甚得乱焉；求以禁止大国之攻小国也，而既已不可矣；欲以干上帝鬼神之福，又得祸焉。上稽之尧、舜、禹、汤、文、武之道，而政逆[40]之；下稽之桀、纣、幽、厉之事，犹合节也。若以此观，则厚葬久丧，其非圣王之道也。"

今执厚葬久丧者言曰："厚葬久丧，果非圣王之道，夫胡说中国之君子为而不已、操而不择[41]哉？"子墨子曰："此所谓便[42]其习而义[43]其俗者也。"昔者越之东，有鲅沐之国者，其长子生，则解而食之，谓之"宜弟"；其大父死，负其大母而弃之，曰"鬼妻不可与居处。"此上以为政，下以为俗，为而不已，操而不择，则此岂实仁义之道哉？此所谓便其习而义其俗者也。楚之南，有炎人国者，其亲戚死，朽[44]其肉而弃之，然后埋其骨，乃成为孝子。秦之西，有仪渠之国者，其亲戚[45]死，聚柴薪而焚之，熏上谓之"登遐"，然后成为孝子。此上以为政，下以为俗，为而不已。操而不择，则此岂实仁义之道哉？此所谓便其习而义其俗者也。若以此若三国者观之，则亦犹薄矣；若以中国之君子观之，则亦犹厚矣。如彼则大厚，如此则大薄，然则埋葬之有节矣。故衣食者，人之生利也，然且犹尚有节；葬埋者，人之死利也，夫何独无节于此乎？子墨子制为葬埋之法，曰："棺三寸，足以朽骨；衣三领，足以朽肉。掘地之深，下无菹^[46]漏，气无发泄于上，垄足以期其所，则止矣。哭往哭来，反从事乎衣食之财，俉乎祭祀，以致孝于亲。"故曰子墨子之法，不失死生之利者，此也。

故子墨子言曰："今天下之士君子，中请将欲为仁义，求为上士，上欲中圣王之道，下欲中国家百姓之利，故当若节丧之为政，而不可不察此者也。"

注释：

[1] 度：谋划，考虑。

[2] 辟之：同"譬之"，比如，打比方。

[3] 人民：人口。

[4] 智：通"智"，知道，知晓。

[5] 传：通"转"。

[6] 中：符合。

[7] 稽：考察。

[8] 存：在。

[9] 丘陇：坟堆。

[10] 几梴：筵席。

[11] 不秩：不常，指不分昼夜地哭泣。

[12] 缞绖：丧服。

[13] 陷陬：瘦骨嶙峋的样子。

[14] 众：用作动词，使……多。

[15] 为政：治理国家。

[16] 后子：嫡长子。

[17] 饥约：忍饥节食。

[18] 仞：同"忍"，受不了。

[19] 听治：处理政事。

[20] 弟：通"悌"，敬爱兄长。

[21] 砥砺：本义为磨刀石，用作动词，磨炼。

[22] 委：堆积。

[23] 耆：同"嗜"，喜欢。

[24] 干：请求。

[25] 不时度：不按时，不符合规矩。

［26］抚：厌恶。

［27］厉：疾病。

［28］臭：气。

［29］垄：坟墓。参耕：三尺之广。

［30］执：坚持。

［31］道：名词作状语，在路上。

［32］缄：缚束，封闭。

［33］窆：埋葬。

［34］封：坟墓。

［35］三操：三层。

［36］虽凡：当作"雄况"，坟墓高的像山陵一样。

［37］辍：停止。

［38］乡者：过去。

［39］请：同"情"，完全，真的。

［40］逆：相反。

［41］择：通"释"，舍弃。

［42］便：适应。

［43］义：社会认为合宜的道理和行为。

［44］朽：本作"刳"，剔肉。

［45］亲戚：父母，亲属。

［46］疽：通"沮"，湿。

天志^[1] 上

墨子认为上天是万物的主宰，是人世间最高的裁判者和监督者。天的意志主要是兼相爱、交相利。墨子列举具体事例，说明遵从天志的不同结果。墨子把天志作为衡量世上一切是非的标准，与其兼爱、非攻等主张有密切关系。

子墨子言曰："今天下之士君子，知小而不知大。"何以知之？以^[2]其处家者知之。若处家得罪于家长，犹有邻家所避逃之；然且亲戚、兄弟、所知识^[3]，共相儆戒，皆曰："不可不戒矣！不可不慎矣！恶有处家而得罪于家长而可为也？"非独处家者为然，虽处国亦然。处国得罪于国君，犹有邻国所避逃之；然且亲戚、兄弟、所知识，共相儆戒，皆曰："不可不戒矣！不可不慎矣！谁亦有处国得罪于国君而可为也？"此有所避逃之者也，相儆戒犹若此其厚，况无所逃避之者，相儆戒岂不愈厚，然后可哉？且语言有之曰："焉而晏^[4]日焉而得罪，将恶避逃之？"曰："无所避逃之。"夫天，不可为林谷幽门无人，明必见之；然而天下之士君子之于天也，忽然不知以相儆戒。此我所以^[5]知天下士君子知小而不知大也。

然则天亦何欲何恶？天欲义而恶不义。然则率天下之百姓，以从事于义，则我乃为天之所欲也。我为天之所欲，天亦为我所欲。然则我何欲何恶？我欲福禄而恶祸祟。若我不为天之所欲，而为天之所不欲，然则我率天下之百姓，以从事于祸祟中也。然则何以知天之欲义而恶不义？曰：天下有义则生，无义则死；有义则富，无义则贫；有义则治，无义则乱。然则天欲其生而恶其死，欲其富而恶其贫，欲其治而恶其乱。此我所以知天欲义而恶不义也。

曰：且夫义者，政[6]也。无从下之政上，必从上之政下。是故庶人竭力从事，未得次己[7]而为政，有士政之；士竭力从事，未得次己而为政，有将军、大夫政之；将军、大夫竭力从事，未得次己而为政，有三公、诸侯政之；三公、诸侯竭力听治，未得次己而为政，有天子政之；天子未得次己而为政，有天政之。天子为政于三公、诸侯、士、庶人，天下之士君子固明知；天之为政于天子，天下百姓未得之明知也。故昔三代圣王禹、汤、文、武，欲以天之为政于天子，明说[8]天下之百姓，故莫不刍[9]牛羊，豢犬彘，洁为粢盛酒醴，以祭祀上帝鬼神，而求祈福于天。我未尝闻天下之所求祈福于天子者也，我所以知天之为政于天子者也。

故天子者，天下之穷[10]贵也，天下之穷富也。故于富且贵者，当[11]天意而不可不顺。顺天意者，兼相爱，交相利，必得赏；反天意者，别相恶，交相贼，必得罚。然则是谁顺天意而得赏者？谁反天意而得罚者？子墨子言曰："昔三代圣王禹、汤、文、武，此顺天意而得赏也；昔三代之暴王桀、纣、幽、厉，此反天意而得罚者也。"然则禹、汤、文、武，其得赏何以也？子墨子言曰："其事上尊天，中事鬼神，下爱人，故天意曰：'此之我所爱，兼而爱之；我所利，兼而利之。爱人者此为博焉，利人者此为厚焉。'故使贵为天子，富有天下，业[12]万世子孙，传称其善，方施天下，至今称之，谓之圣王。"然则桀、纣、幽、厉，得其罚何以也。子墨子言曰："其事上诟[13]天，中诟鬼，下贼人，故天意曰：'此之我所爱，别而恶之；我所利，交而贼之。恶人者，此为之博也；贼人者，此为之厚也。'故使不得终其寿，不殁其世，至今毁之，谓之暴王。"

然则何以知天之爱天下之百姓？以其兼而明之。何以知其兼而明之？以其兼而有之。何以知其兼而有之？以其兼而食焉。何以知其兼而食焉？四海之内，粒食之民，莫不刍牛羊，豢犬彘，洁为粢盛酒醴，以祭祀于上帝鬼神。天有邑人[14]，何用弗爱也？且吾言杀一不辜者，必有一不祥。杀无辜者谁也？则人也。予之不祥者谁也？则天也。若以天为不爱天下之百姓，则何故以人与人相杀，而天予之不祥？此我所以知天之爱天下之百姓也。

顺天意者，义政也；反天意者，力政也。然义政将奈何哉？子墨子言曰：处大国不攻小国，处大家不篡小家，强者不劫弱，贵者不傲贱，多诈者不欺愚。此必上利于天，中利于鬼，下利于人。三利无所不利，故举天下美名加之，谓之圣王。力政者则与此异，言非此，行反此，犹倖驰[15]也。处大国攻小国，处大家篡小家，强者劫弱，贵者傲贱，多诈欺愚。此上不利于天，中不利于鬼，下不利于人。三不利无所利，故举天下恶名加之，谓之暴王。

　　子墨子言曰："我有天志，譬若轮人之有规，匠人之有矩。轮、匠执其规、矩，以度天下之方圆，曰：'中者是也，不中者非也。'今天下之士君子之书，不可胜载，言语不可尽计，上说诸侯，下说列士[16]，其于仁义，则大相远也。何以知之？曰：我得天下之明法以度之。"

注释：

[1] 天志：墨家尊天，天志即天的意志。

[2] 以：从。

[3] 知识：相知相识的朋友。

[4] 晏：清明之日。

[5] 所以：……的原因。

[6] 政：同"正"，匡正。

[7] 次己：擅自。

[8] 说：劝告。

[9] 刍：用草料喂养。

[10] 穷：极，非常。

[11] 当：对于。

[12] 业：传业。

[13] 诟：辱骂。

[14] 邑人：各地的人民。

[15] 倖驰：毕沅认为当为"背驰"。

[16] 列士：各位士君子。

天志中

本篇在上篇基础上阐述天志内涵。认为"天"凌驾于天子之上。天意内容包括兼爱、非攻、睦邻、爱民等。墨子借"天"来推行自己的主张。墨子从正反两方面论证是否遵从天意的不同后果，强调天志的重要性。

子墨子言曰："今天下之君子之欲为仁义者，则不可不察义之所从出。"既曰不可以不察义之所欲出，然则义何从出？子墨子曰："义不从愚且贱者出，必自贵且知者出。"何以知义之不从愚且贱者出，而必自贵且知[1]者出也？曰：义者，善政也。何以知义之为善政也？曰：天下有义则治，无义则乱，是以知义之为善政也。夫愚且贱者，不得为政乎贵且知者；然后得为政乎愚且贱者。此吾所以知义之不从愚且贱者出，而必自贵且知者出也。

然则孰为贵？孰为知？曰：天为贵、天为知而已矣。然则义果自天出矣。今天下之人曰："当若天子之贵[2]诸侯，诸侯之贵大夫，偏明知之，然吾未知天之贵且知于天子也。"子墨子曰："吾所以知天贵且知于天子者，有矣。曰：天子为善，天能赏之；天子为暴，天能罚之；天子有疾病祸祟，必斋戒沐浴，洁为酒醴粢盛，以祭祀天鬼，则天能除去之。然吾未知天之祈福于天子也。此吾所以知天之贵且知于天子者。不止此而已矣，又以先王之书驯天明不解之道也知之。曰：'明哲维天，临君下土。'则此语天之贵且知于天子。不知亦有贵、知夫天者乎？曰：天为贵、天为知而已矣。然则义果自天出矣。"是故子墨子曰："今天下之君子，中实将欲遵道利民，本察仁义之本，天之意不可不慎[3]也。"既以天之意以为不可不慎已，然则天之将何欲何憎？子墨子曰："天之意，不欲大国之攻小国也，大家之乱小家也，强之暴寡，诈之谋愚，贵之傲贱，此天之所不欲也。不止此而已，欲人之有力相营，有道相教，有财相分也。又欲上之强听治也，下之强从事也。"上强听治，则国家治矣；下强从事，则财用足矣。若国家治，财用足，则内有以洁为酒醴粢盛，以祭祀天鬼；外有以为环璧珠玉，以聘挠四邻。诸侯之冤不兴矣，边境兵甲不作矣。内有以食饥息劳，持养其万民，则君臣上下惠忠，父子兄弟慈孝。故唯毋明乎顺天之意，奉而光施之天下，则刑政治，万民和，国家富，财用足，百姓皆得暖衣饱食，便宁无忧。是故子墨子曰："今天下之君子，中实将欲遵道利民，本察仁义之本，天之意不可不慎也。"

且夫天子之有天下也。辟[4]之无以异乎国君、诸侯之有四境之内也。今国君、诸侯之有四境之内也，夫岂欲其臣国、万民之相为不利哉！今若处大国则攻小国，处大家则攻小家，欲以此求赏誉，终不可得，诛罚必至矣。夫天之有天下也，将无已异此。今若处大国则攻小国，处大都则伐小都，欲以此求福禄于天，福禄终不得，而祸祟必至矣。然有所不为天之所欲，而为天之所不欲，则夫天亦且不为人之所欲，而为人之所不欲矣。人之所不欲者，何也？曰：疾病祸祟也。若已不为天之所欲，而为天之所不欲，是率天下之万民以从事乎祸祟之中也。故古者圣王，明知天鬼之所福，而辟[5]天鬼之所憎，以求兴天下之利，而除天下之害。是以天之为寒热也节，四时调，阴阳雨露也时，五谷孰，六畜遂[6]，疾灾、戾疫、凶饥则不至。是故子墨子曰："今天下之君子，中实将欲遵道利民，本察仁义之本，天意不可不慎也。"

且夫天下盖有不仁不祥者，曰：当若子之不事父，弟之不事兄，臣之不事君也，故天下之君子，与谓之不祥者。今夫天，兼天下而爱之，撠遂万物[7]以利之，若豪之末，非天之所为也，而民得而利之，则可谓否矣。然独无报夫天，而不知其为不仁不祥也。此吾所谓君子明细而不明大也。

且吾所以知天之爱民之厚者，有矣。曰：以磨为日月星，以昭道[8]之；制为四时春秋冬夏，以纪纲[9]之；雷降雪霜雨露，以长遂[10]五谷丝麻，使民得而财利之；列为山川溪谷，播赋百事，以临司民之善否；为王公侯伯，使之赏贤而罚暴，贼[11]金木鸟兽，从事乎五谷丝麻，以为民衣食之财,自古及今,未尝不有此也。今有人于此,欢若爱其子,竭力单务以利之,其子长,而无报子求父,故天下之君子,与谓之不仁不祥[12]。今夫天,兼天下而爱之,撽遂万物以利之,若豪之末,非天之所为,而民得而利之,则可谓否矣。然独无报夫天,而不知其为不仁不祥也,此吾所谓君子明细而不明大也。

且吾所以知天爱民之厚者,不止此而足矣。曰杀不辜者,天予不祥。不辜者谁也?曰人也。予之不祥者谁也?曰天也。若天不爱民之厚,夫胡说人杀不辜而天予之不祥哉?此吾之所以知天之爱民之厚也。

且吾所以知天之爱民之厚者,不止此而已矣。曰爱人利人,顺天之意,得天之赏者有之;憎人贼人,反天之意,得天之罚者亦有矣。夫爱人、利人,顺天之意,得天之赏者,谁也?曰:若昔三代圣王尧、舜、禹、汤、文、武者是也。尧、舜、禹、汤、文、武,焉所从事?曰:从事"兼",不从事"别"。兼者,处大国不攻小国,处大家不乱小家,强不劫弱,众不暴寡,诈不谋愚,贵不傲贱;观其事,上利乎天,中利乎鬼,下利乎人,三利无所不利,是谓天德。聚敛天下之美名而加之焉,曰:"此仁也,义也。爱人、利人,顺天之意,得天之赏者也。"不止此而已,书于竹帛,镂之金石,琢之盘盂,传遗后世子孙,曰:"将何以为?将以识[13]。夫爱人、利人,顺天之意,得天之赏者也。"《皇矣》道之曰:"帝谓文王,予怀明德,不大声以色,不长夏以革,不识不知,顺帝之则。"帝善其顺法则也,故举殷以赏之,使贵为天子,富有天下,名誉至今不息。故夫爱人、利人,顺天之意,得天之赏者,既可得留而已。夫憎人、贼人,反天之意,得天之罚者,谁也?曰:若昔者三代暴王桀、纣、幽、厉者是也。桀、纣、幽、厉焉所从事?曰:从事别,不从事兼。别者,处大国则攻小国,处大家则乱小家,强劫弱,众暴寡,诈谋愚,贵傲贱;观其事,上不利乎天,中不利乎鬼,下不利乎人,三不利无所利,是谓天贼。聚敛天下之丑名而加之焉,曰:"此非仁也、非义也。憎人、贼人,反天之意,得天之罚者也。"不止此而已,又书其事于竹帛,镂之金石,琢之盘盂,传遗后世子孙,曰将何以为?将以识夫憎人、贼人,反天之意,得天之罚者也。《太誓》之道之曰:"纣越厥夷居,不肯事上帝,弃厥先神祇不祀,乃曰:'吾有命。'无廖其务天下,天亦纵弃纣而不葆。"察天以纵弃纣而不葆者,反天之意也。故夫憎人、贼人,反天之意,得天之罚者，既可得而知也。

是故子墨子之有天之，辟人无以异乎轮人之有规，匠人之有矩也。今夫轮人操其规，将以量度天下之圜与不圜也，曰："中[14]吾规者，谓之圜；不中吾规者，谓之不圜。"是以圜与不圜，皆可得而知也。此其故何？则圜法明也。匠人亦操其矩，将以量度天下之方与不方也，曰："中吾矩者，谓之方，不中吾矩者，谓之不方。"是以方与不方，皆可得而知之。此其故何？则方法明也。故子墨子之有天之意也，上将以度天下之王公大人为刑政也，下将以量天下之万民为文学、出言谈也。观其行，顺天之意，谓之善意行；反天之意，谓之不善意行。观其言谈，顺天之意，谓之善言谈；反天之意，谓之不善言谈。观其刑政，顺天之意，谓之善刑政；反天之意，谓之不善刑政。故置此以为法，立此以为仪[15]，将以量度天下之王公大人、卿、大夫之仁与不仁，譬之犹分墨白也。

是故子墨子曰："今天下之王公大人、士君子，中实将欲遵道利民，本察仁义之本，天之意不可不顺也。顺天之意者，义之法也。"

注释：

[1] 知：通"智"。

[2] 贵：使……富贵。

[3] 慎：当作"顺"。

[4] 辟：通"譬"。

[5] 辟：通"避"。

[6] 遂：顺达，兴旺。

[7] 撒遂万物：育成万物。

[8] 昭道：明白引导。

[9] 纪纲：法度。

[10] 长遂：长成。

[11] 贼：孙诒让认为当作"赋"，赋敛。

[12] 不详：不善。

[13] 识：通"志"，记住。

[14] 中：符合。

[15] 仪：准则。

天志下

本篇前半部分内容在上、中篇已论述；后半部分重点论证"天"的用意在于关爱百姓，反对侵略战争及掠夺行为。

子墨子言曰："天下之所以乱者，其说将何哉？则是[1]天下士君子，皆明于小而不明于大。何以知其明于小不明于大也？以其不明于天之意也。何以知其不明于天之意也？以处人之家者知之。今人处若家得罪，将犹有异家所以避逃之者，然且父以戒子，兄以戒弟，曰：'戒之慎之，处人之家，不戒不慎之，而有处人之国者乎？'今人处若国得罪，将犹有异国所以避逃之者矣，然且父以戒子，兄以戒弟，曰：'戒之慎之，处人之国者，不可不戒慎也！'今人皆处天下而事天，得罪于天，将无所以避逃之者矣。然而莫知以相极戒也，吾以此知大物[2]则不知者也。"

是故子墨子言曰："戒之慎之，必为天之所欲，而去天之所恶。"曰：天之所欲者何也？所恶者何也？天欲义而恶其不义者也。何以知其然也？曰义者正也。何以知义之为正也？天下有义则治，无义则乱，我以此知义之为正也。然而正者，无自下正上者，必自上正下。是故庶人不得次[3]己而为正，有士正之；士不得次己而为正，有大夫正之；大夫不得次己而为正，有诸侯正之；诸侯不得次己而为正，有三公正之；三公不得次己而为正，有天子正之；天子不得次己而为政，有天正之。今天下之士君子，皆明于天子之正天下也，而不明于天之正天子也。

是故古者圣人，明以此说人曰："天子有善，天能赏之；天子有过，天能罚之。"天子赏罚不当，听狱[4]不中，天下疾病祸福，霜露不时，天

506

子必且犓豢其牛羊犬彘，絜为粢盛酒醴，以祷祠[5]祈福于天，我未尝闻天之祷祈福于天子也，吾以此知天之重且贵于天子也。是故义者不自愚且贱者出，必自贵且知者出。曰谁为知？天为知。然则义果自天出也。

今天下之士君子之欲为义者，则不可不顺天之意矣。曰顺天之意何若？曰兼爱天下之人。何以知兼爱天下之人也？以兼而食之也。何以知其兼而食之也？自古及今无有远灵[6]孤夷之国，皆犓豢其牛羊犬彘，絜为粢盛酒醴，以敬祭祀上帝山川鬼神，以此知兼而食之也。苟兼而食焉，必兼而爱之。譬之若楚、越之君，今是楚王食于楚之四境之内，故爱楚之人；越王食于越，故爱越之人。今天兼天下而食焉，我以此知其兼爱天下之人也。

且天之爱百姓也，不尽物而止矣。今天下之国，粒食之民，杀一不辜者，必有一不祥。曰谁杀不辜？曰人也。孰予之不辜？曰天也。若天之中实不爱此民也，何故而人有杀不辜，而天予之不祥哉？且天之爱百姓厚矣，天之爱百姓别[7]矣，既可得而知也。何以知天之爱百姓也？吾以贤者之必赏善罚暴也。何以知贤者之必赏善罚暴也？吾以昔者三代之圣王知之。故昔也三代之圣王尧舜禹汤文武之兼爱之天下也，从而利之，移其百姓之意焉，率以敬上帝山川鬼神，天以为从其所爱而爱之，从其所利而利之，于是加其赏焉，使之处上位，立为天子以法也，名之曰"圣人"，以此知其赏善之证。是故昔也三代之暴王桀纣幽厉之兼恶天下也，从而贼之，移其百姓之意焉，率以诟侮上帝山川鬼神，天以为不从其所爱而恶之，不从其所利而贼之，于是加其罚焉，使之父子离散，国家灭亡，抎[8]失社稷，忧以及其身。是以天下之庶民属而毁之，业万世子孙继嗣，毁之贲不之废也，名之曰"失王"，以此知其罚暴之证。今天下之士君子，欲为义者，则不可不顺天之意矣。

曰顺天之意者，兼也；反天之意者，别也。兼之为道也，义正[9]；别之为道也，力正[10]。曰义正者何若[11]？曰大不攻小也，强不侮弱也，众不贼寡也，诈不欺愚也，贵不傲贱也，富不骄贫也，壮不夺老也。是以天下之庶国[12]，莫以水火毒药兵刃以相害。若事上利天，中利鬼，下利人，三利而无所不利，是谓天德。故凡从事此者，圣知也，仁义也，忠惠也，慈孝也，是故聚敛[13]天下之善名而加之。是其故何也？则顺天之意也。曰力正者何若？曰大则攻小也，强则侮弱也，众则贼寡也，诈则欺愚也，贵则傲贱也，富则骄贫也，壮则夺老也。是以天下之庶国，方以水火毒药兵刃以相贼害[14]也。若事上不利天，中不利鬼，下不利人，三不利而无所利，是谓之贼。故凡从事此者，寇乱[15]也，盗贼也，不仁不义，不忠不惠，不慈不孝，是故聚敛天下之恶名而加之。是其故何也？则反天之意也。

故子墨子置立天之，以为仪法，若轮人之有规，匠人之有矩也。今轮人以规，匠人以矩，以此知方圜之别矣。是故子墨子置立天之，以为仪法。吾以此知天下之士君子之去义远也。何以知天下之士君子之去义远也？今知氏大国之君宽者[16]然曰："吾处大国而不攻小国，吾何以为大哉！"是以差论[17]蚤牙之士，比列其舟车之卒，以攻罚无罪之国，入其沟境，刈其禾稼，斩其树木，残其城郭，以御其沟池，焚烧其祖庙，攘杀其牺牷，民之格者，则到杀之，不格者，则系操而归，丈夫以为仆圉[18]胥靡，妇人以为舂酋。则夫好攻伐之君，不知此为不仁义，以告四邻诸侯曰："吾攻国覆军，杀将若干人矣。"其邻国之君亦不知此为不仁义也，有具其皮币，发其总处，使人飨贺焉。则夫好攻伐之君，有重不知此为不仁不义也，有书之竹帛，藏之府库。为人后子者，必且欲顺其先君之行，曰："何不当发吾府库，视吾先君之法美。"必不曰文、武之为正者若此矣，曰吾攻国覆军杀将若干人矣。则夫好攻伐之君，不知此为不仁不义也，其邻国之君不知此为不仁不义也，是以攻伐世世而不已者，此吾所谓大物则不知也。

所谓小物则知之者何若？今有人于此，入人之场园，取人之桃李瓜姜者，上得且罚之，众闻则非之，是何也？曰不与[19]其劳，获其实，已非其有所取之故，而况有踰于人之墙垣，担格[20]人之子女者乎？与角人之府库，窃人之金玉蚤絫者乎？与踰人之栏牢，窃人之牛马者乎？而况有杀一不辜人乎？今王公大人之为政也，自杀一不辜人者，踰人之墙垣，担格人之子女者；与角人之府库，窃人之金玉蚤絫者；与踰人之栏牢，窃人之牛马者；与入人之场园，窃人之桃李瓜姜者，今王公大人之加罚此也，虽古之尧舜禹汤文武之为政，亦无以异此矣。今天下之诸侯，将犹皆侵凌[21]攻伐兼并，此为杀一不辜人者，数千万矣；此为踰人之墙垣，格人之子女者，与角人府库，窃人金玉蚤絫者，数千万矣；踰人之栏牢，窃人之牛马者，与入人之场园，窃人之桃李瓜姜者，数千万矣，而自曰义也。故子墨子言曰："是贲[22]我者，则岂有以异是贲黑白甘苦之辩者哉！今有人于此，少而示之黑谓之黑，多示之黑谓白，必曰吾目乱，不知黑白之别。今有人于此，能少尝之甘谓多尝谓苦，甘必曰吾口乱，不知其甘苦之味。今王公大人之政也，或杀人，其国家禁之，此蚤越有能多杀其邻国之人，因以为文义，此岂有异贲白黑、甘苦之别者哉？"

故子墨子置天之，以为仪法。非独子墨子以天之志为法也，于先王之书大夏[23]之道之然："帝谓文王，予怀明德，毋大声以色，毋长夏以革，不识不知，顺帝之则。"此诰文王之以天志为法也，而顺帝之则也。且今天下之士君子，中实将欲为仁义，求为上士，上欲中圣王之道，下欲中国家百姓之利者，当天之志，而不可不察也。天之志者，义之经[24]也。

注释：

[1] 是：同"实"，确实，实在的意思。

[2] 大物：大道理。

[3] 次：同"恣"，任意，恣意。

[4] 听狱：审理和判断罪案。

[5] 祠：祭祀的地方。

[6] 远灵：远方的意思。

[7] 别：遍及，广泛的意思。

[8] 抎：丧失，坠落。

[9] 义正：以义理服人。

[10] 力正：以力制人，暴力进行统治。

[11] 何若：如何，怎么样。

[12] 庶国：各国，众国。

[13] 聚敛：集中。

[14] 贼害：残杀，伤害。

[15] 寇乱：造反作乱。

[16] 宽者：嚣张的神态、样子。

[17] 差论：选择，意向。

[18] 仆圉：养马的奴仆。

[19] 与：参加。

[20] 抯格：抓捕，拘执。

[21] 侵凌：侵犯。

［22］贲：混淆，混乱。

［23］大夏：指《大雅》，是《诗经》的一部分。

［24］经：原则，法则。

明鬼下

墨子认为鬼神不仅存在，而且能对人间善恶予以赏罚。他列举古代传闻、古代圣王对祭祀的重视以及古籍的有关记述，来证明鬼神的存在和灵验。墨子宣扬迷信的做法显然是不足取的。但我们应当看到，墨子主要目的是想借助超人间的权威以限制当时统治集团的残暴统治，利用鬼神劝善惩恶。

子墨子言曰："逮至[1]昔三代圣王既没，天下失义，诸侯力正。是以存夫为人君臣上下者之不惠忠也，父子弟兄之不慈孝弟长贞良也，正长之不强于听治，贱人之不强于从事也。民之为淫暴寇乱盗贼，以兵刃、毒药、水火，退无罪人乎道路率径[2]，夺人车马、衣裘以自利者，并作，由此始，是以天下乱。此其故何以然也？则皆以疑惑鬼神之有与无之别，不明乎鬼神之能赏贤而罚暴也。今若使天下之人，偕若信鬼神之能赏贤而罚暴也，则夫天下岂乱哉！"

今执[3]无鬼者曰："鬼神者，固无有。"且暮以为教诲乎天下，疑天下之众，使天下之众皆疑惑乎鬼神有无之别，是以天下乱。是故子墨子曰："今天下之王公大人、士君子，实将欲求兴天下之利，除天下之害，故当鬼神之有与无之别，以为将不可以不明察此者也。既以鬼神有无之别，以为不可不察已。"

然则吾为明察此，其说将奈何而可？子墨子曰："是与天下之所以察知有与无之道者，必以众之耳目之实，知有与亡为仪[4]者也。请惑[5]闻之见之，则必以为有；莫闻莫见，则必以为无。若是，何不尝入一乡一里而

511

问之？自古以及今，生民以来者，亦有尝见鬼神之物，闻鬼神之声，则鬼神何谓无乎？若莫闻莫见，则鬼神可谓有乎？"

今执无鬼者言曰："夫天下之为闻见鬼神之物者，不可胜计也。"亦孰为闻见鬼神有无之物哉？子墨子言曰："若以众之所同见，与众之所同闻，则若昔者杜伯是也。"周宣王杀其臣杜伯而不辜[6]，杜伯曰："吾君杀我而不辜，若以死者为无知，则止矣；若死而有知，不出三年，必使吾君知之。"其三年，周宣王合诸侯而田[7]于圃，田车数百乘，从数千人，满野。日中，杜伯乘白马素车，朱衣冠，执朱弓，挟朱矢，追周宣王，射之车上，中心折脊，殪车中，伏弢[8]而死。当是之时，周人从者莫不见，远者莫不闻，著在周之《春秋》。为君者以教其臣，为父者以警其子，曰："戒之！慎之！凡杀不辜者，其得不祥，鬼神之诛，若此之憯速也！"以若书之说观之，则鬼神之有，岂可疑哉！

非惟若书之说为然也，昔者郑穆公，当昼日中处乎庙，有神入门而左，鸟身，素服三绝[9]，面状正方。郑穆公见之，乃恐惧，奔。神曰："无惧！帝享女明德，使予锡女寿十年有九，使若国家蕃昌，子孙茂，毋失郑。"穆公再拜稽首，曰："敢问神名？"曰："予为句芒。"若以郑穆公之所身见为仪，则鬼神之有，岂可疑哉！

非惟若书之说为然也，昔者燕简公杀其臣庄子仪而不辜，庄子仪曰："吾君王杀我而不辜。死人毋知亦已，死人有知，不出三年，必使吾君知之。"期年[10]，燕将驰祖[11]。燕之有祖，当齐之社稷，宋之有桑林，楚之有云梦也，此男女之所属[12]而观也。日中，燕简公方将驰于祖涂，庄子仪荷朱杖而击之，殪之车上。当是时，燕人从者莫不见，远者莫不闻，著在燕之《春秋》。诸侯传而语之曰："凡杀不辜者，其得不祥，鬼神之诛，若此其憯速也！"以若书之说观之，则鬼神之有，岂可疑哉！

非惟若书之说为然也，昔者宋文君鲍之时，有臣曰祝[13]观辜，固尝从事于厉[14]，祩子杖揖出，与言曰："观辜！是何珪璧之不满度量？酒醴粢盛之不净洁也？牺牲之不全肥？春秋冬夏选失时？岂女为之与？意鲍为之与？"观辜曰："鲍幼弱，在荷繦[15]之中，鲍何与识焉？官臣观辜特为之。"祩子举揖而槁之，殪之坛上。当是时，宋人从者莫不见，远者莫不闻，著在宋之《春秋》。诸侯传而语之曰："诸不敬慎祭祀者，鬼神之诛至，若此其憯速也！"以若书之说观之，鬼神之有，岂可疑哉！

非惟若书之说为然也，昔者齐庄君之臣，有所谓王里国、中里徼者，此二子者，讼三年而狱不断。齐君由谦杀之，恐不辜；犹谦释之，恐失有罪。乃使之人共[16]一羊，盟齐之神社。二子许诺。于是泏泏，刭羊而漉其血。读王里国之辞，既已终矣；读中里徼之辞，未半也，羊起而触之，折其脚，祧神之而槀之，殪之盟所。当是时，齐人从者莫不见，远者莫不闻，著在齐之《春秋》。诸侯传而语之曰："请品先不以其请[17]者，鬼神之诛至，若此其憯速也！"以若书之说观之，鬼神之有，岂可疑哉！

是故子墨子言曰："虽有深溪博林、幽涧毋人之所，施行不可以不董[18]，见有鬼神视之。"

今执无鬼者曰："夫众人耳目之请，岂足以断疑哉？奈何其欲为高君子于天下，而有复信众之耳目之请哉！"子墨子曰："若以众之耳目之请，以为不足信也，不以断疑，不识若昔者三代圣王尧、舜、禹、汤、文、武者，足以为法乎？"故于此乎自中人以上皆曰："若昔者三代圣王，足以为法矣。"若苟昔者三代圣王足以为法，然则姑尝[19]上观圣王之事：昔者武王之攻殷诛纣也，使诸侯分其祭，曰："使亲者受内祀，疏者受外祀。"故武王必以鬼神为有，是故攻殷伐纣，使诸侯分其祭；若鬼神无有，则武王何祭分哉！非惟武王之事为然也，故圣王其赏也必于祖[20]，其僇也必于社[21]。赏于祖者何也？告分之均也；僇于社者何也？告听之中[22]也。非惟若书之说为然也，且惟昔者虞、夏、商、周三代之圣王，其始建国营都日，必择国之正坛，置以为宗庙；必择木之修茂者，立以为菆位；必择国之父兄慈孝贞良者，以为祝宗；必择六畜之胜腯肥倅毛，以为牺牲，珪璧琮璜，称财为度；必择五谷之芳黄，以为酒醴粢盛，故酒醴粢盛与岁上下也。故古圣王治天下也，故必先鬼神而后人者，此也。故曰：官府选效[23]，必先，祭器、祭服毕藏于府，祝宗有司毕立于朝，牺牲不与昔聚群。故古者圣王之为政若此。

古者圣王必以鬼神为，其务鬼神[24]厚矣。又恐后世子孙不能知也，故书之竹帛，传遗后世子孙。咸恐其腐蠹绝灭，后世子孙不得而记，故琢之盘盂、镂之金石以重之。有恐后世子孙不能敬莙以取羊[25]，故先王之书，圣人一尺之帛，一篇之书，语数鬼神之有也，重有重之。此其故何？则圣王务之。今执无鬼者曰："鬼神者，固无有。"则此反圣王之务。反圣王之务，则非所以为君子之道也。

今执无鬼者之言曰："先王之书，慎无[26]一尺之帛，一篇之书，语数鬼神之有，重有重之，亦何书之有哉？"子墨子曰："《周书·大雅》有之。《大雅》曰：'文王在上，于昭[27]于天。周虽旧邦，其命维新。有周不[28]显，帝命不时[29]。文王陟降[30]，在帝左右。穆穆[31]文王，令问[32]不已。'若鬼神无有，则文王既死，彼岂能在帝之左右哉？此吾所以知《周书》之鬼也。"且《周书》独鬼而《商书》不鬼，则未足以为法也。然则姑尝上观乎《商书》。曰："呜呼！古者有夏，方未有祸之时，百兽贞虫[33]，允及[34]飞鸟，莫不比方。矧佳人面[35]，胡敢异心？山川鬼神，亦莫敢不宁；若能共允，佳天下之合，下土之葆。"察山川、鬼神之所以莫敢不宁者，以佐谋禹也。此吾所以知《商书》之鬼也。且《商书》独鬼而《夏书》不鬼，则未足以为法也。然则姑尝上观乎《夏书》。《禹誓》曰："大战于甘，王乃命左右六人，下听誓于中军。曰：'有扈氏威侮五行，怠弃三正，天用剿绝其命。'有曰：'日中，今予与有扈氏争一日之命。且尔卿、大夫、庶人。予非尔田野葆士之欲也，予共行天之罚也。左不共于左，右不共于右，若不共命；御非尔马之政，若不共命。是以赏于祖，而僇于社。"赏于祖者何也？言分命之均也；僇于社者何也？言听狱之事也。故古圣王必以鬼神为赏贤而罚暴，是故赏必于祖，而僇必于社。此吾所以知《夏书》之鬼也。故尚者《夏书》，其次商、周之《书》，语数鬼神之有也，重有重之。此其故何也？则圣王务之。以若书之说观之，则鬼神之有，岂可疑哉！

于古曰："吉日丁卯，周代祝社、方[36]，岁于社者考，以延年寿。"若无鬼神，彼岂有所延年寿哉！是故子墨子曰："尝若[37]鬼神之能赏贤如罚暴也，盖本施之国家，施之万民，实所以治国家、利万民之道也。"若以为不然，是以吏治官府之不洁廉，男女之为无别者，鬼神见之；民之为淫暴寇乱盗贼，以兵刃、毒药、水火，退无罪人乎道路，夺人车马、衣裘以自利者，有鬼神见之。是以吏治官府不敢不洁廉，见善不敢不赏，见暴不敢不罪。民之为淫暴寇乱盗贼，以兵刃、毒药、水火，退无罪人乎道路，夺车马、衣裘以自利者，由此止，是以莫放幽间，拟乎鬼神之明显，明有一人畏上诛罚，是以天下治。

故鬼神之明，不可为[38]幽闲广泽，山林深谷，鬼神之明必知之。鬼神之罚，不可为富贵众强，勇力强武，坚甲利兵，鬼神之罚必胜之。若以为不然，昔者夏王桀，贵为天子，富有天下，上诟天侮鬼，下殃傲[39]天下之万民，祥上帝伐，元山帝行。故于此乎天乃使汤至[40]明罚焉。汤以车九两，鸟陈雁行。汤乘大赞[41]，犯遂下众，人之遂，王乎禽推哆、大戏，故昔夏王桀，贵为天子，富有天下，有勇力之人推哆、大戏，生列[42]兕虎，指画杀人。人民之众兆亿，侯[43]盈厥泽陵，然不能以此圉鬼神之诛。此吾所谓鬼神之罚，不可为富贵众强、勇力强武、坚甲利兵者，此也。且不惟此为然，昔者殷王纣，贵为天子，富有天下，上诟天侮鬼，下殃傲天下之万民，播弃黎老，贼诛孩子，楚毒[44]无罪，刳剔孕妇，庶旧鳏寡，号咷无告也。故于此乎天乃使武王至明罚焉。武王以择车百两，虎贲之卒四百人，先庶国节窥戎[45]，与殷人战乎牧之野。王乎禽费中、恶来。众畔百走，武王逐奔入宫，万年梓株，折纣而系之赤环，载之白旗，以为天下诸侯僇。故昔者殷王纣，贵为天子，富有天下，有勇力之人费中、恶来、崇侯虎，指寡杀人。人民之众兆亿，侯盈厥泽陵，然不能以此圉鬼神之诛。此吾所谓鬼神之罚，不可为富贵众强、勇力强武、坚甲利兵者，此也。且《禽艾》之道之曰："得玑无小，灭宗无大。"则此言鬼神之所赏，无小必赏之；鬼神之所罚，无大必罚之。

今执无鬼者曰："意不忠[46]亲之利，而害为孝子乎？"子墨子曰："古之今之为鬼，非他也，有天鬼，亦有山水鬼神者，亦有人死而为鬼者。"今有子先其父死，弟先其兄死者矣。意虽使然，然而天下之陈物[47]，曰："先生者先死。"若是，则先死者非父则母，非兄而姒也。今洁为酒醴粢盛，以敬慎祭祀，若使鬼神请[48]有，是得其父母姒兄而饮食之也，岂非厚利哉！若使鬼神请亡，是乃费其所为酒醴粢盛之财耳；自夫费之，非特[49]注之污壑而弃之也，内者宗族，外者乡里，皆得如具饮食之；虽使鬼神请亡，此犹可以合欢聚众，取亲于乡里。

今执无鬼者言曰："鬼神者，固请无有。是以不共[50]其酒醴、粢盛、牺牲之财。吾非乃今爱[51]其酒醴、粢盛、牺牲之财乎？其所得者，臣将何哉？"此上逆圣王之书，内逆民人孝子之行，而为上士于天下，此非所以为上士之道也。是故子墨子曰："今吾为祭祀也，非直注之污壑而弃之也，上以交鬼之福，下以合欢聚众，取亲乎乡里。若神有，则是得吾父母弟兄而食之也。则此岂非天下利事也哉！"

是故子墨子曰："今天下之王公大人、士君子，中实将欲求兴天下之利，除天下之害，当若鬼神之有也，将不可不尊明也，圣王之道也。”

注释：

［1］逮至：自从。
［2］率径：孙诒让认为当作“术径”，术是车行的大道，径是人走的小路。
［3］执：坚持。
［4］仪：标准，准则。
［5］请惑：请，完全、真。惑：同“或”。
［6］辜：罪。
［7］田：打猎。
［8］弢：装箭的袋子。
［9］三绝：孙诒让认为当作“玄纯”，深颜色的带子。
［10］期年：一周年。
［11］祖：祭祀湖泽。
［12］属：聚集。
［13］祝：主持祭祀仪式的人。
［14］厉：神祠，庙。
［15］荷缧：疑为襁褓，包裹婴儿的布兜和被子。
［16］共：同有。
［17］请：实际情况。
［18］董：俞樾认为当作“堇”，通“谨”，谨慎。
［19］尝：试一试。
［20］祖：祖庙。
［21］社：神祠。
［22］中：公允。
［23］选效：准备好。
［24］务鬼神：敬事鬼神。
［25］羊：同“祥”。
［26］慎无：王念孙认为当作“圣人”。
［27］昭：昭明。
［28］不：同“丕”，大。
［29］时：同“是”，正确。
［30］陟降：死亡。
［31］穆穆：勤勉的样子。

［32］令问：美好的名声。

［33］贞虫：动物的通称。贞，同"征"。

［34］允及：以及。

［35］人面：人类。

［36］周代祝社、方：当作"用代祝社、方"。用：遍。社：土地神。方：四方之神。

［37］尝若：当若，如果。

［38］不可为：毕沅解释为无论、不管。

［39］殃傲：殃杀。

［40］至：同"致"，给予。

［41］乘大赞：乘，登上。大赞，地名。

［42］列：同"裂"。

［43］侯：同"惟"，发语词。

［44］楚毒：王念孙认为当作"焚炙"，炮烙之刑。

［45］窥戎：窥探地方军情。

［46］忠：同"中"，合乎。

［47］陈物：俗话，常言。

［48］请：副词，完全，真。

［49］非特：不只是。

［50］共：同"供"。

［51］爱：吝惜。

非[1]乐上

墨子反对音乐等文化娱乐活动。他认为音乐对社会没有益处，不能解决饥寒、战争、欺诈等社会问题；娱乐会浪费人力、物力、财力；娱乐影响人们正常工作。这种思想在当时的社会背景下有其合理的一面。

子墨子言曰：仁之事者，必务求兴天下之利，除天下之害，将以为法[2]乎天下，利人乎即为，不利人乎即止。且夫仁者之为天下度[3]也，非为其目之所美，耳之所乐，口之所甘，身体之所安，以此亏[4]夺民衣食之财，仁者弗为也。是故子墨子之所以非乐者，非以大钟鸣鼓琴瑟竽笙之声，以为不乐也；非以刻镂华文章之色，以为不美也；非以刍豢[5]煎炙之味，以为不甘也；非以高台厚榭邃野[6]之居，以为不安也。虽身知其安也，口知其甘也，目知其美也，耳知其乐也，然上考之，不中[7]圣王之事；下度之，不中万民之利。是故子墨子曰："为乐，非也！"

今王公大人，虽无造为乐器，以为事乎国家，非直掊潦水、折壤坦[8]而为之也，将必厚措敛乎万民，以为[9]大钟、鸣鼓、琴瑟、竽笙之声。古者圣王，亦尝厚措敛乎万民，以为舟车。既以成矣，曰："吾将恶许用之？"曰："舟用之水，车用之陆，君子息其足焉，小人休其肩背焉。"故万民出财赍[10]而予之，不敢以为戚恨[11]者，何也？以其反中民之利也。然则乐器反中民之利，亦若此，即我弗敢非也；然则当用乐器，譬之若圣王之为舟车也，即我弗敢非也。

民有三患，饥者不得食，寒者不得衣，劳者不得息。三者，民之巨患也。然即[12]当为之撞巨钟、击鸣鼓、弹琴瑟、吹竽笙而扬干戚[13]，民衣食之财，将安可得乎？即我以为未必然也。意舍此，今有大国即攻小国，有大家即伐小家，强劫弱，众暴寡，诈欺愚，贵傲贱，寇乱盗贼并兴，不可禁止也，然即当为之撞巨钟、击鸣鼓、弹琴瑟、吹竽笙而扬干戚，天下之乱也，将安可得而治与？即我未必然也。是故子墨子曰："姑尝厚措敛乎万民，以为大钟、鸣鼓、琴瑟、竽笙之声，以求兴天下之利，除天下之害，而无补也。"是故子墨子曰："为乐，非也！"

今王公大人，唯毋处高台厚榭之上而视之，钟犹是延鼎[14]也，弗撞击，将何乐得焉哉！其说将必撞击之。惟勿撞击，将必不使老与迟[15]者。老与迟者，耳目不聪明，股肱不毕强，声不和调，明不转朴。将必使当年[16]，因其耳目之聪明，股肱之毕强，声之和调，眉之转朴。使丈夫[17]为之，废丈夫耕稼树艺之时；使妇人为之，废妇人纺绩织纴之事。今王公大人，唯毋为乐，亏夺民衣食之财，以拊乐如此多也。是故子墨子曰："为乐，非也！"

今大钟、鸣鼓、琴瑟、竽笙之声，既已具矣，大人锈然[18]奏而独听之，将何乐得焉哉？其说将必与贱人[19]，不与君子。与君子听之，废[20]君子听治；与贱人听之，废贱人之从事。今王公大人，惟毋为乐，亏夺民之衣食之财，以拊乐如此多也。是故子墨子曰："为乐，非也！"

昔者齐康公，兴乐万[21]，万人不可衣短褐，不可食糠糟，曰："食饮不美，面目颜色不足视也；衣服不美，身体从容丑赢不足观也。"是以[22]食必梁肉，衣必文绣。此掌[23]不从事乎衣食之财，而掌食乎人者也。是故子墨子曰：今王公大人，惟毋为乐，亏夺民衣食之财，以拊乐如此多也。是故子墨子曰："为乐，非也！"

今人固与禽兽麋鹿、蜚鸟、贞虫异者也。今之禽兽、麋鹿、蜚鸟、贞虫，因[24]其羽毛，以为衣裘；因其蹄蚤，以为绔屦；因其水草，以为饮食。故唯使雄不耕稼树艺，雌亦不纺绩织纴，衣食之财，固已具矣。今人与此异者也，赖[25]其力者生，不赖其力者不生。君子不强[26]听治，即刑政乱；贱人不强从事，即财用不足。今天下之士君子，以吾言不然；然即姑尝数[27]天下分事，而观乐之害。王公大人，蚤朝晏退，听狱治政，此其分事也。士君子竭股肱之力，亶[28]其思虑之智，内治官府，外收敛关市、山林、泽梁之利，以实[29]仓廪府库，此其分事[30]也。农夫蚤出暮入，耕稼树艺，多聚菽粟，此其分事也。妇人夙兴夜寐，纺绩织纴，多治麻丝葛绪，捆布缲，此其分事也。今惟毋在乎王公大人，说乐而听之，即必不能蚤朝晏退，听狱治政，是故国家乱而社稷危矣！今惟毋在乎士君子，说乐而听之，即必不能竭股肱之力，亶其思虑之智，内治官府，外收敛关市、山林、泽梁之利，以实仓廪府库，是故仓廪府库不实。今惟毋在乎农夫，说乐而听之，即必不能蚤出暮入，耕稼树艺，多聚菽粟，是故菽粟不足。今惟毋在乎妇人，说乐而听之，即不必能夙兴夜寐，纺绩织纴，多治麻丝葛绪，捆布缲，是故布缲不兴。曰：孰为大人之听治、而废国家之从事？曰："乐也。"是故子墨子曰："为乐，非也！"

何以知其然也？曰：先王之书，汤之《官刑》有之。曰："其恒舞于宫，是谓巫风。其刑：君子出丝二卫，小人否[31]，似二黄径。乃言曰：呜乎！舞佯佯[32]，黄言孔[33]章，上帝弗常，九有以亡。上帝不顺，降之百殃，其家必坏丧。"察九有之所以亡者，徒从饰乐也。于《武观》曰："启乃淫溢康乐，野[34]于饮食，将将铭苋磬以力。湛浊于酒，渝食于野，万舞翼翼[35]，章闻于大，天用弗式。"故上者天鬼弗戒，下者万民弗利。是故子墨子曰："今天下士君子，请将欲求兴天下之利，除天下之害，当在乐之为物，将不可不禁而止也。"

注释：

[1] 非：责难。

[2] 法：法则。

[3] 度：考虑，谋划。

[4] 亏：损害。

[5] 刍豢：饲养牲畜，这里指牛羊猪肉。

[6] 邃野：高深的房屋。

[7] 中：符合。

[8] 掊：捧。折：通"摘"，揭取。

[9] 为：制造。

[10] 赉：给予。

[11] 恨：埋怨。

[12] 然即：然则。

[13] 干戚：干，盾。戚，斧。

［14］ 延鼎：延：同"偃"，覆盖。

［15］ 老与迟：老人与小孩。

［16］ 当年：壮年。

［17］ 丈夫：男子。

［18］ 锈然：清净悠闲的样子。

［19］ 贱人：平民百姓。

［20］ 废：荒废。

［21］ 乐万：音乐和舞蹈名称。

［22］ 是以：因此。

［23］ 掌：通"常"。

［24］ 因：利用。

［25］ 赖：依赖，依靠。

［26］ 强：勉力，勉强。

［27］ 数：数说，列举。

［28］ 亶：通"殚"，竭尽。

［29］ 实：充实。

［30］ 分事：分内之事。

［31］ 否：孙诒让认为当作"倍"。

［32］ 佯佯：同"洋洋"，人众多的样子。

［33］ 孔：很，非常。

［34］ 野：在野外。

［35］ 翼翼：整齐的样子。

非命上

非命是墨子的重要主张之一。作者运用"三表"法，驳斥"命"的荒谬，从反面指出相信有命的严重后果。

子墨子言曰：古者王公大人为政国家者，皆欲国家之富[1]，人民之众，刑政之治。然而不得富而得贫，不得众而得寡，不得治而得乱，则是本失其所欲，得其所恶，是故何也？

子墨子言曰：执[2]有命者以杂于民间者众。执有命者之言曰："命富则富，命贫则贫；命众则众，命寡则寡；命治则治，命乱则乱；命寿则寿，命夭则夭；命虽强劲，何益哉？"以上说王公大人，下以驵[3]百姓之从事，故执有命者不仁。故当执有命者之言，不可不明辨。

然则明辨此之说，将奈何哉？子墨子言曰：必立仪[4]。言而毋[5]仪，譬犹运钧[6]之上，而立朝夕者也，是非利害之辨，不可得而明知也。故言必有三表[7]。何谓三表？子墨子言曰：有本之者，有原之者，有用之者。于何本之？上本之于古者圣王之事；于何原之？下原察百姓耳目之实；于何用之？废[8]以为刑政，观其中国家百姓人民之利。此所谓言有三表也。

然而今天下之士君子，或以命为有，盖尝尚观于圣王之事？古者桀之所乱，汤受而治之；纣之所乱，武王受而治之。此世未易，民未渝[9]，在于桀、纣，则天下乱；在于汤、武，则天下治。岂可谓有命哉！

然而今天下之士君子，或[10]以命为有，盖尝尚观于先王之书？先王之书，所以出[11]国家、布施百姓者，宪[12]也；先王之宪亦尝有曰："福不可请，而祸不可讳[13]，敬无益、暴无伤者乎？"所以听狱制罪者，刑也；先王之刑亦尝有曰:"福不可请,祸不可讳,敬无益、暴无伤者乎?"所以整设[14]师旅、进退师徒者,誓也;先王之誓亦尝有曰:"福不可请,祸不可讳,敬无益、暴无伤者乎?"

是故子墨子言曰:吾当未盐数天下之良书[15],不可尽计数,大方[16]论数,而五者是也。今虽毋求执有命者之言,不必得,不亦可错[17]乎?

今用执有命者之言,是覆[18]天下之义。覆天下之义者,是立命者也,百姓之谇[19]也。说百姓之谇者,是灭天下之人也。然则所为欲义在上者,何也?曰:义人在上,天下必治,上帝、山川、鬼神,必有干主[20],万民被其大利。何以知之?子墨子曰:古者汤封于亳,绝长继短,方地百里,与其百姓兼相爱,交相利,移[21]则分,率其百姓以上尊天事鬼,是以天鬼富之,诸侯与之,百姓亲之,贤士归之,未殁其世而王天下,政[22]诸侯。

昔者文王封于岐周,绝长继短,方地百里,与其百姓兼相爱,交相利则[23]。是以近者安其政,远者归其德。闻文王者,皆起而趋之;罢[24]不肖、股肱不利者,处而愿[25]之,曰:"奈何乎使文王之地及我,吾则吾利,岂不亦犹文王之民也哉!"是以天鬼富之,诸侯与之,百姓亲之,贤士归之。未殁其世而王天下,政诸侯。乡者[26]言曰:义人在上,天下必治,上帝、山川、鬼神,必有干主,万民被其大利。吾用此知之。

是故古之圣王,发宪出令,设以为赏罚以劝[27]贤。是以入则孝慈于亲戚,出则弟长于乡里,坐处有度,出入有节,男女有辨。是故使治官府,则不盗窃;守城,则不崩叛;君有难则死,出亡[28]则送。此上之所赏,而百姓之所誉也。执有命者之言曰:上之所赏,命固且赏,非贤故赏也;上之所罚,命固且罚,不暴故罚也。是故入则不慈孝于亲戚,出则不弟长于乡里,坐处不度,出入无节,男女无辨。是故治官府,则盗窃;守城,则崩叛;君有难则不死,出亡则不送。此上之所罚,百姓之所非毁也。执有命者言曰:上之所罚,命固且罚,不暴故罚也;上之所赏,命固且赏,非贤故赏也。以此为君则不义,为臣则不忠,为父则不慈,为子则不孝,为兄则不良,为弟则不弟。而强执此者,此特凶言之所自生,而暴人之道也!

然则何以知命之为暴人之道?昔上世之穷民。贪于饮食,惰于从事,是以衣食之财不足,而饥寒冻馁之忧至;不知曰我罢不肖,从事不疾,必曰我命固且贫。昔上世暴王,不忍其耳目之淫,心涂之辟[29],不顺其亲戚，遂以亡失国家，倾覆社稷；不知曰我罢不肖，为政不善，必曰吾命固失之。于《仲虺之告》曰："我闻于夏人矫[30]天命，布命于下。帝伐之恶，袭[31]丧厥师。"此言汤之所以非桀之执有命也。于《太誓》曰："纣夷[32]处，不肯事上帝鬼神，祸厥先神禔不祀，乃曰：'吾民有命。'无廖排漏，天亦纵弃之而弗葆。"此言武王所以非纣执有命也。

今用执有命者之言，则上不听治，下不从事。上不听治，则刑政乱；下不从事，则财用不足；上无以供粢盛酒醴祭祀上帝鬼神，下无以降绥[33]天下贤可之士，外无以应待诸侯之宾客，内无以食饥衣寒，将养老弱。故命上不利于天，中不利于鬼，下不利于人。而强执此者，此特凶言之所自生，而暴人之道也！

是故子墨子言曰：今天下之士君子，忠实[34]欲天下之富而恶其贫，欲天下之治而恶其乱，执有命者之言，不可不非。此天下之大害也。

注释：

[1] 富：使……富裕。

[2] 执：坚持，主张。

[3] 㧊：同"阻"，妨碍。

[4] 仪：标准，准则。

[5] 毋：通"无"。

[6] 运钧：运：转动。钧：制陶器的转盘。

[7] 表：标准。

[8] 废：王引之认为当作"发"。

[9] 渝：改变。

[10] 或：有人。

[11] 出：当为"用"字。

[12] 宪：法律。

[13] 讳：避。

[14] 整设：整治。

[15] 当：孙诒让认为当作"尚"字。盐：毕沅认为是"尽"的繁体字。

[16] 大方：大概。

[17] 错：通"措"，放置。

[18] 覆：败坏。

[19] 谇：俞樾认为，同"悴"，忧也。

［20］干主：宗主。

［21］移：毕沅认为当作"多"。

［22］政：同"正"，匡正。

［23］则：王引之认为是衍文。

［24］罢：通"疲"。

［25］愿：盼望。

［26］乡者：向者，从前。

［27］劝：勉励。

［28］亡：逃跑。

［29］心涂：心意。辟：癖好。

［30］矫：假托。

［31］袭：孙诒让认为是"用"的假借。

［32］夷：灭族。

［33］降绥：降服、安定。

［34］忠实：确实。

非命中

本篇继续驳斥有命论，强调命之为物是不存在的。大量引用古代圣王事迹和先王书籍，证明只有"暴王"和"穷民"才相信有命论，圣王和有志之士都主张非命论。

子墨子言曰：凡出言谈、由文学之为道也[1]，则不可而不先立义法[2]。若言而无义，譬犹立朝夕[3]于员钧之上也，则虽有巧工，必不能得正焉。然今天下之情伪，未可得而识也。故使言有三法。三法者何也？有本之者，有原[4]之者，有用之者。于其本之也？考之天鬼之志，圣王之事；于其原之也？征以先王之书；用之奈何？发而为刑。此言之三法也。

今天下之士君子，或以命为亡[5]。我所以知命之有与亡者，以众人耳目之情[6]，知有与亡。有闻之，有见之，谓之有；莫[7]之闻，莫之见，谓之亡。然胡不尝考之百姓之情？自古以及今，生民以来者，亦尝见命之物、闻命之声者乎？则未尝有也。若以百姓为愚不肖，耳目之情，不足因而为法；然则胡不尝考之诸侯之传言流语乎？自古以及今，生民以来者，亦尝有闻命之声、见命之体者乎？则未尝有也。

然胡不尝考之圣王之事？古之圣王，举孝子而劝[8]之事亲，尊贤良而劝之为善，发宪布令以教诲，明赏罚以劝沮。若此，则乱者可使治，而危者可使安矣。若以为不然，昔者桀之所乱，汤治之；纣之所乱，武王治之。此世不渝而民不改，上变政而民易教，其在汤、武则治，其在桀、纣则乱。安危治乱，在上之发政也，则岂可谓有命哉！夫曰有命云者，亦不然矣。

今夫有命者言曰：我非作之后世也，自昔三代有若言以传流矣，今故先生对[9]之？曰：夫有命者，不志昔也三代之圣、善人与？意亡昔三代之暴、不肖人也？何以知之？初之列士桀[10]大夫，慎言知[11]行，此上有以规谏其君长，下有以教顺其百姓。故上得其居长之赏，下得其百姓之誉。列士桀大夫，声闻不废，流传至今，而天下皆曰其力也，必不能曰我见命焉。是故昔者三代之暴王，不缪其耳目之淫，不慎其心志之辟，外之驱骋田猎毕弋，内沉于酒乐，而不顾其国家百姓之政，繁为无用，暴逆百姓，使下不亲其上，是故国为虚厉[12]，身在刑僇之中，不肯曰我罢不肖，我为刑政不善，必曰我命故且亡。虽昔也三代之穷民，亦由此也，内之不能善事其亲戚，外不能善事其君长，恶恭俭而好简易，贪饮食而惰从事，衣食之财不足，使身至有饥寒冻馁之忧，必不能曰我罢不肖，我从事不疾，必曰我命固且穷。虽昔也三代之伪民，亦犹此也，繁饰有命，以教众愚朴人。

久矣！圣王之患此也，故书之竹帛，琢之金石。于先王之书《仲虺之告》曰："我闻有夏人矫天命，布命于下，帝式是恶，用阙师[13]。"此语夏王桀之执有命也，汤与仲虺共非之。先王之书《太誓》之言然，曰："纣夷之居，而不肯事上帝，弃阙其先神而不祀也，曰：'我民有命。'毋僇[14]其务，天不亦弃纵而不葆。"此言纣之执有命也，武王以《太誓》非之。有于三代不[15]国有之，曰："女毋崇天之有命也。"命三不国亦言命之无也。于召公之《执令》亦然："且[16]！敬哉，无天命！惟予二人，而无造言，不自降天之哉得之[17]。"在于商、夏之《诗》《书》曰："命者，暴王作之。"

且今天下之士君子，将欲辩是非、利害之故，当天有命者，不可不疾非也。执有命者，此天下之厚害也，是故子墨子非也。

注释：

[1] 由：当作"为"。道：原则。

[2] 义法：标准。

[3] 朝夕：早晨和傍晚，代指测时的仪器。

[4] 原：推究。

[5] 亡：无。

［6］情：实际情况。

［7］莫：没有人。

［8］劝：鼓励。

［9］对：痛恨。

［10］桀：通杰。

［11］知：当作"疾"。

［12］厉：即绝灭后代意。

［13］用：当作"厥"，丧灭意。

［14］僇：同"戮"。

［15］不：疑作"百"。

［16］且：通"徂"，往、去意。

［17］此句当作："吉不降自天，自我得之。"

非命下

本篇前半部分与中篇内容基本相同。后半部分墨子针对命运决定一切的错误看法提出"强力"说，认为只要努力从事本职工作，充分发挥主观能动性，就能使国家稳定、富强，百姓过上安定生活。

子墨子言曰：凡出言谈，则必可而不先立仪而言。若不先立仪而言，譬之犹运钧之上而立朝夕焉也，我以为虽有朝夕之辩[1]，必将终未可得而从定也，是故言有三法。

何谓三法？曰：有考之者，有原之者，有用之者。恶乎考之？考先圣大王之事；恶乎原之？察众之耳目之请[2]，恶乎用之？发而为政乎国，察万民而观之。此谓三法也。

故昔者三代圣王禹、汤、文、武，方为政乎天下之时，曰："必务举孝子而劝之事亲，尊贤良之人而教之为善。"是故出政施教，赏善罚暴。且以为若此，则天下之乱也，将属[3]可得而治也；社稷之危也，将属可得而定也。若以为不然，昔桀之所乱，汤治之；纣之所乱，武王治之。当此之时，世不渝而民不易，上变政而民改俗。存乎桀、纣而天下乱，存乎汤、武而天下治。天下之治也，汤、武之力也；天下之乱也，桀、纣之罪也。若以此观之，夫安危治乱，存乎上之为政也，则夫岂可谓有命哉！故昔者禹、汤、文、武，方为政乎天下之时，曰："必使饥者得食，寒者得衣，劳者得息，乱者得治。"遂得光誉令问[4]于天下。夫岂可以为命哉！故以为其力也。今贤良之人，尊贤而好功道术，故上得其王公大人之赏，下得其万民之誉，遂得光誉令问于天下。亦岂以为其命哉！又以为力也。

然今夫有命者，不识昔也三代之圣善人与？意亡昔三代之暴不肖人与？若以说观之，则必非昔三代圣善人也，必暴不肖人也。

然今以命为有者。昔三代暴王桀、纣、幽、厉，贵为天子，富有天下，于此乎不而[5]矫其耳目之欲，而从其心意之辟[6]，外之驱骋田猎毕弋，内湛[7]于酒乐，而不顾其国家百姓之政，繁为无用，暴逆百姓，遂失其宗庙。其言不曰我罢不肖，吾听治不强，必曰吾命固将失之。虽昔也三代罢不肖之民，亦犹此也。不能善事亲戚、君长，甚恶恭俭而好简易，贪饮食而惰从事，衣食之财不足，是以身有陷乎饥寒冻馁之忧。其言不曰吾罢不肖，吾从事不强，又曰吾命固将穷。昔三代伪民，亦犹此也。

昔者暴王作之，穷人术[8]之，此皆疑众迟朴[9]。先圣王之患之也，固在前矣，是以书之竹帛，镂之金石，琢之盘盂，传遗后世子孙。曰："何书焉存？"禹之《总德》有之曰："允不著[10]，惟天民不而葆。既防凶星[11]，天加之咎。不慎厥德，天命焉葆？"《仲虺之诰》曰："我闻有夏人矫天命于下，帝式是增[12]，用爽厥师。"彼用无为有，故谓矫；若有而谓有，夫岂为矫哉！昔者桀执有命而行，汤为《仲虺之告》以非之。《太誓》之言也，于去发曰[13]："恶乎[14]君子！天有[15]显德，其行甚章[16]。为鉴不远，在彼殷王。谓人有命，谓敬不可行，谓祭无益，谓暴无伤。上帝不常，九有[17]以亡；上帝不顺，祝降其丧。惟我有周，受之大帝[18]。"昔纣执有命而行，武王为《太誓》，去发以非之。曰：子胡不尚考之乎商、周、虞、夏之记？从十简[19]之篇以尚，皆无之，将何若者也？

是故子墨子曰：今天下之君子之为[20]文学、出言谈也，非将勤劳[21]其惟舌，而利其唇吻也，中[22]实将欲其国家邑里万民刑政者也。今也王公大人之所以蚤朝晏退，听狱治政，终朝均分而不敢怠倦者，何也？曰：彼以为强[23]必治，不强必乱；强必宁，不强必危，故不敢怠倦。今也卿大夫之所以竭股肱之力，殚其思虑之知，内治官府，外敛关市、山林、泽梁之利，以实[24]官府而不敢怠倦者，何也？曰：彼以为强必贵，不强必贱；强必荣，不强必辱。故不敢怠倦。今也农夫之所以蚤出暮入，强乎耕稼树艺，多聚菽粟而不敢怠倦者，何也？曰：彼以为强必富，不强必贫；强必饱，不强必饥。故不敢怠倦。今也妇人之所以夙兴夜寐，强乎纺绩织纴，多治麻统葛绪，捆布缪，而不敢怠倦者，何也？曰：彼以为强必富，不强必贫；强必暖，不强必寒。故不敢怠倦。今虽毋在乎王公大人，藉若信有命而致行之，则必怠乎听狱治政矣，卿大夫必怠乎治官府矣，农夫必怠[25]乎耕稼树艺矣，妇人必怠乎纺绩织纴矣。王公大人怠乎听狱治政，卿大夫怠乎治官府，则我以为天下必乱矣；农夫怠乎耕稼树艺，妇人怠乎纺绩织纴，则我以为天下衣食之财，将必不足矣。若以为政乎天下，上以事天鬼，天鬼不使[26]；下以持养百姓，百姓不利，必离散，不可得用也。是以入守则不固，出诛则不胜。故虽昔者三代暴王桀、纣、幽、厉之所以共抎[27]其国家，倾覆其社稷者，此也。是故子墨子言曰：今天下之士君子，中实将欲求兴天下之利、除天下之害，当若有命者之言，不可不强非也。曰：命者，暴王所作，穷人所术，非仁者之言也。今之为仁义者，将不可不察而强非者，此也。

注释：

[1] 辩：通"辨"，分辨。

[2] 请：通"情"，真实情况。

[3] 属：副词，适，恰好。

[4] 令问：好名声。

[5] 而：能。

[6] 辟：通"癖"，癖好。

[7] 湛：同"沉"，沉溺。

[8] 术：通"述"，复述有命的说法。

[9] 迟朴：应为"遇朴"，"遇"通"愚"，即愚弄。

[10] 允：果真。著，应为"若"，顺。

[11] 防：此处为"放"。星：当为"心"。

[12] 式：通"用"，因而。增，同"憎"，厌恶。

[13] 于去发：当为"太子发"。

[14] 恶乎：发语词，呜呼。

[15] 有：同"右"，辅佐。

[16] 章：明。

[17] 九有：九州。

[18] 帝：当作"商"。

[19] 十简：同"什简"，指书籍。

[20] 为：写作。

[21] 勤劳：使动用法，使……勤劳。

［22］中：内心。

［23］强：努力。

［24］实：充实。

［25］怠：懈怠，懒惰。

［26］不使：当作"不从"。

［27］共抎：当为"失抎"，丧失。

非儒下

本篇前半部分批评了儒家在丧葬、服饰、仁义等方面的观点和做法；后半部分批评孔子，借晏子之口嘲讽孔子饥不择食、慌不择主的可笑行径。

儒者曰："亲亲有术[1]，尊贤有等。"言亲疏尊卑之异也。其礼曰：丧，父母，三年；妻、后子，三年；伯父、叔父、弟兄、庶子，其[2]；戚族人，五月。若以亲疏为岁月之数，则亲者多而疏者少矣，是妻、后子与父同也。若以尊卑为岁月数，则是尊其妻、子与父母同，而亲伯父、宗兄而卑子[3]也。逆孰大焉？其亲死，列尸弗敛，登堂窥井，挑鼠穴，探涤器，而求其人矣。以为实在，则赣愚甚矣；如其亡也，必求焉，伪亦大矣！

取妻身迎，祗褥[4]为仆，秉辔授绥，如仰[5]严亲；昏礼威仪，如承祭祀。颠覆上下，悖逆父母，下则妻、子，妻、子上侵，事亲若此，可谓孝乎？儒者："迎妻，妻之奉祭祀，子将守宗庙，故重之。"应之曰：此诬言也！其宗兄守其先宗庙数十年，死，丧之其；兄弟之妻奉其先之祭祀，弗散[6]；则丧妻子三年，必非以守、奉祭祀也。夫忧妻子以大负累[7]，有曰："所以重亲也。"为欲厚所至私，轻所至重，岂非大奸也哉！

有强执有命以说议曰："寿夭贫富，安危治乱，固有天命，不可损益。穷达、赏罚、幸否有极[8]，人之知力，不能为焉！"群吏信之，则怠于分职；庶人信之，则怠于从事。吏不治则乱，农事缓则贫，贫且乱，政之本[9]，而儒者以为道教，是贼[10]天下之人者也。

且夫繁饰礼乐以淫人，久丧伪哀以谩[11]亲，立命缓贫而高浩居[12]，倍本弃事而安怠傲，贪于饮食，惰于作务，陷于饥寒，危于冻馁，无以违[13]之。是若人气[14]，鼸鼠藏，而羝羊视，贲彘起。君子笑之，怒曰："散人[15]焉知良儒！"夫夏乞麦禾，五谷既收，大丧是随，子姓[16]皆从，得厌饮食。毕治数丧，足以至矣。因人之家翠[17]以为，恃人之野以为尊。富人有丧，乃大说喜，曰："此衣食之端也！"

儒者曰："君子必服古言[18]，然后仁。"应之曰：所谓古之言服者，皆尝新矣，而古人言之服之，则非君子也？然则必服非君子之服，言非君子之言，而后仁乎？

又曰："君子循而不作。"应之曰：古者羿作弓，伃作甲，奚仲作车，巧垂作舟。然则今之鲍、函、车、匠，皆君子也，而羿、伃、奚仲、巧垂，皆小人邪？且其所循，人必或作之；然则其所循，皆小人道也。

又曰："君子胜不逐奔，掩函[19]弗射，施则助之胥车。"应之曰："若皆仁人也，则无说而相与；仁人以其取舍、是非之理相告，无故从有故也，弗知从有知也，无辞必服，见善必迁，何故相[20]？若两暴交争，其胜者欲不逐奔，掩函弗射，施则助之胥车，虽尽能，犹且不得为君子也。意暴残之国也，圣将为世除害，兴师诛罚，胜将因用儒术令士卒曰：'毋逐奔，掩函勿射，施则助之胥车。'暴乱之人也得活，天下害不除，是为群残父母而深贱世也，不义莫大矣！"

又曰："君子若钟，击之则鸣，弗击不鸣。"应之曰："夫仁人，事上竭忠，事亲得孝，务善则美，有过则谏，此为人臣之道也。今击之则鸣，弗击不鸣，隐知豫力[21]，恬漠[22]待问而后对，虽有君亲之大利，弗问不言。若将有大寇乱，盗贼将作，若机辟[23]将发也，他人不知，己独知之，虽其君、亲皆在，不问不言，是夫大乱之贼也。以是为人臣不忠，为子不孝，事兄不弟，交遇人不贞良。夫执后不言，之朝，物见利使己，虽恐后言；君若言而未有利焉，则高拱下视，会噎为深，曰：'唯其未之学也。'用谁急，遗行远矣。"

夫一[24]道术学业仁义者，皆大以治人，小以任官，远施周偏，近以修身，不义不处，非理不行，务兴天下之利，曲直周旋，利则止[25]，此君子之道也。以所闻孔某之行，则本与此相反谬也！

齐景公问晏子曰："孔子为人何如？"晏子不对。公又复问，不对。景公曰："以孔某语[26]寡人者众矣，俱以贤人也，今寡人问之，而子不对，何也?"晏子对曰："婴不肖，不足以知[27]贤人。虽然，婴闻所谓贤人者，入人之国，必务合其君臣之亲，而弭其上下之怨。孔某之[28]荆，知白公之谋，而奉之以石乞，君身几灭，而白公僇[29]。婴闻贤人得上不虚，得下不危，言听于君必利人，教行下必于上[30]，是以言明而易知也，行明而易从也。行义可明乎民，谋虑可通乎君臣。今孔某深虑同谋[31]以奉贼，劳思尽知以行邪，劝下乱上，教臣杀君，非贤人之行也。入人之国，而与人之贼，非义之类也。知人不忠，趣之为乱，非仁义之也。逃人而后谋，避人而后言，行义不可明于民，谋虑不可通于君臣，婴不知孔某之有异于白公也，是以不对。"景公曰："呜乎！贶[32]寡人者众矣，非夫子，则吾终身不知孔某之与白公同也。"

孔某之齐见景公，景公说[33]，欲封之以尼溪，以告晏子。晏子曰："不可！夫儒，浩居[34]而自顺[35]者也，不可以教下；好乐而淫人，不可使亲治；立命而怠事，不可使守职；宗丧循哀[36]，不可使慈民；机服勉容[37]，不可使导众。孔某盛容修饰以蛊世，弦歌鼓舞以聚徒，繁登降之礼以示仪，务趋翔之节以观众；博学不可使议世，劳思不可以补民；累寿不能尽其学，当年[38]不能行其礼，积财不能赡其乐。繁饰邪术，以营世君；盛为声乐，以淫遇民[39]。其道不可以期世[40]，其学不可以导众。今君封之，以利齐俗，非所以导国先众。"公曰："善。"于是厚其礼，留其封，敬见而不问其道。孔某乃恚[41]，怒于景公与晏子，乃树鸱夷子皮于田常之门，告南郭惠子以所欲为。归于鲁，有顷，间齐将伐鲁，告子贡曰："赐乎！举大事于今之时矣!"乃遣子贡之齐，因南郭惠子以见田常，劝之伐吴，以教高、国、鲍、晏，使毋得害田常之乱。劝越伐吴，三年之内，齐、吴破国之难，伏尸以言术数[42]，孔某之诛也。

孔某为鲁司寇，舍公家而奉季孙，季孙相鲁君而走，季孙与邑人争门关，决植[43]。

孔某穷于蔡、陈之间，藜羹不糁。十日，子路为享[44]豚，孔某不问肉之所由来而食；号人衣以酤酒，孔某不问酒之所由来而饮。哀公迎孔子，席不端弗坐，割不正弗食。子路进请曰："何其与陈、蔡反也?"孔某曰："来，吾语女：曩与女为苟生，今与女为苟义。"夫饥约[45]，则不辞妄取以活身；赢鲍，则伪行以自饰。污邪诈伪，孰大于此?

535

孔某与其门弟子闲坐，曰："夫舜见瞽叟就然，此时天下圾乎？周公旦非其人也邪？何为舍其家室而托寓也？"

孔某所行，心术所至也。其徒属弟子皆效孔某。子贡、季路，辅孔悝乱乎卫；阳货乱乎齐；佛肸以中牟叛；漆雕刑残，莫大焉！

夫为弟子后生，其师必修其言，法其行，力不足、知弗及而后已。今孔某之行如此，儒士则可以疑矣！

注释：

［1］术：王引之认为即"杀"，有递减，等差意。

［2］其：通"期"，一周年。

［3］卑子：同婢子，奴婢生的庶子。

［4］祗裯：即"缁袩"，一种黑色的礼服。

［5］仰：敬畏侍奉。

［6］散：当为"服"。

［7］负累：错误。

［8］极：定数。

［9］政之本：应为"背政之本"。

［10］贼：毒害。

［11］谩：欺骗。

［12］高浩居：同"高傲居"，态度傲慢。

［13］违：避免。

［14］人气：乞人。

［15］散人：平庸无知识的人。

［16］子姓：子孙。

［17］翠：同"脺"，肥。

［18］服古言：当作"古服言"。

［19］函：陷阱。

［20］何故相：应为"何故相与"。

［21］豫力：孙诒让认为同"舍力"，舍弃自己的力量不为世用。

［22］恬漠：恬静淡漠。

［23］机辟：机械发射装置。

［24］一：动词，统一。

［25］利则止：当为"不利则止"。

［26］语：告诉。

［27］知：识别。

［28］之：到，往。

［29］僇：同"戮"。

［30］必于上：当为"比利上"。

［31］同谋：愈樾认为当作"周谋"，周到谋划。

［32］觊：赐。

［33］说：通"悦"，高兴。

［34］浩居：骄傲不恭顺。

［35］自顺：自以为是。

［36］宗丧循哀："宗"同"崇"，厚。循哀：悲哀不止。

［37］机：危，高。机服：戴着高帽子。勉容：低着头。

［38］当年：壮年。

［39］淫：迷惑。遇：通"愚"。

［40］期：当作"示"。

［41］恚：怨恨。

［42］言：为"亿"之省误。术：通"率"。

［43］关：门闩。决：同"抉"，举起。植：做门闩的直木。

［44］享：同"烹"，煮。

［45］饥约：饥饿。

大　取

　　本篇体现了墨家伦理学和逻辑学思想。在伦理学方面，墨家强调爱人利人；在逻辑学方面，墨家提出了推论三原则，建立论题要有充分理由，用合理方式推出结论，用同类实例进行论述。

　　天之爱人也，薄[1]于圣人之爱人也；其利人也，厚于圣人之利人也。大人之爱小人也，薄于小人之爱大人也；其利小人也，厚于小人之利大人也。

　　以臧[2]为其亲也而爱之，非爱其亲也；以臧为其亲也而利之，非利其亲也。以乐为爱其子而为其子欲之，爱其子也。以乐为利其子而为其子求之，非利其子也。

　　于所体[3]之中而权轻重之谓权。权，非为是也，亦非为非也，权，正也。断指以存腕，利之中取大，害之中取小也。害之中取小也，非取害也，取利也。

　　其所取者，人之所执也。遇盗人，而断指以免身，利也；其遇盗人，害也。断指与断腕，利于天下相若，无择也。死生利若，一无择也。杀一人以存天下，非杀一人以利天下也；杀己以存天下，是杀己以利天下。于事为之中而权轻重之谓求。求为之，非也。害之中取小，求为义，非为义也。

　　为暴人语天之为是也而性，为暴人歌天之为非也。诸陈执[4]既有所为，而我为之陈执；执之所为，因吾所为也。若陈执未有所为，而我为之陈执，陈执因吾所为也。暴人为我为天之。以人非为是也，而性不可正而正之。利之中取大，非不得已也。害之中取小，不得已也。所未有而取焉，是利之中取大也。于所既有而弃焉，是害之中取小也。

义可厚，厚之；义可薄，薄之，谓伦列。德行、君上、老长、亲戚，此皆所厚也。为长厚，不为幼薄。亲厚，厚；亲薄，薄。亲至，薄不至。义厚亲，不称行而顾行。

为天下厚禹，为禹也。为天下厚爱禹，乃为禹之爱人也。厚禹之加于天下，而厚禹不加于天下。若恶盗之为加于天下，而恶盗不加于天下。

爱人不外己，己在所爱之中。己在所爱，爱加于己。伦列之爱己，爱人也。

圣人恶疾病，不恶危难。正体不动，欲人之利也，非恶人之害也。

圣人不为其室臧之，故在于臧。

圣人不得为子之事。圣人之法死亡[5]亲，为天下也。厚亲，分也；以死亡之，体渴[6]兴利。有厚薄而毋伦列之兴利为己。语经，语经也，非白马焉。执驹焉说求之，舞说非也，渔大之舞大，非也。三物必具，然后足以生。

臧之爱己，非为爱己之人也。厚不外己，爱无厚薄。举[7]己，非贤也。义，利；不义，害。志功为辩。

有[8]有于秦马，有有于马也，智来者之马也。

爱众众世与爱寡世相若[9]。兼爱之，有相若。爱尚[10]世与爱后世，一若今之世人也。鬼，非人也；兄之鬼，兄也。

天下之利权[11]。"圣人有爱而无利，"倪日[12]之言也，乃客之言也。天下无人，子墨子之言也犹在。

不得已而欲之，非欲之也。非杀臧也。专杀盗，非杀盗也。凡学爱人。

小圆之圆，与大圆之圆同。方至尺之不至也，与不至钟之至不异。其不至同者，远近之谓也。

是璜也，是玉也。意楹，非意木也，意是楹之木也。意指之也也，非意人也。意获也，乃意禽也。志功，不可以相从也。

利人也，为其人也；富人，非为其人也，有为也以富人，富人也。治人有为鬼焉。

为赏誉利一人，非为赏誉利人也，亦不至无贵于人。

智[13]亲之一利，未为孝也，亦不至于智不为己之利于亲也。智是之世之有盗也，尽爱是世。智是室之有盗也，不尽是室也。智其一人之盗也，不尽是二人。虽其一人之盗，苟不智其所在，尽恶，其非也。

诸圣人所先，为人欲名实。名实不必名。苟是石也白，败是石也，尽与白同。是石也虽大，不与大同。是有便谓焉也。以形貌命者，必智是之某也，焉智某也。不可以形貌命者，唯不智是之某也，智某可也。诸以居运命者，苟人[14]于其中者，皆是也，去之因非也。诸以居运命者，若乡里齐荆者，皆是。诸以形貌命者，若山丘室庙者，皆是也。

智与意异[15]。重同，具同，连同，同类之同，同名之同，丘同，鲋同[16]，是之同，然之同，同根之同。有非之异，有不然之异。有其异也，为其同也，为其同也异。一曰乃是而然，二曰乃是而不然，三曰迁，四曰强。

子[17]深其深，浅其浅，益其益，尊其尊[18]。次察由[19]、比因[20]、优指；复次察声端名[21]，因情复名，匹夫辞恶者，人有以其情得焉。诸所遭执而欲恶生者，人不必以其请得焉。圣人之抚育也，仁而无利爱。利爱生于虑。昔者之虑也，非今日之虑也。昔者之爱人也，非今之爱人也。爱获[22]之爱人也，生于虑获之利。虑获之利，非虑臧[23]之利也；而爱臧之爱人也，乃爱获之爱人也。去其爱而天下利，弗能去也。昔之知啬，非今日之知啬。贵为天子，其利人不厚于正夫。二子事亲，或遇执，或遇凶，其亲也相若，非彼其行益也，非加也，外执无能厚吾利者。藉臧也死而天下害，吾持养臧也万倍，吾爱臧也不加厚。

长人[24]之异短人之同，其貌同者也，故同。指之人也与首之人也异，人之体非一貌者也，故异。将剑与挺剑异。剑，以形貌命者也，其形不一，故异。杨木之木与桃木之木同。诸非以举量数命者，败之尽是也，故一人指，非一人也；是一人之指，乃是一人也。方之一面，非方也；方木之面，方木也。以故生，以理长，以类行也者。立辞而不明于其所生，妄也。今人非道无所行，唯有强股肱而不明于道，其困也，可立而待也。夫辞以类行者也，立辞而不明于其类，则必困矣。

故浸淫之辞[25]，其类[26]在鼓栗。圣人也，为天下也，其类在于追迷。或寿或卒，其利天下也指若，其类在誉石[27]。一曰而百万生，爱不加厚，其类在恶害。爱二[28]世有厚薄，而爱二世相若，其类在蛇文。爱之相若，择而杀其一人，其类在坑下之鼠。小仁与大仁[29]，行厚相若，其类在申。凡兴利除害也，其类在漏雍。厚亲，不称行而类行，其类在江上井。"不为己"之可学也，其类在猎走。爱人非为誉也，其类在逆旅。爱人之亲，若爱其亲，其类在官苟[30]。兼爱相若，一爱相若。一爱相若，其类在死也[31]。

注释：

[1]　薄：吴毓江认为当作"博"，大。

[2]　臧：古代对奴仆的贱称。

[3]　体：亲身体会，亲身经历。

[4]　陈执：陈规旧习。

[5]　亡：通"忘"。

[6]　渴：尽。

[7]　举：当作"誉"。

[8]　有：友。

[9]　衍一"众"字。

[10]　尚：同"上"。

[11]　权：相等。

[12]　倪日："儒者"之误。

[13]　智：通"知"。

[14]　人："入"字之误。

[15]　智：知识。意：意见，想象。

[16]　鲋：同"附"，附带，靠近。

[17]　子：你。

[18]　尊：同"损"，减少。

[19]　察由：审查做事的方法。

[20]　比因：比较做事的动机。

[21]　察声端名：审查语言，端正名声。

[22]　获：婢。

[23]　臧：奴。

[24]　长人：个子高的人。

[25]　浸淫之辞：诡辩的语言。

[26]　类：犹如。

［27］誉：疑当作"礜"，礜石可染缁。

［28］二：疑为"三"字之误。

［29］仁：通"人"。

［30］官：公。苟：敬。

［31］也："蛇"字之误。

小　取

　　本篇是墨家逻辑学专论，主要论述了古代逻辑学的目的、方法、部分推论形式的弊端和易犯错误、推论正确与错误的五种不同情况。本文是理解《墨经》其他各篇逻辑思想的钥匙，在中国逻辑史上占有重要地位。

　　夫辩[1]者，将以明是非之分，审治乱之纪[2]，明同异之处，察名实之理，处[3]利害，决嫌疑。焉摹略[4]万物之然，论求[5]群言之比。以名举实[6]，以辞抒[7]意，以说出故[8]。以类[9]取，以类予。有诸己不非诸人[10]，无诸己不求诸人。

　　或也者，不尽也。假[11]者，今不然也。效[12]者，为之法[13]也，所效者，所以为之法也。故中[14]效，则是也；不中效，则非也。此效也。辟[15]也者，举也物而以明之也。侔也者，比辞而俱行也。援[16]也者，曰："子然，我奚独不可以然也?"推也者，以其所不取之同于其所取者，予之也。"是犹谓"也者，同也。"吾岂谓"也者，异也。

　　夫物有以同而不率遂[17]同。辞之侔也，有所至而正[18]。其然[19]也，有所以然也；其然也同，其所以然不必同。其取[20]之也，有所以取之；其取之也同，其所以取之不必同。是故辟、侔、援、推之辞，行而异，转而危，远而失，流而离本[21]，则不可不审也，不可常用也。故言多方[22]、殊类、异故，则不可偏观[23]也。

　　夫物或乃是而然[24]，或是而不然，或一周而不一周，或一是而一不是也。不可常用也，故言多方殊类异故，则不可偏观也，非也。

白马，马也；乘白马，乘马也。骊马，马也；乘骊[25]马，乘马也。获[26]，人也；爱获，爱人也。臧[27]，人也；爱臧，爱人也。此乃是而然者也。

获之亲，人也；获事其亲，非事人也。其弟，美人也；爱弟，非爱美人也。车，木也；乘车，非乘木也。船，木也；人[28]船，非人木也。盗，人也；多盗，非多人也；无盗，非无人也。奚以明之？恶多盗，非恶多人也；欲无盗，非欲无人也。世相与共是之。若若是，则虽盗，人也；爱盗，非爱人也；不爱盗，非不爱人也；杀盗，非杀人也，无难盗无难矣。此与彼同类，世有彼而不自非也，墨者有此而非之，无也故焉，所谓内胶外闭与心毋空乎？内胶而不解也。此乃是而不然者也。

且夫读书，非好书也。且斗鸡，非鸡也；好斗鸡，好鸡也。且入井，非入井也；止且入井，止入井也。且出门，非出门也；止且出门，止出门也。若若是，且夭，非夭也；寿夭也。有命，非命也；非执有命，非命也，无难矣。此与彼同类。世有彼而不自非也，墨者有此而罪非之，无也故焉，所谓内胶外闭与心毋空乎？内胶而不解也。此乃是而不然者也。

爱人，待周[29]爱人而后为爱人。不爱人，不待周不爱人；不周爱，因为不爱人矣。乘马，不待周乘马然后为乘马也；有乘于马，因为乘马矣。逮至不乘马，待周不乘马而后不乘马。此一周而一不周者也。

居于国，则为居国；有一宅于国，而不为有国。桃之实，桃也；棘之实，非棘也。问人之病，问人也；恶人之病，非恶人也。人之鬼，非人也；兄之鬼，兄也。祭人之鬼，非祭人也；祭兄之鬼，乃祭兄也。之马之目眇则为之马眇[30]；之马之目大，而不谓之马大。之牛之毛黄，则谓之牛黄；之牛之毛众，而不谓之牛众。一马，马也；二马，马也。马四足者，一马而四足也，非两马而四足也。一马，马也。马或白者，二马而或白也，非一马而或白。此乃一是而一非者也。

注释：

[1] 辩：中国古代逻辑学。

[2] 纪：纲纪，道理。

[3] 处：判别，处置。

[4] 摹略：反映，概括。

［5］论求：探求，讨论。

［6］名：语词概念。举：列举，模拟。实：实质。

［7］抒：表达。

［8］说：推理，论证。故：原因，理由。

［9］类：同类事物。

［10］有诸己不非诸人：自己赞同某一观点，不反对别人赞同。

［11］假：假定，假设。

［12］效：模仿，效法。

［13］法：标准，准则。

［14］中：符合，合乎。

［15］辟：同"譬"，譬喻式的类比推理。

［16］援：征引对方言论来证明自己相似言行的类比推理。

［17］率：全，都。遂：于是，就。

［18］正：正确。

［19］然：现象，结果。

［20］取：赞同。

［21］本：根据。

［22］方：道理，方法。

［23］偏观：片面观察。

［24］是而然：前提肯定，结论也肯定。

［25］骊：黑色。

［26］获：女仆。

［27］臧：男仆。

［28］人：当作"入"。

［29］周：普遍，广泛。

［30］眇：瞎。

耕　柱

本篇通过记述墨子与弟子等人的谈话，强调"义"的重要性。墨子认为行"义"可以安国利民，因此他坚持行义，并号召所有人都行义。

子墨子怒耕柱子。耕柱子曰："我毋俞[1]于人乎？"子墨子曰："我将上大行，驾骥与羊，子将谁驱？"耕柱子曰："将驱骥也。"子墨子曰："何故驱骥也？"耕柱子曰："骥足以责[2]。"子墨子曰："我亦以子为足以责。"

巫马子谓子墨子曰："鬼神孰与圣人明智？"子墨子曰："鬼神之明智于圣人，犹聪耳明目之与聋瞽也。昔者夏后开使蜚廉折金于山川[3]，而陶铸之于昆吾；是使翁难雉乙卜于白若之龟[4]，曰：'鼎成，三足而方，不炊而自烹，不举而自臧[5]，不迁而自行。以祭于昆吾之虚[6]，上乡[7]！'乙又言兆之由曰：'飨矣！逢逢[8]白云，一南一北，一西一东，九鼎既成，迁于三国。'夏后氏失之，殷人受之；殷人失之，周人受之。夏后殷周之相受也，数百岁矣。使圣人聚其良臣，与其桀相[9]而谋，岂能智数百岁之后哉？而鬼神智[10]之。是故曰，鬼神之明智于圣人也，犹聪耳明目之与聋瞽也。"

治徒娱、县子硕问于子墨子曰："为义孰为大务？"子墨子曰："譬若筑墙然，能筑者筑，能实壤者实壤，能欣者欣[11]，然后墙成也。为义犹是也，能谈辩者谈辩，能说书者说书，能从事者从事，然后义事成也。"

巫马子谓子墨子曰："子兼爱天下，未云利也；我不爱天下，未云贼[12]也。功皆未至，子何独自是而非我哉?"子墨子曰:"今有燎者于此，一人奉水将灌之，一人掺火将益之，功皆未至，子何贵[13]于二人?"巫马子曰:"我是彼奉水者之意，而非夫掺火者之意。"子墨子曰:"吾亦是吾意，而非子之意也。"

子墨子游[14]荆耕柱子于楚。二三子过之。食之三升，客[15]之不厚。二三子复于子墨子曰:"耕柱子处楚无益矣!二三子过之，食之三升，客之不厚。"子墨子曰:"未可智也。"毋几何而遗十金于子墨子，曰:"后生[16]不敢死，有十金于此，愿夫子之用也。"子墨子曰:"果未可智也。"

巫马子谓子墨子曰:"子之为义也，人不见而耶，鬼而不见而富，而子为之，有狂疾。"子墨子曰:"今使子有二臣于此，其一人者见子从事[17]，不见则不从事;其一人者见子亦从事，不见子亦从事，子谁贵于此二人?"巫马子曰:"我贵其见我亦从事，不见我亦从事者。"子墨子曰:"然则是子亦贵有狂疾也。"

子夏之徒问于子墨子曰:"君子有斗[18]乎?"子墨子曰:"君子无斗。"子夏之徒曰:"狗豨犹有斗，恶有士而无斗矣?"子墨子曰:"伤[19]矣哉!言则称于汤文，行则譬于狗豨，伤矣哉!"

巫马子谓子墨子曰:"舍今之人而誉先王，是誉槁骨也。譬若匠人然，智[20]槁木也，而不智生木。"子墨子曰:"天下之所以生者，以先王之道教也。今誉先王，是誉天下之所以生也。可誉而不誉，非仁也。"

子墨子曰:"和氏之璧、隋侯之珠、三棘六异，此诸侯之所谓良宝也。可以富国家，众人民，治刑政，安社稷乎?曰:不可。所谓贵良宝者，为其可以利也。而和氏之璧、隋侯之珠、三棘六异，不可以利人，是非天下之良宝也。今用义为政于国家，人民必众，刑政必治，社稷必安。所为贵良宝者，可以利民也，而义可以利人，故曰:义，天下之良宝也。"

叶公子高问政于仲尼曰:"善为政者若之何?"仲尼对曰:"善[21]为政者，远者近之，而旧者新之。"子墨子闻之曰:"叶公子高未得其问也，仲尼亦未得其所以对也。叶公子高岂不知善为政者之远者近[22]也，而旧者新是哉?问所以为之若之何也。不以人之所不智告人，以所智告之，故叶公子高未得其问也，仲尼亦未得其所以对也。"

子墨子谓鲁阳文君曰:"大国之攻小国，譬犹童子之为马也。童子之为马，足用而劳。今大国之攻小国也，攻者[23]，农夫不得耕，妇人不得织，以守为事；攻人者，亦农夫不得耕，妇人不得织，以攻为事。故大国之攻小国也，譬犹童子之为马也。"

子墨子曰："言足以复行者，常[24]之；不足以举行者，勿常。不足以举行而常之，是荡口也。"

子墨子使管黔敖游高石子于卫，卫君致禄甚厚，设之于卿。高石子三朝必尽言，而言无行者。去而之[25]齐，见子墨子曰："卫君以夫子之故，致禄甚厚，设我于卿，石三朝必尽言，而言无行，是以去[26]之也。卫君无乃以石为狂乎？"子墨子曰："去之苟[27]道，受狂何伤！古者周公旦非关叔，辞三公，东处于商盖，人皆谓之狂，后世称其德，扬其名，至今不息。且翟闻之：'为义非避毁就誉。'去之苟道，受狂何伤！"高石子曰："石去之，焉敢不道也！昔者夫子有言曰：'天下无道，仁士不处厚焉。'今卫君无道，而贪其禄爵，则是我为苟陷人长也。"子墨子说，而召子禽子曰："姑听此乎！夫倍义而乡禄者[28]，我常闻之矣；倍禄而乡义者，于高石子焉见之也。"

子墨子曰："世俗之君子，贫而谓之富则怒，无义而谓之有义则喜。岂不悖哉！"

公孟子曰："先人有则三而已矣[29]。"子墨子曰："孰先人而曰有则三而已矣？子未智人之先有后生。"

有反子墨子而反者[30]，"我岂有罪哉？吾反后"。子墨子曰："是犹三军北，失后之人求赏也。"

公孟子曰："君子不作，术而已。"子墨子曰："不然。人之其[31]不君子者，古之善者不诛[32]，今也善者不作。其次不君子者，古之善者不遂[33]，己有善则作之，欲善之自己出也。今诛而不作，是无所异于不好遂而作者矣。吾以为古之善者则诛之，今之善者则作之，欲善之益多也。"

巫马子谓子墨子曰："我与子异，我不能兼爱。我爱邹人于[34]越人，爱鲁人于邹人，爱我乡人于鲁人，爱我家人于乡人，爱我亲于我家人，爱我身于吾亲，以为近我也。击我则疾，击彼则不疾于我，我何故疾者之不拂，而不疾者之拂？故有我有杀彼以我，无杀我以利。"子墨子曰："子之义将匿邪，意将以告人乎？"巫马子曰："我何故匿我义？吾将以告人。"子墨子曰："然则一人说[35]子，一人欲杀子以利己；十人说子，十人欲杀子以利己；天下说子，天下欲杀子以利己。一人不说子，一人欲杀子，以子为施不祥言者也；十人不说子，十人欲杀子，以子为施不祥言者也；天下不说子，天下欲杀子，以子为施不祥言者也。说子亦欲杀子，不说子亦欲杀子，是所谓经[36]者口也，杀常之身者也。"子墨子曰："子之言恶利也？若无所利而不[37]言，是荡口也。"

子墨子谓鲁阳文君曰："今有一人于此，羊牛刍豢，维人[38]但割而和之，食之不可胜食也，见人之作饼，则还然窃之，曰：'舍余食。'不知日月安不足乎？其有窃疾乎？"鲁阳文君曰："有窃疾也。"子墨子曰："楚四竟[39]之田，旷芜而不可胜辟，誇灵[40]数千，不可胜，见宋、郑之闲邑，则还然窃之，此与彼异乎？"鲁阳文君曰："是犹彼也，实有窃疾也。"

子墨子曰："季孙绍与孟伯常治鲁国之政，不能相信，而祝于丛社曰：'苟使我和。'是犹弇其目而祝于丛社也，'若使我皆视。'岂不缪[41]哉！"

子墨子谓骆滑氂曰："吾闻子好勇。"骆滑氂曰："然。我闻其乡有勇士焉，吾必从而杀之。"子墨子曰："天下莫不欲与[42]其所好，度[43]其所恶。今子闻其乡有勇士焉，必从而杀之，是非好勇也，是恶勇也。"

注释：

[1] 俞：通"愈"，胜过，超过。

[2] 责：担当重任。

[3] 夏后开：即夏启，汉代人避景帝（刘启）讳而改。折金：采金，指开发金属矿藏。

[4] 雉字衍。白：百的错字。

[5] 臧：通"藏"。

[6] 虚：同"墟"。

[7] 上乡：即"尚飨"，祭祀之辞。

[8] 逢逢：通"蓬蓬"，茂盛的样子。

[9] 桀相：杰出的大臣，相国。

[10] 智：通"知"。

[11] 欣：此处用作动词，指挖土。

[12] 贼：害。

[13] 贵：崇尚，重视。

[14] 游：扬其名使别人能做官。

[15] 客：招待。

［16］后生：谦辞，学生。

［17］从事：做事。

［18］斗：争斗。

［19］伤：痛心。

［20］智：同"知"。

［21］善：擅长。

［22］近：亲近。

［23］攻者：当为"守者"。

［24］常：通"尚"。

［25］之：到，往。

［26］去：离开。

［27］苟：如果。

［28］倍：通"背"。乡：通"向"。

［29］三："之"字之误。

［30］第一个"反"字当为"友"字之误。

［31］其：綦，极之意。

［32］诛：当作"述"。也："之"字之误。

［33］遂：疑为"述"之误。

［34］于：比。

［35］说：通"悦"。

［36］经："到"之假借字。

［37］不：衍文。

［38］维人："雍人"之误，掌宰割烹调的人。

［39］竟：通"境"。

［40］評灵：疑为"泽虞"之误，"泽"：古代掌川泽之官。"虞"：掌山林之官。

［41］缪：通"谬"。

［42］与：通"举"，亲附。

［43］度："废"的形误。

贵　义

　　本篇阐述了墨子关于义的重要思想。墨子认为，万事没有比义更珍贵的了，人们的一言一行，都要服从于义。墨子自己身体力行，率先垂范。他批评世俗君子嘴上讲仁义，实际上却不能实行。此外，墨子还驳斥了日者的迷信思想。

　　子墨子曰："万事莫[1]贵于义。今谓人曰：'予[2]子冠履，而断子之手足，子为之乎？'必不为。何故？则冠履不若手足之贵也。又曰：'予子天下，而杀子之身，子为之乎？'必不为。何故？则天下不若身之贵也。争一言以相杀，是贵义于其身也。故曰：万事莫贵于义也。"

　　子墨子自鲁即[3]齐，过[4]故人，谓子墨子曰："今天下莫为义，子独自苦而为义，子不若已。"子墨子曰："今有人于此，有子十人，一人耕而九人处，则耕者不可以不益急矣。何故？则食者众而耕者寡也。今天下莫为义，则子如[5]劝我者也，何故止我？"

　　子墨子南游于楚，见楚献惠王，献惠王以老辞，使穆贺见子墨子。子墨子说穆贺，穆贺大说[6]，谓子墨子曰："子之言，则成[7]善矣！而君王，天下之大王也，毋乃曰'贱人之所为'，而不用乎？"子墨子曰："唯其可行。譬若药然，草之本，天子食之，以顺其疾，岂曰'一草之本'而不食哉？今农夫入其税于大人，大人为酒醴粢盛，以祭上帝鬼神，岂曰'贱人之所为'，而不享哉？故虽贱人也，上比之农，下比之药，曾不若一草之本乎？且主君亦尝闻汤之说乎？昔者汤将往见伊尹，令彭氏之子御，彭氏之子半道而问曰：'君将何之[8]？'汤曰：'将往见伊尹。'彭氏之子曰：'伊尹，天下之贱人也。若君欲见之，亦令召问焉，彼受赐矣。'汤曰：'非女[9]所知也。今有药此，食之则耳加聪，目加明，则吾必说而强食之。今夫伊尹之于我国也，譬之良医善药也。而子不欲我见伊尹，是子不欲吾善也。'因下彭氏之子，不使御。彼苟然，然后可也。"

子墨子曰："凡言凡动，利于天、鬼、百姓者为之；凡言凡动，害于天、鬼、百姓者舍之。凡言凡动，合于三代圣王尧、舜、禹、汤、文、武者为之；凡言凡动，合[10]于三代暴王桀、纣、幽、厉者舍之。"

子墨子曰："言足以迁行[11]者，常之；不足以迁行者，勿常。不足以迁行而常之，是荡口也。"

子墨子曰："必去六辟[12]。默则思，言则诲，动则事，使三者代御[13]，必为圣人。"

"必去喜，去怒，去乐，去悲，去爱，而用仁义。手足口鼻耳，从事于义，必为圣人。"

子墨子谓二三子曰："为义而不能，必无排[14]其道。譬若匠人之斫而不能，无排其绳。"

子墨子曰："世之君子，使之为一犬一彘之宰[15]，不能则辞之；使为一国之相，不能而为之。岂不悖哉！"

子墨子曰："今瞽曰：'钜[16]者白也，黔者黑也。'虽明目者无以易之。兼白黑，使瞽取焉，不能知也。故我曰瞽不知白黑者，非以其名也，以[17]其取也。今天下之君子之名仁也，虽禹、汤无以易之。兼仁与不仁，而使天下之君子取焉，不能知也。故我曰天下之君子不知仁者，非以其名也，亦以其取[18]也。"

子墨子曰："今士之用身，不若商人之用一布[19]之慎也。商人用一布布[20]，不敢继苟而雠焉[21]，必择良者。今士之用身则不然，意之所欲则为之，厚者入刑罚，薄者被毁丑，则士之用身，不若商人之用一布之慎也。"

子墨子曰："世之君子欲其义之成，而助之修其身则愠[22]，是犹欲其墙之成，而人助之筑则愠也。岂不悖哉！"

子墨子曰："古之圣王，欲传其道于后世，是故书之竹帛，镂之金石，传遗后世子孙，欲后世子孙法[23]之也。今闻先王之遗[24]而不为，是废先王之传也。”

子墨子南游使卫，关中[25]载书甚多，弦唐子见而怪之，曰：“吾夫子教公尚过曰：‘揣曲直而已。’今夫子载书甚多，何有也？”子墨子曰：“昔者周公旦朝读书百篇，夕见漆[26]十士，故周公旦佐相天子，其修至于今。翟上无君上之事，下无耕农之难，吾安敢废此？翟闻之：‘同归之物，信有误者。’然而民听不钧[27]，是以书多也。今若过之心者，数逆[28]于精微。同归之物，既已知其要矣，是以不教以书也。而子何怪焉？”

子墨子谓公良桓子曰：“卫，小国也，处于齐、晋之间，犹贫家之处于富家之间也。贫家而学富家之衣食多用，则速亡必矣。今简[29]子之家，饰车数百乘，马食菽粟者数百匹，妇人衣文绣者数百人，吾[30]取饰车食马之费，与绣衣之财，以畜士，必千人有余。若有患难，则使百人处于前，数百于后，与妇人数百人处前后，孰安？吾以为不若畜士之安也。”

子墨子仕人于卫，所仕者至而反。子墨子曰：“何故反？”对曰：“与我言而不当。曰‘待女以千盆’，授我五百盆[31]，故去之也。”子墨子曰：“授子过千盆，则子去之乎？”对曰：“不去。”子墨子曰：“然则非为其不审[32]也，为其寡也。”

子墨子曰：“世俗之君子，视义士不若负粟者。今有人于此，负粟息于路侧，欲起而不能，君子见之，无长少贵贱，必起之。何故也？曰：义也。今为义之君子，奉承先王之道以语之，纵不说而行，又从而非毁之，则是世俗之君子之视义士也，不若视负粟者也。”

子墨子曰：“商人之[33]四方，市贾信徙[34]，虽有关梁之难，盗贼之危，必为之。今士坐而言义，无关梁之难，盗贼之危，此为信徙，不可胜计，然而不为，则士之计利，不若商人之察也。”

子墨子北之齐，遇日者[35]。日者曰：“帝以今日杀黑龙于北方，而先生之色黑，不可以北。”子墨子不听，遂北，至淄水，不遂而反焉。日者曰：“我谓先生不可以北。”子墨子曰：“南之人不得北，北之人不得南，其色有黑者，有白者，何故皆不遂也？且帝以甲乙杀青龙于东方，以丙丁杀赤龙于南方，以庚辛杀白龙于西方，以壬癸杀黑龙于北方，若用子之言，则是禁天下之行者也。是围心而虚天下也，子之言不可用也。"

子墨子曰："吾言足用矣，舍言革思者，是犹舍获而攈粟也。以其言非吾言者，是犹以卵投石也，尽天下之卵，其石犹是也，不可毁也。"

注释：

［1］莫：没有。

［2］予：给。

［3］即：到，往。

［4］过：拜访。

［5］如：宜，应该。

［6］说：通"悦"，高兴。

［7］成：通"诚"，确实，实在。

［8］何之：倒装句，到哪里？

［9］女：通"汝"，你。

［10］合：符合。

［11］迁行：使行为积极向上。

［12］辟：通"僻"，邪僻。

［13］代御：交替使用。

［14］排：毕沅注：背。

［15］宰：屠夫。

［16］钜：疑"银"字之误，代指白色。

［17］以：因为。

［18］取：辨别。

［19］布：古代钱币。

［20］布布：后一"布"字当作"市"，购物之意。

［21］继：疑"纵"字之误；雠：通"售"，以钱买物。

［22］愠：恼怒。

［23］法：效法。

［24］遗："道"字之误。

［25］关中：车中。

［26］漆："七"之借音字。

［27］钧：通"均"。

［28］数：理数。逆：达到。

［29］简：阅，看。

［30］吾："若"字之误。

［31］盆：量菽粟的器皿，是当时的计量单位。

［32］审：疑为"当"字之误。

［33］之：往。

［34］贾：通"价"；信："倍"字之误。

［35］日者：古时候根据天象变化预测吉凶的人。

公　孟

　　本篇墨子阐述了非命、明鬼、节葬、非儒等思想。墨子虽然认为儒家学说足以丧乱天下，但也认为孔子有不可改易的主张。为了推行自己主张，墨子不辞辛苦，精神可贵。

　　公孟子谓子墨子曰："君子共己[1]以待，问焉则言，不问焉则止。譬若钟然，扣则鸣，不扣[2]则不鸣。"子墨子曰："是言有三物[3]焉，子乃今知其一身也，又未知其所谓也[4]。若大人[5]行淫暴于国家，进而谏，则谓之不逊；因左右而献谏，则谓之言议。此君子之所疑惑也。若大人为政，将因于国家之难，譬若机之将发也然，君子之必以谏，然而大人之利。若此者，虽不扣必鸣者也。若大人举不义之异行，虽得大巧之经，可行于军旅之事，欲攻伐无罪之国，有之也，君得之，则必用之矣。以广辟土地，著税伪材[6]，出必见辱，所攻者不利，而攻者亦不利，是两不利也。若此者，虽不扣，必鸣者也。且子曰：'君子共己待，问焉则言，不问焉则止，譬若钟然，扣则鸣，不扣则不鸣。'今未有扣，子而言，是子之谓不扣而鸣邪？是子之所谓非君子邪？"

　　公孟子谓子墨子曰："实为善，人孰不知？譬若良玉[7]，处而不出有余糈[8]。譬若美女，处而不出，人争求之；行而自衒[9]，人莫之取[10]也。今子遍从人而说之，何其劳也！"子墨子曰："今夫世乱，求美女者众，美女虽不出，人多求之；今求善者寡，不强说人，人莫之知也。且有二生于此，善筮，一行为人筮者，一处而不出者，行为人筮者，与处而不出者，其糈孰多？"公孟子曰："行为人筮者，其糈多。"子墨子曰："仁义钧[11]，行说人者，其功善亦多。何故不行说人也。"

公孟子戴章甫，搢忽[12]，儒服，而以见子墨子，曰："君子服然后行乎？其行然后服乎？"子墨子曰："行不在服。"公孟子曰："何以知其然也？"子墨子曰："昔者齐桓公高冠博带，金剑木盾，以治其国，其国治。昔者晋文公大布之衣，牂羊之裘，韦[13]以带剑，以治其国，其国治。昔者楚庄王鲜冠组缨，绛衣博袍，以治其国，其国治。昔者越王勾践剪发文身，以治其国，其国治。此四君者，其服不同，其行犹一也。翟以是知行之不在服也。"公孟子曰："善！吾闻之曰：宿[14]善者不祥。请舍忽，易章甫，复见夫子，可乎？"子墨子曰："请因以相见也。若必将舍忽、易章甫，而后相见，然则行果在服也。"

公孟子曰："君子必古言服[15]，然后仁。"子墨子曰："昔者商王纣、卿士费仲，为天下之暴人；箕子、微子，为天下之圣人。此同言，而或仁不仁也。周公旦为天下之圣人，关叔为天下之暴人，此同服，或仁或不仁。然则不在古服与古言矣。且子法周而未法夏也，子之古，非古也。"

公孟子谓子墨子曰："昔者圣王之列也，上圣立为天子，其次立为卿大夫。今孔子博于《诗》《书》，察于礼乐，详于万物，若使孔子当圣王，则岂不以孔子为天子哉？"子墨子曰："夫知者，必尊天事鬼，爱人节用，合焉为知矣。今子曰‘孔子博于《诗》《书》，察于礼乐，详于万物’，而曰可以为天子。是数人之齿[16]，而以为富。"

公孟子曰："贫富寿夭，齰然在天，不可损益。"又曰："君子必学。"子墨子曰："教人学而执有命，是犹命人葆[17]而去其冠也。"

公孟子谓子墨子曰："有义不义，无祥不祥。"子墨子曰："古圣王皆以鬼神为神明，而为祸福，执有祥不祥，是以[18]政治而国安也。自桀、纣以下，皆以鬼神为不神明，不能为祸福，执无祥不祥，是以政乱而国危也。故先王之书，《子亦》有之曰：‘其傲也出，于子不祥。’此言为不善之有罚，为善之有赏。"

子墨子谓公孟子曰："丧礼，君与父母、妻、后子死，三年丧服；伯父、叔父、兄弟期[19]；族人五月；姑、姊、舅、甥皆有数月之丧。或以不丧之间，诵《诗》三百，弦《诗》三百，歌《诗》三百，舞《诗》三百。若用子之言，则君子何日以听治？庶人何日以从事？"公孟子曰："国乱则治之，国治则为礼乐；国治[20]则从事，国富则为礼乐。"子墨子曰："国之治，治之废，则国之治亦废。国之富也，从事故富也；从事废，则国之富亦废。故虽治国，劝之无厌[21]，然后可也。今子曰，国治则为礼乐，乱则治之，是譬犹噎而穿井也，死而求医也。古者三代暴王桀、纣、幽、厉，蕶[22]为声乐，不顾其民，是以身为刑僇，国为戾虚者，皆从此道也。"

公孟子曰："无鬼神。"又曰："君子必学祭祀。"子墨子曰："执无鬼而学祭礼，是犹无客而学客礼也，是犹无鱼而为鱼罟也。"

公孟子谓子墨子曰："子以三年之丧为非，子之三日之丧亦非也。"子墨子曰："子以三年之丧非三日之丧，是犹倮[23]谓撅者不恭也。"

公孟子谓子墨子曰："知有贤于人，则可谓知乎？"子墨子曰："愚之知有以贤于人，而愚岂可谓知矣哉？"

公孟子曰："三年之丧，学吾[24]之慕父母。"子墨子曰："夫婴儿子之知，独慕父母而已，父母不可得也，然号而不止，此其故何也？即愚之至也。然则儒者之知，岂有以贤于婴儿子哉？"

子墨子曰：问于儒者："何故为乐？"曰："乐以为乐也。"子墨子曰："子未我应也。今我问曰：'何故为室？'曰：'冬避寒焉，夏避暑焉，室以为男女之别也。'则子告我为室之故矣。今我问曰：'何故为乐？'曰：'乐以为乐也。'是犹曰：'何故为室？'曰：'室以为室也。'"

子墨子谓程子曰："儒之道足以丧天下者四政[25]焉。儒以天为不明，以鬼为不神，天、鬼不说，此足以丧天下。又厚葬久丧，重为棺椁，多为衣衾，送死若徙，三年哭泣，扶后起，杖后行，耳无闻，目无见，此足以丧天下。又弦歌鼓舞，习为声乐，此足以丧天下。又以命为有，贫富寿夭、治乱安危有极矣，不可损益也。为上者行之，必不听治矣；为下者行之，必不从事矣。此足以丧天下。"程子曰："甚矣，先生之毁儒也！"子墨子曰："儒固无此若四政者，而我言之，则是毁也。今儒固有此四政者，而我言之，则非毁也，告闻也。"程子无辞而出。子墨子曰："迷[26]之！"反，后[27]坐，进复曰："乡者先生之言有可闻[28]者焉。若先生之言，则是不誉禹，不毁桀、纣也。"子墨子曰："不然。夫应孰[29]辞，称议[30]而为之，敏也。厚攻则厚吾，薄攻则薄吾[31]。应孰辞而称议，是犹荷辕而击蛾也。"

子墨子与程子辩，称于孔子。程子曰："非儒，何故称于孔子也？"子墨子曰："是亦当而不可易者也。今鸟闻热旱之忧则高，鱼闻热旱之忧则下，当此，虽禹、汤为之谋，必不能易矣。鸟鱼可谓愚矣，禹、汤犹云因[32]焉。今翟曾无称于孔子乎？"

有游于子墨子之门者，身体强良，思虑徇通[33]，欲使随而学。子墨子曰："姑学乎，吾将仕子。"劝于善言而学。其年，而责[34]仕于子墨子。子墨子曰："不仕子。子亦闻夫鲁语乎？鲁有昆弟五人者，亓父死，亓长子嗜酒而不葬，亓四弟曰：'子与我葬，当为子沽酒。'劝于善言而葬。已葬而责酒于其四弟。四弟曰：'吾未予子酒矣。子葬子父，我葬吾父，岂独吾父哉？子不葬，则人将笑子，故劝子葬也。'今子为义，我亦为义，岂独我义也哉？子不学则人将笑子，故劝子于学。"

有游于子墨子之门者，子墨子曰："盍学乎？"对曰："吾族人无学者。"子墨子曰："不然。夫好美者，岂曰吾族人莫之好，故不好哉？夫欲富贵者，岂曰我族人莫之欲，故不欲哉？好美、欲富贵者，不视人犹强为之。夫义，天下之大器也，何以视人？必强为之。"

有游于子墨子之门者，谓子墨子曰："先生以鬼神为明知，能为祸人哉福[35]，为善者富之，为暴者祸之。今吾事先生久矣，而福不至，意者先生之言有不善乎？鬼神不明乎？我何故不得福也？"子墨子曰："虽子[36]不得福，吾言何遽不善？而鬼神何遽不明？子亦闻乎匿徒之刑之有刑乎？"对曰："未之得闻也。"子墨子曰："今有人于此，什子，子能什誉之，而一自誉乎？"对曰："不能。""有人于此，百子，子能终身誉其善，而子无一乎？"对曰："不能。"子墨子曰："匿一人者犹有罪，今子所匿者若此其多，将有厚罪者也，何福之求？"

子墨子有疾，跌鼻进而问曰："先生以鬼神为明，能为祸福，为善者赏之，为不善者罚之。今先生圣人也，何故有疾？意者先生之言有不善乎？鬼神不明知乎？"子墨子曰："虽使我有病，何遽不明？人之所得于病者多方，有得之寒暑，有得之劳苦。百门而闭一门焉，则盗何遽无从入？"

二三子有复于子墨子学射者，子墨子曰："不可。夫知者必量其力所能至而从事焉。国士战且扶人，犹不可及也。今子非国士[37]也，岂能成学又成射哉？"

二三子复于子墨子曰："告子曰：'言[38]义而行甚恶。'请弃之。"子墨子曰："不可。称我言以毁我行，愈于亡。有人于此[39]：'翟甚不仁，尊天、事鬼、爱人，甚不仁'。犹愈于亡也。今告子言谈甚辩，言仁义而不吾毁；告子毁，犹愈亡也！"

二三子复于子墨子曰："告子胜为仁。"子墨子曰："未必然也。告子为仁，譬犹跂以为长，隐[40]以为广，不可久也。"

告子谓子墨子曰："我治[41]国为政。"子墨子曰："政者，口言之，身必行之。今子口言之，而身不行，是子之身乱也。子不能治子之身，恶能治国政？子姑亡[42]，子之身乱之矣！"

注释：

[1] 共己：同"拱己"，自己拱着手。

[2] 扣：敲击。

[3] 三物：三种情况。

[4] 所谓也：原因。

[5] 大人：国君。

[6] 著税伪财：孙诒让认为当作"藉敛货财"。

[7] 良玉：应为"良巫"，高明的巫师。

[8] 糈：祭祀用的米粮。

[9] 衒：炫耀。

[10] 取：同"娶"。

[11] 钧：均。

[12] 揎：插；忽：即"笏"字，上朝时用来记事的竹片或木板。

[13] 韦：没有文饰的熟牛皮。

[14] 宿：停止。

[15] 言服：说话和穿衣。

[16] 齿：契之齿，古人刻木记数，其刻处如齿。

[17] 葆：同"包"，包裹头发。

[18] 是以：因此。

[19] 期：一年。

[20] 国治：王念孙认为当作"国贫"。

[21] 厌：满足。

[22] 蔇：华盛的样子。

[23] 倮：通"裸"。

[24] "吾"字后脱一"子"字，吾子：孩子。

[25] 四政：四种学说。

[26] 迷：疑为"还"字之误。

[27] 后：繁体为"後"，当为"復"字之误。

[28] 闻：应作"间"，指责。

[29] 孰：同"熟"。

[30] 议：旧本或作"义"，当从。

[31] 吾：通"御"。

[32] 因：依顺。

[33] 徇通："徇"字之误，疾速、敏捷。

[34] 责：要求。

[35] 能为祸人哉福：当作"能为祸福"。

[36] 子：你。

[37] 国士：一国之中杰出人才，此处指精通武艺者。

[38] "言"字前脱一"子"字。

[39] "有人于此"后应补一"曰"字。

[40] 隐：疑"偃"之误。

[41] "治"字前似当有"能"字。

[42] 亡："防"之音讹。

鲁　问

本篇主要记录了墨子对齐、鲁、楚、越等国统治者的批评、建议和与朋友弟子的言谈，体现了他的兼爱、非攻主张，表达了他向往国家稳定富强、人民安居乐业的美好愿望。

鲁君谓子墨子曰："吾恐齐之攻我也，可救乎？"子墨子曰："可。昔者，三代之圣王禹、汤、文、武，百里之诸侯也，说忠行义，取天下；三代之暴王桀、纣、幽、厉，雠怨行暴，失天下。吾愿主君之上者尊天事鬼，下者爱利百姓，厚为皮币，卑辞令，亟[1]遍礼四邻诸侯，驱[2]国而以事齐，患可救也。非此，顾[3]无可为者。"

齐将伐鲁，子墨子谓项子牛曰："伐鲁，齐之大过也。昔者，吴王东伐越，栖诸会稽；西伐楚，葆[4]昭王于随；北伐齐，取国子以归于吴。诸侯报其雠，百姓苦其劳，而弗为用。是以[5]国为虚戾，身为刑戮也。昔者智伯伐范氏与中行氏，兼三晋之地。诸侯报其雠，百姓苦其劳，而弗为用。是以国为虚戾，身为刑戮，用是也。故大国之攻小国也，是交相贼也，过必反于国。"

子墨子见齐大王曰："今有刀于此，试之人头，倅然断之，可谓利乎？"大王曰："利。"子墨子曰："多试之人头，倅然断之，可谓利乎？"大王曰："利。"子墨子曰："刀则利矣，孰将受其不祥？"大王曰："刀受其利，试者受其不祥。"子墨子曰："并国覆军，贼敖[6]百姓，孰将受其不祥？"大王俯仰而思之，曰："我受其不祥。"

鲁阳文君将攻郑，子墨子闻而止之，谓阳文君曰："今使鲁四境之内，大都攻其小都，大家伐其小家，杀其人民，取其牛马、狗豕、布帛、米粟、货财，则何若？"鲁阳文君曰："鲁四境之内，皆寡人之臣也。今大都攻其小都，大家伐其小家，夺之货财，则寡人必将厚罚之。"子墨子曰："夫天之兼有天下也，亦犹君之有四境之内也。今举兵将以攻郑，天诛其不至乎？"鲁阳文君曰："先生何止我攻郑也？我攻郑，顺于天之志。郑人三世[7]杀其父，天加诛焉，使三年不全[8]，我将助天诛也。"子墨子曰："郑人三世杀其父，而天加诛焉，使三年不全，天诛足矣。今又举兵，将以攻郑，曰吾攻郑也，顺于天之志。譬有人于此，其子强梁[9]不材，故其父笞之，其邻家之父，举木而击之，曰：吾击之也，顺于其父之志。则岂不悖哉！"

子墨子谓鲁阳文君曰："攻其邻国，杀其民人，取其牛马、粟米、货财，则书之于竹帛，镂之于金石，以为铭于钟鼎，传遗后世子孙，曰：'莫若我多！'今贱人[10]也，亦攻其邻家，杀其人民，取其狗豕、食粮、衣裘，亦书之竹帛，以为铭于席豆[11]，以遗后世子孙，曰：'莫若我多！'其可乎？"鲁阳文君曰："然。吾以子之言观之，则天下之所谓可者，未必然也。"

子墨子为[12]鲁阳文君曰："世俗之君子，皆知小物，而不知大物。今有人于此，窃一犬一彘，则谓之不仁，窃一国一都，则以为义。譬犹小视白谓之白，大视白则谓之黑。是故世俗之君子，知小物而不知大物者，此若言之谓也。"

鲁阳文君语子墨子曰："楚之南，有啖[13]人之国者桥，其国之长子生，则鲜[14]而食之，谓之宜弟，美则以遗其君，君喜则赏其父。岂不恶俗哉？"子墨子曰："虽中国之俗，亦犹是也。杀其父而赏其子，何以异食其子而赏其父者哉？苟不用仁义，何以非夷人食其子也？"

鲁君之嬖人死，鲁君为之诔，鲁人因说而用之[15]。子墨子闻之曰："诔者，道死人之志也。今因说而用之，是犹以来[16]首从服也。"

鲁阳文君谓子墨子曰："有语我以忠臣者，令之俯则俯，令之仰则仰，处则静，呼则应，可谓忠臣乎？"子墨子曰："令之俯则俯，令之仰则仰，是似景[17]也；处则静，呼则应，是似响[18]也。君将何得于景与响哉？若以翟之所谓忠臣者，上有过，则微[19]之以谏；己有善，则访[20]之上，而无敢以告。外匡其邪而入其善。尚同而无下比，是以美善在上，而怨雠在下；安乐在上，而忧戚在臣。此翟之所谓忠臣者也。"

鲁君谓子墨子曰："我有二子，一人者好学，一人者好分人财，孰以为太子而可？"子墨子曰："未可知也。或所为赏与为是也。钓者之恭，非为鱼赐也；饵鼠以虫，非爱之也。吾愿主君之合其志功[21]而观焉。"

鲁人有因子墨子而学其子者，其子战而死，其父让[22]子墨子。子墨子曰："子欲学子之子，今学成矣，战而死，而子愠，而犹欲粜粜，籴则愠也。岂不费哉！"

鲁之南鄙人有吴虑者，冬陶夏耕，自比于舜。子墨子闻而见之。吴虑谓子墨子："义耳义耳，焉用言之哉？"子墨子曰："子之所谓义者，亦有力以劳人，有财以分人乎？"吴虑曰："有。"子墨子曰："翟尝计之矣。翟虑耕而食天下之人矣。盛，然后当一农之耕，分诸天下，不能人得一升粟。籍而[23]以为得一升粟，其不能饱天下之饥者，既可睹矣。翟虑织而衣天下之人矣，盛，然后当一妇人之织，分诸天下，不能人得尺布。籍而以为得尺布，其不能暖天下之寒者，既可睹矣。翟虑被坚执锐[24]，救诸侯之患，盛，然后当一夫之战；一夫之战，其不御三军，既可睹矣。翟以为不若诵先王之道，而求其说，通圣人之言，而察其辞，上说王公大人，次匹夫徒步之士。王公大人用吾言，国必治；匹夫徒步之士用吾言，行必修。故翟以为虽不耕而食饥，不织而衣寒，功贤于耕而食之、织而衣之者也。故翟以为虽不耕织乎，而功贤于耕织也。"吴虑谓子墨子："义耳义耳，焉用言之哉？"子墨子曰："籍设而天下不知耕，教人耕，与不教人耕而独耕者，其功孰多？"吴虑曰："教人耕者，其功多。"子墨子曰："籍设而攻不义之国，鼓而使众进战，与不鼓而使众进战而独进战者，其功孰多？"吴虑曰："鼓而进众者，其功多。"子墨子曰："天下匹夫徒步之士少知义，而教天下以义者，功亦多，何故弗言也？若得鼓而进于义，则吾义岂不益进哉！"

子墨子游公尚过于越。公尚过说越王，越王大说，谓公尚过曰："先生苟[25]能使子墨子于越而教寡人，请裂故吴之地[26]，方五百里，以封子墨子。"公尚过许诺。遂为公尚过束车五十乘，以迎子墨子于鲁。曰："吾以夫子之道说越王，越王大说，谓过曰：'苟能使子墨子至于越而教寡人，请裂故吴之地，方五百里，以封子。'"子墨子谓公尚过曰："子观越王之志何若？意越王将听吾言，用吾道，则翟将往，量腹而食，度身而衣，自比[27]于群臣，奚能以封为哉！抑越不听吾言，不用吾道，而吾往焉，则是我以义粜也。钧之粜，亦于中国耳，何必于越哉！"

子墨子游，魏越曰："既得见四方之君，子则将先语？"子墨子曰："凡入国，必择务[28]而从事焉。国家昏乱，则语之尚贤、尚同；国家贫，则语之节用、节葬；国家喜音湛湎[29]，则语之非乐、非命；国家淫僻无礼，则语之尊天事鬼；国家务夺侵凌，即语之兼爱、非攻。故曰：择务而从事焉。"

子墨子出曹公子而于宋。三年而反，睹子墨子曰："始吾游于子之门，短褐之衣，藜藿之羹[30]，朝得之，则夕弗得祭祀鬼神。今而以夫子之教，家厚于始也。有家厚[31]，谨祭祀鬼神。然而人徒多死，六畜不蕃，身湛于病，吾未知夫子之道之可用也。"子墨子曰："不然。夫鬼神之所欲于人者多：欲人之处高爵禄，则以让贤也；多财，则以分贫也。夫鬼神，岂唯擢季拑[32]肺之为欲哉？今子处高爵禄而不以让贤，一不祥也；多财而不以分贫，二不祥也。今子事鬼神，唯祭而已矣，而曰'病何自至哉'，是犹百门而闭一门焉，曰'盗何从入'。若是而求福于有怪之鬼，岂可哉？"

鲁祝以一豚[33]祭，而求百福于鬼神。子墨子闻之曰："是[34]不可。今施人薄而望人厚，则人唯恐其有赐于己也。今以一豚祭，而求百福于鬼神，唯恐其以牛羊祀也。古者圣王事鬼神，祭而已矣。今以豚祭而求百福，则其富不如其贫也。"

彭轻生子曰："往者可知，来者不可知。"子墨子曰："籍设而亲在百里之外，则遇难焉，期以一日也，及之则生，不及则死。今有固车良马于此，又有奴马[35]四隅之轮于此，使子择焉，子将何乘？"对曰："乘良马固车，可以速至。"子墨子曰："焉在矣来[36]！"

孟山誉王子闾曰："昔白公之祸，执王子闾，斧钺钩要，直兵当心，谓之曰：'为王则生，不为王则死！'王子闾曰：'何其侮我也！杀我亲，而喜[37]我以楚国。我得天下而不义，不为也，又况于楚国乎？'遂而不为。王子闾岂不仁哉？"子墨子曰："难则难矣，然而未仁也。若以王为无道，则何故不受而治也？若以白公为不义，何故不受王，诛白公然而反王？故曰：难则难矣，然而未仁也。"

子墨子使胜绰事项子牛。项子牛三侵鲁地，而胜绰三从。子墨子闻之，使高孙子请而退之，曰："我使绰也，将以济[38]骄而正嬖也。今绰也禄厚而谲[39]夫子，夫子三侵鲁而绰三从，是鼓鞭于马靳[40]也。翟闻之，言义而弗行，是犯明也。绰非弗之知也，禄胜义也。"

昔者楚人与越人舟战于江，楚人顺流而进，迎流而退，见利而进，见不利则其退难。越人迎流而进，顺流而退，见利而进，见不利则其退速。越人因此若势，亟[41]败楚人。公输子自鲁南游楚，焉始为舟战之器，作为钩强[42]之备，退者钩之，进者强之，量其钩强之长，而制为之兵。楚之兵节[43]，越之兵不节，楚人因此若势，亟败越人。公输子善其巧，以语子墨子曰："我舟战有钩强，不知子之义亦有钩强乎？"子墨子曰："我义之钩强，贤于子舟战之钩强。我钩强我[44]，钩之以爱，揣[45]之以恭。弗钩以爱则不亲，弗揣以恭则速狎，狎而不亲则速离。故交相爱，交相恭，犹若相利也。今子钩而止人，人亦钩而止子，子强而距人，人亦强而距子，交相钩，交相强，犹若相害也。故我义之钩强，贤子舟战之钩强。"

公输子削竹木以为鹊，成而飞之，三日不下。公输子自以为至巧。子墨子谓公输子曰："子之为鹊也，不如匠之为车辖，须臾刘[46]三寸之木，而任五十石之重。故所为功，利于人谓之巧，不利于人谓之拙。"

公输子谓子墨子曰："吾未得见之时，我欲得宋。自我得见之后，予我宋而不义，我不为。"子墨子曰："翟之未得见之时也，子欲得宋，自翟得见子之后，予子宋而不义，子弗为，是我予子宋也。子务为义，翟又将予子天下。"

注释：

[1] 亟：速，赶快。

[2] 驱：率领。

[3] 顾：通"固"，本来。

[4] 葆：通"保"。

[5] 是以：因此。

[6] 敓：古"杀"字。

[7] 三世：数代，言其多。

[8] 不全：庄稼歉收。

[9] 强梁：凶暴，强横，不守规矩。

[10] 贱人：没有身份地位的人。

[11] 席豆：席：几席，一种生活用品。豆：盛祭品的器皿。

[12] 为：通"谓"。

［13］啖：吃。

［14］鲜：活生生。

［15］这二句当作："鲁人为之诛，鲁君因说而用之。"说：通"悦"。

［16］来：即牟，牦牛。

［17］景：通"影"。

［18］响：回声。

［19］微：伺察。

［20］访：谋划。

［21］志功：志：动机。功：效果。

［22］让：责备。

［23］籍而：因而。

［24］被：通"披"。坚：坚甲。锐：锋利的兵器。

［25］苟：如果。

［26］故吴之地：原来吴国的土地。裂：分。

［27］比：列。

［28］务：要务。

［29］湛湎：沉溺于酒。

［30］藜藿：野菜。羹：汤。

［31］家厚：应为"家享"，在家中设享祀。

［32］擢，揸：拿，取。

［33］豚：小猪。

［34］是：这。

［35］奴马：驽马。

［36］此句应作"焉在不知来"。

［37］喜：同"嬉"，戏弄。

［38］济：制止。

［39］谲：欺诈。

［40］靳：马当胸的皮带，这里代指马胸。

［41］亟：屡次。

［42］钩强：即钩、镶，古兵器。

［43］节：有节制，控制灵活。

［44］后一个"我"字，为"义"之假借字。

［45］揣：推拒之意。

［46］刘："斸"之形误，用刀砍。

567

公 输

本篇体现了墨子非攻思想。公输盘为楚国制造云梯，攻打宋国，墨子不辞辛劳，长途跋涉，劝说公输盘和楚王放弃攻宋。在墨子努力下，战争得以避免。

公输盘为楚造云梯之械，成，将以[1]攻宋。子墨子闻之，起于齐，行十日十夜而至于郢，见公输盘。

公输盘曰："夫子何命焉为？"子墨子曰："北方有侮臣者，愿借子杀之。"公输盘不说[2]。子墨子曰："请献十金。"公输盘曰："吾义固[3]不杀人。"子墨子起，再拜曰："请说之。吾从北方闻子为梯，将以攻宋。宋何罪之有？荆国[4]有余于地，而不足于民，杀所不足，而争所有余，不可谓智。宋无罪而攻之，不可谓仁。知而不争，不可谓忠。争而不得，不可谓强。义不杀少而杀众，不可谓知类。"公输盘服。子墨子曰："然，乎不已乎[5]？"公输盘曰："不可，吾既已言之王矣。"子墨子曰："胡不见我于王？"公输盘曰："诺。"

子墨子见王，曰："今有人于此，舍其文轩[6]，邻有敝舆，而欲窃之；舍其锦绣，邻有短褐，而欲窃之；舍其粱肉，邻有糠糟，而欲窃之。此为何若人？"王曰："必为窃疾矣。"子墨子曰："荆之地，方五千里，宋之地，方五百里，此犹文轩之与敝舆也；荆有云梦，犀兕麋鹿满之，江汉之鱼鳖鼋鼍为天下富，宋所为无雉兔狐狸者也，此犹粱肉之与糠糟也；荆有长松、文梓、楩、枏、楠、豫章，宋无长木，此犹锦绣之与短褐也。臣以三事之攻宋也，为与此同类。臣见大王之必伤义而不得。"王曰："善哉！

虽然，公输盘为我为云梯，必取宋。"

于是见公输盘。子墨子解带为城，以牒为械，公输盘九设攻城之机变，子墨子九距[7]之。公输盘之攻械尽，子墨子之守圉[8]有余。公输盘诎[9]，而曰："吾知所以距子矣，吾不言。"子墨子亦曰："吾知子之所以距我，吾不言。"楚王问其故，子墨子曰："公输子之意，不过欲杀臣，杀臣，宋莫能守，可攻也。然臣之弟子禽滑厘等三百人，已持臣守圉之器，在宋城上而待楚寇矣。虽杀臣，不能绝也。"楚王曰："善哉！吾请无攻宋矣。"

子墨子归，过宋。天雨，庇其闾中，守闾者不内[10]也。故曰："治于神者，众人不知其功；争于明者，众人知之。"

注释：

[1] 以：用来。

[2] 说：通"悦"，高兴。

[3] 固：本来。

[4] 荆国：楚国。

[5] 第一个"乎"为"胡"之误，胡：何。

[6] 文轩：彩车。

[7] 距：通"拒"。

[8] 圉：御。

[9] 诎：屈。

[10] 内：通"纳"。

参考文献

（春秋）左丘明：《国语》，上海古籍出版社 2008 年版。

（战国）吕不韦，陈奇猷校释：《吕氏春秋新校释》，上海古籍出版社 2002 年版。

（战国）吕不韦，许维遹集释：《吕氏春秋集释》，中华书局 2009 年版。

（汉）刘向集录：《战国策》，上海古籍出版社 1985 年版。

（汉）刘安等编著，高诱注：《淮南子》，上海古籍出版社 1990 年版。

（汉）司马迁：《史记》，中华书局 1959 年版、1982 年版。

（汉）班固：《汉书》，中华书局 1962 年版。

（汉）孔安国传，（唐）孔颖达正义：《尚书正义》，上海古籍出版社 2007 年版。

（魏）王弼注，楼宇烈校释：《老子道德经注校释》，中华书局 2008 年版。

（吴）韦昭注：《国语》，上海古籍出版社 2008 年版。

（唐）韩愈撰，马其昶校注，马茂元整理：《韩昌黎文集校注》，上海古籍出版社 1986 年版。

（唐）余知古撰：《渚宫旧事附补遗》，王云五主编：《丛书集成初编》，商务印书馆 1936 年版。

（宋）李昉等撰：《太平御览》，中华书局 1960 年版。

（宋）朱熹：《孟子集注》，齐鲁书社 1992 年版。

（清）孙诒让撰，孙启治点校：《墨子间诂》，中华书局 2001 年版。

（清）孙希旦撰：《礼记集解》，中华书局 1989 年版。

（清）刘宝楠撰：《论语正义》，中华书局 1990 年版。

（清）焦循撰：《孟子正义》，中华书局 1987 年版。

（清）王先慎撰，钟哲点校：《韩非子集解》，中华书局 1998、2003 年版。

（清）郭庆藩撰，王孝鱼点校：《庄子集释》，中华书局 2012 年版。

（清）王先谦撰，沈啸寰、王星贤点校：《荀子集解》，中华书局 1988 年版。

（清）阮元校刻：《十三经注疏》，中华书局 1980 年版。

梁启超：《墨子学案》，商务印书馆 1923 年版。

梁启超校释：《墨经校释》，中华书局 1941 年版。

梁启超：《中国近三百年学术史》，天津古籍出版社 2003 年版。

胡适：《中国哲学史大纲》，商务印书馆 1919 年版。

胡适：《中国古代哲学史》，安徽教育出版社 1999 年版。

钱穆：《中国思想史》，台湾学生书局 1988 年版。

钱穆：《钱宾四先生全集》，台北：联经出版事业公司 1998 年版。

钱穆：《国史大纲》，商务印书馆 1996 年版。

侯外庐等：《中国思想通史》，人民出版社 1957 年版。

冯友兰：《中国哲学史新编》，人民出版社 1998 年版。

冯友兰：《三松堂全集》，河南人民出版社 2000 年版。

任继愈主编：《中国哲学发展史》，人民出版社 1983 年版。

任继愈：《中国哲学史》，人民出版社 2003 年版。

张岱年：《中国哲学史大纲》，中国社会科学出版社 1982 年版。

白寿彝主编：《中国通史》，上海人民出版社 2005 年版。

吕振羽：《中国政治思想史》，人民出版社 1962 年版。

沈有鼎：《沈有鼎文集》，人民出版社 1992 年版。

余纪元、张志伟主编：《哲学》，中国人民大学出版社 2008 年版。

刘泽华主编：《中国政治思想史》，浙江人民出版社 1996 年版。

刘泽华：《先秦政治思想史》，南开大学出版社 1984 年版。

林存光：《先秦诸子政治哲学研究》，辽海出版社 2006 年版。

林存光：《先秦诸子思想概述》，辽海出版社 2012 年版。

杨宽：《战国史》，上海人民出版社 1980 年版。

邓云特：《中国救荒史》，上海书店 1984 年版。

郭沫若：《十批判书》，中国华侨出版社 2007 年版。

陆玉林：《中国学术通史·先秦卷》，人民出版社 2004 年版。

杨鸿烈：《中国法律发达史》，上海书店 1990 年版。

陈宏冬：《中国法律思想史》，中国法制出版社 2000 年版。

韦政通：《中国思想史》，上海书店出版社 2003 年版。

程千帆、徐有富：《程千帆先生全集》，河北教育出版社 2000 年版。

《中国大百科全书·宗教卷》，中国大百科全书出版社 1988 版年。

［英］斯蒂芬·F. 柏森：《自然科学史》，上海出版社 1980 年版。

［英］麦克斯·缪勒：《宗教的起源和发展》，金泽译，上海人民出版社
　　1989 年版。

国家教委社会科学研究与艺术教育司：《自然辩证法概论》，高等教育出版
　　社 1991 年版。

李少一、刘旭：《干戈春秋　中国古代兵器史话》，中国展望出版社 1985
　　年版。

童焱：《艺术学十讲》，厦门大学出版社 2014 年版。

麻天祥、姚彬彬等：《中国宗教史》，武汉大学出版社 2012 年版。

《十三经注疏》整理委员会整理：《春秋左传正义》，北京大学出版社 1999
　　年版。

柏杨：《中国帝王皇后亲王公主世系录》，山西人民出版社 2008 年版。

顾颉刚、章巽编：《中国历史地图集》，地图出版社 1955 年版。

谭其骧主编：《中国历史地图集》，中国地图出版社 1982 年版。

周长耀：《孔墨思想之比较》，世纪书局 1981 年版。

唐敬杲：《墨子》，商务印书馆 1928 年版。

叶玉麟：《白话译解墨子》，广益书局 1937 年版。

杨荣国：《孔墨的思想》，生活·读书·新知三联书店 1950 年版。

高亨：《墨经校诠》，科学出版社 1958 年版。

蔡尚思：《十家论墨》，上海人民出版社 2004 年版。

李渔叔注译：《墨子今译今注》，台湾商务印书馆 1974 年版。

冯成荣：《墨子行教事迹考》，台北文史哲出版社 2002 年版。

詹剑锋：《墨子的哲学与科学》，人民出版社 1981 年版。

水渭松：《墨子导读》，巴蜀书社 1991 年版。

郭成智：《墨子鲁阳人考论》，黄山书社 1999 年版。

胡子宗、李权兴等：《墨子思想研究》，人民出版社 2007 年版。

徐希燕：《墨学研究 墨子学说的现代诠释》，商务印书馆 2001 年版。

孙中原：《墨学通论》，辽宁教育出版社 1995 年版。

孙中原主编：《墨学与现代文化》，中国广播电视出版社 2007 年版。

孙中原：《墨子解读》，中国人民大学出版社 2013 年版。

谭家键、孙中原注译：《墨子今注今译》，商务印书馆 2009 年版。

谭家健：《墨子研究》，贵州教育出版社 1995 年版。

李小龙译注：《墨子——中华经典藏书》，中华书局 2007 年版。

王春红编：《中华国学经典藏书：墨子》，企业管理出版社 2013 年版。

孙卓彩：《墨学概要》，齐鲁书社 2007 年版。

何长久译注：《墨子》，青海人民出版社 2003 年版。

吴龙辉译注：《墨子白话今译》，中国书店出版 1992 年版。

张永义：《墨：苦行与救世》，广东人民出版社 1996 年版。

张永义：《墨子与中国文化》，贵州人民出版社 2001 年版。

谭戒甫：《墨辩发微》，中华书局 1987 年版。

王焕镳：《墨子校释》，浙江古籍出版社 1987 年版。

王焕镳：《墨子集诂》，上海古籍出版社 2005 年版。

张纯一：《墨子集解》，成都古籍书店 1988 年版。

吴毓江撰，孙启治点校：《墨子校注》，中华书局 2006 年版。

萧鲁阳：《墨子元典校理与方言研究》，西安地图出版社 2003 年版。

中国人民政治协商会议鲁山县委员会文史资料研究委员会编印：《鲁山文
　　史资料》第十七辑，2000 年。

陈金展：《墨子在鲁山的史料及传说》，中州古籍出版社 1993 年版。

薛柏成：《墨家思想新探》，黑龙江人民出版社 2006 年版。

杨武金：《墨经逻辑研究》，中国社会科学出版社 2004 年版。

李绍昆，张志怡译：《墨子：伟大的教育家》，湖南教育出版社 1985 年版。

刘双、涂春燕：《墨子管理思想研究》，电子科技大学出版社 2006 年版。

吴晋生、黄历鸿、吴薇薇：《墨学与当代政治》，中国书店 1997 年版。

方勇译注：《墨子》，中华书局 2015 年版。

秦彦士：《墨子考论》，巴蜀书社 2002 年版。

李学勤：《秦简〈墨子〉城守各篇》，见《云梦秦简研究》，中华书局 1981

年版。

方孝博：《墨经中的数学和物理学》，中国社会科学出版社 1983 年版。

辛志凤，蒋玉斌译注：《墨子译注》，黑龙江人民出版社 2002 年版。

邢兆良：《墨子评传》，南京大学出版社 1993 年版。

李亚彬：《中国墨家》，宗教文化出版社 1996 年版。

陈克礼：《墨学与当代哲学》，中国社会科学出版社 2007 年版。

曹胜强、孙卓彩主编：《墨子研究》，中国社会科学出版社 2008 年版。

王讚源主编：《墨经正读》，上海科学技术文献出版社 2011 年版。

周云之：《墨经校注·今译·研究——墨经逻辑学》，甘肃人民出版社 1993
    年版。

梁奇译注：《墨子译注》，生活·读书·新知三联书店 2014 年版。

墨子大全编委会：《墨子大全》，北京图书馆出版社 2002 年版。

万丽华、蓝旭译注：《孟子——中华经典藏书》，中华书局 2006 年版。

陈秉才译注：《韩非子——中华经典藏书》，中华书局 2007 年版。

顾迁译注：《淮南子——中华经典藏书》，中华书局 2009 年版。

尚学锋，夏德靠译注：《国语——中华经典藏书》，中华书局 2007 年版。

郭彧译注：《周易——中华经典藏书》，中华书局 2006 年版。

何宁：《淮南子集释》，中华书局 1998 年版。

汤化译注：《晏子春秋》，中华书局 2015 年版。

闻人军译注：《考工记译注》，上海古籍出版社 1993 年版。

《日本藏中国罕见地方志丛书·汝州志》，书目文献出版社 1992 年版。

法国国家图书馆：《法藏敦煌西域文献 16》，上海古籍出版社 2001 年版。

中国社会科学院语言研究所词典编辑室编：《现代汉语词典》，商务印书
    馆 1996 年版。

《孙中山选集》下卷，人民出版社 1956 年版。

《马克思恩格斯选集》，人民出版社 1996 年版。

《毛泽东选集》，人民出版社 1991 年版。

胡锦涛：《在省部级主要领导干部提高构建社会主义和谐社会能力专题研
    讨班上的讲话》，人民出版社 2005 年版。

刘蔚华：《墨子是河南鲁山人——兼论东鲁与西鲁的关系》，《中州学刊》
    1982 年第 4 期。

张知寒：《再谈墨子里籍应在今山东滕州》，《文史哲》1991 年第 2 期。

孙以楷：《墨子生平考述》，《唐都学刊》2001 年第 4 期。

郑杰文：《墨子游鲁齐越宋卫楚考》，《管子学刊》2006 年第 4 期。

戴俊霞：《〈墨子〉的海外流传及其英译》，《安徽工业大学学报》2013 年
　　第 1 期。

沈乐：《墨子法律思想及其现代意义》，《江苏警官学院学报》2006 年第
　　4 期。

李平：《论墨子与先秦"法"学兴起》，《法制与社会发展》2014 年第
　　2 期。

徐希燕：《墨子姓名里籍年代考》，《复旦学报》1999 年第 1 期。

徐希燕：《墨子的认识论研究》，《青海社会科学》1999 年第 2 期。

徐希燕：《墨子的管理思想研究》，《南开管理评论》2000 年第 4 期。

徐希燕：《墨子的政治思想研究》，《政治学研究》2001 年第 4 期。

徐希燕：《墨子的军事思想述评》，《松辽学刊》2001 年第 3 期。

徐希燕：《孙子与墨子军事思想比较研究》，《北京社会科学》2001 年第
　　1 期。

徐希燕：《墨子的教育观研究》，《平顶山师专学报》2001 年第 1 期。

包家新：《墨子治国法律思想研究》，《探索》2006 年第 3 期。

张清学、包家新：《论墨子法律思想的特点》，《攀枝花学院学报》2007 年
　　第 2 期。

杨鹤皋：《墨子法律思想述评》，《法学》1984 年第 11 期。

赵建文：《墨子法律思想的自然法理论特征》，《现代法学》1995 年第
　　2 期。

窦炎国：《墨子政治伦理思想评析》，《道德与文明》2009 年第 3 期。

窦炎国：《墨子的功利主义政治哲学》，载任守景主编《墨子研究论丛》8，
　　齐鲁书社 2009 年版。

钟文先、陈虎：《试论墨子政治思想的渊源与特征》，《山东教育学院学报》
　　2000 年第 4 期。

戎向东：《墨子经济思想述要》，《经济研究导刊》2011 年第 21 期。

邱竹、邹顺康：《墨子义利观之考辨》，《道德与文明》2010 年第 4 期。

周群英：《墨子人才管理思想及育人方法研究》，《湖北社会科学》2013 年

第 7 期。

张俊相:《墨子的"节俭则昌,淫佚则亡"》,《道德与文明》1994 年第 1 期。

秦真勇:《墨子职业教育思想管窥》,《职业教育研究》2009 年第 4 期。

李静:《墨子管理思想的人民性及现代价值》,《天津市工会管理干部学院学报》2001 年第 2 期。

訾其伦:《论墨子的选人用人之道》,《领导科学》2012 年第 23 期。

朱光磊:《关于墨子管理学说的几个问题》,《河北机电学院学报》1993 年第 4 期。

孟天运、葛敬静:《墨子"法天""听民"的法律思想》,《东方论丛》2011 年第 4 期。

张金山:《墨子的和谐管理思想》,《辽宁经济管理干部学院学报》2011 年第 6 期。

崔永斌:《墨子管理思想的现代价值》,《平原大学学报》2004 年第 6 期。

李少惠:《墨子的管理思想及其特征》,《兰州大学学报》1997 年第 2 期。

刘向明:《墨子法律思想中的尊天事鬼观》,《龙岩师专学报》1999 年第 2 期。

兰兰、徐顽强等:《〈墨子〉的行政管理思想及其对现代公务员管理的启示》,《湖北社会科学》2013 年第 9 期。

付进扬:《浅析墨子的管理思想》,《江西行政学院学报》2006 年第 1 期。

俞杨建、俞丽萍:《论墨子管理思想的现代价值》,《常州大学学报》2013 年第 6 期。

邱燕翎:《墨子管理思想初探》,《江淮论坛》1992 年第 6 期。

常江:《墨子管理思想浅析》,《大家》2010 年第 2 期。

刘明明:《墨子经济逻辑思想初探》,《天津商业大学学报》2008 年第 6 期。

郭智勇:《墨子"交相利"商业伦理思想及其现代价值》,《商业研究》2012 年第 4 期。

吕大吉:《宗教是什么——宗教的本质、基本要素及其逻辑结构》,《世界宗教研究》1998 年第 2 期。

曾宪明、韦德泉:《墨子的物质观、时空观、运动观》,《枣庄学院学报》

2005 年第 5 期。

张坤民:《可持续发展与中国的行动》,《复旦学报》1998 年第 3 期。

高静文:《社会系统论与和谐社会的构建》,《哲学研究》2006 年第 4 期。

孙继军:《论墨子的和谐思想及其现代价值》,《船山学刊》2008 年第
1 期。

魏义霞:《论墨子"以尚贤使能为政"的政治哲学》,《齐鲁学刊》2010 年
第 1 期。

邹沣:《浅析墨子经济思想及其现实意义》,《党史文苑》(学术版) 2008
年第 8 期。

娄立志:《墨子教育哲学思想浅析》,《齐鲁学刊》1999 年第 2 期。

何芳:《墨子"民本"平等思想的现代审思》,载任守景主编:《墨子研究
论丛》8 下,齐鲁书社 2009 年版。

刘红霞:《墨子教育哲学思想的现代阐释》,《郑州大学学报》2009 年第
6 期。

王洪鹏、刘树勇、曾宪明:《"兼士"的品格——墨子教育思想评述》,载
任守景主编:《墨子研究论丛》9,齐鲁书社 2010 年版。

李光福、郭怀:《墨子教育观简析》,《太原师范学院学报》2005 年第
1 期。

张晓芒:《墨家教育思想的逻辑特点及其现代价值》,《淮阴师范学院学报》
2006 年第 2 期。

李光辉:《墨子和谐社会思想研究》,博士学位论文,首都师范大学,
2007 年。

刘世海:《论墨子的科学技术思想》,硕士学位论文,武汉科技大学,
2009 年。

后　记

　　自清代考据大家毕沅等人将墨子里籍定为鲁阳（今河南省平顶山市鲁山县）后，墨子里籍鲁阳说、宋国说、鲁国说等并行于世。然而，从20世纪80年代开始，山东学者张知寒等人又提出了滕州说，使原本趋于平静的墨子里籍之争再起波澜。河南省特别是平顶山市的学者们愕然之余，开始搜集各种证据以反驳滕州说，代表人物有郭成智、潘民中、杨晓宇等。

　　郭成智对墨子里籍研究始于1987年，他在研读清嘉庆《鲁山县志》时发现人物《集传》中所记载的第一人就是墨子，这引起了他的重视。此后，他便为此展开了长期研究和考证。1990年，他的《墨翟故里考辩》一文在《中州学刊》第5期发表，论证墨子故里在鲁山。1992年，撰写《墨子故里滕州说质疑》（《中州学刊》1992年第5期），对张知寒滕州说进行了批驳，并列举了墨子是鲁山人的大量论据。此后，郭成智辗转于鲁山及其周边，挖掘、考证有关墨子的各种传说、遗址、遗迹。1993年，他的《再论墨子是河南鲁山人——答张振衡、徐治邦先生》一文在《史学月刊》第1期发表。同年，郭成智撰成《〈墨子〉中的鲁山地区方言》《墨子鲁山人十二证》（《中州古今》1993年第5期）。1994年，他的《墨子年代考述》成稿，论定了墨子的生卒年代。是年，他与张新河合著《墨子姓氏·先祖考略》发表在《河南社会科学》第4期，论证了墨子墨姓既不出自孤竹国君的墨胎氏，也不出自宋公子目夷氏，而是"禹师墨如"之后，为夏人后裔。1999年，郭成智《墨子鲁阳人考论》一书，由黄山书社出版。郭成智关于墨子里籍的研究，引起了学术界的重视。

　　潘民中和杨晓宇对墨子里籍也进行了较深入研究。1991年11月，潘民中在《平顶山日报》发表《墨子里籍争未休》一文，针对墨子故里滕州说，提议鲁阳说不能等闲视之。1992 年，平顶山社科联主办的《求索》开辟《墨子研究》专栏，数年间发表墨子研究论文 20 余篇。1992 年，《求索》第 3 期发表潘民中的《墨子里籍 "滕州说" 质疑》，否定墨子里籍滕州说赖以立论的根据。1993 年，《求索》第 1 期刊载杨晓宇的《"儒墨同源" 与 "法夏绌周" 考辨兼论墨子里籍问题》，从文化渊源上论证墨子里籍应在楚国鲁阳邑。同年，《求索》第 3、4 期合刊发表潘民中《墨子里籍考辨》，提出了墨子里籍在楚国鲁阳邑的三大主证和六大旁证。1997 年，《求索》第 1 期刊载杨晓宇《墨子、墨学与墨子里籍》一文，对里籍之争作了系统评述。同年，《求索》第 2 期发表潘民中的《鲁山为夏人居地考》一文，从历史地理学、族源学和地名学等角度，考证鲁山为夏人居住地，是墨子创立崇尚夏礼的墨学文化的土壤。1995 年，中州古籍出版社出版潘民中、杨晓宇编著的《平顶山历史名人传》，明确墨子是鲁山人。1997 年，由杨晓宇、潘民中主编的《墨子里籍考辨》一书出版，收录考证墨子里籍在鲁山的论文 20 多篇。1997 年，由潘民中、杨晓宇合著的《平顶山名胜古迹》出版，详尽考察了鲁山县墨子故里之所在，并将之列为平顶山境域 12 大名人故址之一。1998 年，杨晓宇的《墨子尊天明鬼思想源于楚风影响——兼谈墨子里籍问题》发表于《平顶山师专学报》1998 年第 1 期。2000 年，杨晓宇、潘民中编著的《叶公沈诸梁与楚方城之外》由中州古籍出版社出版，重点探讨了叶公、鲁阳公与墨子之间的关系。

郭成智、潘民中、杨晓宇之外，平顶山籍学者还有许多有关墨子里籍方面的研究成果问世。例如，1993 年，陈金展的《墨子在鲁山的史料及传说》由中州古籍出版社出版，提出 "鲁山在 '夏人之居' 区域内，经商，历周，至春秋战国时期，仍保有着浓厚的夏族勤劳、俭朴、利人之遗风。正是在这种夏文化的氛围里，孕育产生了杰出的思想家墨翟和由其创立的崇尚夏礼的学说——墨学"。2011 年，张新河、张九顺所著《墨家鲁阳悬疑案——墨子里籍与事迹考实》由河南大学出版社出版，该书对 "墨子为鲁阳人" 和 "墨家与鲁阳相关的活动" 进行了系统梳理。2017 年，袁占才主编《墨子里籍在鲁山》由河南人民出版社出版，对墨子里籍在鲁山进行了综合考论。此外还有萧鲁阳的《墨子里籍论略》、张怀发的《日本学者吉永慎二郎先生谈墨子里籍》、郑建丕和张怀发的《关于墨子遗迹的调查研究》等文章论证墨子里籍在鲁山。

在探讨墨子里籍问题的同时，平顶山籍学者不断扩大墨学研究领域。例如，1993 年《学术论坛》第 4 期发表杨晓宇的《墨子美学思想浅探》，1994 年 7 月 4 日《平顶山日报》发表张怀发的《墨庙与"镢头班会"》，1999 年《平顶山师专学报》第 2 期发表谢照明、潘民中的《试论墨学对谭嗣同思想的影响》，2001 年《平顶山师专学报》第 1 期发表潘民中的《叶公、鲁阳公、墨子关系论略》，2003 年《平顶山师专学报》第 3 期发表潘民中的《"尧舜禹汤文武之道"与墨子的"尚贤"思想》等。萧鲁阳先生墨学研究创获颇多，相继出版了《中原墨学研究》（2001 年）、《墨子元典校理与方言研究》（2003 年）、《鲁阳墨论》（2004 年）等。

墨学文化是平顶山市的重要文化资源，作为服务地方的应用型高校平顶山学院，有责任和义务担当起发掘、研究、传播和开发墨子文化资源的重任。2011 年 7 月，依托中国先秦史研究会、河南墨子学会、河南省人文社科重点研究基地平顶山学院伏牛山文化圈研究中心，在平顶山学院成立了"墨子学院"。墨子学院的成立激发了教师们研究墨学的积极性。2011 年至今，平顶山学院多次举办、合办国际、全国墨学学术研讨会。平顶山学院教师墨学研究成果丰硕。例如，刘春萍系列论文《"择务从事"与"言有三表"——论〈墨子〉中的言语交际原则》《〈墨子〉疑问句研究》《〈墨子〉按断复句研究》《〈墨子〉设问句、反问句探析》《〈墨子〉对比复句研究》《战国时代疑问代词"恶、安、焉"》等，及其专著《〈墨子〉句法研究》（教育部项目成果），对《墨子》一书的语言特点进行了系统研究。张波系列论文《试论墨子的科学精神》《论墨子的生态思想》《墨子生态思想的时代意蕴》《墨子和谐社会系统论》《论墨子的批判精神及其现实启示》《〈墨经〉中"端"之新释——兼与姜宝昌教授商榷》《〈墨经〉中"力"的内涵再认识——兼与戴念祖先生商榷》等，对墨子的科学精神和生态思想等进行了深入研究。路学军系列论文《本体、价值与工具：墨子宗教思想的三个维度》《天志说与墨子经济伦理思想关系探析》《墨子荒政思想考略》等，对墨子的宗教思想、经济伦理思想和荒政思想进行了系统论述。郝二旭系列论文《墨子"南游使卫"略考》《墨子农业思想探析》《近代墨家组织与墨子信仰略考》等，则对墨子事迹、农业思想和近代墨子信仰等进行了梳理、考证。此外，平顶山学院教师陈富志、罗军伟、武守信、王培文、王美美等对墨子的劳动价值观、社会思想、民本思想、忧患意识和《墨子》外文译本等进行了深入研究。这些成果对中国墨学研究产生了积极的推动作用。

平顶山学院在积极开展墨学研究的同时，全面加强墨学文化的推广普及工作。例如，在文学院开设《墨学概论》课，在全校开设《墨子导读》通识课，多次主办墨学讲座，学校道路、广场、建筑物命名多源自《墨子》等。推广普及墨学文化是我们编写本书的主要动因。2014 年，伏牛山文化圈研究中心酝酿出版《伏牛山文化圈研究丛书》第二辑，《墨学概论》被列为重点选题。2016 年，平顶山学院将"墨学文化"确定为校园文化建设主题，为进一步加强墨学文化的传承与传播工作，本书编写正式开始。

本书由主编拟定总体框架，确定编写章节，提出编写要求，大家分工撰写。各部分撰稿人如下：郝二旭：第一章、第二章；路学军：第三章、第四章、第五章、第八章、第十三章；魏衍华：第六章、第七章；张波：第九章、第十章、第十一章、第十二章；孔令许、张波：《墨子》选读。初稿完成后，反复修改，最后由主编统阅全稿。

本书编写参阅了墨学研究的新成果，有些地方直接引用了这些成果的理论和材料，在此谨向有关编著者致谢。限于学识，本书编写也有不足之处，例如各位编者使用的古籍版本并不统一，墨学思想研究还不够全面、深入，《〈墨子〉选读》注释也不够精详等，疏漏谬误在所难免，恳请各位专家、读者批评指正。

本书成书过程中，副校长张久铭教授、科研处长周丰群教授、教务处长兼新闻与传播学院院长秦方奇教授为本书编写和出版提供了极大的帮助；中国社会科学出版社安芳女士精心编校，付出了诸多心血。在此，我们一并致以最诚挚的谢意！

编 者
2020 年 5 月 10 日